U0568109

新疆维吾尔自治区
长城资源调查报告

新疆维吾尔自治区文物局　编著

上　册

文物出版社

责任编辑　冯冬梅
封面摄影　刘玉生
封面设计　周小玮
版式设计　谭德毅
责任校对　赵　宁
　　　　　陈　婧
责任印制　张道奇

图书在版编目（CIP）数据

新疆维吾尔自治区长城资源调查报告/新疆维吾尔自治区文物局编著．—北京：文物出版社，2014.11
ISBN 978-7-5010-3622-6

Ⅰ．①新…　Ⅱ．①新…　Ⅲ．①长城－调查报告－新疆　Ⅳ．①K928.77

中国版本图书馆CIP数据核字(2012)第279971号

新疆维吾尔自治区长城资源调查报告
新疆维吾尔自治区文物局　编著

文物出版社　出版发行
(北京市东直门内北小街2号楼　100007)
http://www.wenwu.com
E-mail：web@wenwu.com
北京燕泰美术制版印刷有限责任公司制版印刷
新　华　书　店　经　销
889×1194　1/16　印张：49
2014年11月第1版　　2014年11月第1次印刷
ISBN 978-7-5010-3622-6　定价：820.00元（全两册）
地图审核：新疆维吾尔自治区测绘地理信息局
本书图版与文字为独家所有，非经授权同意不得复制翻印

《新疆维吾尔自治区长城资源调查报告》
编辑委员会

主　任：盛春寿

副主任：艾尔肯·米吉提　刘国瑞　白建尧　张玉忠　王卫东

编　委：（按姓氏笔画排序）

于志勇　王玉国　王林山　乌东军　乌布里·买买提艾力

艾尼瓦尔·乌布力喀斯木　亚合甫江·排都拉　刘　宁

刘永武　刘锦伟　许淑云　杜淑琴　李　军　李　肖　李全战

李留仙　张　麒　张化杰　陈金宝　郑　颉　单本忠　赵　强

赵　宇　澄莫合塔尔·苏皮　殷春茂　郭　婧　郭　众　曹洪勇

覃大海　颜　松　曾绪清

主　编：盛春寿

副主编：刘国瑞　郭建国

统　稿：李文瑛　胡兴军

图　　例

专　题　要　素

汉代烽火台	唐代关垒
汉代戍堡	唐代驿站
汉代石刻	清代烽火台
唐代烽火台	清代卡伦
唐代戍堡	清代驿站

地　理　要　素

省级行政中心	印巴停火线
地级行政中心	铁路
县级行政中心	314 高速公路及编号
乡镇行政中心	315 国道及编号
农垦团场	235 省道及编号（外国主要道路）
博格达峰 ▲ 5445 山峰及高程	河流
国界、未定国界	淡水湖　咸水湖
省、自治区界	盐田
地级界	干河床　干涸湖
县级界	沙漠

新疆维吾尔自治区汉代、唐代长城资源及清代军事设施遗址分布图

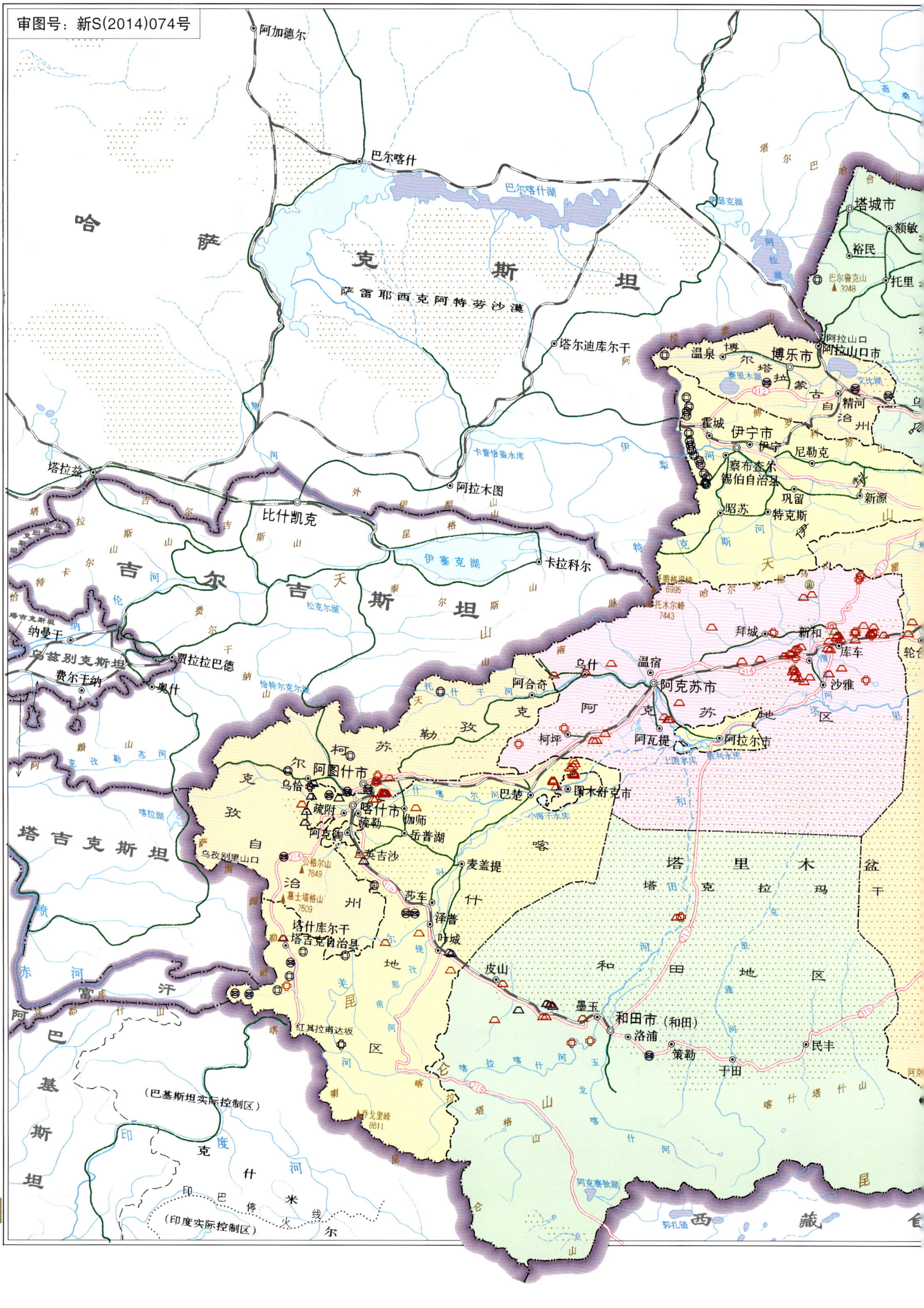

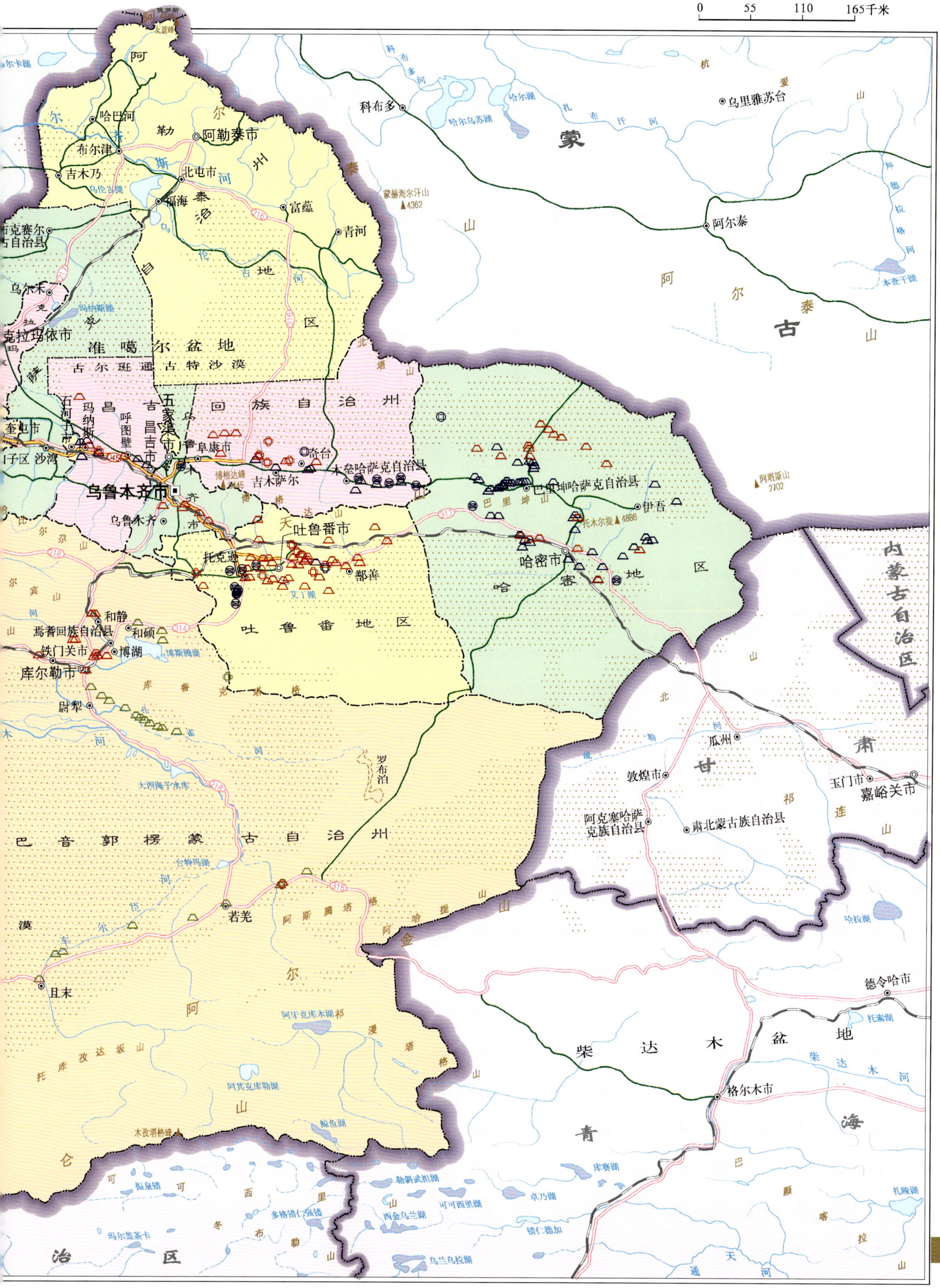
0 55 110 165千米
阿勒泰市
哈巴河
布尔津
吉木乃
北屯市
福海
富蕴
青河
阿勒泰地区
准噶尔盆地
古尔班通古特沙漠
克拉玛依市
乌尔禾
昌吉回族自治州
石河子市
玛纳斯
呼图壁
昌吉市
五家渠市
阜康市
奇台
吉木萨尔
木垒哈萨克自治县
乌鲁木齐市
乌鲁木齐
博格达峰 5445
吐鲁番市
托克逊
鄯善
艾丁湖
吐鲁番地区
哈密市
巴里坤哈萨克自治县
伊吾
托木尔提 4886
哈密地区
和静
和硕
焉耆回族自治县
博湖
博斯腾湖
铁门关市
库尔勒市
尉犁
罗布泊
大西海子水库
巴音郭楞蒙古自治州
若羌
且末
阿斯腾塔格
阿尔金山
阿牙克库木湖
阿其克库勒湖
鲸鱼湖
木孜塔格峰
昆仑山
可可西里山
振泉错
玛尔盖茶卡
多格错仁强错
勒斜武担湖
西金乌兰湖
可可西里湖
卓乃湖
错仁德加
乌兰乌拉湖
库赛湖
治区
科布多
乌里雅苏台
阿尔泰
蒙古
阿尔泰山
蒙赫海尔汗山 4362
阿塔斯山 2702
哈尔乌苏湖
哈尔湖
扎布汗河
本查干湖
内蒙古自治区
甘肃
瓜州
敦煌市
玉门市
嘉峪关市
阿克塞哈萨克族自治县
肃北蒙古族自治县
祁连山
哈拉湖
德令哈市
托素湖
柴达木盆地
柴达木河
格尔木市
青海
巴颜喀拉山
扎陵湖
通天河

新疆维吾尔自治区汉代长城资源分布图

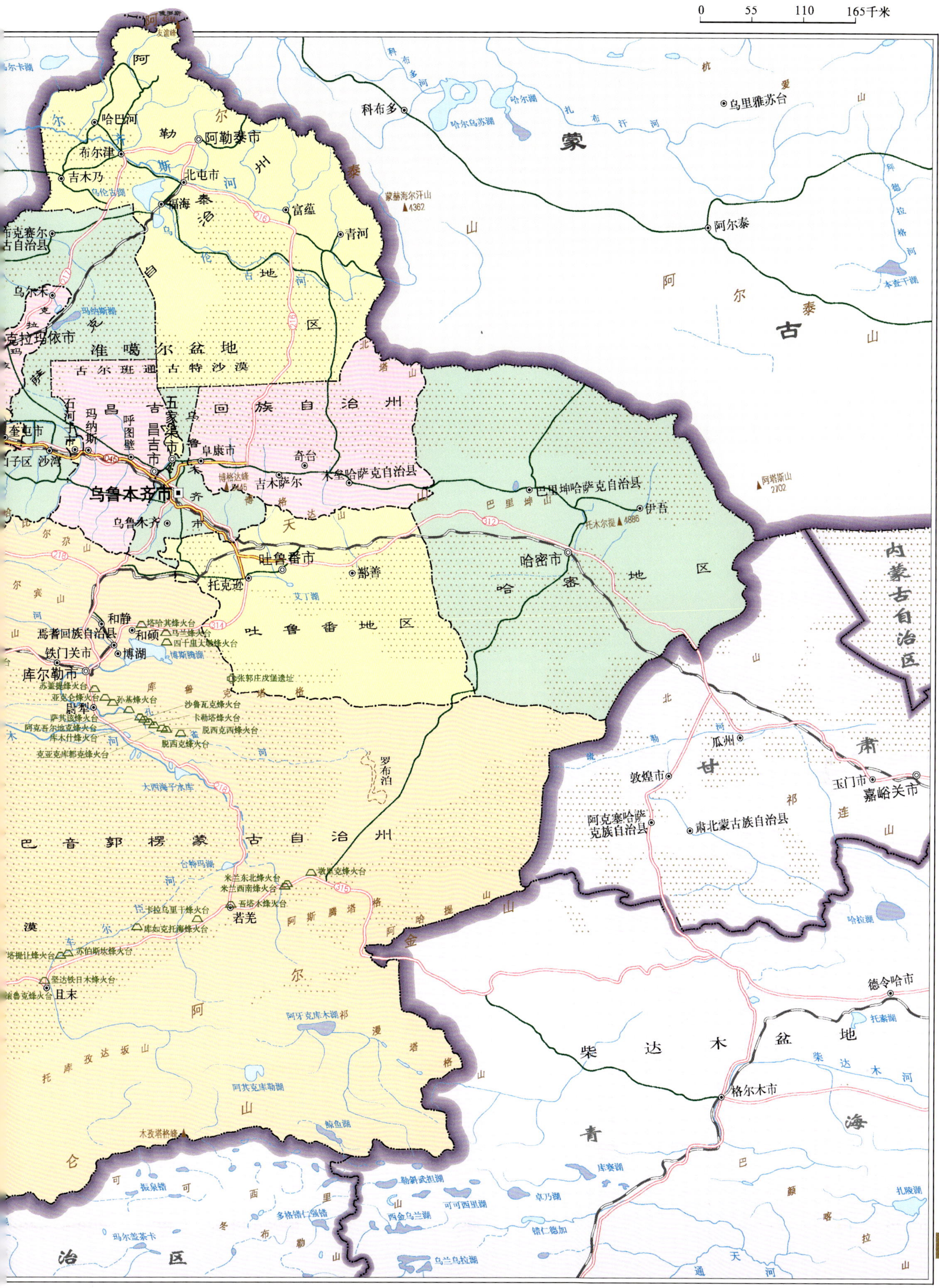
0 55 110 165千米
乌鲁木齐市
阿勒泰市
布尔津
哈巴河
吉木乃
北屯市
福海
富蕴
青河
科布多
乌里雅苏台
阿尔泰
克拉玛依市
准噶尔盆地
古尔班通古特沙漠
昌吉回族自治州
石河子市
玛纳斯
呼图壁
昌吉市
五家渠市
阜康市
奇台
吉木萨尔
木垒哈萨克自治县
巴里坤哈萨克自治县
伊吾
哈密市
哈密地区
吐鲁番市
鄯善
托克逊
吐鲁番地区
和静
和硕
焉耆回族自治县
博湖
铁门关市
库尔勒市
尉犁
巴音郭楞蒙古自治州
若羌
且末
罗布泊
阿尔金山
瓜州
敦煌市
玉门市
嘉峪关市
阿克塞哈萨克族自治县
肃北蒙古族自治县
德令哈市
柴达木盆地
格尔木市
青海
甘肃
内蒙古自治区
蒙古
阿尔泰山
伊犁哈萨克自治州
治区

新疆维吾尔自治区唐代长城资源分布图

0 55 110 165千米
乌鲁木齐市
阿勒泰市
哈巴河
布尔津
吉木乃
北屯市
福海
富蕴
青河
克拉玛依市
准噶尔盆地
古尔班通古特沙漠
昌吉回族自治州
五家渠市
阜康市
奇台
吉木萨尔
木垒哈萨克自治县
巴里坤哈萨克自治县
伊吾
哈密市
哈密地区
吐鲁番市
吐鲁番地区
鄯善
托克逊
和静
和硕
焉耆回族自治县
博湖
铁门关市
库尔勒市
尉犁
若羌
且末
巴音郭楞蒙古自治州
罗布泊
米兰戍堡
阿尔金山
昆仑山
科布多
乌里雅苏台
阿尔泰
蒙古
内蒙古自治区
甘肃
敦煌市
瓜州
玉门市
嘉峪关市
阿克塞哈萨克族自治县
肃北蒙古族自治县
德令哈市
格尔木市
青海
烽火台村烽火台
西泉七队烽火台
阿克木那拉烽火台
中湖村烽火台
盐哈泉烽火台
大红山北烽火台
马王庙东山顶烽火台
石板墩烽火台
白墩烽火台
东庄子烽火台
铜吐尔烽火台
大泉子烽火台
拉克苏木烽火台
尤库日巴格烽火台
墩墩湾烽火台
墩墩山烽火台
吉格代布拉克烽火台
色克三墩烽火台
潘家地烽火台
阿拉沟戍堡
查汗通古东烽火台
查汗通古西烽火台
上恰其烽火台
托木尔提▲4886
阿塔斯山 2702
蒙赫海尔汗山▲4362
博斯腾湖
台特玛湖
阿牙克库木湖
阿其克库勒湖
大西海子水库

新疆维吾尔自治区唐代长城资源分布图展开图

审图号：新S(2014)074号

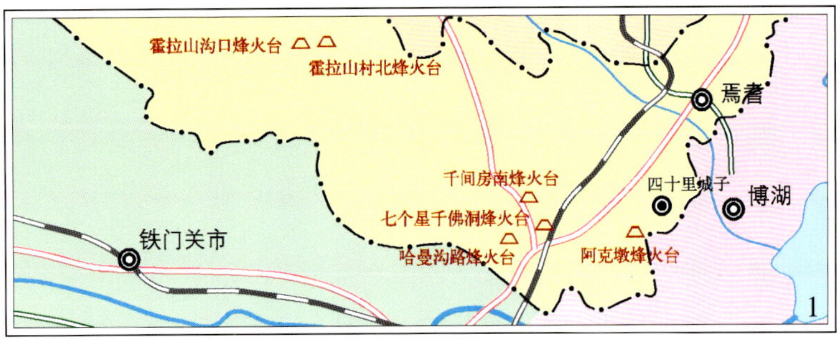

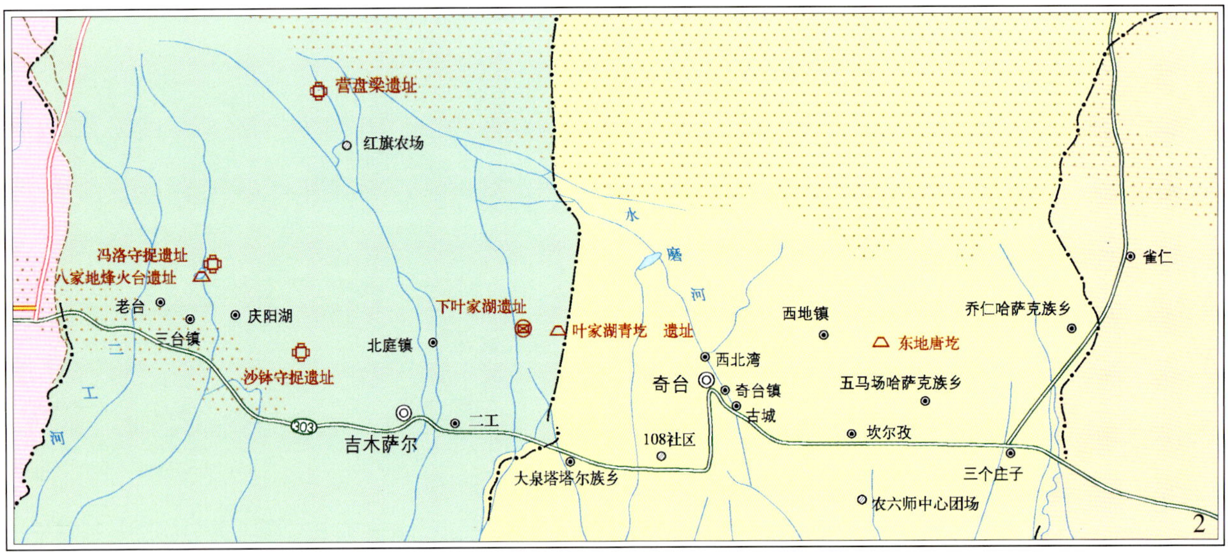

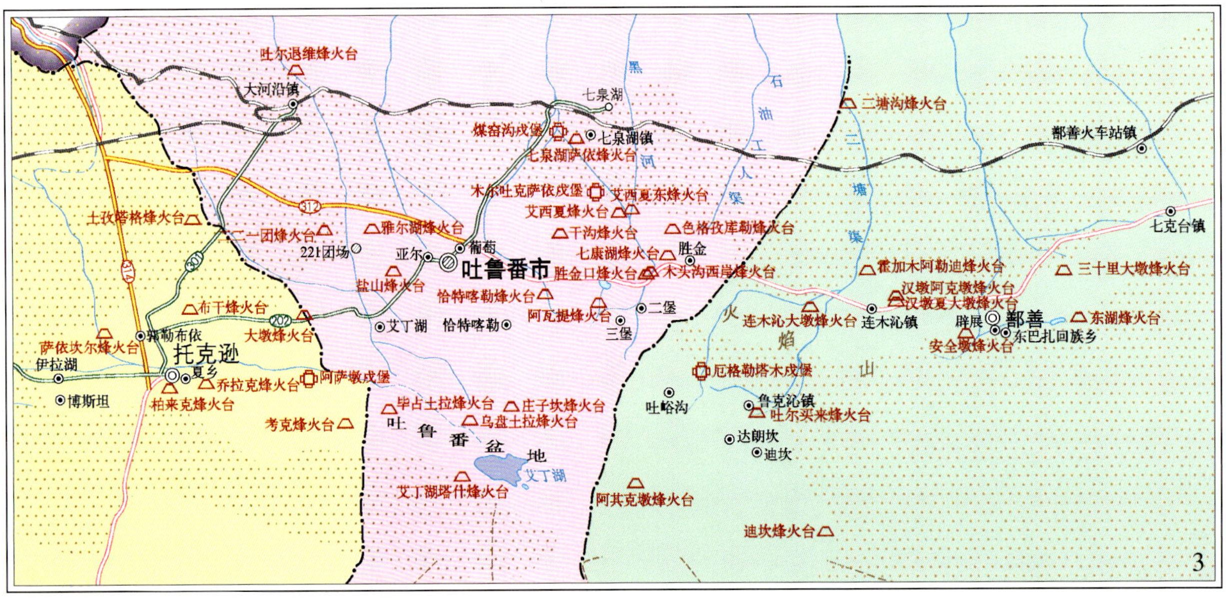

红旗农场
七盘磨戍堡
提坚烽火台
阿湖
格达良
托咯依水库
阿图什市
提坚比西拱拜孜驿站
阿扎克
松他克
摩克提木烽火台
库木萨克一号烽火台
墩肖二号烽火台
摩尔提木烽火台
墩肖一号烽火台
库木萨克三号烽火台
库木萨克二号烽火台、卡格提木烽火台
赛格孜烽火台
塔克塔克提木烽火台
伽师
4

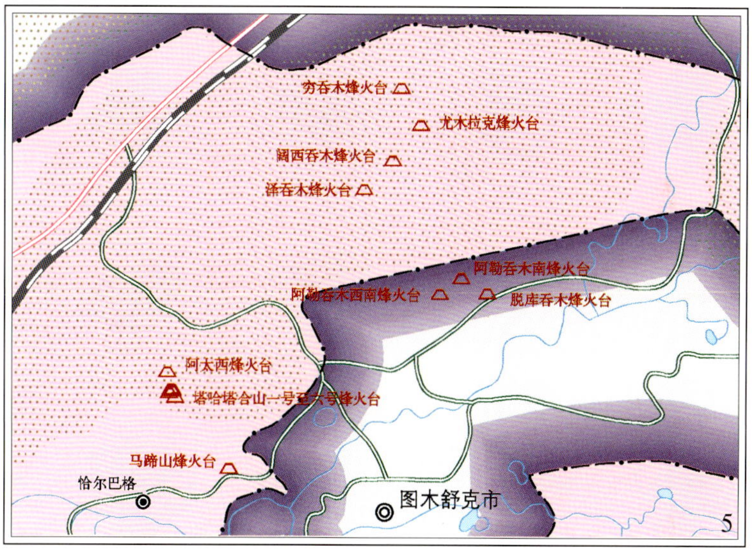
穷吞木烽火台
尤木拉克烽火台
阔西吞木烽火台
泽吞木烽火台
阿勒吞木南烽火台
阿勒吞木西南烽火台
脱库吞木烽火台
阿太西烽火台
塔哈塔合山一号至六号烽火台
马蹄山烽火台
恰尔巴格
图木舒克市
5

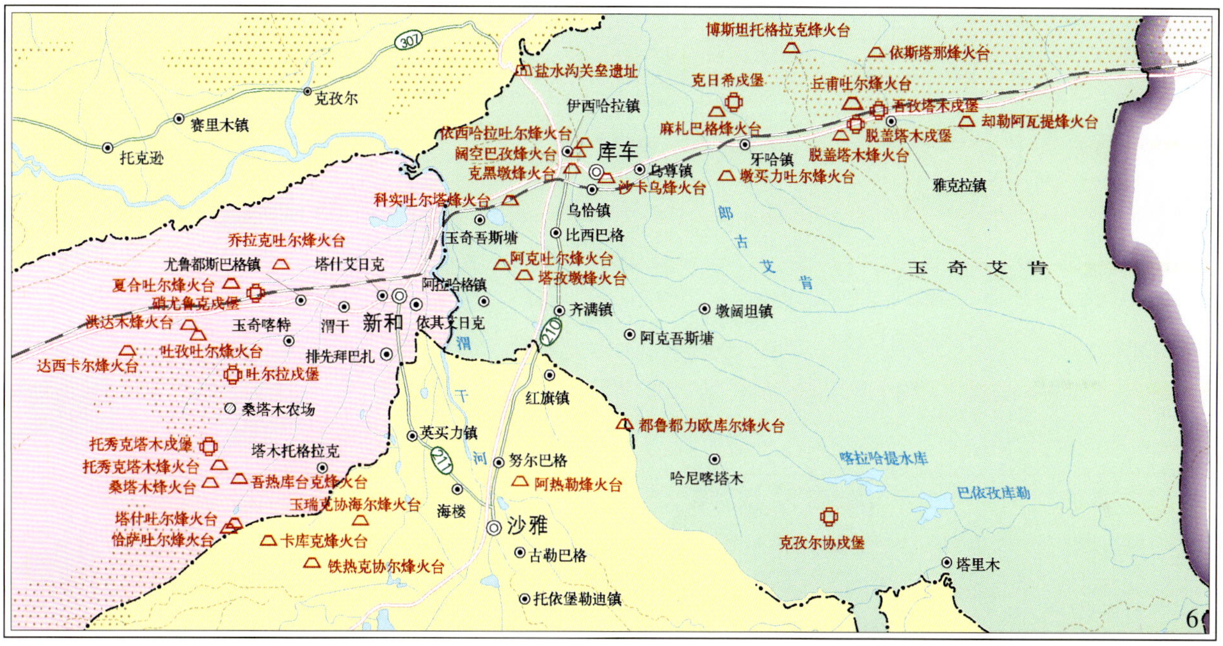
307
博斯坦托格拉克烽火台
依斯塔那烽火台
盐水沟关垒遗址
克日希戍堡
丘甫吐尔烽火台
克孜尔
赛里木镇
托克逊
伊西哈拉镇
吾孜塔木戍堡
却勒阿瓦提烽火台
依西哈拉吐尔烽火台
麻扎巴格烽火台
脱盖塔木戍堡
阔空巴孜烽火台
库车
牙哈镇
脱盖塔木烽火台
克黑墩烽火台
乌尊镇
墩买力吐尔烽火台
沙卡乌烽火台
雅克拉镇
科实吐尔塔烽火台
乌恰镇
乔拉克吐尔烽火台
玉奇吾斯塘
比西巴格
尤鲁都斯巴格镇
塔什艾日克
阿克吐尔烽火台
夏合吐尔烽火台
塔孜墩烽火台
阿拉哈格镇
玉奇艾肯
硝尤鲁克戍堡
新和
依其艾日克
齐满镇
墩阔坦镇
洪达木烽火台
玉奇喀特
渭干
吐孜吐尔烽火台
排先拜巴扎
阿克吾斯塘
达西卡尔烽火台
吐尔拉戍堡
渭
干
河
桑塔木农场
红旗镇
都鲁都力欧库尔烽火台
英买力镇
托秀克塔木戍堡
塔木托格拉克
托秀克塔木烽火台
努尔巴格
哈尼喀塔木
喀拉提水库
桑塔木烽火台
吾热库台克烽火台
阿热勒烽火台
210
211
巴依孜库勒
玉瑞克协海尔烽火台
海楼
塔什吐尔烽火台
沙雅
恰萨吐尔烽火台
卡库克烽火台
克孜尔协戍堡
古勒巴格
铁热克协尔烽火台
塔里木
托依堡勒迪镇
6

新疆维吾尔自治区清代军事设施遗址分布图

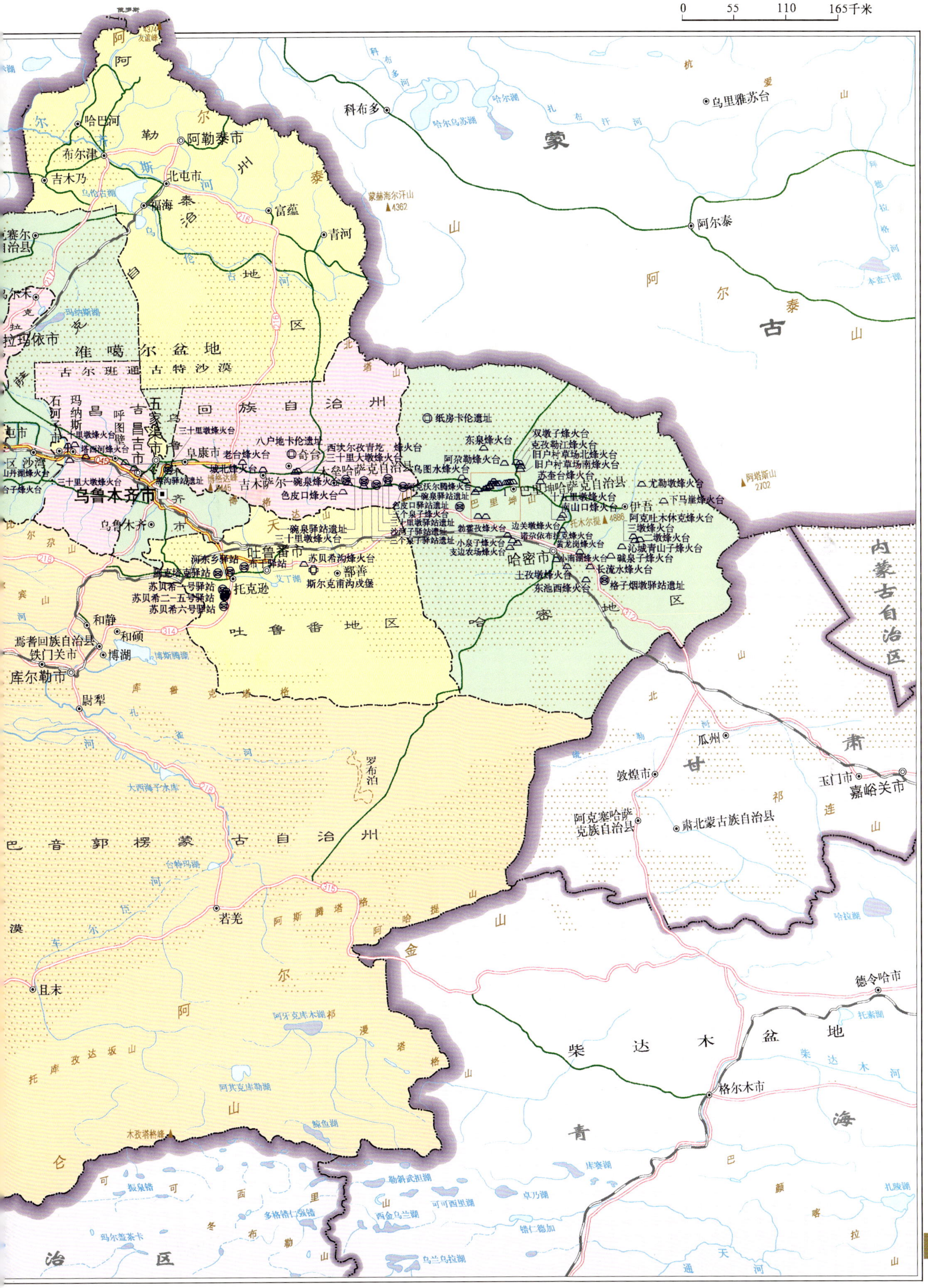
0 55 110 165千米
乌鲁木齐市
阿勒泰市
哈巴河
布尔津
吉木乃
北屯市
福海
富蕴
青河
克拉玛依市
准噶尔盆地
古尔班通古特沙漠
昌吉回族自治州
石河子市
玛纳斯
呼图壁
昌吉市
五家渠市
阜康市
吉木萨尔
奇台
木垒哈萨克自治县
乌鲁木齐
吐鲁番市
托克逊
鄯善
吐鲁番地区
哈密市
巴里坤哈萨克自治县
伊吾
哈密地区
和静
和硕
焉耆回族自治县
铁门关市
博湖
库尔勒市
尉犁
若羌
且末
巴音郭楞蒙古自治州
罗布泊
博斯腾湖
大西海子水库
台特玛湖
阿牙克库木湖
阿其克库勒湖
鲸鱼湖
木孜塔格峰
托库孜达坂山
阿尔金山
阿斯腾塔格
柴达木盆地
格尔木市
德令哈市
托素湖
柴达木河
敦煌市
瓜州
玉门市
嘉峪关市
阿克塞哈萨克族自治县
肃北蒙古族自治县
祁连山
甘肃
内蒙古自治区
青海
可可西里湖
卓乃湖
西金乌兰湖
乌兰乌拉湖
库赛湖
勒斜武担湖
多格错仁强错
振泉错
玛尔盖茶卡
布喀达坂峰
乌里雅苏台
科布多
阿尔泰
阿尔泰山
蒙古
哈尔乌苏湖
蒙赫海尔汗山 4362
阿塔斯山 2702
托木尔提 4886
博格达峰 5445
友谊峰 4374
乌伦古湖
额尔齐斯河
乌伦古河
纸房卡伦遗址
八户地卡伦遗址
东泉烽火台
双墩子烽火台
克孜勒江烽火台
旧户村草场北烽火台
旧户村草场南烽火台
苏奎台烽火台
阿尕勒烽火台
尤勒墩烽火台
下马崖烽火台
十里墩烽火台
南山口烽火台
阿克吐木休克烽火台
三墩烽火台
二墩烽火台
沁城青山子烽火台
碱泉子烽火台
长流水烽火台
格子烟墩驿站遗址
东池西烽火台
土孜墩烽火台
小南湖烽火台
黄龙岗烽火台
诺尔依布拉克烽火台
边关墩烽火台
小泉子烽火台
支边农场烽火台
勃霍孜烽火台
三十里大墩烽火台
三十里墩烽火台
老台烽火台
城北烽火台
吉木萨尔一碗泉烽火台
色皮口烽火台
西坎尔孜青克烽火台
一碗泉驿站遗址
三个泉子驿站遗址
十里墩驿站遗址
沙河子驿站遗址
三个泉子驿站遗址
河东乡驿站
阿克塔克驿站
苏贝希一号驿站
苏贝希二-五号驿站
苏贝希六号驿站
苏贝希沟烽火台
斯尔克甫沟戍堡
十里墩烽火台
塔西河烽火台
沙湾
艾丁湖

巴音郭楞蒙古自治州汉代、唐代长城资源分布图

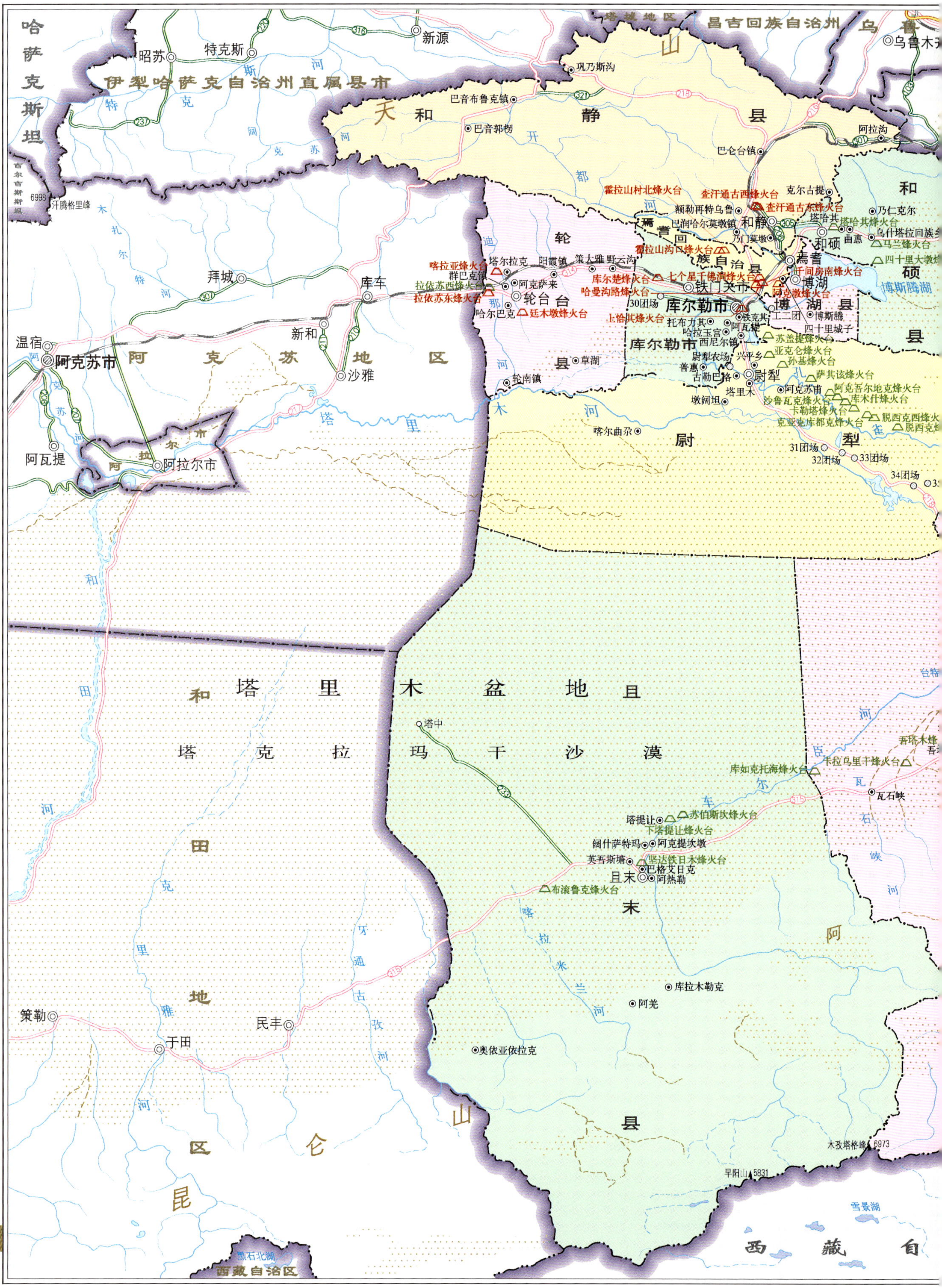

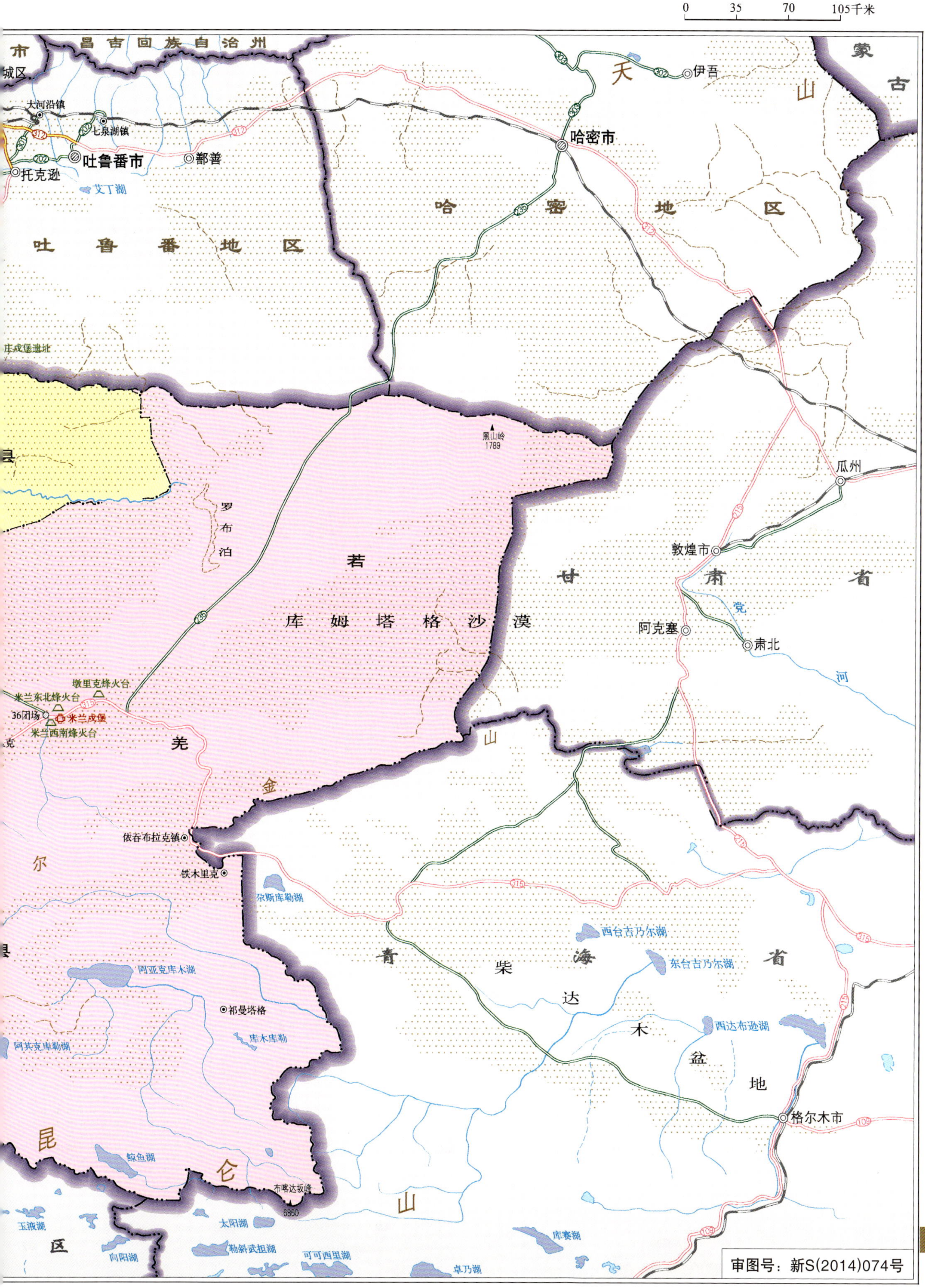
0 35 70 105千米
昌吉回族自治州
市
城区
大河沿镇
七泉湖镇
吐鲁番市
鄯善
托克逊
艾丁湖
吐鲁番地区
伊吾
天山
哈密市
哈密地区
蒙古
庄戍堡遗址
黑山岭
1789
罗布泊
若羌
库姆塔格沙漠
甘肃省
瓜州
敦煌市
阿克塞
肃北
党河
墩里克烽火台
米兰东北烽火台
36团场
米兰戍堡
米兰西南烽火台
阿尔金山
依吞布拉克镇
铁木里克
尕斯库勒湖
西台吉乃尔湖
东台吉乃尔湖
青海省
柴达木盆地
西达布逊湖
格尔木市
阿亚克库木湖
祁曼塔格
库木库勒
阿其克库勒湖
昆仑山
鲸鱼湖
布喀达坂峰
6860
玉液湖
太阳湖
勒斜武担湖
可可西里湖
库赛湖
卓乃湖
向阳湖
区
审图号：新S(2014)074号

阿克苏地区汉代、唐代长城资源分布图

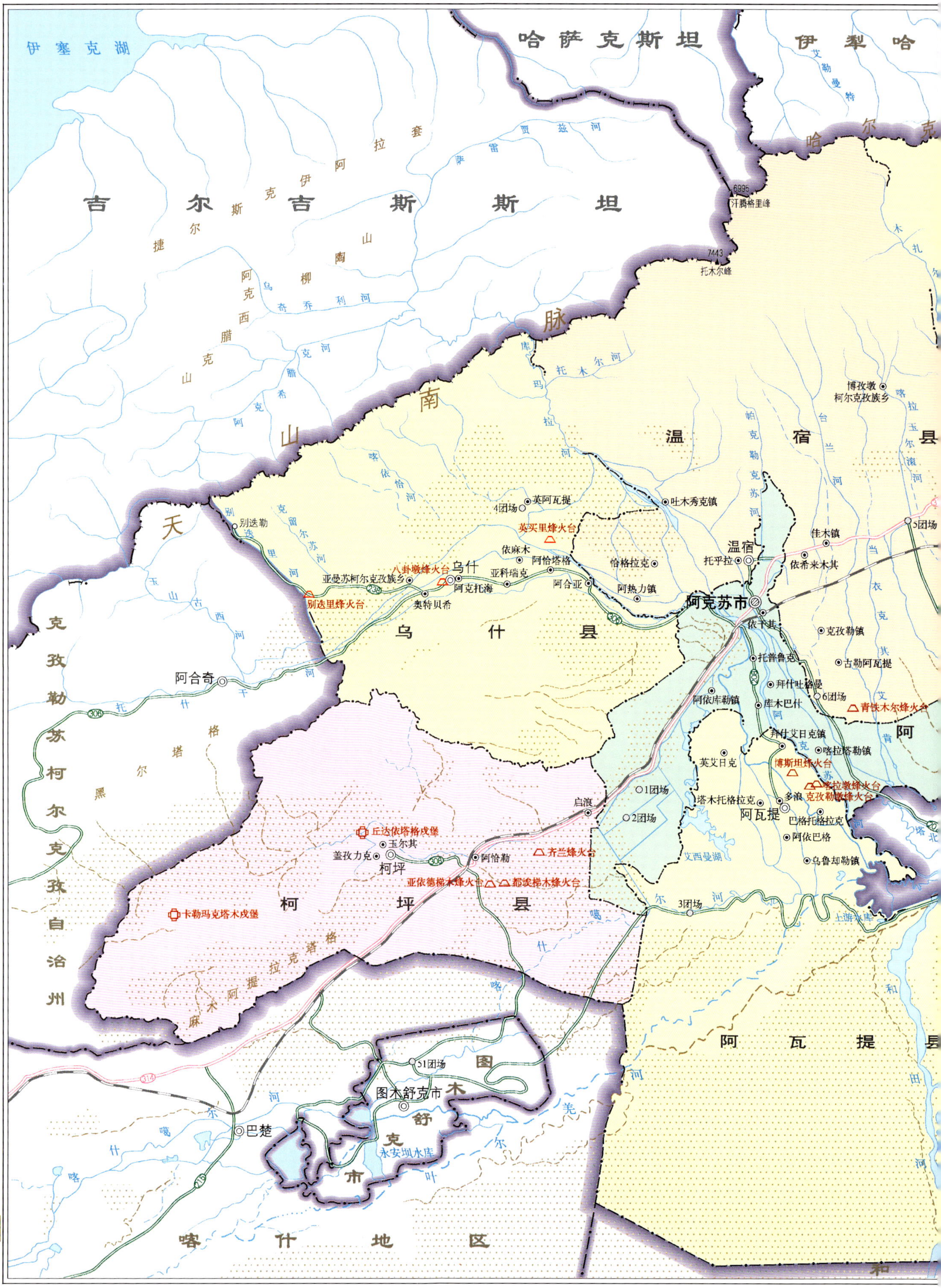

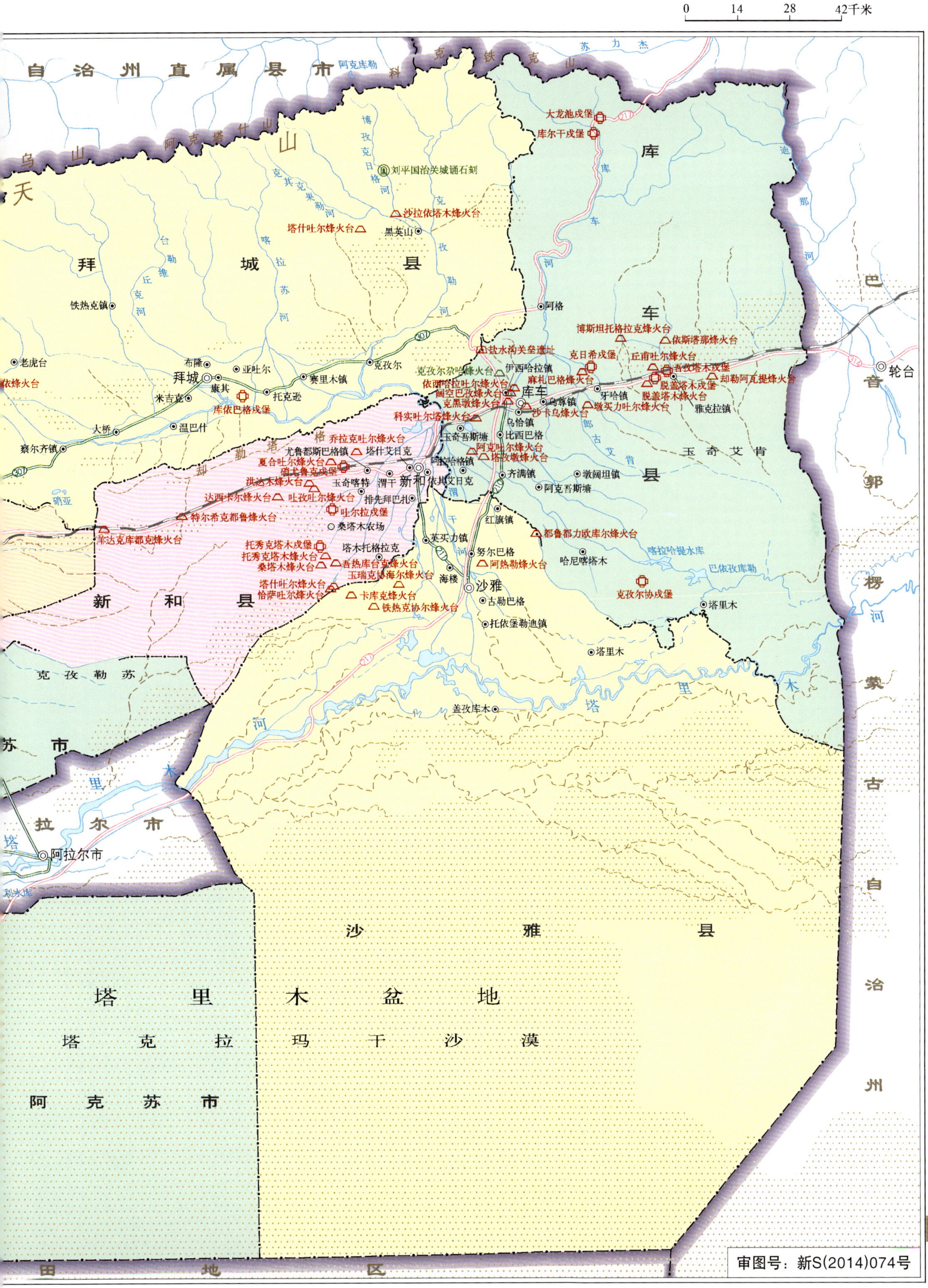
0 14 28 42千米
自治州直属县市
阿克库勒
科克铁克山
苏力杰
天山
乌山
阿克塔什山
博孜克日格河
刘平国治关城诵石刻
克其克果勒河
沙拉依塔木烽火台
塔什吐尔烽火台
黑英山
喀拉苏河
台勒维丘克河
拜城县
铁热克镇
老虎台
布隆
亚吐尔
克孜尔
拜城
康其
赛里木镇
米吉克
托克逊
库依巴格戍堡
大桥
温巴什
察尔齐镇
大龙池戍堡
库尔干戍堡
库车河
库车县
阿格
渭干河
博斯坦托格拉克烽火台
依斯塔那烽火台
盐水沟关垒遗址
克日希戍堡
丘甫吐尔烽火台
克孜尔尕哈烽火台
伊西哈拉镇
苏巴什佛寺遗址
却勒阿瓦提烽火台
依西哈拉吐尔烽火台
麻扎巴格烽火台
阔空巴孜烽火台
库车
牙哈镇
脱盖塔木戍堡
克黑墩烽火台
乌尊镇
脱盖塔木烽火台
科实吐尔塔烽火台
沙卡乌烽火台
墩买力吐尔烽火台
雅克拉镇
乌恰镇
玉奇吾斯塘
比西巴格
阿克吐尔烽火台
塔孜墩烽火台
乔拉克吐尔烽火台
尤鲁都斯巴格镇
塔什艾日克
阿克哈格镇
齐满镇
墩阔坦镇
玉奇艾肯
夏合吐尔烽火台
琼尤鲁克戍堡
新和
依其艾日克
阿克吾斯塘
洪达木烽火台
玉奇喀特
渭干
达西卡尔烽火台
吐孜吐尔烽火台
排先拜巴扎
吐尔拉戍堡
特尔希克都鲁烽火台
桑塔木农场
红旗镇
羊达克库都克烽火台
英买力镇
都鲁都力欧库尔烽火台
托秀克塔木戍堡
塔木托格拉克
托秀克塔木烽火台
努尔巴格
喀拉哈提水库
桑塔木烽火台
吾热库台克烽火台
阿热勒烽火台
哈尼喀塔木
巴依孜库勒
玉瑞克协海尔烽火台
海楼
塔什吐尔烽火台
沙雅
卡库克烽火台
克孜尔协戍堡
恰萨吐尔烽火台
铁热克协尔烽火台
古勒巴格
塔里木
新和县
托依堡勒迪镇
塔里木
克孜勒苏
盖孜库木
塔里木河
阿克苏市
阿拉尔市
阿拉尔市
利水库
沙雅县
塔里木盆地
塔克拉玛干沙漠
阿克苏市
和田地区
巴音郭楞蒙古自治州
轮台
迪那河
审图号：新S(2014)074号

吐鲁番地区唐代长城资源及清代军事设施遗址分布图

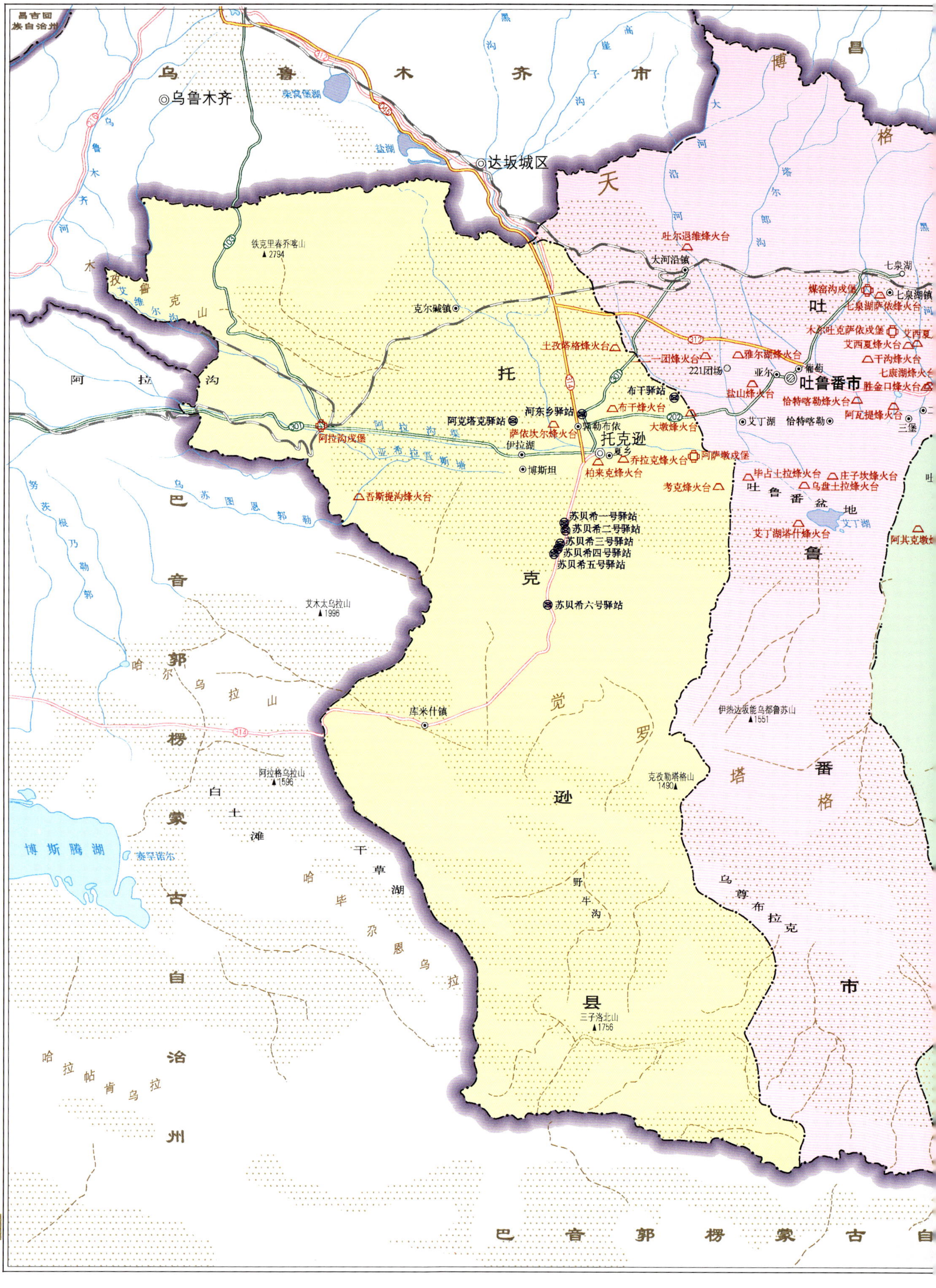

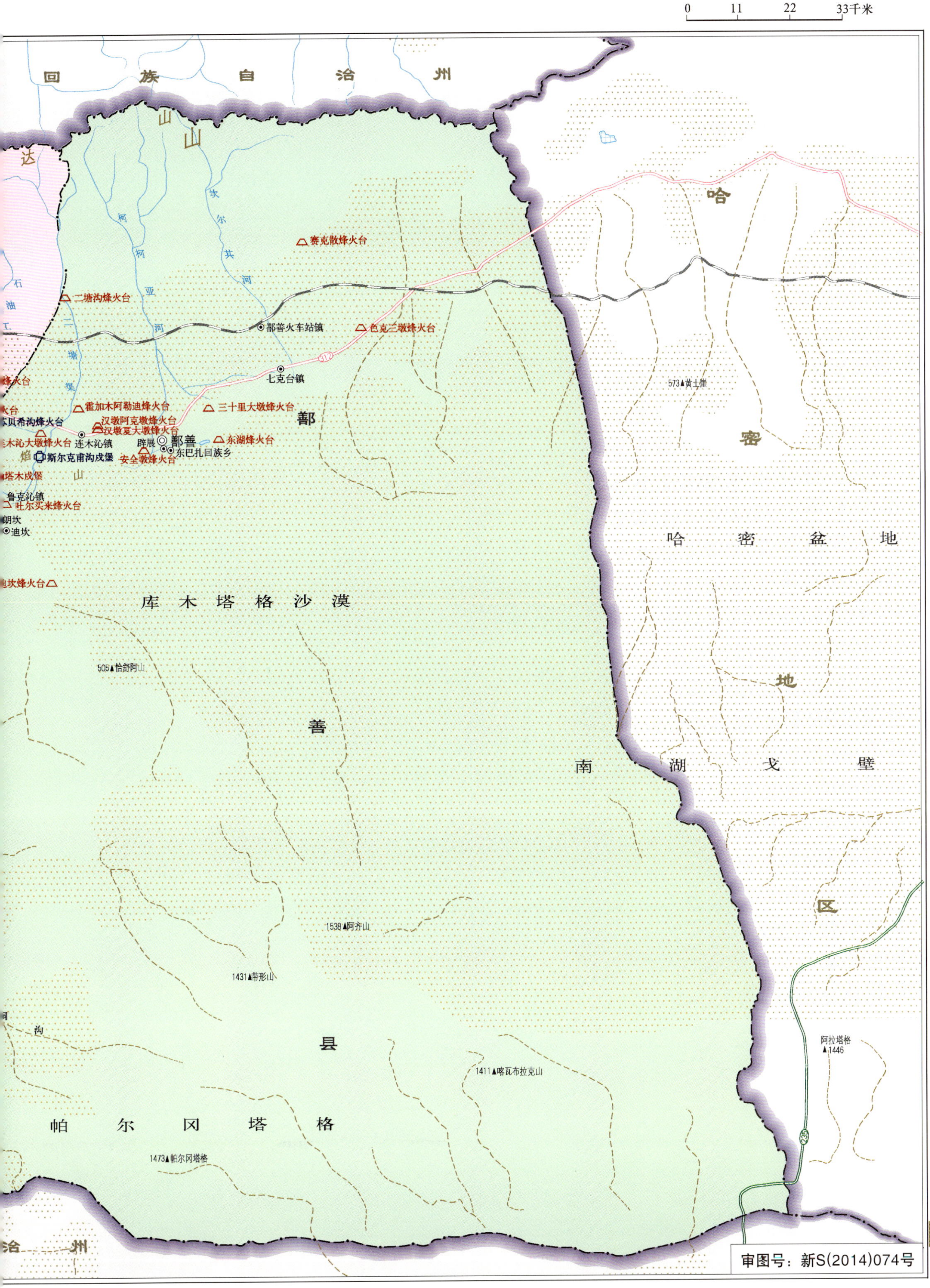
0 11 22 33千米
回 族 自 治 州
山
达
石
油
工
坎
尔
其
河
柯
柯
亚
河
二
塘
渠
赛克散烽火台
二塘沟烽火台
鄯善火车站镇
色克三墩烽火台
七克台镇
霍加木阿勒迪烽火台
三十里大墩烽火台
汉墩阿克墩烽火台
汉墩夏大墩烽火台
鄯
连木沁镇
辟展
鄯善
东湖烽火台
东巴扎回族乡
斯尔克甫沟戍堡
安全墩烽火台
焰
山
鲁克沁镇
吐尔买来烽火台
迪坎
库 木 塔 格 沙 漠
505▲恰舒阿山
善
南
1538▲阿齐山
1431▲带形山
沟
县
1411▲喀瓦布拉克山
帕 尔 冈 塔 格
1473▲帕尔冈塔格
治 州
哈
573▲黄土梁
密
哈 密 盆 地
地
湖 戈 壁
区
阿拉塔格
▲1446
审图号：新S(2014)074号

喀什地区唐代长城资源及清代军事设施遗址分布图

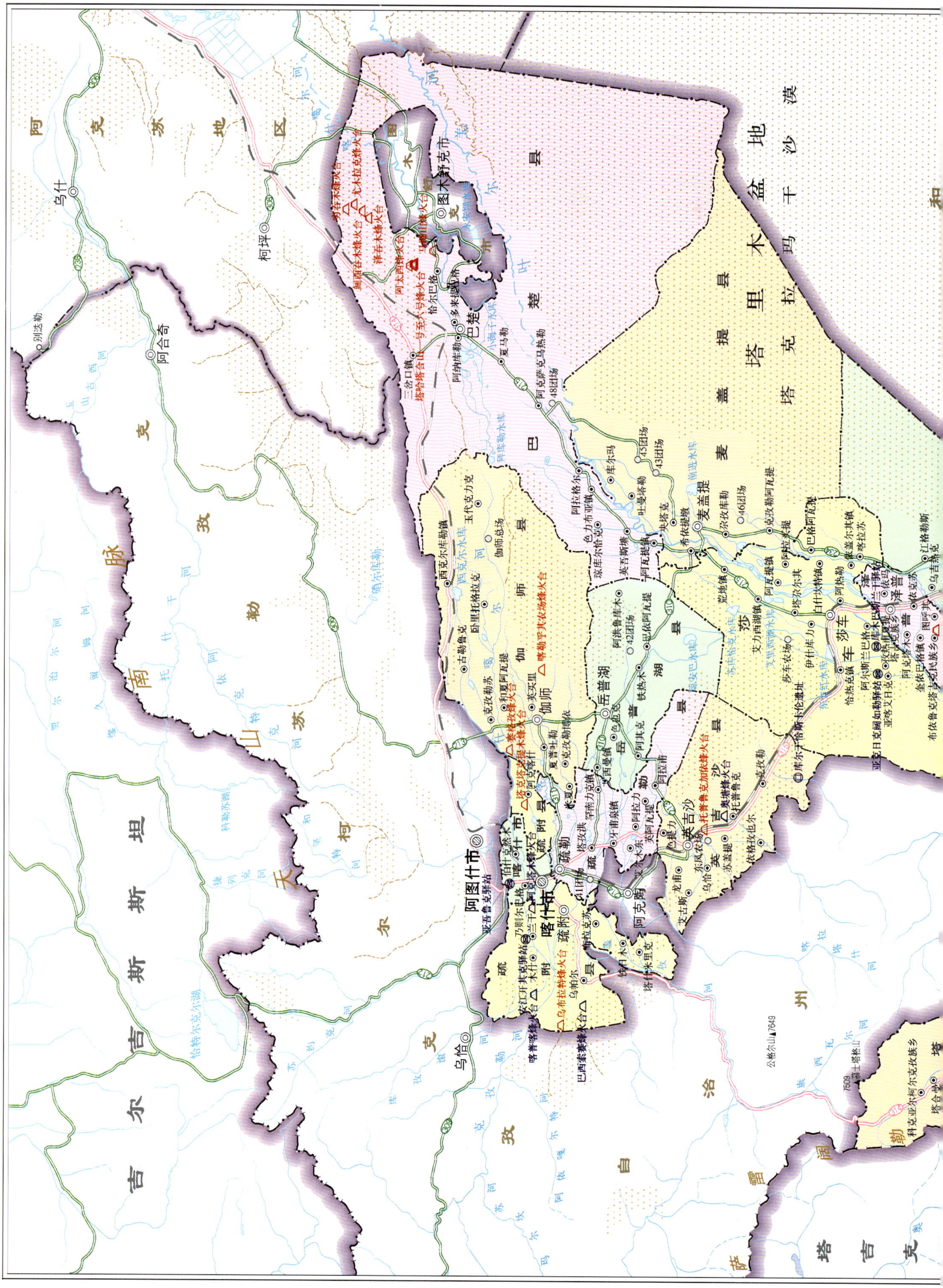

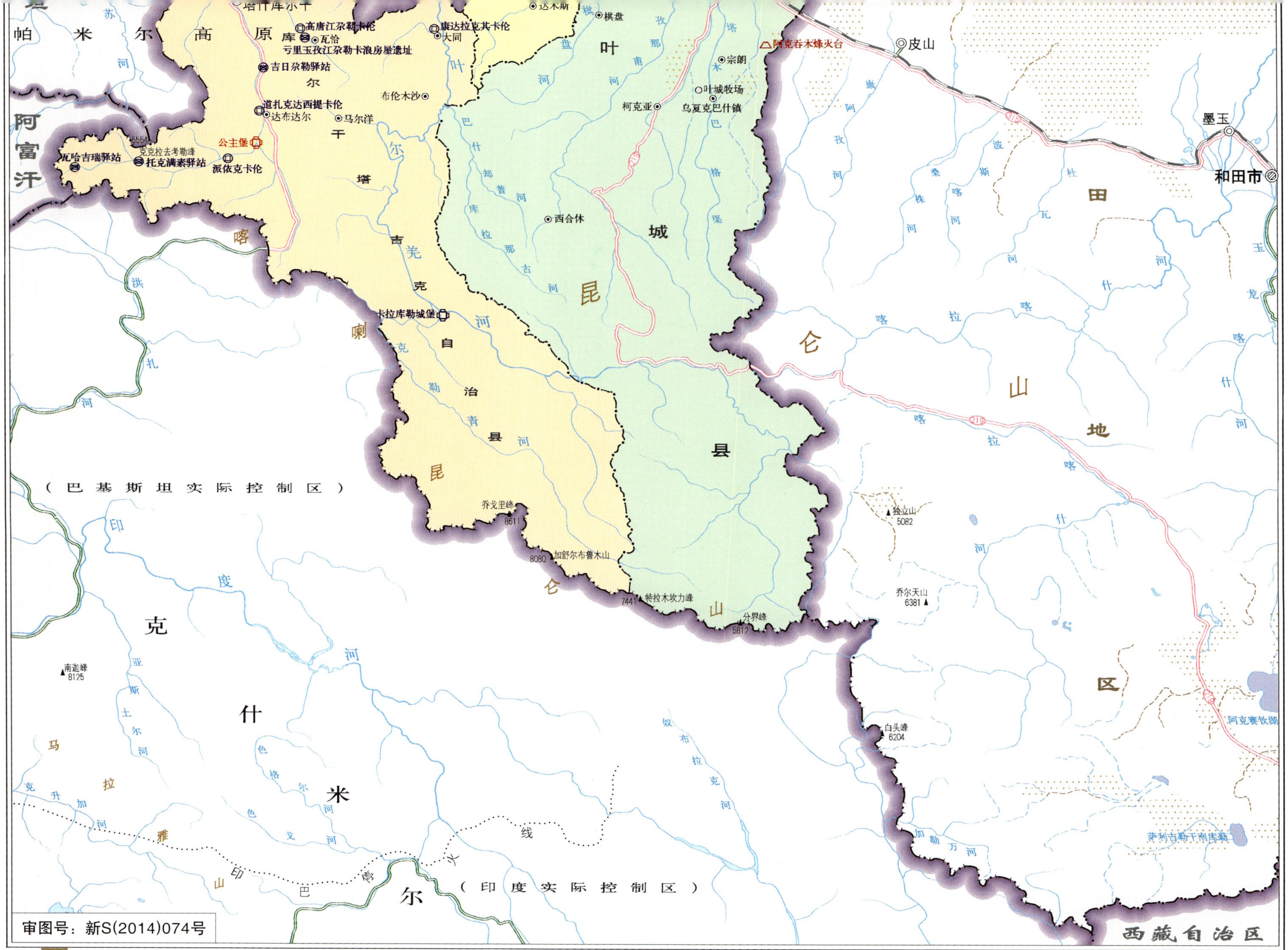

和田市
墨玉
皮山
田
地
区
昆
仑
山
叶
城
县
塔
什
库
尔
干
塔吉克自治县
阿克吞木烽火台
宗朗
叶城牧场
乌夏克巴什镇
柯克亚
棋盘
西合休
达木斯
高唐江杂勒卡伦
瓦恰
亏里玉孜江杂勒卡浪房屋遗址
吉日杂勒驿站
康达拉克其卡伦
大同
布伦木沙
道扎克达西提卡伦
达布达尔
马尔洋
公主堡
派依克卡伦
瓦哈吉瑞驿站
托克满素驿站
克克拉去考勒峰
5556
卡拉库勒城堡
帕米尔高原
阿富汗
喀喇昆仑
乔戈里峰
8611
加舒尔布鲁木山
8080
特拉木坎力峰
7441
分界峰
5812
独立山
5082
乔尔天山
6381
白头峰
6204
南迦峰
8125
阿克赛钦湖
萨利吉勒干南库勒
（巴基斯坦实际控制区）
（印度实际控制区）
克什米尔
印度河
马拉雅
西藏自治区
0
20
40
60千米
审图号：新S(2014)074号

昌吉回族自治州唐代长城资源及清代军事设施遗址分布图

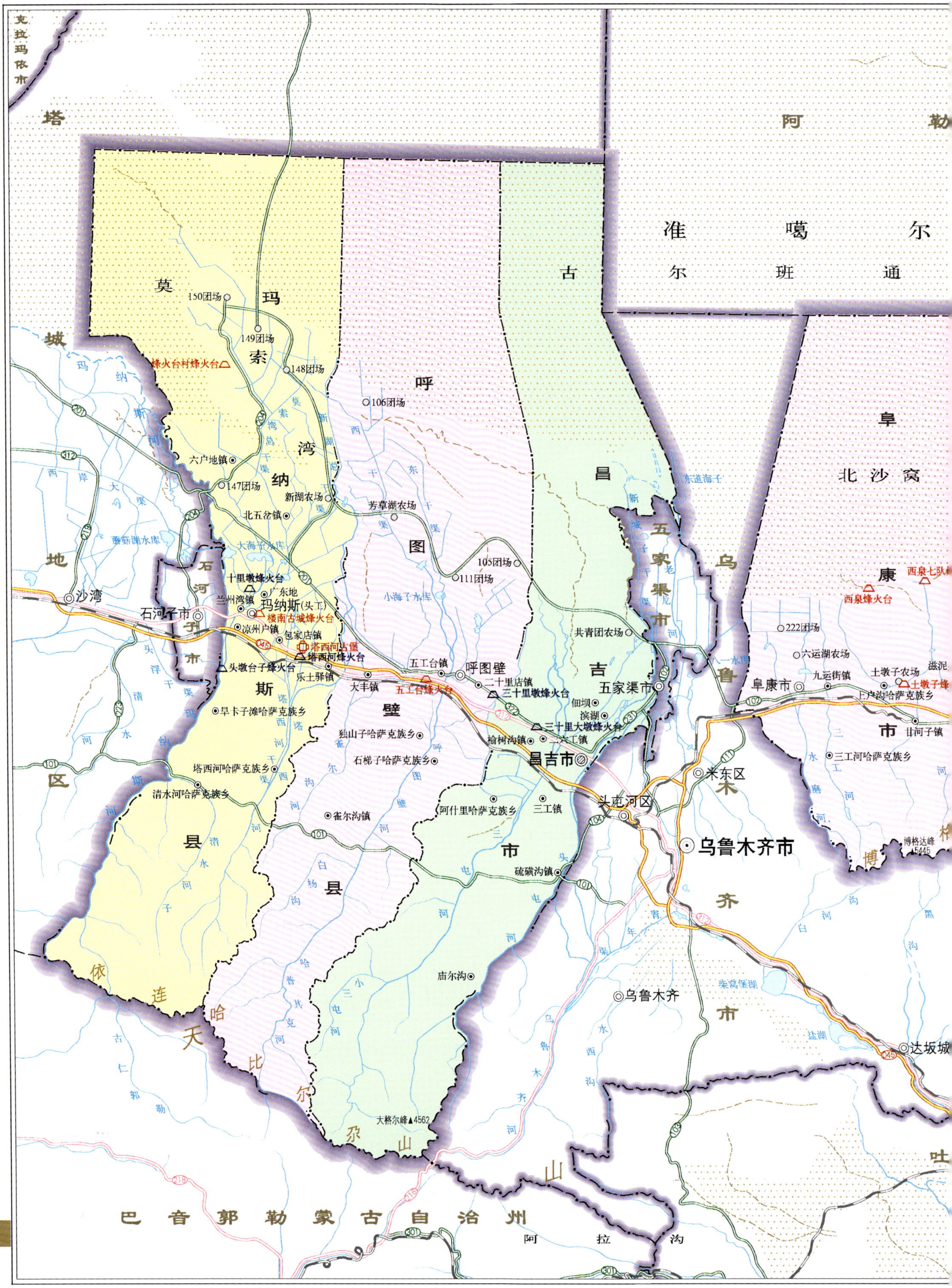

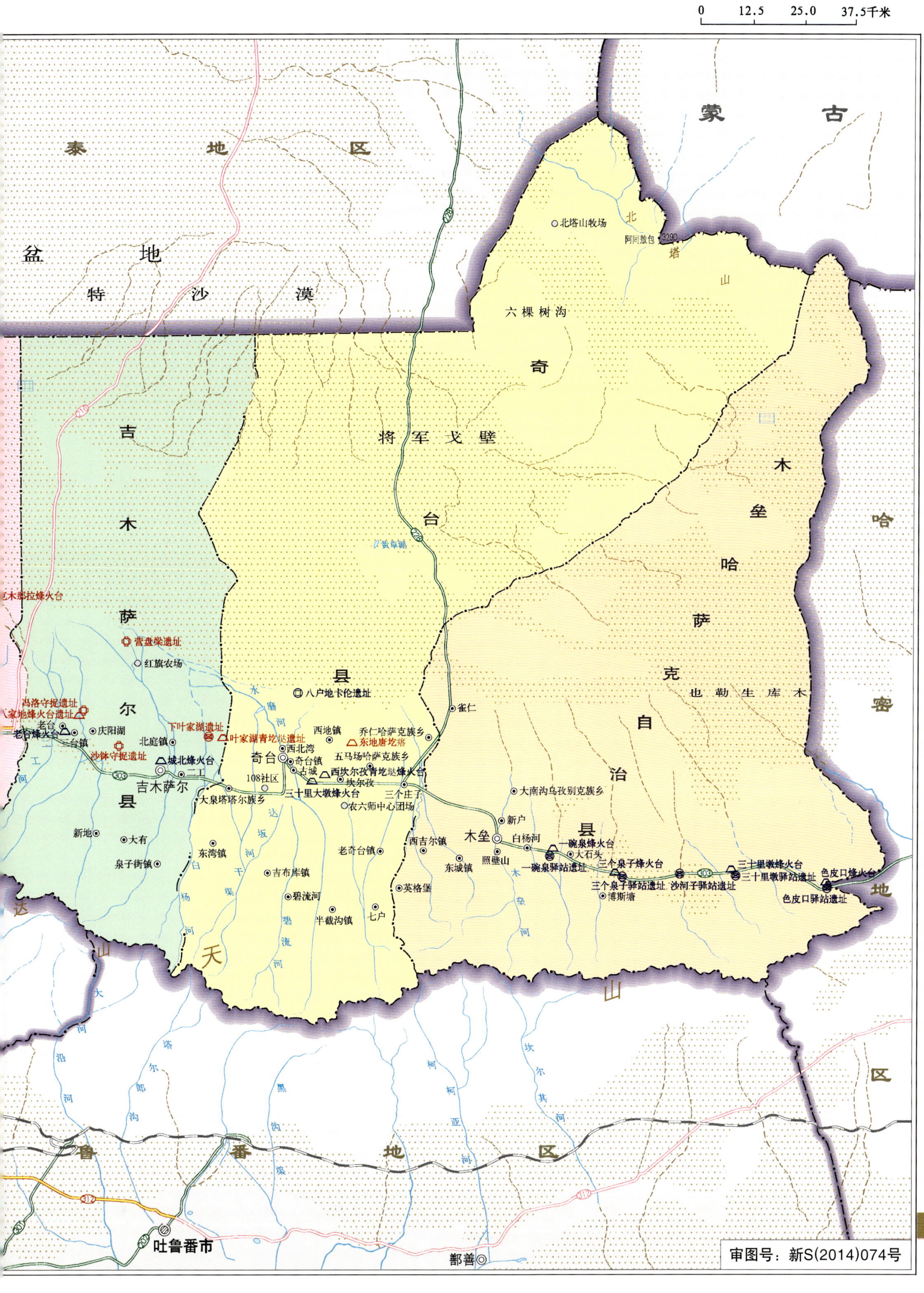
0 12.5 25.0 37.5千米
蒙 古
泰 地 区
盆 地
特 沙 漠
北塔山牧场
北塔山
阿同敖包 3290
六棵树沟
奇台县
将军戈壁
吉木萨尔县
木垒哈萨克自治县
哈密地区
吐鲁番地区
天山
黄草湖
营盘梁遗址
红旗农场
八户地卡伦遗址
水磨河
雀仁
也勒生库木
冯洛守捉遗址
八家地烽火台遗址
老台烽火台
老台
庆阳湖
三台镇
北庭镇
下叶家湖遗址
叶家湖青圪达遗址
西地镇
乔仁哈萨克族乡
东地唐圪塔
西北湾
沙钵守捉遗址
城北烽火台
奇台
奇台镇
五马场哈萨克族乡
二工
古城
西坎尔孜青圪垯烽火台
吉木萨尔
108社区
坎尔孜
三个庄子
三十里大墩烽火台
大泉塔塔尔族乡
农六师中心团场
大南沟乌孜别克族乡
新户
新地
大有
东湾镇
老奇台镇
西吉尔镇
木垒
白杨河
一碗泉烽火台
大石头
泉子街镇
照壁山
东城镇
一碗泉驿站遗址
三个泉子烽火台
三十里墩烽火台
色皮口烽火台
吉布库镇
英格堡
三个泉子驿站遗址
沙河子驿站遗址
三十里墩驿站遗址
博斯塘
色皮口驿站遗址
碧流河
半截沟镇
七户
开垦河
达坂河
白杨河
碧流河
木垒河
大河沿河
塔尔郎沟
黑沟
坎尔其河
柯柯亚河
吐鲁番市
鄯善
303
312
审图号：新S(2014)074号

哈密地区唐代长城资源及清代军事设施遗址分布图

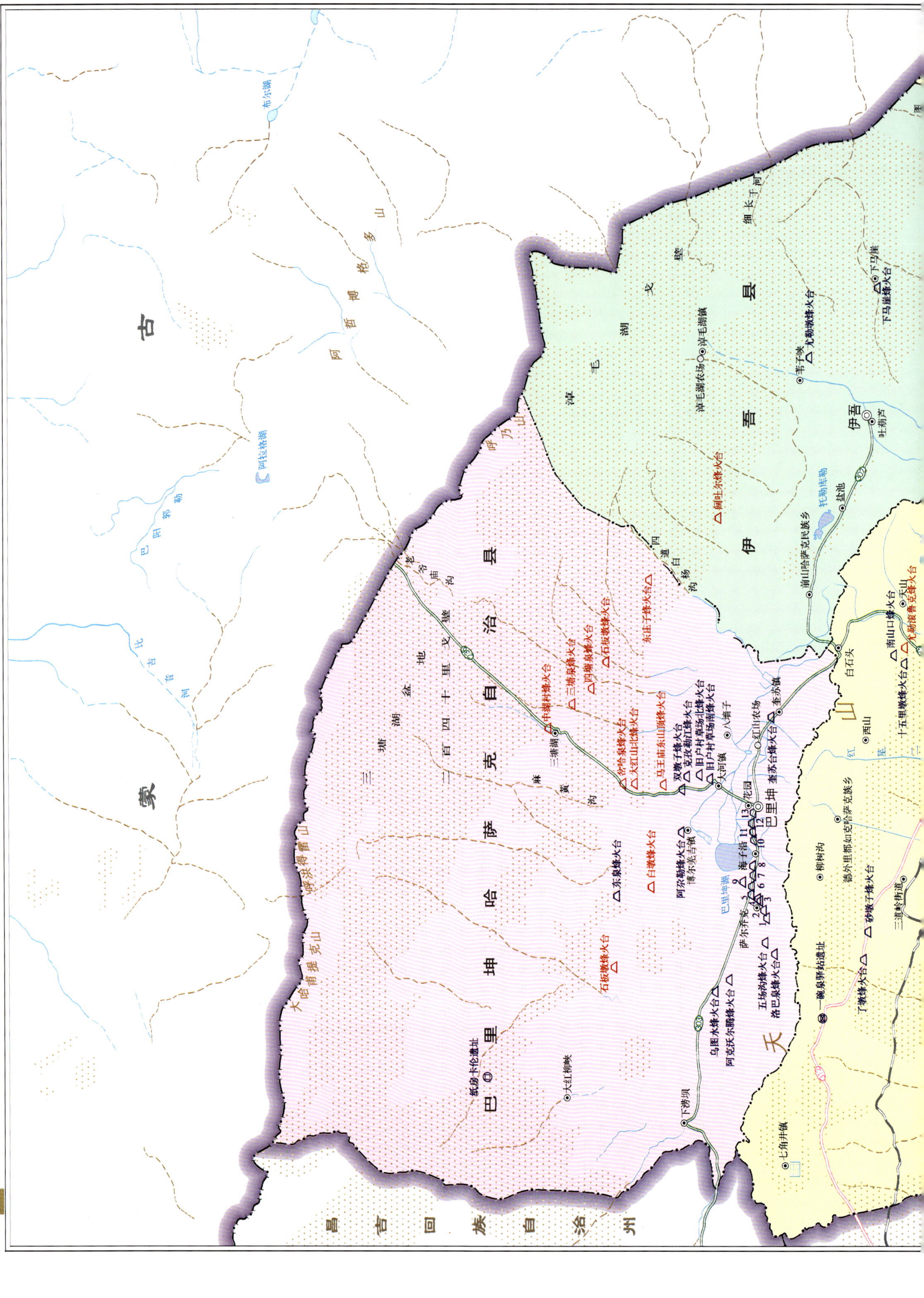

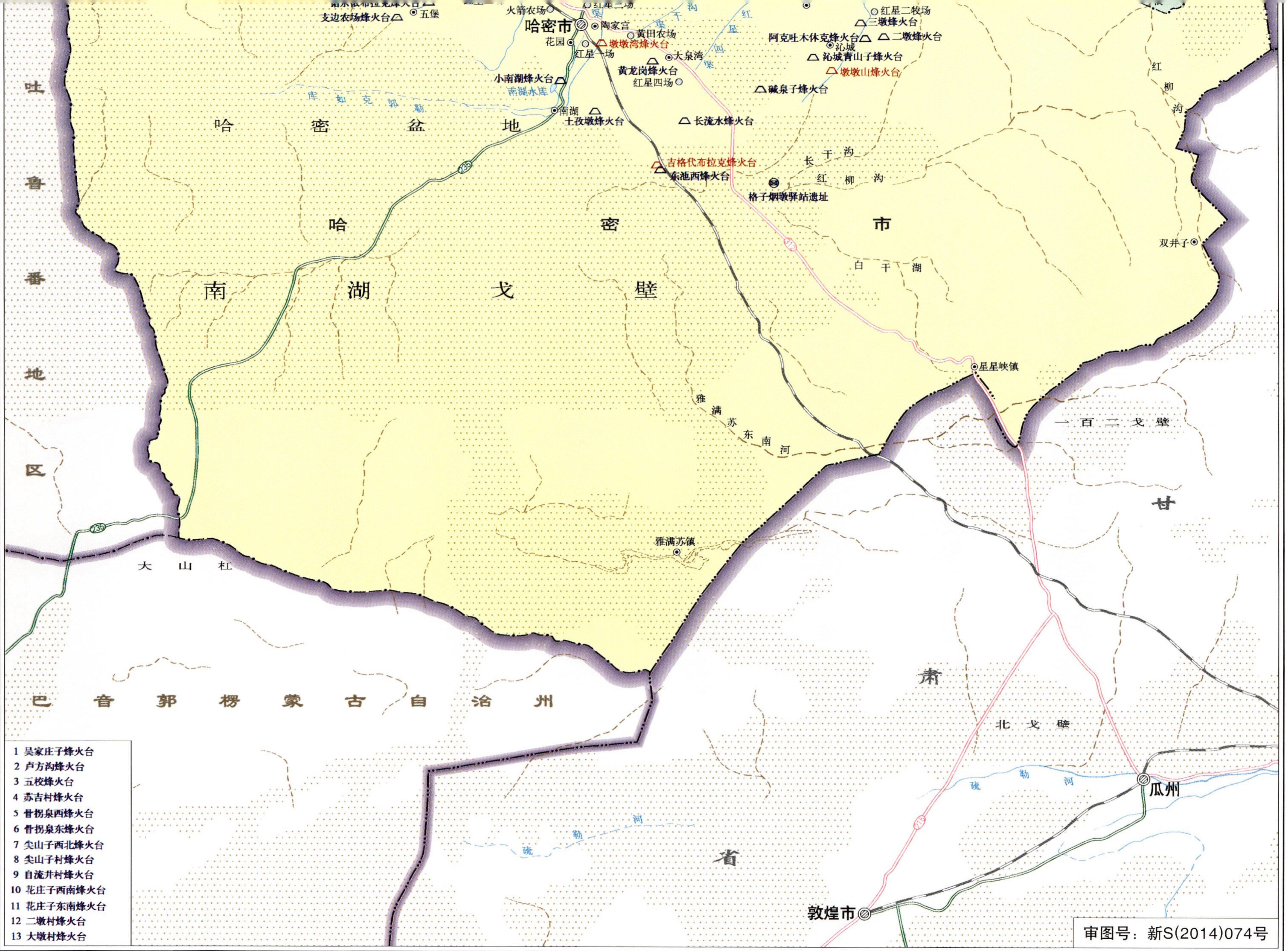

1 吴家庄子烽火台
2 卢方沟烽火台
3 五校烽火台
4 苏吉村烽火台
5 曾拐泉西烽火台
6 曾拐泉东烽火台
7 尖山子西北烽火台
8 尖山子村烽火台
9 自流井村烽火台
10 花庄子西南烽火台
11 花庄子东南烽火台
12 二墩村烽火台
13 大墩村烽火台

克孜勒苏柯尔克孜自治州唐代长城资源及清代军事设施遗址分布图

0　23　46　69千米

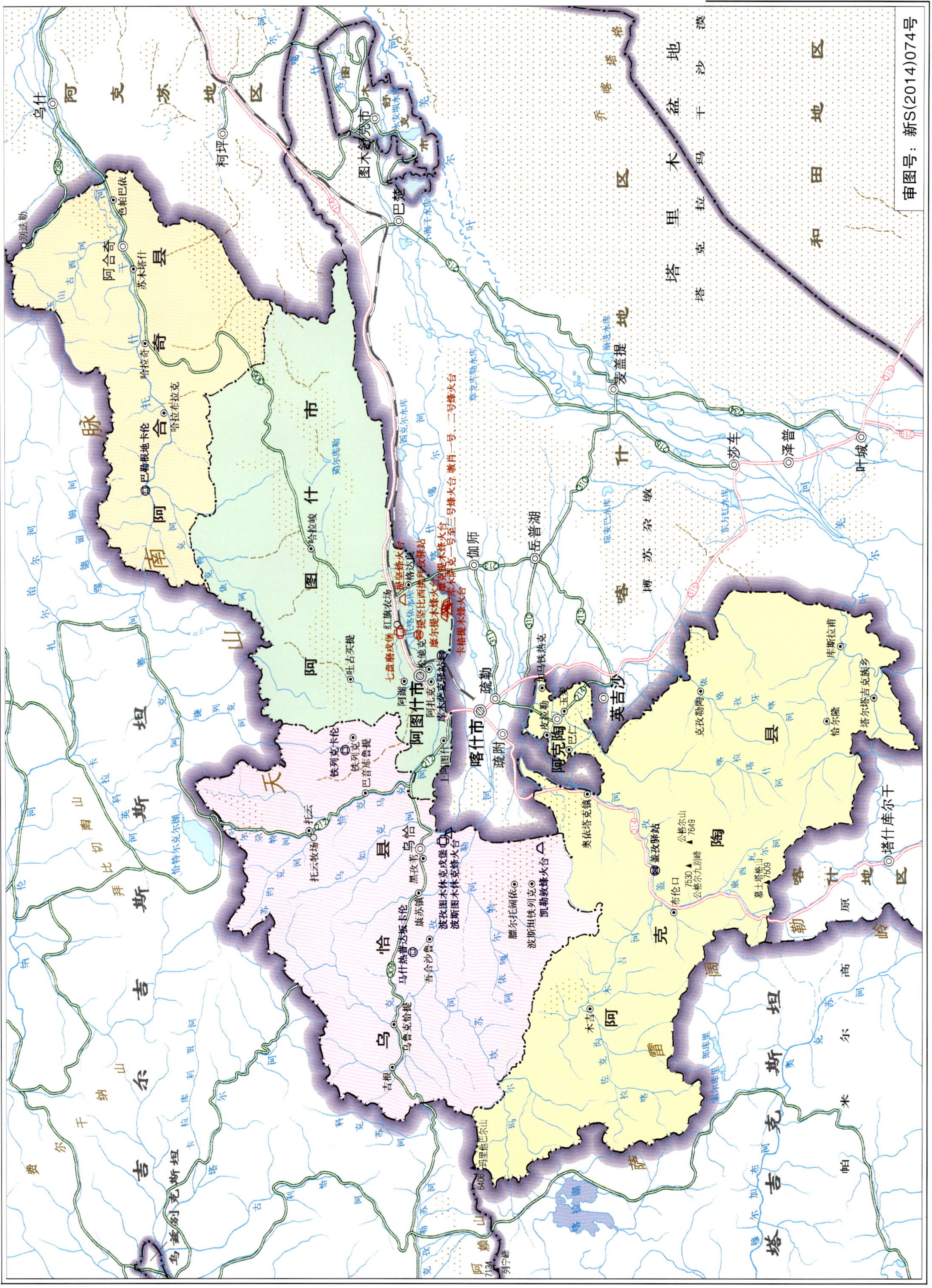

和田地区唐代长城资源及清代军事设施遗址分布图

0　32　64　96千米

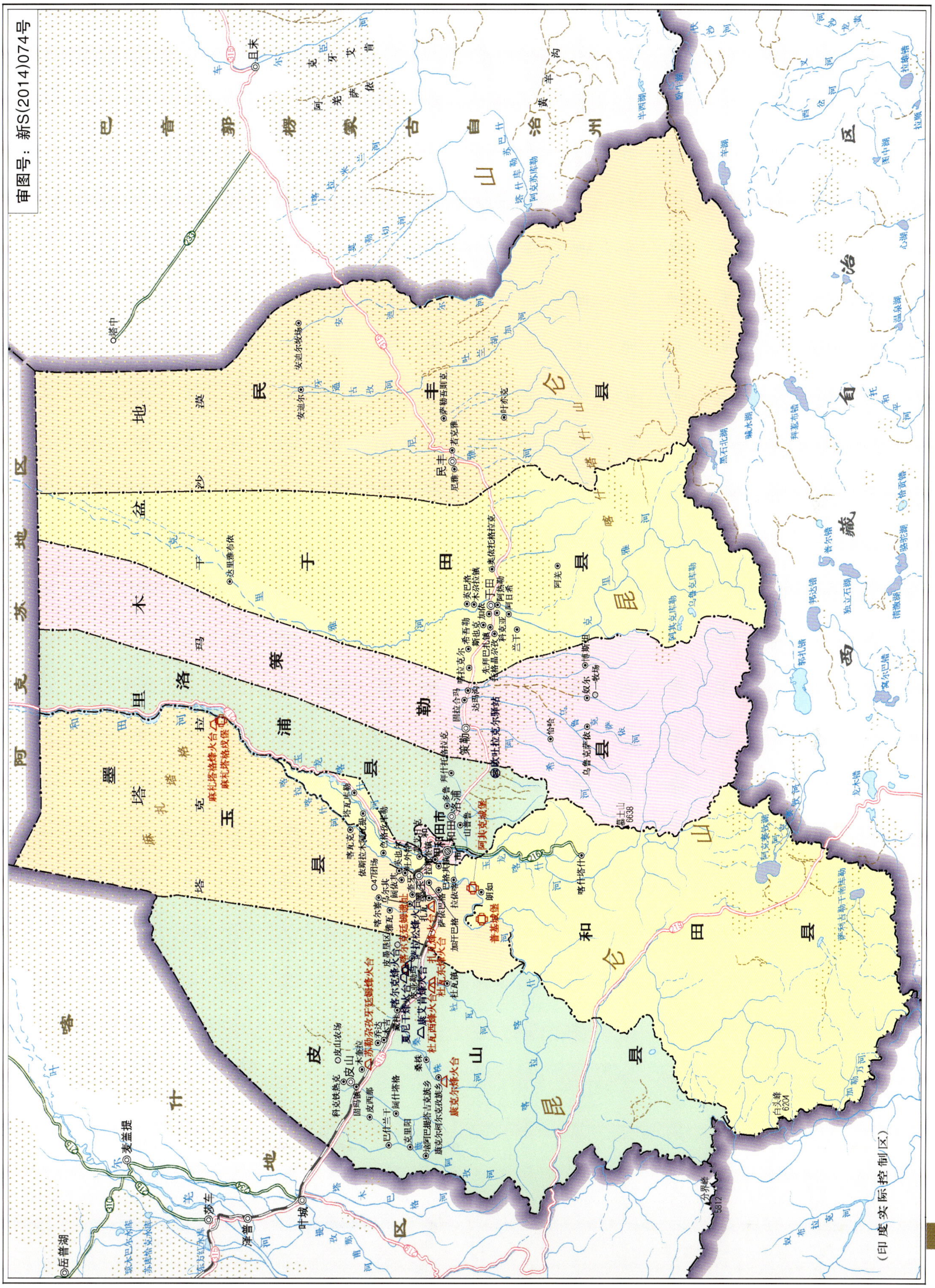

博尔塔拉蒙古自治州清代军事设施遗址分布图

0 13 26 39千米

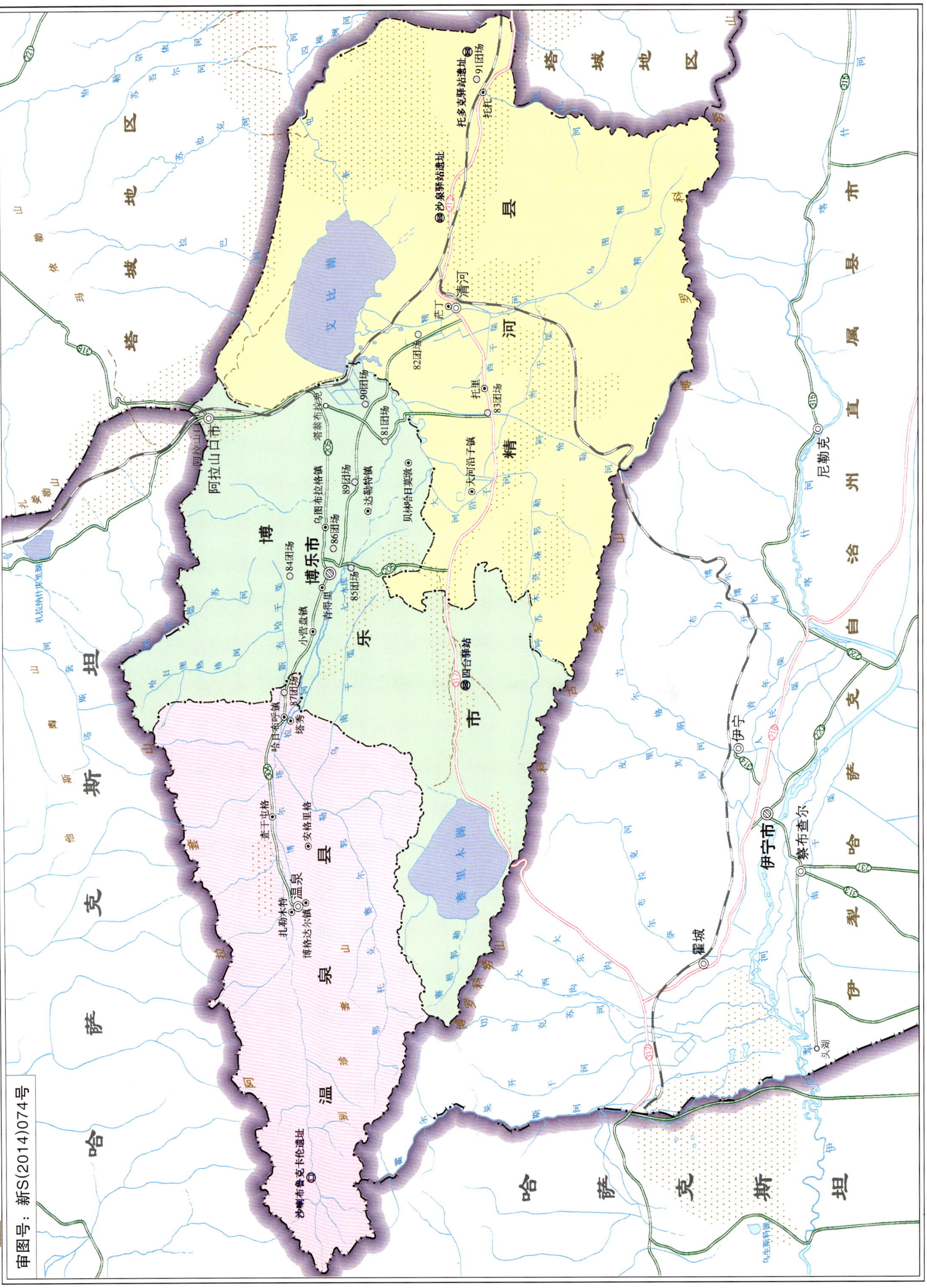

塔城地区清代军事设施遗址分布图

0 23 46 69千米

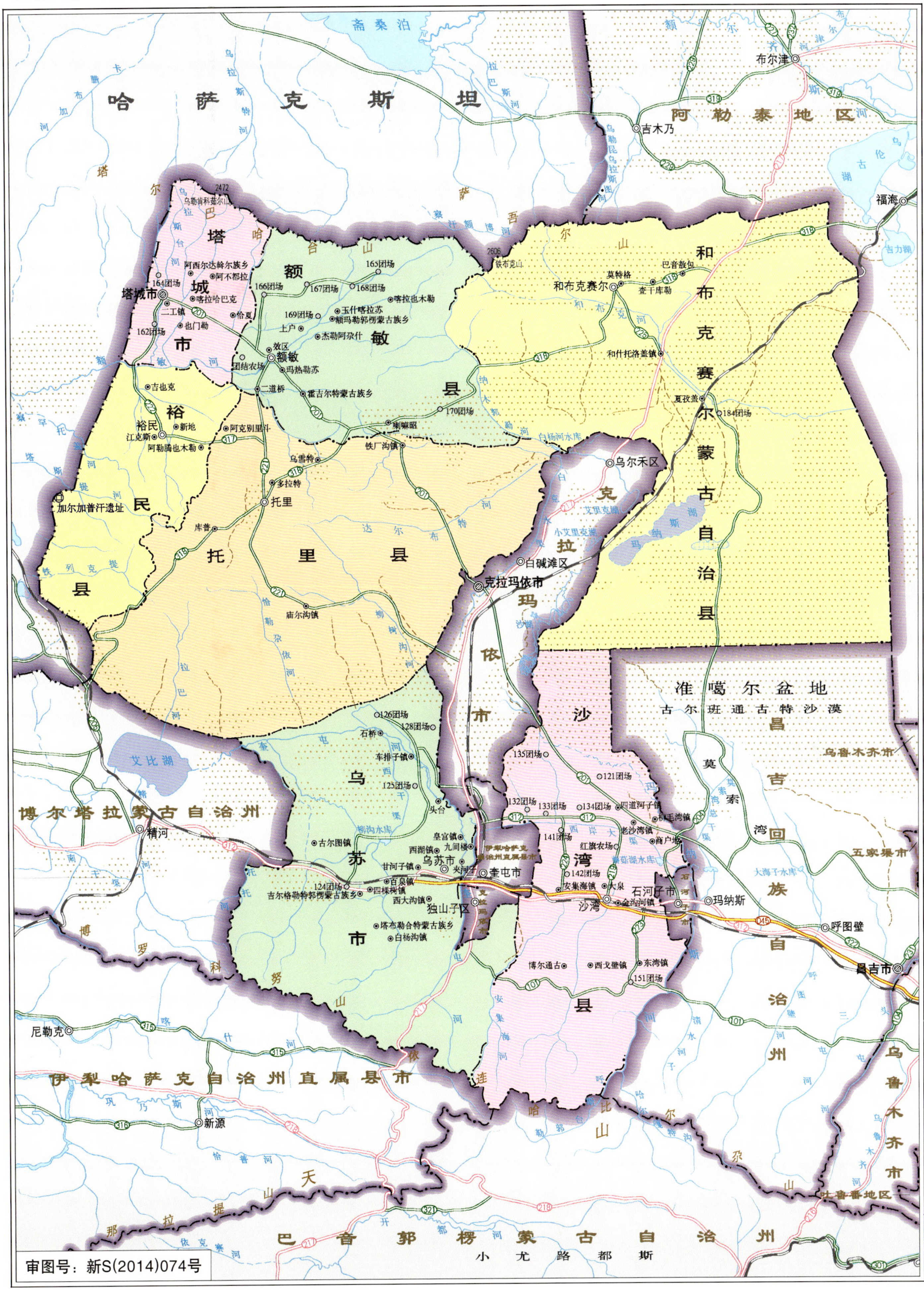

审图号：新S(2014)074号

伊犁哈萨克自治州直属县市清代军事设施遗址分布图

0　17　34　51千米

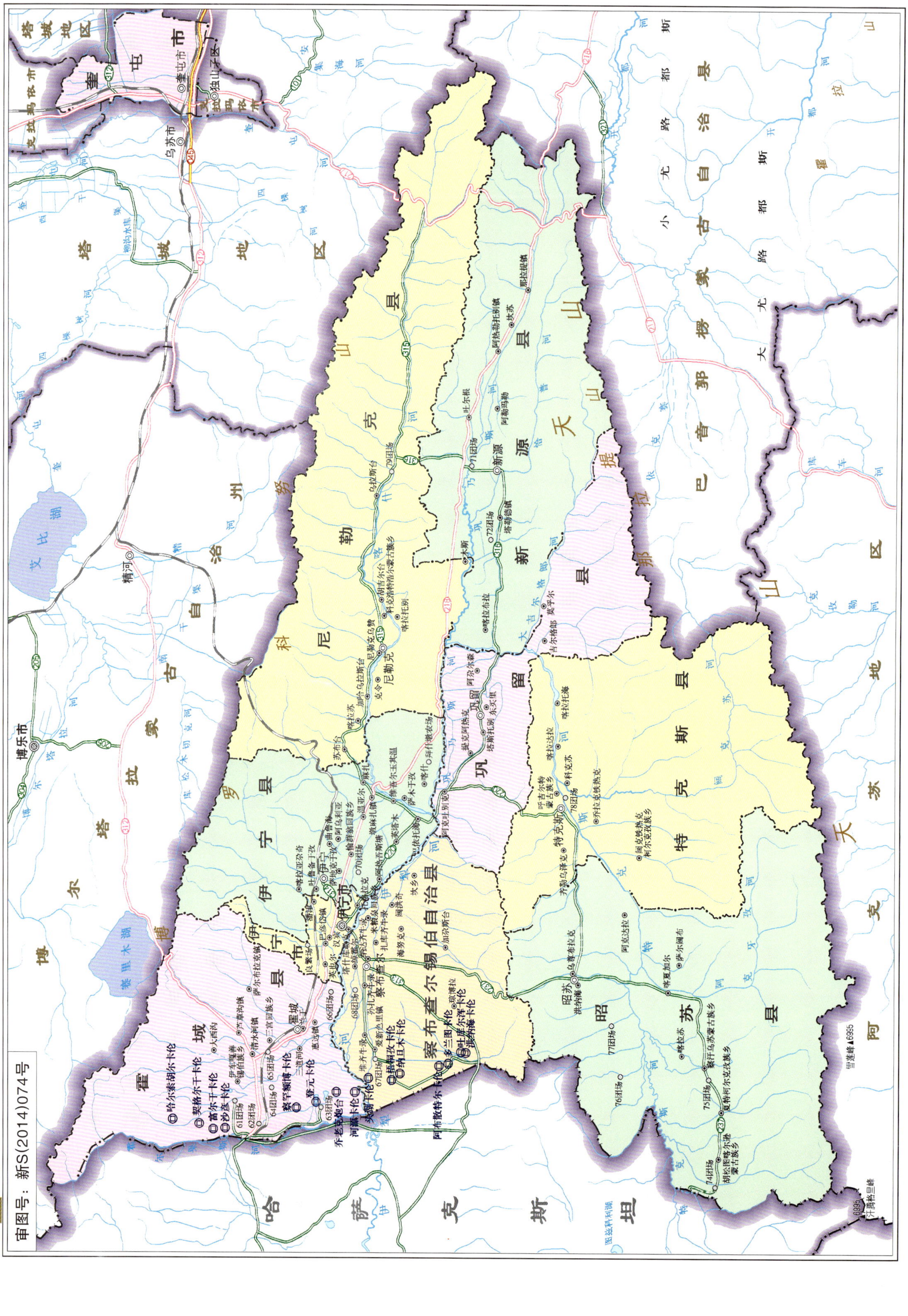

审图号：新S(2014)074号

石河子市清代军事设施遗址分布图

0 1.5 3.0 4.5千米

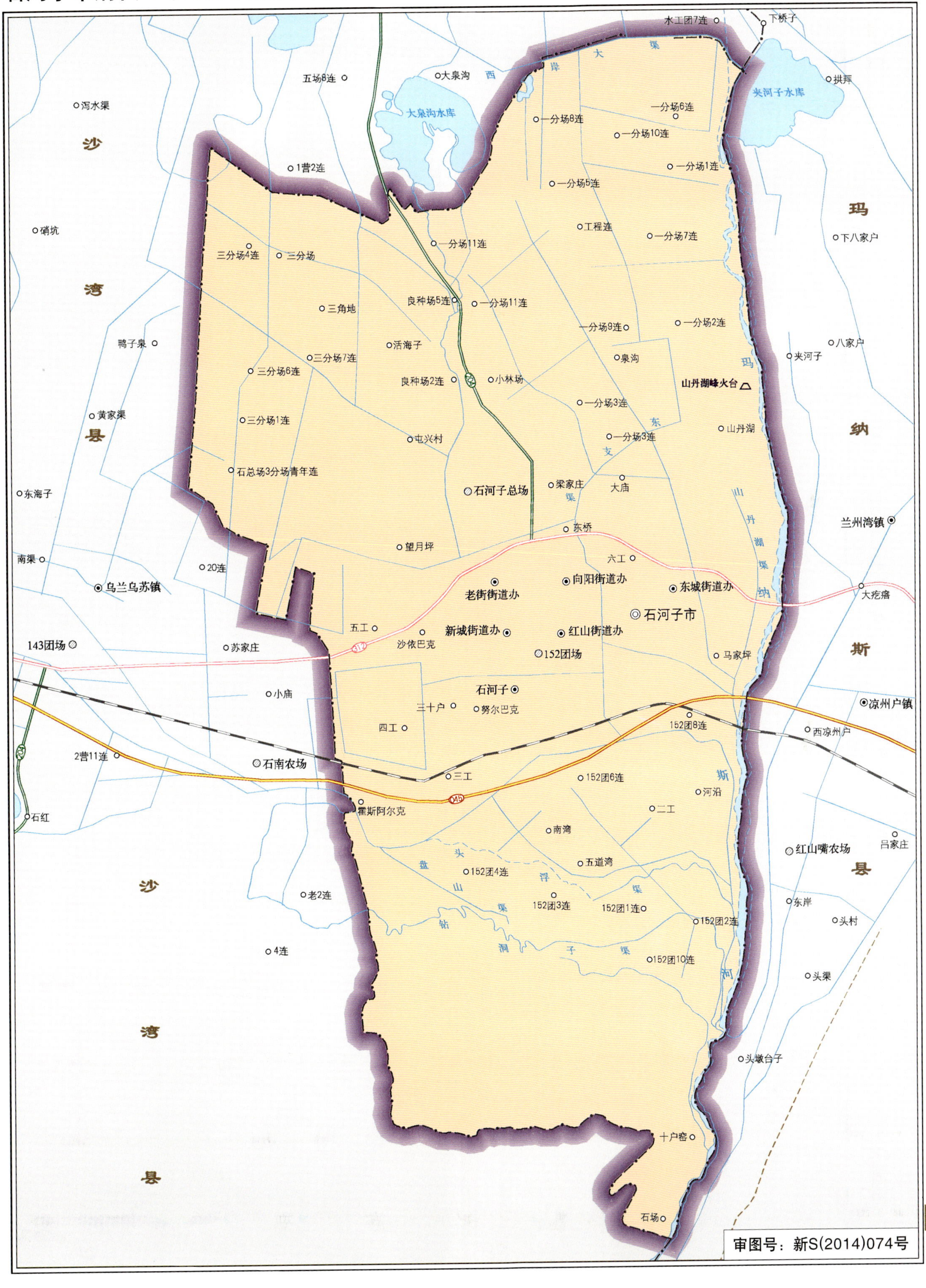

图木舒克市唐代长城资源分布图

0 3.5 7.0 10.5千米

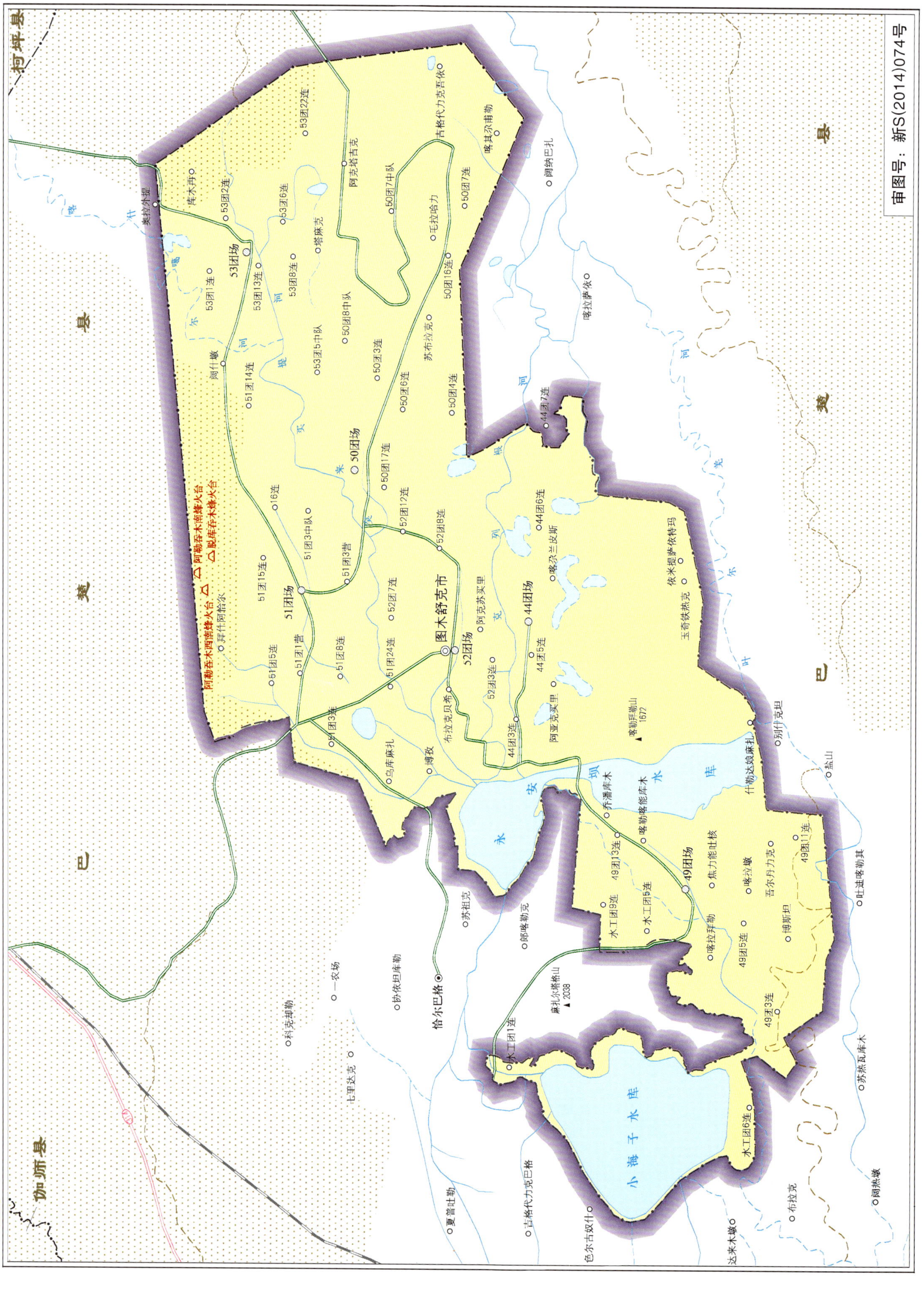

乌鲁木齐市唐代长城资源及清代军事设施遗址分布图

0 10 20 30千米

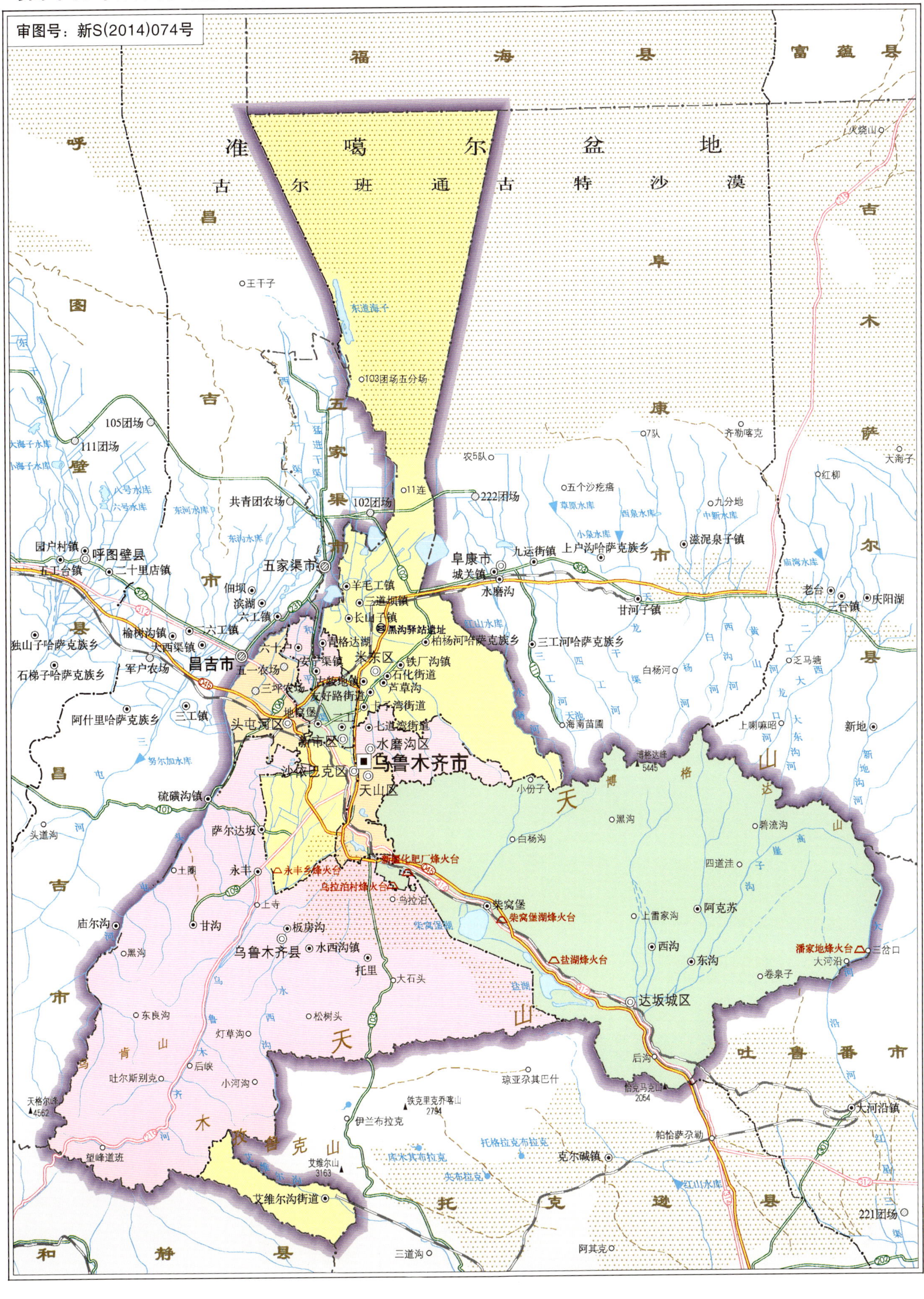

目　录

上　册

中　道

北　道

下　册

叁　清代军事设施遗址

一　烽火台、戍堡

（一）北疆

二　驿站

三　卡伦、炮台

（注：本书带*的遗址未列入长城资源名录）

序　言

新疆古称西域，位于祖国西北边疆。从史前时期开始，西域一直是东西方文化的重要交汇融合区域，与中原始终保持着内在的密切联系。汉建元三年（前138年），张骞“凿空”西域，神爵三年（前59年），汉中央政府在西域设西域都护，从此“汉之号令班西域矣”，天山南北广大地区正式列入汉朝版图。此后，中国历代中央政府在西域建官立制，驻军屯垦，实施军政管辖。尽管不同时期，中央政府对新疆地区的管辖时强时弱，但新疆始终是中国统一的多民族国家的组成部分。今天，新疆各地留下了大量、不同历史时期的用以戍边固边、稳边兴边的重要建筑设施遗址，这些遗址不仅是中国长城资源的重要组成部分，同时也凝聚着新疆各族人民团结一致、建设边疆、开发边疆的历史精神，是新疆各族人民共同维护边疆稳定、国家统一，建设美好家园的历史见证，是进行爱国主义教育的重要基地。

党和政府历来重视新疆地区的文化遗产保护工作，长城资源的调查与保护是文化遗产保护工作的重要组成部分。2006年国家文物局根据国务院《关于加强文化遗产保护的通知》精神，制定了《“长城保护工程（2005～2014年）”总体工作方案》，明确了长城保护工程的总任务和总目标。2006年9月国务院颁布了《长城保护条例》，长城保护步入法制化轨道。

新疆的长城资源调查与保护，在新疆整体古代文化遗产保护中具有特殊地位。在国家文物局和新疆维吾尔自治区党委、政府的关心重视下，新疆维吾尔自治区文物局把新疆境内长城资源的调查工作作为近年来自治区文物工作的重点项目之一，全力支持和切实组织了新疆区域内长城资源的调查与保护工作。自治区文物局多次派学员到内地进行长城资源调查保护的专业学习，并举办自治区第三次全国文物普查及长城资源调查培训班。国家文物局对新疆长城资源调查工作也十分关注和关心。2009年6

月，国家长城资源调查项目验收组对吐鲁番地区长城资源实地调查成果抽查验收，对吐鲁番长城资源调查工作给予了高度评价。新疆的长城资源调查工作同时得到新疆各地各级政府，特别是文物管理部门的大力支持。新疆的长城资源调查始于2007年10月，于2009年12月结束。在两年多的时间里，参加长城资源调查的队员们凭着坚韧不拔的毅力，克服重重困难，足迹遍布天山南北的绿洲草原、荒漠戈壁，付出了艰辛和汗水。通过调查，新疆境内共登记长城资源212处，分布在全疆40个县、市、区。另外我们还将清代修筑的烽火台、驿站、卡伦等134处军事设施遗址也纳入了本次长城资源调查范围。通过此次长城资源调查，全面准确地掌握了新疆境内长城的规模、分布、构成、走向以及时代、环境、保护与管理等情况，新发现了一批长城遗迹，取得了丰硕成果。2010年12月，国家长城资源调查工作项目组组织专家赴新疆对新疆长城资源调查工作进行验收，专家组对各类调查资料进行了细致的审核，并前往野外对部分遗址点进行实地勘察，最后一致认为新疆长城资源调查资料合格，顺利通过验收。另外，此次长城资源调查工作也为新疆培养了一批研究长城、保护长城的业务人才，为今后开展新疆长城资源的保护、研究、管理、利用等工作奠定了科学的基础。

新疆的长城资源是中华民族文化遗产的有机组成部分。近年来，自治区党委绘制了以先进文化为引领，加快新疆建设步伐的宏伟蓝图。《新疆维吾尔自治区长城资源调查报告》的出版，无疑将为新疆现代文化建设，为新疆长期进行的爱国主义教育提供宝贵的实物资料。

新疆维吾尔自治区文物局局长

盛春寿

前　言

长城是中国古代的一项伟大工程，也是全人类宝贵的历史文化遗产。1987年，长城因其独特的历史、艺术和科学价值，被联合国教科文组织整体列入世界文化遗产名录。保护、研究和利用好长城资源，始终是我国文化文物工作的重点之一。国家文物局于2005年底制定了《“长城保护工程（2005～2014年）”总体工作方案》，明确了长城保护工程的总任务和总目标。2006年9月国务院颁布了《长城保护条例》，长城保护步入法制化轨道。2007年4月国家文物局在全国涉及长城遗存的十五个省、自治区、直辖市正式启动长城资源调查工作。

长城资源的调查与保护，是长城保护工程的重要基础。在新的文化遗产保护概念下，对于长城这种特殊的重要遗存的保护，认识上也在不断进步和深化，长城文化遗产保护的内涵不断丰富，外延也不断拓展。从内容界定看，长城资源指的是中国历史上春秋战国时期至明代各王朝以安全防御为目的，在统治区域边缘地带，利用险要地形，运用土、石、砖等建筑材料构筑的，以连续性的高墙为主体，并由其与城池、关隘、壕堑、烽火台等设施共同组成的一种绵亘万里、点阵结合、纵深梯次的军事防御工程体系。在这一宏观的长城资源概念下，新疆境内具有基本相同作用和性质的军事防卫设施遗址，也被纳入到长城文化中来认识，新疆的长城资源调查与保护成为国家长城保护工程的有机组成部分。

新疆位于中国西北边疆，总面积166万多平方千米，地域辽阔，环境复杂，境内高山盆地相间，草原沙漠并存。新疆地处欧亚大陆腹地，丝绸之路要冲，自古以来就是一个多人种、多族群、多民族共同生活的地方，也是不同人群频繁迁徙之地。史前时期新疆就与中原和周邻地区有着密切的联系，创造了既有相对独立的地域化特征，又兼具多元化融合特色的古代文化。公元前59年，汉朝中央政府设西域都护，开始统一行使对天山南北各地的军政管辖，此后历代中央政府基本维持着对于西域各地的军政管理。为了保障丝绸之路的畅通，维护西域地区的社会稳定、加强对西域的经营开发，各代中央政府在西域战略要地修筑城池、堡垒、烽火台，驻军屯垦，形成了重要的军事防御系统。这种以丝绸之路为主线，以城池为重心，建构烽火台、戍堡、驿站等设施的军事防御体系，是新疆境内长城资源的主要特征。

新疆长城资源设施的修筑是历代中央王朝经营统治西域的一项重要举措。贯通天山南北的丝绸之路曾为中西经济文化的交流作出过重大贡献，也造就了包括西域在内的中国古代文明的辉煌。新疆长城资源在维护丝路交通畅达、保障国家统一和西域各地的稳定、巩固中央王朝对西域广大地区的有效统辖方面，起到了极其重要的作用。新疆长城资源的调查与研究，将为深入探讨古代丝绸之路军事、政治、经济、文化等提供宝贵的实物资料。新疆的长城资源遗存大多数处于戈壁沙漠、山麓崖口的险要位置，保存现状严峻，有的甚至面临着消失的危险，因此，开展新疆长城资源调查工作刻不容缓。

新疆的长城资源调查工作从2006年8月派遣人员前往甘肃省参加“长城保护工程”试点工作学习即已开始着手准备；2007年3月，新疆维吾尔自治区文物局和新疆维吾尔自治区测绘局派遣五名同志参加了在北京居庸关举办的“全国长城资源调查培训班”；同年9月，新疆维吾尔自治区文物局在哈密地区举办了自治区第三次全国文物普查及长城资源调查培训班，来自全疆16个地、州、市、县文博和测绘系统的专业人员近 300人参加了培训。室内培训结束后，新疆维吾尔自治区文物考古研究所和新疆维吾尔自治区测绘院的专业人员，选择哈密地区巴里坤县的9座烽火台，依据《长城资源调查工作手册》规范要求，进行了长城资源实地调查的培训。2007年10月，新疆长城资源田野调查工作与第三次全国文物普查工作同时大规模展开。全疆有16个地、州、市成立了第三次全国文物普查队，这些文物普查队，同时也是长城资源调查工作队，他们承担着全疆不可移动文物调查及长城资源调查的双重任务。各工作队严格按照《长城资源调查工作手册》规范要求，进行各项数据的采集、测绘、录入等工作。截至2009年10月31日，全疆参与长城资源调查工作的人员达678人，田野一线的调查队员432人。2009年12月，新疆第三次全国文物普查和长城资源调查田野实地调查阶段工作圆满结束。经过全疆长城资源调查队员们两年多的艰苦努力，新疆长城资源调查工作取得了丰硕的成果。据统计，新疆长城资源共计212处，包括单体建筑、关堡、相关遗存三个类型。其中汉代25处，唐代187处，分布在全疆10个地、州、市，40个县、市、区。另外对134座清代烽火台、卡伦、驿站等军事设施遗址，也依照国家长城资源的调查规范进行了调查登记。

国家长城资源调查工作项目组对新疆长城资源调查工作非常关注，2007年新疆维吾尔自治区第三次全国文物普查及长城资源调查培训期间，项目组专家即来疆具体指导培训工作；2009年6月，新疆吐鲁番地区长城资源田野调查工作经项目组实地抽查，得到高度评价；2010年12月，国家长城资源调查工作项目组对新疆长城资源调查工作进行验收，专家们对各类调查资料进行了细致的审核，并前往野外进行实地勘察。新疆维吾尔自治区长城资源调查资料最终认定合格，通过验收。

《新疆维吾尔自治区长城资源调查报告》是在全面、系统整理全疆长城资源调查原始资料的基础上，编写出的新疆长城资源调查成果的总汇。报告分为两个部分。第一部分为新疆长城资源调查资料介绍及成果分析，这一部分详细介绍了新疆长城资源的种类、时代、分布区域、线路走向、结构特征、保存现状等；并将其按年代、线路、类别进行了划分。突出对地理环境、保存现状、破坏因素、本体特征的描述，对保存完好、特征突出的长城资源遗存，绘制了平面图、立面图。同时为更直观地反映新疆长城资源的现状，对每处长城资源设施基本都拍摄了四壁照片，力求能全面反映遗迹本体特征。第二部分为结语，对新疆境内长城资源分布区域、路线和时代文化特征进行了归纳，对长城资源相关的学术问题进行了初步探讨。通过调查，我们对新疆境内长城资源分布与保存现状有了全面、准确的了解。这些工作，对新疆长城资源的整体保护、利用与宣传规划的制定、对整个长城资源保护项目的实施，都提供了科学的依据。调查报告中还收录了134处清代军事设施遗址，对这些遗址，我们也按长城资源的调查记录方式进行了信息采集，其资料也成为本报告的有机组成部分。

新疆维吾尔自治区长城资源调查工作的最终成果——《新疆维吾尔自治区长城资源调查报告》，凝聚着各级领导和全体长城资源调查工作参与者，特别是一线调查人员和编写人员的集体智慧和辛勤劳动。期望本报告的出版对今后新疆维吾尔自治区长城资源的保护和研究有所裨益。

壹 | 汉代长城资源

春秋战国时期，位于北方的秦、赵、燕等国为防御北方游牧民族的侵扰，开始修筑长城。秦始皇统一中国后，派大将蒙恬北征匈奴，“收河南地，修长城，因地形，用制险塞，起临洮，至辽东，延袤万余里”，并将秦、赵、燕三国长城连接了起来，形成了万里长城的雏形。

公元前202年，汉朝建立。此时汉朝北部边境的游牧民族匈奴建立了强大的奴隶制军事政权，不断吞并周围各部，骚扰汉朝北部边境。由于长期战乱，汉朝建立初期，社会经济凋敝，国力不强，无法在军事上与雄踞北方草原的匈奴抗衡，只有采取妥协和亲的政策，欲以此来缓解匈奴的不断南下侵扰。汉武帝时期，通过六十余年的休养生息，社会经济获得了很大发展，人民富足，国库充盈，国力强盛,以至于“京师之钱，累百巨万，贯朽而不可校；太仓之粟，陈陈相因，充溢露积于外，腐败不可食”。同时，汉武帝通过加强中央专制集权，军事力量也不断强大，已有足够力量与匈奴抗衡。而汉初的和亲政策并未收到预期效果，匈奴仍“寇边不已”，经常小规模南下袭扰汉朝边境，于是雄才大略的汉武帝决定对匈奴进行反击。此时的西域各国处于匈奴奴役下，匈奴在西域天山南麓设立僮仆都尉，常居焉耆，对西域诸国和过往的商旅征收赋税。公元前138年，汉武帝派遣张骞出使西域，联络与匈奴有世仇的大月氏，共同抗击匈奴，然“不得要领”，未能成功。张骞凿空之行，使汉朝了解了西域诸国的山川、地理、人口、兵力、风俗等情况和丝绸之路交通状况，为以后汉朝经营西域奠定了基础。汉王朝经过多次反击战役给匈奴以沉重打击，并使右地浑邪王率领数万人归汉。汉在河西走廊设立四郡，从此“金城河西，西并南山，至盐泽，空无匈奴”。由此汉王朝与匈奴斗争的中心转向了西域，以游牧为主、长于骑射的匈奴以天山以北的广大草原为主要根据地，抵制汉王朝西进。汉朝进军西域十分困难，汉武帝采纳了张骞的建议，决定与乌孙结成同盟，东西夹击匈奴，以“断匈奴右臂”。元封三年（前108年），汉军进攻楼兰、车师两个通往西域的战略要地。当时匈奴力量集中在车师地区，主要控制着东部天山的吐鲁番、哈密等地区。汉军只能从敦煌向西北出玉门关经罗布泊进入西域地区。在与匈奴的战争中，为巩固在西域的立足点，汉朝进一步加强了丝路要道上的护卫设施。西域地域广大，人口稀少，沿途多为沙漠、戈壁，无法大规模筑墙，因此，因地制宜构筑烽火台——具有地域特色的边塞防御设施自然应运而生。

根据文献记载，西汉太初四年，贰师将军伐大宛后“西域震惧，多遣使来贡献，汉使西域益得职。于是自敦煌西至盐泽，往往起亭，而轮台、渠犁皆有田卒数百人，置使者校尉领护，以给使外国者。”这是历史文献中对西域修筑烽火台的最早记载，修建地点主要位于丝路北道经过的罗布泊地区。神爵二年（前60年），由于匈奴日逐王降汉，西域形势发生了根本性的变化。公元前59年，西域都护府设置，连接西域都护府至其辖境各地的烽燧线路开始修筑。经调查新疆有汉代长城资源25处，多为烽火台（本报告还收录有本体保存较差，而未登录在长城资源调查总名录中的烽火台、石刻和戍堡各1处）。汉代长城资源主要分布在丝绸之路南、北两道上，其中在尉犁、若羌、且末三县分布集中，另在西域都护府附近的轮台、库车、拜城等县也有零星分布。

《史记》载：『秦已并天下。乃使蒙恬将三十万众北逐匈奴，收河南地，修长城，因地形，用制险塞，起临洮，至辽东，延袤万余里』，并将秦、赵、燕三国长城连接了起来，形成了万里长城的雏形。

1 墩里克烽火台

墩里克烽火台位于新疆维吾尔自治区巴音郭楞蒙古自治州若羌县铁干里克乡果勒吾斯塘村、农二师36团安乐村东北约37千米。地处若羌县东部，阿尔金山北麓山前冲积扇与罗布泊洼地北缘接壤地带的红柳滩地上。此处为塔里木河尾闾河床地带，四周地形平坦开阔，附近有许多小冲沟，地势呈南北缓坡状，地下水位较高，地表为盐碱土，生长有茂盛的红柳、芦苇、甘草等植被。周围无村庄居民。西南35千米为米兰遗址区，南4.3千米有一条米兰至罗布泊镇的土路。

烽火台因风雨侵蚀、盐碱化和人为盗掘而导致台体局部坍塌。烽火台底部平面呈近正方形，南北约6、东西约5.4米，立面呈宝塔形，高5米。砌法为一层泥夹一层芦苇或红柳枝。其中最下的两层夹芦苇，芦苇层厚0.1米，其余皆为红柳枝，厚0.1～0.25米。泥层的厚度不相同，厚0.4～0.9米，且越往上越厚。垛泥中夹含砾石、泥块等。台体西侧底部有一处坍塌的洞坑，见台体内多为碎泥

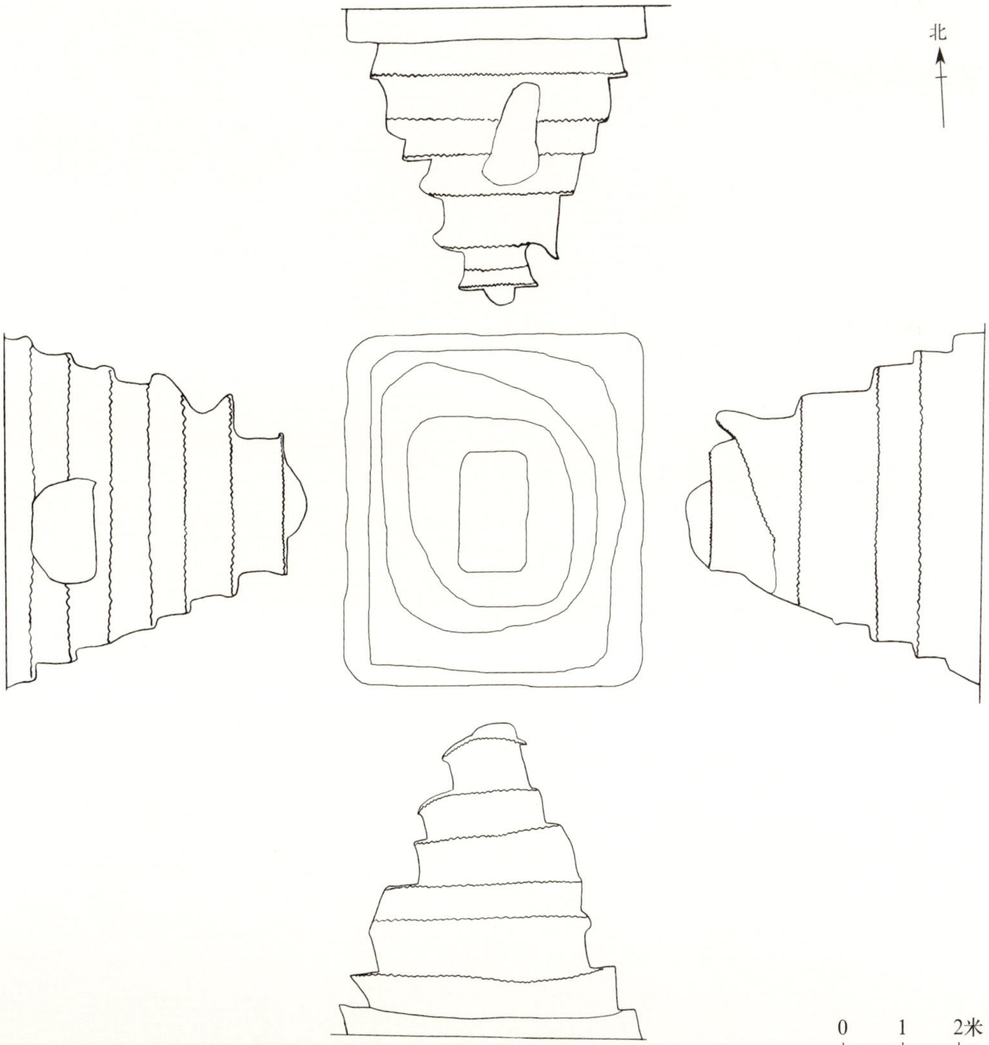

墩里克烽火台平、立面示意图（立面图参照摄影资料绘制）

《史记》载：『秦已并天下。乃使蒙恬将三十万众北逐匈奴，收河南地，修长城，因地形，用制险塞，起临洮，至辽东，延袤万余里』，并将秦、赵、燕三国长城连接了起来，形成了万里长城的雏形。

块，似为松动后的垛泥。

烽火台西南的坡底处，有两间相邻的平面呈长方形的半地穴房屋遗址，长6、宽3、深1.3米，坑内及坑沿处散见许多芦苇。房屋遗址西侧还有两处建筑遗迹，一处为半地穴式的房屋遗址，长2.6、宽2.4、深1.2米，另一处呈不规则的大坑状，南北8.5、东西4.2～10米，南、东为垛泥墙，北、西为挖掘的自然坑壁，似为一处羊圈遗址。根据现场的调查，初步推断这几处类房屋的建筑遗址与烽火台不是同一时期，而似近现代牧民放牧点。根据地理位置和建筑特点推测，该烽火台年代为汉晋时期。

《史记》载：『秦已并天下。乃使蒙恬将三十万众北逐匈奴，收河南地，修长城，因地形，用制险塞，起临洮，至辽东，延袤万余里』，并将秦、赵、燕三国长城连接了起来，形成了万里长城的雏形。

《史记》载：『秦已并天下。乃使蒙恬将三十万众北逐匈奴，收河南地，修长城，因地形，用制险塞，起临洮，至辽东，延袤万余里』，并将秦、赵、燕三国长城连接了起来，形成了万里长城的雏形。

2 米兰东北烽火台

米兰东北烽火台位于新疆维吾尔自治区巴音郭楞蒙古自治州若羌县铁干里克乡果勒吾斯塘村、农二师36团安乐村东北4.1千米。地处米兰绿洲边缘地带的荒漠中，四周地势较为平坦，地表为砾质土覆盖，附近多为固定的红柳沙包。东3.4千米为米兰河，西、北侧为农二师36团耕地，西南2.6千米为米兰戍堡，南5.85千米为315国道。

烽火台因风雨侵蚀、剥蚀和人为盗挖等因素而遭到破坏，保存一般，形制尚存。台体平面呈长方形，立面呈梯形，平顶。底部东西5、南北4.6米，顶部东西3.9、南北3.8米，高5米。上部主体采用土坯平铺错缝砌筑而成，土坯长50、宽25、厚10厘米；底部为黄土夯筑而成，有2层夯层明显，一层厚0.3米，另一层厚0.38米。台体东壁中下部有一个盗洞，深入内部。附近的风蚀地面上，见有一些火候较高的夹砂红陶片。根据地理位置和建筑特点推测，该烽火台年代为汉晋时期。

《史记》载：『秦已并天下，乃使蒙恬将三十万众北逐匈奴，收河南地，修长城，因地形，用制险塞，起临洮，至辽东，延袤万余里』，并将秦、赵、燕三国长城连接了起来，形成了万里长城的雏形。

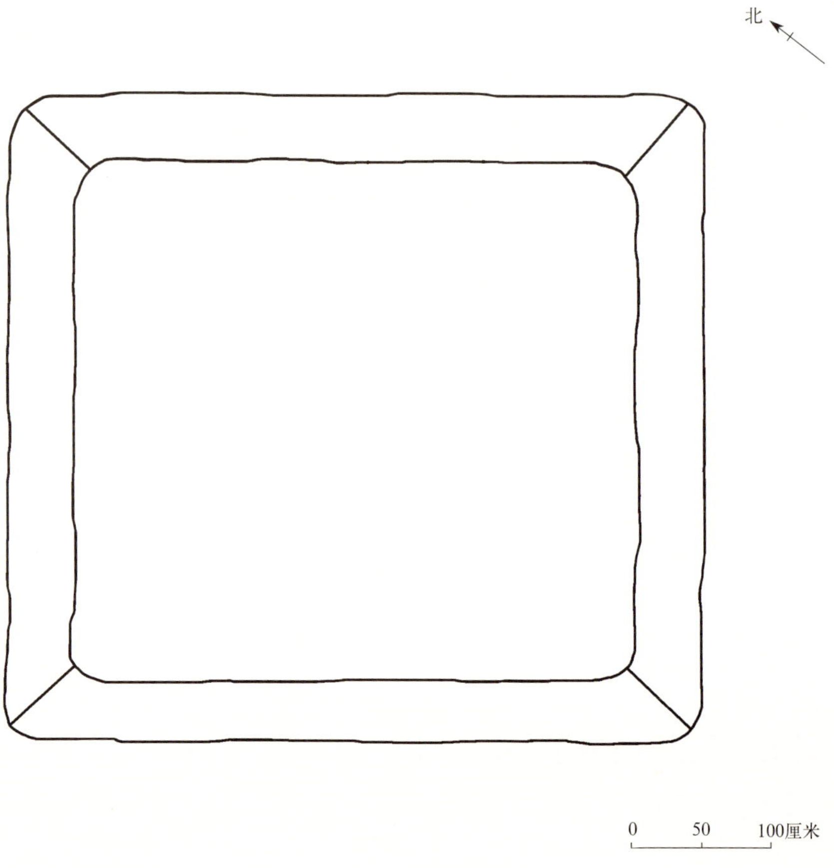

米兰东北烽火台平面图

东面

北面

《史记》载：『秦已并天下。乃使蒙恬将三十万众北逐匈奴，收河南地，修长城，因地形，用制险塞，起临洮，至辽东，延袤万余里』，并将秦、赵、燕三国长城连接了起来，形成了万里长城的雏形。

《史记》载：『秦已并天下。乃使蒙恬将三十万众北逐匈奴，收河南地，修长城，因地形，用制险塞，起临洮，至辽东，延袤万余里』，并将秦、赵、燕三国长城连接了起来，形成了万里长城的雏形。

南面

西面

3 米兰西南烽火台

米兰西南烽火台位于新疆维吾尔自治区巴音郭楞蒙古自治州若羌县铁干里克乡果勒吾斯塘村、农二师36团安乐村东南1.8千米。地处若羌县中部米兰绿洲边缘地带的荒漠中，四周地势较为平坦，西南至东北呈倾斜状，地表为砾质土覆盖，附近有些风蚀小台地。东南3.2千米为西南至东北流向的米兰河，西北1.2千米、北1.8千米为农二师36团场耕地；西北1.5千米为米兰文物保护站，西南1.4千米为一片新开垦的耕地；北1千米有一条穿过米兰遗址区东行可至青海和敦煌的简易公路，南2.7千米为新修筑的315国道。

烽火台保存较差。台体因风雨侵蚀，底部被风蚀呈蘑菇状，造成台体局部坍塌。烽火台底部大致呈不规则长方形，东西9、南北4.5、高4.5米（包括风蚀裸露出的沉积黄土台，土台高1.2米）。烽火台为夯土建筑，夯层多不明显，明显者厚0.25米。附近见卵石、炼渣及碎锈的铁块，并见一些夹砂红、褐、灰陶片，有的器壁上有划纹，火候较高；还见一些长条形砾石，加工、使用痕迹不明显，似石磨之坯料。此外，烽火台西南约0.14千米处的砂砾坡地上见有一处红烧土遗迹，面积达10平方米。隐约见2道平行“砖墙”露出地面，残长3.4、宽1.5米，砖被高温火烧过，砖外侧有较厚的红烧土，似窑址残迹。根据形制和区域的历史及文物情况判断，该烽火台年代为汉晋时期。

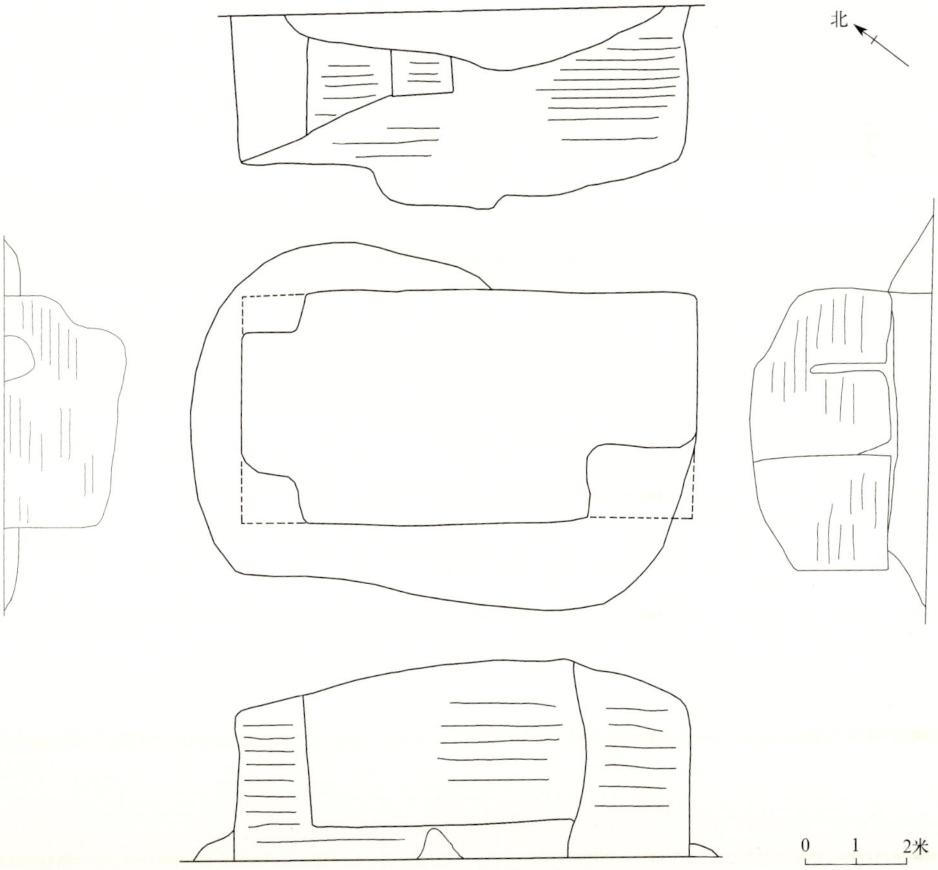

米兰西南烽火台平、立面示意图（立面图参照摄影资料绘制）

《史记》载：『秦已并天下，乃使蒙恬将三十万众北逐匈奴，收河南地，修长城，因地形，用制险塞，起临洮，至辽东，延袤万余里』，并将秦、赵、燕三国长城连接了起来，形成了万里长城的雏形。

《史记》载：『秦已并天下。乃使蒙恬将三十万众北逐匈奴，收河南地，修长城，因地形，用制险塞，起临洮，至辽东，延袤万余里』，并将秦、赵、燕三国长城连接了起来，形成了万里长城的雏形。

西面

南面

北面

东面

《史记》载：『秦已并天下。乃使蒙恬将三十万众北逐匈奴，收河南地，修长城，因地形，用制险塞，起临洮，至辽东，延袤万余里』，并将秦、赵、燕三国长城连接了起来，形成了万里长城的雏形。

4 吾塔木烽火台

吾塔木烽火台位于新疆维吾尔自治区巴音郭楞蒙古自治州若羌县吾塔木乡果勒艾日克村委会东北1.3千米。地处阿尔金山北麓山前冲积、洪积平原中部、县城绿洲地带的若羌河西侧。四周地势平坦，坡度小（南-北向缓斜），地表为砂砾、粉砂质土壤覆盖。其东缘为一条南北向的乡村柏油公路，南面为县供销社棉花厂，南约0.15千米为老315国道，东南及北面有居民点，南、西、北面皆开垦为耕地，种植红枣树、小麦。

烽火台保存较差。因风雨侵蚀和农田建设、人为盗掘等因素而遭到破坏。整体呈土包状，唯上部可见其建筑形制。烽火台外观呈两层台形，顶部为圆平顶，残高11米。烽火台分为上、下两部分。上部采用土坯错缝平砌而成，平面呈圆角正方形，立面略呈梯形，底部边长15、顶部边长10.5、高4.6米。土坯长34、宽20、厚10厘米。下部呈圆形土包状，底部大致呈圆形，直径约58、高约6.5米。表面生长骆驼刺，地表盐碱化严重，无法直接观察到其建筑方式。其西缘有一座外凸的小台地，上有些小卵石散布，小台地南缘一个坑壁上见土坯遗迹，观其排列方式，似为一处建筑。土坯长40、宽22、厚10厘米。地表偶见几片夹砂红、灰陶片。第二次全国文物普查时对该烽火台未定年代。现依据陶片特征和土坯规格与其东部的米兰佛寺、佛塔、其尔乞都克的土坯建筑（原定名老吾塔木烽火台）、阿塔伙加遗址之土坯相似，判定该烽火台年代为汉晋时期。

《史记》载：『秦已并天下，乃使蒙恬将三十万众北逐匈奴，收河南地，修长城，因地形，用制险塞，起临洮，至辽东，延袤万余里』，并将秦、赵、燕三国长城连接了起来，形成了万里长城的雏形。

北面

南面

西面

东面

《史记》载：『秦已并天下。乃使蒙恬将三十万众北逐匈奴，收河南地，修长城，因地形，用制险塞，起临洮，至辽东，延袤万余里』，并将秦、赵、燕三国长城连接了起来，形成了万里长城的雏形。

5 卡拉乌里干烽火台

卡拉乌里干烽火台位于新疆维吾尔自治区巴音郭楞蒙古自治州若羌县瓦石峡乡乌都勒吾斯塘村东北。地处瓦石峡绿洲平原东部荒漠中的一个独立沙梁上，地势平坦，水位较高，地表为砂质土，附近多红柳滩地，盛长红柳、芦苇等植被。附近无村庄，远处有分散的几处牧点。西北至瓦石峡河约14千米、车尔臣河41.5千米，南约8.5千米为东西走向的315国道，东北距吾塔木农耕区40千米、若羌县城46千米，西南距瓦石峡农耕区29.5千米。

烽火台因自然风雨侵蚀破坏而保存较差。平面呈长方形，立面略呈长方形。用垛泥中夹杂树枝等植物秸秆层垒筑而成。烽火台南北约2.7、东西约2.2、高2.3米。结构为一层垛泥一层树枝或一层芦苇。垛泥为砾土混合质地，泥层厚0.2～0.4米，树枝层厚0.06～0.1米。台顶中央竖有一根小圆木，似为攀爬台顶固定绳索的木桩。除此之外附近未发现其他遗迹，周围亦未发现任何遗物。根据地理位置和建筑特点推测，该烽火台年代为汉晋时期。

《史记》载：『秦已并天下。乃使蒙恬将三十万众北逐匈奴，收河南地，修长城，因地形，用制险塞，起临洮，至辽东，延袤万余里』，并将秦、赵、燕三国长城连接了起来，形成了万里长城的雏形。

东面

《史记》载：『秦已并天下。乃使蒙恬将三十万众北逐匈奴，收河南地，修长城，因地形，用制险塞，起临洮，至辽东，延袤万余里』，并将秦、赵、燕三国长城连接了起来，形成了万里长城的雏形。

6 库如克托海烽火台

库如克托海烽火台位于新疆维吾尔自治区巴音郭楞蒙古自治州若羌县瓦石峡乡亚喀托格拉克牧业村西北51千米。地处车尔臣河南岸荒漠地带一座稍高的碱包上，南望阿尔金山，北临塔克拉玛干沙漠。四周地势平坦，水位较高，为平沙地貌，盛长芦苇、红柳、胡杨树。烽火台北面的河边及西南部的草滩中遥见一些零散的放牧点，南侧有一条较宽的沿着河床走向的土路，南距新修的315国道约12.5千米。

烽火台因风雨侵蚀和人为盗挖而受到严重破坏，全部坍塌。残存本体遗迹，形制不完整，修筑方式尚可窥见。根据遗迹判断，烽火台平面略呈正方形，其结构为一层垛泥夹一层芦苇。烽火台堆积边长约9、高约2米。从坍塌面测量，垛泥层厚0.2～0.25米，芦苇层厚约0.05米。垛泥中含盐分较重，故较为坚硬。烽火台顶部有两个坑，为倒塌后人为挖掘所致。周围未发现其他遗迹和遗物。其环境地形为平坦的荒野之地，南侧的土路沿着河南岸东西延伸，东可至瓦石峡，西至且末，在315国道未开通之前，人们尚走此道，有些路段的路面由于长时间的碾压，呈凹字形，当是一条使用时间较早的道路。此烽火台的发现，为研究古代交通走向以及相关设施的设置提供了资料。根据地理位置和建筑特点推测，该烽火台年代为汉晋时期。

《史记》载：『秦已并天下。乃使蒙恬将三十万众北逐匈奴，收河南地，修长城，因地形，用制险塞，起临洮，至辽东，延袤万余里』，并将秦、赵、燕三国长城连接了起来，形成了万里长城的雏形。

东面

西面

南面

北面

《史记》载：『秦已并天下。乃使蒙恬将三十万众北逐匈奴，收河南地，修长城，因地形，用制险塞，起临洮，至辽东，延袤万余里』，并将秦、赵、燕三国长城连接了起来，形成了万里长城的雏形。

7 苏伯斯坎烽火台

苏伯斯坎烽火台位于新疆维吾尔自治区巴音郭楞蒙古自治州且末县塔提让乡托格拉克江尕勒村西北12千米。地处塔里木盆地南缘、车尔臣河中下游荒漠地带的红柳地中。地形平坦，地势自西南向东北呈缓斜坡状，地表为沙质碱土，盛长红柳、芦苇、甘草等植被。南距车尔臣河约0.2千米，北约2千米为塔克拉玛干大沙漠。此地为托格拉克江尕勒村的草场，为季节性放牧点，附近无村庄耕地。自下塔提让沿车尔臣河北岸东行至托格拉克江尕勒村的土路从烽火台北侧经过。西南13.6千米为塔提让乡政府，南3千米为新修的315国道。

烽火台因风雨侵蚀、人为盗挖等因素破坏而损毁严重。目前仅见一座稍高的土包，土包中部有一道宽约2米的凹槽，地表见一些土坯残块。且末县文管所工作人员介绍，此烽火台在多年前被寻宝人用推土机推毁，此凹槽即推土机推土留下的痕迹。第二次全国文物普查时曾调查过此烽火台，尚见一处边长2、高0.4米似土坯或泥块修筑的烽火台建筑遗迹。土坯较宽厚，压缝平砌。根据目前材料无法确定该烽火台年代，但其地处汉代丝路南道，推测年代可能为汉晋时期。

《史记》载：『秦已并天下。乃使蒙恬将三十万众北逐匈奴，收河南地，修长城，因地形，用制险塞，起临洮，至辽东，延袤万余里』，并将秦、赵、燕三国长城连接了起来，形成了万里长城的雏形。

全景（西北—东南）

《史记》载：『秦已并天下，乃使蒙恬将三十万众北逐匈奴，收河南地，修长城，因地形，用制险塞，起临洮，至辽东，延袤万余里』，并将秦、赵、燕三国长城连接了起来，形成了万里长城的雏形。

8 下塔提让烽火台

下塔提让烽火台位于新疆维吾尔自治区巴音郭楞蒙古自治州且末县塔提让乡阿亚克塔提让村西北1.6千米。地处塔里木盆地南缘、阿尔金山北麓、车尔臣河三角洲平原塔提让乡西北部的绿洲与荒漠接壤地带。两侧各有一座较高大红柳包，四周地貌为固定、半固定沙土包和红柳包，生长有红柳、芦苇、胡杨等植被。南约1.9千米为车尔臣河。南、北面的洼地中有开垦的耕地，一条自阿亚克塔提让村北行而后又折东行的便道从烽火台南侧通过，西南4.2千米为塔提让乡政府，东南1.5千米为新315国道。

烽火台因风雨侵蚀和人为盗挖破坏倒塌呈土堆状。底径约13、残高约2.5米。坡面上见混合沙土、土坯块、红柳根等。其结构、筑法无法辨清。所见土坯无完整者，仅可测其宽28、厚10厘米。附近地表见有一些夹砂灰陶片，东侧坡地上见有炭粒、残毛布片、朽树枝混杂物的堆积层。第二次全国文物普查时该烽火台已损毁，但结构尚可辨，底部南北14.3、东西11.8米，高约6米。台顶平，为数层土坯夹一层红柳枝垒筑而成。土坯长45、宽30、厚10厘米。地表见陶片、陶纺轮、毛布残片等，并采集到一件长方形的木牍，其上泥封尚存。根据地理位置、建筑特点以及遗物推测，该烽火台年代为汉晋时期。

《史记》载：『秦已并天下。乃使蒙恬将三十万众北逐匈奴，收河南地，修长城，因地形，用制险塞，起临洮，至辽东，延袤万余里』，并将秦、赵、燕三国长城连接了起来，形成了万里长城的雏形。

现状（东—西）

9 坚达铁日木烽火台

坚达铁日木烽火台位于新疆维吾尔自治区巴音郭楞蒙古自治州且末县巴格艾日克乡江达铁日木村南约0.9千米。地处塔里木盆地南缘、阿尔金山北麓、车尔臣河河谷平原区北部绿洲带的农耕区中一座较高大的土包上。四周地势自南向北呈缓斜状，地表为盐碱土，生长有芦苇、骆驼刺等植被。东约1千米为车尔臣河，南侧有一座农户宅院。南至巴格艾日克乡政府2.6千米、且末县城7.2千米，西侧为南北走向的新315国道；北侧地势较低洼，有一条东南至西北流向的泄水沟。

烽火台因盐碱化而自然坍塌，加上人为挖掘而破坏严重，呈小土墩状。底部呈近圆形，直径8.9、高1.1米。其上生长芦苇。从东侧立面观察，其建筑结构为一层土夹一层红柳枝，残存两层土，厚分别为0.8、0.4米。红柳夹层厚0.05～0.1米。土层盐结程度较重，较坚硬，很难看出筑法，见其中含夹有较大的块状泥块，似为垛泥垒筑。底部东南壁有人为挖的一个坑，从坑壁上观察见一红柳夹层，夹层下的土层中含夹有块状泥块。烽火台损毁较为严重，附近又未发现任何遗物。据第二次全国文物普查记载，该烽火台年代为汉晋时期。

现状（东—西）

《史记》载：『秦已并天下。乃使蒙恬将三十万众北逐匈奴，收河南地，修长城，因地形，用制险塞，起临洮，至辽东，延袤万余里』，并将秦、赵、燕三国长城连接了起来，形成了万里长城的雏形。

10 布滚鲁克烽火台

布滚鲁克烽火台位于新疆维吾尔自治区巴音郭楞蒙古自治州且末县奥依亚依拉克乡苏塘村东北约58.7千米。地处塔克拉玛干沙漠南缘荒漠地带红柳包中开阔的平地上，四周地势由南向北呈缓斜状，地表为粉沙碱化土层，周围密布有生长着茂盛红柳的沙包。附近无定居点，所在地为奥依亚依拉克乡苏塘村的放牧区。东侧为一条泄洪沟，西南123.5千米为奥依亚依拉克乡政府，西约0.55千米有一条南北走向的石油物探线，北约1.85千米为315国道。

烽火台因风雨侵蚀、盐碱腐蚀等自然因素破坏而坍塌，形成较大的土堆。经调查测量推断，烽火台平面呈近正方形或长方形，立面略呈梯形。从坍塌的本体断面可辨其结构，烽火台中部为堆土或垛泥筑起，外部似为一层夯土（或垛泥）夹一层树枝垒筑而成。大约每0.3米土层夹一层树枝。现存底部南北约17、东西约15米，高约5.5米。土层中含盐碱较重，质地坚硬。附近未发现其他遗物。根据地理位置和建筑特点推测，该烽火台年代为汉晋时期。

《史记》载：『秦已并天下。乃使蒙恬将三十万众北逐匈奴，收河南地，修长城，因地形，用制险塞，起临洮，至辽东，延袤万余里』，并将秦、赵、燕三国长城连接了起来，形成了万里长城的雏形。

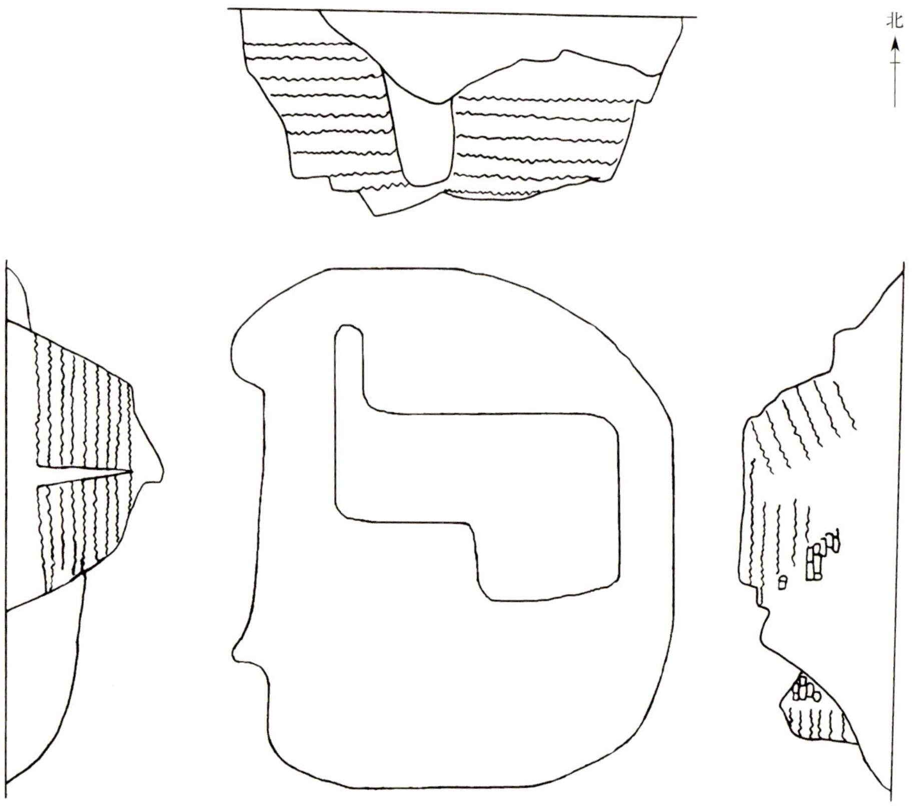

布滚鲁克烽火台平、立面示意图（立面图参照摄影资料绘制）

西面

南面

《史记》载：『秦已并天下。乃使蒙恬将三十万众北逐匈奴，收河南地，修长城，因地形，用制险塞，起临洮，至辽东，延袤万余里』，并将秦、赵、燕三国长城连接了起来，形成了万里长城的雏形。

《史记》载：『秦已并天下。乃使蒙恬将三十万众北逐匈奴，收河南地，修长城，因地形，用制险塞，起临洮，至辽东，延袤万余里』，并将秦、赵、燕三国长城连接了起来，形成了万里长城的雏形。

1 脱西克烽火台

脱西克烽火台位于新疆维吾尔自治区巴音郭楞蒙古自治州尉犁县古勒巴格乡兴地村西南40千米、农二师34团甘草厂西北27.5千米。地处孔雀河中游、库鲁克山前洪积扇地带一条干涸河道北侧的戈壁上。四周地势平坦，地表为沙砾质土层，附近有些红柳丛和小红柳包，无居住点。南约3.3千米为孔雀河，西北112.5千米为尉犁县城，北9.5千米有一条土路可通往北山便道。

烽火台受风雨侵蚀和人为盗挖破坏，正方形土坯围墙坍塌过半，整体保存相对完整。烽火台由台体和围墙组成。台体平面呈正方形，剖面呈梯形，底部边长约10、顶部边长约7、残高约8.6米。台体内部填黄土，外部用土坯与芦苇相间平铺砌筑而成，一层土坯夹一层芦苇，局部夹有柽木。土坯长40、宽21、厚10厘米，芦苇夹层厚3～5厘米。台体南壁有豁口，宽约2米，从底部向上纵贯至顶部。烽火台外壁有许多三角形孔，孔宽、高约12厘米。围墙目前存东墙大部、南墙东段、北墙中段及西墙南段。根据延长线复原，围墙平面呈近正

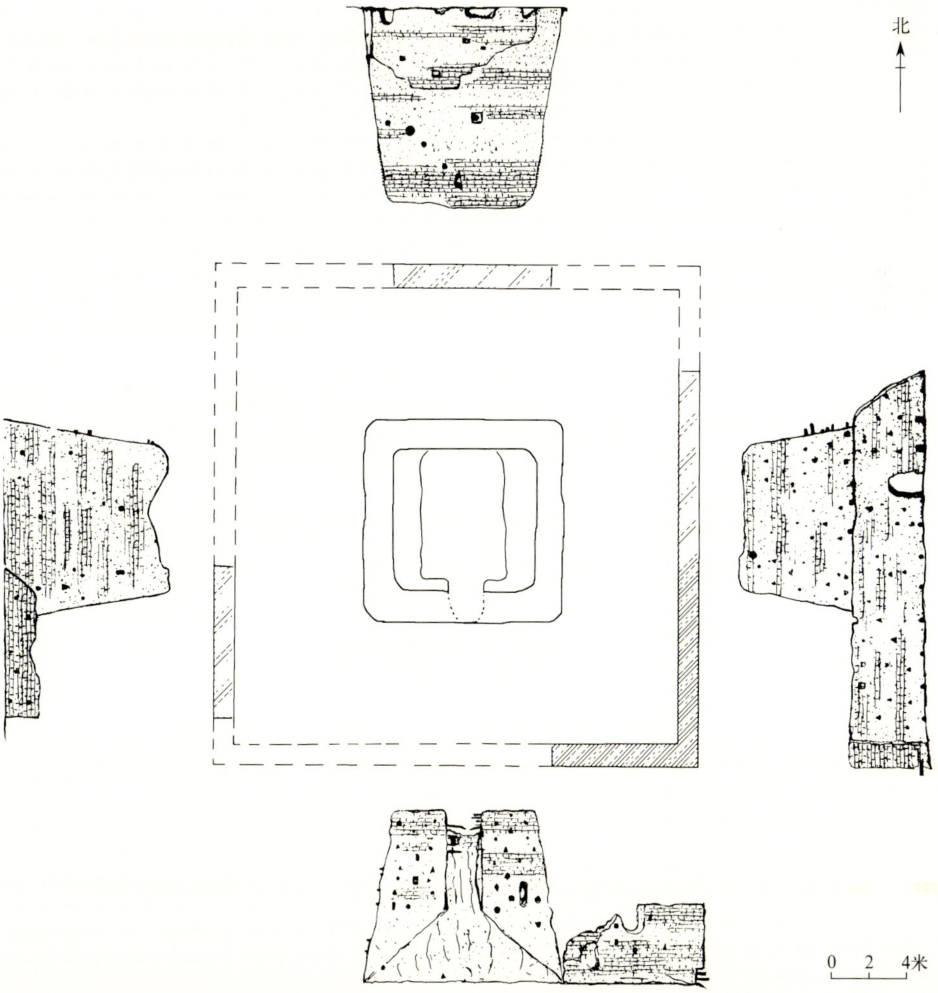

脱西克烽火台平、立面示意图（立面图参照摄影资料绘制）

《史记》载：「秦已并天下，乃使蒙恬将三十万众北逐匈奴，收河南地，修长城，因地形，用制险塞，起临洮，至辽东，延袤万余里」，并将秦、赵、燕三国长城连接了起来，形成了万里长城的雏形。

方形，边长约25米；围墙为土坯平砌夹芦苇层筑法，一层土坯一层芦苇，地面处铺一层较厚的芦苇为基础，基础之上的墙体内置有原木，一端伸出墙体外，围墙底宽1～1.2、上宽0.6～0.8、残高1～3.7米。围墙上见三角孔，保存较好的东墙上见20余个，呈行排列，见五行，行间距约0.6米，最下的一行距地面约1米。当地维吾尔人称此烽火台为“脱西克吐尔”，意为“带孔的烽火台”，当以烽火台和围墙上有许多三角孔而名之。根据地理位置、建筑特点推测，该烽火台年代为汉晋时期。

《史记》载：『秦已并天下。乃使蒙恬将三十万众北逐匈奴，收河南地，修长城，因地形，用制险塞，起临洮，至辽东，延袤万余里』，并将秦、赵、燕三国长城连接了起来，形成了万里长城的雏形。

西面

北面

《史记》载：『秦已并天下。乃使蒙恬将三十万众北逐匈奴，收河南地，修长城，因地形，用制险塞，起临洮，至辽东，延袤万余里』，并将秦、赵、燕三国长城连接了起来，形成了万里长城的雏形。

2 脱西克西烽火台

脱西克西烽火台位于新疆维吾尔自治区巴音郭楞蒙古自治州尉犁县古勒巴格乡兴地村西南53千米、农二师32团东北34千米。地处孔雀河中游，库鲁克山前洪积扇荒漠地带一座红柳沙包上。周围为红柳沙包，盛长红柳及芦苇、骆驼刺等植被。地下水位较高，地表土壤盐碱化严重。附近无村庄居民。东北9.5千米有北山便道，东南8.7千米有孔雀河、41.5千米为营盘古城，南约0.9千米有一条干涸的河道，西北68千米为塔里木乡，北约22千米为库鲁克山。

烽火台因受到风雨侵蚀、盐碱腐蚀等自然因素破坏而坍塌严重，还能看出其结构和大致形制。坡面及坡底为烽火台坍塌的堆积，堆积范围东西27、南北17.6米，无法辨认烽火台底部位置及尺寸。顶部稍平，东西两侧塌落，南北9.5、东西3.7米，高7.3米。从现状判断，原烽火台形制应为底、顶呈四边形，立面呈梯形的建筑。根据地表情况和坍塌面的观察，烽火台分内、外两层，内层（中心）为修整红柳包的上部并以堆土层、铺芦苇、砌土坯等方式垒成的方形台，而后又在外周贴台缘垒砌土坯墙，形成四棱梯形台状的烽火台。目前烽火台外层的南“墙”尚存，残长5、宽0.8、高2.4米。构筑方式为每四层

《史记》载：『秦已并天下，乃使蒙恬将三十万众北逐匈奴，收河南地，修长城，因地形，用制险塞，起临洮，至辽东，延袤万余里』，并将秦、赵、燕三国长城连接了起来，形成了万里长城的雏形。

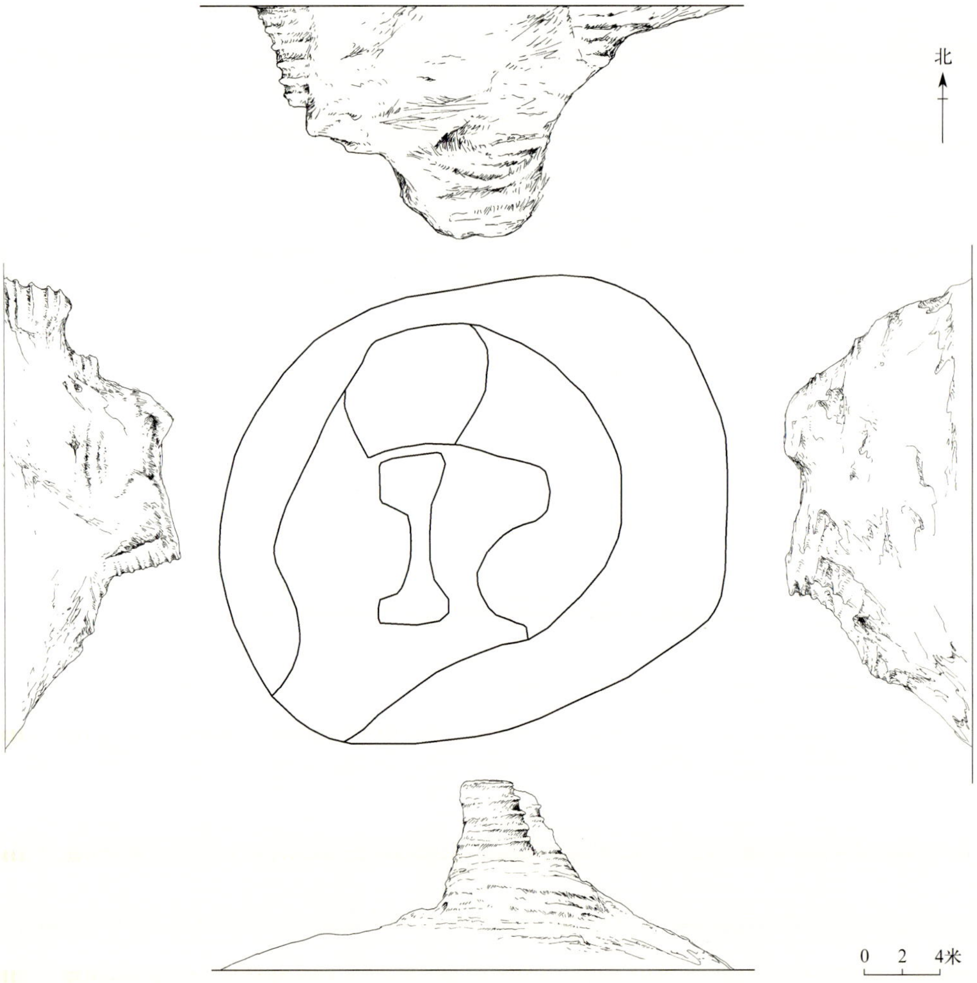

脱西克西烽火台平、立面示意图（立面图参照摄影资料绘制）

土坯夹一层芦苇，土坯长36、宽17、厚9厘米。其他三面烽火台外层土坯墙坍塌不存。烽火台南侧坡面上还有一层土夹一层芦苇或红柳枝的建筑遗存，似为加固或防风蚀功用的“护坡”；北侧近底部的东南角处亦见类似性质的遗迹，其结构为两层土坯夹一层芦苇。此外，在烽火台西北10余米处有两处长方形的土坑，其中一坑较大，长10、宽7、深1.5米。地表下约1米处的坑壁上见一层芦苇、红柳，似为地窝遗迹，是否与烽火台相关不可得知。周围地面有碎石、陶片、骨渣等遗物。根据地理位置、建筑特点推测，该烽火台年代为汉晋时期。

《史记》载：『秦已并天下，乃使蒙恬将三十万众北逐匈奴，收河南地，修长城，因地形，用制险塞，起临洮，至辽东，延袤万余里』，并将秦、赵、燕三国长城连接了起来，形成了万里长城的雏形。

《史记》载：『秦已并天下。乃使蒙恬将三十万众北逐匈奴，收河南地，修长城，因地形，用制险塞，起临洮，至辽东，延袤万余里』，并将秦、赵、燕三国长城连接了起来，形成了万里长城的雏形。

南面

东面

3 克亚克库都克烽火台

克亚克库都克烽火台位于新疆维吾尔自治区巴音郭楞蒙古自治州尉犁县古勒巴克乡兴地村西南57千米。地处孔雀河中游、库鲁克山前洪积扇荒漠地带一座长条形红柳包东侧，西约0.1千米有一条干涸的河道。周围生长有红柳、芦苇、骆驼刺等植被。地下水位较高，地表土壤盐碱化严重，属暖温带大陆性荒漠气候，年降水量约40毫米。附近无村庄居民。东南距营盘古城47千米，南距孔雀河10千米，西北距尉犁县城89千米，北距北山便道17千米，东北距奥尔塘村25.4千米。

烽火台因风雨侵蚀、盐碱腐蚀，导致基础下沉，东、西、北面台壁有不同程度坍塌，南壁保存相对完整。烽火台平面呈近正方形，立面呈梯形。底部边长6.2、顶部残长3.3米。其下部为垫高的堆土基础，基础平整后铺芦苇层，芦苇层上砌筑烽火台，堆土基础高约2米，烽火台残高4米。烽火台采用两种砌筑方式，形成内、外两种结构不同的建筑体，即外部为土坯垒砌，砌法为三层或四层土坯夹一层芦苇，土坯层厚0.25～0.3米，芦苇层厚0.03米，土坯长38、宽19、厚6厘米。内部为土层和芦苇层交替叠筑，芦苇层厚0.1～0.15米，每层与外层土坯砌筑体的芦苇夹层同一位置，但较之稍厚。烽火台脚下的南面和西面有护墙，为土坯夹芦苇层筑法，有些土坯的尺寸较烽火台的大，似为后期所添筑。烽火台西约10米的高地上有多处人为盗挖的土坑，坑中看到一些芦苇层、土坯残块、木枝及灰土堆积等，似为居住遗迹。烽火台南约15米处的平滩地上见一排高出地面的木桩，呈南北向直线排列，可能为“虎落”遗迹。烽火台周围地表还散落有碎石、木桩、陶片等遗物。根据地理位置、建筑特点推测，该烽火台年代为汉晋时期。

《史记》载：『秦已并天下，乃使蒙恬将三十万众北逐匈奴，收河南地，修长城，因地形，用制险塞，起临洮，至辽东，延袤万余里』，并将秦、赵、燕三国长城连接了起来，形成了万里长城的雏形。

南面

东面

西面

北面

《史记》载：『秦已并天下。乃使蒙恬将三十万众北逐匈奴，收河南地，修长城，因地形，用制险塞，起临洮，至辽东，延袤万余里』，并将秦、赵、燕三国长城连接了起来，形成了万里长城的雏形。

4 卡勒塔烽火台

卡勒塔烽火台位于新疆维吾尔自治区巴音郭楞蒙古自治州尉犁县古勒巴格乡兴地村奥尔塘西南28千米、农二师32团东北33千米。地处库鲁克山前洪积扇荒漠中，南侧有一条孔雀河小支流，地势呈东北向西南缓斜。地下水位较高，地表盐碱化较重，周围生长有骆驼刺、芦苇、红柳及胡杨树等。附近无村庄，西北约1千米处有一处季节性牧点。东北距北山便道16.2千米，东南距克亚克库都克烽火台10.5千米，西北距库木什烽火台7.6千米，北距农二师32团至北山便道的简易公路约0.14千米。

烽火台因风雨侵蚀、盐碱化等因素而遭受破坏，形成圆形土堆，底径约24、高约6米。顶部残存不完整的大致呈长方形的台面，台面长5.8、宽3.5米。烽火台中下部为坍塌堆积，局部露出一些芦苇层和胡杨圆木，圆木有横置（一端向外伸出）和竖立者；上部（东南角处）有土坯砌筑的遗存，为四五层土坯夹一层芦苇，芦苇层较薄，厚0.02米，芦苇层间距0.55～0.62米。烽火台顶部有人为挖掘的痕迹，散见一件胡杨木梯，应该是烽火台的附属建筑构件。烽火台四周盐碱化严重，泛起厚厚的碱壳，地表未见其他遗物。从观察到的现象推断，该烽火台的平面应呈方形或长方形，立面呈梯形，土坯建筑，数层土坯夹一层芦苇，其中还夹有横、竖圆木。根据地理位置和建筑特点推测，该烽火台年代为汉晋时期。

西面

《史记》载：『秦已并天下。乃使蒙恬将三十万众北逐匈奴，收河南地，修长城，因地形，用制险塞，起临洮，至辽东，延袤万余里』，并将秦、赵、燕三国长城连接了起来，形成了万里长城的雏形。

5 库木什烽火台

库木什烽火台位于新疆维吾尔自治区巴音郭楞蒙古自治州尉犁县阿克苏甫乡吉格得巴格村东南42千米。地处孔雀河中游冲积平原荒漠地带的红柳滩地中，地势呈东北向西南缓斜状。地下水位较高，地表多泛出白色的盐碱，植被主要为红柳和芦苇，西北约0.5千米处有三棵胡杨树。附近无人居住，东北15.3千米有北山便道，南侧有一条西北—东南走向的小道，东南约7.5千米为北山便道至农二师32团的土路，西约71.5千米为尉犁县城，西北行可达孔雀河畔的一些牧点。

烽火台因风雨侵蚀和盐碱腐蚀而坍塌，整体呈四棱锥体，底部平面近正方形，南北17.7、东西16.5米；顶部风雨侵蚀较甚，呈不规则平台，南北4、东西2.3米；残高约8米。烽火台为土坯建筑，地面上垫原木、铺红柳为基础，基础上平砌土坯，土坯长41、宽26、厚10厘米。数层土坯夹一层芦苇或原木。芦苇层厚0.03米，每0.4～0.6米平铺一根直径10～20厘米的原木，部分原木伸出烽火台外0.2～0.5米。此外，烽火台西、南两壁上部用细木棍横竖叠压搭建有不明用途原木遗迹；烽火台中下部有数个三角形的小孔，其形状与脱西克烽火台相似。烽火台西、北壁底部附近散布着一些原木残段及一些芦草杂土堆积。总体观察，此烽火台中加夹的原木较多且较大，其西北约6.8千米处的沙鲁瓦克烽火台也具有此现象，在整个孔雀河烽燧群中比较特殊。从当年斯坦因所拍的照片看，百年前该烽火台上的原木比现在看到的要多。根据地理位置和建筑特点推测，该烽火台年代为汉晋时期。

《史记》载：『秦已并天下。乃使蒙恬将三十万众北逐匈奴，收河南地，修长城，因地形，用制险塞，起临洮，至辽东，延袤万余里』，并将秦、赵、燕三国长城连接了起来，形成了万里长城的雏形。

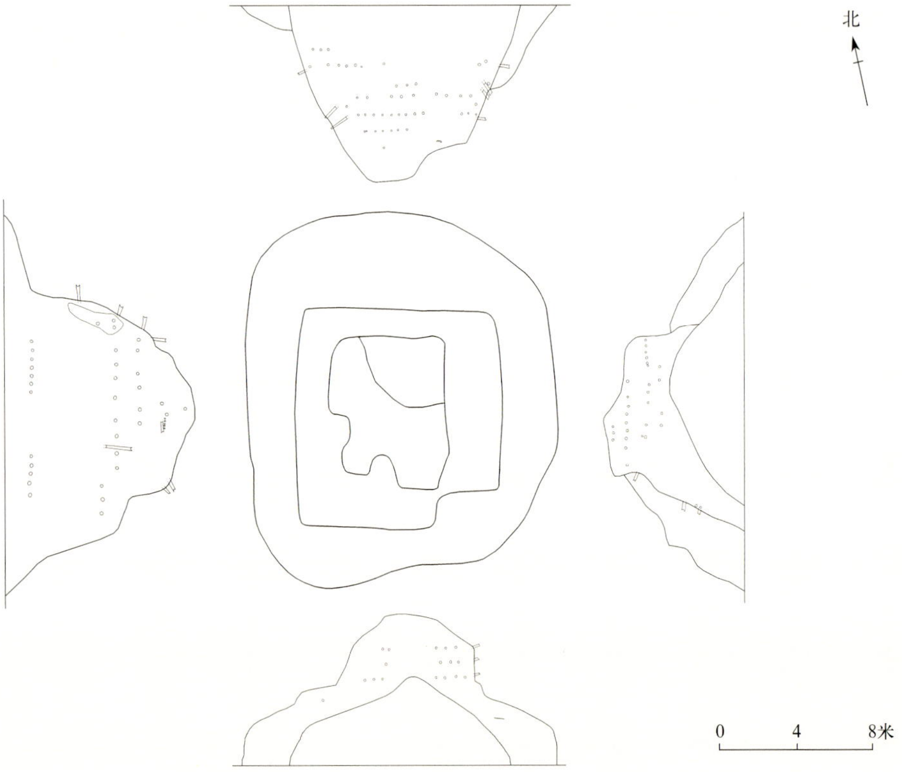

库木什烽火台平、立面图（立面图参照摄影资料绘制）

东面

西面

南面

《史记》载：『秦已并天下。乃使蒙恬将三十万众北逐匈奴，收河南地，修长城，因地形，用制险塞，起临洮，至辽东，延袤万余里』，并将秦、赵、燕三国长城连接了起来，形成了万里长城的雏形。

6 沙鲁瓦克烽火台

沙鲁瓦克烽火台位于新疆维吾尔自治区巴音郭楞蒙古自治州尉犁县阿克苏甫乡吉格得巴格村东南34千米、农二师32团东北35千米。地处孔雀河中游冲积平原荒漠地带的红柳滩地中，地势呈东北向西南缓斜。地下水位较高，地表泛白色的盐碱。主要生长红柳、芦苇等耐盐碱、干旱植物。附近无人居住。东北约13千米有北山便道；南约0.7千米有一条大致呈东西走向的小道，东可至北山便道，西可至孔雀河西岸的放牧点；西南约3.5千米为孔雀河主河道，两岸有胡杨林；西约64千米为尉犁县城。

烽火台因风雨侵蚀和人为盗掘破坏而改变了形态，形制结构尚可辨清。烽火台底部平面呈长方形，立面略呈梯形。底部南北17.3、东西12.2米，顶部东西5.8、南北3米，残高7.5米。烽火台为土坯砌筑，从保存相对较好的烽火台南壁观察，其底部为一层土坯夹一层芦苇垒砌而成。芦苇层厚0.05米，土坯层厚约0.12米，共见七层。上部为数层土坯夹一层芦苇和胡杨原木，东侧可见向外伸出台体的原木六层，西侧见五层。原木直径多12～20厘米，最大直径25厘米。土坯质地较硬，长40、宽24、厚10厘米。烽火台东南侧有现代掏挖的一个大洞。烽火台南侧的坡面上竖立有两根直径18厘米的原木，间距2.5米，高分别为2.6、2.8米。烽火台南侧约5.7米处有一段残土坯墙，长3、高1、厚1米，似围墙或房屋建筑的一段残墙，附近未见其他遗物。根据地理位置和建筑特点推测，该烽火台年代为汉晋时期。

《史记》载：『秦已并天下。乃使蒙恬将三十万众北逐匈奴，收河南地，修长城，因地形，用制险塞，起临洮，至辽东，延袤万余里』，并将秦、赵、燕三国长城连接了起来，形成了万里长城的雏形。

南面

《史记》载：『秦已并天下，乃使蒙恬将三十万众北逐匈奴，收河南地，修长城，因地形，用制险塞，起临洮，至辽东，延袤万余里』，并将秦、赵、燕三国长城连接了起来，形成了万里长城的雏形。

7 阿克吾尔地克烽火台

阿克吾尔地克烽火台位于新疆维吾尔自治区巴音郭楞蒙古自治州尉犁县阿克苏甫乡吉格得巴格村东南30千米。地处孔雀河中游冲积平原荒漠地带一座红柳包上。地势呈北向南缓斜，地下水位较高，地表盐碱化严重，生长红柳、芦苇、骆驼刺等植被。烽火台附近无村庄，东北1千米有正在开垦的耕地。西北距尉犁县城59千米，北距库尔勒至农二师35团的北山便道11.5千米。

烽火台由于地下水位较高、盐碱腐蚀、风蚀等因素破坏已坍塌。底部平面呈近正方形，东西7.3、南北6.5米，残高2米。烽火台东、南壁尚保存，西、北壁坍塌。从立面观察，建筑结构为一层芦苇一层土砌筑而成，层层内收变小。芦苇层厚0.03～0.04米，土层厚约0.05米。从烽火台东壁可观察到共有24层芦苇，内夹有直径约10厘米的木椽。由于下沉的缘故，芦苇层弯曲。从烽火台顶部看，中部为芦苇层及土层筑起一根正方形的“中心柱”，“中心柱”边长约2.3米。其外间距1.1、1.7米的四周再以芦苇层及土层修筑烽火台的“外墙”，厚约1米。烽火台的“外墙”与“中心柱”之间的空隙间填土，形成实心烽火台。烽火台底部的坡地上散见许多长约1、直径0.1米的木椽，可能是烽火台夹层中的木椽，由于烽火台倒塌而滚落于坡地上。烽火台旁发现一只编织履，可能为戍守烽火台的戍卒日常穿用之物。根据地理位置和建筑特点推测，该烽火台年代为汉晋时期。

《史记》载：『秦已并天下。乃使蒙恬将三十万众北逐匈奴，收河南地，修长城，因地形，用制险塞，起临洮，至辽东，延袤万余里』，并将秦、赵、燕三国长城连接了起来，形成了万里长城的雏形。

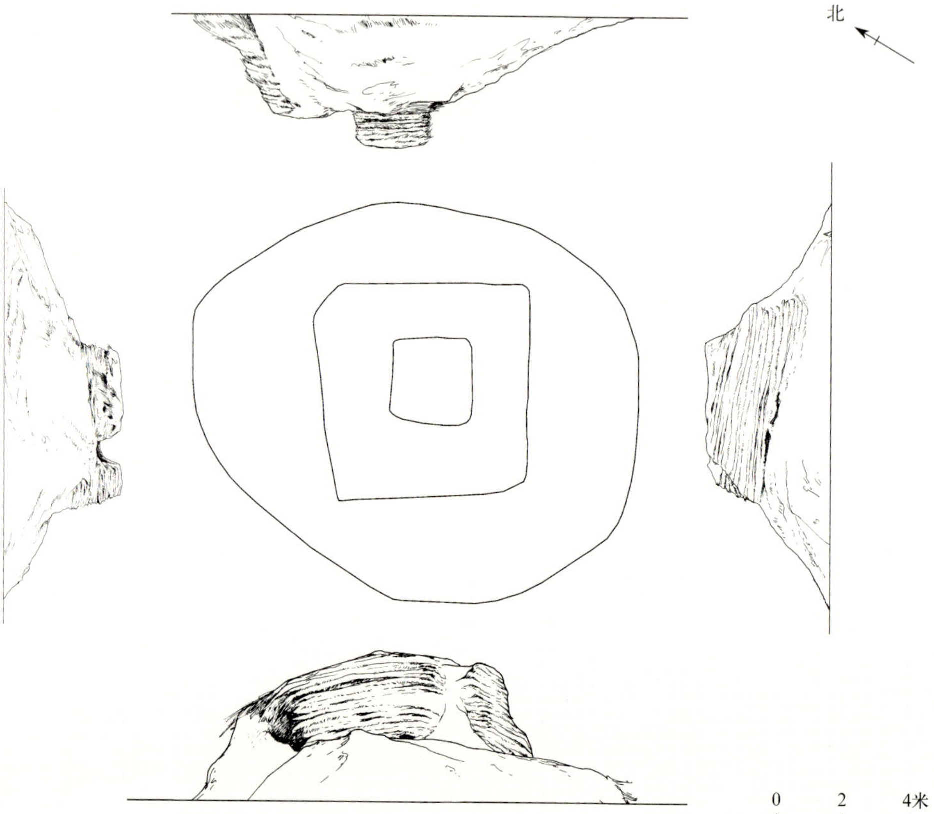

阿克吾尔地克烽火台平、立面图（立面图依据摄影资料绘制）

《史记》载：『秦已并天下。乃使蒙恬将三十万众北逐匈奴，收河南地，修长城，因地形，用制险塞，起临洮，至辽东，延袤万余里』，并将秦、赵、燕三国长城连接了起来，形成了万里长城的雏形。

8 萨其该烽火台

萨其该烽火台位于新疆维吾尔自治区巴音郭楞蒙古自治州尉犁县阿克苏甫乡喀尔尕提村东北7千米。地处孔雀河冲积平原与库鲁克山前洪积扇接壤地带的红柳包中。红柳包呈西北—东南向带状分布，宽达500米。四周地势呈东北至西南缓斜，地表为粉沙土质。附近无村庄，西约1.9千米有一条大致南北向的土路，土路西侧及南部的孔雀河冲积平原滩地有大片新开垦的耕地，沿土路南行可至卡尔喀特村。南约3.5千米为孔雀河，西南19千米为阿克苏甫乡，北约5.5千米为北山便道。

烽火台坍塌严重，外形呈尖顶的土包状。底部周长63米，残高7.5米。从顶部坍塌面观察，烽火台由两部分构成，中心体似堆积土层夹芦苇层筑起，外周为土坯“墙”建筑，厚约1米。建筑结构为三层或四层土坯夹一层芦苇层，土坯长36、宽20、厚8厘米，芦苇层厚约0.03米。烽火台近顶部东壁的土坯“墙”较平直，呈内收状，故推断原烽火台平面应为正方形或长方形，立面呈梯形。坡面上见碎土坯、芦苇层、胡杨木桩等烽火台的坍塌物。多数胡杨木桩一端削尖，长约100、直径8～12厘米，应为烽火台上加夹的木椽，烽火台南壁近顶部仍存一些伸出烽火台外的木椽。烽火台北壁的底部有一个坑，坑壁见一层红柳，疑为烽火台底部的铺垫层。烽火台西、西北侧近底部的坡面上见几片酥碎的陶片和一些炭粒及碎畜骨等，陶片有夹砂灰陶和夹砂红陶两种，质地较细，火候较高。此烽火台的筑法与孙基烽火台、克亚克库都克烽火台、脱西克西烽火台相似。根据地理位置和建筑特点推测，该烽火台年代为汉晋时期。

《史记》载：『秦已并天下。乃使蒙恬将三十万众北逐匈奴，收河南地，修长城，因地形，用制险塞，起临洮，至辽东，延袤万余里』，并将秦、赵、燕三国长城连接了起来，形成了万里长城的雏形。

西面

东面

南面

北面

《史记》载：『秦已并天下。乃使蒙恬将三十万众北逐匈奴，收河南地，修长城，因地形，用制险塞，起临洮，至辽东，延袤万余里』，并将秦、赵、燕三国长城连接了起来，形成了万里长城的雏形。

9 孙基烽火台

孙基烽火台位于新疆维吾尔自治区巴音郭楞蒙古自治州尉犁县兴平乡喀拉洪村东21.5千米。地处库鲁克山西部山前洪积坡地的一道低矮沙梁的南端。地势呈东北–西南缓斜状，间有一些小冲沟，地表为砂砾层，生长红柳、骆驼刺等耐旱植被。附近无人居住。库尔勒市至农二师35团的北山便道从其西南侧通过，东北5千米为库鲁克塔格山，东南约3千米处有一条干涸的古河道、约10.8千米为孔雀河、约14千米为阿克苏甫乡，西南24千米为尉犁县城，西北11.6千米有亚克仑烽火台。

烽火台因风雨侵蚀和人为盗挖等因素破坏，保存较差，存在倒塌危险，其形制、结构尚基本清楚。目前烽火台东壁立面略呈梯形，北壁立面略呈直角三角形，南壁坍塌并有一座坡状建筑与烽火台相接。从地表看，烽火台底部南北18、东西15米（包括坡状堆积），高7.3米。从断面观察，烽火台有内体和外体两部分，内体为数层土坯夹一层芦苇垒砌而成，近顶部见一些横置的原木。中心部则为一层沙石土夹一层芦苇垒筑，芦苇层与土坯层的芦苇层相接，可能是为了省料（土坯）。外体为土坯平砌垒

《史记》载：『秦已并天下。乃使蒙恬将三十万众北逐匈奴，收河南地，修长城，因地形，用制险塞，起临洮，至辽东，延袤万余里』，并将秦、赵、燕三国长城连接了起来，形成了万里长城的雏形。

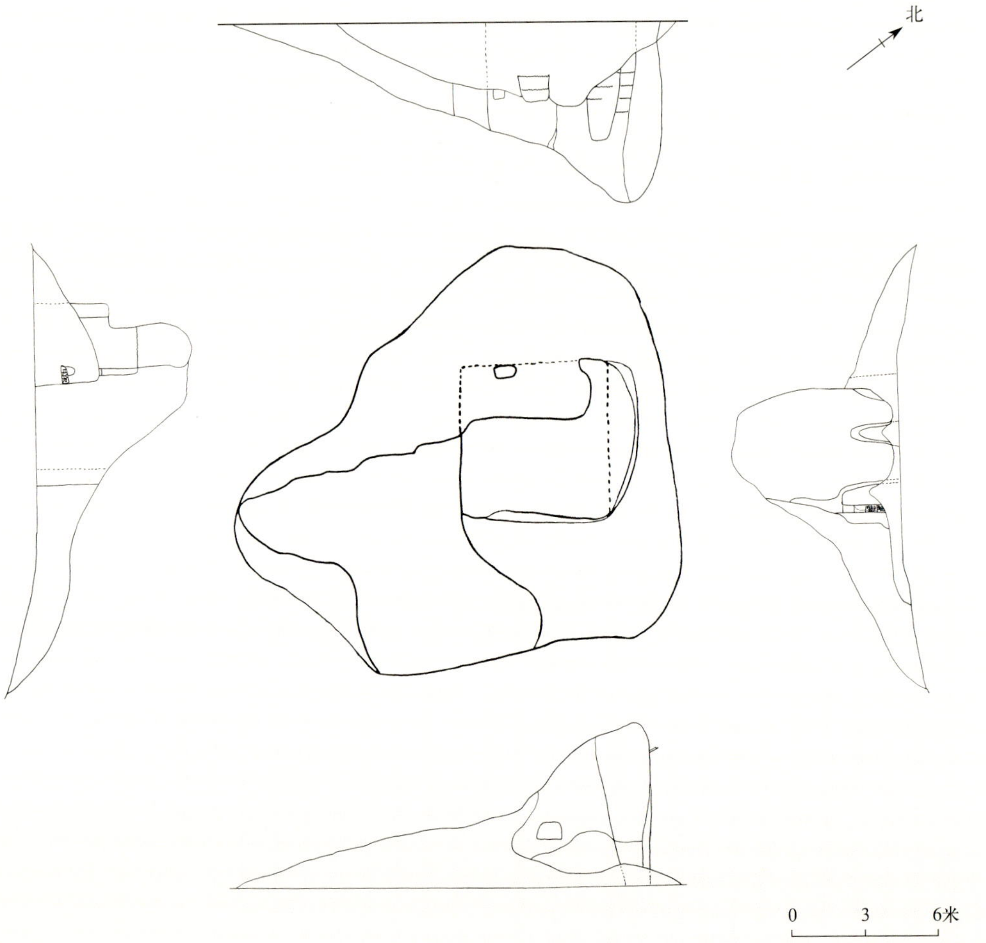

孙基烽火台平、立面示意图（立面图参照摄影资料绘制）

筑，不夹苇层，从西壁立面观察，北壁的外体残厚1米。内、外体的土坯规格基本相同，完整的土坯有长40、宽22、厚10厘米和长33、宽18、厚8厘米两种。烽火台北、南、东壁有现代人挖掘的洞坑，其中西、北壁挖掘情况甚为严重。附近未见任何遗物，北侧约0.1千米处发现一片墓地。根据地理位置和建筑特点推测，该烽火台年代为汉晋时期。

西面

东面

《史记》载：『秦已并天下。乃使蒙恬将三十万众北逐匈奴，收河南地，修长城，因地形，用制险塞，起临洮，至辽东，延袤万余里』，并将秦、赵、燕三国长城连接了起来，形成了万里长城的雏形。

南面

北面

《史记》载：『秦已并天下。乃使蒙恬将三十万众北逐匈奴，收河南地，修长城，因地形，用制险塞，起临洮，至辽东，延袤万余里』，并将秦、赵、燕三国长城连接了起来，形成了万里长城的雏形。

10 亚克仑烽火台

亚克仑烽火台位于新疆维吾尔自治区巴音郭楞蒙古自治州尉犁县兴平乡喀拉洪村东北14千米。地处库鲁克山西部山前洪积扇下缘雅丹地貌的台地上，地势呈东北–西南缓斜状。四周地势平坦，地表多为风成沙地，生长骆驼刺、红柳等植被。东0.5千米有泉水分布、2千米有一座呈黑色的低山，东、北附近有些长条形的独立大雅丹，西侧为平阔的泥质荒漠。东约1千米有库尔勒至农二师35团的北山便道，南约19千米为孔雀河，西南18.5千米为尉犁县城，西北17.6千米有苏盖提烽火台。

烽火台修建于一座南北120、东西50、高16米高大独立的风蚀台地顶部中央。烽火台因风雨侵蚀和人为挖掘而遭受破坏，坍塌损毁严重。在直径约12、高1.5米的坍塌土包上矗立着东西2、南北1.5、高3.7米的土坯建筑残体。台体顺砖错缝砌筑而成，残见土坯30层，土坯大部分长40、宽20、厚10厘米，少部分长46、宽22、厚10厘米，土坯中含有砂砾层，座泥为较纯的沙质土。该建筑南侧的台地上有一些黑色的砾石和夹砂红褐陶片散布，并见一些人为挖掘的土坑，坑边缘看到一些灰烬土。南侧的台地上有十多座被挖开的墓葬。1906～1908年，斯坦因曾到此做过调查，当时所见为一座边长约5.8米的正方形围墙状建筑，采集到一片写着汉文的小纸片和几小片素绸。根据地理位置和建筑特点推测，该烽火台年代为汉晋时期。

东面

《史记》载：『秦已并天下。乃使蒙恬将三十万众北逐匈奴，收河南地，修长城，因地形，用制险塞，起临洮，至辽东，延袤万余里』，并将秦、赵、燕三国长城连接了起来，形成了万里长城的雏形。

南面

北面

西面

《史记》载：『秦已并天下，乃使蒙恬将三十万众北逐匈奴，收河南地，修长城，因地形，用制险塞，起临洮，至辽东，延袤万余里』，并将秦、赵、燕三国长城连接了起来，形成了万里长城的雏形。

11 苏盖提烽火台

苏盖提烽火台位于新疆维吾尔自治区巴音郭楞蒙古自治州尉犁县兴平乡喀拉洪村东北21千米。地处库鲁克山西部山前洪积扇下小沙梁上，地势呈东北-西南缓斜状，地表为沙质棕漠土，附近生长有骆驼刺、红柳、芦苇等植被。北约50米的凹地东侧生长一丛柳树，树下有一眼泉，长年流淌。南约24千米为尉犁县城，西南0.22千米为西北—东南走向的北山便道，西3.8千米为218国道，西北2.5千米外为西尼尔绿洲，北面为近年修建的西尼尔水库。

烽火台因风雨侵蚀和人为破坏台体坍塌，仅存一座土堆。平面呈长方形，南北17、东西15米，残高2.5米。构筑方式为土坯砌筑，局部夹有红柳或芦苇层，层厚0.1米。土坯规格有两种，一种长38、宽20、厚10厘米；另一种土坯呈灰色，长43、宽26、厚10厘米。顶部近西北角有现代挖掘的盗坑，坑壁上见红柳、芦苇、土坯层。烽火台东南侧有近现代所挖出的半地穴式的房屋，房屋西、北面以烽火台为壁，东、南以土坯及垛泥筑墙，面积5.2米×4.5米，墙体残高2米。房内东南角处有一个灶，灶上的墙壁内有一个烟道。此外，沙梁的北端有一个长方形的木栅栏，其上插小树枝，栅栏及树枝上挂有许多布条，当为近现代的伊斯兰麻札。目前所观察到的仅为烽火台底部的一些迹象和建筑方式，其上部的形状与建筑方式不可知。百年前，斯坦因曾到此做过调查，当时坍毁成一个形状不规则的土丘，直径约11.3、高约3米。根据地理位置和建筑特点推测，该烽火台年代为汉晋时期。

《史记》载：『秦已并天下，乃使蒙恬将三十万众北逐匈奴，收河南地，修长城，因地形，用制险塞，起临洮，至辽东，延袤万余里』，并将秦、赵、燕三国长城连接了起来，形成了万里长城的雏形。

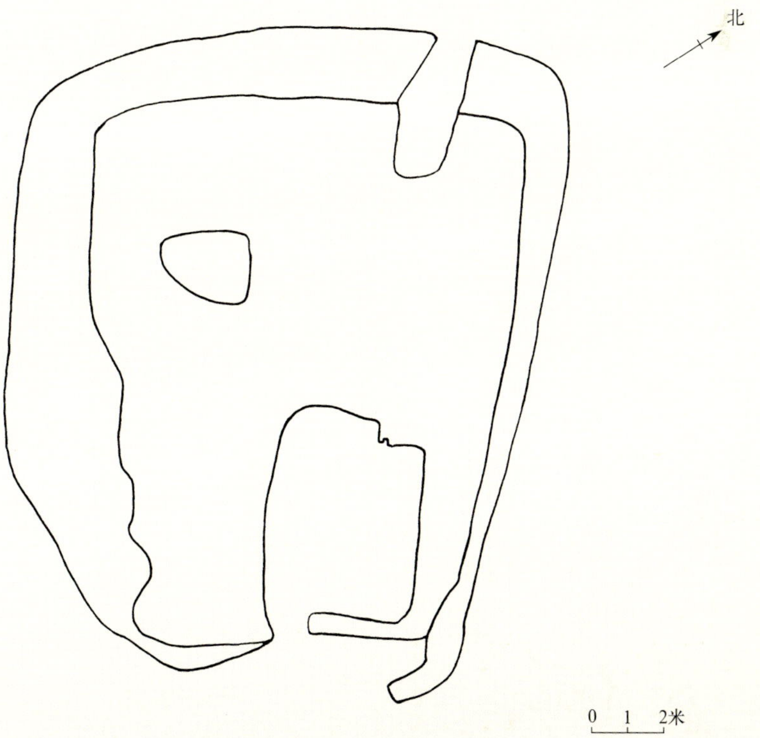

苏盖提烽火台平面示意图

北面

南面

《史记》载：『秦已并天下。乃使蒙恬将三十万众北逐匈奴，收河南地，修长城，因地形，用制险塞，起临洮，至辽东，延袤万余里』，并将秦、赵、燕三国长城连接了起来，形成了万里长城的雏形。

12 拉依苏西烽火台

拉依苏西烽火台位于新疆维吾尔自治区巴音郭楞蒙古自治州轮台县群巴克镇群巴克牧业村西约2.3千米。地处塔里木盆地北缘、天山南麓拉依苏沟洪积扇地带。地势自北向南倾斜，地表为粉沙质沉积黄土，盛长红柳等植被。东侧为耕地，东南侧为拉依苏遗址和拉依苏东烽火台、20千米为轮台县城，东北12.3千米为群巴克镇，北约3.5千米为314国道。

烽火台因风雨侵蚀等自然因素破坏而导致台体开裂、坍塌严重，顶部呈不规则状。台体上有近现代挖掘的盗洞。烽火台呈覆斗形，平面呈近正方形，剖面呈梯形。边长约8.5、高约6.5米。烽火台采用黄土夯筑而成，夯层厚0.08～0.12米，夯土较纯净，夯层较均匀结实。台体上见许多小圆洞，见一些外露的桩木。附近地表散见人骨及夹砂陶片。1999年公布为新疆维吾尔自治区文物保护单位，公布名称为拉依苏烽燧，2009年正名为拉依苏西烽火台。该烽火台与拉依苏东烽火台甚近，然建筑形制不同，初步推测年代为汉晋时期。

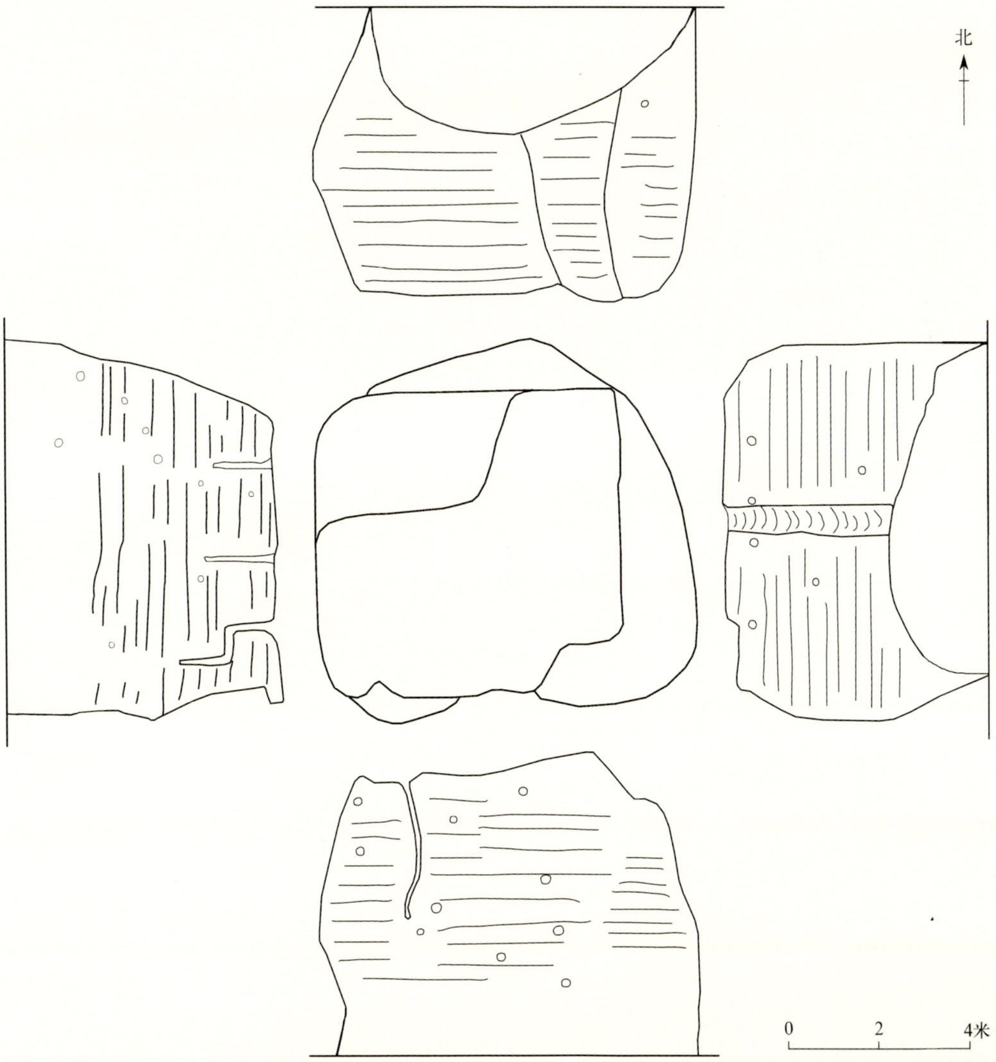

拉依苏西烽火台平、立面示意图（立面图参照摄影资料绘制）

《史记》载：『秦已并天下。乃使蒙恬将三十万众北逐匈奴，收河南地，修长城，因地形，用制险塞，起临洮，至辽东，延袤万余里』，并将秦、赵、燕三国长城连接了起来，形成了万里长城的雏形。

《史记》载：『秦已并天下。乃使蒙恬将三十万众北逐匈奴，收河南地，修长城，因地形，用制险塞，起临洮，至辽东，延袤万余里』，并将秦、赵、燕三国长城连接了起来，形成了万里长城的雏形。

北面

南面

《史记》载：『秦已并天下。乃使蒙恬将三十万众北逐匈奴，收河南地，修长城，因地形，用制险塞，起临洮，至辽东，延袤万余里』，并将秦、赵、燕三国长城连接了起来，形成了万里长城的雏形。

13 张郭庄戍堡遗址*

张郭庄戍堡遗址位于新疆维吾尔自治区巴音郭楞蒙古自治州和硕县乌什塔拉回族乡南山地区，西距乌什塔拉回族乡约13千米。戍堡平面呈不规则长方形，东西约40、南北约25米。南墙全部坍塌，仅留部分墙基，其他三面尚存部分墙垣。西墙残高2、宽1.7米。墙垣系土坯二丁一顺砌筑，间黏草泥。土坯长35、宽25、厚12厘米。门建在北墙。遗址地表散见夹砂红褐陶片，为轮制、素面。戍堡南侧低洼处有墓葬，地表无标志。遗址上采集到两件细石器石核，器表残留压剥石叶后留下的疤痕。戍堡位于古楼兰、车师、焉耆来往的交通要道上，戍堡的设置与汉晋时期戍守这条道路有关，遗址上还发现轮制陶片，不排除汉晋以后晚至唐代此戍堡仍被利用的可能。

14 四十里大墩烽火台

四十里大墩烽火台位于新疆维吾尔自治区巴音郭楞蒙古自治州和硕县乌什塔拉回族乡硝井子村西南约10千米。地处焉耆盆地东部荒漠地带一处稍高的沙土梁上，地势自北向南呈缓坡状，地形稍有起伏，地表为冲积沙土层，生长有稀疏的骆驼刺等植被，其北、东北、西南侧为低矮的沙土梁，东南面为洼地，水位较高。东约1千米有一条乌什塔拉至盐场的沙石公路，西南6千米为博斯腾湖，西北16.8千米为乌什塔拉乡。北部有一些新开垦的土地，拟作为牧民搬迁安置点，北约16.5千米为218国道。

烽火台虽然经受风雨剥蚀和人为攀爬等因素破坏，但保存尚较完好，烽火台底、顶部平面呈正方形，立面呈梯形。底部边长6.8、顶部边长4.6、残高5.3米。黄土夯筑而成，夯筑一定厚度的黄土层后平铺一层树枝或原木夹层，夹层厚0.15~0.2米，共见七层。夹层间距以0.8米为多，亦有0.6米和0.7米。夯层最厚约0.43米，次约0.23米，薄的约0.11米。附近未见遗物。从其形制筑法来看，似为汉晋时期遗存。烽火台东南有间道可达辛格尔（破城址），再南出东大山口可至楼兰。以此推测，汉晋时当有一条危须至楼兰、山国区域的古道从附近经过，此烽火台即为该道上的一处通讯、预警设施。同时其地处连接南北疆交通要道的南侧，也可能是连接古代车师和龟兹地区交通线路上的一处设施。

《史记》载：『秦已并天下。乃使蒙恬将三十万众北逐匈奴，收河南地，修长城，因地形，用制险塞，起临洮，至辽东，延袤万余里』，并将秦、赵、燕三国长城连接了起来，形成了万里长城的雏形。

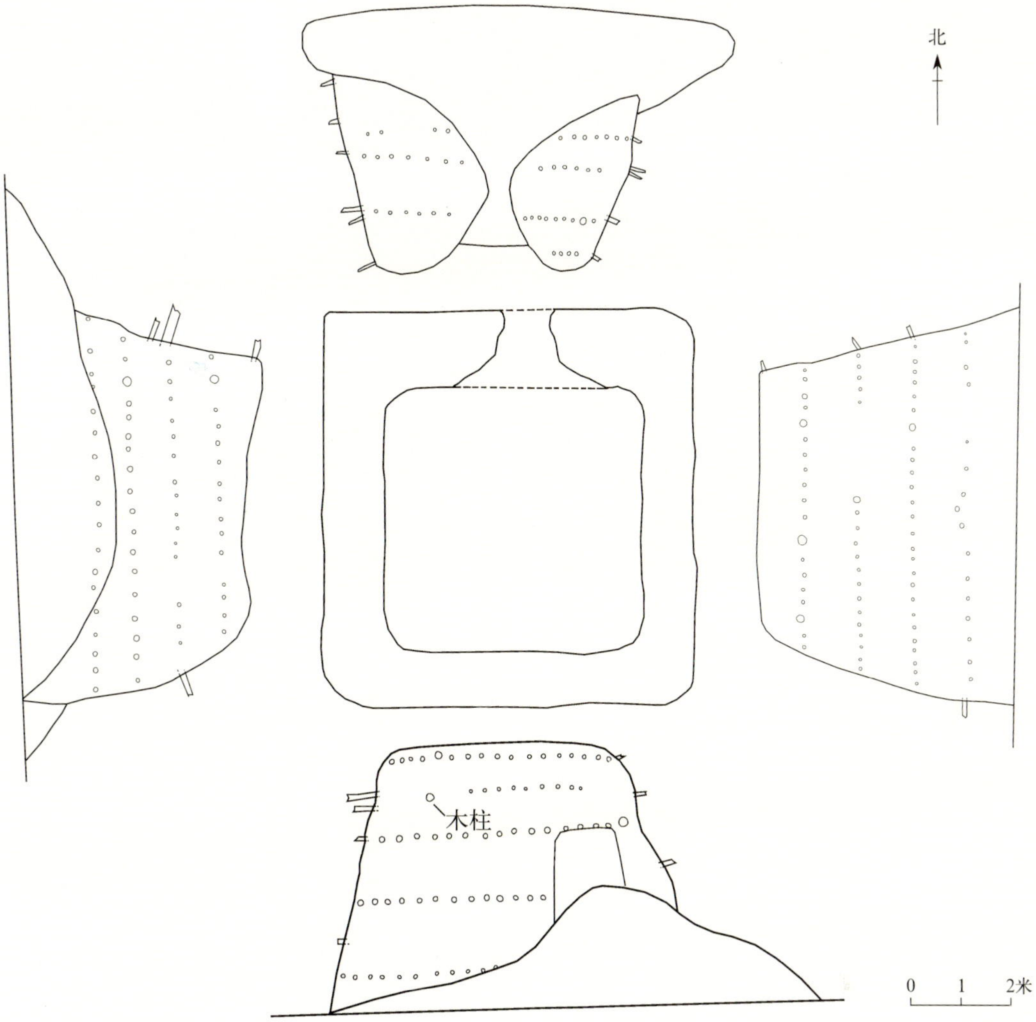

四十里大墩烽火台平、立面示意图（立面图参照摄影资料绘制）

北面

《史记》载：『秦已并天下。乃使蒙恬将三十万众北逐匈奴，收河南地，修长城，因地形，用制险塞，起临洮，至辽东，延袤万余里』，并将秦、赵、燕三国长城连接了起来，形成了万里长城的雏形。

《史记》载：『秦已并天下。乃使蒙恬将三十万众北逐匈奴，收河南地，修长城，因地形，用制险塞，起临洮，至辽东，延袤万余里』，并将秦、赵、燕三国长城连接了起来，形成了万里长城的雏形。

东面

南面局部

《史记》载：『秦已并天下。乃使蒙恬将三十万众北逐匈奴，收河南地，修长城，因地形，用制险塞，起临洮，至辽东，延袤万余里』，并将秦、赵、燕三国长城连接了起来，形成了万里长城的雏形。

15 马兰烽火台*

马兰烽火台位于新疆维吾尔自治区巴音郭楞蒙古自治州和硕县乌什塔拉回族乡马兰村内，现被毁。根据第二次全国文物普查报告记载，烽火台大部分被挖毁，仅存东北部分，呈土墩状，长约7、宽约3、高约1.5米。黄土夯筑，不见夯层，地表无遗物。周围是房屋和菜地，第二次全国文物普查时地表见有夹砂红陶片，推测其为汉代遗存。此次调查中根据其地理位置推测，不排除唐代继续使用的可能性。

16 塔哈其烽火台

塔哈其烽火台位于新疆维吾尔自治区巴音郭楞蒙古自治州和硕县塔哈其乡查汗布呼行政村赛尔恩布呼自然村中。其北、南侧为民房，东侧为苗圃地和一小片戈壁滩地，西侧有一条南北向的村中土路。此地以农业为主兼作牧业，主要农作物为小麦、玉米、棉花等。南0.23千米为老314国道，西9千米为和硕县城。

烽火台因受风沙侵蚀和人为破坏损毁严重，尤以人为因素破坏为重。烽火台中部被挖空改造为门朝南开、直径约3.2米的窑，原形制模糊不清。从保存状况看，烽火台为黄土夯筑而成，土质纯净、细腻。底部呈正方形，顶部呈圆角长方形，通高6.3米。底部边长12、高2.5米，顶部东西8、南北6.5米，残高3.8米。底部夯层厚多为0.16、0.11、0.1米，中部以0.11、0.1、0.07米为多，上部多为0.1、0.07米。也有些较薄的夯层，最薄约0.05米。从建筑形制来看，年代较早。第二次全国文物普查时定为汉代。此次调查中根据其地理位置推测，不排除唐代继续使用的可能性。

《史记》载：「秦已并天下。乃使蒙恬将三十万众北逐匈奴，收河南地，修长城，因地形，用制险塞，起临洮，至辽东，延袤万余里」，并将秦、赵、燕三国长城连接了起来，形成了万里长城的雏形。

塔哈其烽火台平、立面示意图（立面图参照摄影资料绘制）

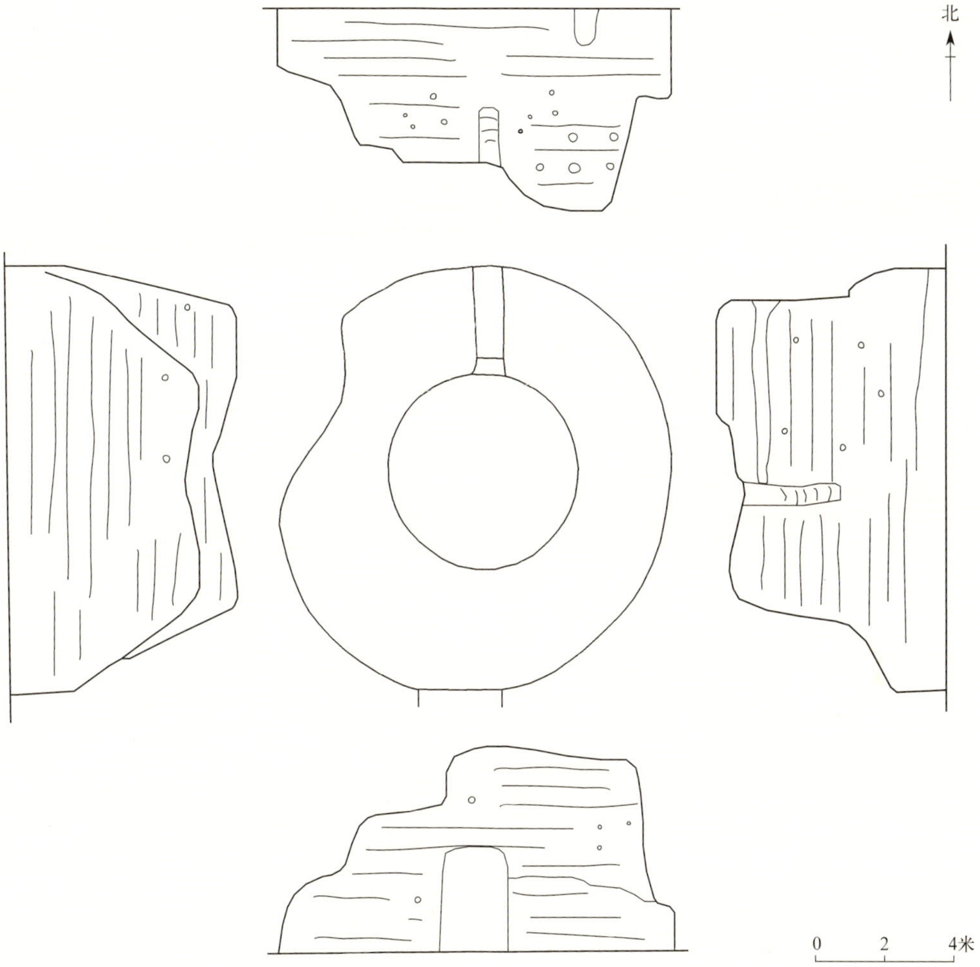

南面

《史记》载：“秦已并天下。乃使蒙恬将三十万众北逐匈奴，收河南地，修长城，因地形，用制险塞，起临洮，至辽东，延袤万余里”，并将秦、赵、燕三国长城连接了起来，形成了万里长城的雏形。

北面

西面

东面

《史记》载：『秦已并天下。乃使蒙恬将三十万众北逐匈奴，收河南地，修长城，因地形，用制险塞，起临洮，至辽东，延袤万余里』，并将秦、赵、燕三国长城连接了起来，形成了万里长城的雏形。

17 克孜尔尕哈烽火台

克孜尔尕哈烽火台位于新疆维吾尔自治区阿克苏地区库车县伊西哈拉镇道来提巴格村西北3千米。地处盐水沟河谷东岸，北依却勒塔格山脉，南为向南倾斜的洪积戈壁。地表遍布砾石，植被稀少。烽火台东北约1千米为克孜尔尕哈石窟，南约1千米为烽火台工作站，西约1千米为217国道，南约3千米为314国道。

烽火台平面呈长方形，由底部向上逐渐缩收，剖面呈梯形，高约13.5米，基底存长6.5、宽4.5米，顶部望楼、木栅残迹尚存。烽火台为黄土夯筑，中间夹树枝，夯层厚0.1～0.2米。烽火台始建于汉宣帝年间，即西域都护府移置乌垒之后。该烽火台是全疆境内时代最早、保存最完好的烽火台之一，是汉唐丝绸之路标志性的古代军事通讯建筑设施。2001年公布为全国重点文物保护单位。年代为汉唐时期。

《史记》载：『秦已并天下，乃使蒙恬将三十万众北逐匈奴，收河南地，修长城，因地形，用制险塞，起临洮，至辽东，延袤万余里』，并将秦、赵、燕三国长城连接了起来，形成了万里长城的雏形。

西面

南面

《史记》载：『秦已并天下。乃使蒙恬将三十万众北逐匈奴，收河南地，修长城，因地形，用制险塞，起临洮，至辽东，延袤万余里』，并将秦、赵、燕三国长城连接了起来，形成了万里长城的雏形。

东面

18 刘平国治关城诵石刻*

刘平国治关城诵石刻位于新疆维吾尔自治区阿克苏地区拜城县黑英山乡玉开都维村北约1.5千米、博孜克日克沟口西侧山体上。从博孜克日克沟经高山隘道可达北疆伊犁等地，自古就是天堑通道。沟谷内山势高耸、水流湍急，沟口以南是开阔的山前洪积扇，卵石遍布。

石刻凿刻在沟口西侧石壁上，旧称“乌累碑”。刻于东汉桓帝永寿四年（158年），发现于清光绪三年（1877年）。刻字有2处，南为颂文，有字处长约48.3、宽约40厘米，为汉文隶书，刻写工整，共8行，每行12～16字。北约1米为作颂人题名，长18.3、宽16.6厘米，隶书，共3行，每行3或4字。全文119字，主要记载了东汉时期西域都护府下属龟兹左将军刘平国在南北疆通道要隘凿关建城的事迹。沟口北约50米有卵石堆积的关隘遗迹，靠近崖壁西侧的卵石堆积长约15、宽约10、高约4米。石刻全文如下：

龟兹左将军刘平国以七月廿九日发家
从秦人孟伯山狄虎贲赵当卑
当卑程阿羌等六人共来作
谷关八月一日始斫山石作孔至□日
坚固万岁人民喜长寿亿年宜
子孙永寿四年八月甲戌朔十二日
乙酉直建纪此东乌累关城皆
将军所作也
敦煌淳于伯作此诵

博孜克日克沟口

《史记》载：『秦已并天下。乃使蒙恬将三十万众北逐匈奴，收河南地，修长城，因地形，用制险塞，起临洮，至辽东，延袤万余里』，并将秦、赵、燕三国长城连接了起来，形成了万里长城的雏形。

石刻遗迹

建筑遗迹

《史记》载：『秦已并天下。乃使蒙恬将三十万众北逐匈奴，收河南地，修长城，因地形，用制险塞，起临洮，至辽东，延袤万余里』，并将秦、赵、燕三国长城连接了起来，形成了万里长城的雏形。

石刻拓片

《史记》载：『秦已并天下。乃使蒙恬将三十万众北逐匈奴，收河南地，修长城，因地形，用制险塞，起临洮，至辽东，延袤万余里』，并将秦、赵、燕三国长城连接了起来，形成了万里长城的雏形。

贰丨唐代长城资源

唐显庆三年（658年），伊丽道行军大总管苏定方率军大败西突厥阿史那贺鲁，开始在西域地区修筑大量的烽火台，『由是脩亭障，列蹊隧，定强畛，问疾收胔，唐之州县极西海矣』。

隋末唐初，突厥势力强盛，霸有西域。刚刚登上皇位的唐太宗，锐意向外扩张，唐与东突厥经过一系列的斗争，至贞观四年（630年）取得了决定性的胜利。东突厥的灭亡，在西域引起极大反响，伊吾（今哈密）城主石万年降附唐朝并献出所属7城，唐在该地设置西伊州（后称伊州）。贞观十四年（640年），唐灭吐鲁番盆地的高昌王国，设安西都护府于交河城，掌管西域军政事务。并攻取了西突厥屯兵的可汗浮图城(今吉木萨尔县境)，置庭州，逐步统一西域。唐显庆三年（658年），伊丽道行军大总管苏定方率军大败西突厥阿史那贺鲁，开始在西域地区修筑大量的烽火台，“由是脩亭障，列蹊隧，定强畛，问疾收胔，唐之州县极西海矣。”安西都护府也从西州迁到龟兹，管理天山南部和葱岭以西的广大地区，下辖焉耆、龟兹、疏勒、于阗四镇。几度被西突厥占领的庭州也复置重建。在后突厥与吐蕃不断进犯西域的严峻形势下，武后长安三年（703年），在庭州设置北庭都护府（后升为北庭大都护府），管理天山北麓及东部地区的军政事务，统辖西突厥十姓部落诸羁縻府州，驻军2万人以加强防卫，形成了安西、北庭两大都护府分治天山南北的政治格局。

唐朝统辖西域的军政建置，在实际斗争中，通过总结历代经验教训，因地制宜，不断得到完善，较前朝有了很大的进步。在中亚广阔的地域内，安西、北庭两大都护府作为唐中央朝廷派驻西域的最高领导机构，既是行政管理机构，又是军事指挥中心，“抚宁西域”，实行在西域的有效统治。在安西都护府的管辖下，塔里木盆地及葱岭以西地区，以原规模较大的绿洲城郭为基础，设立都督府，实行羁縻府州制。为加强对天山以北各地的管辖，唐龙朔初在西州都督府的基础上设置金山都护府。在天山以北西突厥、突骑施等游牧民族活动地区，唐朝也曾设立羁縻府州，安置新降附的突厥各部。在伊州、西州、庭州汉人比较集中的地区，实行与中原相同的州、县、乡、里制度，推行与中原基本一致的各项政策法令制度。

为进一步巩固唐王朝在西域的统治，加强安西、北庭两大都护府之间和都护府与其下各地州县的联系，唐代在汉代长城资源的基础上，进一步利用新疆自然地理特点，在丝绸之路交通沿线及军事要地附近修筑了诸多军镇、戍堡、守捉、烽火台等长城资源军事设施，形成了“大军万人，小军千人，烽戍逻卒，万里相继，以却于强敌”的严密防御体系，大大加强了唐朝在西域的防御能力，巩固了西北边防。

新疆境内发现唐代长城资源187处，其中烽火台161座，另有戍堡、守捉等设施26处。它们或位于丝绸之路沿线上，或分布在统治中心驻地的周围。其中在南疆的阿克苏地区、吐鲁番地区、喀什地区，北疆的昌吉回族自治州、哈密地区、乌鲁木齐市等地分布较为集中。

1 米兰戍堡*

米兰戍堡位于新疆维吾尔自治区巴音郭楞蒙古自治州若羌县铁干里克乡果勒吾斯塘村、米兰镇（农二师36团）安乐村东南3.2千米沙漠中一处稍高的土梁上。地形较为平坦，附近有些红柳包，地势呈西南向东北倾斜，地表为砾质土。

戍堡平面呈不规则四边形，东墙方向北偏西20°。城墙多坍塌，部分残缺，墙垣底部残宽4～8米，东、北墙局部保存稍好，最高约7米；东、西、南、北墙长（城墙中线）分别为70、45、65、74米，建筑方式为夯筑和土坯夹红柳枝砌筑。四角有外凸的角楼建筑遗迹，南、北、西角为夯筑，东北角为土坯砌筑；四墙外侧有外凸的马面，共6座。南墙中段外凸马面高大，平面呈“U”形，高12.5米，底部为板筑，夯层厚0.7米；顶部平坦，南北20、东西12米，周缘有厚1、高1.5～1.8米的围墙，为该城最高点，似1座小戍堡。城内的南、东、北墙内侧见土坯垒筑的房屋建筑遗迹，尤以北墙内侧最多，顺墙根排列，开间较小，有些房屋内有粪草堆积。城内外散布较多的轮制夹砂红陶片，火候较高，有的饰有刻划旋纹和垂帐纹等。20世纪初斯坦因曾在此城进行过挖掘；1973年，新疆博物馆亦在此做过清理，出土过许多吐蕃文木简。根据建筑形制、遗物及历史文献记载推测，该戍堡年代为唐代。

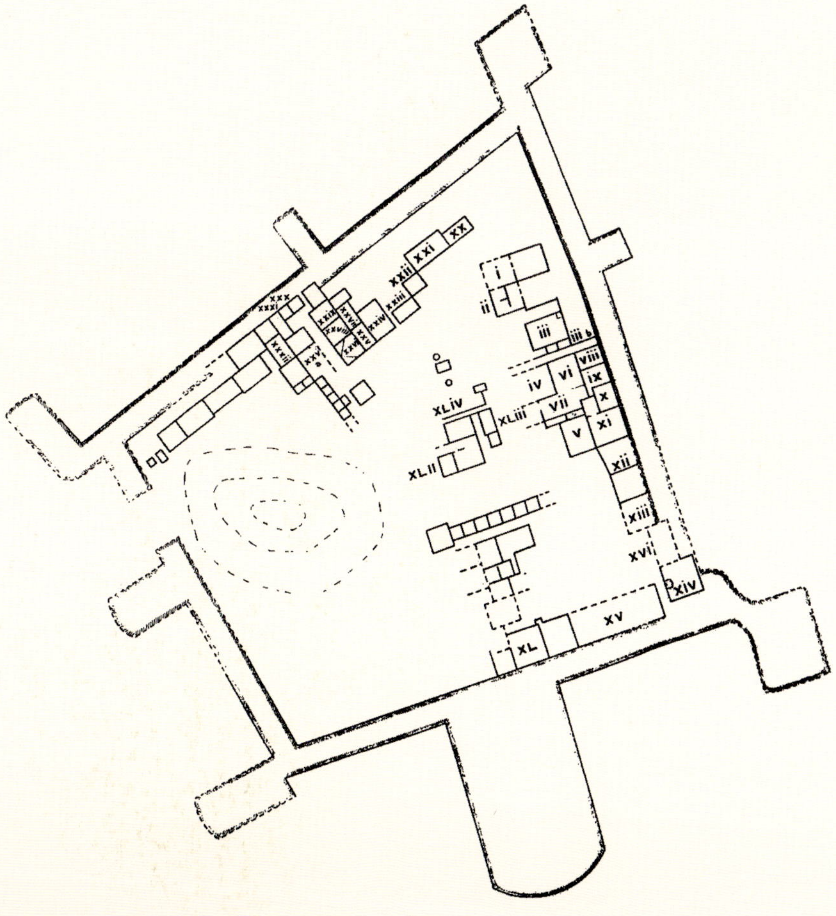

米兰戍堡平面图（选自斯坦因著，巫新华译《西域考古图记》，广西师范大学出版社，1998年）

唐显庆三年（658年），伊丽道行军大总管苏定方率军大败西突厥阿史那贺鲁，开始在西域地区修筑大量的烽火台，『由是倚亭障，列蹊隧，定强畛，问疾收胔，唐之州县极西海矣』。

唐显庆三年（658年），伊丽道行军大总管苏定方率军大败西突厥阿史那贺鲁，开始在西域地区修筑大量的烽火台，『由是脩亭障，列蹊隧，定强畛，问疾收胔，唐之州县极西海矣』。

全景（西北—东南）

全景（南—北）

全景（西南－东北）

南面

唐显庆三年（658年），伊丽道行军大总管苏定方率军大败西突厥阿史那贺鲁，开始在西域地区修筑大量的烽火台，『由是脩亭障，列䟡隧，定强畛，问疾收鬻，唐之州县极西海矣』。

内部

围墙

唐显庆三年（658年），伊丽道行军大总管苏定方率军大败西突厥阿史那贺鲁，开始在西域地区修筑大量的烽火台，『由是脩亭障，列蹊隧，定强畛，问疾收胔，唐之州县极西海矣』。

2 麻札塔格烽火台

麻札塔格烽火台位于新疆维吾尔自治区和田地区墨玉县喀瓦克乡吐孜鲁克奥塔克村。烽火台修筑于红山嘴之巅，东南为和田河，河两岸有茂密的原始胡杨林，东北为白山，北及西北为塔克拉玛干大沙漠，东距和田市至阿拉尔市公路麻札塔格服务站8千米，西南距墨玉县城164千米、喀瓦克乡110千米。

“麻札塔格”系维吾尔语，“麻札”意即“坟墓”，“塔格”意即“山”，烽火台因东约90米处有一座伊斯兰麻札而得名，东60米为麻札塔格戍堡。由于风雨侵蚀，烽火台上部部分坍塌，呈近正方形。基部边长7米，残高约6米。台体由黄土、土块夹红柳枝垒筑而成，夹有胡杨木棍起加固作用。第二次全国文物普查中推测其年代为汉唐时期。麻札塔格烽火台作为和田河下游的一处重要军事设施遗址，对研究汉唐时期新疆和田地区的历史、政治、军事等具有重要参考价值。

南面

唐显庆三年（658年），伊丽道行军大总管苏定方率军大败西突厥阿史那贺鲁，开始在西域地区修筑大量的烽火台，『由是脩亭障，列蹊隧，定疆畛，问疾收胔，唐之州县极西海矣』。

东面

北面

唐显庆三年（658年），伊丽道行军大总管苏定方率军大败西突厥阿史那贺鲁，开始在西域地区修筑大量的烽火台，『由是脩亭障，列蹊隧，定强畛，问疾收胔，唐之州县极西海矣』。

3 麻札塔格戍堡

麻札塔格戍堡位于新疆维吾尔自治区和田地区墨玉县喀瓦克乡吐孜鲁克奥塔克村。戍堡修筑于红山嘴之巅，东南为和田河，河两岸有茂密的原始胡杨林，东北为白山，北及西北为塔克拉玛干大沙漠。其南墙外侧有一座现代伊斯兰麻札。东距和田市至阿拉尔市公路麻札塔格服务站8千米，西南距墨玉县城164千米、喀瓦克乡110千米。

戍堡主要由墙垣和堡内居址组成，总面积1640多平方米。墙垣由主墙、垛墙和外垣组成。主墙由土坯垒筑，有些墙垣中夹有粗大的胡杨树杆、红柳枝、芦苇及蒲草编制的辫子状的绳子。墙厚1.5～2.7米，最高处约6米。堡内有土坯砌筑的居址，墙垣及所有建筑系用棕红色砂岩石板和土坯错缝平砌而成，由于风雨侵蚀、盗掘、年久失修等因素致使戍堡部分墙体遭到破坏而倒塌。戍堡西约60米处有一座烽火台。第二次全国文物普查推测戍堡年代为汉唐时期。麻札塔格戍堡作为和田河下游的一处重要遗址，为研究汉唐时期和田地区军事设施的形制、布局、修筑方法等提供了重要资料。

全景（西北—东南）

唐显庆三年（658年），伊丽道行军大总管苏定方率军大败西突厥阿史那贺鲁，开始在西域地区修筑大量的烽火台，『由是脩亭障，列蹊隧，定强畛，问疾收胔，唐之州县极西海矣』。

西面

戍堡与烽火台

唐显庆三年（658年），伊丽道行军大总管苏定方率军大败西突厥阿史那贺鲁，开始在西域地区修筑大量的烽火台，『由是脩亭障，列蹊隧，定强畛，问疾收胔，唐之州县极西海矣』。

西南面

局部

唐显庆三年（658年），伊丽道行军大总管苏定方率军大败西突厥阿史那贺鲁，开始在西域地区修筑大量的烽火台，『由是脩亭障，列蹊隧，定强畛，问疾收胔，唐之州县极西海矣』。

4 阿其克城堡

阿其克城堡位于新疆维吾尔自治区和田地区和田县朗如乡亚甫恰力克村东北。地处喀拉喀什河南岸阶地上的山前丘陵地带，地势南高北低，地表为戈壁砾石覆盖，无植被。东南侧为和田县城至朗如乡的公路，西南距朗如乡政府4.5千米。

城堡被当地人称为“空萨孜墨密卡木”，北侧依悬崖而建，无墙。东、西墙外各有一条南北向的冲沟，墙体沿冲沟而建。东墙内弧，长约100米；西墙长约52米；南墙长83.5米，偏东段有一个宽6米的缺口。南墙用土坯砌筑，两端建有角楼，残高2～4米。地表偶见陶片，为轮制夹砂红陶。第二次全国文物普查推测其时代为唐代。阿其克城堡为研究唐代新疆和田地区城堡的形制与布局提供了重要资料。

唐显庆三年（658年），伊丽道行军大总管苏定方率军大败西突厥阿史那贺鲁，开始在西域地区修筑大量的烽火台，『由是脩亭障，列蹊隧，定强畛，问疾收胔，唐之州县极西海矣』。

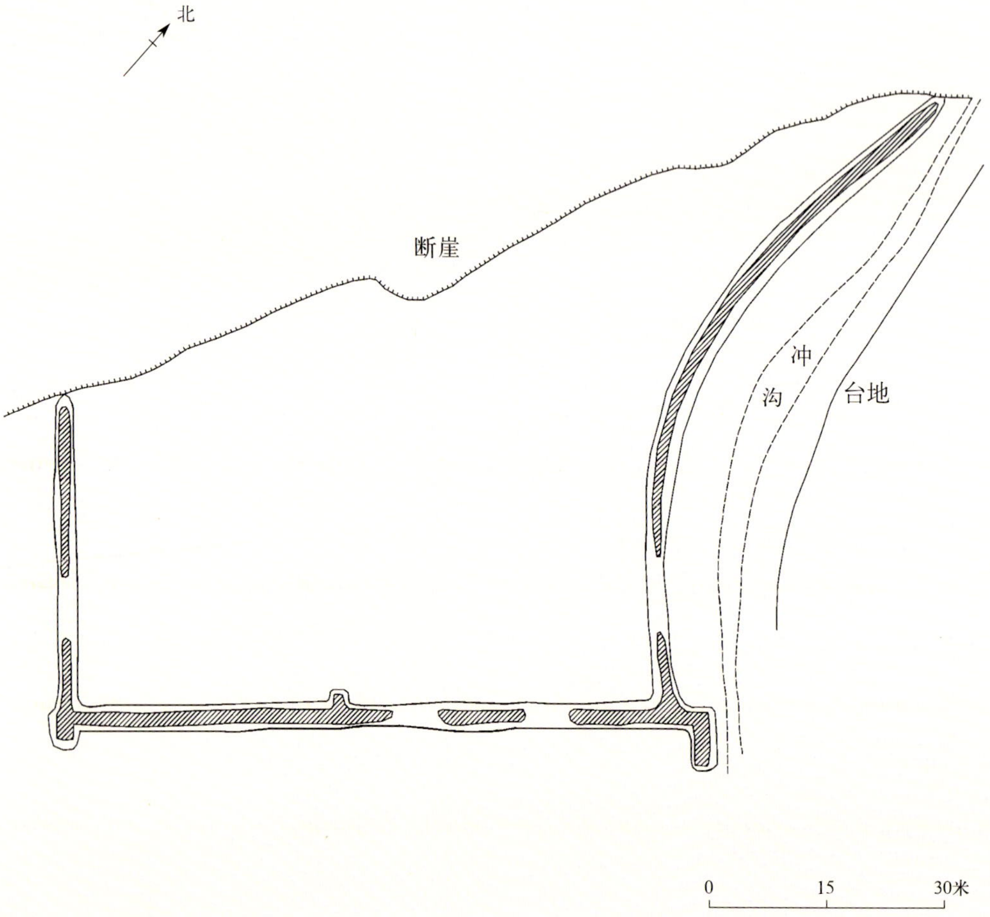

阿其克城堡平面图

全景（东南—西北）

西南面

唐显庆三年（658年），伊丽道行军大总管苏定方率军大败西突厥阿史那贺鲁，开始在西域地区修筑大量的烽火台，『由是脩亭障，列蹊隧，定强畛，问疾收胔，唐之州县极西海矣』。

内部（南—北）

墙体局部

唐显庆三年（658年），伊丽道行军大总管苏定方率军大败西突厥阿史那贺鲁，开始在西域地区修筑大量的烽火台，『由是脩亭障，列蹊隧，定强畛，问疾收胔，唐之州县极西海矣』。

5 普基城堡

普基城堡位于新疆维吾尔自治区和田地区和田县朗如乡奥塔克萨依村南侧的台地上。地处喀拉喀什河东岸山前丘陵地带，地势平坦，南高北低，南部为昆仑山，植被较少。城堡东南8千米为乌里瓦提水库，东北距和田县城52千米，东距朗如乡政府20千米。城堡内外有新、旧金矿。

城堡主要由残存的城垣和外侧壕沟组成，面积约3000平方米。城堡西、南临悬崖，无墙。保存东墙与北墙。墙垣主要用土坯砌筑而成。土坯尺寸不一，其中一种长36、宽24、厚10厘米，有些土坯中拌有麦草。墙垣局部采用片石、扁砾石垒砌，北墙西端和东墙南端与河床悬崖相接，悬崖深20米以上。东墙保存较好，呈“Z”形，长46.1、高2～5、顶宽1.5～2米。北墙大致呈弧形，由于长年风雨侵蚀，部分坍塌，残长46米，最高处约6米。东、北墙外有壕沟，宽约5.8、深1.7米。堡内外地表有零星红陶片。第二次全国文物普查推测其年代为唐代。普基城堡为研究唐代新疆和田地区军事城堡形制、布局及修筑方法提供了重要参考资料。

唐显庆三年（658年），伊丽道行军大总管苏定方率军大败西突厥阿史那贺鲁，开始在西域地区修筑大量的烽火台，『由是修亭障，列蹊隧，定强畛，问疾收胔，唐之州县极西海矣』。

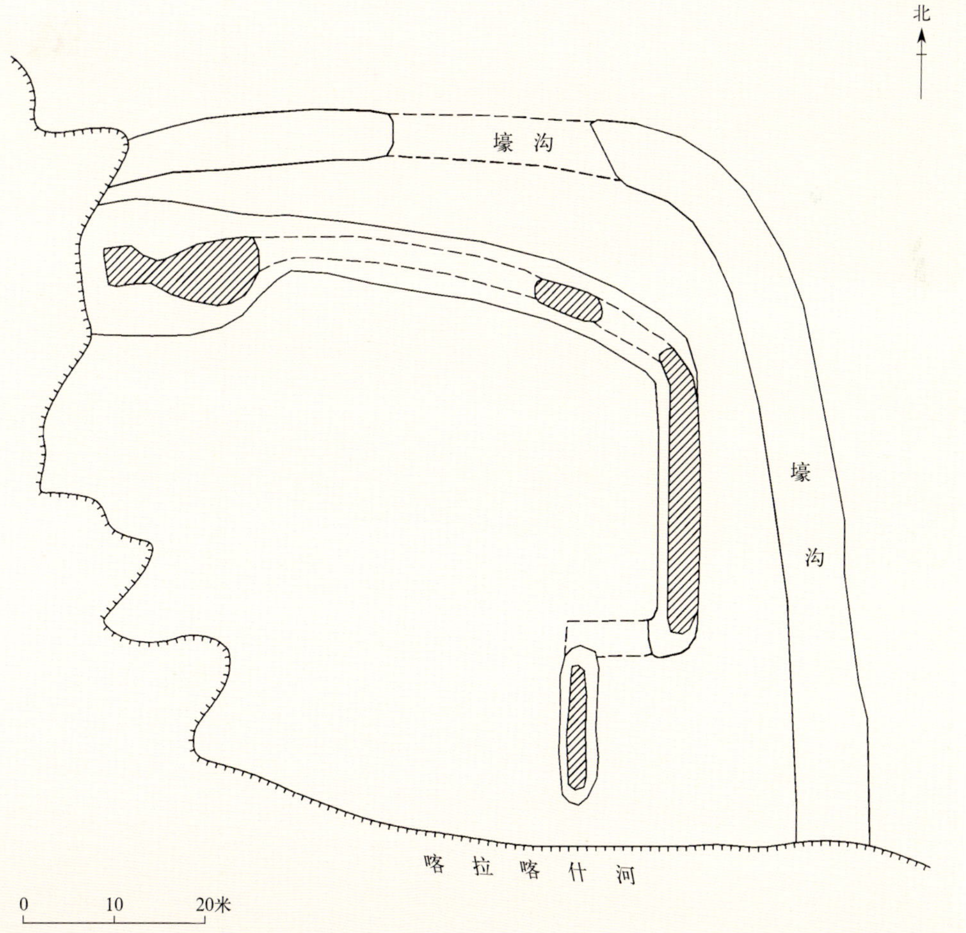

普基城堡平面图

唐显庆三年（658年），伊丽道行军大总管苏定方率军大败西突厥阿史那贺鲁，开始在西域地区修筑大量的烽火台，『由是脩亭障，列蹊隧，定强畛，问疾收胔，唐之州县极西海矣』。

全景（北－南）

南面

墙体结构

6 扎瓦烽火台

扎瓦烽火台位于新疆维吾尔自治区和田地区墨玉县扎瓦乡阔坎村西约6千米。地处塔吾尕孜水库（东风水库）堤坝西侧沙漠中，四周地势较高，是半沼泽地，生长有芦苇等植被。东北距扎瓦乡政府8千米，南距315国道6.7千米。

烽火台因风雨侵蚀、沙漠化等自然因素和人为因素破坏而损毁严重，东北角、东南角、西南角等大部分坍塌，台体上有大裂缝。台体平面大致呈五边形，基部边长约5米，顶部东西7、南北约6米，高约4米。烽火台为黄土夯筑而成，可清楚辨认的夯层有31层，夯层厚约0.1米。根据地理位置和建筑形式推测，该烽火台年代为唐代。

南面

唐显庆三年（658年），伊丽道行军大总管苏定方率军大败西突厥阿史那贺鲁，开始在西域地区修筑大量的烽火台，『由是脩亭障，列蹊隧，定强畛，问疾收觜，唐之州县极西海矣』。

唐显庆三年（658年），伊丽道行军大总管苏定方率军大败西突厥阿史那贺鲁，开始在西域地区修筑大量的烽火台，『由是脩亭障，列蹊隧，定强畛，问疾收胔，唐之州县极西海矣』。

7 喀尔克廷姆遗址

喀尔克廷姆遗址位于新疆维吾尔自治区和田地区皮山县皮亚勒玛乡兰干库勒村西北。地处戈壁与沙漠交界处的高地边缘，北为沙漠，南为戈壁，地表无植被。东南距萨拉松烽火台3千米、皮亚勒玛乡政府7千米，西南距喀尔克烽火台1千米。

遗址因风蚀和人为盗挖等因素破坏而损毁严重，仅剩一座高大土台。平面呈月牙形，东西15、南北9、残高6米。土坯砌筑，土坯分人工模制和切削的淤泥块两种，土坯中夹有陶片。土台下部距地表1.5米处夹筑有石头层，共有三层。土台东南有陶片分布，多为夹砂红陶。根据地理位置、建筑形制和遗物判断，该遗址可能为唐代烽火台。

西面

南面

唐显庆三年（658年），伊丽道行军大总管苏定方率军大败西突厥阿史那贺鲁，开始在西域地区修筑大量的烽火台，『由是脩亭障，列蹊隧，定强畛，问疾收胔，唐之州县极西海矣』。

唐显庆三年（658年），伊丽道行军大总管苏定方率军大败西突厥阿史那贺鲁，开始在西域地区修筑大量的烽火台，『由是脩亭障，列蹊隧，定强畛，问疾收胔，唐之州县极西海矣』。

8 杜瓦东烽火台

杜瓦东烽火台位于新疆维吾尔自治区和田地区皮山县杜瓦镇硝尔鲁克村东北1.7千米。地处杜瓦河谷东岸的悬崖上，悬崖下为硝尔鲁克绿洲。东为昆仑山山前丘陵，西北为杜瓦水库，北距315国道、喀热亚绿洲6.3千米。

烽火台因长期的风雨侵蚀和人为盗掘等因素破坏而损毁严重，仅存一个土堆，直径约15、残高3米。土堆中间有一个盗洞，从盗洞观察，烽火台用卵石、土块垒砌而成。土堆边有少量夹砂红陶残片。从烽火台顶部可清楚地看到杜瓦、藏桂、皮亚勒玛绿洲。初步推测该烽火台年代为唐代。

全景（北—南）

东北面盗坑

唐显庆三年（658年），伊丽道行军大总管苏定方率军大败西突厥阿史那贺鲁，开始在西域地区修筑大量的烽火台，『由是绛亭障，列蹊隧，定强畛，问疾收胔，唐之州县极西海矣』。

9 杜瓦西烽火台

杜瓦西烽火台位于新疆维吾尔自治区和田地区皮山县杜瓦镇硝尔鲁克村西北2千米。地处杜瓦河谷西岸台地上，附近为杜瓦公路和硝尔鲁克绿洲，东北为杜瓦水库，西为昆仑山山前丘陵。西南距杜瓦镇政府19千米，北距315国道、喀热亚绿洲6.6千米。

烽火台因长期风雨侵蚀等自然因素和盗掘等人为因素破坏，仅存一个土堆，直径约15、残高约2.2米。土堆北侧有一盗洞，从盗洞观察，烽火台用卵石、土块夹树枝垒筑而成，土堆边有少量夹砂红陶残片。从烽火台顶部可清楚看到杜瓦、藏桂、皮亚勒玛绿洲。初步推测该烽火台年代为唐代。

唐显庆三年（658年），伊丽道行军大总管苏定方率军大败西突厥阿史那贺鲁，开始在西域地区修筑大量的烽火台，『由是脩亭障，列蹊隧，定强畛，问疾收胔，唐之州县极西海矣』。

远景（东—西）

西北面

北面盗洞

唐显庆三年（658年），伊丽道行军大总管苏定方率军大败西突厥阿史那贺鲁，开始在西域地区修筑大量的烽火台，『由是脩亭障，列蹊隧，定强畛，问疾收胔，唐之州县极西海矣』。

10 康克尔烽火台

康克尔烽火台位于新疆维吾尔自治区和田地区皮山县康克尔柯尔克孜民族乡康克尔村南。地处桑株河东岸的山顶上，山南侧较为陡峭，山下有南北向村间小路和林带。北距乡政府0.9千米、桑株水库5千米。

烽火台共有两座，因风雨侵蚀等自然因素和战争等人为因素破坏，现位于山腰上的烽火台保存较差，而山顶上的保存相对较好。两座烽火台均用片石垒砌。建在山腰处的烽火台，残存部分长4、高约0.4米，附近地表散布着夹砂红陶残片和铜钱残片。建在山顶的烽火台长、宽各5米，墙厚0.9、残高2米。这两座烽火台地处古时皮山通往克什米尔地区的古道上，可能为吐蕃人短暂占据和田时修筑的防御设施，推测年代为唐代。

地表陶片

山顶烽火台（西南—东北）

唐显庆三年（658年），伊丽道行军大总管苏定方率军大败西突厥阿史那贺鲁，开始在西域地区修筑大量的烽火台，“由是脩亭障，列蹊隧，定强畛，同疾收衡，唐之州县极西海矣”。

山腰处烽火台（西南—东北）

山腰处烽火台（东—西）

唐显庆三年（658年），伊丽道行军大总管苏定方率军大败西突厥阿史那贺鲁，开始在西域地区修筑大量的烽火台，『由是脩亭障，列蹊隧，定彊畛，问疾收胔，唐之州县极西海矣』。

11 苏勒尕孜牙廷姆烽火台

苏勒尕孜牙廷姆烽火台位于新疆维吾尔自治区和田地区皮山县木奎拉乡达里格村。地处英艾日克农场绿洲东、苏勒尕孜牙干沟西岸。地表为沙漠，无植被。东北侧有新开荒的绿洲，南距315国道4.5千米，西北距木奎拉乡政府5千米、皮山县城15千米。

烽火台因风蚀、沙漠化和人为盗掘等因素破坏而损毁严重，仅存一座土台。土台直径16.5、高2米，中部有一个东西7.4、南北5.8米的盗坑。烽火台基础部分为黄土夯筑而成，上部用土坯砌筑。能辨认有六层夯层和三层土坯层。土坯长42、厚10厘米。烽火台与苏勒尕孜牙布依遗址连在一起，其东3～4千米的范围内散布有大量陶片，多为夹砂红陶，也有少量灰陶，陶器均为轮制，烧成火候较高。另外还见有石磨盘等遗物。根据遗物判断，该烽火台的年代为汉唐时期。

远景（东南—西北）

局部（南—北）

唐显庆三年（658年），伊丽道行军大总管苏定方率军大败西突厥阿史那贺鲁，开始在西域地区修筑大量的烽火台，『由是脩亭障，列蹊隧，定强畛，问疾收觜，唐之州县极西海矣』。

12 阿克吞木烽火台

阿克吞木烽火台位于新疆维吾尔自治区喀什地区叶城县洛克乡博尔村阿克塔什博依自然村东南约2千米。地处塔里木盆地西南缘，提孜那甫河、乌鲁克吾斯塘河和柯克亚吾斯塘河三河交汇处冲积扇上。四周为荒漠，植被稀少。西侧为博尔水库。

1958年修建水库时，烽火台大部分被破坏，形制基本不存，仅剩一个圆形土堆。平面呈近圆形，直径约1.5、残高约1.2米。第二次全国文物普查时在地表采集到少量的陶片。推测该烽火台年代为唐代。

东南面

东面

唐显庆三年（658年），伊丽道行军大总管苏定方率军大败西突厥阿史那贺鲁，开始在西域地区修筑大量的烽火台，『由是脩亭障，列蹊隧，定彊畛，问疾收胔，唐之州县极西海矣』。

13 布依鲁克烽火台*

布依鲁克烽火台位于新疆维吾尔自治区喀什地区泽普县布依鲁克塔吉克民族乡布依鲁克村西南约1.9千米。地处塔克拉玛干沙漠西缘、叶尔羌河冲积扇平原中部的绿洲中。周围地势平坦，地表多砾石，东、东北、北侧为荒地，其余辟为农田。东距提孜那甫河约12千米，西北距叶尔羌河约15千米，附近有简易公路通往布依鲁克村。

“布依鲁克”为维吾尔语，意为苦豆草滩。烽火台因风雨侵蚀和人为因素破坏而遭受损坏，仅南壁保存较好，其余三壁保存较差，四周为坍塌的泥土所覆盖。烽火台平面略呈圆角长方形，用泥土层中夹红柳枝层垒砌而成，泥土中夹杂有较多砾石。可见泥土层有九层，最厚一层为0.5米，其余厚约0.25米。夹筑的红柳枝层有八层，层厚约0.05米。烽火台南北约5.5、东西约3.4、残高约2.4米。根据地理位置和建筑形式推测，该烽火台的年代为唐代。

唐显庆三年（658年），伊丽道行军大总管苏定方率军大败西突厥阿史那贺鲁，开始在西域地区修筑大量的烽火台，『由是脩亭障，列蹊隧，定强畛，问疾收胔，唐之州县极西海矣』。

北面

南面

顶部局部

唐显庆三年（658年），伊丽道行军大总管苏定方率军大败西突厥阿史那贺鲁，开始在西域地区修筑大量的烽火台，『由是脩亭障，列蹊隧，定强畛，问疾收胔，唐之州县极西海矣』。

14 拉革勒墩烽火台

拉革勒墩烽火台位于新疆维吾尔自治区喀什地区莎车县喀群乡尤库日恰木萨勒村西北0.4千米的台地上。地处塔克拉玛干沙漠和布古里沙漠之间的叶尔羌河北岸三级台地上，东西两侧为雨水冲刷形成的深沟，周围有林带和民居。

烽火台因风雨侵蚀和人为挖掘等因素破坏而损毁，只残存一个土墩。土墩四角无棱角，尚能分辨出原为四方体形。烽火台所在台地底部周长约26米，高约1.5米。烽火台用土坯砌筑而成，高于地面约15米。台体西、北壁有人为挖掘的土洞，北壁挖掘严重。据当地老人讲，烽火台顶部原有房屋，屋顶用木头搭盖。烽火台周围未发现任何遗物。依据其形制和建筑方法初步推测，该烽火台年代为汉唐时期。

唐显庆三年（658年），伊丽道行军大总管苏定方率军大败西突厥阿史那贺鲁，开始在西域地区修筑大量的烽火台，『由是脩亭障，列蹊隧，定强畛，问疾收胔，唐之州县极西海矣』。

全景（西—东）

唐显庆三年（658年），伊丽道行军大总管苏定方率军大败西突厥阿史那贺鲁，开始在西域地区修筑大量的烽火台，『由是脩亭障，列蹊隧，定强畛，问疾收胔，唐之州县极西海矣』。

15 公主堡

公主堡位于新疆维吾尔自治区喀什地区塔什库尔干塔吉克自治县塔什库尔干乡萨热吉勒尕村。地处帕米尔高原南麓、塔什库尔干河西岸的克孜库尔干山顶上。东侧山脚为通往瓦罕走廊的古道，对岸的塔什库尔干河东岸有鄂加克保依城堡和墓葬。

因日晒和风雨侵蚀等自然因素破坏，致使城堡的墙垣多处坍塌。城堡由墙垣和内部房址组成，平面呈不规则形，西南高东北低。城墙沿着山边修筑，高低起伏，弯弯曲曲，无规则。西南角墙体土有马面一座。城中现存房屋十多间，主要集中于北部。整个城堡主要用石块垒砌而成，南北约132、东西约64米。推测该堡年代为唐代。

唐显庆三年（658年），伊丽道行军大总管苏定方率军大败西突厥阿史那贺鲁，开始在西域地区修筑大量的烽火台。『由是脩亭障，列蹊隧，定强畛，问疾收胔，唐之州县极西海矣』。

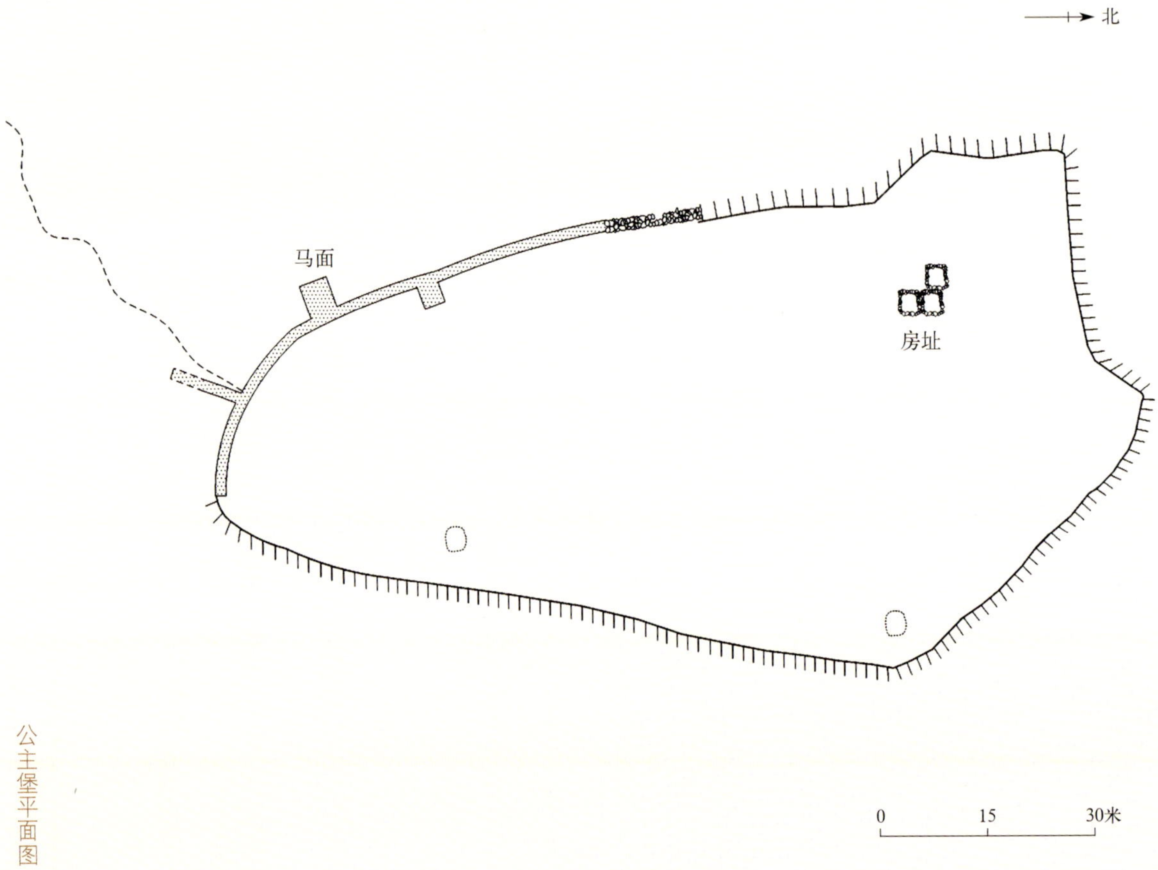

公主堡平面图

远景（东—西）

马面（南—北）

唐显庆三年（658年），伊丽道行军大总管苏定方率军大败西突厥阿史那贺鲁，开始在西域地区修筑大量的烽火台，『由是脩亭障，列蹊隧，定强畛，问疾收胔，唐之州县极西海矣』。

16 托普鲁克加依烽火台

托普鲁克加依烽火台位于新疆维吾尔自治区喀什地区英吉沙县托普鲁克乡加依村西北7.7千米处的土丘上。地处喀拉克山南麓的盐碱荒地中，周围地势起伏不平，土壤含碱量较高。地表生长有红柳、骆驼刺、芦苇等耐旱植物。西距315国道约0.1千米，西北距喀拉巴什水库约0.5千米。周围无人居住。

烽火台因风蚀、盐碱腐蚀和修建水库等因素而遭受破坏，仅存部分。烽火台呈蘑菇状，上大下小，南北约4、东西约2.7、高约3米。用黄土夯筑和土坯砌筑相结合的方式修建而成。烽火台可分为上、下两层，下层为泥土夯筑，高约2米，夯层上部较为明显。南壁下部的夯层中夹有直径约5厘米的木棍。上部为土块砌成，高约1米，土块厚约10～15厘米。根据建筑方式推测，该烽火台年代为唐代。

唐显庆三年（658年），伊丽道行军大总管苏定方率军大败西突厥阿史那贺鲁，开始在西域地区修筑大量的烽火台，『由是脩亭障，列踩隧，定强畛，问疾收胔，唐之州县极西海矣』。

远景（东—西）

东北面

17 江尕勒烽火台

江尕勒烽火台位于新疆维吾尔自治区喀什地区塔什库尔干塔吉克自治县塔什库尔干乡托格伦夏村。地处塔什库尔干河东岸阿法斯亚夫山西侧的台地上。西南为阿拉尔草原，在草原内有塔吉克族牧民的房屋。烽火台南部约15米还有废墟，目前消失，可能被冰雪融水冲毁。东约0.5千米是江尕勒墓葬和江尕勒宗教建筑遗址，北约0.1千米是江尕勒清代烽火台。

烽火台因受长年来自山上冰雪融水冲刷，以及日晒和风雨侵蚀等自然因素破坏致使台体成为一个土堆。土堆底部平面呈近椭圆形，南北30、东西25米，高约8米；顶部平面呈不规则状，东部高，西部低，长、宽9米。根据第二次全国文物普查资料记载，推测该烽火台年代为唐代。

远景（南—北）

东面

唐显庆三年（658年），伊丽道行军大总管苏定方率军大败西突厥阿史那贺鲁，开始在西域地区修筑大量的烽火台，『由是脩亭障，列蹊隧，定强畛，问疾收胔，唐之州县极西海矣』。

18 乌布拉特烽火台

乌布拉特烽火台位于新疆维吾尔自治区喀什地区疏附县乌帕尔乡乌普拉特农场村西北5千米处。地处买托格拉克河上游干涸河道的北岸。附近土壤盐碱化严重，生长有骆驼刺、红柳、野生大芸等植物。北约4千米为乌依布拉克能托布写塔格山，东北约7千米为博孜塔格山，东约13千米为库玛塔格山，东北约1千米有一处放牧者的临时住所。

烽火台因盐碱化、风雨侵蚀、人为盗挖等因素破坏而受损严重，呈土堆状。底部直径19、顶部直径约3、高约4米，顶部有深约3.6米的盗坑。烽火台用土坯砌筑而成，土坯规格不一，厚者约12厘米。烽火台周围分布有红、黑色陶片。第二次全国文物普查推测该烽火台年代为唐代。

东面

顶部

唐显庆三年（658年），伊丽道行军大总管苏定方率军大败西突厥阿史那贺鲁，开始在西域地区修筑大量的烽火台。『由是脩亭障，列蹊隧，定强畛，问疾收胔，唐之州县极西海矣』。

1 墩墩山烽火台

墩墩山烽火台位于新疆维吾尔自治区哈密地区哈密市沁城乡头宫村南约0.5千米墩墩山顶。地处东天山南麓沁城盆地中，东约50米为一条自北向南流的小河，附近有五户居民，烽火台所在山脚下有一条南北向的公路。

因风雨侵蚀和人为破坏对烽火台造成极大损坏。烽火台平面略呈圆形，外包砌石块，中间填有石块和土，每隔0.3～0.35米夹筑有一层木棍及细枝条。底部直径约8米，墙体厚0.4、残高4.5米。根据建筑形制以及与其他烽火台的关系确定，该烽火台修建于唐代，清代可能又加固沿用。

远景（南—北）

唐显庆三年（658年），伊丽道行军大总管苏定方率军大败西突厥阿史那贺鲁，开始在西域地区修筑大量的烽火台，『由是脩亭障，列蹊隧，定强畛，问疾收胔，唐之州县极西海矣』。

南面

西面

局部

唐显庆三年（658年），伊丽道行军大总管苏定方率军大败西突厥阿史那贺鲁，开始在西域地区修筑大量的烽火台，『由是脩亭障，列蹊隧，定强畛，问疾收胔，唐之州县极西海矣』。

2 吉格代布拉克烽火台*

吉格代布拉克烽火台位于新疆维吾尔自治区哈密地区哈密市南湖乡红旗村东南约20千米戈壁中的一处地势较高的台地上。四周无人居住。北0.25千米为西气东输原油管线，东约1.5千米为兰新铁路，东南0.6千米为东池西烽火台。

烽火台因地处戈壁，地表盐碱化严重，同时由于风雨侵蚀等自然因素破坏，坍塌成土包，外表覆盖白色的盐碱层。从坍塌的断面看，烽火台为土坯夹梭梭草、红柳枝垒砌而成。根据建筑形制以及与其他烽火台的关系确定，该烽火台年代为唐代。

西面

唐显庆三年（658年），伊丽道行军大总管苏定方率军大败西突厥阿史那贺鲁，开始在西域地区修筑大量的烽火台，『由是脩亭障，列蹊隧，定强畛，问疾收胔，唐之州县极西海矣』。

东面

局部

唐显庆三年（658年），伊丽道行军大总管苏定方率军大败西突厥阿史那贺鲁，开始在西域地区修筑大量的烽火台，『由是脩亭障，列蹊隧，定强畛，问疾收胔，唐之州县极西海矣』。

3 墩墩湾烽火台

墩墩湾烽火台位于新疆维吾尔自治区哈密地区哈密市陶家宫乡新建村墩墩湾东北约50米的台地上。四周地势平坦，周围为戈壁滩，地表为戈壁砾石覆盖，植被稀少。东侧有南北走向的简易路，南侧20米有居民区，西侧为农田。

烽火台因周围居民的生产生活活动而遭受一定程度的破坏。烽火台平面呈正方形，土坯垒砌而成，底座边长7.6、残高6.5米。土坯长40、宽19、厚10厘米。东壁有一处凹槽可攀至顶部，四壁有四排方形柾木孔。根据建筑形制以及与其他烽火台的关系确定，该烽火台年代为唐代。

远景（东北—西南）

西面

唐显庆三年（658年），伊丽道行军大总管苏定方率军大败西突厥阿史那贺鲁，开始在西域地区修筑大量的烽火台，『由是脩亭障，列蹊隧，定强畛，问疾收胔，唐之州县极西海矣』。

唐显庆三年（658年），伊丽道行军大总管苏定方率军大败西突厥阿史那贺鲁，开始在西域地区修筑大量的烽火台，『由是脩亭障，列蹊隧，定强畛，问疾收胔，唐之州县极西海矣』。

北面

东面

南面

4 拉克苏木烽火台

拉克苏木烽火台位于新疆维吾尔自治区哈密地区哈密市二堡镇拱拜尔湾村西南约4千米。地处东天山南麓平缓戈壁边缘一块地势较高的台地上，四周地势平坦，地表生长有甘草、骆驼刺、芦苇等植物。东南约0.2千米处有两户村民，南30米处有一间荫房及一眼泉水，西约12千米为拉甫桥克古城、12.6千米为尤库日巴格烽火台。

烽火台因风雨侵蚀部分坍塌，可见其大致形状。烽火台呈覆斗形，平面呈正方形，底部边长13、残高约8米。土坯错缝砌筑而成，土坯层间每隔0.6～0.9米平铺一层厚约0.09米的芦苇、红柳枝条。土坯长37、宽17、厚10厘米。烽火台北壁底部有三个洞，深0.3～0.6米。东南约0.5千米处有一座夯土建筑，保存较差，仅存东南角及北墙部分墙体。北墙残长15、残高6.7米。从断面可以看出明显的夯窝，夯窝直径0.06～0.08米。烽火台周围散布有陶片，为细砂红陶。第二次全国文物普查时曾在此采集数块夹细砂红陶片，除两片分别饰有刻划的旋纹、竖线纹外，其余素面；另采集器口一块，为小罐口部，轮制、侈口、尖唇。根据地理位置和建筑形制推测，该烽火台年代为唐代。

南面

唐显庆三年（658年），伊丽道行军大总管苏定方率军大败西突厥阿史那贺鲁，开始在西域地区修筑大量的烽火台，『由是脩亭障，列蹊隧，定强畛，问疾收胔，唐之州县极西海矣』。

唐显庆三年（658年），伊丽道行军大总管苏定方率军大败西突厥阿史那贺鲁，开始在西域地区修筑大量的烽火台，『由是脩亭障，列蹊隧，定强畛，问疾收胔，唐之州县极西海矣』。

5 尤库日巴格烽火台

尤库日巴格烽火台位于新疆维吾尔自治区哈密地区哈密市五堡乡高得格村西北约1千米的新建居民区内。地处东天山南麓平缓的戈壁滩上，四周地势平坦，地表为戈壁砾石覆盖，植被稀少。东侧有南北走向的简易路，东南0.5千米为拉甫桥克古城，东12.6千米有拉克苏木烽火台，西北11千米有大泉子烽火台，再偏北有被破坏的下焉布拉克烽火台(本报告未收录）。

烽火台因风雨侵蚀破坏而损毁，保存较差。东、北壁被破坏，西、南壁仅剩底部。烽火台平面呈长方形，用土坯砌筑而成。南侧边长8、西侧边长约5、残高约1.8米；土坯长40、宽20、厚10厘米。烽火台周围地表散见有陶器残片，多为夹砂红陶，另有少量灰陶。据当地老人回忆，20世纪60年代，烽火台被破坏以前为实心，较高。根据地理位置和建筑形制推测，该烽火台年代为唐代。

西面

附近地表陶片

唐显庆三年（658年），伊丽道行军大总管苏定方率军大败西突厥阿史那贺鲁，开始在西域地区修筑大量的烽火台，『由是脩亭障，列蹊隧，定强畛，问疾收胔，唐之州县极西海矣』。

6 大泉子烽火台

大泉子烽火台位于新疆维吾尔自治区哈密地区哈密市五堡乡小泉子村大泉子东约1千米。地处东天山南麓平缓的戈壁滩上，地势平坦，地表植被稀疏，主要生长有骆驼刺。东南11千米有尤库日巴格烽火台，东北4.5千米有下焉布拉克烽火台，西北2千米有勃霍孜烽火台。根据《哈密文物志》记载，大泉子烽火台东北的下焉布拉克烽火台平面呈长方形，底部东西9、南北7.2米，残高0.2米。

烽火台平面呈正方形。因长期风雨侵蚀和人为破坏而损坏严重，仅存东壁和北壁部分。边长约6.6、残高约5米。土坯错缝砌筑而成，中间每隔约1米平铺一层红柳枝作筋骨，起牵拉加固作用。土坯长30、宽15、厚5厘米。根据地理位置和建筑形制推测，该烽火台年代为唐代。

唐显庆三年（658年），伊丽道行军大总管苏定方率军大败西突厥阿史那贺鲁，开始在西域地区修筑大量的烽火台，『由是脩亭障，列蹊隧，定强畛，问疾收胔，唐之州县极西海矣』。

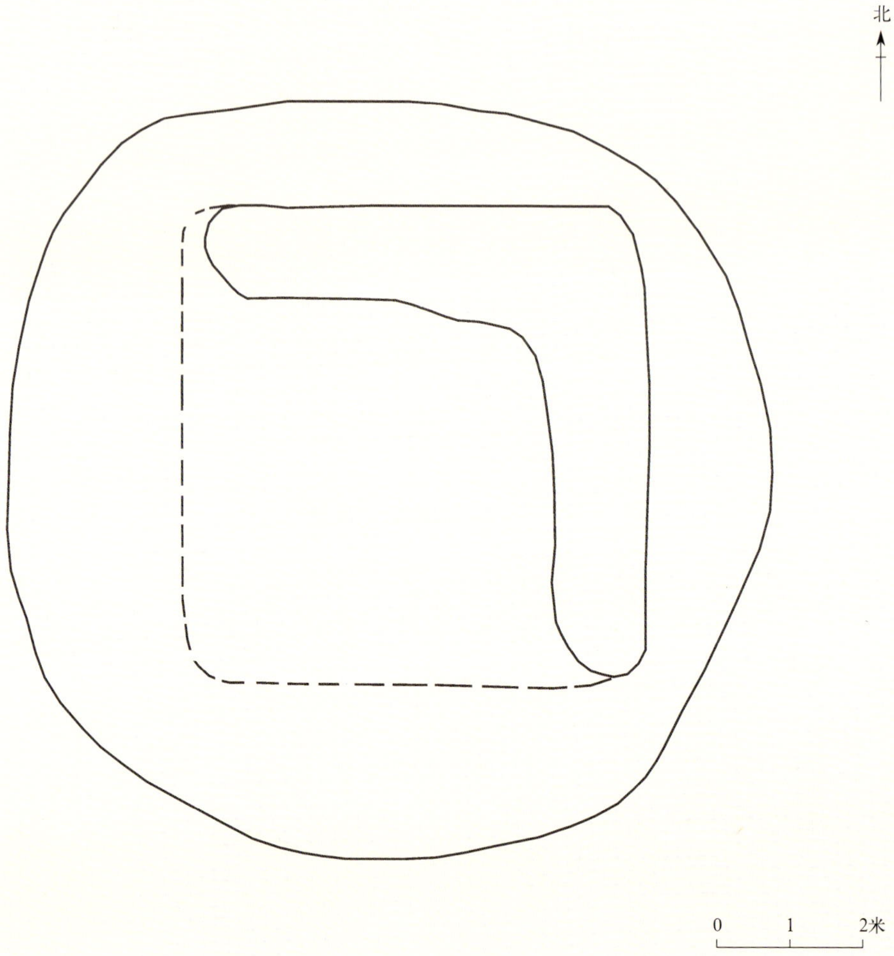

大泉子烽火台平面图

唐显庆三年（658年），伊丽道行军大总管苏定方率军大败西突厥阿史那贺鲁，开始在西域地区修筑大量的烽火台，『由是脩亭障，列蹊隧，定强畛，问疾收胔，唐之州县极西海矣』。

唐显庆三年（658年），伊丽道行军大总管苏定方率军大败西突厥阿史那贺鲁，开始在西域地区修筑大量的烽火台，『由是脩亭障，列蹊隧，定强畛，问疾收胔，唐之州县极西海矣』。

7 色克三墩烽火台

色克三墩烽火台位于新疆维吾尔自治区吐鲁番地区鄯善县七克台镇黄家坎村东北9千米戈壁滩一座山包上。地表生长有骆驼刺等耐旱植物。北侧临近山前地带，多泉眼，住着几户牧民。

烽火台因长年风吹、日晒、雨淋等自然因素破坏和人为盗挖而损坏严重，仅存高1米的土台。平面呈圆形，中间有一个内陷0.8米的圆洞。台基底部中心向下挖出一个深5米的盗坑。一侧见有修建烽火台所用的土坯，土坯用黄泥和草混合制成。2001年，吐鲁番地区文物局与武汉大学教授来此考察时，在烽火台所在台地西侧一片砾石滩上曾采集到石器。据第二次全国文物普查记载，该烽火台年代为唐代。

东面

唐显庆三年（658年），伊丽道行军大总管苏定方率军大败西突厥阿史那贺鲁，开始在西域地区修筑大量的烽火台，『由是俢亭障，列蹊隧，定强畛，问疾收胔，唐之州县极西海矣』。

8 赛克散烽火台

赛克散烽火台位于新疆维吾尔自治区吐鲁番地区鄯善县七克台镇赛克散自然村东南约0.35千米的山岗上。四周为一片开阔的戈壁滩，由鄯善北越天山，大多经行此地。

烽火台因风雨侵蚀、沙漠化和人为攀爬、随意刻划等因素而破坏严重，顶部和四周台壁坍塌。烽火台呈覆斗形，平面呈近正方形，剖面呈梯形。底部南北8.7、东西7.7米。烽火台用土坯砌筑而成，中空，分上、下两层，底层屋顶用木棍和芦苇建成。顶部坍塌，东北角残高4.7米，西壁残高3.7米。每侧壁外有护墙，厚0.85米。北、南、西壁上部坍塌，东墙保存较好，其上有两排长0.19、宽0.13米的桩木孔，孔间距1.4米，上、下排间距1.7米。北壁底层有一个券顶拱门，塌土室积，高0.55、宽0.85米，台壁抹草泥。土坯长43、宽19、厚11厘米。地表散布有少许夹砂灰陶片。烽火台地处北侧山口位置，周围几十千米范围内的景物尽收眼底，可能主要起哨警作用。依据第二次全国文物普查时断代和地表陶器残片特征推测，此烽火台年代为唐代。

唐显庆三年（658年），伊丽道行军大总管苏定方率军大败西突厥阿史那贺鲁，开始在西域地区修筑大量的烽火台，『由是脩亭障，列蹊隧，定强畛，问疾收胔，唐之州县极西海矣』。

南面

唐显庆三年（658年），伊丽道行军大总管苏定方率军大败西突厥阿史那贺鲁，开始在西域地区修筑大量的烽火台，『由是脩亭障，列蹊隧，定强畛，问疾收胔，唐之州县极西海矣』。

9 三十里大墩烽火台

三十里大墩烽火台位于新疆维吾尔自治区吐鲁番地区鄯善县辟展乡卡格托尔村。地处天山南麓平原地带的山岗上，四周地势平坦开阔，山岗西侧农田棋布，南北两侧为新旧兰新铁路。

烽火台呈覆斗形，平面呈近正方形，剖面呈梯形。土坯砌筑而成，残存32层，土坯由泥土混合麦草制成。土台上被人为盗挖了四个坑，北壁被冲刷成斜坡状。烽火台似两次修筑而成，新补处表面上附有小石粒，土坯长47、宽26、厚10厘米。第一次修建的烽火台残存东西约5.2、南北约4.8、高4.57米。第二次补建处厚约1.7米，高约5.05米。据第二次全国文物普查推测，该烽火台年代为唐代。

唐显庆三年（658年），伊丽道行军大总管苏定方率军大败西突厥阿史那贺鲁，开始在西域地区修筑大量的烽火台，『由是脩亭障，列蹊隧，定疆畛，问疾收胔，唐之州县极西海矣』。

东面

唐显庆三年（658年），伊丽道行军大总管苏定方率军大败西突厥阿史那贺鲁，开始在西域地区修筑大量的烽火台，『由是脩亭障，列蹊隧，定强畛，问疾收胔，唐之州县极西海矣』。

10 东湖烽火台

东湖烽火台位于新疆维吾尔自治区吐鲁番地区鄯善县东巴扎回族乡前街村洪屯尔色孜耶沙山脚下。地处库木塔格山北麓绿洲上，四周地势平坦，北临平坦开阔的荒漠，南枕沙山，植被稀少。北侧村落棋布，田地连绵。西约10千米为鄯善县城。东北30千米为七克台古城（唐赤亭），天气晴朗时，向北可望见三十里大墩烽火台。

东湖烽火台俗称清墩温尔，由于风沙侵蚀和村民取土致使烽火台损毁严重，现塌毁，仅见大致轮廓。东西约16、南北约9.8、残高5.2米。底部为黄色黏土夯筑，夯筑部分高1.7米，夯层厚近0.2米，无夹层。上部用土坯垒砌，土坯为黏土制成，长31、宽16、厚9厘米。东、南壁凿出小洞，且相互连通，内有烟熏痕迹。烽火台的周围堆积大量碎土块，堆土中有少量夹砂灰陶片，胎较厚，有烟炱，偶见轮制灰陶片。该烽火台年代为唐代。

唐显庆三年（658年），伊丽道行军大总管苏定方率军大败西突厥阿史那贺鲁，开始在西域地区修筑大量的烽火台，『由是脩亭障，列蹊隧，定强畛，问疾收胔，唐之州县极西海矣』。

全景（西南—东北）

东面

南面

唐显庆三年（658年），伊丽道行军大总管苏定方率军大败西突厥阿史那贺鲁，开始在西域地区修筑大量的烽火台，『由是脩亭障，列蹊隧，定强畛，问疾收胔，唐之州县极西海矣』。

安全墩烽火台

安全墩烽火台位于新疆维吾尔自治区吐鲁番地区鄯善县辟展乡克其克村西南约1千米一道沙石梁上。山梁下地势平坦，无植被，地表为砂石所覆盖。

烽火台平面呈“回”字形，土坯砌筑而成，高7.3米。东、南壁有盗洞，南壁有裂缝，有继续坍塌的危险。东西6.16、南北4.4米，四壁往上逐渐内收。东壁厚1.9、南壁厚1.3、西壁厚2、北壁厚1.5米，顶部东、南侧各有一个边长0.8米的垛口。台壁上下有两层树枝、芦苇夹层，第一层距台底1.4米，第二层距台底1.95米。土坯为无底模打制，不规整，坯中含有沙石，个别含有麦草，长35～40、宽21～23、厚0.5～9.5厘米。台基为沙石夯土，厚0.4米。根据建筑形式推测，该烽火台年代为唐代。

唐显庆三年（658年），伊丽道行军大总管苏定方率军大败西突厥阿史那贺鲁，开始在西域地区修筑大量的烽火台，『由是脩亭障，列蹊隧，定强畛，问疾收胔，唐之州县极西海矣』。

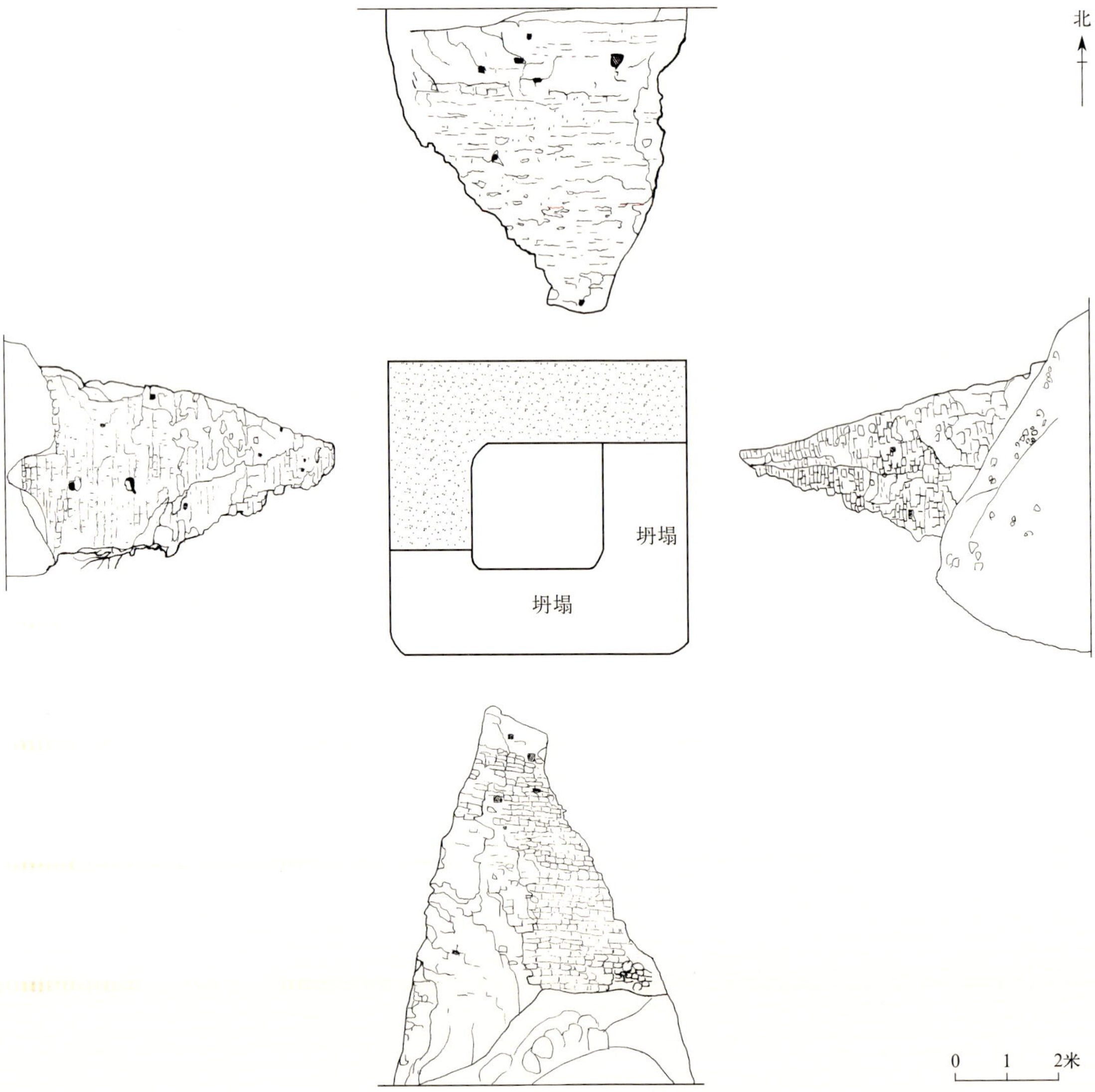

安全墩烽火台平、立面示意图（立面图参照摄影资料绘制）

全景（西南—东北）

唐显庆三年（658年），伊丽道行军大总管苏定方率军大败西突厥阿史那贺鲁，开始在西域地区修筑大量的烽火台，『由是脩亭障，列蹊隧，定强畛，问疾收胔，唐之州县极西海矣』。

唐显庆三年（658年），伊丽道行军大总管苏定方率军大败西突厥阿史那贺鲁，开始在西域地区修筑大量的烽火台，『由是脩亭障，列蹊隧，定强畛，问疾收胔，唐之州县极西海矣』。

12 汉墩阿克墩烽火台

汉墩阿克墩烽火台位于新疆维吾尔自治区吐鲁番地区鄯善县连木沁镇阿克墩村东一座月牙形小山梁上。西距镇政府驻地14千米。地表布满细砾石，无植被，四周皆为戈壁或小沙梁，山梁下地势平坦，东北远处为绿洲，生长有芨芨草、红柳等植被。

烽火台呈覆斗形，平面呈长方形，剖面呈梯形。土坯砌筑而成，其中上部似为空心建筑。烽火台因风化等自然因素而破坏严重，北壁坍塌；东、西壁有不同程度的坍塌；南壁稍好，底部被人掏挖一个洞。烽火台长5.8、宽3.8、高5.2米，东、西、南壁上各有两排边长0.15米的正方形桩木孔，下排距地面1.5米，上下排间距1.7米，孔间距1.4米。土坯长35、宽16、厚10厘米。根据建筑形制推测，该烽火台年代为唐代。

唐显庆三年（658年），伊丽道行军大总管苏定方率军大败西突厥阿史那贺鲁，开始在西域地区修筑大量的烽火台，『由是脩亭障，列鏁燧，定强畛，问疾收觜，唐之州县极西海矣』。

唐显庆三年（658年），伊丽道行军大总管苏定方率军大败西突厥阿史那贺鲁，开始在西域地区修筑大量的烽火台，『由是脩亭障，列蹊隧，定彊畛，问疾收胔，唐之州县极西海矣』。

13 汉墩夏大墩烽火台

汉墩夏大墩烽火台位于新疆维吾尔自治区吐鲁番地区鄯善县连木沁镇汗都夏村东南1.3千米。地处火焰山与天山之间戈壁地带，地势北高南低，东为荒地，西有泉水、耕地，地表无植被，土质坚硬。烽火台西10米有现代伊斯兰麻札。

烽火台呈覆斗形，平面呈正四边形，剖面呈梯形，土坯砌筑而成。因风雨侵蚀和人为破坏而损坏严重。东、西壁坍塌严重，形成可供上下的台阶。底部边长约19、残高4.7米。建筑结构为外体建筑内再套建一个中心建筑。中心建筑平面呈正方形，边长5.1米，现坍塌，中心建筑与外壁之间建有数层券顶小屋。烽火台四壁留有数量不等的正方形桩木孔，孔边长约0.1米。根据建筑形制推测，该烽火台年代为唐代。

唐显庆三年（658年），伊丽道行军大总管苏定方率军大败西突厥阿史那贺鲁，开始在西域地区修筑大量的烽火台，『由是脩亭障，列蹊隧，定强畛，问疾收胔，唐之州县极西海矣』。

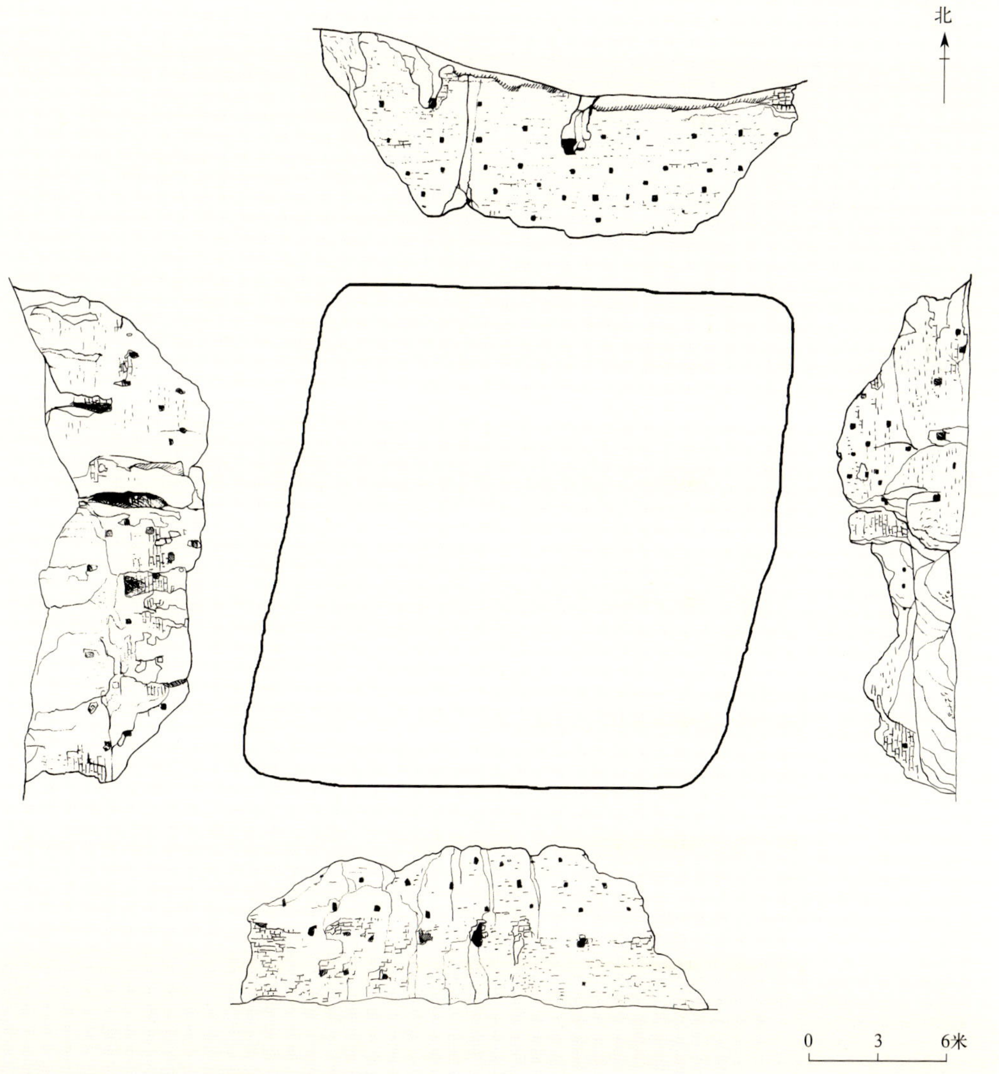

汉墩夏大墩烽火台平、立面示意图（立面图参照摄影资料绘制）

东北面

南面

唐显庆三年（658年），伊丽道行军大总管苏定方率军大败西突厥阿史那贺鲁，开始在西域地区修筑大量的烽火台，『由是脩亭障，列蹊隧，定强畛，问疾收啮，唐之州县极西海矣』。

北面

东面

西面

唐显庆三年（658年），伊丽道行军大总管苏定方率军大败西突厥阿史那贺鲁，开始在西域地区修筑大量的烽火台，『由是脩亭障，列蹊隧，定强畛，问疾收胔，唐之州县极西海矣』。

14 霍加木阿勒迪烽火台

霍加木阿勒迪烽火台位于新疆维吾尔自治区吐鲁番地区鄯善县连木沁镇霍加木阿勒迪村中，四周被村庄和田地所环绕。

烽火台因人为破坏而受损严重，顶部被人为取平，底部有人为掏挖的缺口，四壁有搭架子的圆孔。烽火台用泥土夯筑而成，平面呈近正方形，边长约4.7、高3.35米。第二次全国文物普查时推测该烽火台年代为唐代。

东面

南面

唐显庆三年（658年），伊丽道行军大总管苏定方率军大败西突厥阿史那贺鲁，开始在西域地区修筑大量的烽火台，『由是脩亭障，列蹊隧，定强畛，问疾收胔，唐之州县极西海矣』。

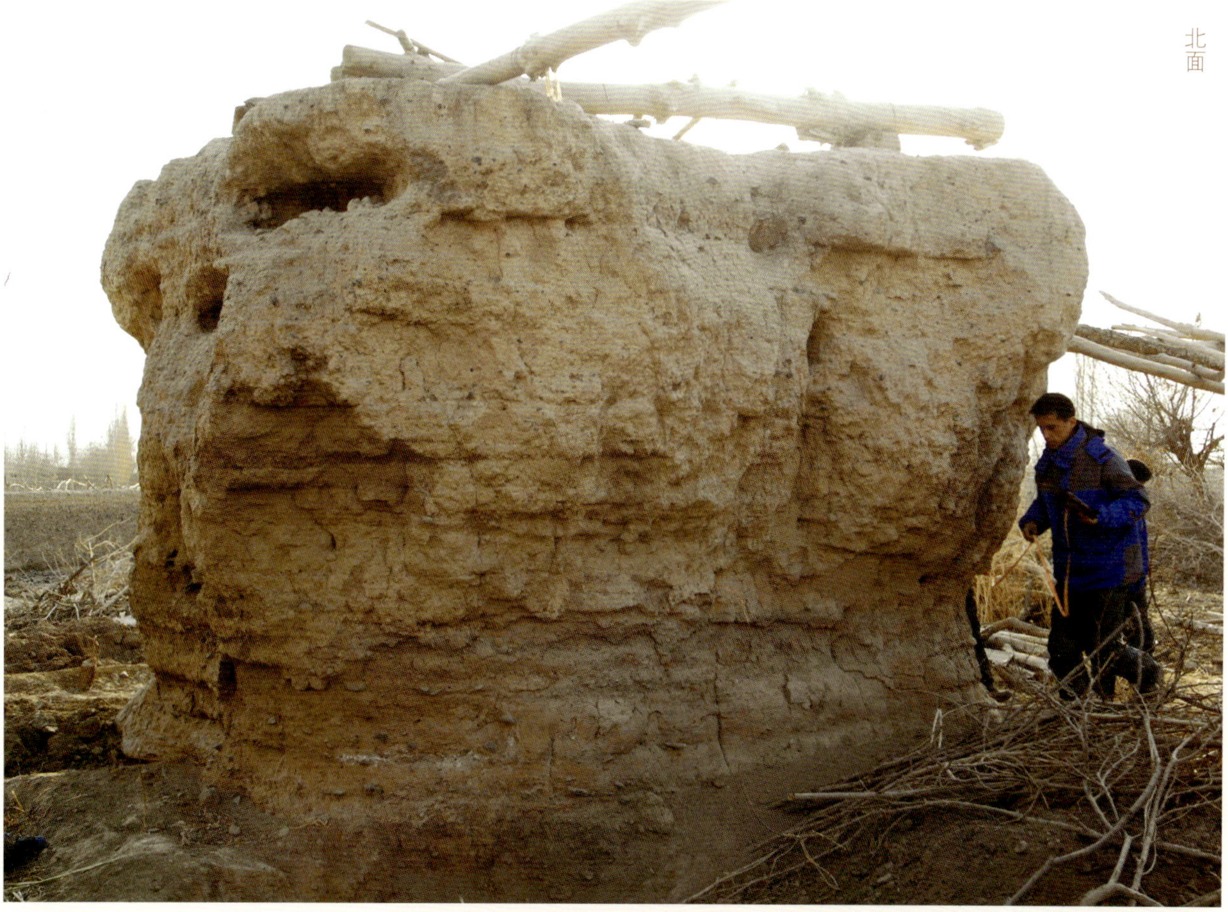
北面

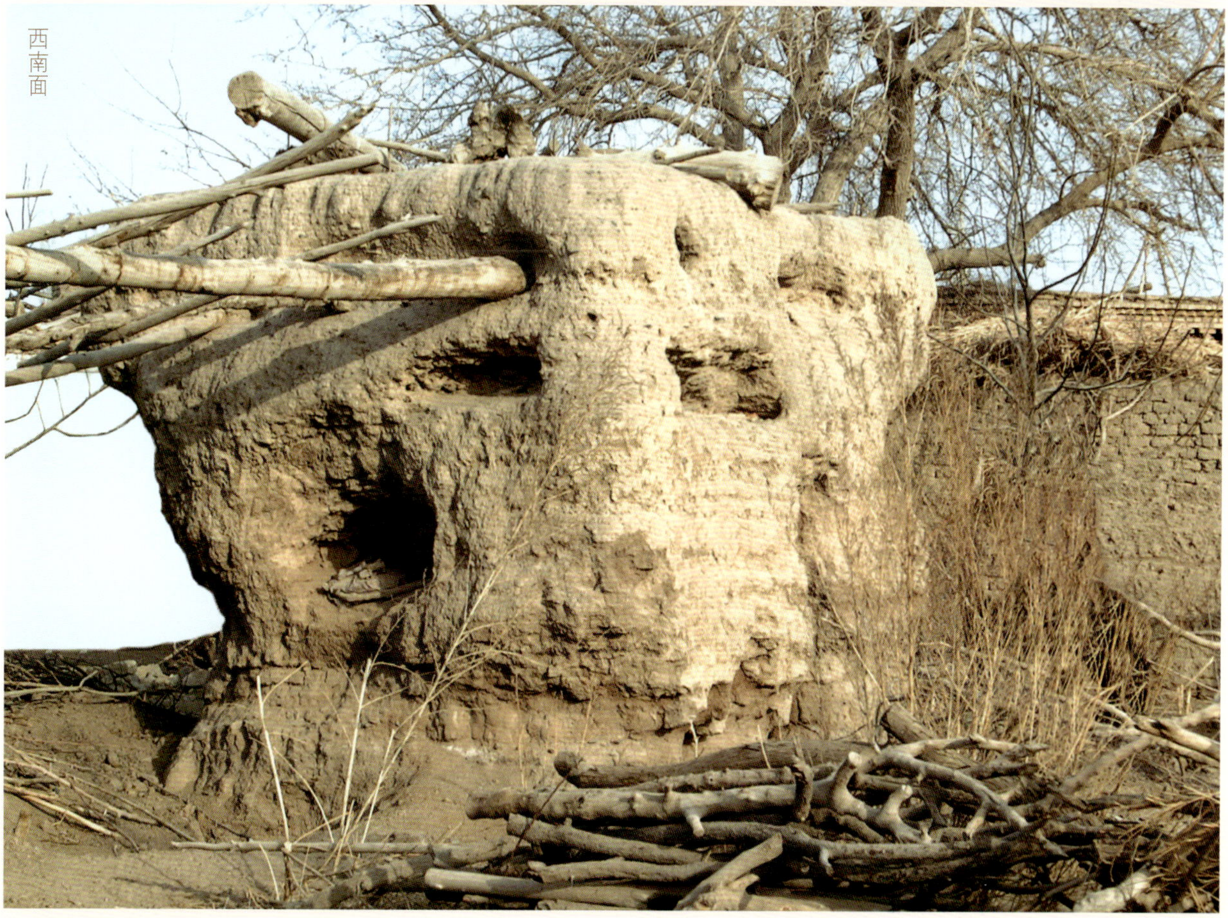
西南面

唐显庆三年（658年），伊丽道行军大总管苏定方率军大败西突厥阿史那贺鲁，开始在西域地区修筑大量的烽火台，『由是脩亭障，列蹊隧，定强畛，问疾收胔，唐之州县极西海矣』。

15 二塘沟烽火台

二塘沟烽火台位于新疆维吾尔自治区吐鲁番地区鄯善县连木沁镇连木沁巴扎村西北约5.5千米。地处天山南麓二塘沟口的冲积扇上，地势开阔平坦，地表遍布黑色砾石，无植被。南25千米为霍加木阿勒迪烽火台。

烽火台呈覆斗形，平面呈近正方形，剖面略呈梯形，土坯砌筑而成。此烽火台公布为自治区重点文物保护单位时定名“二塘沟塔”。因风化等自然因素和攀爬等人为因素破坏而损毁严重，东、南壁坍塌，西、北壁保存较好。西壁底部长约27.65（加固维修前约19.25米）、顶部长9.3米，残高13.65米。台体中空，残高14.25米，顶宽3.8米。墙体上有平行成行的九排正方形椎木孔，每排七八个，孔边长约0.15米。东北、东南角有土坯砌成的护角。烽火台内四壁抹泥，中心柱为空心建筑，中部有南北向券顶洞室，东壁右上角露出一个小洞室。东、北壁上有许多排列整齐的成排正方形孔。根据建筑形制推测，该烽火台年代为唐代。

唐显庆三年（658年），伊丽道行军大总管苏定方率军大败西突厥阿史那贺鲁，开始在西域地区修筑大量的烽火台，『由是脩亭障，列踩隧，定强畛，问疾收胔，唐之州县极西海矣』。

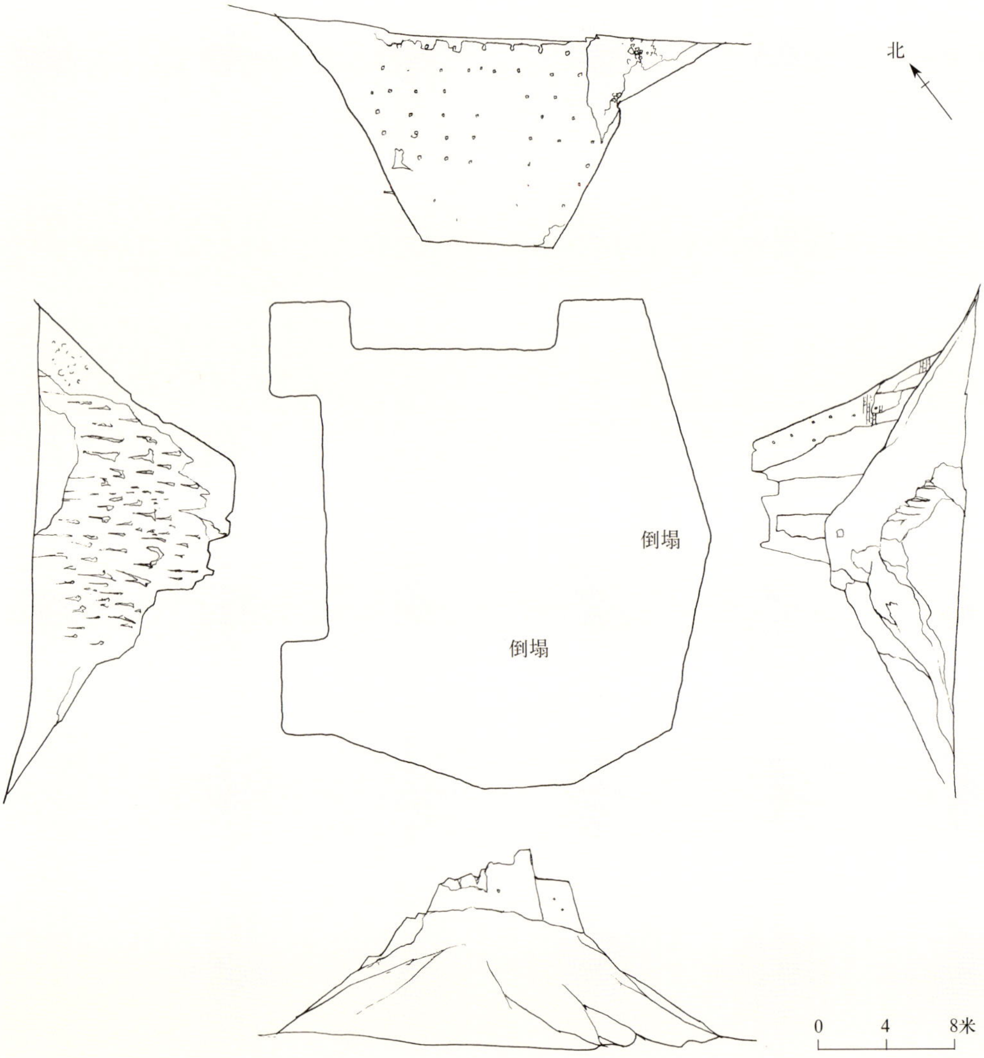

二塘沟烽火台平、立面示意图（立面图参照摄影资料绘制）

全景（南—北）

北面

唐显庆三年（658年），伊丽道行军大总管苏定方率军大败西突厥阿史那贺鲁，开始在西域地区修筑大量的烽火台，『由是脩亭障，列蹊隧，定强畛，同疾收螸，唐之州县极西海矣』。

唐显庆三年（658年），伊丽道行军大总管苏定方率军大败西突厥阿史那贺鲁，开始在西域地区修筑大量的烽火台，『由是脩亭障，列蹊隧，定强畛，问疾收胔，唐之州县极西海矣』。

东南面

西南面

西北面

16 连木沁大墩烽火台

连木沁大墩烽火台位于新疆维吾尔自治区吐鲁番地区鄯善县连木沁镇连木沁巴扎村东1千米。此处气候干燥炎热，降水稀少，蒸发量极大，地表植被稀疏。

烽火台呈覆斗形，平面呈近正方形，黄土夯筑和土坯砌筑相结合的方式建造而成。四壁塌落，顶部坍塌。烽火台边长17.8、高11.1米。土坯垒砌的结构由外体和中心建筑两部分组成，中心建筑内部建有四层拱顶屋室，其中一、二层边长2.4米，壁厚1.6米，外壁抹有草泥。中心建筑东壁紧贴外体墙壁处有一道可能是实心的土坯墙，厚约1.8米，与中心建筑同高。南侧有一座土坯平台，东西7.8、南北6.1、高6.1米。向南紧靠外体墙壁内侧的是与外体同宽、与中心建筑第两层同高的土坯台。台上是第三、四层拱顶屋室。东、西壁各有一个圆豁口，直径0.8米，沿豁口可以从底部登至顶部。从顶部仍然有小房间残迹的情况来看，四层以上还有拱顶式建筑，比现存建筑高得多。除去中心建筑内室，共有大小不等的拱顶屋室十二间，能够测得的屋室大小为2.1米×1.4米×1.2米、2.7米×1.6米×1.3米。土坯垒砌方法并无定式，土坯的大小也不一致。烽火台外壁上有桩木孔，北壁上的保存较好，共八排。外壁上的穿孔排列得不够整齐。该烽火台的建筑结构、形式与二塘沟烽火台、阔坦土尔古城遗址建筑结构和形式有颇多相似之处。根据建筑方式推测，该烽火台年代为唐代。

唐显庆三年（658年），伊丽道行军大总管苏定方率军大败西突厥阿史那贺鲁，开始在西域地区修筑大量的烽火台，『由是倚亭障，列蹊隧，定强畛，同疾收臀，唐之州县极西海矣』。

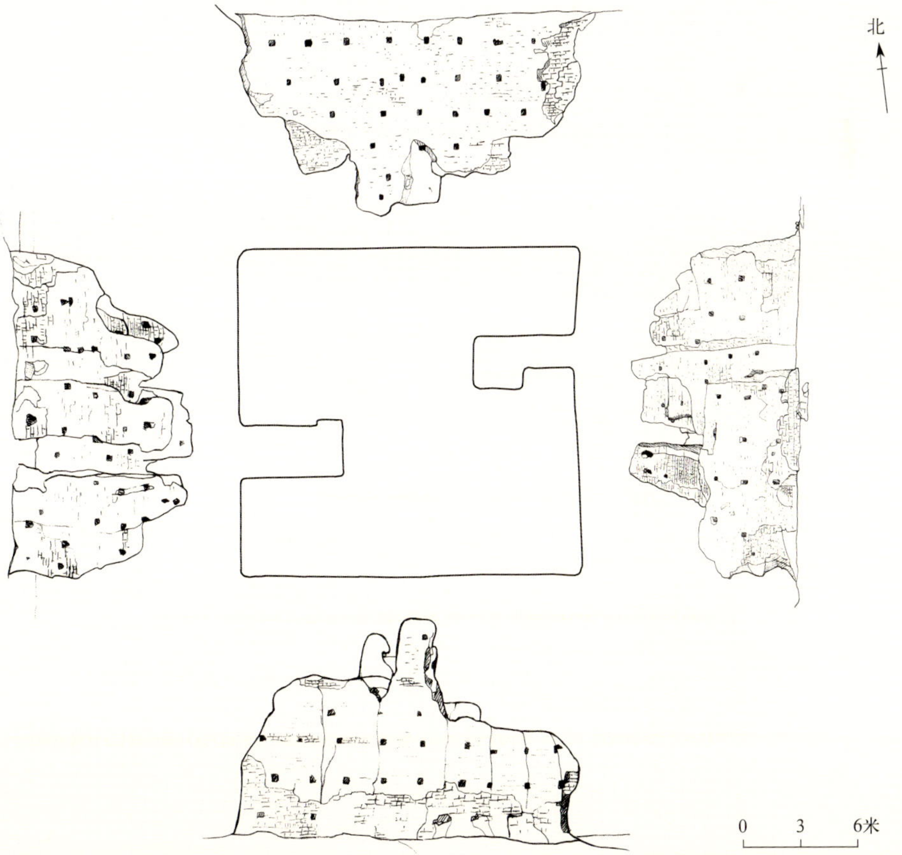

连木沁大墩烽火台平、立面示意图（立面图参照摄影资料绘制）

东面

南面

唐显庆三年（658年），伊丽道行军大总管苏定方率军大败西突厥阿史那贺鲁，开始在西域地区修筑大量的烽火台，『由是脩亭障，列蹊隧，定强畛，问疾收胔，唐之州县极西海矣』。

西面

北面

唐显庆三年（658年），伊丽道行军大总管苏定方率军大败西突厥阿史那贺鲁，开始在西域地区修筑大量的烽火台，『由是脩亭障，列蹊隧，定强畛，问疾收胔，唐之州县极西海矣』。

17 七康湖烽火台

七康湖烽火台位于新疆维吾尔自治区吐鲁番地区吐鲁番市胜金乡开斯突尔村。地处火焰山北麓台地上，地表沙石覆盖。向南可俯视胜金河谷，向西可控制由七康湖水库进入火焰山的要道。东、北面地势平坦开阔，为胜金乡农田。

烽火台在公布为吐鲁番市重点文物保护单位时被定名为“七康湖烽燧遗址”。因风蚀和沙漠化等自然因素破坏而损毁严重，保存较差。烽火台基本坍塌，呈南北向。基底平面呈长方形，正中被挖一个大坑。从残存部分测得，东西6.1、南北0.8、残高1.75米，土坯砌筑。基底土坯厚0.85米，中心可能为空心。周围散落夹砂灰陶片。第二次全国文物普查时推测该烽火台年代为南北朝至元。根据地理位置和建筑形制推测，该烽火台年代为唐代。

唐显庆三年（658年），伊丽道行军大总管苏定方率军大败西突厥阿史那贺鲁，开始在西域地区修筑大量的烽火台，『由是脩亭障，列蹊隧，定强畛，问疾收胔，唐之州县极西海矣』。

北面

南面

18 色格孜库勒烽火台

色格孜库勒烽火台位于新疆维吾尔自治区吐鲁番地区吐鲁番市胜金乡色格孜库勒村西北5千米。东边为乡村公路，西边为色格孜库勒村变电站，周围有废弃的现代房屋和耕地，种植有棉花和葡萄。

烽火台保存较好，在第二次全国文物普查时定名为“胜金烽燧遗址3”，被公布为吐鲁番市重点文物保护单位时定名为“胜金口乡农场烽火台”。烽火台呈覆斗形，平面呈正方形，剖面呈梯形。因风雨侵蚀致使台体受到严重破坏。烽火台外部由黄土夯筑而成，夯土较为纯净，夯土为黄色黏土；内部用土坯错缝平砌而成，缝隙间用草拌泥黏合，土坯间夹柾木做筋骨，起牵拉作用，外壁留有多排柾木孔。顶部近平，台体东壁和顶部东南角坍塌。东壁距离地面高约3米处有一个高1.5、宽0.6米的通道，可以进入。下部为长方形基座，东西约14、南北约11.7、高约10米，夯层厚约0.1米。台基四角遭受侵蚀，台体东南角有裂缝。色格孜库勒烽火台与煤窑沟戍堡、艾西夏烽火台、艾西夏西烽火台、胜金口烽火台组成火焰山北面防御的一道屏障。根据地理位置和建筑方式推测，该烽火台年代为唐代。

唐显庆三年（658年），伊丽道行军大总管苏定方率军大败西突厥阿史那贺鲁，开始在西域地区修筑大量的烽火台，『由是脩亭障，列蹊隧，定强畛，问疾收胔，唐之州县极西海矣』。

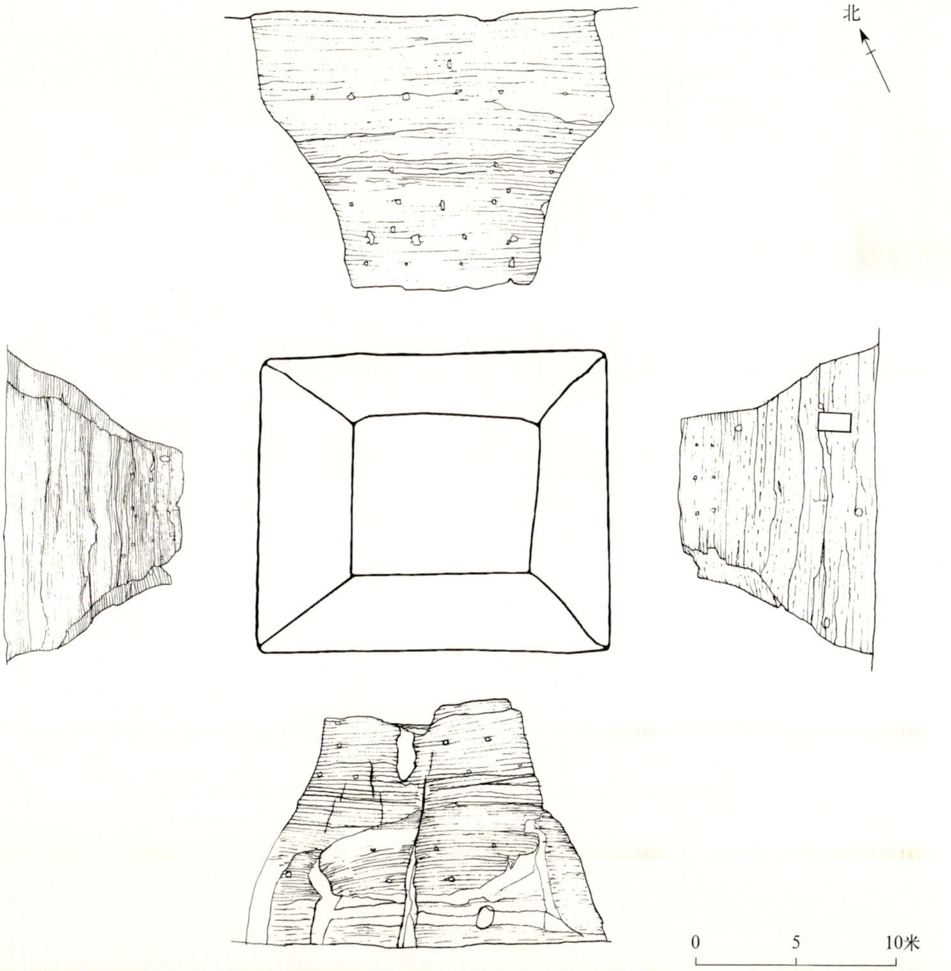

色格孜库勒烽火台平、立面示意图（立面图参照摄影资料绘制）

东面

南面

唐显庆三年（658年），伊丽道行军大总管苏定方率军大败西突厥阿史那贺鲁，开始在西域地区修筑大量的烽火台，『由是脩亭障，列蹊隧，定强畛，问疾收胔，唐之州县极西海矣』。

西面

北面

唐显庆三年（658年），伊丽道行军大总管苏定方率军大败西突厥阿史那贺鲁，开始在西域地区修筑大量的烽火台，『由是脩亭障，列蹊隧，定强畛，问疾收胔，唐之州县极西海矣』。

19 艾西夏东烽火台

艾西夏东烽火台位于新疆维吾尔自治区吐鲁番地区吐鲁番市胜金乡艾西夏村东0.5千米。地处天山南麓平原地带火焰山北麓黑沟中。周围沟壑较深，东西两岸是农田和村庄，地下水位较高，土质为黏土，较硬。西侧为木尔吐克村，南侧为胜金木头沟乡村公路。

该烽火台在第二次全国文物普查时定名为“胜金口烽燧遗址2”，公布为吐鲁番市重点文物保护单位时定名为“胜金口烽火台2”，公布为新疆维吾尔自治区重点文物保护单位时定名为“胜金乡烽燧遗址”。烽火台因风雨侵蚀和人为攀爬而遭到破坏，其形制结构很难分辨。从保存状况来看，烽火台在自然基础上起筑。外部用夹有砾石和植物枝干的泥土夯筑而成，夯层厚约0.08米，夯窝直径约0.08米。北壁残留四个长方形的桩木孔，内部为土坯错缝砌筑而成，表面覆盖较厚的黄土外壳。烽火台南北22、东西11、残高约6米。地表见有零星陶片。推测该烽火台年代为唐代。

唐显庆三年（658年），伊丽道行军大总管苏定方率军大败西突厥阿史那贺鲁，开始在西域地区修筑大量的烽火台，『由是脩亭障，列䟫隧，定疆畛，问疾收胔，唐之州县极西海矣』。

北面

西面

东面

南面

唐显庆三年（658年），伊丽道行军大总管苏定方率军大败西突厥阿史那贺鲁，开始在西域地区修筑大量的烽火台，『由是脩亭障，列蹊隧，定强畛，问疾收胔，唐之州县极西海矣』。

20 艾西夏烽火台

艾西夏烽火台位于新疆维吾尔自治区吐鲁番地区吐鲁番市胜金乡艾西夏村村民的院落中，四周搭建有厕所和羊圈。

该烽火台在第二次全国文物普查时命名“胜金烽燧遗址1”。烽火台因风雨侵蚀和人为破坏，保存较差。从残损处可见此烽火台为内外两次夯筑。平面呈正方形，剖面呈梯形，黄土夯筑而成。底部长18、宽13米，残高6米。第二次全国文物普查时推测该烽火台年代为唐代。

唐显庆三年（658年），伊丽道行军大总管苏定方率军大败西突厥阿史那贺鲁，开始在西域地区修筑大量的烽火台，『由是脩亭障，列蹊隧，定强畛，问疾收胔，唐之州县极西海矣』。

唐显庆三年（658年），伊丽道行军大总管苏定方率军大败西突厥阿史那贺鲁，开始在西域地区修筑大量的烽火台，『由是脩亭障，列蹊隧，定强畛，问疾收胔，唐之州县极西海矣』。

21 木尔吐克萨依戍堡

木尔吐克萨依戍堡位于新疆维吾尔自治区吐鲁番地区吐鲁番市七泉湖镇七泉湖村南。地处木头沟西北入口的戈壁中，周边植被稀疏。所在的七泉湖因山坡上有多处泉眼，名曰“七个泉”，后改名为七泉湖。

该戍堡公布为新疆维吾尔自治区重点文物保护单位时定名为“木尔吐克萨依烽燧”。戍堡结构基本完整，形制清晰可辨。戍堡呈南北向，平面呈正方形，边长18.5米，围墙高3.4、厚0.65米，土坯砌筑而成。围墙西北角、东北角和东南角各有一堵梯形护墙。戍堡内沿北、东、南墙有房屋基础，遗址呈长方形，烽火台位于戍堡西南角，围墙和烽火台为土坯建筑。据第二次全国文物普查记载，该戍堡年代为唐代。

唐显庆三年（658年），伊丽道行军大总管苏定方率军大败西突厥阿史那贺鲁，开始在西域地区修筑大量的烽火台，『由是俻亭障，列踩隧，定强畛，问疾收胔，唐之州县极西海矣』。

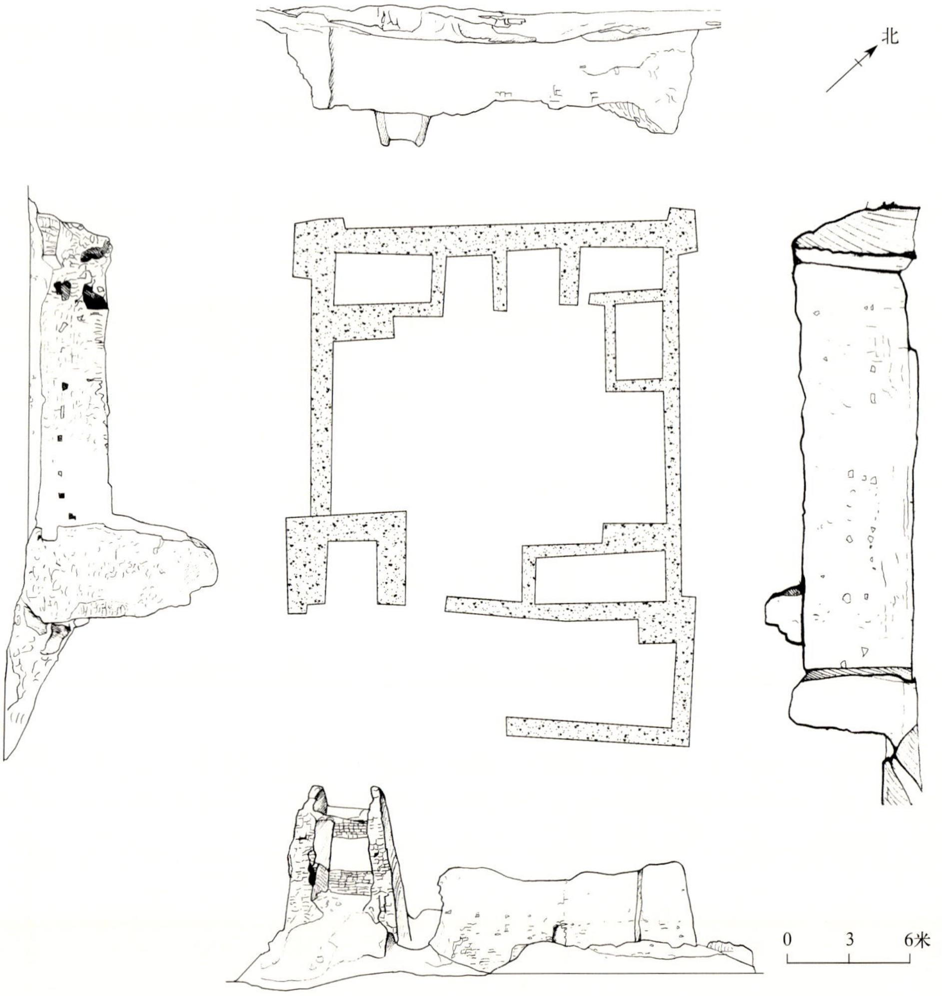

木尔吐克萨依戍堡平、立面示意图（立面图参照摄影资料绘制）

东面

内部

唐显庆三年（658年），伊丽道行军大总管苏定方率军大败西突厥阿史那贺鲁，开始在西域地区修筑大量的烽火台，『由是脩亭障，列蹊隧，定强畛，问疾收胔，唐之州县极西海矣』。

内部（北—南）

西面

唐显庆三年（658年），伊丽道行军大总管苏定方率军大败西突厥阿史那贺鲁，开始在西域地区修筑大量的烽火台，『由是脩亭障，列蹊隧，定强畛，问疾收胔，唐之州县极西海矣』。

南面

北面

唐显庆三年（658年），伊丽道行军大总管苏定方率军大败西突厥阿史那贺鲁，开始在西域地区修筑大量的烽火台，『由是脩亭障，列燧，定强畛，问疾收胔，唐之州县极西海矣』。

22 七泉湖萨依烽火台

七泉湖萨依烽火台位于新疆维吾尔自治区吐鲁番地区吐鲁番市七泉湖镇车站社区、七泉湖火车站西南。地处天山南麓与火焰山北麓中间地带，烽火台所在的七泉湖因山坡上有多处泉眼而得名。

该烽火台公布为吐鲁番市重点文物保护单位时定名为“七泉湖萨依烽燧遗址”。因风灾、鼠虫破坏等因素而损毁严重，保存较差。烽火台用土坯砌筑，基底平面呈正方形，剖面呈梯形。基底边长8.3、残高7.8米。烽火台内部分上、下两层，有四间券顶房屋，底层门开在北墙，进门约2米处西墙有一个龛，高约1.5、宽约1米，用土坯封死。顶部被人为拆开小部分，东墙有门可进入里间，顶部有洞，可登梯至上层，再由上层可登至台顶。烽火台底层台基厚1.6米，四壁有大小不等的椎木孔。烽火台顶部为一座长方形平台，东西5.3、南北4.6米。依据其建筑形制推测，该烽火台年代为唐代。

唐显庆三年（658年），伊丽道行军大总管苏定方率军大败西突厥阿史那贺鲁，开始在西域地区修筑大量的烽火台，『由是脩亭障，列蹊隧，定强畛，问疾收胔，唐之州县极西海矣』。

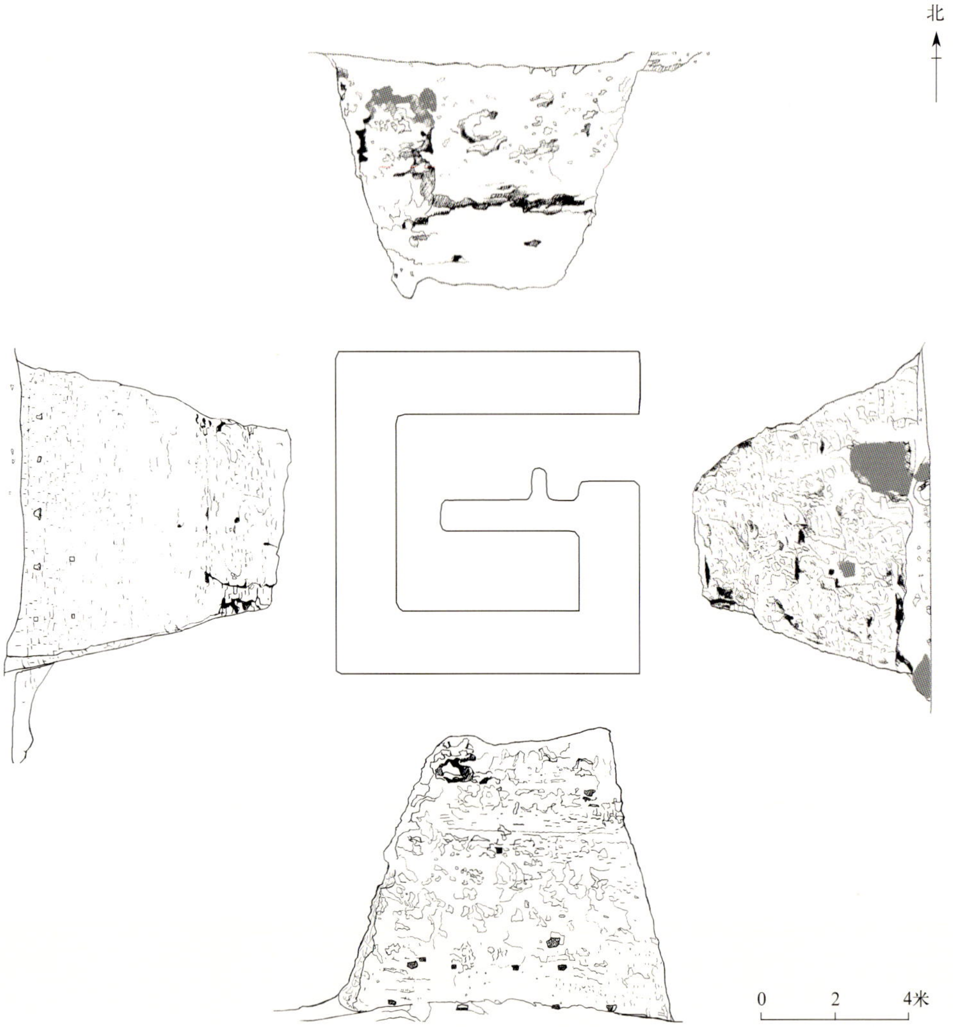

七泉湖萨依烽火台平、立面示意图（立面图参照摄影资料绘制）

东面

西面

唐显庆三年（658年），伊丽道行军大总管苏定方率军大败西突厥阿史那贺鲁，开始在西域地区修筑大量的烽火台，『由是脩亭障，列蹊隧，定强畛，问疾收胔，唐之州县极西海矣』。

唐显庆三年（658年），伊丽道行军大总管苏定方率军大败西突厥阿史那贺鲁，开始在西域地区修筑大量的烽火台，『由是脩亭障，列蹊隧，定强畛，问疾收胔，唐之州县极西海矣』。

南面

北面

一层偏北面外室

一层偏南面内室

唐显庆三年（658年），伊丽道行军大总管苏定方率军大败西突厥阿史那贺鲁，开始在西域地区修筑大量的烽火台，『由是脩亭障，列蹊隧，定强畛，问疾收胔，唐之州县极西海矣』。

23 煤窑沟戍堡

煤窑沟戍堡位于新疆维吾尔自治区吐鲁番地区吐鲁番市七泉湖镇煤窑沟村。地处煤窑沟断崖东岸，沟内河水干涸，卵石裸露。东北约5千米是七泉湖化工厂。

该戍堡公布为吐鲁番市重点文物保护单位时定名为“煤窑沟烽燧遗址”。戍堡由烽火台和居住址两部分组成，保存较完整，形制清晰可辨。烽火台分为上、下两层，采用土坯垒砌而成。平面呈近正方形，南北7.3、东西7.5米。东、北壁上均有一个瞭望孔。烽火台西侧和南侧有居住遗址，东侧有一个大坑，大坑南北3.8、东西3.6、深1.5米。第二次全国文物普查时推测该戍堡年代为南北朝至唐代，此次调查根据地理位置和建筑形制推测，该烽火台年代为唐代。

唐显庆三年（658年），伊丽道行军大总管苏定方率军大败西突厥阿史那贺鲁，开始在西域地区修筑大量的烽火台，『由是脩亭障，列蹊隧，定强畛，问疾收胔，唐之州县极西海矣』。

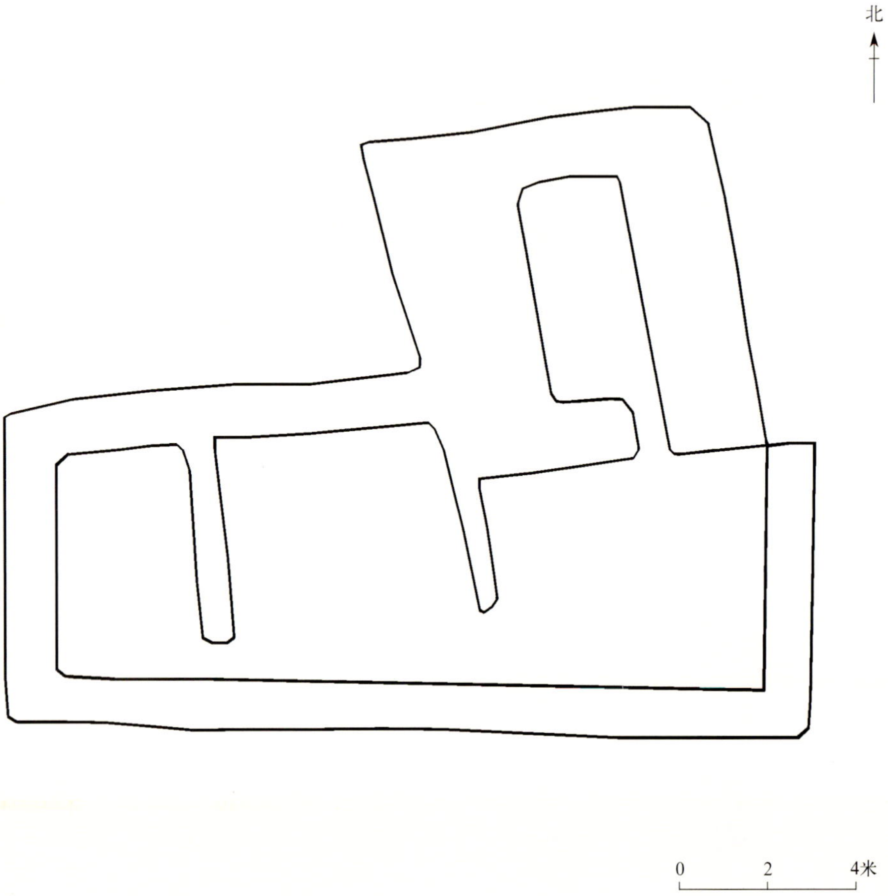

煤窑沟戍堡平面图

东面

南面

北面

唐显庆三年（658年），伊丽道行军大总管苏定方率军大败西突厥阿史那贺鲁，开始在西域地区修筑大量的烽火台，『由是脩亭障，列蹊隧，定强畛，问疾收胔，唐之州县极西海矣』。

西面

西南面的房屋遗迹（南—北）

戍堡内部（南—北）

唐显庆三年（658年），伊丽道行军大总管苏定方率军大败西突厥阿史那贺鲁，开始在西域地区修筑大量的烽火台，『由是脩亭障，列蹊隧，定强畛，问疾收胔，唐之州县极西海矣』。

24 干沟烽火台

干沟烽火台位于新疆维吾尔自治区吐鲁番地区吐鲁番市七泉湖镇煤窑沟村。地处火焰山干沟南口山顶，四周为戈壁荒滩。南约3千米为312国道、约0.3千米是七康湖镇至312国道的公路。

烽火台呈覆斗形，平面呈近长方形，剖面呈梯形。土坯砌筑而成，四壁仅存基础部分，中空。东壁保存较高，其他台壁保存较矮。外壁南北约6、东西约5.8米；内壁长3.3、厚约0.6、残高约2.6米。地表散见夹砂灰陶片。干沟烽火台与南侧的恰特卡勒烽火台扼守火焰山南北通道，形成对高昌故城的保护。第二次全国文物普查时推测该烽火台年代为南北朝至唐代，此次调查根据地理位置和建筑形制推测，该烽火台年代为唐代。

东面

西面

唐显庆三年（658年），伊丽道行军大总管苏定方率军大败西突厥阿史那贺鲁，开始在西域地区修筑大量的烽火台，『由是脩亭障，列蹊隧，定强畛，问疾收胔，唐之州县极西海矣』。

25 木头沟西岸烽火台

木头沟西岸烽火台位于新疆维吾尔自治区吐鲁番地区吐鲁番市胜金乡木日吐克村。地处木头沟河西岸，沟底植被茂盛，东面紧邻312国道，南邻断崖。

该烽火台在第二次全国文物普查时称“胜金烽燧遗址5”，公布为吐鲁番市重点文物保护单位时定名为“胜金口烽火台5”。因虫鼠破坏和风化等因素而损毁严重，仅存基础部分。基底平面呈正方形，中空，边长约5、残高约1.6米，土坯砌筑而成。据第二次全国文物普查记载，该烽火台年代为唐代。

东面

南面

唐显庆三年（658年），伊丽道行军大总管苏定方率军大败西突厥阿史那贺鲁，开始在西域地区修筑大量的烽火台，『由是脩亭障，列蹊隧，定强畛，问疾收胔，唐之州县极西海矣』。

唐显庆三年（658年），伊丽道行军大总管苏定方率军大败西突厥阿史那贺鲁，开始在西域地区修筑大量的烽火台，『由是脩亭障，列蹊隧，定强畛，同疾收斠，唐之州县极西海矣』。

26 胜金口烽火台

胜金口烽火台位于新疆维吾尔自治区吐鲁番地区吐鲁番市胜金乡排孜阿瓦提村南10千米。地处火焰山山梁上。附近有胜金口沟流过。东侧为胜金口石窟和312国道通向胜金口的公路。

该烽火台在第二次全国文物普查时命名为“胜金烽燧遗址4”，被公布为吐鲁番市重点文物保护单位时定名为“胜金口烽火台4”。烽火台在修路和铺设电线的过程中被破坏。烽火台基底平面呈正方形，剖面呈梯形，底部边长约7、顶部边长5.5、残高约5米。基部用泥土夯筑而成，其上用土坯垒砌而成，东壁倒塌，一半悬空。地表散布有少量夹砂细泥红、灰陶片。第二次全国文物普查时推测该烽火台年代为南北朝至唐代，此次调查根据地理位置和建筑形制推测，该烽火台年代为唐代。胜金口烽火台与火焰山北部的艾西夏烽火台、艾西夏东烽火台、色格孜库勒烽火台、煤窑沟戍堡等组成防御天山的屏障。

唐显庆三年（658年），伊丽道行军大总管苏定方率军大败西突厥阿史那贺鲁，开始在西域地区修筑大量的烽火台，『由是倐亭障，列蹊隧，定强畛，问疾收胔，唐之州县极西海矣』。

北面

西面

27 阿瓦提烽火台

阿瓦提烽火台位于新疆维吾尔自治区吐鲁番地区吐鲁番市三堡乡阿瓦提村西南2.5千米的棉花地中，四周为耕地所包围。

烽火台因长期灌溉浸泡而受损严重，保存较差，仅存基部。台基损毁严重，近似蘑菇状，呈不规则形，黄土夯筑而成。底部长3.1、宽2.8米，高2米。夯层厚约0.1米，夯土非常细密，圆形夯窝清晰可辨，直径约0.02米。依据其建筑特征与同时期遗址相比对，推测该烽火台年代为唐代。

东面

西面

唐显庆三年（658年），伊丽道行军大总管苏定方率军大败西突厥阿史那贺鲁，开始在西域地区修筑大量的烽火台，『由是脩亭障，列蹊隧，定强畛，问疾收胔，唐之州县极西海矣』。

北面

南面

唐显庆三年（658年），伊丽道行军大总管苏定方率军大败西突厥阿史那贺鲁，开始在西域地区修筑大量的烽火台，『由是脩亭障，列蹊隧，定强畛，问疾收胔，唐之州县极西海矣』。

28 恰特喀勒烽火台

恰特喀勒烽火台位于新疆维吾尔自治区吐鲁番地区吐鲁番市葡萄乡贝勒克其坎儿孜村。地处火焰山南麓戈壁沙漠中，附近有较高的沙梁，地表植被较少。北约9千米为火焰山干沟，西约1千米为南北向的乡村公路。

烽火台因风雨侵蚀西壁坍塌严重。烽火台呈覆斗形，平面呈长方形，剖面呈梯形。台体为实心，夯筑，顶部保留部分土坯及一根烧过的木梁。底部南北15.3、东

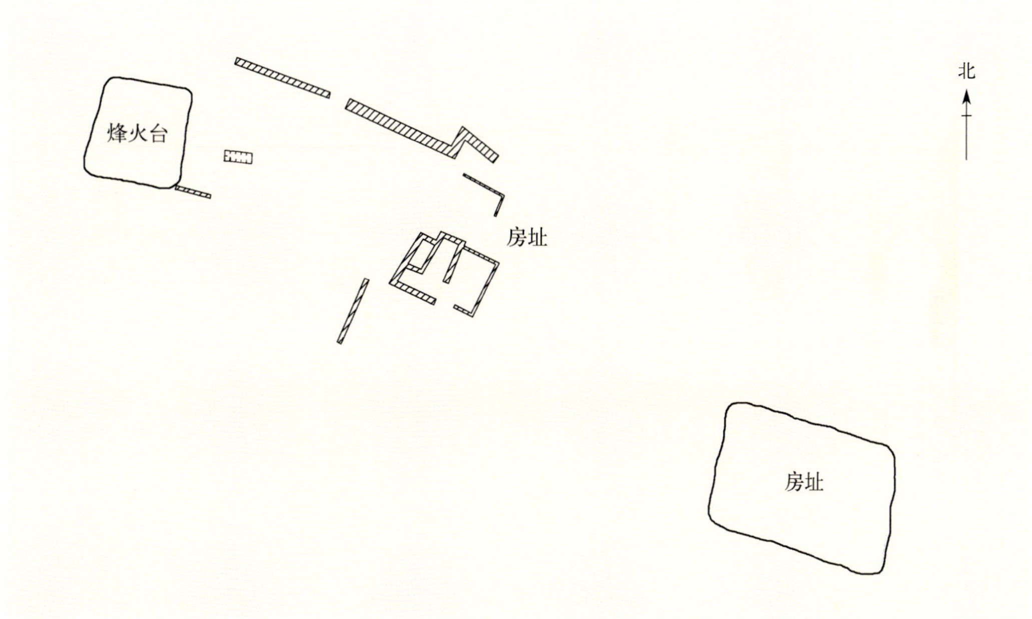

恰特喀勒烽火台与其周边房址位置示意图

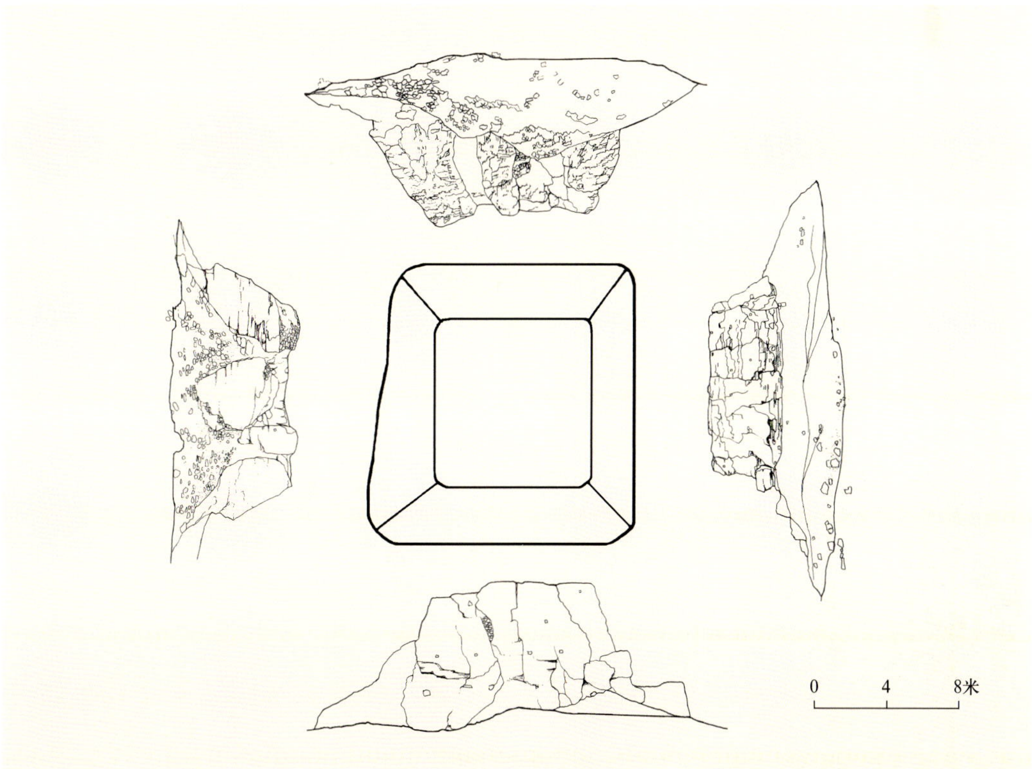

恰特喀勒烽火台平、立面示意图（立面图参照摄影资料绘制）

唐显庆三年（658年），伊丽道行军大总管苏定方率军大败西突厥阿史那贺鲁，开始在西域地区修筑大量的烽火台，『由是脩亭障，列蹊隧，定强畛，问疾收胔，唐之州县极西海矣』。

西13米，顶部南北12.3、东西8.4米，残高8.2米。周围散布较多的夹砂红、灰陶片。东15米有垃圾堆，最上层为较厚的清代堆积。由此向东南约七八米有三间房屋基址，再向东南约60米还有一处八间房屋基址，在此处散布大量彩釉瓷片及“乾隆通宝”、“道光通宝”、“光绪通宝”等钱币，可见该烽火台延续年代较长。依据其建筑特征和地表采集的遗物特征判定，该烽火台年代为唐至清代。

唐显庆三年（658年），伊丽道行军大总管苏定方率军大败西突厥阿史那贺鲁，开始在西域地区修筑大量的烽火台，『由是脩亭障，列羅隧，定强畛，问疾收胔，唐之州县极西海矣』。

全景（西北-东南）

西面

唐显庆三年（658年），伊丽道行军大总管苏定方率军大败西突厥阿史那贺鲁，开始在西域地区修筑大量的烽火台，『由是犄亭障，列蹊隧，定强畛，问疾收胔，唐之州县极西海矣』。

29 盐山烽火台

盐山烽火台位于新疆维吾尔自治区吐鲁番地区吐鲁番市艾丁湖乡也木什村一队东2千米。地处也木什塔格山（盐山）东端，地势较低，土质较硬。东侧毗邻农田，南侧为公路和铜冶炼厂，北侧为雅尔乃孜沟水库。

烽火台因长年干旱少雨和风化等自然因素破坏，保存较差。基底夯筑，呈覆斗形，平面呈正方形。基底以上为土坯垒砌。烽火台基本坍塌，边长约6.3、残高3.6米。据第二次全国文物普查记载，烽火台年代为北朝至元，此次调查根据地理位置和建筑形制推测，该烽火台年代为唐代。

唐显庆三年（658年），伊丽道行军大总管苏定方率军大败西突厥阿史那贺鲁，开始在西域地区修筑大量的烽火台，『由是脩亭障，列蹊隧，定彊畛，问疾收胔，唐之州县极西海矣』。

南面

东面

30 雅尔湖烽火台

雅尔湖烽火台位于新疆维吾尔自治区吐鲁番地区吐鲁番市亚尔乡亚尔果勒村九小队雅尔乃孜沟东侧台地上。地处火焰山南麓高低不平的土丘上，周边生长稀疏的耐旱植被。北约5千米是312国道，南侧雅尔乃孜沟下是居民区及葡萄晾房，东南距砖厂烽火台约1千米，南距交河故城约3.5千米。

烽火台因风雨侵蚀四壁坍塌严重，顶部成尖顶，四周散落有大块夯土泥块。烽火台呈覆斗形，平面呈正方形，剖面呈梯形。台体有两层，黄土夯筑而成，夯层中夹有大量沙石。基部呈长方形，南北18.6、东西15、高2米；顶部呈正方形，边长4.8、残高4.1米。基底有鼠虫蛀洞。此烽火台是交河故城西北部重要军事要塞，扼守由北部进入交河故城的通道。根据地理位置和建筑形制推测，该烽火台年代为汉至唐代。

唐显庆三年（658年），伊丽道行军大总管苏定方率军大败西突厥阿史那贺鲁，开始在西域地区修筑大量的烽火台，『由是脩亭障，列蹊隧，定强畛，问疾收胔，唐之州县极西海矣』。

东北面

东南面

唐显庆三年（658年），伊丽道行军大总管苏定方率军大败西突厥阿史那贺鲁，开始在西域地区修筑大量的烽火台，『由是脩亭障，列蹊隧，定强畛，问疾收胔，唐之州县极西海矣』。

西南面

西北面

31 二二一团烽火台

二二一团烽火台位于新疆维吾尔自治区吐鲁番地区吐鲁番市亚尔乡亚尔果勒村西侧台地上。地表为砾石所覆盖，无植被生长。台地下是耕地，种植葡萄。

烽火台坐北朝南，呈覆斗形，平面呈近正方形，剖面呈梯形。台体顶部坍塌，四角有轻微损坏，土坯垒砌而成。底部长5.5、宽4.9米，残高约5米。第二次全国文物普查时推测该烽火台年代为唐代。

西面

南面

唐显庆三年（658年），伊丽道行军大总管苏定方率军大败西突厥阿史那贺鲁，开始在西域地区修筑大量的烽火台，『由是脩亭障，列蹊隧，定强畛，问疾收胔，唐之州县极西海矣』。

唐显庆三年（658年），伊丽道行军大总管苏定方率军大败西突厥阿史那贺鲁，开始在西域地区修筑大量的烽火台，『由是脩亭障，列蹊隧，定强畛，问疾收胔，唐之州县极西海矣』。

北面

东面

32 土孜塔格烽火台

土孜塔格烽火台位于新疆维吾尔自治区吐鲁番地区托克逊县郭勒布依乡喀拉布拉克村。地处农十二师221团南山岗上，四周地势平坦，远处群山环抱，地表散落有大小不等的石块。西侧沟口中有大河沿至托克逊的南北向公路，公路西约0.5千米有一户牧民和一片草湖湿地，生长有芦苇和芨芨草。

烽火台因风蚀和人为盗挖因素破坏而损毁严重，仅存部分台体。台体形制尚存，呈覆斗形，平面呈近正方形，土坯砌筑而成。底部东西9、南北8米，残高5米。土坯层中夹有一层厚约0.02～0.03米的芦苇层，起加固作用，四壁外侧用土坯砌筑加固，为后期修建，无芦苇层，土坯长42、宽20、厚12厘米。第二次全国文物普查推测该烽火台年代为南北朝至元代，此次调查根据建筑形制推测，该烽火台年代为唐代。

东面

南面

唐显庆三年（658年），伊丽道行军大总管苏定方率军大败西突厥阿史那贺鲁，开始在西域地区修筑大量的烽火台，『由是脩亭障，列蹊隧，定强畛，问疾收胔，唐之州县极西海矣』。

唐显庆三年（658年），伊丽道行军大总管苏定方率军大败西突厥阿史那贺鲁，开始在西域地区修筑大量的烽火台，『由是脩亭障，列蹊隧，定强畛，问疾收胔，唐之州县极西海矣』。

东北面

西面

北面

33 吐尔退维烽火台

吐尔退维烽火台位于新疆维吾尔自治区吐鲁番地区吐鲁番市大河沿镇复兴社区红柳河村西北约6千米。地处火焰山南麓戈壁荒漠中，东侧附近有条干涸的河床，南侧为南北向的白杨防风林，西侧为农田，北侧有一座废弃的小型水力发电站。

烽火台因农耕破坏而受损严重，仅存北侧护墙，墙体和墙基基本被破坏。残高2、厚0.6米，东墙残长3米，西墙与一段现代防风墙相连。护墙用黄土夯筑而成，夯层较薄，夯层厚约0.07～0.08米。附近地表偶见夹粗砂灰陶，器壁较厚。第二次全国文物普查时推测该烽火台年代为唐至清代。

唐显庆三年（658年），伊丽道行军大总管苏定方率军大败西突厥阿史那贺鲁，开始在西域地区修筑大量的烽火台，『由是脩亭障，列蹊隧，定强畛，问疾收胔，唐之州县极西海矣』。

34 潘家地烽火台

潘家地烽火台位于新疆维吾尔自治区乌鲁木齐市达坂城区阿克苏乡大河沿村西南0.7千米的山顶上。西、北、东侧地势平坦，远处群山环抱，南0.4千米为优干铁列克河和简易公路，东、南侧山坡下为农田。

烽火台因长年风雨侵蚀而损毁严重，台体坍塌，仅存一座黄土包，东西6、南北3米。土包顶部西高东低，地表散落有陶片。烽火台地处车师古道旁边，扼守西州通往庭州的捷径。根据地理位置和地表遗物推测，该烽火台年代为唐代。

唐显庆三年（658年），伊丽道行军大总管苏定方率军大败西突厥阿史那贺鲁，开始在西域地区修筑大量的烽火台，『由是脩亭障，列蹊隧，定强畛，问疾收骴，唐之州县极西海矣』。

东面

北面

35 盐湖烽火台

盐湖烽火台位于新疆维吾尔自治区乌鲁木齐市达坂城区乌拉泊街道盐湖社区盐湖车站西北约1千米。地处盐湖北岸，北面是山地，南侧为坡地和盐湖，远处为海拔较高的南山，东西两侧为戈壁荒漠。兰新铁路东西向横穿烽火台，南约80米是312国道和吐（鲁番）乌（鲁木齐）大（黄山）高等级公路。

盐湖烽火台因20世纪90年代末改建兰新铁路而被拆除，现不存。第二次全国文物普查记载：盐湖烽火台俗称土墩子，位于盐湖北岸，居一座小山丘上。烽火台基底边长15、高8.5米。土坯砌筑，自底部向上每隔0.7～1米夹铺沙枣树枝。从盐湖烽火台向西可至乌拉泊古城。据碳十四测年该烽火台为距今约1100年，推测其年代为唐代。

唐显庆三年（658年），伊丽道行军大总管苏定方率军大败西突厥阿史那贺鲁，开始在西域地区修筑大量的烽火台，『由是脩亭障，列蹊隧，定强畛，问疾收胔，唐之州县极西海矣』。

现状（南—北）

被毁前（北—南）

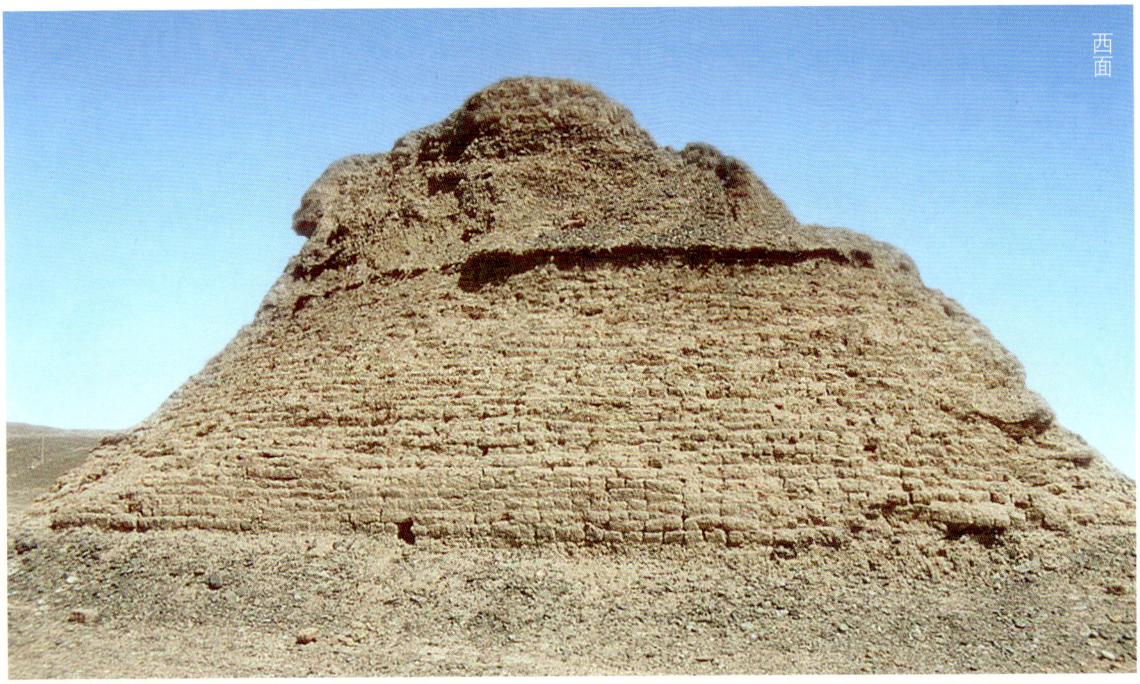

唐显庆三年（658年），伊丽道行军大总管苏定方率军大败西突厥阿史那贺鲁，开始在西域地区修筑大量的烽火台，『由是脩亭障，列蹊隧，定强畛，问疾收胔，唐之州县极西海矣』。

36 柴窝堡湖烽火台

柴窝堡湖烽火台位于新疆维吾尔自治区乌鲁木齐市达坂城区柴窝堡管理委员会（乡）柴窝堡林场农业大队（村）。地处柴窝堡湖东岸，东侧为戈壁盐碱地带，西南侧为沼泽地延伸到湖边，四周地势平坦，植被茂盛。东南为农十二师104团9连，北侧为312国道，沿路是柴窝堡林场农业大队的一片林带和兰新铁路。

烽火台平面略呈椭圆形，南北21、东西约13.5、高3.5米。从东壁的剖面看，台体为夯筑而成，夯土层厚0.08～0.15米。顶部中间挖有一个直径约1.5、深约2米的坑。第二次全国文物普查资料记载：遗址东北、西南各有一处遗址，东北一处长58、宽36、高2.6米，墙厚0.35～0.7米，夯筑而成。西南一处长32、宽18、高1.8米，墙厚0.5米，夯筑，现夷平。根据地理位置推测，该烽火台年代为唐至清代。

南面

北面

唐显庆三年（658年），伊丽道行军大总管苏定方率军大败西突厥阿史那贺鲁，开始在西域地区修筑大量的烽火台，『由是脩亭障，列蹊隧，定强畛，问疾收胔，唐之州县极西海矣』。

37 乌拉泊村烽火台

乌拉泊村烽火台位于新疆维吾尔自治区乌鲁木齐市乌鲁木齐县托里乡乌拉泊村东0.12千米。烽火台有一半在村民库斯曼家的院内，东临一条南北向柏油路，路两边分布着村民住房。东南80米有一座高约25米的水塔。

烽火台底部呈近正方形，底部边长10米，顶部南北约6.5、东西约4.8米，残高约5米。台体用砂砾土夯筑而成，夯层厚约0.1米。东北、东南角各有一个缺口，台壁中部有不太明显的纵向裂缝，基部多处被挖，南壁西部及中部残留众多雨水冲刷痕迹，北壁被库斯曼用来搭建草架子，顶部埋有国家大地地理坐标点的标识。根据地理位置推测，该烽火台年代为唐至清代。

唐显庆三年（658年），伊丽道行军大总管苏定方率军大败西突厥阿史那贺鲁，开始在西域地区修筑大量的烽火台，『由是脩亭障，列蹊隧，定强畛，问疾收胔，唐之州县极西海矣』。

南面

东面

西面

北面

唐显庆三年（658年），伊丽道行军大总管苏定方率军大败西突厥阿史那贺鲁，开始在西域地区修筑大量的烽火台，『由是脩亭障，列蹊隧，定疆畛，问疾收胔，唐之州县极西海矣』。

38 新疆化肥厂烽火台

新疆化肥厂烽火台位于新疆维吾尔自治区乌鲁木齐市达坂城区柴窝堡管理委员会白杨沟村新疆化肥厂北约3千米。地处一块平坦的沙石地上，东南侧有一片沼泽地紧挨着农田，西南侧为沙石地，西0.5千米是一条往北可达312国道的简易道路，西南附近有现代墓葬，北0.23千米处为铁路。

烽火台因盐碱腐蚀和人为破坏而损毁严重，仅存一个黄土堆。平面呈圆形，西坡缓，东坡稍陡。高约5.8、直径40米。西侧边缘被挖一个大坑，长10、宽2米。根据地理位置推测，该烽火台年代为唐至清代。

全景（西—东）

唐显庆三年（658年），伊丽道行军大总管苏定方率军大败西突厥阿史那贺鲁，开始在西域地区修筑大量的烽火台，『由是脩亭障，列燧隧，定强畛，问疾收胔，唐之州县极西海矣』。

39 永丰乡烽火台

永丰乡烽火台位于新疆维吾尔自治区乌鲁木齐市乌鲁木齐县永丰乡永丰村一队北1.6千米。地处天山北麓平坦地带，四周50米范围内为戈壁，地表生长有芨芨草等植被，东北约50米有一条南北向的太平渠支渠，南60米建有闸门。水渠东、西侧为永丰村的农田。西南面有一条新修的柏油路，直通烽火台。

烽火台呈覆斗形，平面呈近正方形。台体底部边长12.5、顶部边长7.4、高9.5米。黄土夯筑而成，夯层厚约0.08～0.1米，夯层中夹有少量砾石。南壁由底至顶有四层桩木，每层四根，直径约10厘米，横向间距约3、纵向间距约1.7米。烽火台南0.1千米处发现一处建筑遗址，基本被夷平，地表散布灰砖、灰瓦和黑、褐色釉瓷片等遗物。根据其形制和周围遗物特征判断，该烽火台年代为唐至清代。

唐显庆三年（658年），伊丽道行军大总管苏定方率军大败西突厥阿史那贺鲁，开始在西域地区修筑大量的烽火台，『由是俢亭障，列蹊隧，定强畛，问疾收胔，唐之州县极西海矣』。

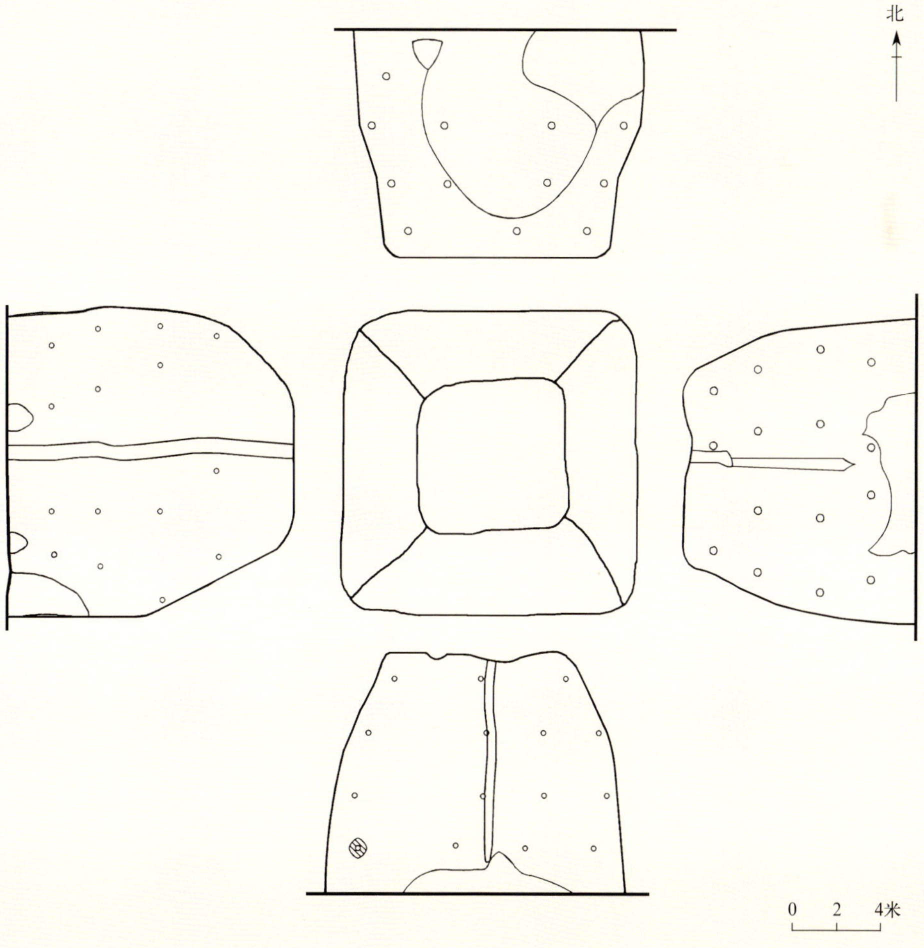

永丰乡烽火台平、立面示意图（立面图参照摄影资料绘制）

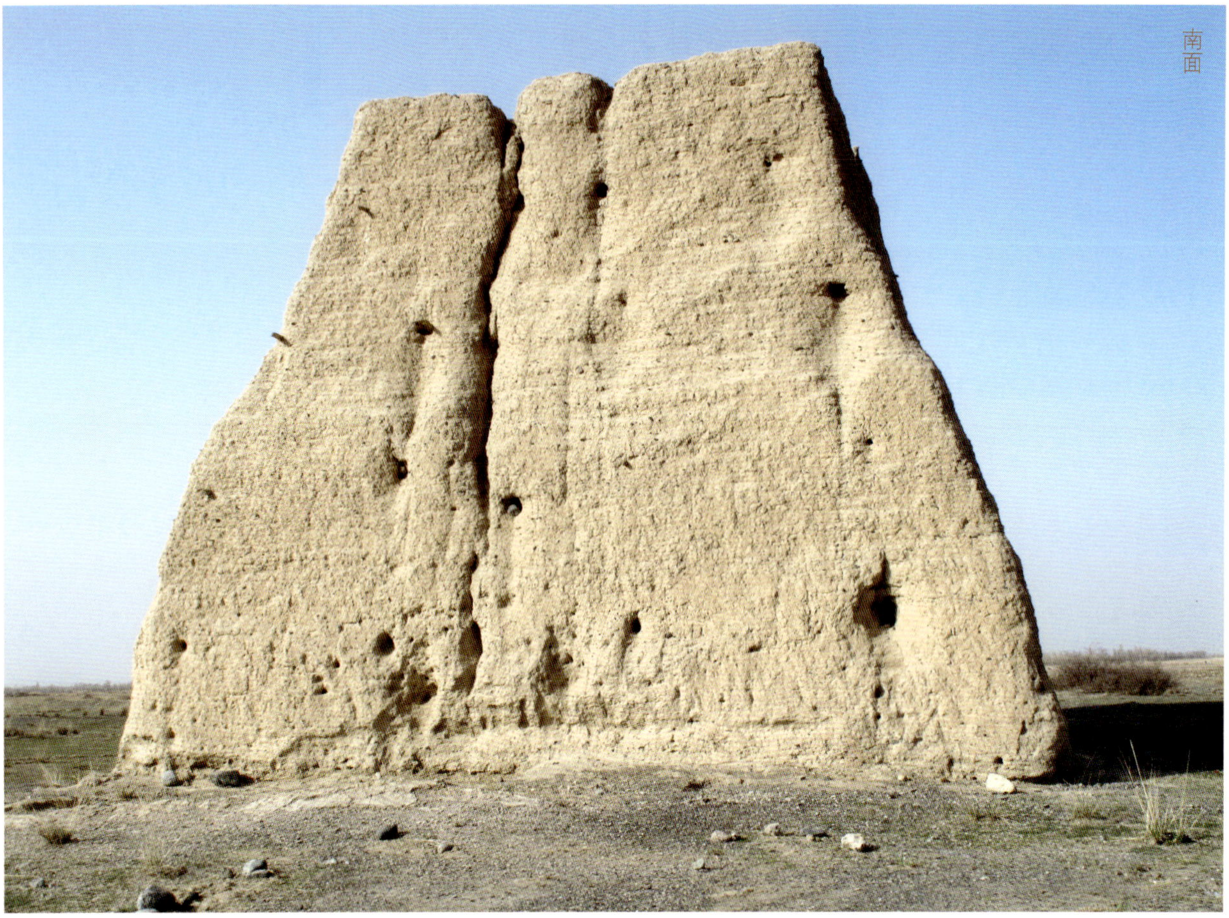
南面

东面

唐显庆三年（658年），伊丽道行军大总管苏定方率军大败西突厥阿史那贺鲁，开始在西域地区修筑大量的烽火台，『由是倄亭障，列蹊隧，定强畛，问疾收胔，唐之州县极西海矣』。

北面

西面

唐显庆三年（658年），伊丽道行军大总管苏定方率军大败西突厥阿史那贺鲁，开始在西域地区修筑大量的烽火台，『由是脩亭障，列蹊隧，定强畛，问疾收胔，唐之州县极西海矣』。

40 大墩烽火台

大墩烽火台位于新疆维吾尔自治区吐鲁番地区托克逊县郭勒布依乡喀拉布拉克村西7.5千米。地处托克逊河冲积扇上，附近有阿拉沟河和托克逊河流过。四周为沙丘或盐碱荒滩，地下水丰富，生长有骆驼刺等沙漠植物。南50米有吐鲁番市至托克逊县公路，西17.8千米有布干烽火台，西北5.6千米有布干驿站。

烽火台因风蚀和人为盗掘等因素而破坏，保存较差，大部分坍塌。烽火台呈覆斗形，平面呈正方形，基部用泥土夯筑而成，上部用土坯垒砌而成。底部东西44.5、南北38米，残高2.5米。夯层厚约0.1米，土坯长40、宽25、厚18厘米。据第二次全国文物普查记载，该烽火台年代为唐代。

唐显庆三年（658年），伊丽道行军大总管苏定方率军大败西突厥阿史那贺鲁，开始在西域地区修筑大量的烽火台，『由是脩亭障，列蹊隧，定强畛，问疾收胔，唐之州县极西海矣』。

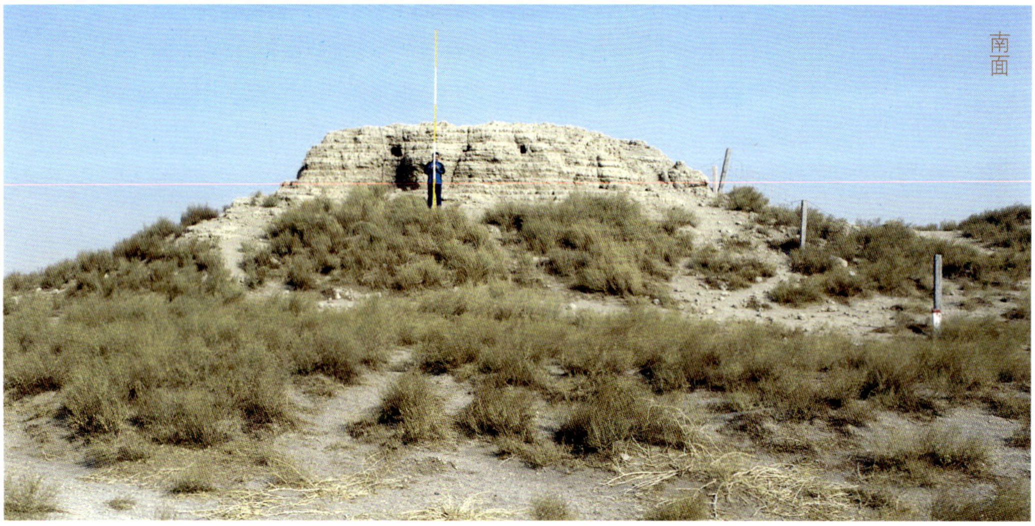

南面

东面

41 布干烽火台

布干烽火台位于新疆维吾尔自治区吐鲁番地区托克逊县郭勒布依乡喀拉布拉克村东北约0.5千米。地处托克逊河洪积扇上，四周为沙丘间或有盐碱荒滩，地表生长有野西瓜、骆驼刺、红柳等植被。西、北两侧为林带，西北有现代伊斯兰墓地。东约17.8千米有大墩烽火台，西14千米有萨依坎尔烽火台。

烽火台因风蚀和人为取土有一定程度的破坏。烽火台形制不完整，坍塌成两部分，黄土夯筑和土坯垒砌结合建造。底部边长南北约17、东西16米，高6.3米。顶部南端有一处土坯墙清晰可见，四面有长26、宽24厘米的桩木孔，上、下两排，上排5个，下排6个，横向间距1.1、纵向间距1.6米，贯穿烽火台。第二次全国文物普查推测该烽火台年代为唐代。

远景（东南—西北）

南面

唐显庆三年（658年），伊丽道行军大总管苏定方率军大败西突厥阿史那贺鲁，开始在西域地区修筑大量的烽火台，『由是脩亭障，列蹊隧，定强畛，问疾收胔，唐之州县极西海矣』。

唐显庆三年（658年），伊丽道行军大总管苏定方率军大败西突厥阿史那贺鲁，开始在西域地区修筑大量的烽火台，『由是脩亭障，列蹊隧，定强畛，问疾收胔，唐之州县极西海矣』。

42 萨依坎尔烽火台

萨依坎尔烽火台位于新疆维吾尔自治区吐鲁番地区托克逊县郭勒布依乡萨依坎尔村西南约2千米。地处托克逊河冲积扇上，四周为沙丘或盐碱荒滩，多生长红柳。东约3千米处有乡村公路。台体南、北两侧铺设有红砖台阶，西北有水泥砌筑的蓄水池，南侧新盖有一间平房。

烽火台处于风口位置，表层多风蚀剥落，南壁坍塌成斜坡，东壁部分坍塌，西壁保存较好。烽火台呈覆斗形，平面呈近正方形。底部南北约29、东西约26.2米，残高约5米。台体用黄土夯筑而成，个别地方用土坯修补。夯层厚0.08～0.1米。从夯层看，烽火台曾被毁后又重筑，早期夯层所用泥土纯净，少杂质，补筑后的夯层中夹有泥质灰陶片、灰土和烧结土。地表见有夹砂红、灰陶片，个别灰陶片陶胎较厚。从建筑形制和地表遗物推测，该烽火台年代为唐代，但不排除清代继续修补沿用的可能。

东南面

西面

唐显庆三年（658年），伊丽道行军大总管苏定方率军大败西突厥阿史那贺鲁，开始在西域地区修筑大量的烽火台，『由是脩亭障，列蹊隧，定强畛，问疾收胔，唐之州县极西海矣』。

43 吾斯提沟烽火台

吾斯提沟烽火台位于新疆维吾尔自治区吐鲁番地区托克逊县博斯坦乡博斯坦村西南35千米、吾斯提沟口的小山岗上，扼守进入吾斯提沟的咽喉地带。南面靠山，北面为广阔戈壁。沿吾斯提沟西南行可进入阿拉沟。

烽火台平面呈近正方形，东西4.3、南北3.9、残高1.5米。台体用砾石块垒砌，石层中夹有树枝和泥土。由于损毁严重，从外观不能判断是否空心建筑，建筑风格与阿拉沟烽火台类似，东壁中间挖有深坑。依据地理位置和建筑风格推测，该烽火台年代为唐代。

唐显庆三年（658年），伊丽道行军大总管苏定方率军大败西突厥阿史那贺鲁，开始在西域地区修筑大量的烽火台，『由是脩亭障，列蹊隧，定彊畛，问疾收胔，唐之州县极西海矣』。

远景（东南—西北）

北面

唐显庆三年（658年），伊丽道行军大总管苏定方率军大败西突厥阿史那贺鲁，开始在西域地区修筑大量的烽火台，『由是脩亭障，列蹊隧，定强畛，问疾收胔，唐之州县极西海矣』。

44 阿拉沟戍堡

阿拉沟戍堡位于新疆维吾尔自治区吐鲁番地区托克逊县伊拉湖乡布尔加依村西南29千米、南疆铁路鱼儿沟车站西0.5千米。戍堡北20米为原南山矿区二道沟街、政府办公楼和居民区，西约0.8千米为阿拉沟口与阿拉沟铁路大桥，西北1千米为鱼儿沟口。从阿拉沟戍堡向西进阿拉沟内13千米和31千米各有一座烽火台（现均不存）。

阿拉沟戍堡又名阿拉沟烽火台、石垒、塔什吐尔，是以砾石为主土坯为辅营建的城堡式建筑。戍堡平面呈近圆形，由烽火台、城墙、房屋、城外围墙组成。戍堡南北31.3、东西30.5米，面积954.65平方米，加上城外围墙总面积约1000平方米。烽火台位于戍堡西北角，呈梯形，是城堡内最高建筑，经过维修后高约10米，城墙高约7米。城堡北部有高、低两个平台，高一些的平台位于烽火台北壁，紧贴烽火台东壁有一排砾石砌成的台阶可登至平台。戍堡东北角有一座低平台，其南侧也有一排砾石

唐显庆三年（658年），伊丽道行军大总管苏定方率军大败西突厥阿史那贺鲁，开始在西域地区修筑大量的烽火台，『由是脩亭障，列蹊隧，定强畛，问疾收胔，唐之州县极西海矣』。

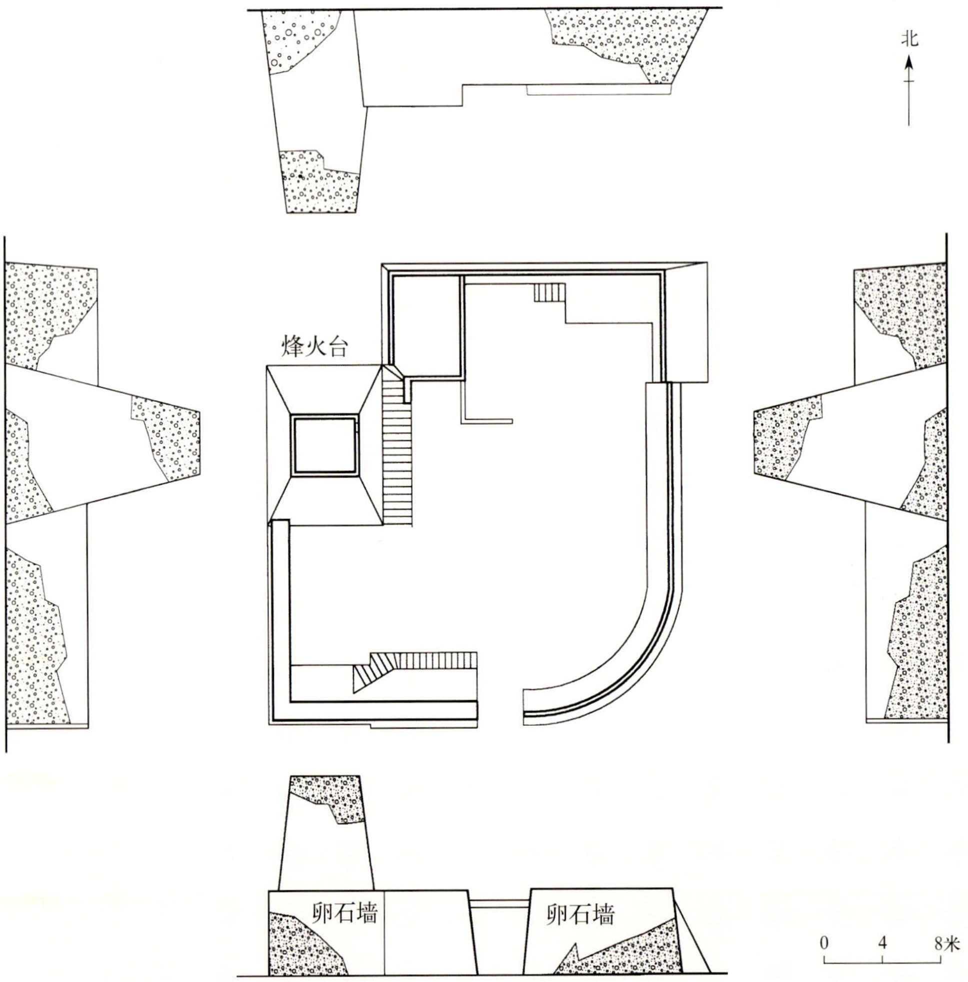

阿拉沟戍堡平、立面示意图

砌成的台阶可登至平台。房屋遗迹能观察到的有两处，一处在东城墙，以城墙为后壁，门向东开，只保存有两间房屋的残垣。城门位于戍堡南墙中间，宽3.2米，门垛用土坯平摆错缝砌成；戍堡内南墙有一个东西向用砾石砌成的台阶可以通到城墙顶部；戍堡墙体及烽火台用砾石砌成，从城墙的剖面看呈下宽上窄状。在砾石与砾石之间铺有一层红柳枝，黏结物为含砂砾的泥土。城堡的东、西、南墙内壁又贴砌土坯，因此，墙体顶部较宽，可以行人。城墙的内外壁均抹有一层草拌泥的墙泥。戍堡外紧贴断岩修建有低矮围墙，呈半圆形护围着城堡的西墙、南墙及部分东墙。围墙高0.5～0.7、宽0.4～0.5米，用砾石和土坯间杂砌成。戍堡内外都有文化层堆积，文化层内含有大量的马粪、杂草和少量的毛毡、皮革及红色与灰色胎比较厚重的夹砂陶片。1976年，新疆社会科学院文物考古研究所曾对阿拉沟戍堡内一间房址进行过清理，出土过数件残破的唐代文书，并于烽火台墙壁内抽取所夹的红柳做碳14年代测定，数据年代与唐代相当（距今1295±75年，经树轮校正为1260±75年），推测阿拉沟戍堡的年代为唐代。

唐显庆三年（658年），伊丽道行军大总管苏定方率军大败西突厥阿史那贺鲁，开始在西域地区修筑大量的烽火台，『由是脩亭障，列蹊隧，定强畛，问疾收胔，唐之州县极西海矣』。

唐显庆三年（658年），伊丽道行军大总管苏定方率军大败西突厥阿史那贺鲁，开始在西域地区修筑大量的烽火台，『由是脩亭障，列蹊隧，定强畛，问疾收髀，唐之州县极西海矣』。

45 厄格勒塔木戍堡

厄格勒塔木戍堡位于新疆维吾尔自治区吐鲁番地区鄯善县吐峪沟乡洋海村东一条小路的拐弯处。地处火焰山南麓山前地带的吐峪沟绿洲上，周围农田环绕。

戍堡平面呈长方形，黄土夯筑而成。因地震和风沙侵蚀，现仅存四面残墙。东西21、南北19.5米，占地面积409.5平方米。戍堡东墙宽1.5、残高约4米，北角有一道缺口；南墙宽1.6、残高3.8米，东端有一道缺口；西墙倒塌严重；北墙宽2、高约4米。北墙外基础部分塌损，可以看清夯窝，夯窝直径约0.05、深约0.01米。戍堡围墙夯层由底部向上逐渐增厚，夯层最厚处达0.35米，最薄处仅0.1米。戍堡内外不见房址遗迹，堡内地表零星可见轮制泥质灰陶片。该戍堡年代为唐代。

东面

西南面

唐显庆三年（658年），伊丽道行军大总管苏定方率军大败西突厥阿史那贺鲁，开始在西域地区修筑大量的烽火台，『由是脩亭障，列蹊隧，定强畛，问疾收嵩，唐之州县极西海矣』。

46 吐尔买来烽火台

吐尔买来烽火台位于新疆维吾尔自治区吐鲁番地区鄯善县鲁克沁镇吐尔买来村。地处火焰山南麓绿洲上，周围多种植葡萄。西北两面是杏树园，南面是民居和供销社门市部及学校，西北距柳中古城约4千米。

烽火台因风吹、日晒、雨淋和农民取土等因素破坏而受损严重。烽火台大致呈覆斗形，平面呈近正方形，黄土夯筑而成。底部南北20、东西18米，残高5.9米，夯层厚约0.1米。东南角及南壁取土严重，可由此攀爬而上。据当地农民介绍，解放前此夯土台上建有房屋。吐尔买来烽火台是吐鲁番地区七克台镇—鄯善县—高昌故城警戒线中的一座重要的烽火台。年代可能为唐代。

东南面

西南面

唐显庆三年（658年），伊丽道行军大总管苏定方率军大败西突厥阿史那贺鲁，开始在西域地区修筑大量的烽火台，『由是脩亭障，列蹊隧，定强畛，问疾收胔，唐之州县极西海矣』。

东北面

西北面

东面

唐显庆三年（658年），伊丽道行军大总管苏定方率军大败西突厥阿史那贺鲁，开始在西域地区修筑大量的烽火台，『由是脩亭障，列蹊隧，定强畛，问疾收胔，唐之州县极西海矣』。

47 迪坎烽火台

迪坎烽火台位于新疆维吾尔自治区吐鲁番地区鄯善县迪坎乡迪坎尔村三小队东北0.2千米。地处火焰山南麓绿洲上的一处高台上，四周为村庄所环绕，北临迪坎乡村公路。烽火台所在地是西州通往敦煌的东南门户。

烽火台大部分毁坏，仅存西壁0.5米高的土台，台上挖有大大小小的土坑，其余地方成为平地。台地中部已经成为村庄的打麦场。1988年第二次全国文物普查时已不存，据村民所说，烽火台毁于“文革”时期。根据《黄文弼蒙新考察日记》载：“下午至得哈尔土墩，审视一周，土墩在得哈尔沙窝旁，为古道所经，路已失其迹。墩为土坯所砌，与穷阿剎（阿萨协亥尔烽火台遗址）想为同时之物，其砖相同也。”该烽火台年代为唐宋时期（回鹘高昌时期，即840～1280年）。

唐显庆三年（658年），伊丽道行军大总管苏定方率军大败西突厥阿史那贺鲁，开始在西域地区修筑大量的烽火台，『由是脩亭障，列蹊隧，定强畛，问疾收胔，唐之州县极西海矣』。

现状（东—北）

48 阿其克墩烽火台

阿其克墩烽火台位于新疆维吾尔自治区吐鲁番地区鄯善县达朗坎乡阿其克坎尔自然村西南约13千米。地处风蚀荒漠沙地上，盛行西北风，地表风蚀严重，土壤碱性很大，生长有骆驼刺、芦苇等植物。遗址东南约7千米处为阿萨协亥尔古城和小阿萨佛教寺院遗址。

阿其克墩烽火台俗称炮合墩，因风沙侵蚀而受损严重，现已倒塌。烽火台采用土坯垒砌而成，台底周长105、腰部周长54.4、残高约5米，占地面积约878平方米。土坯长40、宽18、厚10厘米，土坯中含麦草。周边土堆和土坯碎块中曾采集到夹砂灰陶片。第二次全国文物普查时推测该烽火台年代为唐代。

唐显庆三年（658年），伊丽道行军大总管苏定方率军大败西突厥阿史那贺鲁，开始在西域地区修筑大量的烽火台，『由是脩亭障，列蹊隧，定强畛，问疾收胔，唐之州县极西海矣』。

东面

南面

49 艾丁湖塔什烽火台

艾丁湖塔什烽火台位于新疆维吾尔自治区吐鲁番地区吐鲁番市艾丁湖乡西热木村。地处艾丁湖南岸荒滩中，北距艾丁湖风景区8千米；南为戈壁滩，地表长满芦苇、骆驼刺等耐旱植物，0.2千米有一条东西向便道。

烽火台又名塔什吐尔烽燧。因年久失修，受风雨侵蚀和盗墓者的盗挖等因素的破坏而坍塌严重。平面呈近长方形，东西11、南北6.3、残高约5米。土坯砌筑而成，台体已经倒塌，内部的土坯建筑墙体仅残存西墙和北墙。西南角可见两段墙体的转角。外围护墙已经看不清楚，距地表约1.5米和3.5米处各夹有一层芦苇。周围地表分布有少量夹砂红陶和夹砂灰陶。根据建筑形制和地表遗物推测，该烽火台年代为唐代。

唐显庆三年（658年），伊丽道行军大总管苏定方率军大败西突厥阿史那贺鲁，开始在西域地区修筑大量的烽火台，『由是俗亭障，列蹊隧，定强畛，问疾收胔，唐之州县极西海矣』。

全景（北—南）

南面

唐显庆三年（658年），伊丽道行军大总管苏定方率军大败西突厥阿史那贺鲁，开始在西域地区修筑大量的烽火台，『由是脩亭障，列蹊隧，定强畛，问疾收啬，唐之州县极西海矣』。

50 庄子坎烽火台

庄子坎烽火台位于新疆维吾尔自治区吐鲁番地区吐鲁番市恰特喀勒乡其盖布拉克村。地处火焰山南麓绿洲地带，地势平坦，四周被农田和村庄所环绕，土壤呈碱性，地表生长芦苇、白刺等耐旱植物。庄子坎烽火台与乌盘土拉烽火台、艾丁湖塔什烽火台和毕占土拉烽火台形成一条警戒线。

烽火台因风化和人类生产、生活活动等因素破坏而损毁严重，仅存基部。平面呈近正方形。烽火台主体部分用黄土夯筑而成，外部四周用土坯垒砌加固。烽火台东西约12、南北约11.3、残高约5米。该烽火台年代为唐代。

唐显庆三年（658年），伊丽道行军大总管苏定方率军大败西突厥阿史那贺鲁，开始在西域地区修筑大量的烽火台，『由是脩亭障，列蹊隧，定强畛，问疾收胔，唐之州县极西海矣』。

南面

东面

51 毕占土拉烽火台*

毕占土拉烽火台位于新疆维吾尔自治区吐鲁番地区吐鲁番市恰特喀勒乡其盖布拉克村西南16千米。地处荒漠，地表长满骆驼刺等耐旱植物。气候干燥，干旱少雨，雨水集中时，瞬时雨量较大。

烽火台地处荒漠，当地自然环境恶劣，风蚀现象严重。调查队根据第二次全国文物普查坐标曾三次到此范围内寻找，均无果。根据吐鲁番地区第二次全国文物普查资料记录，该烽火台为夯筑，损毁严重已完全坍塌，残高约2米。周围地表可见零星的灰陶片。根据地理位置和地表陶片推测，该烽火台年代为唐代。

52 乌盘土拉烽火台

乌盘土拉烽火台位于新疆维吾尔自治区吐鲁番地区吐鲁番市恰特喀勒乡其盖布拉克村西南8千米。地处艾丁湖中的碱滩上，周围为森林保护区。

烽火台上建有现代牧羊人的房屋和牲畜圈，里外粪土较多，再加上气候干燥和风力侵蚀破坏而使烽火台本体损毁严重，现已完全倒塌成一座高约2.5米的大土堆。第二次全国文物普查时记录，烽火台由两部分组成，外侧有泥土夯筑的护墙，内为土坯砌筑而成，土坯长42、宽12、厚8厘米。倒塌的堆土中夹有一些灰陶片。推测该烽火台年代为唐代。

唐显庆三年（658年），伊丽道行军大总管苏定方率军大败西突厥阿史那贺鲁，开始在西域地区修筑大量的烽火台，『由是脩亭障，列蹊隧，定强畛，问疾收骴，唐之州县极西海矣』。

现状（南—北）

53 考克烽火台

考克烽火台位于新疆维吾尔自治区吐鲁番地区托克逊县夏乡喀格恰克村西约20千米。地处盐碱滩和沼泽地，四周沙丘起伏，植被主要有骆驼刺、芦苇等。东约3千米为托克逊通往艾丁湖的公路，北约2千米有一户牧民房屋。

烽火台因风蚀破损严重，台体已裂为数块。平面呈长方形，底部东西约20、南北约15米，残高约5米。黄土夯筑，夯层厚0.08～0.1米，夯层中夹芦苇、树枝。烽火台东侧有土坯垒砌的围墙，仅存东南角。土坯长30、宽20、厚11厘米。东南侧有垃圾坑，曾采集到夹砂粗灰陶片、红陶片和绿釉陶片。根据地理位置和地表陶片特征判断，该烽火台年代为唐代。

唐显庆三年（658年），伊丽道行军大总管苏定方率军大败西突厥阿史那贺鲁，开始在西域地区修筑大量的烽火台，『由是脩亭障，列蹊隧，定强畛，问疾收胔，唐之州县极西海矣』。

全景（东南—西北）

东面

54 阿萨墩戍堡

阿萨墩戍堡位于新疆维吾尔自治区吐鲁番地区托克逊县夏乡南湖村东约5千米。地处艾丁湖荒漠地带，周围是盐碱荒滩，洼地中多见枯死的芦苇。

戍堡主要由围墙、烽火台和房屋（现已不存）组成。整体平面大致呈正方形，东西53、南北50米，占地面积3150平方米。戍堡西北角为烽火台，土坯砌筑。因常年盛行季风，现已整体自北向南顺风向倒塌，形体不存。据第二次全国文物普查记载，烽火台平面呈正方形，边长6米，剖面呈梯形，顶部边长3米，残高约5米，沿西墙筑有登台的阶梯。墙体夯筑，夯层内夹红柳枝。墙基厚2.5、顶宽1.8米。墙外有一圈存高1米的土墙，土坯砌筑，通体内外壁抹有一层草泥。戍堡内曾发现一枚唐代“开元通宝”钱币。该戍堡年代为唐代。

阿萨墩戍堡平面图

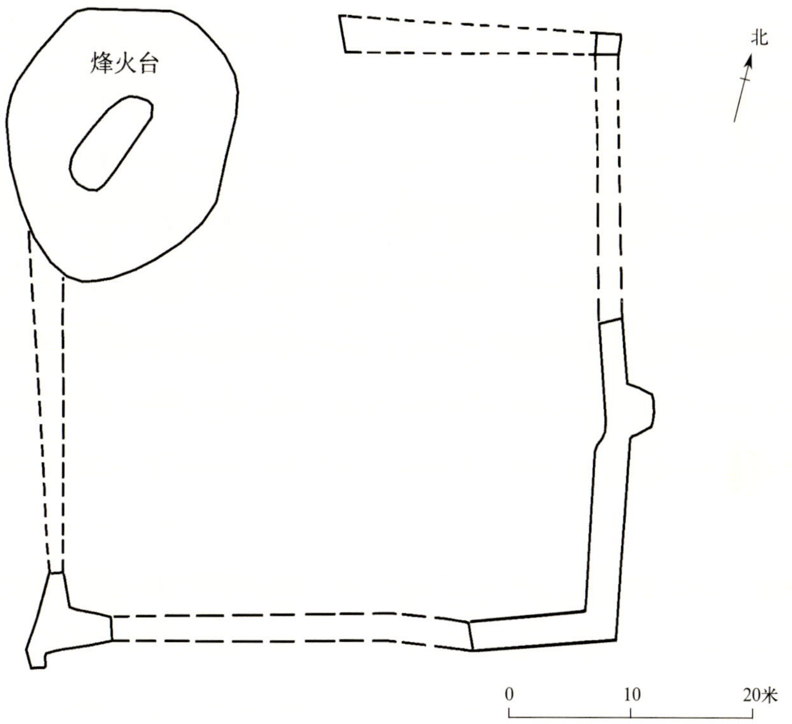

西面

唐显庆三年（658年），伊丽道行军大总管苏定方率军大败西突厥阿史那贺鲁，开始在西域地区修筑大量的烽火台，『由是脩亭障，列蹊隧，定强畛，问疾收胔，唐之州县极西海矣』。

唐显庆三年（658年），伊丽道行军大总管苏定方率军大败西突厥阿史那贺鲁，开始在西域地区修筑大量的烽火台，『由是脩亭障，列堠隧，定疆畛，问疾收胔，唐之州县极西海矣』。

东面

北面

南面

55 乔拉克烽火台

乔拉克烽火台位于新疆维吾尔自治区吐鲁番地区托克逊县夏乡安西村东南约3千米，西北临托克逊县城。四周为农田环绕，地下水资源丰富。烽火台南0.15千米为乡村公路，西约5千米为柏来克烽火台，东约16千米为阿萨墩戍堡，北12千米为布干烽火台。

烽火台四周为农田，耕种和灌溉对烽火台造成极大破坏，基底泛碱，表面生长有许多杂草。烽火台仅存台基，平面呈近正方形，土坯垒砌而成。南北9、东西8.5、残高1.3米，地表散布着大量颗粒较大的土块。据第二次全国文物普查记载，该烽火台年代为唐代。

南面

北面

唐显庆三年（658年），伊丽道行军大总管苏定方率军大败西突厥阿史那贺鲁，开始在西域地区修筑大量的烽火台，『由是脩亭障，列蹊隧，定强畛，问疾收胔，唐之州县极西海矣』。

56 柏来克烽火台

柏来克烽火台位于新疆维吾尔自治区吐鲁番地区托克逊县夏乡喀格恰克村西南约4.5千米。地处县境东南部荒漠中，地势平坦，生长骆驼刺、野生榆、低矮灌木等。附近有托克逊河、阿拉沟河流过，水源充足，东约5千米为乔拉克烽火台，从柏来克烽火台向南经银山道可进入焉耆盆地。

烽火台保存较差，大部分坍塌，仅台基尚存。平面呈长方形，底部南北14.7、东西11.8米，残高4米。南壁和北壁中间凹进，土坯垒砌。该烽火台年代为唐代。

唐显庆三年（658年），伊丽道行军大总管苏定方率军大败西突厥阿史那贺鲁，开始在西域地区修筑大量的烽火台，『由是脩亭障，列蹊隧，定强畛，问疾收胔，唐之州县极西海矣』。

北面

南面

57 查汗通古东烽火台

查汗通古东烽火台位于新疆维吾尔自治区巴音郭楞蒙古自治州和静县和静镇查汗通古村北约0.6千米。地处查汗通古沟口东南的绿洲农耕区中，四周为耕地、林带所包围，西南距218国道约0.64千米，西50米为查汗通古西烽火台。

此地共有2座烽火台，1988年第二次全国文物普查时登记为“察汗通古烽火台”，东西排列；1997年公布为和静县重点文物保护单位时，公布名称为“和静县砖厂烽火台”。此次调查中将位于东侧的一座烽火台命名为查汗通古东烽火台。烽火台因风沙侵蚀和人类生产、生活活动等因素破坏，现大部分已坍塌。从残存的遗迹判断，烽火台底部呈正方形，剖面呈梯形。底部边长约15.5、顶部边长7、残高约5米。土坯平铺错缝砌筑而成，数层土坯间夹有树枝和秸秆层。土坯长30、宽18、厚10厘米。烽火台西侧土坯比其他部分略小一些，北侧有两次修建的痕迹，即在原来底部边长11.5米的烽火台外再加筑。附近未发现任何遗物。第二次全国文物普查确定该烽火台年代为唐至清代，此次调查从地理位置和结构形制判断，该烽火台年代为唐代。

唐显庆三年（658年），伊丽道行军大总管苏定方率军大败西突厥阿史那贺鲁，开始在西域地区修筑大量的烽火台，『由是脩亭障，列蹊隧，定强畛，问疾收胔，唐之州县极西海矣』。

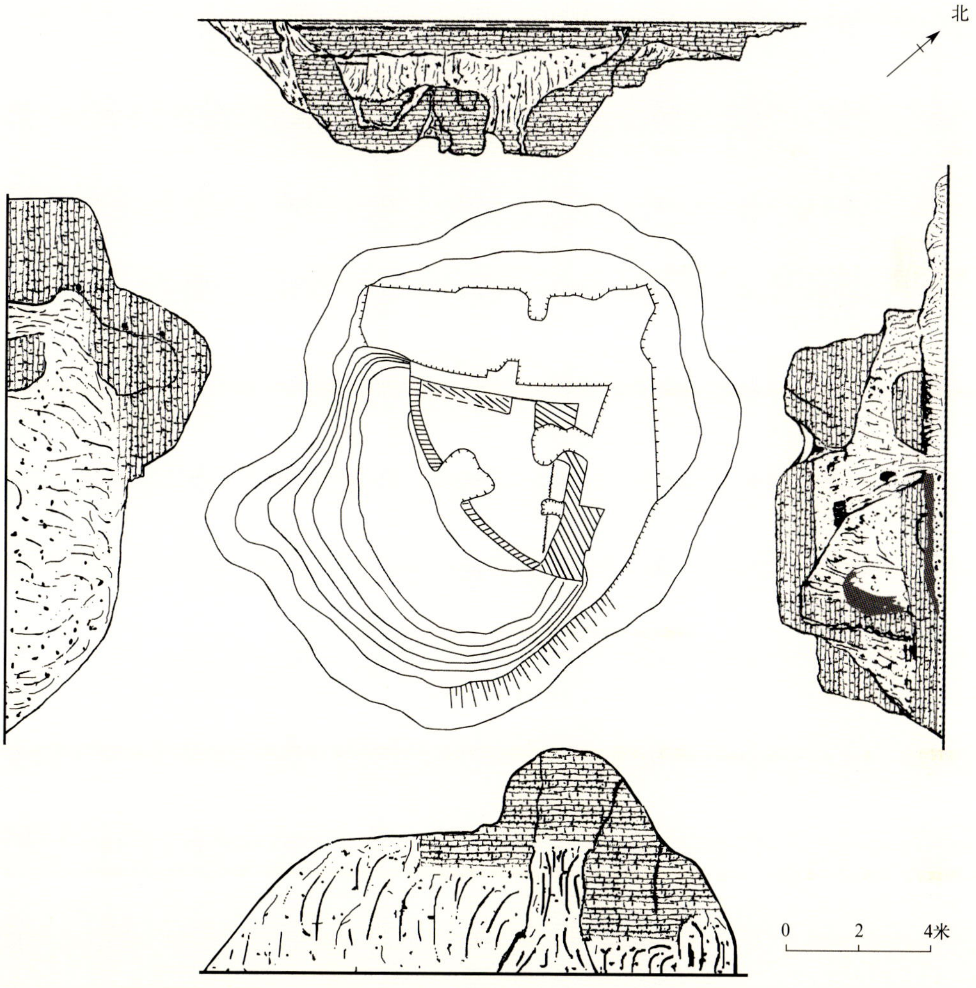

塔哈其烽火台平、立面示意图（立面图参照摄影资料绘制）

唐显庆三年（658年），伊丽道行军大总管苏定方率军大败西突厥阿史那贺鲁，开始在西域地区修筑大量的烽火台，『由是脩亭障，列蹊隧，定强畛，问疾收胔，唐之州县极西海矣』。

东南面

西北面

西南面

东北面

局部

唐显庆三年（658年），伊丽道行军大总管苏定方率军大败西突厥阿史那贺鲁，开始在西域地区修筑大量的烽火台，『由是脩亭障，列蹊隧，定强畛，问疾收擀，唐之州县极西海矣』。

58 查汗通古西烽火台

查汗通古西烽火台位于新疆维吾尔自治区巴音郭楞蒙古自治州和静县和静镇查汗通古村西北约0.6千米。地处查汗通古沟口东南的绿洲农耕区中，地势由西北向东南呈缓斜状，四周为耕地、林带。西南距218国道约0.6千米，东距查汗通古东烽火台约50米。

此地共有2座烽火台，1988年第二次全国文物普查中登记为“察汗通古烽火台”，东西排列；1997年公布和静县重点文物保护单位时，公布名称为“和静县砖厂烽火台”，此次调查中将位于西侧的一座烽火台命名为查汗通古西烽火台。烽火台因生产、生活等人类活动破坏而损毁严重，顶部被取土破坏，呈平整的台阶状。从残存的遗迹看，烽火台用土坯平铺错缝砌筑而成，每隔一定层数的土坯间夹有树枝和秸秆层。烽火台底部呈近正方形，西壁长18、北壁长16.8、残高约5米。土坯长45、宽20、厚9厘米，附近未发现任何遗物。第二次全国文物普查推测该烽火台年代为唐至清代，此次调查从地理位置和结构形制判断，该烽火台年代为唐代。

唐显庆三年（658年），伊丽道行军大总管苏定方率军大败西突厥阿史那贺鲁，开始在西域地区修筑大量的烽火台，『由是脩亭障，列蹊隧，定彊畛，问疾收胔，唐之州县极西海矣』。

北面

唐显庆三年（658年），伊丽道行军大总管苏定方率军大败西突厥阿史那贺鲁，开始在西域地区修筑大量的烽火台，『由是脩亭障，列蹊隧，定强畛，问疾收胔，唐之州县极西海矣』。

南面

局部

唐显庆三年（658年），伊丽道行军大总管苏定方率军大败西突厥阿史那贺鲁，开始在西域地区修筑大量的烽火台，『由是脩亭障，列蹊隧，定彊畛，问疾收胔，唐之州县极西海矣』。

59 霍拉山村北烽火台

霍拉山村北烽火台位于新疆维吾尔自治区巴音郭楞蒙古自治州焉耆回族自治县七个星镇霍拉山村北1.1千米。地处霍拉沟北台地上一座小山梁顶部，地势稍高，地表为砾土层，无植被。东南距218国道22.5千米、七个星镇约25.5千米，西距霍拉山沟口约3.1千米，西北为一片低山戈壁坡地。烽火台南面的霍拉沟谷较宽阔，沟中为霍拉山村居民点和耕地。

烽火台呈土丘状，底部平面略呈椭圆形，东西14、南北12、残高约2米。中部有人为挖掘的一条东西贯通的探沟，沟宽约3、深1.5米，沟中及沟壁上存有土坯。从断面迹象观察，烽火台为实心的土坯建筑，错缝平砌，土坯长32、宽20、厚10厘米。附近地表散布一些夹砂红陶片，陶片外敷红衣，颜色、质地与霍拉山佛寺遗物相似，当属不晚于唐代的遗物。烽火台西侧的梁脚阶地上有一个低矮的黄土堆，长8、宽5米，似为建筑遗迹。旁边还有几个石堆，直径4、高约0.5米，似为墓葬。根据建筑形制和地表遗物推测，该烽火台年代为唐代。

北面

西面

唐显庆三年（658年），伊丽道行军大总管苏定方率军大败西突厥阿史那贺鲁，开始在西域地区修筑大量的烽火台，『由是倚亭障，列蹊隧，定强畛，问疾收恤，唐之州县极西海矣』。

60 霍拉山沟口烽火台

霍拉山沟口烽火台位于新疆维吾尔自治区巴音郭楞蒙古自治州焉耆回族自治县七个星镇霍拉山村西北约3千米。地处霍拉山北麓的霍拉沟口处的山梁上，地势高敞，地表生长有少量的骆驼刺等耐旱植被。西临霍拉沟，沟中常年有水，岸边生长许多榆树及红柳。东面为霍拉沟谷地，谷地中有耕地、草场及村庄。东距218国道约20千米，东南距七个星镇约28千米，自霍拉山村有一条便道经沟口后沿沟可进入霍拉沟深处。

烽火台因风蚀等自然因素破坏而坍塌严重，保存较差。平面呈长方形，剖面略呈梯形，高约2米。烽火台采用卵石、片石和黄土垒砌而成，每隔一段距离就夹一层红柳枝。底部东西6、南北3.6米；顶部略平，长3.8、宽3.4米，顶面有些灰烬残迹。烽火台东北面不远的山梁上有些墓葬，地表形态为石堆和土石堆，东南几十米处的洼地中有人为挖掘的土坑，深0.45米，坑内外散落陶片，为轮制夹砂红陶。有的器壁较厚，为器形较大的瓮或罐类残片。从建筑方式和地表陶片推测，该烽火台年代为唐代。

唐显庆三年（658年），伊丽道行军大总管苏定方率军大败西突厥阿史那贺鲁，开始在西域地区修筑大量的烽火台，『由是脩亭障，列蹊隧，定强畛，问疾收胔，唐之州县极西海矣』。

西面

东面

南面

北面

唐显庆三年（658年），伊丽道行军大总管苏定方率军大败西突厥阿史那贺鲁，开始在西域地区修筑大量的烽火台，『由是脩亭障，列蹊隧，定强畛，问疾收胔，唐之州县极西海矣』。

61 七个星千佛洞烽火台

七个星千佛洞烽火台位于新疆维吾尔自治区巴音郭楞蒙古自治州焉耆回族自治县七个星镇七个星村东南7.3千米。地处天山南麓、焉耆盆地西南部的霍拉山山前地带的沙土山梁上，东临宽阔的开都河冲积平原，西为洼地。东距218国道约0.62千米，东南距七个星千佛洞约0.45千米、七个星佛寺遗址1.4千米。

烽火台坍塌呈土包状，坍塌堆积的底部南北12、东西10米，高约3.5米。从断面看烽火台为土坯建筑，错缝平砌，每十层土坯夹一层芦苇，芦苇层间距约1米，共存三层；土坯长31、宽14、厚8厘米。烽火台北侧有一个宽约1.5米的盗洞，西北侧有一处长5.5、宽2.3、高约1.4米的土坯建筑。烽火台周围地表见夹砂红陶片，似为唐代遗物。1907年斯坦因调查过该烽火台，当时烽火台底座边长约7.3、高约7.6米，土坯砌筑，每隔一定距离的土坯之间有一层很薄的芦苇，北壁与一个破坏较甚的小围墙相连。这次调查所见情形与斯坦因当年所见相似，但高度已不及当年。根据建筑形制和地表遗物推测，该烽火台年代为唐代。

唐显庆三年（658年），伊丽道行军大总管苏定方率军大败西突厥阿史那贺鲁，开始在西域地区修筑大量的烽火台，『由是脩亭障，列蹊隧，定彊畛，问疾收胔，唐之州县极西海矣』。

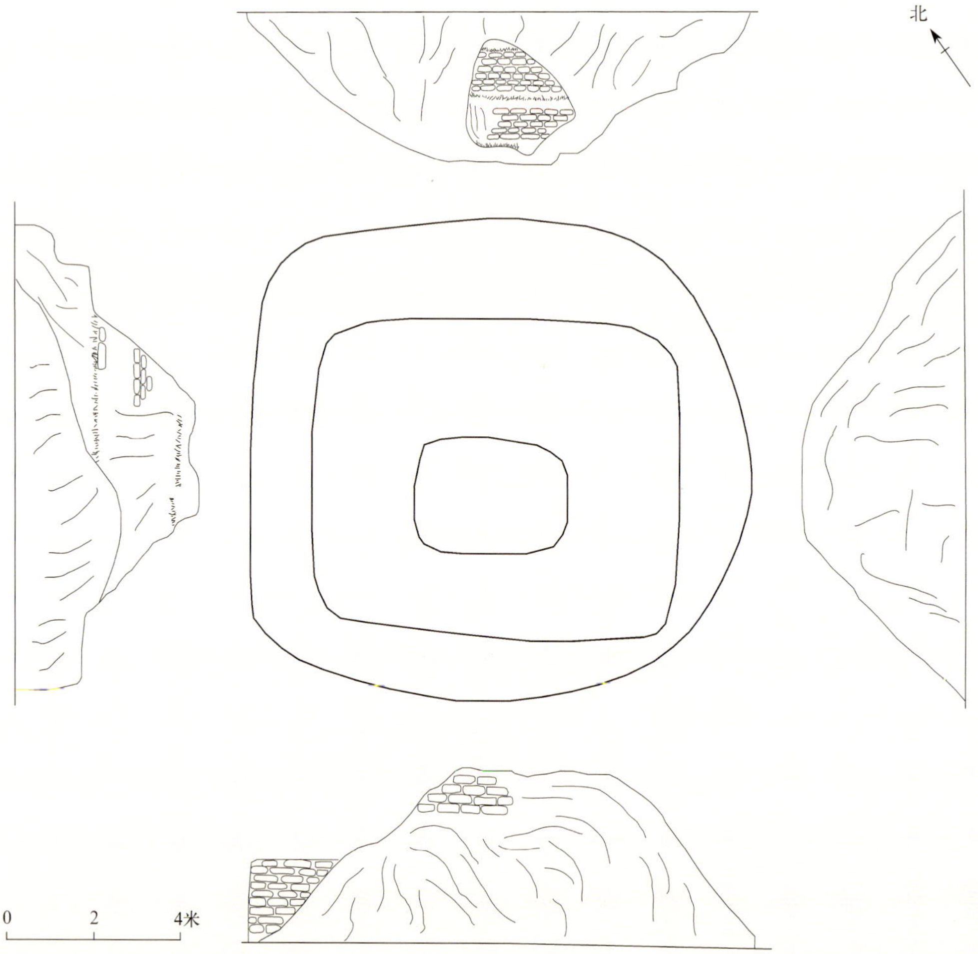

七个星千佛洞烽火台平、立面示意图（立面图依据摄影资料绘制）

北面

东面

唐显庆三年（658年），伊丽道行军大总管苏定方率军大败西突厥阿史那贺鲁，开始在西域地区修筑大量的烽火台，『由是脩亭障，列蹊隧，定强畛，问疾收胔，唐之州县极西海矣』。

西面

南面

唐显庆三年（658年），伊丽道行军大总管苏定方率军大败西突厥阿史那贺鲁，开始在西域地区修筑大量的烽火台，『由是脩亭障，列蹊隧，定强畛，问疾收胔，唐之州县极西海矣』。

62 千间房南烽火台

千间房南烽火台位于新疆维吾尔自治区巴音郭楞蒙古自治州焉耆回族自治县七个星镇夏热采开村东南8.8千米。地处焉耆盆地西南部的霍拉山山前冲积坡地的一个稍高的砾土梁上。四周为荒漠，生长有少量的骆驼刺。东约0.43千米为218国道，南约0.2千米有一条西南行可至塔什店的土路，西北4千米为七个星千佛洞烽火台，东约12千米为阿克墩烽火台，东距千间房南遗址约0.4千米。

烽火台由外侧围墙、台体和房屋建筑组成，因受到风雨侵蚀等自然因素破坏，坍塌较严重，一些建筑的形制已不清晰。围墙呈长方形，土坯建筑，压缝平砌。北墙西段与西墙坍塌，西墙内侧有房屋建筑遗迹。东墙基本完整，长约27、宽1.7、高2.5~3.2米，近中部有一个豁口，宽约2米。南墙大部分尚存,复原长约35、高约4米，砌法以压缝平砌为主，局部为丁砖砌筑，大致13层土坯夹一层芦苇或树枝；东段近拐弯处有一个豁口，宽约2米，似门，门内东侧有小间的房屋建筑遗迹；南墙内又似有1间较大的房屋建筑。台体位于西北角，平面呈近正方形，底部边长6、顶部边长4.5、高约3.5米。土坯砌筑，其砌筑方式亦为压缝平砌，每一层土坯夹一层红柳枝。地表上有轮制的红、土黄泥质陶片和夹砂红、灰陶片散布。从建筑特点和地表陶片特征判断，该烽火台年代为唐代。

全景

唐显庆三年（658年），伊丽道行军大总管苏定方率军大败西突厥阿史那贺鲁，开始在西域地区修筑大量的烽火台，『由是脩亭障，列蹊隧，定强畛，问疾收胔，唐之州县极西海矣』。

唐显庆三年（658年），伊丽道行军大总管苏定方率军大败西突厥阿史那贺鲁，开始在西域地区修筑大量的烽火台，『由是脩亭障，列蹊隧，建强畛，问疾收掎，唐之州县极西海矣』。

东面

外侧围墙（一）

外侧围墙（二）

唐显庆三年（658年），伊丽道行军大总管苏定方率军大败西突厥阿史那贺鲁，开始在西域地区修筑大量的烽火台，『由是脩亭障，列蹊隧，定强畛，问疾收胔，唐之州县极西海矣』。

63 阿克墩烽火台

阿克墩烽火台位于新疆维吾尔自治区巴音郭楞蒙古自治州焉耆回族自治县四十里城子镇阿克墩村南约3.4千米。地处天山南麓的焉耆盆地西南、博斯腾湖湖滨平原上，地势平坦，地下水位较高，土壤盐碱较重，生长有骆驼刺、芦苇等植物，其四周已被开垦为田地。东北5.3千米为314国道，西北6千米为四十里城子镇，东北5千米为博格达沁古城。

烽火台因受风雨侵蚀、盐碱腐蚀和架设油罐等因素破坏而导致本体坍塌，现形成一个圆形土堆。土堆下部地表盐碱化严重，杂草丛生。土堆现高8、底径约65米。顶部稍平，平面呈正长方形，长14、宽12米。从上部结构可直观看出为土坯砌筑，砌筑方式为满顺砌法，部分土坯长40、宽20、厚10厘米。地面偶见一些夹砂红陶片，其特征与博格达沁古城的较为相似，其年代不晚于唐代。1957年黄文弼曾调查过此烽火台，言阿克墩颇为高大，周约300米。西北有夯筑遗址，土墩南部的沙土堆中发现人骨架及陶片甚多。认为陶片可能为8世纪前后，土墩可能相当于后汉的遗存。1989年第二次全国文物普查描述该烽火台外形如截台圆锥状，底部周长约200、顶部直径约11.5、残高约10米。根据建筑形制和地表陶片推测，该烽火台年代为唐代。

唐显庆三年（658年），伊丽道行军大总管苏定方率军大败西突厥阿史那贺鲁，开始在西域地区修筑大量的烽火台，『由是脩亭障，列蹊隧，定强畛，问疾收胔，唐之州县极西海矣』。

64 哈曼沟路烽火台

哈曼沟路烽火台位于新疆维吾尔自治区巴音郭楞蒙古自治州焉耆回族自治县七个星镇夏热采开村南9千米。地处霍拉山山前丘陵地带，地形起伏，地势呈西北向东南倾斜，地表为砂砾层，生长有少量的骆驼刺等植被。附近无水源及居民。东北距七个星绿洲约6.5千米，南距孔雀河7.9千米，北距七个星镇约12.8千米，西南距塔什店镇约7千米。一条东北向西南行至塔什店的土路从烽火台东侧通过。

烽火台平面呈长方形，剖面呈梯形，土坯砌筑而成。因受风雨侵蚀等自然因素破坏而导致东、西壁坍塌。现底部东西约14、南北约12米，顶部较平，长5.5、宽4.5米，高约6.3米。中心呈正方形柱状，边长约5.6米，为一层平砌土坯夹一层芦苇，土坯尺寸多为长35、宽20、厚10厘米。外为土坯包墙，北侧包墙较厚，底部厚达2.8米；南侧包墙似为两层，内层厚1米，外层厚1.7米。包墙每三四层土坯夹一层芦苇或红柳枝，个别为两层土坯夹一层芦苇。保存稍好的北侧包墙的外壁上还见外伸的小原木。在烽火台下的坡地上散见一些轮制的夹砂红陶片。1907年斯坦因调查过此烽火台，1989年第二次全国文物普查时亦做了调查。根据地理位置和建筑形制推测，该烽火台年代为唐代。

北面

唐显庆三年（658年），伊丽道行军大总管苏定方率军大败西突厥阿史那贺鲁，开始在西域地区修筑大量的烽火台，『由是脩亭障，列蹊隧，定强畛，问疾收胔，唐之州县极西海矣』。

东面

西面

南面

唐显庆三年（658年），伊丽道行军大总管苏定方率军大败西突厥阿史那贺鲁，开始在西域地区修筑大量的烽火台，『由是脩亭障，列蹊隧，定彊畛，问疾收胔，唐之州县极西海矣』。

65 上恰其烽火台*

上恰其烽火台位于新疆维吾尔自治区巴音郭楞蒙古自治州库尔勒市铁克其乡上恰其村东。现已不存，根据第二次全国文物普查材料记载：“（烽火台）为土坯建筑，残高1.7米，方座，底边长4.7米，周围有灰陶片和人骨”。该烽火台年代为唐代。

66 库尔楚烽火台*

库尔楚烽火台位于新疆维吾尔自治区巴音郭楞蒙古自治州库尔勒市库尔楚园艺场西南0.3千米。现已不存，根据第二次全国文物普查材料记载：“1982年调查时，有土坯建筑，1989年复查时仅存基址，周围有轮制的红、灰色泥质陶片。”该烽火台年代为唐代。

67 廷木墩烽火台

廷木墩烽火台位于新疆维吾尔自治区巴音郭楞蒙古自治州轮台县轮台镇拉帕村。地处塔里木盆地北缘、天山南麓轮台迪那河流域的冲积平原上。地势较平坦，地表土壤盐碱严重，生长有红柳、芦苇等植物，并形成红柳包，现附近已陆续开垦为耕作区，周围有些新开挖的渠道和田埂。东1.1千米为南北走向的轮南公路，东南距阔那协海尔古城约2.7千米、奎玉克协海尔古城约9.3千米。

烽火台因风蚀、盐碱腐蚀和人为破坏致使本体遭受损坏，形成弧顶形的土墩，顶部及东壁有盗坑。烽火台底部平面呈近方形，边长约16米，顶呈圆弧形，高约3米。烽火台用黄土夯筑而成，有土坯垒筑的迹象，夯层厚约0.15米，四周地表未见遗物。1989年第二次全国文物普查时情形与今日大致相同，烽火台呈正方形土台状，边长约13米，高约3米，认为可能为其东南约2.7千米处的阔那协海尔古城相关的附属设施。1928年黄文弼在轮台县东南调查过一处名为梯木沁的土墩，土墩周长约33、高约7～8米，四周散布红陶片及人骨骸。根据黄文弼的调查路线、方位、环境描述推断，梯木沁即廷木墩烽火台，但这次调查所见与黄文弼当年所见已有较大的变化。该区域分布有数处古代遗存。烽火台年代为唐代。

唐显庆三年（658年），伊丽道行军大总管苏定方率军大败西突厥阿史那贺鲁，开始在西域地区修筑大量的烽火台，『由是脩亭障，列蹊隧，定强畛，问疾收胔，唐之州县极西海矣』。

唐显庆三年（658年），伊丽道行军大总管苏定方率军大败西突厥阿史那贺鲁，开始在西域地区修筑大量的烽火台，『由是脩亭障，列蹊隧，定强畛，问疾收胔，唐之州县极西海矣』。

68 拉依苏东烽火台

拉依苏东烽火台位于新疆维吾尔自治区巴音郭楞蒙古自治州轮台县群巴克镇群巴克牧业村西约2.2千米。地处塔里木盆地北缘的拉依苏沟洪积扇地带，四周为荒漠，盛长红柳、芦苇等植物。北距314国道3.6千米、拉依苏沟口7.5千米，东北距群巴克镇12.2千米，东南距轮台县城约20千米，西北为拉依苏遗址，西0.22千米为拉依苏西烽火台。

烽火台平面呈正方形，剖面呈梯形，底部边长约14.5、顶部边长约8、残高约16米，土坯砌筑，大的土坯长45、宽18、厚12厘米。烽火台上见柾木，大致每1.5米有一层，清晰可见的有七层，柾木直径约10厘米。烽火台经过修补加固。1980～1981年，新疆博物馆文物队调查过此烽火台，描述烽火台平面呈梯形（应为正方形），残高约14、基宽约7米（应是顶部边长）。土坯垒筑，土坯长35、宽25、厚11厘米，土坯夹层中放置有原木，每层木桩相距约1.4米，共11层；顶部台面中央置存木桩残迹，木桩的碳十四测年数据为距今1155±75年，属唐代。1989年，第二次全国文物普查记述该烽火台为土坯垒筑，平面呈正方形，底宽12～14米，剖面呈梯形，高约14米。每1.4米夹有柾木一层，呈辐辏状，柾木直径8～15厘米。此次调查所见与20世纪80年代的状况大致相似，唯烽火台的尺寸数据有些不同。从建筑形制和碳十四数据推定，该烽火台年代为唐代。

唐显庆三年（658年），伊丽道行军大总管苏定方率军大败西突厥阿史那贺鲁，开始在西域地区修筑大量的烽火台，『由是脩亭障，列蹊隧，定强畛，问疾收胔，唐之州县极西海矣』。

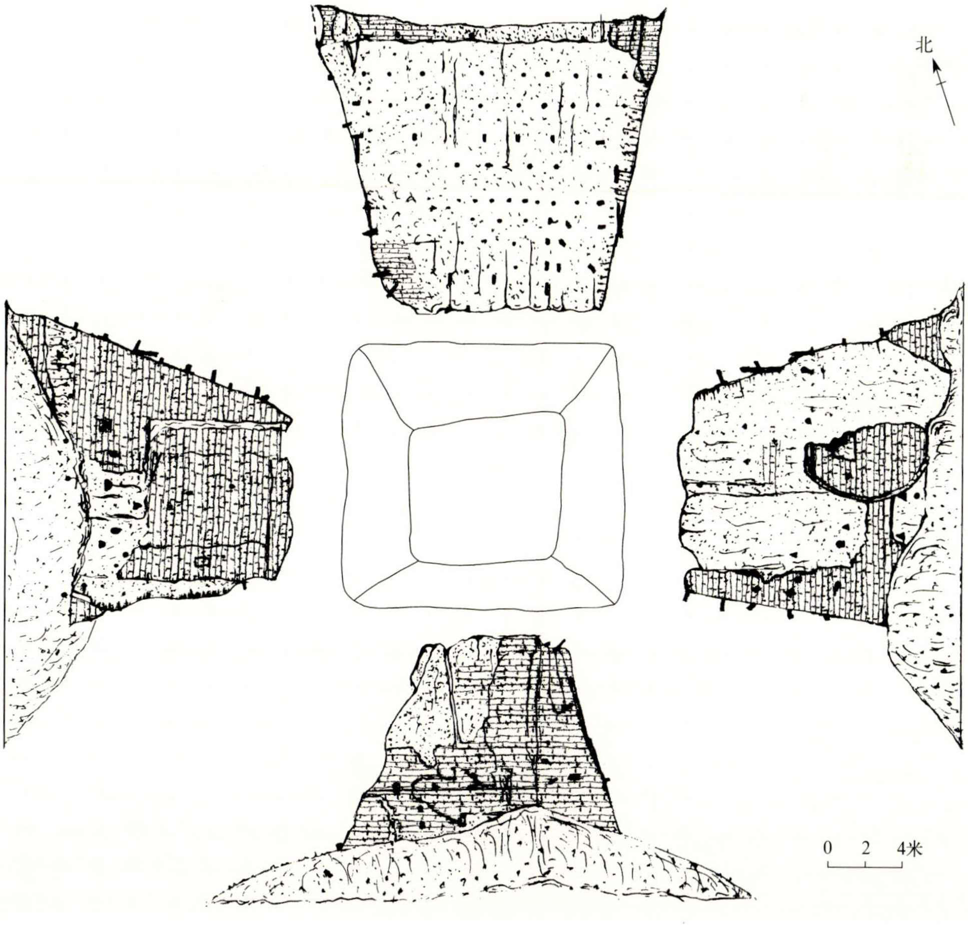

拉依苏东烽火台平、立面示意图（立面图依据摄影资料绘制）

唐显庆三年（658年），伊丽道行军大总管苏定方率军大败西突厥阿史那贺鲁，开始在西域地区修筑大量的烽火台，『由是脩亭障，列蹊隧，定彊畛，问疾收胔，唐之州县极西海矣』。

西面

南面

唐显庆三年（658年），伊丽道行军大总管苏定方率军大败西突厥阿史那贺鲁，开始在西域地区修筑大量的烽火台，『由是脩亭障，列蹊隧，定强畛，问疾收胔，唐之州县极西海矣』。

喀拉亚烽火台

喀拉亚烽火台位于新疆维吾尔自治区巴音郭楞蒙古自治州轮台县群巴克镇克什勒克阿热勒村。地处迪那河西岸砾石滩地上，四周为荒漠，地表无植被。北距天山约11千米，南距群巴克镇约10千米。

烽火台因风蚀和人为破坏而坍塌严重。残存烽火台平面呈近正方形，底部南北约7.9、东西约7.2米，残高约6米，为实心土坯建筑，错缝平砌而成，烽火台上见一些圆形的小孔洞，似置有桩木。烽火台的南壁与北壁保存稍好，其中南壁较平整，局部残存2厘米厚的草泥墙皮。东、西壁坍塌较严重，东壁临沟边，部分塌落于沟中，底部还有人为挖掘的伸向烽火台内的盗洞，盗洞直径约1.2、深约4.3米。烽火台南侧有倒塌的呈长方形的土台，南北约11、东西约9米，与烽火台相连，并见残墙遗迹，似为房屋建筑遗存。烽火台外的北、西和南面见以卵石围成的不规则石围，将烽火台围于其中，北面有豁口，犹如院墙，但石围墙低矮，且卵石置于地面，是否为围墙或是否与烽火台同一时期难以断定。附近地表见一些夹砂陶片。此外，烽火台东南面干河床处有一个黄土堆，地表散布有夹砂红、黄陶残片和石磨盘残块，陶片的陶质陶色与烽火台附近的陶片相似，具有唐代特征。20世纪80年代，新疆博物馆文物队及第二次全国文物普查巴州普查队均到此进行过调查，新疆博物馆文物队依据遗物推测，为唐代遗存。第二次全国文物普查调查认为其年代约为汉至唐代，此次调查根据形制及附近所见的遗物判断，该烽火台年代为唐代。

唐显庆三年（658年），伊丽道行军大总管苏定方率军大败西突厥阿史那贺鲁，开始在西域地区修筑大量的烽火台，『由是脩亭障，列蹊隧，定强畛，问疾收胔，唐之州县极西海矣』。

南面

南面

南面

唐显庆三年（658年），伊丽道行军大总管苏定方率军大败西突厥阿史那贺鲁，开始在西域地区修筑大量的烽火台，『由是倏亭障，列蹊隧，定强畛，问疾收胔，唐之州县极西海矣』。

却勒阿瓦提烽火台

却勒阿瓦提烽火台位于新疆维吾尔自治区阿克苏地区库车县牙哈镇却勒阿瓦提村东约7千米的荒漠中。四周为红柳沙包，地表结一层盐碱壳。烽火台北约2.5千米为314国道，东北约2千米为准东公司办公驻地，南约50米为农田，西约20米有一处现代窑址。

烽火台修建于高约2.5米的土丘上，土丘东西约15、南北约12米。烽火台呈覆斗形，基部平面呈正方形，向上收分，剖面呈梯形。底部边长10米，顶部东西6.8、南北5.3米，高约5.3米。基部盐碱化严重，四壁有不同程度的坍塌，中心筑有高约3.5米的土坯台基，东南角有宽约1米的踏道与台顶相连。烽火台系夯筑，夯层厚0.1～0.15米。烽火台旁曾采集到夹砂红陶片，为轮制，施黄色陶衣。该烽火台于2007年公布为新疆维吾尔自治区重点文物保护单位，年代为唐代。

唐显庆三年（658年），伊丽道行军大总管苏定方率军大败西突厥阿史那贺鲁，开始在西域地区修筑大量的烽火台，『由是脩亭障，列蹊隧，定强畛，问疾收胔，唐之州县极西海矣』。

东面

北面

西面

南面

唐显庆三年（658年），伊丽道行军大总管苏定方率军大败西突厥阿史那贺鲁，开始在西域地区修筑大量的烽火台，『由是脩亭障，列蹊隧，定强畛，问疾收胔，唐之州县极西海矣』。

71 吾孜塔木戍堡

吾孜塔木戍堡位于新疆维吾尔自治区阿克苏地区库车县牙哈镇却勒阿瓦提村西约8千米的戈壁滩上。地势平坦开阔，周围地表为戈壁沙砾所覆盖，植被稀少，主要生长有红柳等耐旱植被。南为314国道，北为南疆铁路，东约0.1千米处有一条季节性河流。

戍堡平面呈近正方形，边长约70米。四面墙垣坍塌，基宽2~3、高1~2米。墙垣为夯筑，夯层间夹红柳枝。戍堡东墙中部有一座马面。东南角有角楼，角楼呈长方形，东西约10.5、南北约8、高2.6米，土坯砌筑，土坯长40、宽20、厚8厘米。戍堡门开在南墙，宽约2米。戍堡北部似有几间房屋遗迹，东西向排列，现仅残存墙基。戍堡西墙外有一处建筑遗迹，呈长方形，南北70、东西25米，淤积明显。墙体稍窄，宽1~2米，墙垣为夯筑，夯层间夹红柳枝。戍堡东北部地表可见大量泥制红陶碎片、炼渣等。该戍堡年代为唐代。

唐显庆三年（658年），伊丽道行军大总管苏定方率军大败西突厥阿史那贺鲁，开始在西域地区修筑大量的烽火台，『由是脩亭障，列蹊隧，定强畛，问疾收胔，唐之州县极西海矣』。

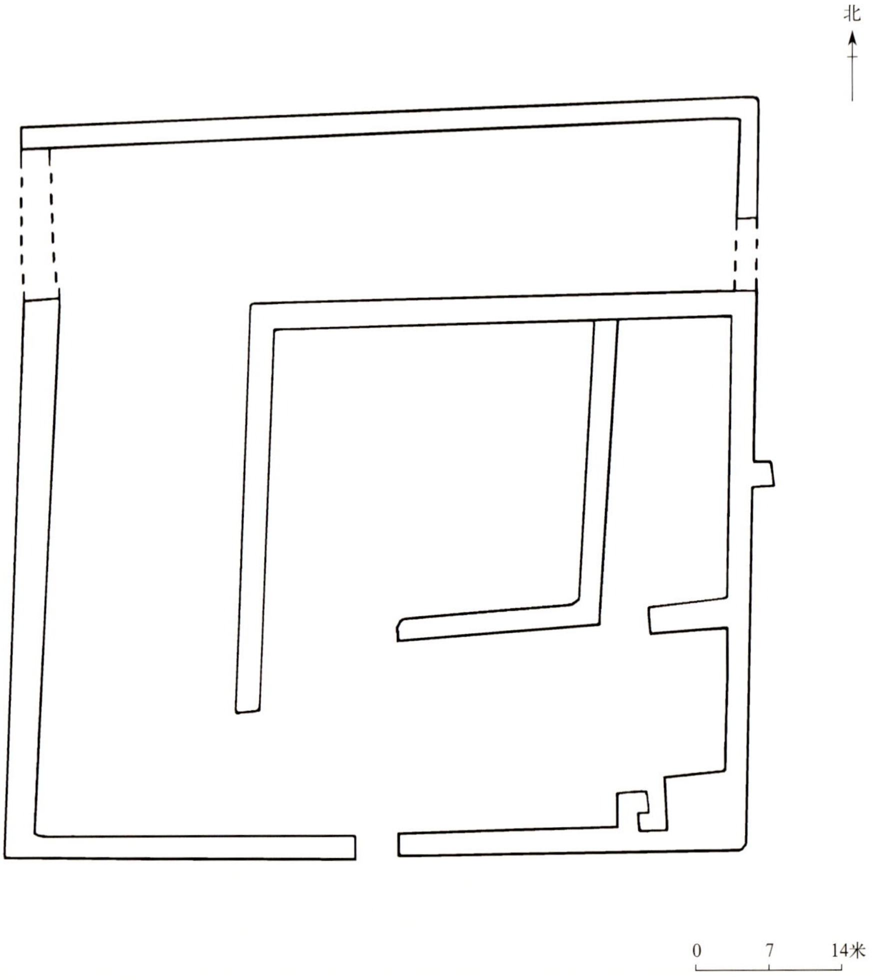

吾孜塔木戍堡平面图

全景（西北—东南）

角楼（东南—西北）

唐显庆三年（658年），伊丽道行军大总管苏定方率军大败西突厥阿史那贺鲁，开始在西域地区修筑大量的烽火台，『由是脩亭障，列蹊隧，定强畛，问疾收胔，唐之州县极西海矣』。

唐显庆三年（658年），伊丽道行军大总管苏定方率军大败西突厥阿史那贺鲁，开始在西域地区修筑大量的烽火台，『由是脩亭障，列蹊隧，定强畛，问疾收胔，唐之州县极西海矣』。

内部

局部（东—西）

墙体

72 脱盖塔木戍堡

脱盖塔木戍堡位于新疆维吾尔自治区阿克苏地区库车县牙哈镇牙哈一村东约15千米、314国道南约50米。地处却勒塔格山南麓，附近为戈壁沙砾，西南面为盐碱滩，地表生长有少量红柳。北距南疆铁路1千米、丘甫吐尔烽火台约2千米，东约70米为脱盖塔木烽火台。

戍堡由墙垣、角楼、瓮城和几间房址组成，平面呈正方形，边长约45米。因风雨侵蚀和人类生产活动而被破坏，现保存较差。戍堡墙体用土坯砌筑，西北角、东南角有角楼遗迹，保存较好，其余仅存基址。墙基宽约10、残高约7.5米。门开在南垣中部，宽8米，外有瓮城，现已坍塌。戍堡西、南面地表有大量陶片。戍堡西约0.1千米处有一座烽火台，为夯筑，已坍塌成土丘；顶部及南部被盗扰，顶部盗坑长3.5、宽3、深4.5米，南部盗坑深约1.2米。烽火台周长72米，面积约412平方米。该戍堡于2007年公布为新疆维吾尔自治区重点文物保护单位。年代为唐代。

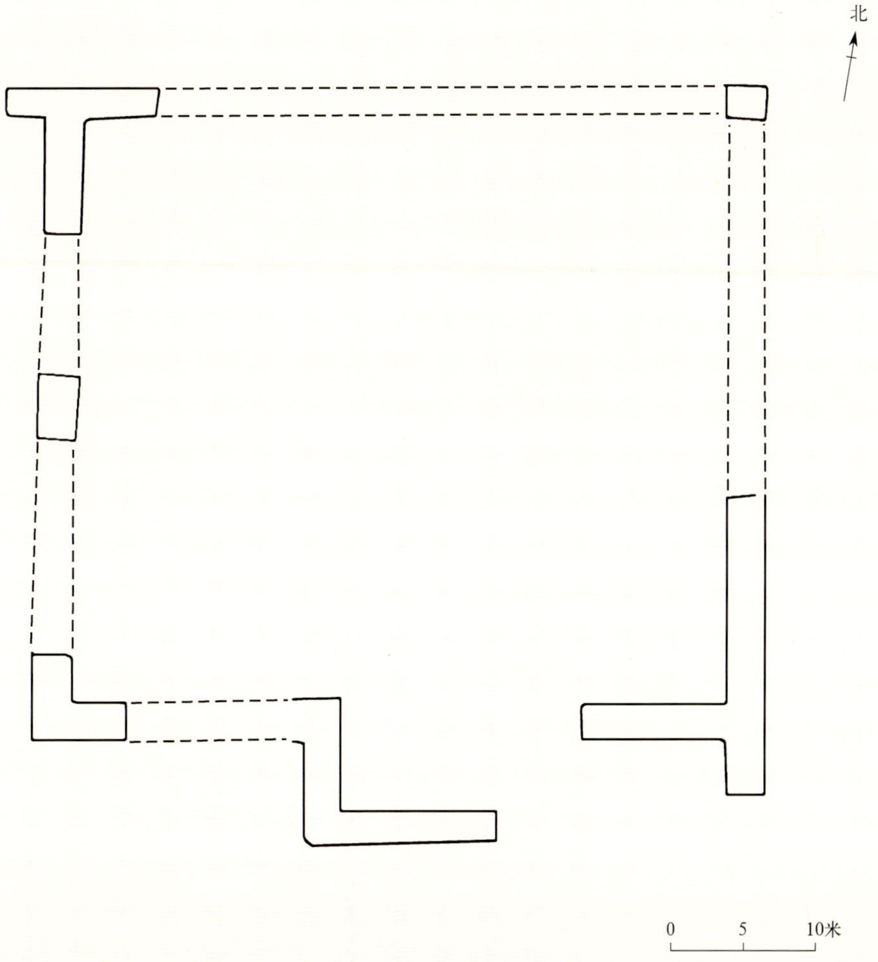

脱盖塔木戍堡平面图

唐显庆三年（658年），伊丽道行军大总管苏定方率军大败西突厥阿史那贺鲁，开始在西域地区修筑大量的烽火台，『由是脩亭障，列蹊隧，定强畛，问疾收胔，唐之州县极西海矣』。

唐显庆三年（658年），伊丽道行军大总管苏定方率军大败西突厥阿史那贺鲁，开始在西域地区修筑大量的烽火台，『由是脩亭障，列蹊隧，定强畛，问疾收瘗，唐之州县极西海矣』。

73 脱盖塔木烽火台

脱盖塔木烽火台位于新疆维吾尔自治区阿克苏地区库车县牙哈镇牙哈一村东约15千米、314国道南约50米。烽火台四周为戈壁沙砾，南面生长有少量红柳。西约70米为脱盖塔木戍堡，东约3千米为705队，北约50米为314国道和南疆铁路。

烽火台因雨水冲刷、盐碱侵蚀、生产活动和人为盗挖等因素破坏而损毁严重，保存较差。顶部有数个盗坑，坍塌的坡积土也被人为取走。烽火台底部呈不规则正方形，边长9、残高约9米。基部为夯筑，夯层厚约0.13米。顶部建有望楼，为土坯砌筑。烽火台南壁有踏道可达顶部，踏道与烽火台连为一体，因坍塌略呈椭圆形。烽火台周围地表有陶片、铁器等遗物。据第二次全国文物普查记载，该烽火台年代为唐代。

全景（北—南）

唐显庆三年（658年），伊丽道行军大总管苏定方率军大败西突厥阿史那贺鲁，开始在西域地区修筑大量的烽火台，『由是脩亭障，列蹊隧，定强畛，问疾收胔，唐之州县极西海矣』。

唐显庆三年（658年），伊丽道行军大总管苏定方率军大败西突厥阿史那贺鲁，开始在西域地区修筑大量的烽火台，『由是脩亭障，列蹊隧，定强畛，问疾收胔，唐之州县极西海矣』。

74 丘甫吐尔烽火台

丘甫吐尔烽火台位于新疆维吾尔自治区阿克苏地区库车县牙哈镇牙哈村东约15千米。地处却勒塔格山南麓山梁上，东西两侧环绕冲沟，地表覆盖一层沙砾石，有零星植被。西南约0.1千米有几座石堆墓，南约1千米为南疆铁路、约2千米为314国道，隔314国道与脱盖塔木戍堡、烽火台相望。

烽火台呈覆斗形，平面呈不规则长方形，剖面呈梯形，由基底向上逐渐收缩。底部南北约7、东西约4.5米，顶部东西约2.5、南北约2米，残高约5米。黄土夯筑，夯层厚0.08～0.12米。烽火台四壁部分坍塌脱落，北壁有踏道可通往台顶。台体上有少量柱洞，木楔尚存。烽火台被人为破坏严重，东、西、北壁挖有盗洞和坑，东壁盗洞直径约1.8、深约2米，北壁盗坑长2.5、宽1.5、深约1.8米。地表未见遗物。该烽火台于2007年公布为新疆维吾尔自治区重点文物保护单位。年代为唐代。

南面

唐显庆三年（658年），伊丽道行军大总管苏定方率军大败西突厥阿史那贺鲁，开始在西域地区修筑大量的烽火台，『由是脩亭障，列蹊隧，定强畛，问疾收胔，唐之州县极西海矣』。

西面

局部

唐显庆三年（658年），伊丽道行军大总管苏定方率军大败西突厥阿史那贺鲁，开始在西域地区修筑大量的烽火台，『由是脩亭障，列蹊隧，定强畛，问疾收胔，唐之州县极西海矣』。

75 墩买力吐尔烽火台

墩买力吐尔烽火台位于新疆维吾尔自治区阿克苏地区库车县牙哈镇塔罕西二村南约1千米的农田中。四周地势平坦，地表植被稀少，种植有杨树、枣树等。东面有一条南北向简易公路，西、北、南三面为农田，南约0.3千米有一条东西向柏油公路，西南约1千米为帕合特勒遗址。

烽火台破坏严重，四壁坍塌，形制不规则，仅存一座高台，周长约35米，面积约97平方米。黄土夯筑，夯层厚0.12～0.15米。四壁较直，东北壁上部有裂缝，周壁柾木孔甚多，孔径0.1～0.25米，孔间距1～1.4米，部分孔洞中有鸟巢。地表曾采集到一块夹砂红陶片。该烽火台于2007年公布为新疆维吾尔自治区重点文物保护单位。年代为唐代。

全景（北—南）

南面

唐显庆三年（658年），伊丽道行军大总管苏定方率军大败西突厥阿史那贺鲁，开始在西域地区修筑大量的烽火台，『由是脩亭障，列蹊隧，定强畛，问疾收胔，唐之州县极西海矣』。

唐显庆三年（658年），伊丽道行军大总管苏定方率军大败西突厥阿史那贺鲁，开始在西域地区修筑大量的烽火台，『由是脩亭障，列蹊隧，定强畛，问疾收胔，唐之州县极西海矣』。

76 克日希戍堡

克日希戍堡位于新疆维吾尔自治区阿克苏地区库车县牙哈镇克日希村南、库车河东支水——牙哈河南岸台地上。地表覆盖沙砾石，四周地势较低，有数条冲沟，生长有稀少植被。南为麻札巴格村，东面紧邻一条公路，东南距牙哈水库约2千米，西南距麻札巴格烽火台约0.5千米，东距克日希石窟约1.5千米。

戍堡地处河流沿岸，因河水冲刷破坏致使本体遭受严重破坏，保存较差。西墙坍塌，北墙被河水冲刷形成断崖，仅剩南墙东端和东墙尚存。戍堡平面呈不规则长方形，南北约60、东西约30米。墙垣用黄土夯筑而成，墙基宽约4、残高约3米。门开在南墙西部，宽约3米；东墙有一座土坯砌筑的台基，基部为夯筑，夯层厚约0.2米，似为马面。戍堡内可见夹砂红陶片。据第二次全国文物普查记载，该戍堡年代为唐代。

唐显庆三年（658年），伊丽道行军大总管苏定方率军大败西突厥阿史那贺鲁，开始在西域地区修筑大量的烽火台，『由是脩亭障，列蹊隧，定强畛，问疾收胔，唐之州县极西海矣』。

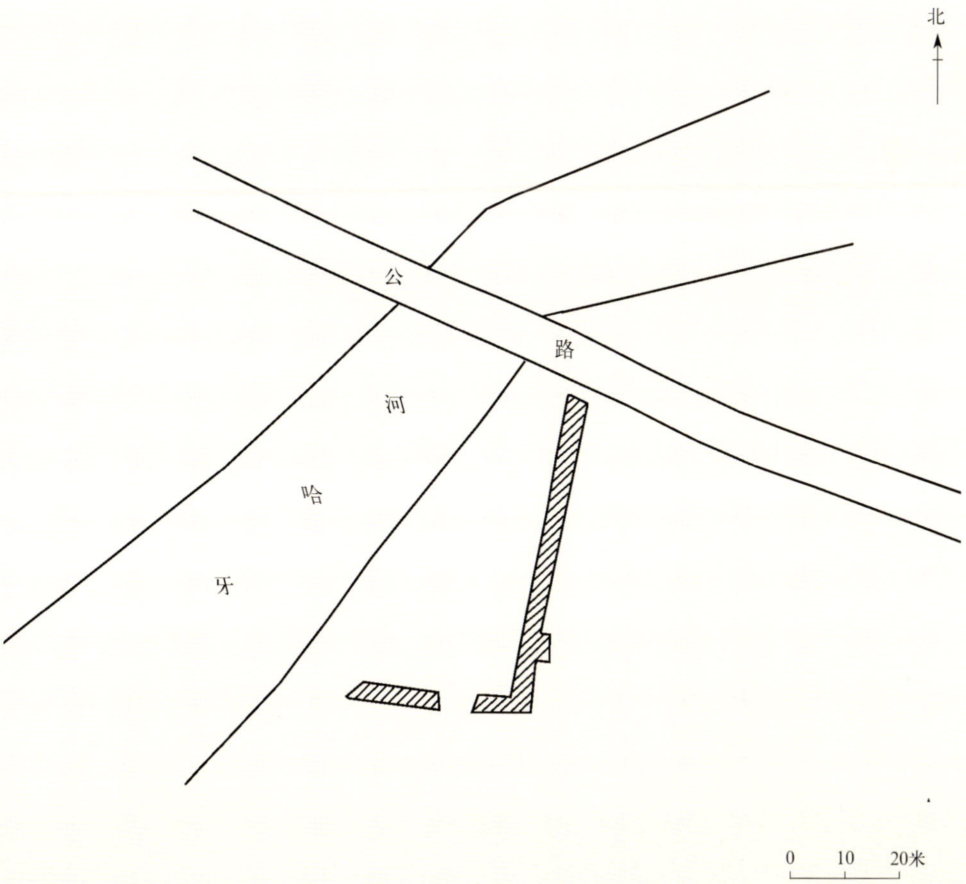

克日希戍堡平面图

全景（南－北）

东南角遗迹

东墙马面

唐显庆三年（658年），伊丽道行军大总管苏定方率军大败西突厥阿史那贺鲁，开始在西域地区修筑大量的烽火台，『由是脩亭障，列蹊隧，定强畛，问疾收胔，唐之州县极西海矣』。

77 麻札巴格烽火台

麻札巴格烽火台位于新疆维吾尔自治区阿克苏地区库车县牙哈镇麻札巴格村麻札巴格一组西。烽火台东约30米处有一户人家，北约0.1千米为牙哈河，东南约3千米为牙哈水库，四周有杨树，地表有少量杂草，东北0.5千米为克日希戍堡。

烽火台四壁坍塌，平面略呈圆形，黄土夯筑而成，直径约6、残高约2米。顶部有一个直径约0.8米的盗洞，地表未见遗物。该烽火台年代为唐代。

北面

东面

唐显庆三年（658年），伊丽道行军大总管苏定方率军大败西突厥阿史那贺鲁，开始在西域地区修筑大量的烽火台，『由是脩亭障，列蹊隧，定强畛，问疾收胔，唐之州县极西海矣』。

78 沙卡乌烽火台

沙卡乌烽火台又名“沙合会墩”，位于新疆维吾尔自治区阿克苏地区库车县乌恰镇萨哈古村北。北、南面为居民点，西约15米有一条沥青公路，东接天山路，西通萨喀古社区。烽火台东、南面基部有葡萄架，周边主要种植杨树、杏树、梨树等。烽火台顶部竖立有大地坐标三脚架。

烽火台大致呈覆斗形，平面呈长方形，剖面呈梯形。底部南北15、东西11米，顶部南北12.5、东西10米，残高约12米。烽火台为土坯砌筑，基部坍塌，西南角坍塌最甚。南壁有阶梯踏道可通向台顶，四壁有许多柱洞，尤以北壁最多。台体基部不同程度坍塌，东北角中部有补修痕迹。地表未见遗物。据第二次全国文物普查记载，该烽火台年代为唐代。

唐显庆三年（658年），伊丽道行军大总管苏定方率军大败西突厥阿史那贺鲁，开始在西域地区修筑大量的烽火台，『由是脩亭障，列蹊隧，定强畛，问疾收胔，唐之州县极西海矣』。

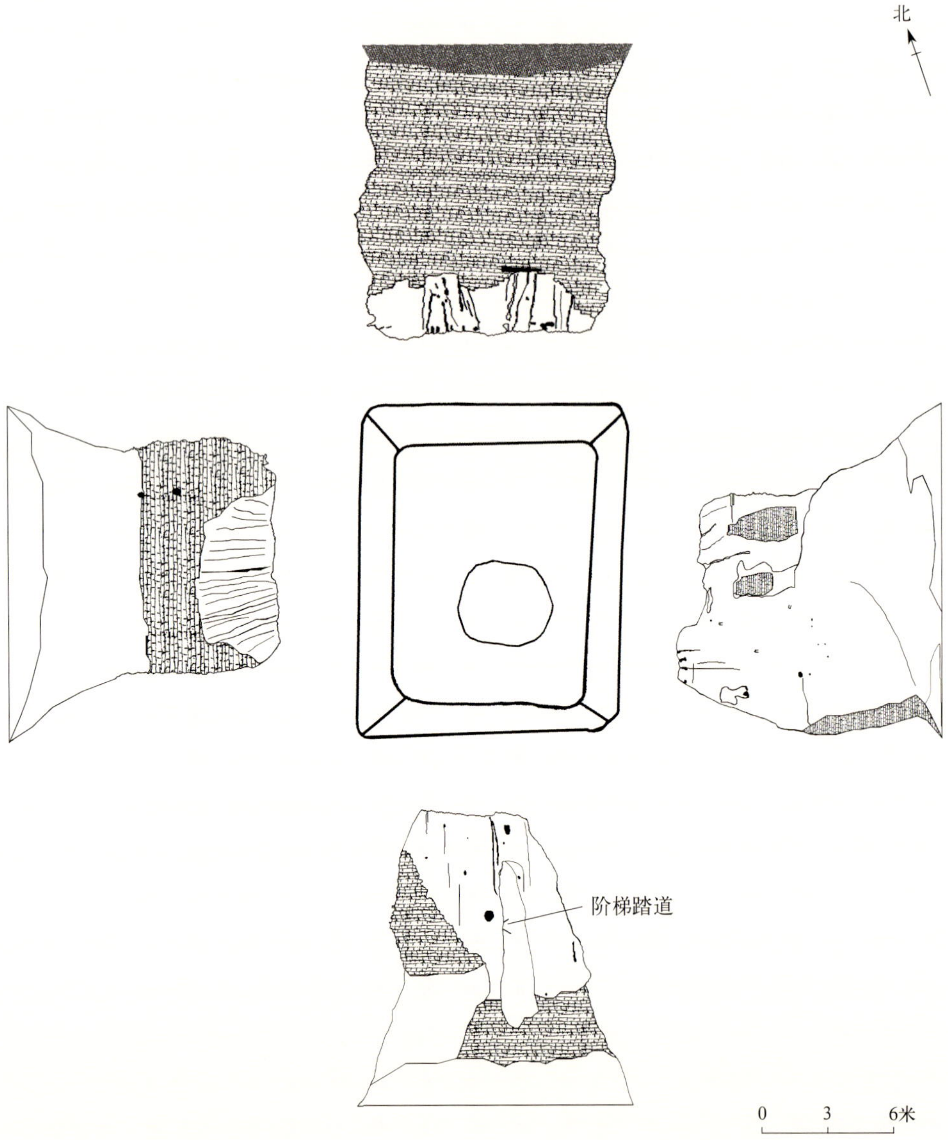

沙卡乌烽火台平、立面示意图（立面图参照摄影资料绘制）

唐显庆三年（658年），伊丽道行军大总管苏定方率军大败西突厥阿史那贺鲁，开始在西域地区修筑大量的烽火台，『由是脩亭障，列蹊燧，定强畛，问疾收胔，唐之州县极西海矣』。

南面

阶梯踏道

西面

唐显庆三年（658年），伊丽道行军大总管苏定方率军大败西突厥阿史那贺鲁，开始在西域地区修筑大量的烽火台，『由是脩亭障，列蹊隧，定强畛，问疾收胔，唐之州县极西海矣』。

79 克黑墩烽火台

克黑墩烽火台又名“库车大寺烽火台”，位于新疆维吾尔自治区阿克苏地区库车县城热斯坦街道古力巴克社区艾比布拉家中。南约0.1千米为库车大寺，东1.5千米为龟兹古城。

烽火台基部紧靠住宅墙体，形制不明，高出住宅屋顶的台体清晰可见。台体呈近正方形，剖面呈梯形。底部边长约7、顶部边长约6、高约9米。夯筑与土坯砌筑交替而建，夯层不明，土坯大小不等。周围未见遗物。根据地理位置和建筑形制推测，该烽火台年代为唐代。

全景（西北－东南）

南面

唐显庆三年（658年），伊丽道行军大总管苏定方率军大败西突厥阿史那贺鲁，开始在西域地区修筑大量的烽火台，『由是脩亭障，列蹊隧，定强畛，问疾收胔，唐之州县极西海矣』。

阔空巴孜烽火台

阔空巴孜烽火台位于新疆维吾尔自治区阿克苏地区库车县伊西哈拉镇科克拱拜孜社区北部。南部紧邻居民区，东、北面有农田和果园，西约20米有一条南北向沥青公路，公路以西为居民区。四周树木较多，有杨树、杏树、桑树、核桃树等。

烽火台平面呈正方形，底部边长约30米。四壁极不规整，四壁及顶部坍塌，西南角被村民取土挖掘一个边长4米的土坑。台体为黄土夯筑。顶部东西约10、南北约6米，高约11米。据当地人介绍，20世纪60年代烽火台尚很高大，高度是现在的两倍。地表未见遗物。2007年公布为新疆维吾尔自治区重点文物保护单位。该烽火台年代为唐代。

唐显庆三年（658年），伊丽道行军大总管苏定方率军大败西突厥阿史那贺鲁，开始在西域地区修筑大量的烽火台，『由是脩亭障，列蹊隧，定强畛，问疾收胔，唐之州县极西海矣』。

西面

北面

81 依西哈拉吐尔烽火台

依西哈拉吐尔烽火台位于新疆维吾尔自治区阿克苏地区库车县伊西哈拉镇第二社区北部。周围是居民区，生长有杨树、桑树、杏树等。东约5米有一条水渠，南面有一个水塘，北约10米处有一条乡村公路，烽火台东南为龟兹古城，西南有阔空巴孜烽火台。

烽火台平面呈不规则形，东西23、南北18米，底部周长约80米，向上逐渐收缩呈三角形，高约17米。烽火台四壁有不同程度坍塌，中部有一个直径1.2、深约3米的竖洞，南壁中部有一道宽约0.05～0.1米的裂缝，西北角有土坯修补痕迹。烽火台基部至上约5米为夯筑，夯层厚约0.12米；上部约12米为土坯结构，土坯长38、宽28、厚8厘米。地表未见遗物。该烽火台于2007年公布为新疆维吾尔自治区重点文物保护单位。年代为唐代。

南面

北面

唐显庆三年（658年），伊丽道行军大总管苏定方率军大败西突厥阿史那贺鲁，开始在西域地区修筑大量的烽火台，『由是脩亭障，列蹊隧，定强畛，问疾收胔，唐之州县极西海矣』。

科实吐尔塔烽火台

科实吐尔塔烽火台，又名“柯西烽火台遗址”，位于新疆维吾尔自治区阿克苏地区库车县玉奇吾斯塘乡阔什吐尔村西。烽火台北望却勒塔格山，四周为村庄，生长有杨树和沙枣树。西约50米处有一户民宅，南0.1千米有一条水渠，北约0.8千米处为铁路、约1千米为314国道。

烽火台因雨水冲刷而破坏严重，西、南壁部分坍塌。平面呈长方形，剖面呈梯形。烽火台用土坯砌筑，底部南北约18、东西约12.5米，顶部南北12、东西7.5米，残高约10米，土坯长38、宽20、厚7厘米。南壁有斜坡踏道可登台顶，四隅残存台基遗迹，地表未见遗物。该烽火台于1957年公布为新疆维吾尔自治区重点文物保护单位。年代为唐代。

南面

北面

唐显庆三年（658年），伊丽道行军大总管苏定方率军大败西突厥阿史那贺鲁，开始在西域地区修筑大量的烽火台，『由是脩亭障，列蹊隧，定强畛，问疾收胔，唐之州县极西海矣』。

83 乔拉克吐尔烽火台*

乔拉克吐尔烽火台位于新疆维吾尔自治区阿克苏地区新和县尤鲁都斯巴格镇乔拉克吐尔村西南约0.5千米的农田中。四周为半固定沙包，生长零星的红柳、骆驼刺等植被。烽火台西约50米有一条南北向便道。

烽火台已辟为农田，地表遗迹无存，未见文化遗物。据第二次全国文物普查资料记载，烽火台南北40、东西30、残高1米，上面长有杂草，采集有红陶片及陶缸口沿残片。据当地人介绍，20世纪七八十年代，烽火台高3～4米。根据地理位置和地表陶片推测，该烽火台年代可能为唐代。

现状

唐显庆三年（658年），伊丽道行军大总管苏定方率军大败西突厥阿史那贺鲁，开始在西域地区修筑大量的烽火台，『由是脩亭障，列蹊隧，定强畛，问疾收胔，唐之州县极西海矣』。

硝尤鲁克戍堡

硝尤鲁克戍堡位于新疆维吾尔自治区阿克苏地区新和县尤鲁都斯巴格镇硝尤鲁克村东北2千米。其四周辟为农田，堡内为淤积土。地表盐碱化严重，结一层厚约5厘米的盐碱壳，生长零星红柳、骆驼刺等植被。戍堡北约0.5千米处为铁路，东约10千米为苏盖提古城，东南约3.7千米为萨勒唐古城，西南约4.5千米为玉尔衮协尔古城、约7千米为吐孜吐尔烽火台。

戍堡平面呈近长方形，东墙长约70、西墙长约72、北墙长约67米，南墙残损。面积约4800平方米。西墙及北墙有几个缺口，墙垣高低不平。墙基宽5～8、高1～4米，剖面呈半圆弧形。戍堡东、北、西墙有马面遗迹，西北角有垛墙（角楼）遗迹。门开在南墙西段，门宽约6米。墙垣为夯筑，夯层不明。戍堡中部偏南有两座高大土台相连，平面均呈圆形，北侧土台直径约24、南侧土台直径约31米，土台剖面均为半圆弧形，地表曾采集夹砂红陶片。该烽火台年代为唐代。

唐显庆三年（658年），伊丽道行军大总管苏定方率军大败西突厥阿史那贺鲁，开始在西域地区修筑大量的烽火台，『由是脩亭障，列蹊隧，定强畛，问疾收胔，唐之州县极西海矣』。

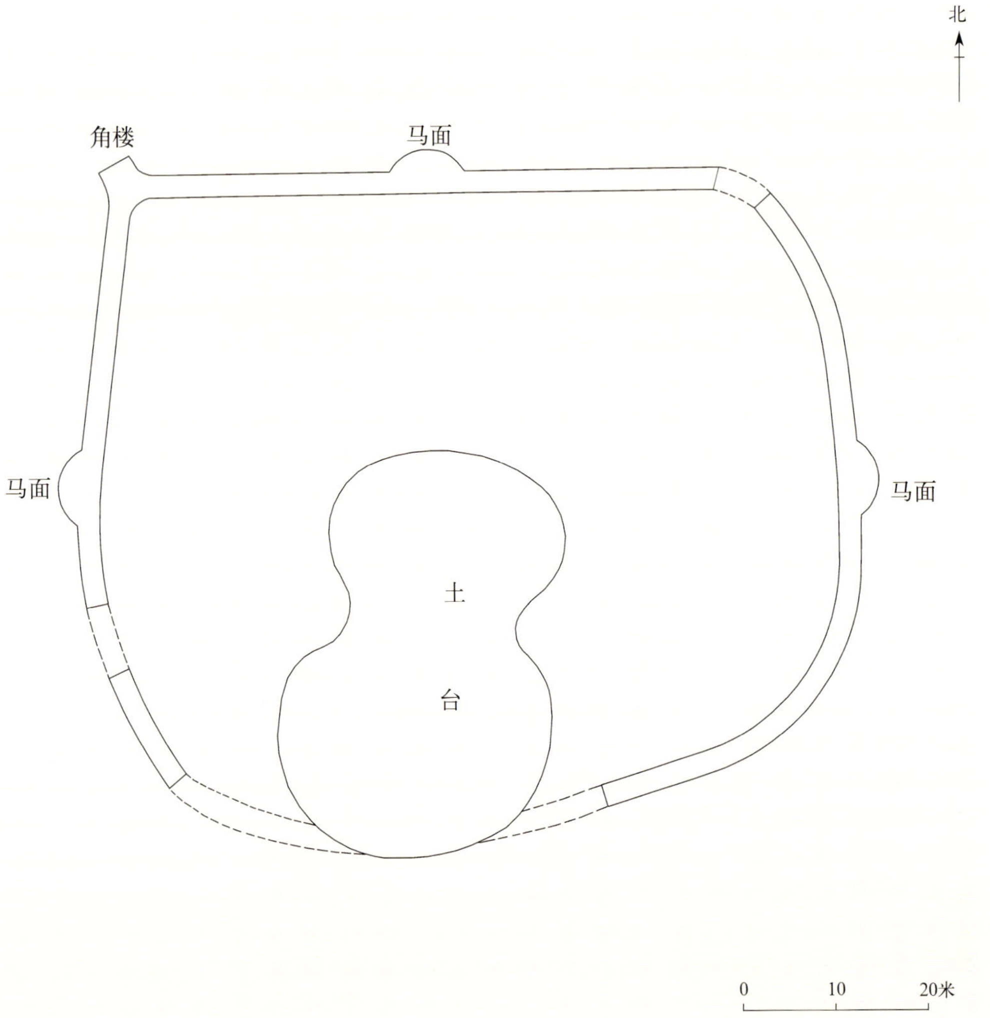

硝尤鲁克戍堡戍堡平面图

全景（一）（北—南）

全景（二）（南—北）

唐显庆三年（658年），伊丽道行军大总管苏定方率军大败西突厥阿史那贺鲁，开始在西域地区修筑大量的烽火台，『由是脩亭障，列蹊隧，定彊畛，问疾收胔，唐之州县极西海矣』。

85 夏合吐尔烽火台

夏合吐尔烽火台位于新疆维吾尔自治区阿克苏地区新和县尤鲁都斯巴格镇硝尤鲁克村北约8千米。地处荒漠，四周为半固定沙包，有红柳、骆驼刺、白刺等植被。东南3千米为硝尤鲁克戍堡。

烽火台已经坍塌，平面呈不规则长方形，基部东西11.7、南北11.4米，面积约134平方米。剖面呈梯形，残高约7.7米。烽火台基部结构不明，上部为土坯和土块结构，土坯层之间夹有木枝层，木枝层厚0.08～0.12米。曾出土陶羊等遗物。该烽火台于2007年公布为新疆维吾尔自治区重点文物保护单位。年代为唐代。

唐显庆三年（658年），伊丽道行军大总管苏定方率军大败西突厥阿史那贺鲁，开始在西域地区修筑大量的烽火台，『由是俻亭障，列蹊隧，定强畛，问疾收胔，唐之州县极西海矣』。

全景（西—东）

局部

86 洪达木烽火台

洪达木烽火台位于新疆维吾尔自治区阿克苏地区新和县尤鲁都斯巴格镇硝尤鲁克村西南约6千米。地处无人居住的荒漠地带，四周为半固定红柳沙包。南20米、西约0.2千米各有一条排碱渠，东约1千米有一条南北向便道，东南约2.1千米为吐孜吐尔烽火台，东北约9千米有夏合吐尔烽火台，西南约10千米为达西卡尔烽火台。

烽火台因自然损坏和盗掘等人为因素破坏而损毁严重，南约8米处有两个盗坑。烽火台基部呈近正方形，剖面呈梯形。边长约25、残高约6米。台体夯筑，夯层不明。地表未见遗物。根据地理位置和建筑形制推测，该烽火台年代为唐代。

全景（西—东）

唐显庆三年（658年），伊丽道行军大总管苏定方率军大败西突厥阿史那贺鲁，开始在西域地区修筑大量的烽火台，『由是脩亭障，列蹊隧，定强畛，问疾收胔，唐之州县极西海矣』。

唐显庆三年（658年），伊丽道行军大总管苏定方率军大败西突厥阿史那贺鲁，开始在西域地区修筑大量的烽火台，『由是馆亭障，列蹊隧，定强畛，问疾收胔，唐之州县极西海矣』。

南面

东面

北面

87 吐孜吐尔烽火台

吐孜吐尔烽火台位于新疆维吾尔自治区阿克苏地区新和县玉奇喀特乡玉尔滚协海尔村四组西北3千米。地处荒漠，地表有零星的红柳、骆驼刺等植被，四周为半固定沙土包。烽火台西约40米有一处遗址、约0.1千米有一条南北向便道，西北距洪达木烽火台约2.1千米。

烽火台因坍塌和人为盗掘破坏而损毁，顶部及东、西、南壁有不同程度坍塌。基部有坍塌而形成的堆积，东、北壁有盗坑。烽火台呈覆斗形，平面呈长方形，剖面呈梯形。底部东西15.4、南北13.8米，残高约10.4米。烽火台构筑法分两种：下部从地表往上高约3米为黄土夯筑，夯层厚0.05～0.07米，东壁夯层最厚为0.4米；上部7米为土坯（含土块）垒砌，土坯长38、宽19、厚3厘米。北侧地表可见夹砂红、灰陶片，附近曾采集到龟兹五铢钱币。该烽火台于2007年公布为新疆维吾尔自治区重点文物保护单位。年代为唐代。

全景（南—北）

唐显庆三年（658年），伊丽道行军大总管苏定方率军大败西突厥阿史那贺鲁，开始在西域地区修筑大量的烽火台，『由是脩亭障，列蹊隧，定强畛，问疾收胔，唐之州县极西海矣』。

唐显庆三年（658年），伊丽道行军大总管苏定方率军大败西突厥阿史那贺鲁，开始在西域地区修筑大量的烽火台，『由是脩亭障，列蹊燧，定强畛，问疾收胔，唐之州县极西海矣』。

88 达西卡尔烽火台

达西卡尔烽火台位于新疆维吾尔自治区阿克苏地区新和县尤鲁都斯巴格镇尤鲁都斯巴格村西南20千米，地处荒漠中，地表结一层盐碱壳，四周为半固定沙土包，有零星的红柳、骆驼刺等植被，无人居住，北约1千米有一条东西向排碱渠。烽火台西侧有一处平面呈长方形的墙垣痕迹，东西153、南北124米，墙垣基本被沙漠覆盖。东距吐孜吐尔烽火台约11千米，东南距玉尔衮协尔古城约13千米，东北距洪达木烽火台约10千米，西约28千米为特尔希克都鲁烽火台。

烽火台因盐碱腐蚀和人为盗掘破坏而损毁严重，顶部及四壁有不同程度坍塌，基部盐碱化严重，台体下有几个盗坑。烽火台呈圆锥形，平面呈近椭圆形，剖面呈梯形，基部向上逐渐收缩。基部东西15.8、南北14.2米，高约6.2米。烽火台为夯筑，夯层不明。附近地表可见少量残陶片。据第二次全国文物普查记载，该烽火台年代为唐代。

全景（南—北）

唐显庆三年（658年），伊丽道行军大总管苏定方率军大败西突厥阿史那贺鲁，开始在西域地区修筑大量的烽火台，『由是脩亭障，列蹊隧，定强畛，问疾收胔，唐之州县极西海矣』。

89 特尔希克都鲁烽火台

特尔希克都鲁烽火台，又名“克孜里埃肯吐尔戍堡”，位于新疆维吾尔自治区阿克苏地区新和县尤鲁都斯巴格镇尤鲁都斯巴格村西、314国道南约0.5千米的荒漠中。地处地势平坦的荒漠中，附近人烟稀少，土壤为盐碱严重的淤泥土，地表结一层盐碱壳，四周为半固定沙包。东约28千米为达西卡尔烽火台，西约23千米为羊达克库都克烽火台。

烽火台由于风蚀、暴雨、盐碱侵蚀和人为盗掘等因素破坏，保存一般。东、南、北壁有不同程度的坍塌，西壁保存较好。烽火台南北27、东西26米，残存最高8、宽约2米。黄土夯筑，夯层厚0.1～0.3米，较为结实。每0.8～1米夯层之间铺一层红柳枝。烽火台地处交通要道，根据地理位置和建筑形制推测，该烽火台的年代为唐代。

唐显庆三年（658年），伊丽道行军大总管苏定方率军大败西突厥阿史那贺鲁，开始在西域地区修筑大量的烽火台，『由是犄亭障，列躁隧，定强畛，问疾收胔，唐之州县极西海矣』。

北面

南面

东面

西面

唐显庆三年（658年），伊丽道行军大总管苏定方率军大败西突厥阿史那贺鲁，开始在西域地区修筑大量的烽火台，『由是脩亭障，列蹊隧，定强畛，同疾收斘，唐之州县极西海矣』。

羊达克库都克烽火台

羊达克库都克烽火台位于新疆维吾尔自治区阿克苏地区新和县尤鲁都斯巴格镇央达库都克道班西南约2千米。地处荒漠地带，地表为泛盐碱的沙质土层，四周有许多半固定沙包，生长有红柳、骆驼刺等耐盐碱植被。东约0.1千米有一家旅馆、约23千米为特尔希克都鲁烽火台。

烽火台坍塌严重，平面呈不规则形，剖面呈梯形，东西15.6、南北12.4、残高约10.2米。黄土夯筑，夯层清晰，夯层厚约0.3~0.6米，夯层中间夹红柳层，红柳层厚0.05~0.08米。曾出土陶猴等文物，地表曾采集铺地方砖、夹砂红陶片和铜铁器残件等。该烽火台于2007年公布为新疆维吾尔自治区重点文物保护单位。年代为唐代。

唐显庆三年（658年），伊丽道行军大总管苏定方率军大败西突厥阿史那贺鲁，开始在西域地区修筑大量的烽火台，『由是脩亭障，列蹊隧，定强畛，问疾收胔，唐之州县极西海矣』。

东面

南面

西面

北面

唐显庆三年（658年），伊丽道行军大总管苏定方率军大败西突厥阿史那贺鲁，开始在西域地区修筑大量的烽火台，『由是脩亭障，列蹊隧，定强畛，问疾收胔，唐之州县极西海矣』。

91 齐兰烽火台

齐兰烽火台位于新疆维吾尔自治区阿克苏地区柯坪县阿恰勒乡齐兰村南约1.7千米的荒漠中。土质为盐碱沙土，地表有红柳等植被。烽火台西约0.3千米有一条南北向便道、约0.5千米为柯坪县林管站看护站。烽火台周围以前为农田，现已退耕，建有铁丝网保护围栏。东北距阔纳齐兰遗址约7千米，西南距都埃梯木烽火台约13.3千米。

烽火台平面呈近正方形，剖面呈梯形。底部边长约15米，顶部东西9.8、南北8.2米，残高约16米。烽火台从地表往上约3米的部分为夯筑，上部为土坯砌筑，土坯层间夹有树枝。烽火台外壁包筑土坯，东、西、南壁土坯脱落，北壁土坯保存较好。地表曾采集有红灰陶片、麻布鞋残片等遗物。该烽火台于2007年公布为新疆维吾尔自治区重点文物保护单位。年代为唐代。

局部

东面

唐显庆三年（658年），伊丽道行军大总管苏定方率军大败西突厥阿史那贺鲁，开始在西域地区修筑大量的烽火台，『由是脩亭障，列蹊隧，定强畛，问疾收胔，唐之州县极西海矣』。

唐显庆三年（658年），伊丽道行军大总管苏定方率军大败西突厥阿史那贺鲁，开始在西域地区修筑大量的烽火台，『由是脩亭障，列蹊隧，定强畛，问疾收胔，唐之州县极西海矣』。

92 都埃梯木烽火台

都埃梯木烽火台位于新疆维吾尔自治区阿克苏地区柯坪县阿恰勒乡吐尔村东南约11千米。地处喀拉库勒荒漠中，土质为盐碱沙土，地表有茂盛的红柳。西距亚依德梯木烽火台4.2千米，东北距齐兰烽火台13.3千米。

烽火台外侧有围墙，围墙坍塌，平面呈不规则形，周长约1000米。烽火台坐落于围墙中央，台体坍塌严重，呈圆丘状，直径约19米，剖面呈梯形，残高约5米。夯筑而成，夯层厚0.12～0.2米。台体南壁底部有一个盗洞，盗洞长、宽约1.5米，深3米。烽火台东0.3千米处残存2.3米高的土台。据第二次全国文物普查资料记载，烽火台东、西侧筑有突出围墙4米的土墙，似为开门处。围墙内东北角有房舍遗址。地表散布残陶片、石磨残片等遗物，陶器均为夹砂红、黄、黑陶，部分外饰一层陶衣。该烽火台于2007年公布为新疆维吾尔自治区重点文物保护单位。年代为唐代。

唐显庆三年（658年），伊丽道行军大总管苏定方率军大败西突厥阿史那贺鲁，开始在西域地区修筑大量的烽火台，『由是脩亭障，列蹊隧，定强畛，问疾收胔，唐之州县极西海矣』。

全景（南—北）

唐显庆三年（658年），伊丽道行军大总管苏定方率军大败西突厥阿史那贺鲁，开始在西域地区修筑大量的烽火台，『由是脩亭障，列蹊隧，定彊畛，问疾收胔，唐之州县极西海矣』。

93 亚依德梯木烽火台

亚依德梯木烽火台位于新疆维吾尔自治区阿克苏地区柯坪县阿恰勒乡吐尔村南约8.7千米处的喀拉库勒荒漠中。土质为盐碱沙土，地表有一层盐碱壳，附近有茂盛的红柳。西约0.5千米处为吐尔村的农田，西北距阿克协尔古城约3.4千米，西南距喀拉库勒古城约3.1千米，东距都埃梯木烽火台约4.2千米。

烽火台因近年附近农民常在此盗掘找宝，文化层严重被扰。烽火台筑于一座土台上，土台为人工构筑，平面呈长方形，周长约270米，高于地表约3米。土台基部为夯土层，夯层厚0.15～0.25米，2米以上为土坯砌筑。烽火台坐落于土台中央偏南处，平面呈正方形，剖面呈梯形。底部边长约8.5米，顶部南北7.5、东西6.5米，高约11米。基部至高1.8米处为夯筑，中间夹有树枝。上层用土坯垒砌，土坯宽15、厚10厘米，长度不明。土台上北半部原似有建筑遗迹，大量遗物暴露于地面，土台北部文化层的断面见有厚0.25～0.3米的文化堆积，分布有红灰陶片、陶纺轮、木器、骨器、石磨盘、玛瑙珠及驼、马、牛、羊等兽骨。该烽火台于2007年公布为新疆维吾尔自治区重点文物保护单位。年代为唐代。

唐显庆三年（658年），伊丽道行军大总管苏定方率军大败西突厥阿史那贺鲁，开始在西域地区修筑大量的烽火台，『由是脩亭障，列蹊隧，定强畛，问疾收胔，唐之州县极西海矣』。

唐显庆三年（658年），伊丽道行军大总管苏定方率军大败西突厥阿史那贺鲁，开始在西域地区修筑大量的烽火台，『由是脩亭障，列蹊隧，定强畛，问疾收胔，唐之州县极西海矣』。

94 依斯塔那烽火台

依斯塔那烽火台位于新疆维吾尔自治区阿克苏地区库车县牙哈镇依斯塔那村东北约2千米。地处却勒塔格山南麓山前沟口，西北有十余座古墓葬，南约50米有一条东南至西北的便道。地表遍布小砾石，有雨水冲刷的小冲沟，生长有少量的芨芨草。东约10千米为吐尔烽火台（已消失），西约13千米为博斯坦托格拉克烽火台，南9千米为吾孜塔木戍堡。

烽火台因风雨侵蚀，四壁有不同程度坍塌。烽火台带有围院，围院位于烽火台南侧，台体与围院北墙相连。烽火台平面呈正方形，剖面呈梯形。底部边长14米，顶部东西约7.5、南北4～6米，高约10米。烽火台基部为夯筑，夯层厚约0.07～0.1米。台体为土坯结构，土坯长40、宽25、厚10厘米。四壁椎木孔甚多，有的孔内尚存木柱。椎木孔排列有序，层次分明。地表遗物有陶片、铜钱、铜片、铁片、铜铁渣、石磨残片等。该烽火台于2007年公布为新疆维吾尔自治区重点文物保护单位。年代为唐代。

台体上的椎木

唐显庆三年（658年），伊丽道行军大总管苏定方率军大败西突厥阿史那贺鲁，开始在西域地区修筑大量的烽火台，『由是脩亭障，列蹊隧，定强畛，问疾收胔，唐之州县极西海矣』。

台体及围院（西—东）

台体及围院（东—西）

台体及围院（南—北）

台体（北—南）

唐显庆三年（658年），伊丽道行军大总管苏定方率军大败西突厥阿史那贺鲁，开始在西域地区修筑大量的烽火台，『由是脩亭障，列蹊隧，定强畛，问疾收胔，唐之州县极西海矣』。

95 博斯坦托格拉克烽火台

博斯坦托格拉克烽火台位于新疆维吾尔自治区阿克苏地区库车县牙哈镇博斯坦托格拉克村南约9千米。地处却勒塔格山博斯坦托格拉克沟口西岸台地上，东约50米有一条南北向简易公路，东北约0.2千米为林业管理部门树立的标志牌，南为戈壁滩，地表为砾石戈壁，生长有少量的骆驼刺。依斯塔那烽火台与该烽火台东西排列，地处山口，扼守警卫却勒塔格山南北各个山口通道。

烽火台因自然风蚀和人为盗挖等因素破坏而受损严重，坍塌成一个圆形土堆，直径约20、高约4米。土堆表面覆盖砂砾石，内含土坯、砾石、夹砂红陶片等，附近地表可见夹砂红黄陶片。土堆西侧上部被盗，北约8米处有一个盗坑。初步推测，该烽火台年代为唐代。

唐显庆三年（658年），伊丽道行军大总管苏定方率军大败西突厥阿史那贺鲁，开始在西域地区修筑大量的烽火台，『由是脩亭障，列蹊隧，定强畛，问疾收胔，唐之州县极西海矣』。

北面

96 大龙池戍堡

大龙池戍堡位于新疆维吾尔自治区阿克苏地区库车县阿格乡库尔干村大龙池西畔，四周为大山，多松树。西南约3千米为库尔干戍堡，东约3千米为大龙池风景区。大龙池戍堡扼守在龟兹北山通往巴音布鲁克和伊犁巩乃斯草原的古道上。

戍堡共有南、北两座，北戍堡平面呈长方形，南北约30、东西约20米；北、西墙尚存，墙体高约1米，外侧有一周壕沟。地表无遗物。南戍堡四面墙体坍塌，仅存轮廓，残体高低起伏，墙体为土筑，戍堡内无任何遗迹；戍堡平面大致呈梯形，南北70、东西40～60米，地表无遗物。该戍堡年代可能为唐代。

唐显庆三年（658年），伊丽道行军大总管苏定方率军大败西突厥阿史那贺鲁，开始在西域地区修筑大量的烽火台，『由是俻亭障，列蹊隧，定强畛，问疾收胔，唐之州县极西海矣』。

全景（西南—东北）

97 库尔干戍堡

库尔干戍堡位于新疆维吾尔自治区阿克苏地区库车县阿格乡库尔干村、217国道东西两侧。地处河道东侧山梁上，东北约3.5千米为大小龙池，四周山峦起伏，植被茂盛，多松树。附近有牧民居住，217国道旁为库尔干公路养护站和库尔干胡杨林保护站。

戍堡共有两座，保存较好，堡内杂草丛生，西墙部分墙体被开挖取土破坏。东侧戍堡为石块砌筑，东西4、南北3米，面积12平方米。门开在南墙中部，宽0.8米。西侧戍堡平面呈正方形，石块砌筑，边长4.2米。门开在南墙中部，宽约0.8米。地表未见遗物。该戍堡年代可能为唐代。

唐显庆三年（658年），伊丽道行军大总管苏定方率军大败西突厥阿史那贺鲁，开始在西域地区修筑大量的烽火台，『由是脩亭障，列蹊隧，定强畛，问疾收胔，唐之州县极西海矣』。

全景（东-西）

东戍堡（南—北）

西戍堡（东—西）

唐显庆三年（658年），伊丽道行军大总管苏定方率军大败西突厥阿史那贺鲁，开始在西域地区修筑大量的烽火台，『由是脩亭障，列蹊隧，定强畛，问疾收胔，唐之州县极西海矣』。

98 盐水沟关垒遗址

盐水沟关垒遗址位于新疆维吾尔自治区阿克苏地区库车县伊西哈拉镇道拉提巴格村西北。南倚群山，北临沟壑，扼东西交通之要冲，217国道从盐水沟关垒旁经过。

戍堡由四座墩台和一处居住址组成，分布在东西约1.5千米的范围内。1号墩台平面呈长方形，石块垒砌，基部南北5.5、东西4.6米，剖面呈梯形，高约3米；2号墩台石块垒砌，平面呈长方形，东西7、南北5、高约4米，中部被挖一个1米见方的坑；3号墩台石块垒砌，平面呈正方形，边长5、高约3米，东南角有一个盗坑；4号墩台位置最高，平面呈正方形，南壁保存最为完整，可清晰看出遗址由一层石块一层泥混合交叉垒筑而成，南北6.5、东西4.5、高3.5米。居住址位于4号墩台东南面沟谷中，由两间房屋组成，平面呈长方形，仅存一圈石基础。居址地表有少量陶片、木构件等遗物。此关垒遗址是汉唐时代重要的军事设施遗址，为库车县连接拜城县之间的重要关口，是古代丝绸之路中道上连接苏巴什佛寺遗址、克孜尔尕哈烽火台、克孜尔千佛洞之间的重要关口，同时也是乌孙古道（北越天山、南接龟兹）中的重要关垒。

唐显庆三年（658年），伊丽道行军大总管苏定方率军大败西突厥阿史那贺鲁，开始在西域地区修筑大量的烽火台，『由是候亭障，列蹊隧，定强畛，问疾收胔，唐之州县极西海矣』。

一号墩台

二号墩台

三号墩台

唐显庆三年（658年），伊丽道行军大总管苏定方率军大败西突厥阿史那贺鲁，开始在西域地区修筑大量的烽火台，『由是脩亭障，列蹊隧，定强畛，问疾收胔，唐之州县极西海矣』。

四号墩台

居住址

唐显庆三年（658年），伊丽道行军大总管苏定方率军大败西突厥阿史那贺鲁，开始在西域地区修筑大量的烽火台，『由是脩亭障，列蹊隧，定强畛，问疾收胔，唐之州县极西海矣』。

99 沙拉依塔木烽火台

沙拉依塔木烽火台位于新疆维吾尔自治区阿克苏地区拜城县黑英山乡玉开都维村西约0.1千米的山梁上。北依不列果尔能山，东临博孜克日克河，西临琼果勒河，南侧为农田、水渠，东侧有一座废弃的清真寺，山梁下有两条乡村便道。

烽火台坍塌严重。平面呈正方形，剖面呈梯形。底部边长约12、顶部边长约6、残高约5米。烽火台顶部及东、北、南壁布满沙石，西壁露出石块垒砌痕迹，顶部有盗坑两处。地表可见石磨残块。该烽火台年代可能为唐代。

北面

西面

唐显庆三年（658年），伊丽道行军大总管苏定方率军大败西突厥阿史那贺鲁，开始在西域地区修筑大量的烽火台，『由是脩亭障，列蹊隧，定强畛，问疾收胔，唐之州县极西海矣』。

100 塔什吐尔烽火台

塔什吐尔烽火台位于新疆维吾尔自治区阿克苏地区拜城县黑英山乡米斯布拉克村一组西北约8千米。四周为高低起伏的山丘，南北两侧均有冲沟，地表遍布沙砾石，长有骆驼刺等植被，四周无人居住。

此烽火台当地人称“塔什吐尔”，依地势而建。基部平面呈近正方形，剖面呈梯形，东西5、南北4.5、残高约5米。烽火台东、西、南壁陡直，北壁为缓坡，可能为登临之处。烽火台本体用泥土夹红柳枝筑成，外包砌一层用方形块石垒砌的石墙。地表采集一块陶器口沿残片，为泥制红陶，轮制。初步推测，该烽火台的年代为唐代。

唐显庆三年（658年），伊丽道行军大总管苏定方率军大败西突厥阿史那贺鲁，开始在西域地区修筑大量的烽火台，『由是脩亭障，列蹊隧，定强畛，问疾收胔，唐之州县极西海矣』。

远景（南—北）

东面

西面

南面

北面

唐显庆三年（658年），伊丽道行军大总管苏定方率军大败西突厥阿史那贺鲁，开始在西域地区修筑大量的烽火台，『由是脩亭障，列蹊隧，定强畛，问疾收胔，唐之州县极西海矣』。

101 英买里烽火台

英买里烽火台位于新疆维吾尔自治区阿克苏地区乌什县英阿瓦提乡英买里村西北约1千米的山丘上。山丘高低起伏，西面为冲沟。地表遍布砾石，不见植被。南约50米有一条东西向乡村便道，便道南侧为防渗渠，西北约0.8千米有一座伊斯兰麻札。

烽火台平面呈近正方形，顶部较平，东西约5.5、南北约5、高约1.5米。烽火台为土坯与石块混合垒砌，层厚约0.15米。烽火台中部有一个南北向盗洞，将烽火台掏穿，北壁洞口宽约1.8、高约1.4米，洞深5米。地表采集两片残陶片，为泥制红陶，素面。根据地理位置和地表陶片推测，该烽火台年代为唐代。

唐显庆三年（658年），伊丽道行军大总管苏定方率军大败西突厥阿史那贺鲁，开始在西域地区修筑大量的烽火台，『由是脩亭障，列蹊隧，定强畛，问疾收胔，唐之州县极西海矣』。

南面

东面

北面

西面

唐显庆三年（658年），伊丽道行军大总管苏定方率军大败西突厥阿史那贺鲁，开始在西域地区修筑大量的烽火台，『由是脩亭障，列蹊隧，定强畛，同疾收觜，唐之州县极西海矣』。

102 八卦墩烽火台

八卦墩烽火台位于新疆维吾尔自治区阿克苏地区乌什县乌什镇阿合塔玛扎村三组的都鲁乌呼尔山顶。山势呈东西走向，南侧陡峭，北侧为缓坡。北约50米有一条水渠，西北山脚下为乌什县第五小学，东南约0.15千米为乌什县武警中队，北约0.5千米为燕子山电站。

烽火台平面呈八角形，边长2.8～3.2、存高约3.5米。用长40、宽22、厚9厘米的土坯砌筑，筑层中夹有直径约12厘米的原木。烽火台顶部及南壁有雨水冲刷形成的沟槽，顶部东、西、南三面棱角已平，北壁底部有盗洞，洞高0.8、宽1、深2.5米，顶部也有被挖的沟槽。烽火台北壁下有土坯台基，台基东西19.7、南北5米。烽火台东北约30米处山脊上有两道南北向土坯砌筑的墙体，南段长3.5、宽3.2、高0.8～1.5米，北段长12、宽2.5、高3.5米。烽火台四周地表可见泥质红陶片。该烽火台年代为唐代。

唐显庆三年（658年），伊丽道行军大总管苏定方率军大败西突厥阿史那贺鲁，开始在西域地区修筑大量的烽火台，『由是脩亭障，列蹊隧，定强畛，问疾收胔，唐之州县极西海矣』。

全景（东北—西南）

唐显庆三年（658年），伊丽道行军大总管苏定方率军大败西突厥阿史那贺鲁，开始在西域地区修筑大量的烽火台，『由是脩亭障，列蹊隧，定强畛，问疾收胔，唐之州县极西海矣』。

唐显庆三年（658年），伊丽道行军大总管苏定方率军大败西突厥阿史那贺鲁，开始在西域地区修筑大量的烽火台，『由是脩亭障，列蹊隧，定强畛，问疾收胔，唐之州县极西海矣』。

103 别迭里烽火台

别迭里烽火台位于新疆维吾尔自治区阿克苏地区乌什县亚曼苏柯尔克孜族乡窝依塔勒村西约20千米。地处戈壁滩上，地表有稀疏的荒漠植被，四周无人居住。其东、东南面均有石堆墓，东北角紧临一条小干河，南约10米为通往别迭里山口的东西向简易公路，西约0.5千米为别迭里河，北侧有几座伊斯兰麻札。

别迭里烽火台又名“窝依塔勒烽火台”，大致呈覆斗形，平面呈圆角长方形，剖面呈梯形。底部东西约12.7、南北约9.8米，顶部东西7.5、南北3.5米，残高约7.3米。烽火台为2次构筑，早期为夯土筑成，夯层厚约0.15～0.2米，夯土间夹有原木和树枝，原木直径6～12厘米，层间距约0.1～0.15米。晚期修筑即在夯层四周用长约20～40、宽15～20厘米的卵石垒砌，在卵石间填有小砾石和黄土。除北壁保存较好外，其他三壁均已坍塌，卵石大部分脱落。烽火台顶部的土层中可见木炭和灰烬，地表散布夹砂红、灰陶片，器形可辨有釜、罐，均为素面。该烽火台年代为唐代。

东面

南面

唐显庆三年（658年），伊丽道行军大总管苏定方率军大败西突厥阿史那贺鲁，开始在西域地区修筑大量的烽火台，『由是脩亭障，列蹊隧，定强畛，问疾收胔，唐之州县极西海矣』。

西面

北面

唐显庆三年（658年），伊丽道行军大总管苏定方率军大败西突厥阿史那贺鲁，开始在西域地区修筑大量的烽火台，『由是脩亭障，列蹊隧，定强畛，问疾收胔，唐之州县极西海矣』。

104 阿克吐尔烽火台

阿克吐尔烽火台位于新疆维吾尔自治区阿克苏地区库车县齐满镇阿克吐尔村西1.5千米。四周原为一片墓地，现已迁移。北侧有三条水渠；东北约20米有一条便道、约40米有一棵百年古榆、约1千米为库车县至阿拉哈格镇的公路，东南约4千米为塔孜墩烽火台，北约10千米为科实吐尔塔烽火台，西北约12千米为库木吐拉遗址、约14千米为玉奇吐尔遗址（即唐柘厥关遗址）。

烽火台平面呈不规则形，东西15、南北9、残高约2米。四壁坍塌，表面覆盖1层蒿草，顶部被取土破坏。烽火台为红土夯筑，地表未见遗物。该烽火台年代可能为唐代。

现状（西—东）

唐显庆三年（658年），伊丽道行军大总管苏定方率军大败西突厥阿史那贺鲁，开始在西域地区修筑大量的烽火台，『由是脩亭障，列蹊隧，定强畛，问疾收胔，唐之州县极西海矣』。

105 塔孜墩烽火台

塔孜墩烽火台位于新疆维吾尔自治区阿克苏地区库车县比西巴格乡博斯坦二村西2千米处。周围生长有沙枣树和骆驼刺等植被，西约50米有一条简易便道、约0.2千米为渭干河，南约0.5千米有一条排碱渠。

烽火台仅存1座圆形墩台，塔孜意为“光秃”，即为光秃的土墩。土墩平面呈近圆形，周长约105、高约5米，黄土夯筑而成。顶部有两个盗坑。土墩顶部和四周可见少量红陶片，周边农田曾出土陶缸、陶罐等遗物。该烽火台年代可能为唐代。

唐显庆三年（658年），伊丽道行军大总管苏定方率军大败西突厥阿史那贺鲁，开始在西域地区修筑大量的烽火台，『由是脩亭障，列蹊隧，定强畛，问疾收胔，唐之州县极西海矣』。

北面

东面

106 阿热勒烽火台

阿热勒烽火台位于新疆维吾尔自治区阿克苏地区沙雅县努尔巴格乡阿热勒村二组东约0.2千米一座沙丘东侧。西有一处伊斯兰墓葬，南为沙漠，东、西、北三面为盐碱地，生长有红柳、白刺等耐盐碱植被。

烽火台西壁大部分被沙丘掩埋，平面呈不规则形，南北约10、东西5.2米，东壁残高1.8米，西壁高0.5米，南、北壁高约1.2米。烽火台为草泥夹红柳层筑成，草泥层厚约0.3米，中间夹有红柳、木头等。附近地表可见木构件、轮制红陶片、红烧土块、铁渣、人头骨等遗物。据当地老乡介绍，烽火台周围原有木围墙，后被毁，此地曾发现铜钱。根据地表遗物推测，该烽火台年代为唐代。

唐显庆三年（658年），伊丽道行军大总管苏定方率军大败西突厥阿史那贺鲁，开始在西域地区修筑大量的烽火台，『由是脩亭障，列蹊隧，定强畛，问疾收胔，唐之州县极西海矣』。

东面

北面

107 都鲁都力欧库尔烽火台

都鲁都力欧库尔烽火台位于新疆维吾尔自治区阿克苏地区沙雅县红旗镇萨依库都克村东南约10千米的农田中。四周地势平坦，东、北面为农田，西为一片红柳林，东有一棵古榆树，地表有骆驼刺、芦苇等植被。烽火台东南侧有两座伊斯兰墓葬，南侧有两间已废弃的房屋，似为一座清真寺。烽火台北约3.3千米为博斯塘古城，南约3.3千米为赛格散塔木古城。

烽火台平面呈长方形，剖面呈梯形。基部东西7、南北5米，顶部边长1.2米，残高约3米。烽火台为黄土夯筑而成，夯层厚约0.25米。周围地表散见大量的铁渣块和残陶片。推测该烽火台年代为唐代。

唐显庆三年（658年），伊丽道行军大总管苏定方率军大败西突厥阿史那贺鲁，开始在西域地区修筑大量的烽火台，『由是脩亭障，列蹊隧，定强畛，问疾收胔，唐之州县极西海矣』。

西面

唐显庆三年（658年），伊丽道行军大总管苏定方率军大败西突厥阿史那贺鲁，开始在西域地区修筑大量的烽火台，『由是脩亭障，列跺隧，定强畛，问疾收胔，唐之州县极西海矣』。

108 克孜尔协戍堡

克孜尔协戍堡位于新疆维吾尔自治区阿克苏地区库车县哈尼喀塔木乡琼协海尔村。地处荒漠区，东、西、南面为荒漠所覆盖，北侧紧邻灌溉渠。四周地表植被稀少，主要有红柳、骆驼刺等植被。南墙外正在开挖灌溉渠，东约0.1千米有一座民居，南约30米有一条东西向便道，遗址东南约2千米为琼协海尔遗址，南约4千米为大故城。

戍堡因自然风蚀和人为盗掘等因素破坏而损毁严重。戍堡平面呈近长方形，东西50、南北44米。北墙垣尚存，东、西、南墙遭破坏，残高1～3米。戍堡墙垣基部为夯筑，上砌土坯，土坯长40、宽25、厚12厘米。戍堡东南及西南角有向外凸出的高台，似为角楼，东南部高台平面呈圆形，直径约6米，被盗挖，盗坑直径约3、深约1米。戍堡门向东开，宽约6米。地表可见陶片、铁渣及陶缸残块等遗物。据村民介绍，戍堡内曾出土大陶缸。该戍堡年代为唐代。

唐显庆三年（658年），伊丽道行军大总管苏定方率军大败西突厥阿史那贺鲁，开始在西域地区修筑大量的烽火台，『由是犄亭障，列蹊隧，定强畛，问疾收胔，唐之州县极西海矣』。

全景（西北—东南）

南墙

109 吐尔拉戍堡

吐尔拉戍堡位于新疆维吾尔自治区阿克苏地区新和县玉奇喀特乡先锋农场(村)南约2千米的盐碱滩上。地势平坦，南为流动性的沙丘地带，东、西、北三面为芦苇地，地表结一层盐碱壳，下面为虚沙土。西南0.2千米有一条西北–东南向运输石油的便道，往南可通桑塔木农场。遗址附近有农田，南约0.1千米有寺院遗址。

戍堡由烽火台和墙垣组成。墙体平面呈不规则长方形，东墙长73米，南墙长79米，西墙长69米，北墙长69米。墙体有不同程度坍塌，南、北墙有缺口，墙基宽4～5、顶宽2～2.5、残高约3米。墙体东北、西南及西北角有斜向伸出的垛墙，北墙及南墙外各有两座马面，门开在西墙中部，门宽约9.5米。墙体构筑方式为夯筑，夯层厚0.12～0.2米。地表曾采集到一些陶片。烽火台位于东南角，平面呈正方形，剖面呈梯形，底部边长约17米，顶部南北10、东西7.5米，残高约10米，顶部有一层虚土。从断面看，烽火台四壁用土坯垒砌，中间部分为黄土夯筑。该戍堡年代为唐代。

唐显庆三年（658年），伊丽道行军大总管苏定方率军大败西突厥阿史那贺鲁，开始在西域地区修筑大量的烽火台，『由是俻亭障，列蹊隧，定强畛，问疾收髂，唐之州县极西海矣』。

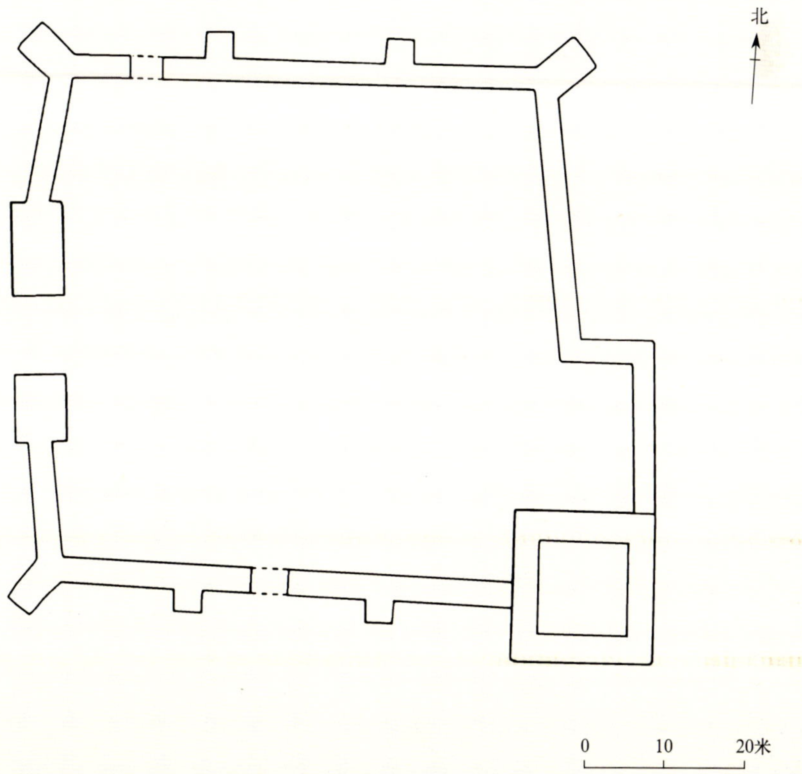

吐尔拉戍堡平面图

鸟瞰（西北－东南）

全景（东南－西北）

唐显庆三年（658年），伊丽道行军大总管苏定方率军大败西突厥阿史那贺鲁，开始在西域地区修筑大量的烽火台，『由是脩亭障，列蹊隧，定强畛，问疾收胔，唐之州县极西海矣』。

墙垣（东—西）

烽火台（东—西）

烽火台（西—东）

唐显庆三年（658年），伊丽道行军大总管苏定方率军大败西突厥阿史那贺鲁，开始在西域地区修筑大量的烽火台，『由是脩亭障，列蹊隧，定强畛，问疾收胔，唐之州县极西海矣』。

110 托秀克塔木烽火台

托秀克塔木烽火台位于新疆维吾尔自治区阿克苏地区新和县桑塔木农场七队，北约8千米为桑塔木农场场部。地表为泛盐碱的淤泥土层，四周有许多半固定的红柳沙土包，生长有红柳、骆驼刺等植被。西约1千米有一条南北向便道及排减渠，西北0.3千米有三栋住宅。东南3.7千米为吾热库台克烽火台，北约0.15千米有托秀克塔木戍堡，西南3千米为桑塔木烽火台，北约5千米为来合买协尔古城。

烽火台建在人工夯筑的台基上，台基平面呈近正方形，南北约11.7、东西约11、高约1米，夯层厚约0.18米。烽火台坍塌严重，平面呈近圆形，直径约7、残高约2.4米。土坯砌筑，土坯长25、宽15、厚9厘米，土坯层间的胶泥层厚约3厘米。烽火台东壁有一个直径1.35、深约2.1米的盗坑。地表可见夹砂红陶、夹砂黄陶、绿釉陶片、龟兹小铜钱等遗物。根据形制、构筑方式及地表采集的遗物推测，该烽火台年代为唐代。

唐显庆三年（658年），伊丽道行军大总管苏定方率军大败西突厥阿史那贺鲁，开始在西域地区修筑大量的烽火台，『由是脩亭障，列蹊隧，定强畛，问疾收胔，唐之州县极西海矣』。

地表遗物

全景（东—西）

111 托秀克塔木戍堡

托秀克塔木戍堡位于新疆维吾尔自治区阿克苏地区新和县桑塔木农场七队、桑塔木农场场部东南约8千米的荒漠中。地表为泛碱的沙质土和淤积土，四周为半固定沙包，地表有红柳、骆驼刺等植被。戍堡北约0.3千米有一条东西向便道，西北约0.4千米有三户住宅，西约1千米有一条南北向便道及排减渠，便道向北可通桑塔木农场，戍堡南约0.15千米处有托秀克塔木烽火台。

戍堡平面呈近正方形，南北21、东西20米。城垣夯筑，夯层厚0.15～0.2米。墙体坍塌严重，缺口甚多，墙体基宽1～3、残高1～4米；北墙西段有一个宽约4米的缺口，似为门；戍堡四角有斜向伸出的垛墙，垛墙长约4、宽约3米。附近地表遗物较多，可见龟兹小铜钱，泥制红、黄、绿釉陶片等遗物。根据形制、构筑方式及地表采集遗物推断，该戍堡年代为唐代。

唐显庆三年（658年），伊丽道行军大总管苏定方率军大败西突厥阿史那贺鲁，开始在西域地区修筑大量的烽火台，『由是俻亭障，列蹊隧，定强畛，问疾收胔，唐之州县极西海矣』。

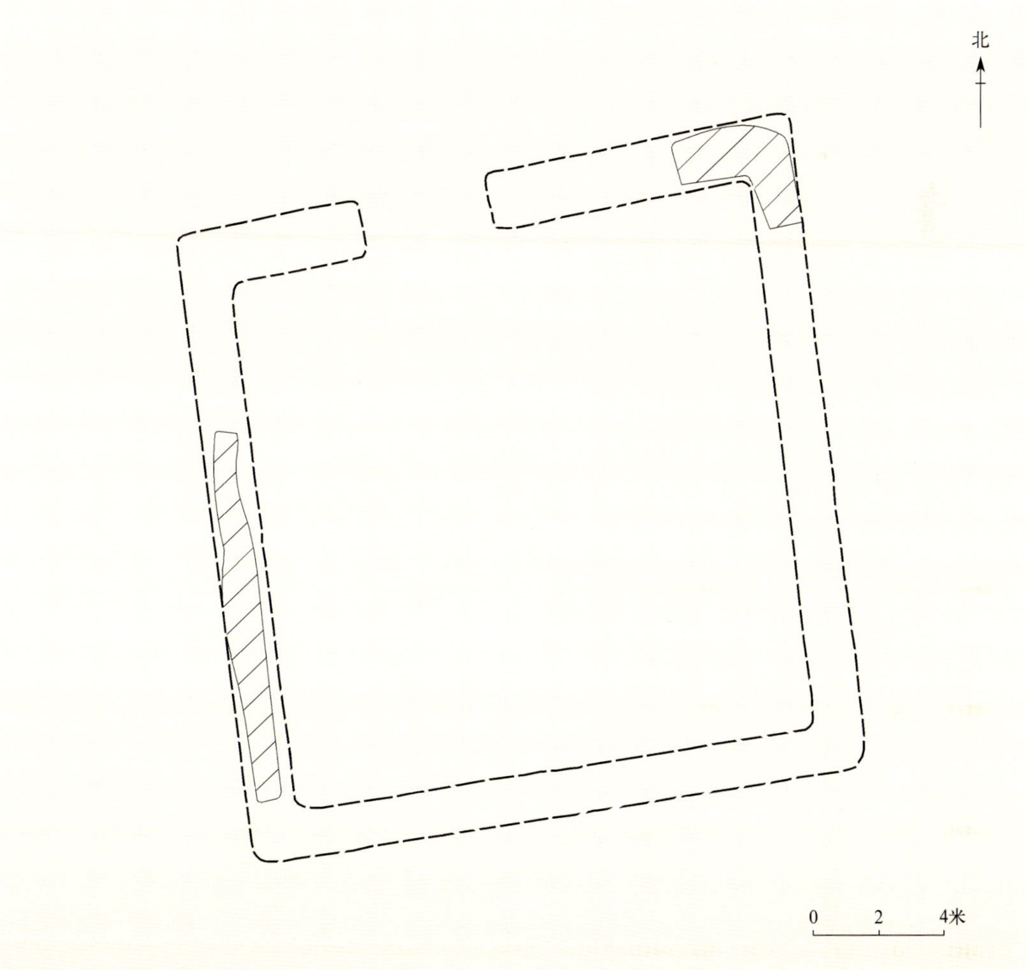

托秀克塔木戍堡平面图

全景（东—西）

北墙

地表遗物

唐显庆三年（658年），伊丽道行军大总管苏定方率军大败西突厥阿史那贺鲁，开始在西域地区修筑大量的烽火台，『由是脩亭障，列蹊隧，定强畛，问疾收胔，唐之州县极西海矣』。

112 桑塔木烽火台

桑塔木烽火台位于新疆维吾尔自治区阿克苏地区新和县桑塔木农场场部西南约15千米。地处荒漠，地表为泛盐碱的沙质土，四周有许多半固定红柳沙包。烽火台东约3千米有一条南北向便道，便道向北可通桑塔木农场，东北约3.7千米为吾热库台克烽火台，东南约7.3千米为塔什吐尔烽火台。

因长年遭受风蚀和盐碱侵蚀，致使烽火台坍塌。烽火台基部呈近长方形，剖面呈梯形，南北约16.2、东西约11.4、残高约4.3米。黄土夯筑而成，夯层厚度不明。周围地表可见夹砂黑陶、铁渣等遗物。根据构筑方法、地表采集陶片以及附近文物点分布情况推测，该烽火台年代为唐代。

唐显庆三年（658年），伊丽道行军大总管苏定方率军大败西突厥阿史那贺鲁，开始在西域地区修筑大量的烽火台，『由是倐亭障，列蹊隧，定强畛，问疾收胔，唐之州县极西海矣』。

全景（西—东）

113 吾热库台克烽火台

吾热库台克烽火台位于新疆维吾尔自治区阿克苏地区新和县玉奇喀特乡吾热库台克农场南约5千米的农田中。地表为泛盐碱的淤泥土层，四周为半固定沙包，有红柳、骆驼刺等植被。西约0.1千米处有一条南北向土路，西南约0.15千米有几座居民住宅，东约2.6千米为且热克协尔古城，西约0.7千米为吾热库台克戍堡、约4.3千米为塔什吐尔烽火台，西北3.8千米处为托秀克塔木烽火台。

烽火台修建于人工夯筑的土台上，土台平面呈不规则形，东西约10、南北约8.5、高约4米。烽火台由土坯砌筑而成，四壁坍塌，西壁有一个盗坑。台体东西约4、南北3.2、残高约2米。烽火台西侧的农田中可见大量的夹砂红、灰陶片及骨殖等遗物。根据构筑方式及地表遗物推测，该烽火台年代为唐代。

唐显庆三年（658年），伊丽道行军大总管苏定方率军大败西突厥阿史那贺鲁，开始在西域地区修筑大量的烽火台，『由是俗亭障，列蹊隧，定强畛，问疾收胔，唐之州县极西海矣』。

全景（北—南）

局部

114 塔什吐尔烽火台

塔什吐尔烽火台位于新疆维吾尔自治区阿克苏地区新和县渭干乡渭干农场南约51千米。地处戈壁荒漠，地表盐碱化严重，附近无人居住，东约0.3千米有一条干涸的河床，西约0.35千米有一个盐碱湖，湖周围及河床上有芦苇、红柳等植被。东南约5千米为博提巴什古城，东约6.5千米为通古斯巴西古城。

塔什吐尔烽火台又名"库伦子烽火台"，坍塌严重，平面大致呈长方形，剖面呈梯形，东西27.4、南北16.8、残高约8米。烽火台下部为夯筑，夯层厚约0.24米；上部为土坯砌筑，土坯长40、宽18、厚9厘米。顶部中心塌陷。烽火台东侧有正方形围院，围墙边长约31、残高约1米，西墙与烽火台东北角相连。烽火台东侧5米处有窑址，地表可见红烧土块、铁渣、陶片等遗物。遗址地表曾采集有夹砂红灰陶片、东汉五铢钱币、汉龟二体钱币、龟兹五铢钱币和玻璃器残片等遗物。根据建筑方式和地表遗物推测，该烽火台年代为唐代。

北面

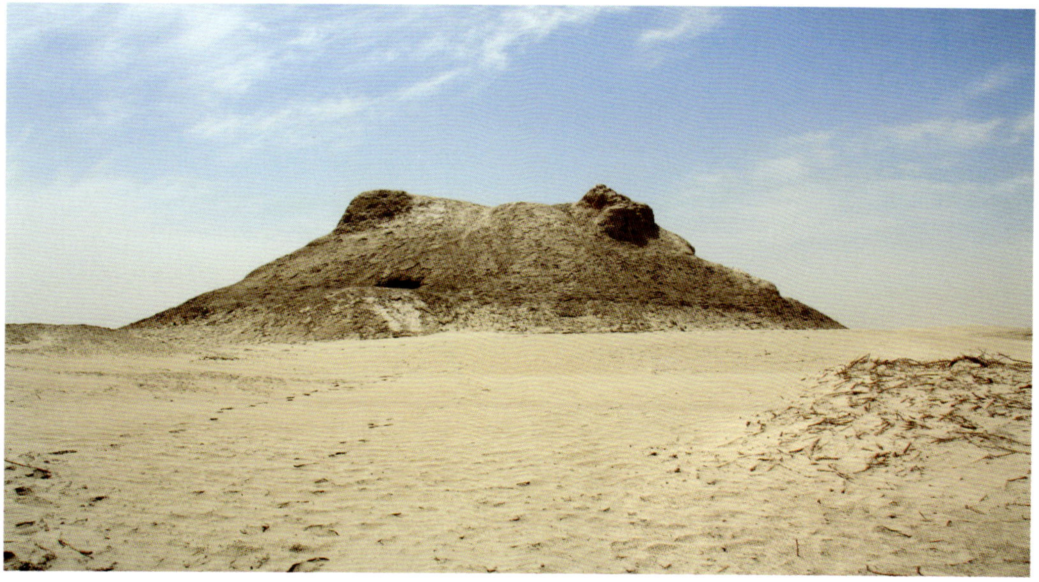

南面

唐显庆三年（658年），伊丽道行军大总管苏定方率军大败西突厥阿史那贺鲁，开始在西域地区修筑大量的烽火台，『由是脩亭障，列蹊隧，定强畛，同疾收悔，唐之州县极西海矣』。

唐显庆三年（658年），伊丽道行军大总管苏定方率军大败西突厥阿史那贺鲁，开始在西域地区修筑大量的烽火台，『由是脩亭障，列蹊隧，定强畛，问疾收胔，唐之州县极西海矣』。

西面

东面

地表遗物

115 恰萨吐尔烽火台

恰萨吐尔烽火台位于新疆维吾尔自治区阿克苏地区新和县渭干乡哈拉库木村南约45千米。地处荒漠，土质为沙泥土，有半固定沙包，地表植被较少,附近无人居住。东北距塔什吐尔烽火台1.2千米、通古斯巴西古城约7.2千米，东南距博提巴什古城约5千米。

烽火台因风雨侵蚀和人为盗掘等因素破坏而损毁严重，基部被沙漠覆盖，西北部有一个盗坑。烽火台大致呈圆锥状，平面呈椭圆形，基部向上收缩变小，南北12、东西8.5、残高约6米。烽火台夯筑而成，夯层厚约0.15米。烽火台附近可见少量夹砂红陶碎片。初步推测，该烽火台年代为唐代。

北面

西面

唐显庆三年（658年），伊丽道行军大总管苏定方率军大败西突厥阿史那贺鲁，开始在西域地区修筑大量的烽火台，『由是脩亭障，列蹊隧，定强畛，问疾收胔，唐之州县极西海矣』。

卡库克烽火台

卡库克烽火台又名恰萨吐尔烽火台，位于新疆维吾尔自治区阿克苏地区沙雅县英买力镇破托格拉克村铁热克协海尔组西北约9千米。地处渭干河下游的冲积平原，土壤为淤泥虚土，地表结一层盐碱壳。四周为半固定沙包，部分沙包及地表有红柳、骆驼刺等植被。烽火台四周无人居住，东面有一条石油部门开辟的简易便道。周边有通古斯巴西古城、博提巴什古城等唐代城址。

卡库克烽火台平面呈不规则形，剖面呈半圆形，东西约23、南北约21、残高约4米。烽火台顶部、中部被盗挖，东壁有一个长约3、宽4米的盗坑，北壁有一个长方形大坑。从破坏的台体剖面观察，基部至高2.5米为土坯砌筑，土坯长35、宽20、厚11厘米，其上约1.5米为夯筑。地表未见遗物。根据烽火台构筑方式及周边遗迹推测，其年代为唐代。

唐显庆三年（658年），伊丽道行军大总管苏定方率军大败西突厥阿史那贺鲁，开始在西域地区修筑大量的烽火台，『由是脩亭障，列蹊隧，定强畛，问疾收胔，唐之州县极西海矣』。

西面

北面

117 铁热克协尔烽火台

铁热克协尔烽火台位于新疆维吾尔自治区阿克苏地区沙雅县英买力镇破托格拉克村铁热克协海尔组西南约7千米。地处戈壁滩，盐碱化严重，地表结一层盐碱壳，四周为半固定沙包，生长红柳、骆驼刺等植被。烽火台附近无人居住，北约0.5千米有一条东西向便道，南距铁热克协尔古城0.7千米。

烽火台因自然风蚀、盐碱腐蚀和人为盗挖等因素破坏而损毁严重，顶部有寻宝人挖的洞。烽火台平面呈圆形，剖面呈梯形，底部直径23、残高约7米。北壁有一个坡道，可通烽火台顶部。因盐碱侵蚀严重，构筑法不明。地表采集到龟兹小铜钱、铁渣等遗存。初步推测，该烽火台年代为唐代。

南面

地表遗物

唐显庆三年（658年），伊丽道行军大总管苏定方率军大败西突厥阿史那贺鲁，开始在西域地区修筑大量的烽火台，『由是脩亭障，列蹊隧，定强畛，问疾收胔，唐之州县极西海矣』。

118 玉瑞克协海尔烽火台*

玉瑞克协海尔烽火台位于新疆维吾尔自治区阿克苏地区沙雅县英买力镇玉瑞克协海尔村西南2千米。地处渭干河冲积平原，地势高出附近农田1～1.5米，土质为含盐碱的淤泥土，长有少量的杂草，北约0.1千米为玉瑞克协海尔村果园。

烽火台已毁，地表辟为农田、打谷场。据第二次全国文物普查记载，烽火台为夯筑，已坍塌，仅见残基。边长约7、残高约1米。地表散布红色陶片、织物等遗物。根据地理位置推测，该烽火台年代为唐代。

唐显庆三年（658年），伊丽道行军大总管苏定方率军大败西突厥阿史那贺鲁，开始在西域地区修筑大量的烽火台，『由是脩亭障，列蹊隧，定强畛，问疾收胔，唐之州县极西海矣』。

遗址全貌

唐显庆三年（658年），伊丽道行军大总管苏定方率军大败西突厥阿史那贺鲁，开始在西域地区修筑大量的烽火台，『由是脩亭障，列蹊隧，定强畛，问疾收胔，唐之州县极西海矣』。

119 青铁木尔烽火台

青铁木尔烽火台位于新疆维吾尔自治区阿克苏地区温宿县古勒阿瓦提乡青铁木尔村南约6千米处。烽火台地处平坦的荒漠中，土质为沙土，含盐碱。附近有半固定沙丘，有红柳、骆驼刺等植被。西约20米有一条南北向排碱渠、约2千米为买里艾日克村四组的林带、果园。

烽火台因风蚀和盐碱腐蚀而破坏严重，构筑方式不明，仅存一座不规则形土丘，剖面呈半圆形。基部东西15、南北11米，存高约1米。附近地表可见木炭、陶片、铜钱等遗物。根据地理位置和地表遗物推测，该烽火台年代为唐代。

地表散落的龟兹小铜钱

唐显庆三年（658年），伊丽道行军大总管苏定方率军大败西突厥阿史那贺鲁，开始在西域地区修筑大量的烽火台，『由是脩亭障，列蹊隧，定疆畛，问疾收胔，唐之州县极西海矣』。

东面

120 博斯坦烽火台

博斯坦烽火台位于新疆维吾尔自治区阿克苏地区阿瓦提县拜什艾日克镇博斯坦村东南约2千米的农田中。四周地势平坦，土质为淤泥土，地表有芦苇、白刺、苦豆子等植被。烽火台四周为农田，有一条东西向便道从烽火台顶部穿过。南约50米有一条东北–西南向便道、1.1千米处为博斯坦古城遗址，东南约2千米处为伯什力克古城。

烽火台全部坍塌，顶部杂草丛生，基部平面呈近圆形，直径约30米，剖面呈梯形，高约3米。烽火台夯筑而成，夯层不明。烽火台顶部辟为东西向便道，地表未见文化遗物。根据地理位置推测，该烽火台年代为唐代。

南面

东面

唐显庆三年（658年），伊丽道行军大总管苏定方率军大败西突厥阿史那贺鲁，开始在西域地区修筑大量的烽火台，『由是俗亭障，列隧，定强畛，问疾收胔，唐之州县极西海矣』。

121 克孜勒墩烽火台

克孜勒墩烽火台位于新疆维吾尔自治区阿克苏地区阿瓦提县拜什艾日克镇托万依麻木帕夏村西南约3千米。地处农田中，四周地势平坦，土质含盐碱，地表结有一层盐碱壳，生长有茂盛的芦苇、白刺等植被。烽火台西北约10米处有一条东西向土路，土路以北为排碱渠；东约20米有一条南北向便道，往北可至托万依麻木帕夏村；烽火台东约2千米为喀拉墩烽火台，西北约4千米为伯什力克古城，西南约13千米为海里般古城。

烽火台基部平面呈近正方形，剖面呈梯形，底部边长约26、顶部边长约17、残高约4米。顶部中心有一个长5、宽2.5、深2米的盗坑。黄土夯筑，夯层不明，烽火台顶部采集有夹砂红陶片。根据地理位置和地表遗物推测，该烽火台年代为唐代。

唐显庆三年（658年），伊丽道行军大总管苏定方率军大败西突厥阿史那贺鲁，开始在西域地区修筑大量的烽火台，『由是俢亭障，列蹊隧，定强畛，问疾收胔，唐之州县极西海矣』。

全景（西—东）

122 喀拉墩烽火台

喀拉墩烽火台位于新疆维吾尔自治区阿克苏地区阿瓦提县拜什艾日克镇托万墩依麻木帕夏村南约2千米的农田中。四周有茂盛的芦苇、红柳、白刺等植被。西北约50米有一座民宅，东南约80米为东西向便道，西距克孜勒墩烽火台约2千米。

烽火台坍塌严重，表面杂草丛生。烽火台基部平面呈不规则圆形，直径约25米。烽火台四壁坍塌，剖面呈半圆弧状，顶部东西14、南北12米，高2.5米。黄土夯筑，夯层不明。地表采集到一块泥制红陶片。根据地理位置和地表遗物推测，该烽火台年代为唐代。

全景（东—西）

唐显庆三年（658年），伊丽道行军大总管苏定方率军大败西突厥阿史那贺鲁，开始在西域地区修筑大量的烽火台，『由是脩亭障，列蹊隧，定强畛，问疾收胔，唐之州县极西海矣』。

123 库依巴格戍堡

库依巴格戍堡位于新疆维吾尔自治区阿克苏地区拜城县康其乡库依巴格村一组南约0.5千米农田中。地面荆棘丛生，四周地势平坦。戍堡西北、东北约0.1千米有几座民宅及林带，西约0.1千米有一条南北向便道。

戍堡平面呈正方形，边长约42米。墙垣宽3～5、高3～4.5米。门开在南垣中部，宽约8米。城垣构筑方式不明。地表采集到一块泥制红陶片。根据地理位置和地表遗物推测，该戍堡年代为唐代。

全景（一）（北—南）

全景（二）（南—北）

内部（西北—东南）

唐显庆三年（658年），伊丽道行军大总管苏定方率军大败西突厥阿史那贺鲁，开始在西域地区修筑大量的烽火台，『由是脩亭障，列䟫隧，定强畛，问疾收胔，唐之州县极西海矣』。

124 亚布依烽火台

亚布依烽火台位于新疆维吾尔自治区阿克苏地区拜城县老虎台乡开普台尔哈纳村三组东南约0.5千米。地处木扎提河东岸二级台地上，地表长有芨芨草，东部紧邻石堆墓和近现代伊斯兰麻札，西约15米有一条南北向便道，西北约20米有一条南北向冲沟。

烽火台坍塌严重，平面呈不规则形，剖面呈梯形，南北约33、东西约20、高约3米。夯筑，夯层中铺一层砾石。地表到处可见盗坑，附近可见夹砂红陶片、铁渣等遗物。第二次全国文物普查时推测该烽火台年代为汉至唐代，此次调查中根据地理位置、建筑形制推测，该烽火台年代为唐代。

东面

北面

唐显庆三年（658年），伊丽道行军大总管苏定方率军大败西突厥阿史那贺鲁，开始在西域地区修筑大量的烽火台，『由是脩亭障，列蹊隧，定强畛，同疾收胔，唐之州县极西海矣』。

125 丘达依塔格戍堡

丘达依塔格戍堡位于新疆维吾尔自治区阿克苏地区柯坪县玉尔其乡尤库鲁斯村北约4千米。地处丘达依塔格山西端山脚下，苏巴什沟东岸。沟西岸有柯坪县至苏巴什农场的简易公路，路边有南北向的人工渠道。东距丘达依塔格遗址0.2千米，北距色日克托格拉克东墓群0.5千米，西南距克斯勒塔格佛寺遗址0.83千米。

戍堡依山而建，主体建筑南北向呈“品”字形分布，由两部分建筑群组成，即南部的戍堡本体和北面山梁上的戍堡护墙、观望塔。整个建筑用长40、宽20、厚5～9厘米的土坯砌筑。戍堡筑在长45、宽30米的山脊上，戍堡南墙长约70、高约1～3米；西墙塌毁；东有数间相互毗连的墙垣建筑，墙垣高约2～2.5米。沿山梁边缘依山体多处修筑土坯墙，形成整个戍堡的防卫屏障。地表采集有夹砂红陶片、丝绸残片、羊毛毡等遗物。戍堡地势险要，雄踞山口，扼守由此通往北部经乌什县别迭里山中进入中亚的重要通道。该戍堡于2007年公布为新疆维吾尔自治区重点文物保护单位。年代为唐代。

唐显庆三年（658年），伊丽道行军大总管苏定方率军大败西突厥阿史那贺鲁，开始在西域地区修筑大量的烽火台，『由是犄亭障，列蹊隧，定强畛，问疾收胔，唐之州县极西海矣』。

全景（西－东）

西部建筑群

126 卡勒玛克塔木戍堡

卡勒玛克塔木戍堡位于新疆维吾尔自治区阿克苏地区柯坪县盖孜力克乡库木也尔村西约57千米处。戍堡北依马克阿什提塔格山，南邻卡普恰尕依沟，沟内有芨芨草、马莲等植被。戍堡对面沟北岸山脚下有一棵大胡杨树，西南约1.5千米处沟口附近有三座民宅，北约3千米处为喀拉马克阿什提墓群。

"卡勒玛克塔木"，维吾尔语，意为"蒙古墙"。戍堡依山而建，平面呈长方形，东西16、南北12米。北部无墙，以山体为自然屏障，东、西墙南端与山体相连，东、西、南墙保存较好，墙体高6～8、宽3～5米。黄土夯筑，夯层厚0.2～0.3米，较坚硬。因三面墙体无缺口，城门位置无可考。戍堡内中心有一个盗坑，堡内凹陷严重，戍堡外东北角有一个雨水冲刷形成的斜坡状洞穴。该戍堡附近地表未见遗物，年代大约为唐代。

全景（北—南）

唐显庆三年（658年），伊丽道行军大总管苏定方率军大败西突厥阿史那贺鲁，开始在西域地区修筑大量的烽火台，『由是脩亭障，列蹊隧，定彊畛，问疾收胔，唐之州县极西海矣』。

东面

西面

唐显庆三年（658年），伊丽道行军大总管苏定方率军大败西突厥阿史那贺鲁，开始在西域地区修筑大量的烽火台，『由是脩亭障，列蹊隧，定强畛，问疾收胔，唐之州县极西海矣』。

127 穷吞木烽火台

穷吞木烽火台位于喀什地区巴楚县农三师51团15连西北约21.5千米的沙漠中。地处塔克拉玛干沙漠西部边缘，周围地势起伏不平，多垄状沙丘，植被稀少，生长有少量红柳、芦苇、骆驼刺等耐旱植物。人迹罕至。

烽火台因遗址范围较大而得名，受沙漠化和人为盗掘等因素而遭受破坏。烽火台周围有正方形围墙，基本坍塌，边长约100米。烽火台位于围墙东南部，基本坍塌成一个圆形土丘，土丘底部直径30米；顶部略平，直径约6米，高约9米。顶部和东壁有盗洞，西南侧的平地上有一处人为盗挖的深坑，附近有铁筛等盗挖者留下的工具。四周地表散落有陶片、炭渣、石头、木块、杏核、桃核等遗物。烽火台东南约0.6千米处有一座土墩，周围分布有大量陶片、炉渣等遗物，陶片以夹砂红陶为主，亦有少量灰陶；器形主要为缸、罐、钵、盘、瓶等，多为手制，口沿有轮制痕迹，可能有窑址或冶炼作坊。从陶片特征分析判断，该遗址年代为唐代，也有学者据史料记载推断此处为唐代的谒者馆遗址。

唐显庆三年（658年），伊丽道行军大总管苏定方率军大败西突厥阿史那贺鲁，开始在西域地区修筑大量的烽火台，『由是脩亭障，列蹊隧，定强畛，问疾收胔，唐之州县极西海矣』。

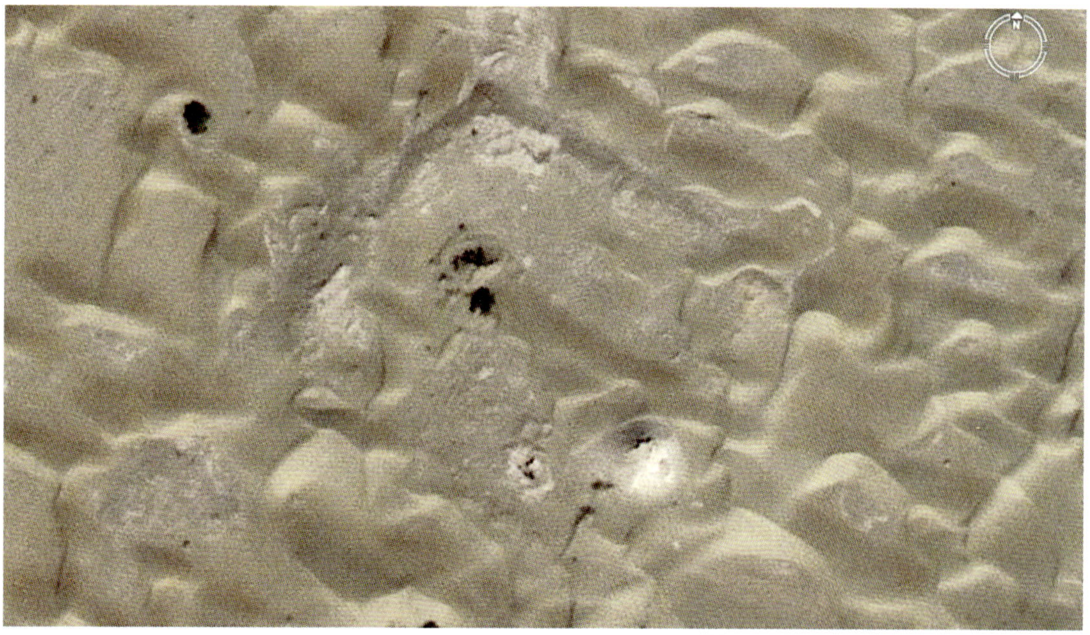

卫星照片（选自Google earth，可见烽火台及周围围墙）

西面

东面

北面

唐显庆三年（658年），伊丽道行军大总管苏定方率军大败西突厥阿史那贺鲁，开始在西域地区修筑大量的烽火台，『由是脩亭障，列蹊隧，定强畛，问疾收胔，唐之州县极西海矣』。

128 尤木拉克烽火台

尤木拉克烽火台位于新疆维吾尔自治区喀什地区巴楚县农三师51团15连北约18千米。地处塔克拉玛干沙漠西部边缘，四周地势起伏不平，地表多垄状沙丘，生长有稀疏的红柳、芦苇、骆驼刺等耐旱植物。人迹罕至。

烽火台因沙漠化和人为盗掘而遭受严重破坏，仅存一座土丘。烽火台南部有一个直径和深2米的盗坑。土丘底部长27、宽15米，高约3米。烽火台四周约500平方米的范围内散布着许多陶片与动物骨骼碎片。陶片以夹砂红陶为主，多为手制，部分陶器口沿处有慢轮修整痕迹，从所采集陶片可辨别出的主要器形有缸、罐、钵、盘等。根据地理位置和陶片特征推测，该烽火台年代为唐代。

南面

唐显庆三年（658年），伊丽道行军大总管苏定方率军大败西突厥阿史那贺鲁，开始在西域地区修筑大量的烽火台，『由是脩亭障，列蹊隧，定强畛，问疾收胔，唐之州县极西海矣』。

北面

地表陶片

唐显庆三年（658年），伊丽道行军大总管苏定方率军大败西突厥阿史那贺鲁，开始在西域地区修筑大量的烽火台，『由是脩亭障，列蹊隧，定疆畛，问疾收胔，唐之州县极西海矣』。

129 阔西吞木烽火台

阔西吞木烽火台位于新疆维吾尔自治区喀什地区巴楚县农三师51团15连东北15.3千米的荒漠中。地处塔克拉玛干沙漠西部边缘，周围地势起伏不平，多垄状沙丘，生长有少量红柳、芦苇、骆驼刺等植物，人迹罕至。

该烽火台因分成东西2部分而得名。烽火台被盗墓分子疯狂地用大型推土机或铲车摧毁，仅存高出地表1米的红土平台，土台直径60～70米。据第二次全国文物普查报告记载，当时烽火台东西54.5、南北43.5、高4.8米。烽火台周围地面上布满陶片、骨渣、石块等。陶片火候较高，以夹砂红陶为主，也有少量灰陶，个别饰有黄绿色陶衣，多为手制；部分陶片口沿、底部残片上有慢轮修整痕迹，可辨出的有缸、罐、钵、盘等器形。根据地理位置和陶片特征推测，该烽火台年代为唐代。

附近陶缸碎片

全景（南—北）

唐显庆三年（658年），伊丽道行军大总管苏定方率军大败西突厥阿史那贺鲁，开始在西域地区修筑大量的烽火台，『由是脩亭障，列蹊隧，定强畛，问疾收胔，唐之州县极西海矣』。

130 泽吞木烽火台

泽吞木烽火台位于新疆维吾尔自治区喀什地区巴楚县农三师51团15连东北14千米的荒漠中。地处塔克拉玛干沙漠西部边缘，周围地势起伏不平，多垄状沙丘，缺乏植被。此地人迹罕至，交通闭塞。

烽火台因沙漠化和人为盗掘而遭受破坏。烽火台呈锥形，底部呈圆形，外表形成硬壳。下部用黄土夯筑而成，上部基本为土块垒砌。底部直径约50、顶部直径约8、高约14米，周长约160米。顶部与底部东面明显有被盗挖过的痕迹，底部盗洞口直径约1米。烽火台四周散布大量陶片，陶片火候较高，以夹砂红陶为主，也有少量灰陶，个别饰有黄绿色陶衣，多为手制，部分口沿、底部等残件上有慢轮修整痕迹，可分辨出的器形主要为大缸、罐、钵、盘、瓶等。据第二次全国文物普查推测，该烽火台年代为唐宋时期。

唐显庆三年（658年），伊丽道行军大总管苏定方率军大败西突厥阿史那贺鲁，开始在西域地区修筑大量的烽火台，『由是脩亭障，列蹊隧，定强畛，问疾收胔，唐之州县极西海矣』。

东面

西面

131 阿勒吞木南烽火台

阿勒吞木南烽火台位于新疆维吾尔自治区图木舒克市图木休克镇拜什阿恰尔自然村北约4.8千米。地处柯坪塔格山和宝尔塔哈山之间平原地带，周边地势起伏不平，土壤盐碱化严重。地表生长有稀疏的红柳、骆驼刺等耐盐碱植被。此地无人居住，偶有附近居民来此打柴。西北约26千米为314国道，东南距脱库吞木烽火台约2.7千米。

烽火台因沙漠化和人为盗挖破坏而坍塌严重，仅存一座高约8米的土堆，土堆平面呈近圆形，底部直径30、顶部直径9米。表面被一层干红柳和胡杨树枯枝所覆盖，其顶部和周围分布有大量陶器残片，陶器火候较高，以夹砂红陶为主，也有少量灰陶，个别饰有黄绿色陶衣，多为手制，口沿留有轮制痕迹。根据地理位置和陶片特征推测，该烽火台年代为唐代。

南面

唐显庆三年（658年），伊丽道行军大总管苏定方率军大败西突厥阿史那贺鲁，开始在西域地区修筑大量的烽火台，『由是脩亭障，列蹊隧，定强畛，问疾收胔，唐之州县极西海矣』。

132 阿勒吞木西南烽火台

阿勒吞木西南烽火台位于新疆维吾尔自治区图木舒克市图木休克镇拜什阿恰尔自然村东北约3.4千米。地处柯坪塔格山南麓，地势起伏不平，多沙丘，生长有稀疏的红柳、骆驼刺等植物。此地无人居住，偶有附近居民来此打柴。西北距314国道约26.5千米，东南距脱库吞木烽火台2千米。

烽火台因风蚀和人为盗掘破坏受损严重，仅存一座土堆，土堆底部直径约16、高约5米。土堆上堆积有红柳枝，东侧有一个直径约2米的盗洞。烽火台四周散落大量陶片，采集到陶器的口沿及底部残片，以夹砂红陶为主，也有少量灰陶，多为手制，口沿有轮制痕迹。根据地理位置和陶片特征推测，该烽火台年代为唐代。

唐显庆三年（658年），伊丽道行军大总管苏定方率军大败西突厥阿史那贺鲁，开始在西域地区修筑大量的烽火台，『由是悕亭障，列蹲隧，定强畛，问疾收胔，唐之州县极西海矣』。

全景（南—北）

133 脱库吞木烽火台

脱库吞木烽火台位于新疆维吾尔自治区图木舒克市图木休克镇英艾包孜村、农三师51团15连北约5.7千米。地处柯坪塔格山南麓的绿洲西北约3.6千米的沙漠边缘。四周地势起伏不平，多生长灌木丛的沙丘，沙丘间土质疏松，土壤盐碱化严重，生长有红柳、芦苇、骆驼刺、罗布麻等耐旱碱性植物。东侧有便道，此地无人居住，偶有附近居民来此打柴放牧。

烽火台有围墙，因沙漠化、风雨侵蚀和人为盗掘破坏而损毁严重，保存较差。台体与围墙损毁呈土包状，与地面无明显边界。围墙平面略呈圆形，直径约90、高约2米，墙内地表高出墙外约1米。烽火台位于围墙南端，直径约10、高约4米。烽火台南侧有一个深约2米的盗洞，从盗洞内的地层剖面看，除有少量木炭层堆积外未发现明显夯层，表明台体可能为直接堆土而成。地表分布有零星陶片，均为夹砂红陶，破碎严重，器形不辨。据第二次全国文物普查推测，该烽火台年代为唐至宋代。

远景（西南面）

南面

唐显庆三年（658年），伊丽道行军大总管苏定方率军大败西突厥阿史那贺鲁，开始在西域地区修筑大量的烽火台，『由是脩亭障，列蹊隧，定强畛，问疾收胔，唐之州县极西海矣』。

134 阿太西烽火台

阿太西烽火台位于新疆维吾尔自治区喀什地区巴楚县恰尔巴格乡七里达克村东北8.5千米。地处阿太西山南麓、塔克拉玛干沙漠西部边缘荒漠中，地势平坦开阔，附近分布着大小不一的沙丘，远处为塔尼哈塔格山，附近生长有红柳、芦苇、骆驼刺等耐旱植物。西为图木舒克市到巴楚县火车站的公路。

烽火台依山而建，呈覆斗形，平面呈长方形，剖面呈梯形。因风雨侵蚀，南壁残损严重。底部用土坯平砌而成，中间夹杂红柳层，红柳层间距0.8～1.2米。烽火台南壁长约10.8、东壁长约12、西壁长约9.5、北壁长约8.7米，高4～5米。土坯有两种规格，其中一种土坯长31、宽25、厚10厘米。烽火台周围发现陶片。根据地理位置和建筑形制推测，该烽火台年代为唐代。

唐显庆三年（658年），伊丽道行军大总管苏定方率军大败西突厥阿史那贺鲁，开始在西域地区修筑大量的烽火台，『由是脩亭障，列蹊隧，定强畛，问疾收胔，唐之州县极西海矣』。

北面

135 塔哈塔合山一号烽火台

塔哈塔合山一号烽火台位于新疆维吾尔自治区喀什地区巴楚县恰尔巴格乡七里达克村东北8千米。地处塔哈塔合山西南部，山下生长有红柳、芦苇、骆驼刺等植物。烽火台西约40米为图木舒克市到巴楚县火车站的公路。

烽火台因风雨侵蚀和人为盗挖破坏而全部倒塌，呈土堆状。烽火台依山而建，土堆南北31、东西11.2、高出山顶约0.9米。据《喀什地区文物普查资料汇编》记载，烽火台平面呈正方形，边长6、残高1米，以土坯和红柳构筑而成。周围散见夹砂红陶片，器形不辨。该烽火台年代为唐代。

断面

局部（西南－东北）

唐显庆三年（658年），伊丽道行军大总管苏定方率军大败西突厥阿史那贺鲁，开始在西域地区修筑大量的烽火台，『由是脩亭障，列蹊隧，定强畛，问疾收胔，唐之州县极西海矣』。

塔哈塔合山二号烽火台

塔哈塔合山二号烽火台位于新疆维吾尔自治区喀什地区巴楚县恰尔巴格乡七里达克村东北8千米。地处塔哈塔合山上，山势险要，山上寸草不生。西有图木舒克市至巴楚县火车站的公路。

烽火台因风雨侵蚀破坏，仅存一座黄土堆。据《喀什地区文物普查资料汇编》记载，塔哈塔合山二号烽火台位于塔哈塔合山一号烽火台北，东西4.8、南北4、高3.5米，形状不明。该烽火台年代为唐代。

唐显庆三年（658年），伊丽道行军大总管苏定方率军大败西突厥阿史那贺鲁，开始在西域地区修筑大量的烽火台，『由是脩亭障，列蹊隧，定强畛，问疾收胔，唐之州县极西海矣』。

全景（东－西）

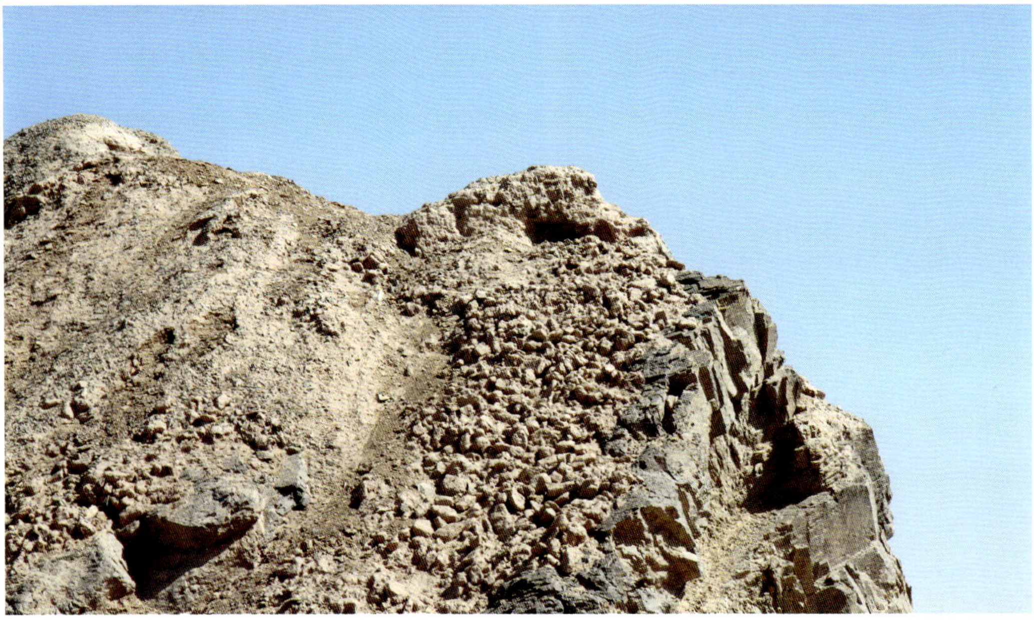

局部

137 塔哈塔合山三号烽火台

塔哈塔合山三号烽火台位于新疆维吾尔自治区喀什地区巴楚县恰尔巴格乡七里达克村东北8千米。地处塔里木盆地西北边缘的坦尼哈塔格山上，地势险要，山上寸草不生。西有图木舒克市到巴楚县火车站的公路。

烽火台因风雨侵蚀保存较差，南、西壁倒塌。烽火台用土坯砌筑而成，东壁长约3.9、北壁长约3.2米（依山势修建），高约2米，土坯长33、宽24、厚10厘米。烽火台附近未发现任何遗物。该烽火台年代为唐代。

近景（北—南）

唐显庆三年（658年），伊丽道行军大总管苏定方率军大败西突厥阿史那贺鲁，开始在西域地区修筑大量的烽火台，『由是脩亭障，列蹊隧，定强畛，问疾收胔，唐之州县极西海矣』。

塔哈塔合山四号烽火台

塔哈塔合山四号烽火台位于新疆维吾尔自治区喀什地区巴楚县恰尔巴格乡七里达克村东北8千米。地处坦尼哈塔格山上，地势险要，山上寸草不生。西为图木舒克市到巴楚县火车站的公路。

烽火台仅存一座黄土堆，土堆中发现半块土坯，土坯宽24、厚10厘米。第二次全国文物普查时，烽火台基本坍塌成土堆，形状不明。该烽火台年代为唐代。

唐显庆三年（658年），伊丽道行军大总管苏定方率军大败西突厥阿史那贺鲁，开始在西域地区修筑大量的烽火台，『由是脩亭障，列蹊隧，定强畛，问疾收胔，唐之州县极西海矣』。

近景（南—北）

139 塔哈塔合山五号烽火台

塔哈塔合山五号烽火台位于新疆维吾尔自治区喀什地区巴楚县恰尔巴格乡七里达克村东北8千米的坦尼哈塔格山上。地处坦尼哈塔格山的最北端，地势险要，山上无植被。西为图木舒克市到巴楚县火车站的公路，南约40米为塔哈塔合山四号烽火台。

烽火台因风雨侵蚀，台体保存较差，东壁残缺严重。东壁残缺处可以看出此烽火台为土坯砌成，烽火台东西约8.3、南北约4.6、高约1.2米。土坯长35、宽24、厚10厘米。该烽火台年代为唐代。

近景（北—南）

唐显庆三年（658年），伊丽道行军大总管苏定方率军大败西突厥阿史那贺鲁，开始在西域地区修筑大量的烽火台，『由是脩亭障，列蹊隧，定强畛，问疾收胔，唐之州县极西海矣』。

140 塔哈塔合山六号烽火台

塔哈塔合山六号烽火台位于新疆维吾尔自治区喀什地区巴楚县恰尔巴格乡七里达克村东北8千米。地处坦尼哈塔格山上，山上寸草不生，地势险要。西有图木舒克市到巴楚县火车站的公路。西距塔哈塔合山四号烽火台约0.1千米，西北距塔哈塔合山五号烽火台约0.1千米。

烽火台保存较差，但其形制和大小尚可辨清。土坯砌筑而成。南北约10.1、东西约8.4、高3～4米。土坯有两种规格：一种长30、宽23、厚10厘米，另一种长33、宽28、厚7厘米。烽火台附近发现有草拌泥块、陶片、木炭、木头等遗物。该烽火台年代为唐代。

唐显庆三年（658年），伊丽道行军大总管苏定方率军大败西突厥阿史那贺鲁，开始在西域地区修筑大量的烽火台，『由是俻亭障，列蹊隧，定强畛，问疾收胔，唐之州县极西海矣』。

远景（西北—东南）

141 马蹄山烽火台

马蹄山烽火台位于新疆维吾尔自治区喀什地区巴楚县恰尔巴格乡奥依阔塘村东8.8千米的乌库麻札塔格山东南端的山上。地处塔里木盆地西北边缘，山体裸露，缺乏植被。山下地势平坦，生长有胡杨、红柳、芦苇、骆驼刺、罗布麻等耐盐碱植物。东约40米为巴楚县至农三师51团的公路。

烽火台因风雨侵蚀和人为盗掘而遭受严重破坏，顶部塌陷，有火烧痕迹。平面呈近正方形，土坯垒砌而成，缝隙间铺抹草拌泥。土坯间夹树枝和作物秸秆作为筋骨，起加固作用。烽火台东壁长约6.7米，南壁长约6.1米，西壁长约4.6米，北墙长约5.9米，高约3.6米。土坯长28、宽12、厚8厘米。根据建筑形制推测，该烽火台年代为唐代。

东南面

局部（西北—东南）

唐显庆三年（658年），伊丽道行军大总管苏定方率军大败西突厥阿史那贺鲁，开始在西域地区修筑大量的烽火台，『由是馀亭障，列蹊隧，定强畛，问疾收胔，唐之州县极西海矣』。

142 喀勒乎其农场烽火台

喀勒乎其农场烽火台位于新疆维吾尔自治区喀什地区伽师县英买里乡英阿瓦提村喀拉墩自然村西南3.6千米。地处喀什噶尔河冲积平原中下游的荒漠戈壁中，地势较为平坦，远处有一些沙土丘，地表生长有红柳、芦苇等耐旱植被。东距阿勒吐尼墩遗址约3.5千米，东南距克孜勒巴依拉克遗址约3.7千米。

烽火台因风化等自然因素破坏而损毁严重。现呈圆锥状，台体四壁都有不同程度的损毁。烽火台上部为土坯砌筑，下部为黄土夯筑而成，东西约5.5、南北约3.5、高约3米。周围散落陶片和木炭等遗物，烽火台西南部分布较集中。陶片包括夹砂红、黑陶和泥质灰陶。烽火台西约30米处有两个东西向排列的残损陶缸，陶缸仅存腹部以下部分，腹部直径约1米。依据其建筑形制和周围遗物的特征判断，该烽火台年代为唐代。

唐显庆三年（658年），伊丽道行军大总管苏定方率军大败西突厥阿史那贺鲁，开始在西域地区修筑大量的烽火台，『由是脩亭障，列蹊隧，定强畛，问疾收胔，唐之州县极西海矣』。

北面

东面

地表陶片

唐显庆三年（658年），伊丽道行军大总管苏定方率军大败西突厥阿史那贺鲁，开始在西域地区修筑大量的烽火台，『由是脩亭障，列蹊隧，定强畛，问疾收嵩，唐之州县极西海矣』。

143 墩肖一号烽火台

墩肖一号烽火台位于新疆维吾尔自治区克孜勒苏柯尔克孜自治州阿图什市阿扎克乡库木萨克村东约19千米。地处盐碱滩上，四周地势平坦，地面较平整，地表盐碱化严重，板结成块，周围植被稀少，生长有少量骆驼刺。附近无人居住，北侧有1条通往伽师县八乡的土路。

烽火台因盐碱腐蚀、风蚀和人为盗掘因素破坏而损毁严重，坍塌成圆丘，底部直径18、顶部直径5、高约3米。顶部凹凸不平，有人为盗掘痕迹。烽火台为土坯砌筑而成，土坯规格不详。因烽火台保存较差，尚无发现可以断代的遗物。根据地理位置推测，该烽火台年代可能为唐代。

唐显庆三年（658年），伊丽道行军大总管苏定方率军大败西突厥阿史那贺鲁，开始在西域地区修筑大量的烽火台，『由是修亭障，列蹊隧，定强畛，问疾收胔，唐之州县极西海矣』。

西面

墩肖二号烽火台

墩肖二号烽火台位于新疆维吾尔自治区克孜勒苏柯尔克孜自治州阿图什市阿扎克乡库木萨克村东南约18千米的盐碱滩上。四周地势平坦，土壤盐碱化严重，地表板结成块，植被稀少，仅生长有少量红柳，附近无人居住。东8千米为克孜勒苏河，南0.2千米为阿扎克乡通往伽师县的土路。

烽火台因长年风雨侵蚀和人为盗掘破坏而损毁严重，原貌不可见，仅剩圆形土堆。烽火台用土坯砌筑而成，呈圆丘形，底部直径约12、顶部直径约6、高约4米。烽火台顶部东北侧有一个盗坑，盗坑长约3、宽2、深约1.5米，从盗坑依稀可见土坯垒砌痕迹。烽火台西南约20米处现存一座房址，房址平面呈近长方形，长约5、宽约3米，周围地面散落有少量陶片、木炭及铜片，陶片为夹砂红陶。根据地理位置和地表陶片推测，该烽火台年代可能为唐代。

周边盐碱地貌

南面

唐显庆三年（658年），伊丽道行军大总管苏定方率军大败西突厥阿史那贺鲁，开始在西域地区修筑大量的烽火台，『由是脩亭障，列蹊隧，定强畛，问疾收胔，唐之州县极西海矣』。

145 赛格孜烽火台

赛格孜烽火台位于新疆维吾尔自治区喀什地区伽师县克孜勒苏乡巴什兰干村西南11千米。地处塔里木盆地西缘、喀什噶尔河冲积平原中下游的戈壁中。地势平坦，土壤碱性较大，地表生长有红柳、骆驼刺等耐旱碱性植物。周围无人居住，人迹罕至。西距卡哈烽火台约1.85千米，再往西约1.7千米是莫尔通烽火台。

烽火台因风雨侵蚀和人为挖掘破坏而受损严重，仅剩一座不规则形土堆。从坍塌土堆面积分析，该烽火台体积较小。土堆中部有深约1米的盗坑，残留有土坯的碎块、木棍等；土堆底部南北约11、东西约9米，残高约1.5米。根据地理位置推测，该烽火台年代可能为唐代。

唐显庆三年（658年），伊丽道行军大总管苏定方率军大败西突厥阿史那贺鲁，开始在西域地区修筑大量的烽火台，『由是脩亭障，列蹊隧，定彊畛，问疾收胔，唐之州县极西海矣』。

南面

146 库木萨克一号烽火台

库木萨克一号烽火台位于新疆维吾尔自治区克孜勒苏柯尔克孜自治州阿图什市阿扎克乡库木萨克村东南21千米的戈壁滩上。地表被盐碱覆盖，土壤呈碱性，植被稀少，生长有少量的骆驼刺。周围无人居住。

烽火台因风蚀、盐碱腐蚀和人为盗挖破坏而损毁严重，仅存一个圆形土堆。土堆的建筑方式不详。下部直径16、上部直径5.7、高约2米。附近地表未见遗物。根据地理位置推测，该烽火台年代可能为唐代。

全景（南—北）

唐显庆三年（658年），伊丽道行军大总管苏定方率军大败西突厥阿史那贺鲁，开始在西域地区修筑大量的烽火台，『由是脩亭障，列蹊隧，定强畛，问疾收胔，唐之州县极西海矣』。

摩克提木烽火台

摩克提木烽火台又名卡哈烽火台，位于新疆维吾尔自治区克孜勒苏柯尔克孜自治州阿图什市阿扎克乡库木萨克村东南20千米。地处戈壁滩中，土壤盐碱化程度高，植被稀少，仅生长骆驼刺等耐旱的碱性植物。春季风沙大，周围无人居住。

烽火台因风雨侵蚀、盐碱腐蚀和人为盗挖破坏而受损严重，形成一个土堆，顶部被削平，有盗掘痕迹。烽火台用土坯砌筑而成，基部直径15、高约4米。土坯长35、宽35、厚10厘米。地表可见碎陶片和动物骨骼残片。根据地理位置和地表遗物推测，该烽火台年代可能为唐代。

周边环境

东面

唐显庆三年（658年），伊丽道行军大总管苏定方率军大败西突厥阿史那贺鲁，开始在西域地区修筑大量的烽火台，『由是脩亭障，列蹊隧，定强畛，问疾收胔，唐之州县极西海矣』。

148 摩尔提木烽火台

摩尔提木烽火台又名莫尔通烽火台，位于新疆维吾尔自治区克孜勒苏柯尔克孜自治州阿图什市阿扎克乡库木萨克村东南18千米。地处博古孜达利亚河谷河床上，地表被盐碱覆盖，少植被。附近无人居住，有一条乡间便道从遗址前经过。

因风雨侵蚀、盐碱腐蚀和生产活动破坏，致使烽火台顶部和东南壁残损严重。烽火台现为圆锥形土堆，东侧有盗洞，顶部架设有航空导航设备。烽火台用土坯垒筑而成，土坯间夹杂着大小不一的木棍。底部直径18、高约7米。土坯有长36、宽34、厚9厘米和长43、宽25、厚10厘米两种。土堆附近散落少量的木构件，地表可见碎陶片和动物骨骼残片。根据建筑特点初步推测，该烽火台年代可能为唐代。

南面

唐显庆三年（658年），伊丽道行军大总管苏定方率军大败西突厥阿史那贺鲁，开始在西域地区修筑大量的烽火台，『由是脩亭障，列蹊隧，定彊畛，问疾收胔，唐之州县极西海矣』。

西面

东面

局部

唐显庆三年（658年），伊丽道行军大总管苏定方率军大败西突厥阿史那贺鲁，开始在西域地区修筑大量的烽火台，『由是脩亭障，列蹊隧，定强畛，问疾收胔，唐之州县极西海矣』。

149 库木萨克二号烽火台

库木萨克二号烽火台位于新疆维吾尔自治区克孜勒苏柯尔克孜自治州阿图什市阿扎克乡库木萨克村东南21千米的戈壁滩上。地处博古孜达利亚河下游古河道冲积平原上，四周地势平坦，地表被盐碱所覆盖，植被稀少，主要生长有红柳和骆驼刺等耐旱植物。烽火台附近有一条人工渠，周围无居民居住。

烽火台因盐碱腐蚀和人为盗掘破坏而损毁严重，仅存一个圆形土堆。烽火台用土坯砌筑而成，土堆底部直径约21、高约8米，西侧有盗坑。根据其地理位置和形制初步判断，该烽火台年代应为唐代。

西面

东面

唐显庆三年（658年），伊丽道行军大总管苏定方率军大败西突厥阿史那贺鲁，开始在西域地区修筑大量的烽火台，『由是脩亭障，列蹊隧，定强畛，问疾收胔，唐之州县极西海矣』。

150 库木萨克三号烽火台

库木萨克三号烽火台位于新疆维吾尔自治区克孜勒苏柯尔克孜自治州阿图什市阿扎克乡库木萨克村东南22千米。地处戈壁滩上，四周地势平坦，地表被盐碱所覆盖，植被稀少，生长有骆驼刺等耐旱植物。烽火台南侧有一条东西向的便道，周围无人居住。

烽火台因盐碱腐蚀和盗掘破坏而损毁严重，坍塌成一个圆形土堆。土堆基部直径15、顶部直径7、高3米，烽火台东、北侧有盗坑。根据所处地理位置推测，该烽火台年代为唐代。

唐显庆三年（658年），伊丽道行军大总管苏定方率军大败西突厥阿史那贺鲁，开始在西域地区修筑大量的烽火台，『由是脩亭障，列蹊隧，定强畛，问疾收胔，唐之州县极西海矣』。

南面

东面

151 卡格提木烽火台

卡格提木烽火台位于新疆维吾尔自治区克孜勒苏柯尔克孜自治州阿图什市阿扎克乡库木萨克村东18千米。地处盐碱滩上，四周地势平坦，土壤盐碱化严重，地表较硬，植被稀少，主要生长有红柳等耐旱植物，附近无人居住。烽火台北侧0.2千米处有一条乡道东西向通过，东距克孜勒苏河约8千米。

烽火台因盐碱腐蚀和盗掘破坏而损毁严重，坍塌成圆丘状土堆，上面覆盖一层厚约0.3米的碱土。烽火台为土坯砌筑而成，底部直径约15、高约5米，顶部较平，直径5.5米。因风蚀严重，土坯规格不可知。烽火台周围散落有少量夹砂红陶片及少量木炭屑。根据建筑形制和地表遗物推测，该烽火台年代为唐代。

全景（东—西）

东面

唐显庆三年（658年），伊丽道行军大总管苏定方率军大败西突厥阿史那贺鲁，开始在西域地区修筑大量的烽火台，『由是脩亭障，列蹊隧，定强畛，问疾收胔，唐之州县极西海矣』。

152 提坚烽火台

提坚烽火台位于新疆维吾尔自治区克孜勒苏柯尔克孜自治州阿图什市格达良乡提坚村北约1千米处盐碱滩上。地势平坦，土壤盐碱化较重，生长有红柳、芦蒿等植物，北侧为一条东西向水渠。

烽火台因盐碱腐蚀和修建水渠而损毁严重，台体北半部被推掉，基部腐蚀严重。烽火台为黄土夯筑而成，直径21.5、高约6米，地表未发现任何遗物。根据结构初步判断，该烽火台年代为唐代。

唐显庆三年（658年），伊丽道行军大总管苏定方率军大败西突厥阿史那贺鲁，开始在西域地区修筑大量的烽火台，『由是脩亭障，列躁隧，定彊畛，问疾收胔，唐之州县极西海矣』。

南面

153 七盘磨戍堡

七盘磨戍堡位于新疆维吾尔自治区克孜勒苏柯尔克孜自治州阿图什市松他克乡肖鲁克村东18千米，七盘磨大桥北约0.3千米。地处巴羌阿格孜河西岸高出河床约3米的台地上，西靠山坡，植被稀少，地表多鹅卵石，东距红旗农场2千米。该戍堡背山面河，地理位置险要，是古代扼守阿图什市通往喀什地区的必经之路。

戍堡因自然风蚀和人为盗挖破坏而损毁严重，仅剩部分。戍堡顶部塌陷，东墙有部分坍塌。平面呈椭圆形，土坯错缝平砌而成，南北长径约11、东西短径约7.5、高约8.2米。根据建筑形制结合文献记载初步推测，该戍堡建于唐代。

俯视

全景（东南—西北）

唐显庆三年（658年），伊丽道行军大总管苏定方率军大败西突厥阿史那贺鲁，开始在西域地区修筑大量的烽火台，『由是脩亭障，列蹊隧，定强畛，问疾收胔，唐之州县极西海矣』。

154 塔克塔克提木烽火台*

塔克塔克提木烽火台位于新疆维吾尔自治区喀什地区疏附县阿克喀什乡乌拉依木阿吉木能买里斯村西2千米。地处古玛塔格山东南、喀什噶尔河北岸。四周为农田包围，此地土质疏松，土壤含碱量较高，生长有红柳、芦苇、骆驼刺等植物。西南约2.3千米为库勒村，东南有四户人家。

烽火台呈覆斗形，平面呈长方形，剖面呈梯形，因受风雨侵蚀和人为生产活动破坏而受损。长16、宽5.7、高6.5米，外侧有推土机或铲车破坏痕迹。烽火台由黄土夯筑而成，夯层不明。烽火台东北端有一个土堆，土堆周围发现一些炉渣。第二次全国文物普查时推测该烽火台年代为唐代。

唐显庆三年（658年），伊丽道行军大总管苏定方率军大败西突厥阿史那贺鲁，开始在西域地区修筑大量的烽火台，『由是脩亭障，列蹊隧，定强畛，问疾收觜，唐之州县极西海矣』。

西南面

西面

155 提坚比西拱拜孜驿站*

提坚比西拱拜孜驿站位于新疆维吾尔自治区克孜勒苏柯尔克孜自治州阿图什市格达良乡曲尔盖村西12千米。地处盐碱滩上，土壤盐碱化严重，无植被，较为荒凉，北侧有深约7米的冲沟，周围无人居住。西北距托喀依水库约3千米，南距阿图什市到格达良乡的公路0.1千米。驿站被一条东西向的冲沟分成两部分。该驿站是阿图什市发现的唯一一处古代驿站遗址，对研究唐代该地区的军事设施及通信历史有较为重要的意义。

驿站因自然风蚀和人为因素破坏，仅剩三处房址，部分房址地基周围残留大量土坯残块。房址均剩长方形土台，高出地面0.5～1.5米。北部房址东西约20、南北约10米，地基两侧可见大量土坯残块。南部房址有两处，仅见轮廓，东侧房址长约10、宽约6米，西侧房址长约6、宽约5米。房址周围地面散落少量带釉陶片。根据其房址布局及陶片特点初步判定，该驿站年代为唐代。

全景（南—北）

唐显庆三年（658年），伊丽道行军大总管苏定方率军大败西突厥阿史那贺鲁，开始在西域地区修筑大量的烽火台，『由是脩亭障，列蹊隧，定强畛，同疾收啬，唐之州县极西海矣』。

1 尤勒滚鲁克烽火台

尤勒滚鲁克烽火台位于新疆维吾尔自治区哈密地区哈密市天山乡头道沟村新哈巴公路33千米里程碑西约2千米的黑色山丘上。地势北高南低，属典型的大陆性温带干旱气候，周边地表植被稀少。烽火台东、南侧为黑色山丘，西为山沟，北为戈壁。

烽火台平面呈长方形，东西约5、南北约4、残高约5米。石块垒筑，中间夹有树枝。烽火台保存一般，东壁坍塌严重，西壁部分坍塌，南、北壁保存较好。周围地表未见任何遗物。根据地理位置和建筑形制推测，该烽火台修建于唐代，清代又加固沿用。

唐显庆三年（658年），伊丽道行军大总管苏定方率军大败西突厥阿史那贺鲁，开始在西域地区修筑大量的烽火台，『由是脩亭障，列蹊隧，定强畛，问疾收胔，唐之州县极西海矣』。

远景

唐显庆三年（658年），伊丽道行军大总管苏定方率军大败西突厥阿史那贺鲁，开始在西域地区修筑大量的烽火台，『由是脩亭障，列蹊隧，定强畛，问疾收胔，唐之州县极西海矣』。

2 阔吐尔烽火台

阔吐尔烽火台位于新疆维吾尔自治区哈密地区伊吾县前山哈萨克民族乡喀拉乌勒村北41千米阔吐尔肖纳的一处小山顶上。地处东天山支脉慕钦乌拉山北麓，山上布满砾石，山下为戈壁，零星分布有骆驼刺，附近无人居住。西北33千米为东庄子烽火台。

因风雨侵蚀，台体部分受损。烽火台整体呈覆斗形，平面呈近正方形，底部边长5、高约6.8米。外部为石块、片石垒砌而成，内部为土石夯筑，中间夹杂芨芨草、胡杨木枝，顶部往下约1.5米处铺有一层芨芨草编织的草席。烽火台西侧山梁下有一处石块垒砌的房屋遗迹，可能为驻守烽火台的士兵居所，东西3、南北1米，北墙无存，其余各面墙体为片石垒砌，高约1米。根据地理位置和建筑形制推测，该烽火台修建于唐代，清代又加固沿用。

唐显庆三年（658年），伊丽道行军大总管苏定方率军大败西突厥阿史那贺鲁，开始在西域地区修筑大量的烽火台，『由是脩亭障，列蹊隧，定强畛，问疾收胔，唐之州县极西海矣』。

全景（北—南）

西面

东面

北面

局部

唐显庆三年（658年），伊丽道行军大总管苏定方率军大败西突厥阿史那贺鲁，开始在西域地区修筑大量的烽火台，『由是脩亭障，列蹊隧，定强畛，问疾收胔，唐之州县极西海矣』。

3 东庄子烽火台

东庄子烽火台位于新疆维吾尔自治区哈密地区巴里坤哈萨克自治县三塘湖乡东庄子村东南约6千米处山包上。东约14千米为牛圈湖坎儿井，东南33千米为阔吐尔烽火台，西北32千米为石板墩烽火台。

烽火台因其表面颜色发白而又被称为“白墩”。台体呈覆斗形，平面呈正方形，剖面呈梯形。台体为土坯错缝平砌而成，每隔0.6米平铺一层木杆和树枝作为筋骨，起到牵拉作用；基部外侧用黑色砾石包砌。烽火台残高约10米，基部边长10.3米，石砌部分高2.5米。土坯长35、宽23、厚5厘米。烽火台不见明显修补痕迹，周围发现少量泥质灰陶片。根据地理位置和建筑形制推测，该烽火台修建于唐代，清代又加固沿用。

唐显庆三年（658年），伊丽道行军大总管苏定方率军大败西突厥阿史那贺鲁，开始在西域地区修筑大量的烽火台，『由是脩亭障，列蹊隧，定强畛，问疾收胔，唐之州县极西海矣』。

南面

东面

西面

北面

土坯中夹筑的木棍和树枝

唐显庆三年（658年），伊丽道行军大总管苏定方率军大败西突厥阿史那贺鲁，开始在西域地区修筑大量的烽火台，『由是脩亭障，列蹊隧，定强畛，问疾收斛，唐之州县极西海矣』。

4 石板墩烽火台

石板墩烽火台位于新疆维吾尔自治区哈密地区巴里坤哈萨克自治县三塘湖乡岔哈泉村西北18千米处的山丘上。东南约32千米为东庄子烽火台，西北约11千米为四塘泉烽火台，北约0.6千米为三塘湖乡至岔哈泉村的公路。

烽火台因风雨侵蚀被破坏，平面呈不规则八边形，南壁倒塌，北壁和西壁保存较好。烽火台内外分筑，外部用片石砌筑而成，内部用土坯错缝平砌而成，土坯长35、宽23、厚9厘米，土坯层之间每隔0.3～0.9米平铺了一层树枝作为筋骨。烽火台底部边长3～4米，周长26米，东南角残高约4米，东北角残高约7米。根据地理位置和内外分筑建筑形制推测，该烽火台修建于唐代，清代又加固沿用。

远景（北—南）

东面

唐显庆三年（658年），伊丽道行军大总管苏定方率军大败西突厥阿史那贺鲁，开始在西域地区修筑大量的烽火台，『由是脩亭障，列踩隧，定强畛，问疾收胔，唐之州县极西海矣』。

北面

南面

石块中夹筑的树枝和木棍

唐显庆三年（658年），伊丽道行军大总管苏定方率军大败西突厥阿史那贺鲁，开始在西域地区修筑大量的烽火台，『由是脩亭障，列蹊隧，定强畛，问疾收瘠，唐之州县极西海矣』。

5 四塘泉烽火台

四塘泉烽火台位于新疆维吾尔自治区哈密地区巴里坤哈萨克自治县三塘湖乡中湖村东南约20千米的山包上。地处戈壁，地表为砾石覆盖，无植被。东南约11千米为石板墩烽火台，西北约9千米为三塘泉烽火台，南约1千米有三塘湖乡至岔哈泉村的公路。

烽火台因风雨侵蚀，西壁坍塌严重。平面呈八边形，剖面呈梯形，东壁保存相对完整。该烽火台建筑方式同三塘泉烽火台近似，分为内外两层，内部用土坯错缝平砌而成，外部基础用石头包砌，烽火台上部土坯间夹杂树枝作为筋骨。烽火台残高约9米，石砌基础边长4~6、高1.2米。根据地理位置和内外分筑建筑形制推测，该烽火台修建于唐代，清代又加固沿用。

唐显庆三年（658年），伊丽道行军大总管苏定方率军大败西突厥阿史那贺鲁，开始在西域地区修筑大量的烽火台，『由是馆亭障，列蹊隧，定强畛，同疾收胔，唐之州县极西海矣』。

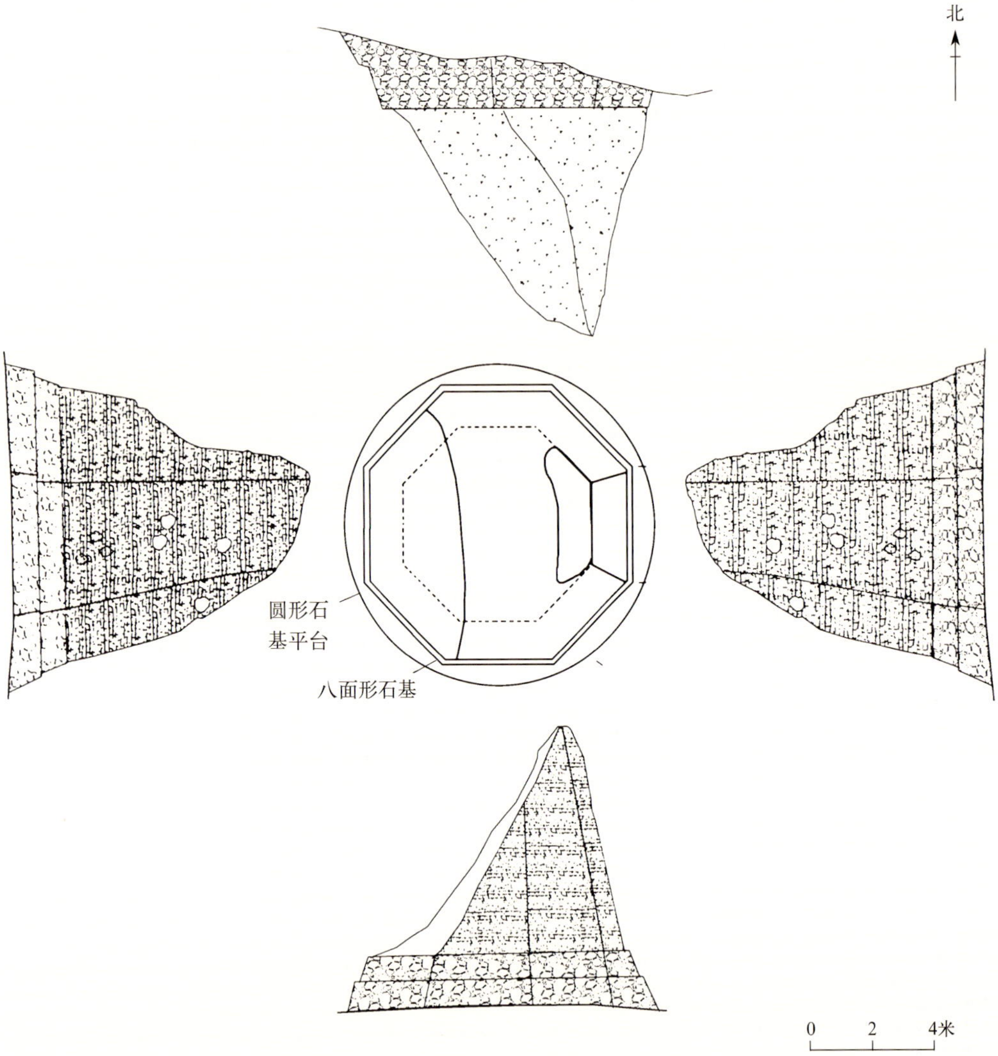

四塘泉烽火台平、立面示意图

远景（西—东）

南面

西面

唐显庆三年（658年），伊丽道行军大总管苏定方率军大败西突厥阿史那贺鲁，开始在西域地区修筑大量的烽火台，『由是脩亭障，列蹊隧，定强畛，问疾收嵴，唐之州县极西海矣』。

北面

东面

局部

唐显庆三年（658年），伊丽道行军大总管苏定方率军大败西突厥阿史那贺鲁，开始在西域地区修筑大量的烽火台，『由是脩亭障，列蹊隧，定强畛，问疾收胔，唐之州县极西海矣』。

6 三塘泉烽火台

三塘泉烽火台位于新疆维吾尔自治区哈密地区巴里坤哈萨克自治县三塘湖乡中湖村东南约12千米的山包上。东西两侧有泉水，东南约9千米为四塘泉烽火台，西北12.5千米为中湖村烽火台，南面约1千米有三塘湖乡至岔哈泉村的公路。

烽火台呈覆斗形，剖面呈梯形。烽火台因风雨侵蚀等自然因素破坏而损毁严重，西壁上部多坍塌。台体为土坯垒砌，底部外侧四周用石片垒筑包砌。烽火台边长4、高约9.5米，底部石片包砌部分高0.9米，土坯中间夹有土泥混合的树枝和直径10厘米的木柱，部分木柱由于烽火台垮塌而外露。从东、西残壁来看，烽火台分为内外两层，应属不同时代砌筑，外层推测为后来修缮。从南壁垮塌部分可以看出，烽火台的中心部分由石块垒筑，这种建筑形式有利于加强烽火台的稳固性。根据地理位置和内外分筑建筑形制推测，该烽火台修建于唐代，清代又加固沿用。

远景（西南—东北）

唐显庆三年（658年），伊丽道行军大总管苏定方率军大败西突厥阿史那贺鲁，开始在西域地区修筑大量的烽火台，『由是脩亭障，列蹊隧，定强畛，问疾收喲，唐之州县极西海矣』。

南面

西面

唐显庆三年（658年），伊丽道行军大总管苏定方率军大败西突厥阿史那贺鲁，开始在西域地区修筑大量的烽火台，『由是脩亭障，列蹊隧，定强畛，问疾收胔，唐之州县极西海矣』。

东面

北面

局部

唐显庆三年（658年），伊丽道行军大总管苏定方率军大败西突厥阿史那贺鲁，开始在西域地区修筑大量的烽火台，『由是脩亭障，列蹊隧，定强畛，问疾收胔，唐之州县极西海矣』。

7 中湖村烽火台

中湖村烽火台位于新疆维吾尔自治区哈密地区巴里坤哈萨克自治县三塘湖乡中湖村东北约0.6千米的山包上。南约1千米为乡政府，西约0.3千米有农田，东南12.5千米为三塘泉烽火台。

烽火台呈覆斗形，平面呈正方形，剖面呈梯形。由于风雨侵蚀造成东南角顶部垮塌。台体用土坯垒砌而成，土坯间涂抹草拌泥，中间夹有树枝层和粗约10厘米的木柱作为筋骨。烽火台基部外侧用黑色砾石块包砌而成，边长约10、通高约12、基部石砌部分高约2米。根据地理位置和内外分筑建筑形制推测，该烽火台修建于唐代，清代又加固沿用。

唐显庆三年（658年），伊丽道行军大总管苏定方率军大败西突厥阿史那贺鲁，开始在西域地区修筑大量的烽火台，『由是脩亭障，列蹊隧，定强畛，问疾收胔，唐之州县极西海矣』。

远景（南—北）

唐显庆三年（658年），伊丽道行军大总管苏定方率军大败西突厥阿史那贺鲁，开始在西域地区修筑大量的烽火台，『由是脩亭障，列蹊隧，定强畛，问疾收揃，唐之州县极西海矣』。

唐显庆三年（658年），伊丽道行军大总管苏定方率军大败西突厥阿史那贺鲁，开始在西域地区修筑大量的烽火台，『由是脩亭障，列蹊隧，定彊畛，问疾收胔，唐之州县极西海矣』。

8 岔哈泉烽火台

岔哈泉烽火台位于新疆维吾尔自治区哈密地区巴里坤哈萨克自治县三塘湖乡岔哈泉村东约1.5千米的山包上。山下为广阔的草原，地势平坦，草木繁茂。西约0.3千米有农田，南4千米为大红山北烽火台。

烽火台呈覆斗形，平面呈正方形，剖面呈梯形，除西南角稍有倒塌，其余尚好。台体用土坯错缝平砌而成，中间夹杂胡杨原木和树枝作为筋骨。外侧下部用黑色砾石包砌。烽火台底部边长10.4、顶部边长9.5、通高约10米，底部砾石包砌部分高2米。周围地表发现陶片。根据地理位置和内外分筑的建筑形制推测，该烽火台修建于唐代，清代加固沿用。

唐显庆三年（658年），伊丽道行军大总管苏定方率军大败西突厥阿史那贺鲁，开始在西域地区修筑大量的烽火台，『由是脩亭障，列蹊隧，定强畛，问疾收掎，唐之州县极西海矣』。

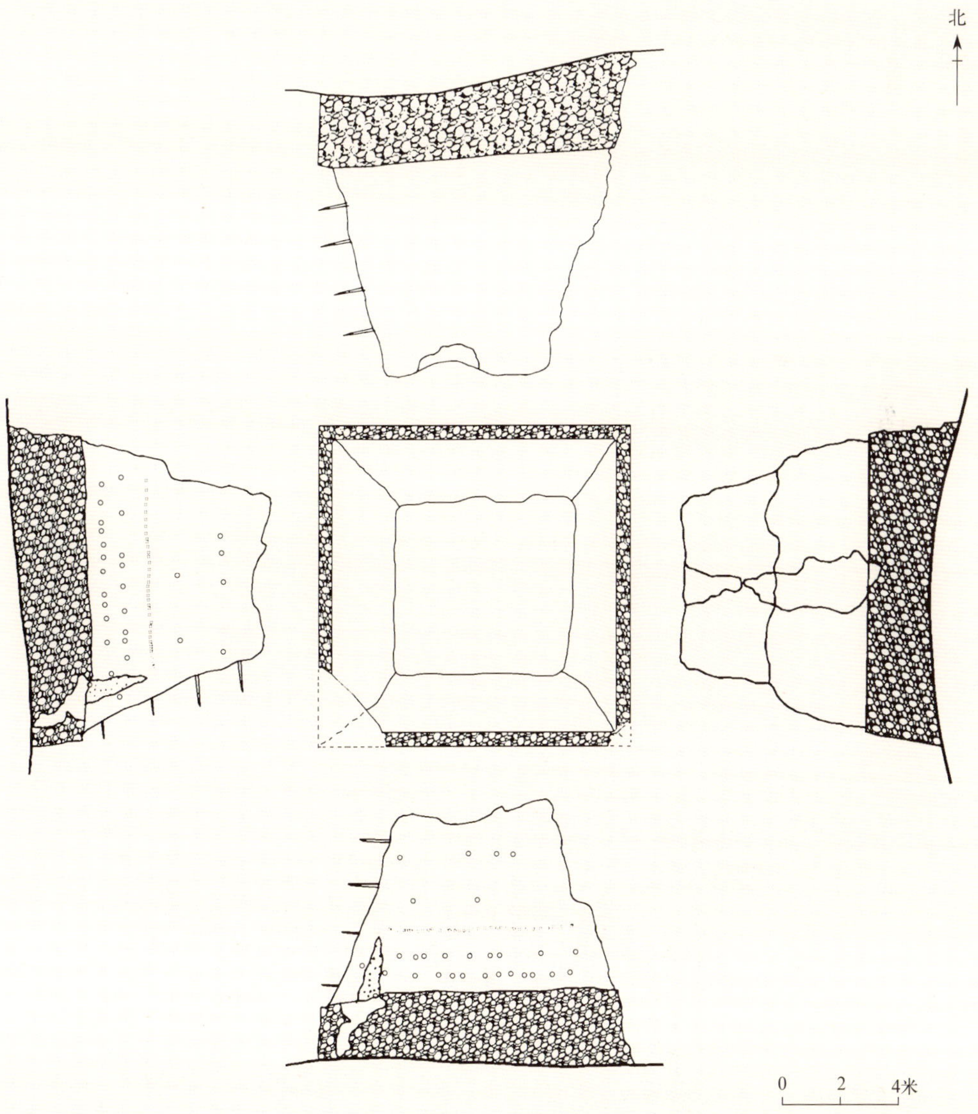

岔哈泉烽火台平、立面示意图

远景（西—东）

南面

唐显庆三年（658年），伊丽道行军大总管苏定方率军大败西突厥阿史那贺鲁，开始在西域地区修筑大量的烽火台，『由是脩亭障，列蹊隧，定强畛，问疾收胔，唐之州县极西海矣』。

东面

西面

北面

唐显庆三年（658年），伊丽道行军大总管苏定方率军大败西突厥阿史那贺鲁，开始在西域地区修筑大量的烽火台，『由是脩亭障，列蹊隧，定彊畛，问疾收胔，唐之州县极西海矣』。

9 大红山北烽火台

大红山北烽火台位于新疆维吾尔自治区哈密地区巴里坤哈萨克自治县八墙子乡大红山村大红山顶上，其周围为山脉和草场。南约7千米为八墙子岩画，西约3千米为巴里坤县城至三塘湖乡的公路，北4千米为岔哈泉烽火台。

烽火台因风雨侵蚀南壁坍塌，北壁保存较好。烽火台呈六边形，边长约3.5、残高约5米。外部系片石垒砌而成，片石间用黄泥作浆而黏结，内夹筑植物的枝条，起拉筋作用。其形制与岔哈泉烽火台相似。据地理位置和内外分筑的建筑形制推测，该烽火台修建于唐代，清代加固沿用。

唐显庆三年（658年），伊丽道行军大总管苏定方率军大败西突厥阿史那贺鲁，开始在西域地区修筑大量的烽火台，『由是脩亭障，列蹊隧，定强畛，问疾收胔，唐之州县极西海矣』。

远景（西—东）

西面

唐显庆三年（658年），伊丽道行军大总管苏定方率军大败西突厥阿史那贺鲁，开始在西域地区修筑大量的烽火台，『由是脩亭障，列蹊隧，定强畛，问疾收胔，唐之州县极西海矣』。

10 马王庙东山顶烽火台

马王庙东山顶烽火台位于新疆维吾尔自治区哈密地区巴里坤哈萨克自治县八墙子乡八墙子村西东山顶上。周围为草场，人烟稀少。西约3千米为巴里坤至三湖乡公路38千米里程碑处，北10千米为大红山北烽火台，南7千米为双墩子烽火台。

烽火台因风雨侵蚀和人为破坏而损毁严重，西北壁仅存基部，上部倒塌，南壁有现代垒筑的羊圈，东、北壁保存尚好。台体呈六边形，外部系片石垒筑包砌而成，内夹筑植物枝条，片石用黄泥坐浆。下部边长约5、残高约4米。烽火台上有人为攀爬形成的两条供上下的小路，其形制与岔哈泉烽火台相似。根据地理位置和建筑形制推测，该烽火台修建于唐代，清代加固沿用。

唐显庆三年（658年），伊丽道行军大总管苏定方率军大败西突厥阿史那贺鲁，开始在西域地区修筑大量的烽火台，『由是俢亭障，列蹊隧，定强畛，问疾收胔，唐之州县极西海矣』。

远景（西北—东南）

唐显庆三年（658年），伊丽道行军大总管苏定方率军大败西突厥阿史那贺鲁，开始在西域地区修筑大量的烽火台，『由是脩亭障，列蹊隧，定强畛，问疾收胔，唐之州县极西海矣』。

白墩烽火台

白墩烽火台位于新疆维吾尔自治区哈密地区巴里坤哈萨克自治县大红柳峡乡霍斯库仍村东南、农十三师红星一牧场克孜勒库都克村西北约14千米。地处慕钦乌拉山西南部的鹰嘴山上，周边植被稀少，山下周围为广阔的大草原。南约1千米处有两户哈萨克牧民的冬窝子，北约5.5千米为巴里坤县城通往县煤矿的公路，东南22千米为阿尕勒烽火台，西北13千米为东泉烽火台。

烽火台因风雨侵蚀西壁部分坍塌，倒塌物堆积于烽火台下形成高约1.1米的小土包。烽火台呈覆斗形，平面呈长方形。烽火台底部长8、宽5.8米，残高约7米。台体用青灰色土坯错缝平砌至顶，后用土黄色土坯对其进行加固，除西壁外，其余三壁的加固墙体均保存较好，加固墙体厚约1.5米。烽火台的上部风化剥落成为尖角柱状，顶部宽2米，每隔1米有直径约10厘米的木柱暴露。台体东壁有一个门洞，宽1.5、高2.2、进深4.5米，洞内顶部有火烧烟熏痕迹，可看出内部为土坯、泥、碎石块混合结构；北壁有一个门洞，宽约1.1、高约1.8、进深0.3米。从西壁断层可看出烽火台是由土坯、作物秸秆、小石块砌筑而成，从北壁和南壁的裂隙处可看出台体有内外两层。根据建筑特点及与其他烽火台的关系确定，该烽火台为唐代修建，清代加固沿用。

唐显庆三年（658年），伊丽道行军大总管苏定方率军大败西突厥阿史那贺鲁，开始在西域地区修筑大量的烽火台，『由是脩亭障，列蹊隧，定彊畛，问疾收胔，唐之州县极西海矣』。

远景（东北—西南）

西面

南面

唐显庆三年（658年），伊丽道行军大总管苏定方率军大败西突厥阿史那贺鲁，开始在西域地区修筑大量的烽火台，『由是脩亭障，列蹊隧，定强畛，问疾收胔，唐之州县极西海矣』。

唐显庆三年（658年），伊丽道行军大总管苏定方率军大败西突厥阿史那贺鲁，开始在西域地区修筑大量的烽火台，『由是脩亭障，列蹊隧，定强畛，问疾收胔，唐之州县极西海矣』。

北面

东面

东面门洞

12 石板墩烽火台

石板墩烽火台位于新疆维吾尔自治区哈密地区巴里坤哈萨克自治县大红柳峡乡霍斯库仍村、农十三师红星牧场2连南。四周均为岩石山体及沟壑谷地，谷地中牧草茂盛，为牧民的夏季牧场。南侧谷地中有一座牧民的房屋，有一眼泉水，房屋北面有一条便道，车辆极少，交通不便。东南30千米为白墩烽火台。

烽火台因风雨侵蚀等自然原因破坏，土坯台壁部分风化较严重，保存较差。烽火台呈覆斗形，平面呈正方形，剖面呈梯形。台体用土坯砌筑而成，土坯间夹筑有木棍、树枝和骆驼刺等。外侧基部由片石包砌。烽火台南北约8.4、东西约8、残高约6.6米，基部包石部分高约3米。顶部呈尖状，部分被风蚀破坏的地方露出横置的木棍。根据其建筑形制及与其他烽火台的关系确定，该烽火台为唐代修建，清代加固沿用。

远景（西南—东北）

唐显庆三年（658年），伊丽道行军大总管苏定方率军大败西突厥阿史那贺鲁，开始在西域地区修筑大量的烽火台，『由是脩亭障，列蹊隧，定强畛，问疾收胔，唐之州县极西海矣』。

唐显庆三年（658年），伊丽道行军大总管苏定方率军大败西突厥阿史那贺鲁，开始在西域地区修筑大量的烽火台，『由是脩亭障，列蹊隧，定强畛，问疾收胔，唐之州县极西海矣』。

西面

南面

局部

唐显庆三年（658年），伊丽道行军大总管苏定方率军大败西突厥阿史那贺鲁，开始在西域地区修筑大量的烽火台，『由是脩亭障，列蹊隧，定强畛，间疾收啮，唐之州县极西海矣』。

13 东地唐圪瘩

东地唐圪瘩位于新疆维吾尔自治区昌吉回族自治州奇台县西地镇东地村七队居民区内。地处天山北麓平原区泉水溢出带，地势平坦开阔，土壤肥沃，植被丰茂。遗址周围为居民点，东80米竖有一座红砖砌建的小塔，南侧临麦场，西90米有小路，机动车可通行，西侧紧邻东地河。

遗址因风雨剥蚀、河水冲刷岸边台地等自然因素破坏而坍塌，原形状不明。残留部分被周围现代打麦场上的农作物秸秆等杂物掩埋。遗址平面呈近长方形，东西5、南北3.5、残高1.4米。从断面看，遗址为黄土夯筑，夯层厚0.06～0.1米。遗址附近地面见有粗砂红陶瓮残片、灰陶罐残片等，为典型唐代遗物。根据该遗址建筑形制、地面遗物特征，以及与其东来西往沿途唐代城池、守捉、驿站设置里程诸因素比对，该遗址为烽火台，年代为唐代。

唐显庆三年（658年），伊丽道行军大总管苏定方率军大败西突厥阿史那贺鲁，开始在西域地区修筑大量的烽火台，『由是脩亭障，列蹊隧，定强畛，问疾收胔，唐之州县极西海矣』。

现状（南－北）

14 叶家湖青圪垯遗址*

叶家湖青圪垯遗址位于新疆维吾尔自治区昌吉回族自治州吉木萨尔县二工乡大泉湖西村东北3千米。遗址东侧为围栏草场，西、西南紧依沼泽湿地，沼泽边缘为红柳丛，南、北两侧为耕地，北约14千米为古尔班通古特沙漠，东北70米的耕地中为下叶家湖古道遗址，西4.5千米为下叶家湖遗址。

遗址因地处盐碱地，土壤腐蚀、风雨剥蚀、人畜踩踏等原因导致原貌被毁。遗址临近耕地，扩耕活动也对遗址保护构成威胁。遗址呈圆丘形，最大径58米，高出地面2.5～5.6米，面积约2885平方米。遗址顶部东竖有一座高6米的铁三脚架，标有“青圪垯”字样。地表看不到任何建筑迹象，可采集到夹细砂红、灰陶片等，在此之前当地文物部门曾采集到红、灰陶大型器物残片，器形有瓮、罐等，为典型唐代器物。从采集的遗物结合周边沙漠沿线唐代同类遗址相比，推测该遗址可能为唐代所设烽火台或守捉、驿站类军事设施遗迹。

全景（西—东）

唐显庆三年（658年），伊丽道行军大总管苏定方率军大败西突厥阿史那贺鲁，开始在西域地区修筑大量的烽火台，『由是脩亭障，列蹊隧，定强畛，问疾收胔，唐之州县极西海矣』。

15 下叶家湖遗址*

下叶家湖遗址位于新疆维吾尔自治区昌吉回族自治州吉木萨尔县二工乡大泉湖西村西北4.5千米。遗址四周均为耕地，东0.1千米生长有高大榆树、1.5千米为居民点，4.5千米为叶家湖青圪垯遗址，东南60米为沙石路，西北10千米为北庭故城，东北距古尔班通古特沙漠16千米。

遗址平面呈长方形，南北70、东西40米，高出地面1.2～3米，立面呈土丘形。地表无任何建筑遗迹可辨，地表见有夹砂红、灰陶片等，器形多瓮、罐等大型器物，具有典型唐代风格。依据东、西沙漠沿线分布唐代遗址文化类型风格相比对，该处遗址可能为唐代所设驿站类遗迹。

唐显庆三年（658年），伊丽道行军大总管苏定方率军大败西突厥阿史那贺鲁，开始在西域地区修筑大量的烽火台，『由是脩亭障，列蹊隧，定强畛，问疾收胔，唐之州县极西海矣』。

现状（北—南）

16 沙钵守捉遗址

沙钵守捉遗址位于新疆维吾尔自治区昌吉回族自治州吉木萨尔县庆阳湖乡双河村东北约2.5千米处。遗址四周地势平坦开阔，土地较肥沃，土壤偏碱性，生长红柳等耐旱植被。北约80米为沟壑、河道，东、南侧临耕地，东0.2千米为南北向道路，机动车可通行。

遗址因破坏严重，四周仅剩土垄状残墙。遗址平面呈长方形，南北122.5、东西83米。墙基宽3、残高0.6～1.2米，据1988年第二次全国文物普查材料记载，从墙基断面处可见夯筑结构，夯层厚0.05～0.06米。东、西、南墙中部可辨门道痕迹，东墙门道宽约5.5米，南、西墙门道宽约3米。遗址内无任何建筑设施遗存，地面遗物主要为灰、红夹砂陶器残片，器形主要为罐、瓮等大型器物，器形与北庭故城出土遗物相同。据《新唐书·地理志》载：“北庭城，西延城西六十里有沙钵守捉……”。根据文献记载方位、里程、建筑形制及遗存推测，其为沙钵守捉遗址，年代为唐代。

内景（北—南）

西墙

唐显庆三年（658年），伊丽道行军大总管苏定方率军大败西突厥阿史那贺鲁，开始在西域地区修筑大量的烽火台，『由是脩亭障，列蹊隧，定强畛，问疾收胔，唐之州县极西海矣』。

17 八家地烽火台遗址

八家地烽火台遗址位于新疆维吾尔自治区昌吉回族自治州吉木萨尔县三台镇八家地村八家地水库西北0.25千米处。周围地势平坦，生长耐碱耐旱植被，西、北两侧有耕地，东北1.5千米为冯洛守捉遗址。

由于人为取土、风雨侵蚀，烽火台呈近正方形土丘，边长4、残高0.3米，看不出构筑方式。周围地表分布有夹细砂、泥质红陶片。遗址现存结构形状与烽火台较为接近，其位置也正处于唐代古城、烽火台及其他军事设施分布线路上。依据沙漠沿线分布唐代遗址文化类型风格相比对，该处遗址为烽火台，年代为唐代。

唐显庆三年（658年），伊丽道行军大总管苏定方率军大败西突厥阿史那贺鲁，开始在西域地区修筑大量的烽火台，『由是脩亭障，列蹊隧，定强畛，问疾收胔，唐之州县极西海矣』。

现状（北—南）

18 冯洛守捉遗址

冯洛守捉遗址位于新疆维吾尔自治区昌吉回族自治州吉木萨尔县三台镇冯洛村北。遗址中部有乡村公路和高压输电线路南北向贯穿，东侧为自然湿地沟壑，西侧为河道，河道对面为沟谷耕地，西南1.5千米为八家地烽火台遗址。

遗址大致呈长方形，南北265.5、东西138米。北、东、西墙较直，南墙呈弧形。西北、东北角残留角墩迹象，其余两个角破坏严重已难以辨识。墙体为黄土夯筑，夯层厚0.06～0.1米，墙基宽6、残高0.8～2.6米。东墙与西墙各分布有三座马面，其中西墙中部马面明显大于其他，马面仅略突出于墙体，形状不明，南北墙未见马面痕迹。遗址内无任何建筑迹象，地面散布夹细砂灰、红陶片，多见大型器物及大錾耳残块，多为瓮、罐残片，器形与北庭故城遗址出土器物相似，为唐至元时期器物。据《新唐书·地理志》：“北庭城，西延城西六十里有沙钵守捉，又有冯洛守捉……”，此遗址东南距沙钵守捉遗址14千米。根据建筑形制和位置推测，该遗址为唐代冯洛守捉。

唐显庆三年（658年），伊丽道行军大总管苏定方率军大败西突厥阿史那贺鲁，开始在西域地区修筑大量的烽火台，『由是脩亭障，列蹊隧，定强畛，问疾收胔，唐之州县极西海矣』。

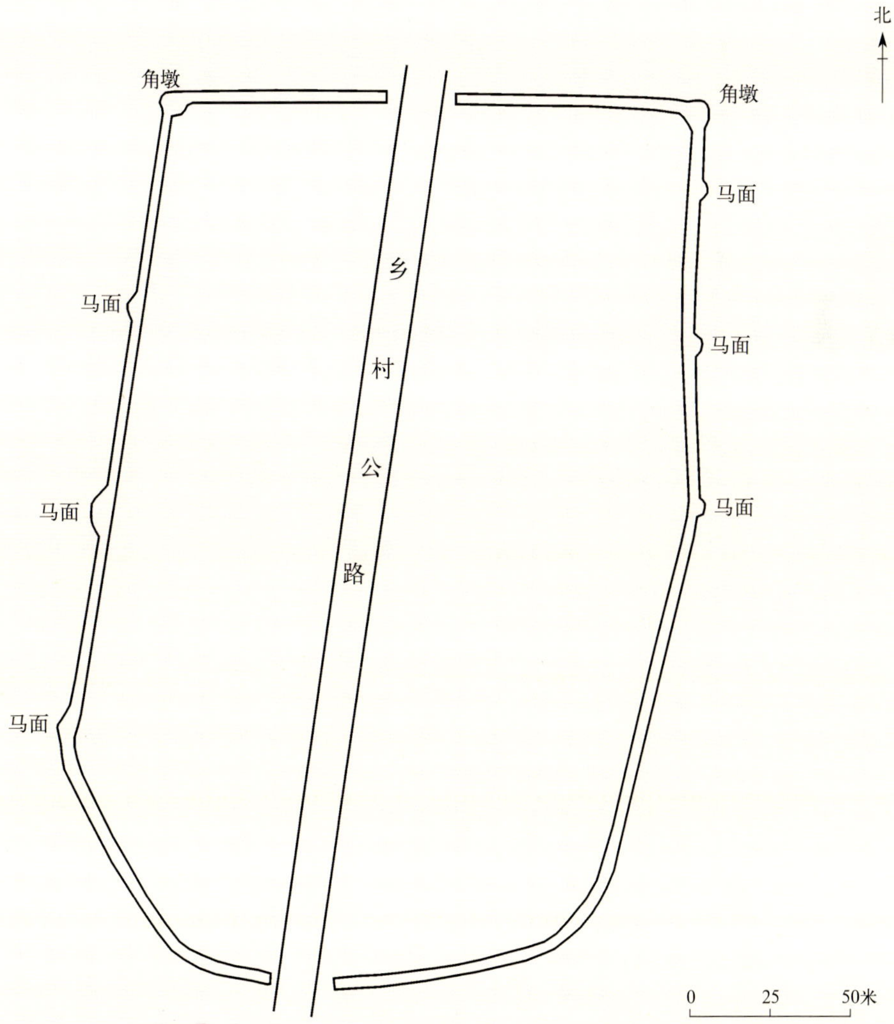

冯洛守捉平面图

东墙外侧（东—西）

东墙内侧（西—东）

夯层

采集的标本

唐显庆三年（658年），伊丽道行军大总管苏定方率军大败西突厥阿史那贺鲁，开始在西域地区修筑大量的烽火台，『由是脩亭障，列踩隧，定强畛，问疾收胔，唐之州县极西海矣』。

19 营盘梁遗址*

营盘梁遗址位于新疆维吾尔自治区昌吉回族自治州吉木萨尔县北庭镇东二畦村西北27千米、农六师红旗农场一分场十六队居民点西南0.3千米处。遗址东、南、西三面均为滩涂地，东墙外有池塘，塘内丛生红柳。东北3千米为古尔班通古特沙漠南缘。

营盘梁遗址平面呈长方形，南北128、东西118米。四周有残墙，为土垄状，墙基宽8、顶宽2、高2～2.5米，东北角墙体呈土墩状，顶部边长约5、残高4.5米。四面墙体外侧为宽大壕沟，应是挖土筑墙所致。东墙北段、西墙中段各有一处门道痕迹，东门道宽5米，西门道宽6米。遗址内无建筑遗存，内外地面散见少量泥质灰陶、夹细砂红陶残片，器形有罐、瓮等，为典型唐代遗物。遗址南部有一个现代挖掘的坑穴，掘出的土为灰烬土，内含大量羊骨、牛骨。依据东、西沙漠沿线分布唐代遗址文化类型风格相比对，该处遗址可能为唐代所设驿站、守捉类军事设施。

全景（东北－西南）

局部（东北－西南）

唐显庆三年（658年），伊丽道行军大总管苏定方率军大败西突厥阿史那贺鲁，开始在西域地区修筑大量的烽火台，『由是脩亭障，列蹊隧，定强畛，问疾收胔，唐之州县极西海矣』。

20 土墩子烽火台

土墩子烽火台位于新疆维吾尔自治区昌吉回族自治州阜康市上户沟哈萨克族乡东湾村东北、农六师土墩子农场北1.5千米。四周皆为农田，南0.24千米为阜滋公路，东50米为田间小路，北0.3千米为一座居民房屋，交通便利，机动车可直接到达。东北距阿克木那拉烽火台32千米，西北距西泉烽火台25千米，北距西泉七队烽火台26千米。

烽火台因风雨侵蚀等自然因素破坏而损毁，各壁均存在不同程度的坍塌，北、南壁尤为严重，倒塌呈斜坡状，并有数条流水冲出的沟槽。烽火台呈覆斗形，平面呈近正方形，剖面呈梯形。由黄土夯筑而成，夯层厚0.06～0.08米，平夯加小夯窝，窝径0.04～0.06米。台体内夹筑有柾木，柾木孔在各壁都有残留，直径0.12～0.16米。烽火台顶部插有竖直的木桩。烽火台底部东西6、南北5米，顶部边长3米，残高5米。台体从腰部开始堆积有大范围圆丘状坡积土，南壁坡积土一直延伸至顶部。烽火台周围地表分布有夹细砂陶片和泥质红陶片，与北庄子古城陶片相似。根据陶器特征结合其建造方式推断，该烽火台年代为唐代。

唐显庆三年（658年），伊丽道行军大总管苏定方率军大败西突厥阿史那贺鲁，开始在西域地区修筑大量的烽火台，『由是馆亭障，列蹊隧，定疆畛，问疾收胔，唐之州县极西海矣』。

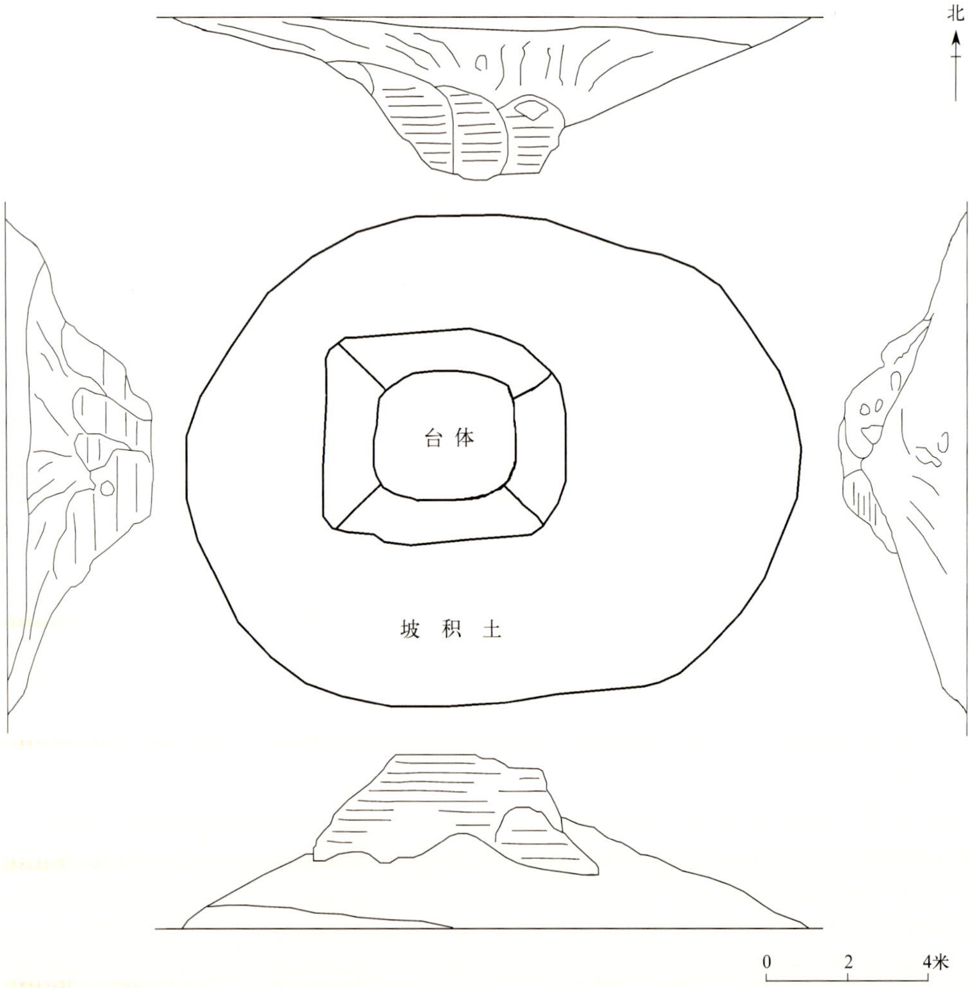

土墩子烽火台平、立面示意图（立面图参照摄影资料绘制）

全景（南—北）

北面

唐显庆三年（658年），伊丽道行军大总管苏定方率军大败西突厥阿史那贺鲁，开始在西域地区修筑大量的烽火台，『由是脩亭障，列蹊隧，定强畛，问疾收胔，唐之州县极西海矣』。

唐显庆三年（658年），伊丽道行军大总管苏定方率军大败西突厥阿史那贺鲁，开始在西域地区修筑大量的烽火台，『由是脩亭障，列蹊隧，定彊畛，问疾收胔，唐之州县极西海矣』。

西面

东面

21 阿克木那拉烽火台

阿克木那拉烽火台，又名滋泥泉子烽火台，位于新疆维吾尔自治区昌吉回族自治州阜康市滋泥泉子镇九分地村西南20千米。地处准噶尔盆地东南部古尔班通古特沙漠南缘，四周平坦开阔，水源缺乏，植被稀少。西南3千米为西北–东南向公路，东距营盘梁遗址42千米，西距西泉七队烽火台14千米，南距土墩子烽火台32千米。

烽火台因风雨侵蚀和流水冲刷等自然因素破坏损毁，各壁存在不同程度的坍塌，东、西壁尤为严重，倒塌成斜坡，表面凹凸不平，并有数条流水冲出的沟槽。

烽火台呈覆斗形，平面呈正方形，剖面呈梯形。台体用黄土夯筑而成，夯层厚0.06～0.08米，较为密实。东壁南侧有土坯垒砌痕迹，土坯外侧涂有一层草拌泥，厚约0.5厘米，可能为晚期修补。烽火台东、南壁可见柾木穿孔，孔径约0.1米。每壁有人为踩踏成的斜坡直通顶部，南壁中部有宽约0.15米的裂隙上下贯穿，西壁顶部坍塌呈圆丘状，台体下堆积有大范围圆丘状坡积土，烽火台底部边长9、顶部边长4、残高9米。其周围地表不见遗物残留，第二次全国文物普查时尚能采集到红、灰夹砂陶片，陶质、陶色与阜康北庄子古城、吉木萨尔县北庭故城内唐代陶器特征相同，建筑制式为唐代所流行的密实薄夯层柾木法，所处位置也在唐代烽火台分布线路上。综上所述，推测该烽火台年代为唐代。

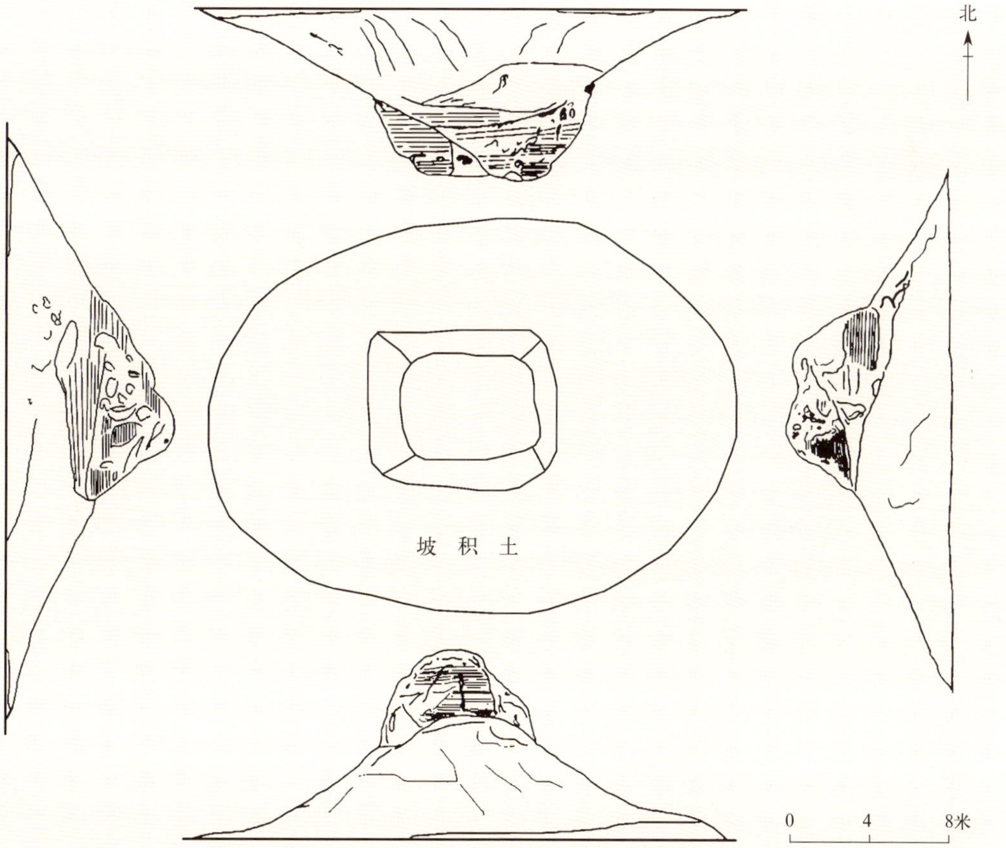

阿克木那拉烽火台平、立面示意图（立面图参照摄影资料绘制）

唐显庆三年（658年），伊丽道行军大总管苏定方率军大败西突厥阿史那贺鲁，开始在西域地区修筑大量的烽火台，『由是馆亭障，列蹊隧，定强畛，同疾收衡，唐之州县极西海矣』。

唐显庆三年（658年），伊丽道行军大总管苏定方率军大败西突厥阿史那贺鲁，开始在西域地区修筑大量的烽火台，『由是脩亭障，列蹊隧，定强畛，问疾收胔，唐之州县极西海矣』。

全景（东—西）

西面

西南面

北面

唐显庆三年（658年），伊丽道行军大总管苏定方率军大败西突厥阿史那贺鲁，开始在西域地区修筑大量的烽火台，『由是脩亭障，列蹊隧，定强畛，问疾收胔，唐之州县极西海矣』。

22 西泉七队烽火台*

西泉七队烽火台位于新疆维吾尔自治区昌吉回族自治州阜康市滋泥泉子镇苇湖村西北、农六师土墩子农场西泉分场东2千米。地处准噶尔盆地腹地的平原区，地势平坦，水量充沛，土壤肥沃，植被茂盛。其周围均已被开垦为耕地，南0.8千米为乡间公路，北0.7千米为沙漠边缘。东距阿克木那拉烽火台13.7千米，西距西泉烽火台14.7千米，南距土墩子烽火台26千米。

烽火台因风雨侵蚀、流水冲刷、人为踩踏、取土等因素破坏而损毁，全部坍塌，仅存一个大土堆。边缘有农业机械犁耕痕迹，随时有彻底消失的危险。烽火台直径约10、高约1.5米。根据第二次全国文物普查等以往调查资料记载烽火台周围有灰、红陶片，推测该烽火台年代为唐代。

唐显庆三年（658年），伊丽道行军大总管苏定方率军大败西突厥阿史那贺鲁，开始在西域地区修筑大量的烽火台，『由是脩亭障，列蹊隧，定强畛，问疾收胔，唐之州县极西海矣』。

全景（西—东）

23 西泉烽火台

西泉烽火台位于新疆维吾尔自治区昌吉回族自治州阜康市滋泥泉子镇东湖村西北、农六师土墩子农场西泉分场内。地处沙漠边缘戈壁地带，地势平坦开阔，地表多砂砾，几乎无土壤，水源缺乏，植被稀少，生长有沙漠耐碱植物。四周无居民，仅有林业部门的草场铁丝围网。东距西泉七队烽火台14.7千米，东南距土墩子烽火台25千米。

该烽火台又名五米土堆烽火台，原址曾于20世纪90年代被油田施工队破坏，现存为文管所用土坯垒砌复原物。据第二次全国文物普查资料记载，1988年烽火台已经坍塌，呈圆锥形土堆，残高约4米，为黄土夯筑。附近地面散布有泥质灰陶片和夹粗砂红陶片。推测该烽火台年代为唐代。

全景（西北—东南）

唐显庆三年（658年），伊丽道行军大总管苏定方率军大败西突厥阿史那贺鲁，开始在西域地区修筑大量的烽火台，『由是脩亭障，列蹊隧，定强畛，问疾收胔，唐之州县极西海矣』。

24 五工台烽火台

五工台烽火台位于新疆维吾尔自治区昌吉回族自治州呼图壁县五工台镇五工台村南2.5千米，北约0.4千米为312国道。地处天山北麓平原区，地势开阔平坦，地下水资源丰富，植物茂盛。四周皆为耕地，种植粮食作物。东约2千米为呼图壁河。

烽火台呈覆斗形，平面呈长方形，剖面呈梯形，保存相对较好，基本保留原来大小、形状。夯层、桩木孔清晰可辨。底部南北9、东西8米，顶部南北6、东西4米，残高7米。黄土夹桩木夯筑，夯层厚0.05～0.06米，密实坚固，夹棍夯，小夯窝，窝径4.5厘米。各壁存有排列整齐的桩木孔，上下共有六排。桩木孔间距0.2～0.3米，孔径0.08～0.12米，桩木上下排间距1.35米。烽火台顶部局部为土坯砌筑，土坯长49、宽20、厚11～13厘米，可能为后期增修。烽火台周围为农田，未见任何遗物。第二次全国文物普查时曾采集到夹砂红陶片。其建筑形制与天山北麓东段奇台县唐朝墩古城、吉木萨尔县北庭故城建筑形制类同，再结合地理位置推测，该烽火台年代为唐代。

唐显庆三年（658年），伊丽道行军大总管苏定方率军大败西突厥阿史那贺鲁，开始在西域地区修筑大量的烽火台，『由是脩亭障，列蹊隧，定强畛，问疾收胔，唐之州县极西海矣』。

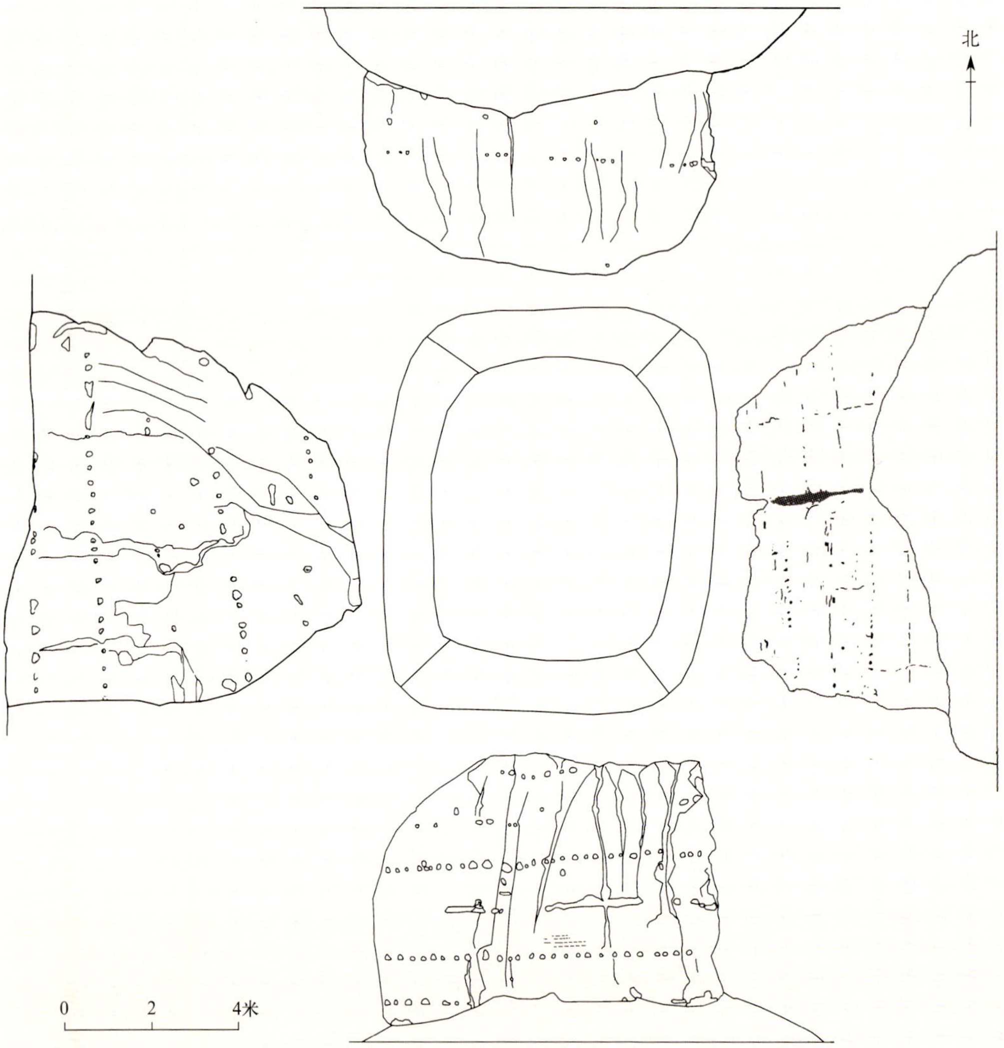

五工台烽火台平、立面示意图（立面图参照摄影资料绘制）

全景（南—北）

北面

唐显庆三年（658年），伊丽道行军大总管苏定方率军大败西突厥阿史那贺鲁，开始在西域地区修筑大量的烽火台，『由是脩亭障，列蹊隧，定强畛，问疾收胔，唐之州县极西海矣』。

唐显庆三年（658年），伊丽道行军大总管苏定方率军大败西突厥阿史那贺鲁，开始在西域地区修筑大量的烽火台，『由是脩亭障，列蹊隧，定彊畛，问疾收胔，唐之州县极西海矣』。

东面

南面

西面

25 塔西河古堡

塔西河古堡位于新疆维吾尔自治区昌吉回族自治州玛纳斯县包家店镇塔西河村西、312国道北侧0.2千米。地处天山北麓、准噶尔盆地南缘的塔西河冲积平原上，地势开阔平坦，地表遍布低矮灌木和荒草。附近均为耕地，种植小麦、棉花，南、北两侧平地上生长树木。古堡西邻塔西河干渠，南0.2千米是圪垯庄子村，西约4千米为塔西河河床，塔西河古堡西南0.5千米为塔西河烽火台和塔西河古城。

据第二次全国文物普查资料记载，古堡原面积约2.2万平方米，尚残存部分城墙。黄土夯筑，有马面、角楼建筑，城中有烽火台，因开垦耕地，本次普查时古堡城墙完全消失，只剩下烽火台。烽火台呈覆斗形，平面呈正方形，剖面呈梯形，底部边长14、高8米。台体为黄土夯筑，夯层厚0.08～0.1米。西壁可见数个桩木穿孔。台体坍塌严重，顶部形状不规则，台体表面裂隙纵横，东南角有一处塌陷，东壁基部向内掏蚀，在底部形成大量坡积土。西壁紧邻塔西河干渠，渠水冲刷对基部构成严重破坏。台体四周散布有夹砂红灰陶片、大量牲畜骨头、石器残片等，可能古堡内仍有文化层残留。陶器主要为体积较大的灰陶罐，具有唐代风格。从建筑形制和采集遗物推测，该烽火台和古堡年代为唐代。

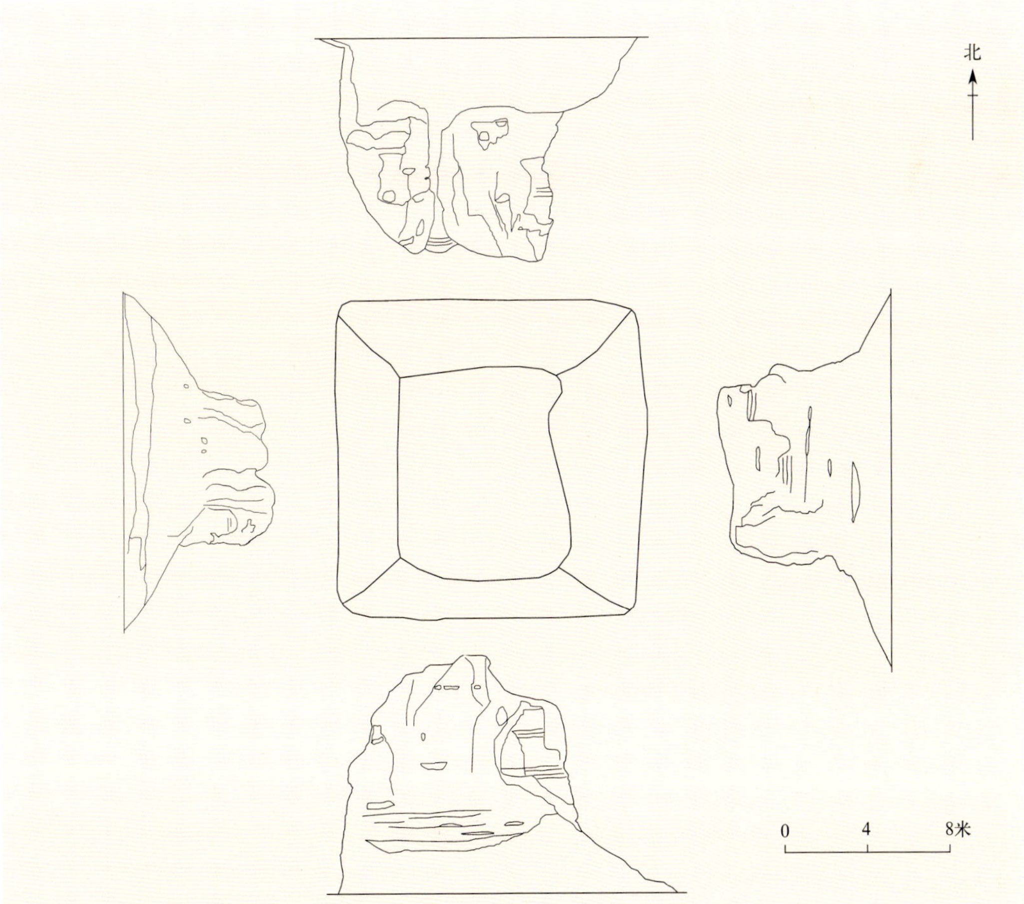

塔西河古堡烽火台平、立面示意图（立面图参照摄影资料绘制）

唐显庆三年（658年），伊丽道行军大总管苏定方率军大败西突厥阿史那贺鲁，开始在西域地区修筑大量的烽火台，『由是脩亭障，列蹊隧，定强畛，问疾收胔，唐之州县极西海矣』。

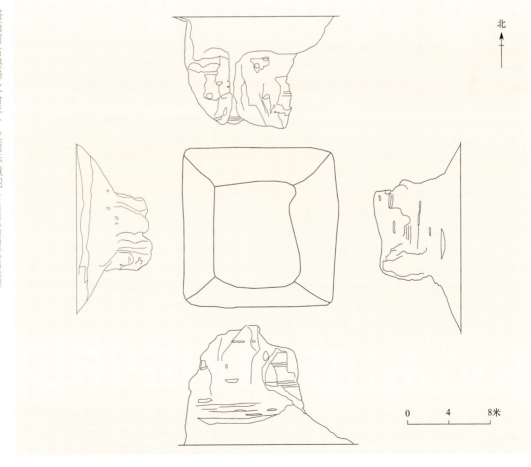

烽火台北面

烽火台西面

唐显庆三年（658年），伊丽道行军大总管苏定方率军大败西突厥阿史那贺鲁，开始在西域地区修筑大量的烽火台，『由是脩亭障，列蹊隧，定强畛，问疾收胔，唐之州县极西海矣』。

烽火台东面

烽火台南面

唐显庆三年（658年），伊丽道行军大总管苏定方率军大败西突厥阿史那贺鲁，开始在西域地区修筑大量的烽火台，『由是脩亭障，列跺隧，定强畛，问疾收胔，唐之州县极西海矣』。

26 楼南古城烽火台

楼南古城烽火台位于新疆维吾尔自治区昌吉回族自治州玛纳斯县头工乡楼南村东北1千米耕地内。地处天山北麓、准噶尔盆地南缘的玛纳斯河东岸，地势较平坦，周围皆是耕地，土地肥沃，多种植小麦、油菜等作物。西、南侧有成排的高大白杨树，西侧数米为田间土路、约6千米为玛纳斯河河床。西北距楼南古城0.15千米。

烽火台为独立的夯土台体，原状不可考，大致呈圆角正方形，黄土夯筑，西壁夯层保存较好，夯层厚0.07～0.1米。台体底部边长10、高5米。台体表面剥蚀严重，裂隙纵横，其上长满荒草，无法观察到是否有椎木或其他建筑材料。周围未采集到任何遗物。因台体离楼南古城较近，两者构筑方式相似。根据地理位置和建筑形制推测，其为唐代烽火台或嘹望台类军事设施。

唐显庆三年（658年），伊丽道行军大总管苏定方率军大败西突厥阿史那贺鲁，开始在西域地区修筑大量的烽火台，『由是俢亭障，列蹊隧，定强畛，同疾收背，唐之州县极西海矣』。

全景（北—南）

27 烽火台村烽火台

烽火台村烽火台位于新疆维吾尔自治区昌吉回族自治州玛纳斯县六户地镇杨家道村北约30千米、农八师149团12连（烽火台村）西南1千米。地处沙漠边缘，附近地势平坦开阔，周边长满耐盐碱抗旱植物及红柳、梭梭等植被。东侧30米有古河道南北穿过，南北为开阔地段并已被开垦为耕地，靠天山雪水灌溉。南距头墩台子烽火台75千米，东南距塔西河古堡、烽火台70千米。

烽火台呈覆斗形，平面呈正方形，剖面呈梯形。底部边长8.5、顶部边长约5、残高7.35米。黄土夯筑，夯层厚0.06～0.1米，夯土中所夹原木不存，在东、南壁可见整齐的桩木孔，分上、中、下三排。台体表面剥蚀严重，多处坍塌，西、北壁尤甚，表面凹凸不平，有大量缺口。西壁有宽约2米的大缺口，从顶部一直延伸至底部，形成大范围坡积土。东壁底部有现代开挖的窑洞，宽1、高3米，几乎将台体打穿。根据建造形制和所处位置推测，该烽火台年代为唐代。

唐显庆三年（658年），伊丽道行军大总管苏定方率军大败西突厥阿史那贺鲁，开始在西域地区修筑大量的烽火台，『由是脩亭障，列蹊隧，定强畛，问疾收胔，唐之州县极西海矣』。

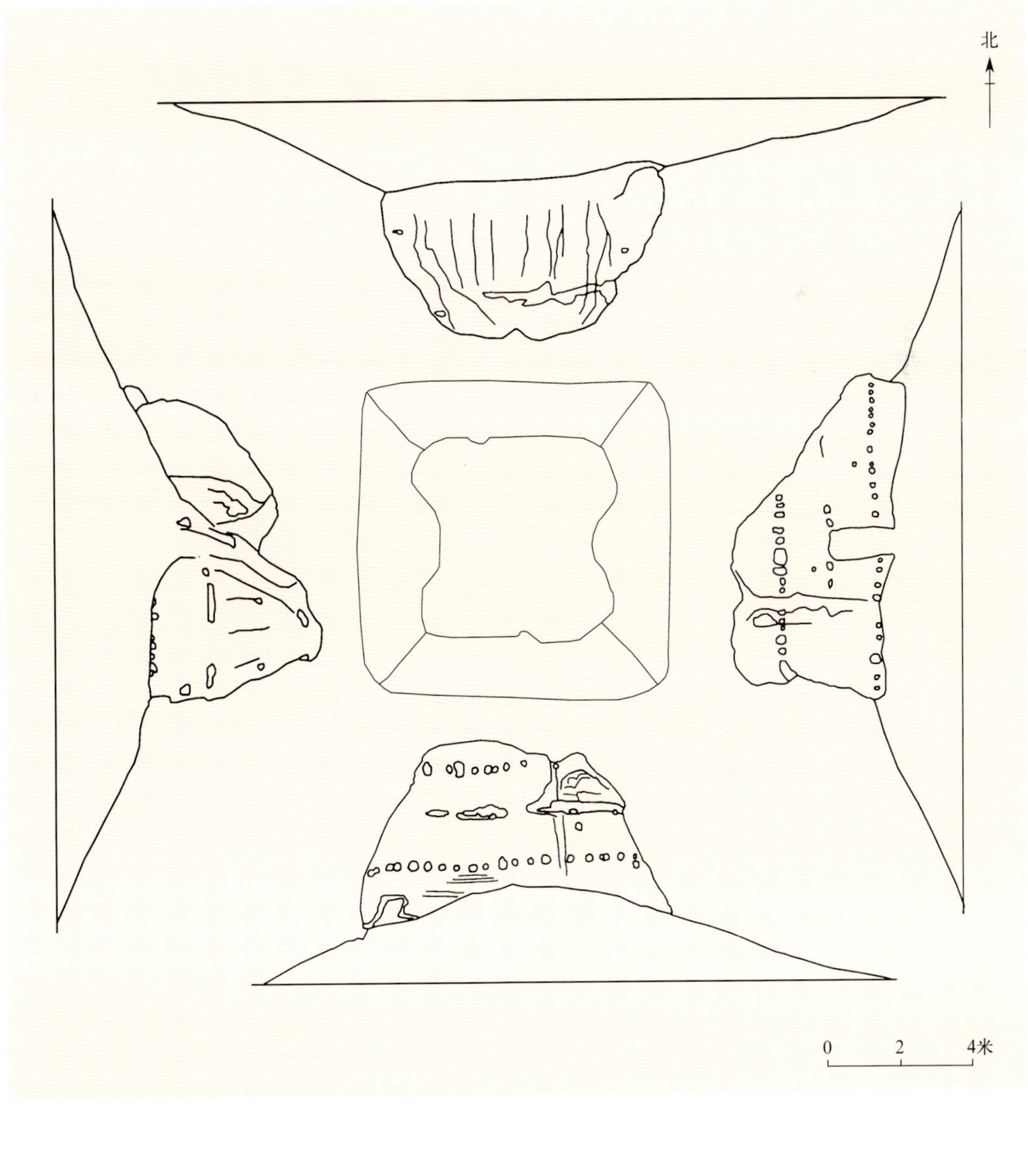

烽火台村烽火台平、立面示意图（立面图参照摄影资料绘制）

全景（东—西）

南面

唐显庆三年（658年），伊丽道行军大总管苏定方率军大败西突厥阿史那贺鲁，开始在西域地区修筑大量的烽火台，『由是脩亭障，列蹊隧，定强畛，问疾收胔，唐之州县极西海矣』。

西面

北面

唐显庆三年（658年），伊丽道行军大总管苏定方率军大败西突厥阿史那贺鲁，开始在西域地区修筑大量的烽火台，『由是脩亭障，列蹊隧，定强畛，问疾收胔，唐之州县极西海矣』。

新疆维吾尔自治区
长城资源调查报告

新疆维吾尔自治区文物局　编著

下　册

文物出版社

叁 | 清代军事设施遗址

清朝定都北京后，统治北方草原的漠南、漠北、漠西蒙古各部相继向清朝称臣纳贡，表示归附。17世纪初，漠西蒙古四部之一的准噶尔部在其首领巴图尔浑台吉（台吉、浑台吉是蒙古贵族的称号）统治时期，势力逐渐扩大。康熙十年（1671年），巴图尔浑台吉的第六子噶尔丹夺取了统治权后，不断武力进攻天山南北、蒙古等地，俘掠人口，抢劫牲畜。为维护边疆稳定，清王朝组织大军，经过多次征战，打败了噶尔丹军，平定了叛乱。此后，噶尔丹侄子策妄阿拉布坦继任准噶尔部台吉后，准噶尔部又逐渐强大起来，和清朝再次发生矛盾冲突。双方在青海、西藏、新疆等地均有交战。为彻底安定西北边疆，自乾隆二十年（1755年）起，清政府开始新的军事行动。出兵伊犁，在格登山大败准噶尔部叛军并勒铭记功。乾隆二十四年（1759年）八月，清军在喀什噶尔平定了支持阿睦尔撒纳作乱的大小和卓叛乱。自此，清朝完全控制天山南北地区，并于乾隆二十七（1762年）年设立伊犁将军（今霍城县境内），代表清朝政府管辖天山南北，巴尔喀什湖以东、以南的广大地区。在伊犁将军以下设乌鲁木齐都统、塔尔巴哈台参赞大臣、伊犁参赞大臣等各级军政机构；针对新疆民族分布特点，因地制宜实行郡县制、伯克制、札萨克制、八旗制等多种管理制度；经济上屯垦开发，以边养边；军事上驻扎大军，屯兵驻防。并在交通要道沿途修建军台、驿站，在边境地区修筑卡伦等军事设施。通过政治、经济、军事的多项措施，有效管理广大的新疆地区。

清军在平定准噶尔、大小和卓叛乱过程中，修建有大量的烽火台。经调查发现，在新疆有清代烽火台70余座，主要分布在北疆的哈密地区、乌鲁木齐市、昌吉回族自治州和南疆的喀什地区、和田地区、克孜勒苏柯尔克孜自治州等地，其中以哈密地区分布最为集中。哈密地区作为新疆的门户，清政府将这里作为平叛基地，成为清军和准噶尔叛军争夺的咽喉要地。为加强这里的军事防御力量，清军在巴里坤县修筑有屯兵驻扎的满、汉兵城。以两城为中心，在东、西、北三面修筑了许多烽火台，形成了严密的军事防御体系。同时，为记述清军在哈密地区的平叛经历，还铭刻有众多的记功石碑，如“富宁安碑”，刻于康熙五十八年（1719年），记载了当时准噶尔部策妄阿拉布坦侵扰哈密，劫掠巴里坤，清政府派靖逆将军富宁安统兵巴里坤，准备进讨叛乱的事情；“田畯碑”，刻于清雍正元年（1723年），该碑记录了田畯带领满汉官兵，随靖逆将军富宁安征讨准噶尔，并将巴里坤作为讨伐准噶尔叛乱的重要驻地这一历史事实；“巴里坤南山运道记碑”，主要记录了雍正十一年（1733年），宁远大将军岳钟琪命兵部员外郎阿炳安修哈密至巴里坤的天山运道之事；“灵泉碑”，记载了乾隆二十二年（1757年），为征讨准噶尔部阿睦尔撒纳叛乱，时任陕甘总督的黄廷桂命安西提督刘顺事先勘察沿途水源，在格子烟墩凿井得泉一事。另外在边境地区还发现有20余处卡伦遗址。其中以伊犁将军所辖的霍城、察布查尔县发现最多，保存最好。卡伦内驻守军队，定期巡查，守卫边疆安宁。

清军在平定准噶尔、大小和卓叛乱过程中，修建有大量的烽火台。经调查发现，在新疆有清代烽火台70余座，主要分布在北疆的哈密地区、乌鲁木齐市、昌吉回族自治州和南疆的喀什地区、和田地区、克孜勒苏柯尔克孜自治州等地，其中以哈密地区分布最为集中。

鸦片战争后，西方列强步步加紧

对中国的侵略。同治初，天山南北爆发了各族人民武装起义风潮，清朝在新疆的统治濒临崩毁。同治三年(1864年)，浩罕军官阿古柏率军入侵南疆。同治十年（1871年），沙俄军队分两路攻入伊犁，实行军事占领，使新疆的危急形势达到顶点。由于新疆“东捍长城，北蔽蒙古，南连卫芷，西倚葱岭……居神州大陆之脊，势若高屋建瓴”，是保卫蒙古、护卫京师的屏障，地理位置举足轻重。清政府于光绪三年（1877年）派左宗棠收复南疆，光绪十年（1884年）收复伊犁后，果断地决定在新疆建省，新疆与内地其他省份一样，直接隶属中央管辖。从此对新疆的统治历史进入新的一页。随着近现代工业革命的兴起，光绪十九年（1893年），肃州（今酒泉市）至迪化（今乌鲁木齐市）的电报线路开通后，传统的烽火、邮驿制度逐渐没落而废弃不用。

清军在平定准噶尔、大小和卓叛乱过程中，修建有大量的烽火台。经调查发现，在新疆有清代烽火台70余座，主要分布在北疆的哈密地区、乌鲁木齐市、昌吉回族自治州和南疆的喀什地区、和田地区、克孜勒苏柯尔克孜自治州等地，其中以哈密地区分布最为集中。

1 东池西烽火台

东池西烽火台位于新疆维吾尔自治区哈密地区哈密市南湖乡红旗村东南约20千米戈壁中的一片胡杨林中。四周无人居住，东侧为西气东输管线、约1.1千米为兰新铁路，西北0.6千米为吉格代布拉克烽火台。

烽火台因风雨侵蚀等自然因素破坏，部分坍塌。烽火台体积较小，呈覆斗形，土坯垒砌而成，仅存基础及部分台体，底部边长4、残高约2米。根据建筑形制及与其他烽火台的关系确定，该烽火台年代为清代。

南面

东南面

清军在平定准噶尔、大小和卓叛乱过程中，修建有大量的烽火台。经调查发现，在新疆有清代烽火台70余座，主要分布在北疆的哈密地区、乌鲁木齐市、昌吉回族自治州和南疆的喀什地区、和田地区、克孜勒苏柯尔克孜自治州等地，其中以哈密地区分布最为集中。

2 土孜墩烽火台

土孜墩烽火台位于新疆维吾尔自治区哈密地区哈密市南湖乡南湖村东约15千米、南湖乡与花园乡界碑处的戈壁滩中。四周地势平坦，地表为戈壁砾石覆盖，植被稀少，主要生长有骆驼刺、芦苇等植被。周围无人居住，南0.18千米处为原油管线及简易道路。

烽火台因风雨侵蚀和人为盗挖破坏而损毁严重，顶部已经坍塌。烽火台体积较小，平面呈近正方形，北壁有一个门洞，中为空心，土坯垒砌而成。烽火台东西4、南北3.8、残高约3.6米。烽火台东南约0.1千米处发现房址，被盗扰过。地表散布有青砖、铜钱、青花瓷片等遗物。根据建筑形制和地表遗物，推测该烽火台年代为清代。

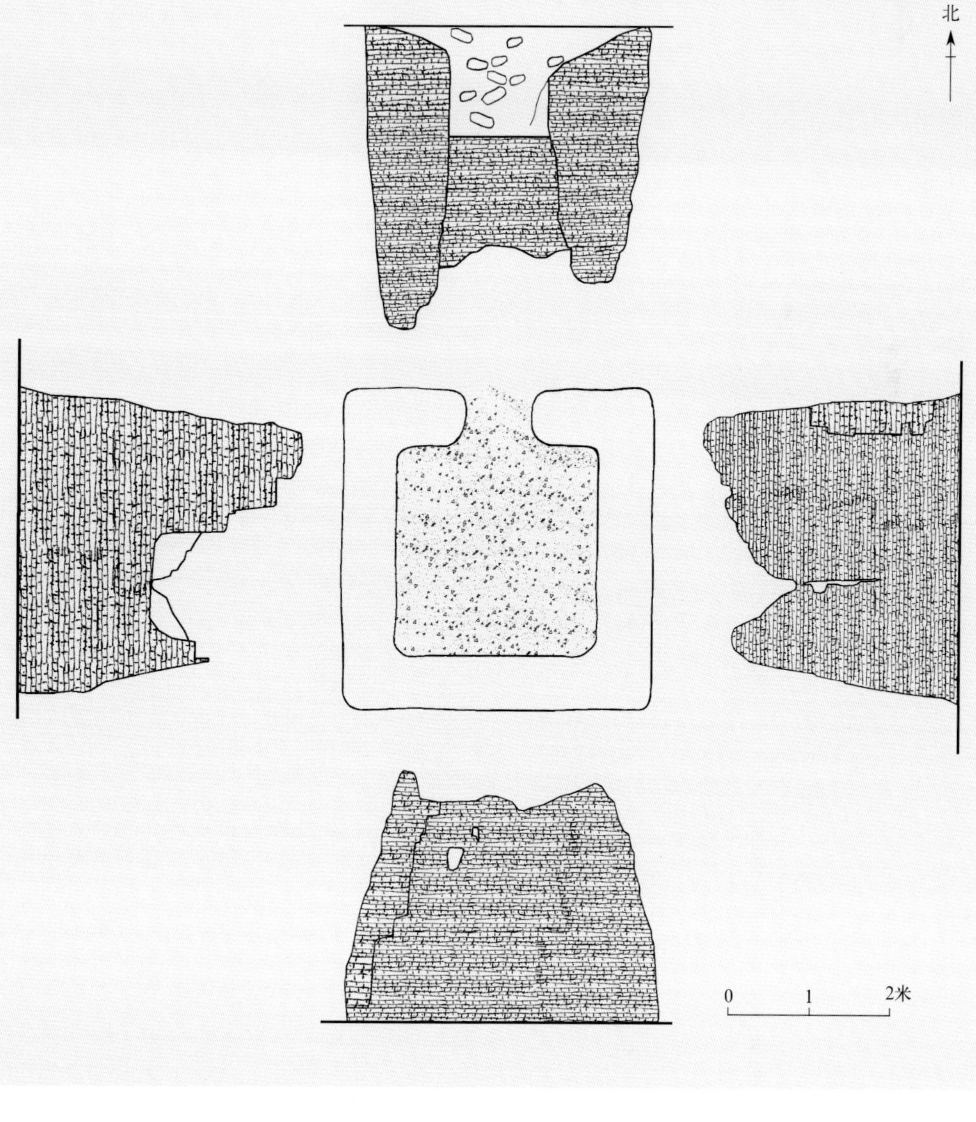

土孜墩烽火台平、立面示意图（立面图参照摄影资料绘制）

清军在平定准噶尔、大小和卓叛乱过程中，修建有大量的烽火台。经调查发现，在新疆有清代烽火台70余座，主要分布在北疆的哈密地区、乌鲁木齐市、昌吉回族自治州和南疆的喀什地区、和田地区、克孜勒苏柯尔克孜自治州等地，其中以哈密地区分布最为集中。

东面

东南面

清军在平定准噶尔、大小和卓叛乱过程中，修建有大量的烽火台。经调查发现，在新疆有清代烽火台70余座，主要分布在北疆的哈密地区、乌鲁木齐市、昌吉回族自治州和南疆的喀什地区、和田地区、克孜勒苏柯尔克孜自治州等地，其中以哈密地区分布最为集中。

清军在平定准噶尔、大小和卓叛乱过程中，修建有大量的烽火台。经调查发现，在新疆有清代烽火台70余座，主要分布在北疆的哈密地区、乌鲁木齐市、昌吉回族自治州和南疆的喀什地区、和田地区、克孜勒苏柯尔克孜自治州等地，其中以哈密地区分布最为集中。

清军在平定准噶尔、大小和卓叛乱过程中，修建有大量的烽火台。经调查发现，在新疆有清代烽火台70余座，主要分布在北疆的哈密地区、乌鲁木齐市、昌吉回族自治州和南疆的喀什地区、和田地区、克孜勒苏柯尔克孜自治州等地，其中以哈密地区分布最为集中。

3 小南湖烽火台

小南湖烽火台位于新疆维吾尔自治区哈密地区哈密市花园乡喀拉塔勒村西约0.5千米。地处东天山南麓平缓的戈壁绿洲中，地势平坦，开垦有很多农田，栽种有柳树、杏树等树木。南侧为现代穆斯林麻札，西50米为南北向的回城乡至南湖乡公路，北40米为通往小南湖村的乡村公路。

烽火台因风雨侵蚀破坏而损毁严重，保存较差。台体表面有许多小孔洞，四壁凸凹不平，顶部及东壁有雨水冲刷后形成的凹槽。烽火台平面呈近正方形，剖面呈梯形，边长3.8、残高约2米。烽火台用黄土夯筑而成，夯层厚0.06～0.1米。依据建筑形制及其与周围遗迹的关系判断，该烽火台年代为清代。

清军在平定准噶尔、大小和卓叛乱过程中，修建有大量的烽火台。经调查发现，在新疆有清代烽火台70余座，主要分布在北疆的哈密地区、乌鲁木齐市、昌吉回族自治州和南疆的喀什地区、和田地区、克孜勒苏柯尔克孜自治州等地，其中以哈密地区分布最为集中。

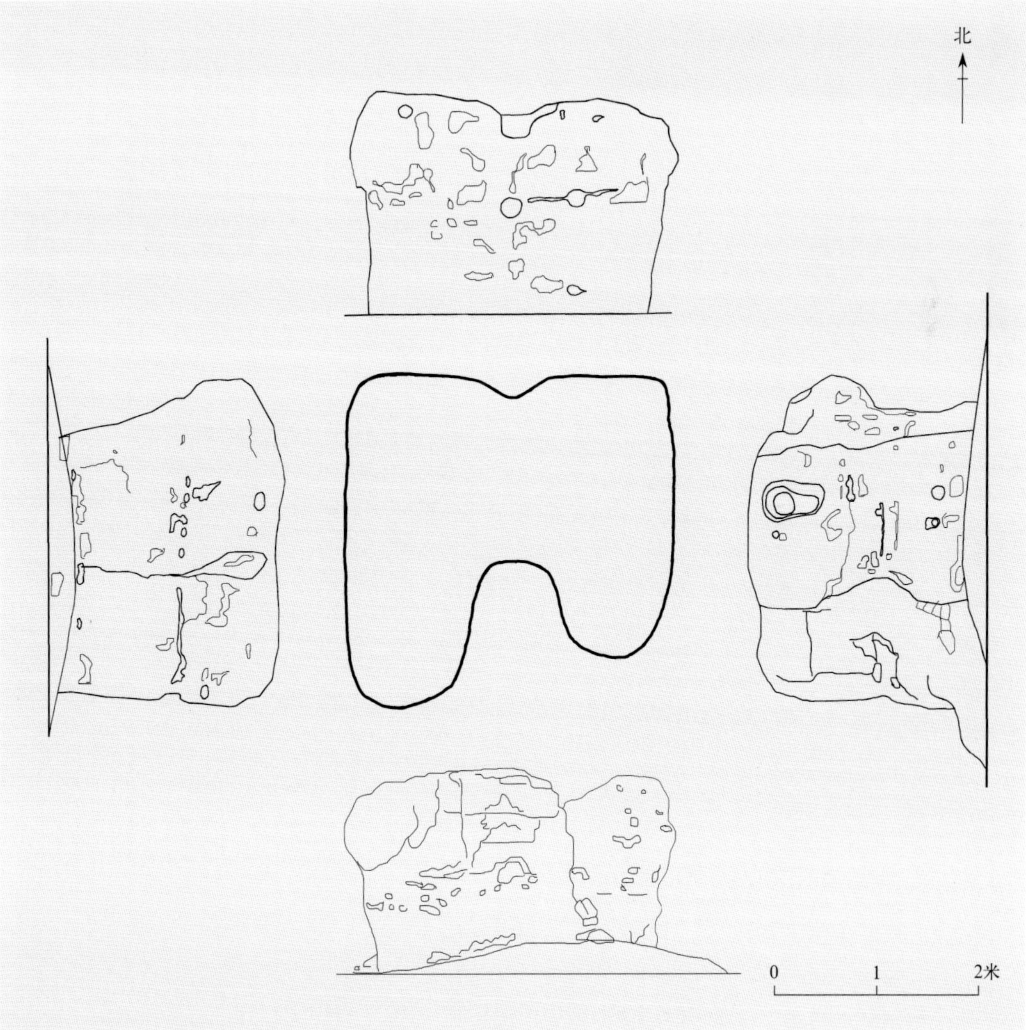

小南湖烽火台平、立面示意图（立面图参照摄影资料绘制）

清军在平定准噶尔、大小和卓叛乱过程中，修建有大量的烽火台。经调查发现，在新疆有清代烽火台70余座，主要分布在北疆的哈密地区、乌鲁木齐市、昌吉回族自治州和南疆的喀什地区、和田地区、克孜勒苏柯尔克孜自治州等地，其中以哈密地区分布最为集中。

西面

东面

南面

北面

清军在平定准噶尔、大小和卓叛乱过程中，修建有大量的烽火台。经调查发现，在新疆有清代烽火台70余座，主要分布在北疆的哈密地区、乌鲁木齐市、昌吉回族自治州和南疆的喀什地区、和田地区、克孜勒苏柯尔克孜自治州等地，其中以哈密地区分布最为集中。

清军在平定准噶尔、大小和卓叛乱过程中，修建有大量的烽火台。经调查发现，在新疆有清代烽火台70余座，主要分布在北疆的哈密地区、乌鲁木齐市、昌吉回族自治州和南疆的喀什地区、和田地区、克孜勒苏柯尔克孜自治州等地，其中以哈密地区分布最为集中。

4 诺尕依布拉克烽火台

诺尕依布拉克烽火台位于新疆维吾尔自治区哈密地区哈密市五堡乡博斯坦村东约6千米台地的边缘。地处东天山南麓戈壁滩上，周围地下水丰富，地表生长有骆驼刺、芦苇等植被，南15米为池塘。

烽火台受风雨侵蚀较为严重，大部分坍塌。烽火台建在红色原生土台上，土台高1.6米。台体用黄土夯筑而成，呈不规则形，南北5.4、东西4.7、高1.5米。周边地表未见任何遗物，根据地理位置和建筑形制推测，该烽火台年代为清代。

西面

南面

北面

东面

清军在平定准噶尔、大小和卓叛乱过程中，修建有大量的烽火台。经调查发现，在新疆有清代烽火台70余座，主要分布在北疆的哈密地区、乌鲁木齐市、昌吉回族自治州和南疆的喀什地区、和田地区、克孜勒苏柯尔克孜自治州等地，其中以哈密地区分布最为集中。

5 支边农场烽火台

支边农场烽火台位于新疆维吾尔自治区哈密地区哈密市五堡乡塔勒吐尔农场村支边农场西南约3千米。地处东天山南麓平缓戈壁一座地势相对较高的山丘之上，山丘下有稀疏的植被。四周均为戈壁，无人居住。

烽火台因长期风雨侵蚀和人为盗挖破坏而受到一定程度的损坏。

烽火台整体呈近覆斗形，平面呈正方形，剖面大致呈梯形，土坯垒砌而成，边长6.4、残高5.1米，上小下大；土坯长30、宽15、厚5厘米。烽火台内部分4个小室，互相连通；东壁上及西壁西北、西南角有盗挖后形成的洞口。根据建筑形制及与其他烽火台的关系判断，该烽火台年代为清代。

清军在平定准噶尔、大小和卓叛乱过程中，修建有大量的烽火台。经调查发现，在新疆有清代烽火台70余座，主要分布在北疆的哈密地区、乌鲁木齐市、昌吉回族自治州和南疆的喀什地区、和田地区、克孜勒苏柯尔克孜自治州等地，其中以哈密地区分布最为集中。

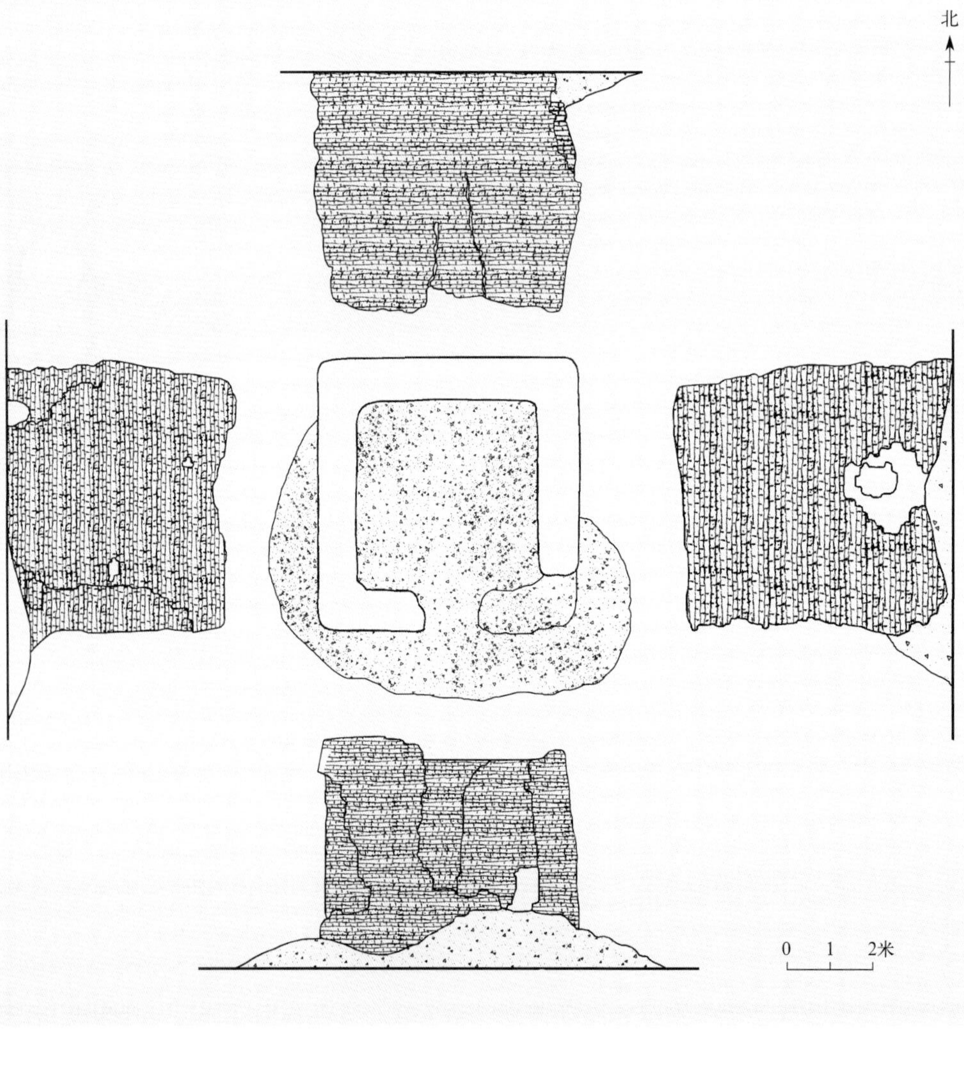

支边农场烽火台平、立面示意图（立面图参照摄影资料绘制）

全景（东南—西北）

南面

清军在平定准噶尔、大小和卓叛乱过程中，修建有大量的烽火台。经调查发现，在新疆有清代烽火台70余座，主要分布在北疆的哈密地区、乌鲁木齐市、昌吉回族自治州和南疆的喀什地区、和田地区、克孜勒苏柯尔克孜自治州等地，其中以哈密地区分布最为集中。

西面

东面

北面

清军在平定准噶尔、大小和卓叛乱过程中，修建有大量的烽火台。经调查发现，在新疆有清代烽火台70余座，主要分布在北疆的哈密地区、乌鲁木齐市、昌吉回族自治州和南疆的喀什地区、和田地区、克孜勒苏柯尔克孜自治州等地，其中以哈密地区分布最为集中。

6 小泉子烽火台

小泉子烽火台位于新疆维吾尔自治区哈密地区哈密市五堡乡小泉子村南约2.5千米。地处棕红色的山岗上，四周均为戈壁，地表无任何植物，附近无人居住。

烽火台因长期风雨侵蚀和人为掏挖破坏而损毁严重，东南壁部分坍塌，南壁开有一个门洞，门洞高1、宽0.5米。烽火台平面呈圆形，上小下大，直径3.5、残高3.4米。土坯垒砌而成，土坯长30、宽15、厚5厘米。第二次全国文物普查时在烽火台周围采集到夹细砂红、灰陶片数片，轮制，纹饰有刻划的旋纹、曲线纹及堆贴的凸旋纹。从口沿形态推测主要是罐形器，从器底可看出多为较厚大的平底器。根据建筑形制及与其他烽火台的关系判断，该烽火台年代为清代。

北面

清军在平定准噶尔、大小和卓叛乱过程中，修建有大量的烽火台。经调查发现，在新疆有清代烽火台70余座，主要分布在北疆的哈密地区、乌鲁木齐市、昌吉回族自治州和南疆的喀什地区、和田地区、克孜勒苏柯尔克孜自治州等地，其中以哈密地区分布最为集中。

清军在平定准噶尔、大小和卓叛乱过程中，修建有大量的烽火台。经调查发现，在新疆有清代烽火台70余座，主要分布在北疆的哈密地区、乌鲁木齐市、昌吉回族自治州和南疆的喀什地区、和田地区、克孜勒苏柯尔克孜自治州等地，其中以哈密地区分布最为集中。

西面

南面

东面

7 勃霍孜烽火台

勃霍孜烽火台位于新疆维吾尔自治区哈密地区哈密市五堡乡小泉子村大泉子北约1千米。地处东天山南麓平缓的戈壁滩上，地表植被以芦苇、骆驼刺等为主，附近无人居住。

烽火台因长期风雨侵蚀破坏而损毁严重，坍塌成一个土堆。基部呈正方形，边长约8、残高1.7米，土坯砌筑而成，周围散布少量陶片。东部有一个直径6米的圆形土坯建筑，被盗。该烽火台年代为清代。

全景（南—北）

局部（北—南）

清军在平定准噶尔、大小和卓叛乱过程中，修建有大量的烽火台。经调查发现，在新疆有清代烽火台70余座，主要分布在北疆的哈密地区、乌鲁木齐市、昌吉回族自治州和南疆的喀什地区、和田地区、克孜勒苏柯尔克孜自治州等地，其中以哈密地区分布最为集中。

清军在平定准噶尔、大小和卓叛乱过程中，修建有大量的烽火台。经调查发现，在新疆有清代烽火台70余座，主要分布在北疆的哈密地区、乌鲁木齐市、昌吉回族自治州和南疆的喀什地区、和田地区、克孜勒苏柯尔克孜自治州等地，其中以哈密地区分布最为集中。

8 砂墩子烽火台

砂墩子烽火台位于新疆维吾尔自治区哈密地区哈密市柳树沟乡一棵树村西南约15千米的一座山梁上。周围为戈壁，植被稀疏，地表为黑色小砾石。西约0.15千米为312国道通向砂墩子煤矿的公路，北0.6千米为东西向的312国道。

因风雨侵蚀对烽火台造成严重破坏，台体西、北壁坍塌；南壁中间部分已坍塌，坍塌部分高2.2、宽1.4米；东壁保存较好。烽火台呈覆斗形，平面呈近正方形，中空。土坯砌筑而成，土坯间夹有少量木棍。台体北壁有凸出部分，其间深约2、宽约3米，推测为门道，周围可看出围墙的墙基。烽火台东西4.7、南北4.3、残高5.3米，台壁厚1.3米。土坯长36、宽18、厚9厘米。根据地理位置推测，该烽火台年代可能为清代。

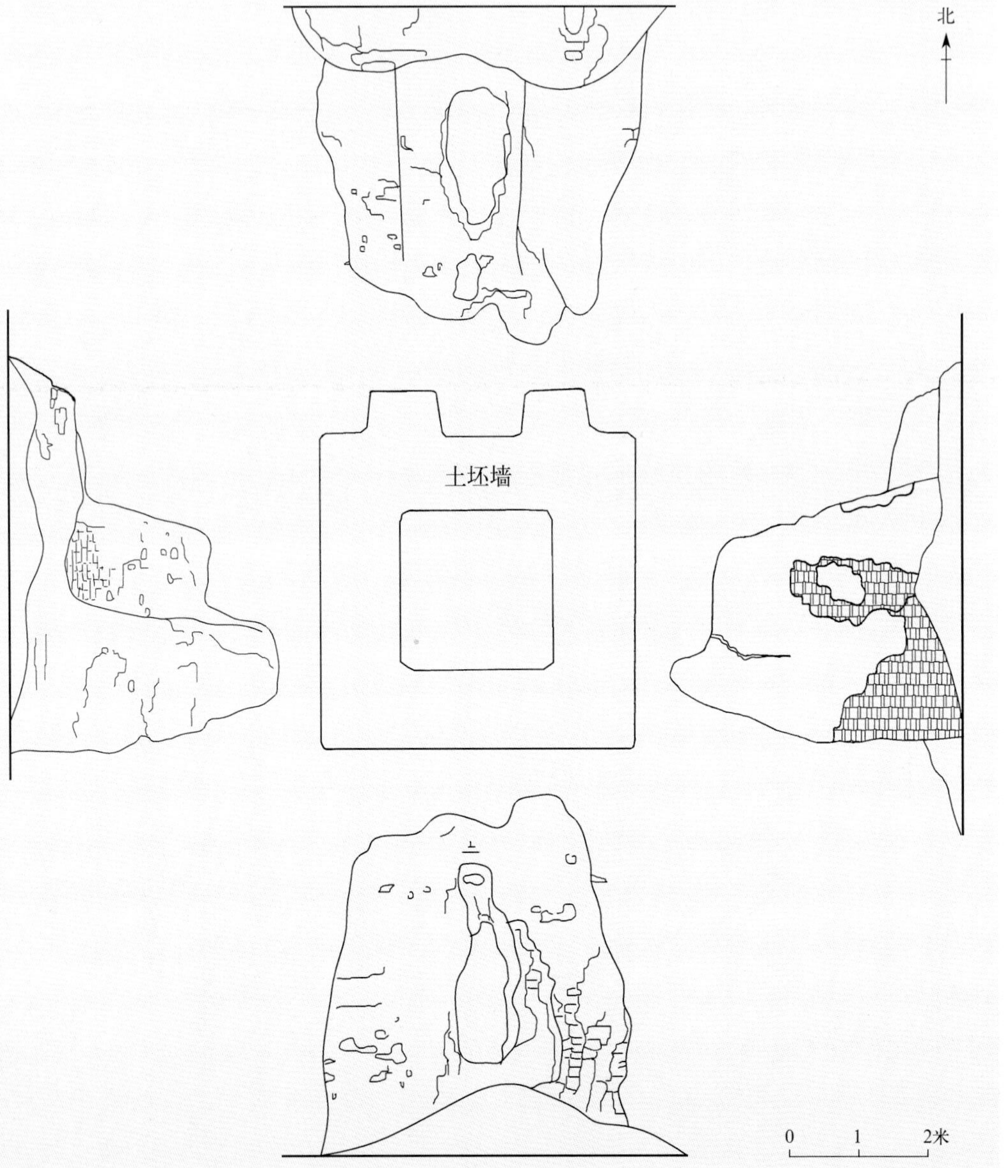

砂墩子烽火台平、立面示意图（立面图参照摄影资料绘制）

远景（西南—东北）

西面

清军在平定准噶尔、大小和卓叛乱过程中，修建有大量的烽火台。经调查发现，在新疆有清代烽火台70余座，主要分布在北疆的哈密地区、乌鲁木齐市、昌吉回族自治州和南疆的喀什地区、和田地区、克孜勒苏柯尔克孜自治州等地，其中以哈密地区分布最为集中。

清军在平定准噶尔、大小和卓叛乱过程中，修建有大量的烽火台。经调查发现，在新疆有清代烽火台70余座，主要分布在北疆的哈密地区、乌鲁木齐市、昌吉回族自治州和南疆的喀什地区、和田地区、克孜勒苏柯尔克孜自治州等地，其中以哈密地区分布最为集中。

南面

东面

北面

9 了墩烽火台

了墩烽火台位于新疆维吾尔自治区哈密地区哈密市柳树沟乡牧业村西南约25千米、农十三师柳树泉农场梯子泉五队北的戈壁滩上。其北、东北、西北为低矮的戈壁丘陵所环绕。四周植被稀疏，主要生长有骆驼刺。东有一条坎儿井，东南有一个周边生长有柳树的水塘，南0.2千米为梯子泉农场五队和312国道，西南约80米有一座民房，东约10千米为砂墩子烽火台，西北25千米为一碗泉驿站遗址。

烽火台因风雨侵蚀等自然因素破坏而受损严重，其外侧夯筑围墙残损，仅存西墙、北墙极少部分。烽火台由台体和台基两部分组成。台基边长12.8米，南半部分残损。台体呈覆斗形，平面呈正方形，剖面呈梯形，南壁下部有一个小门洞，门两边台体用草拌泥抹平，门内有台阶可达烽火台顶。烽火台本体用土坯修筑而成，分上、下两层，土坯间夹筑有木棍，上层四壁有瞭望孔，下层由土坯夯实。台体南北7.2、东西6.4米。从建筑形制判断，此烽火台历经多次修砌，最晚修筑使用年代为清代。

清军在平定准噶尔、大小和卓叛乱过程中，修建有大量的烽火台。经调查发现，在新疆有清代烽火台70余座，主要分布在北疆的哈密地区、乌鲁木齐市、昌吉回族自治州和南疆的喀什地区、和田地区、克孜勒苏柯尔克孜自治州等地，其中以哈密地区分布最为集中。

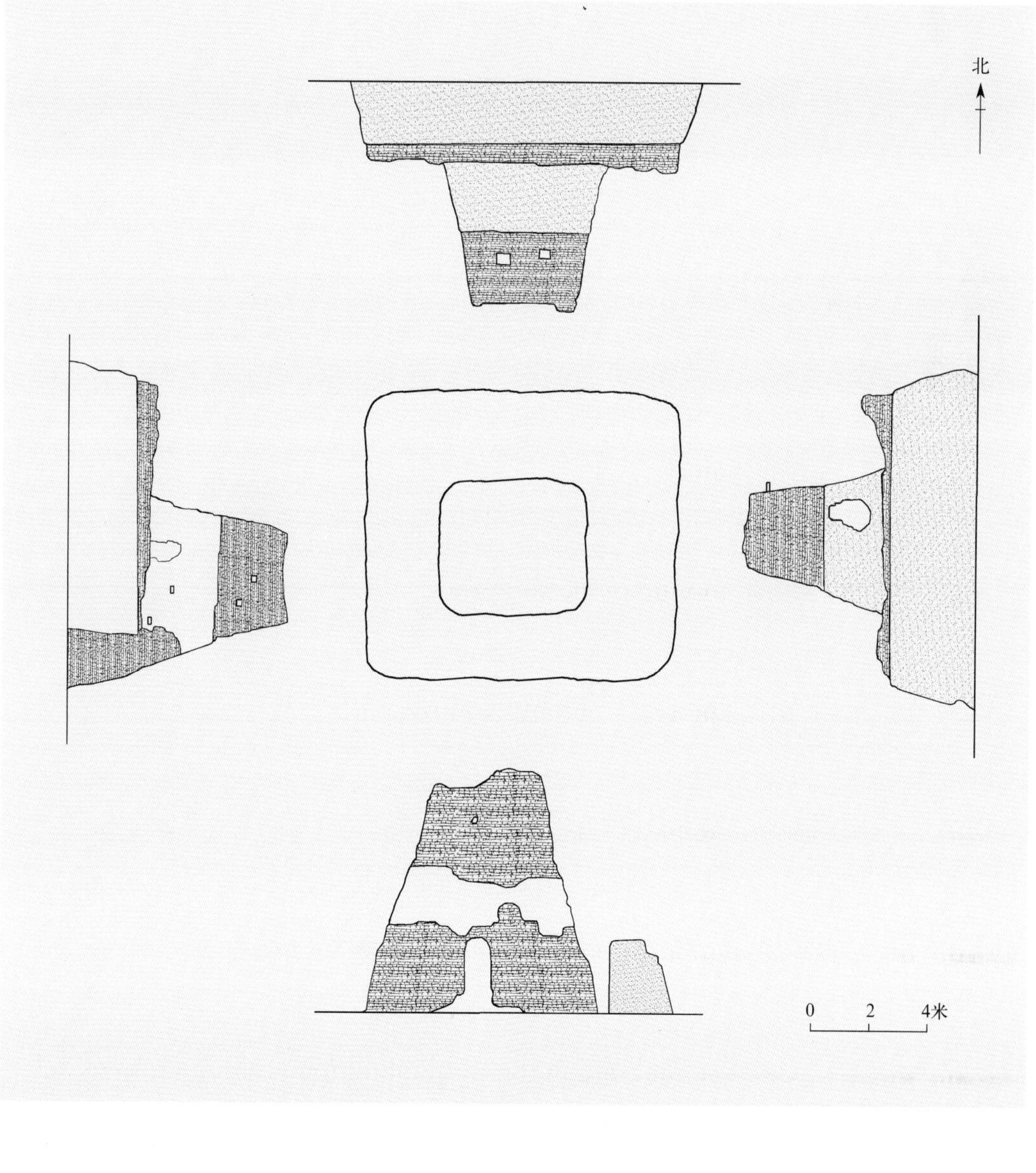

了墩烽火台平、立面示意图（立面图参照摄影资料绘制）

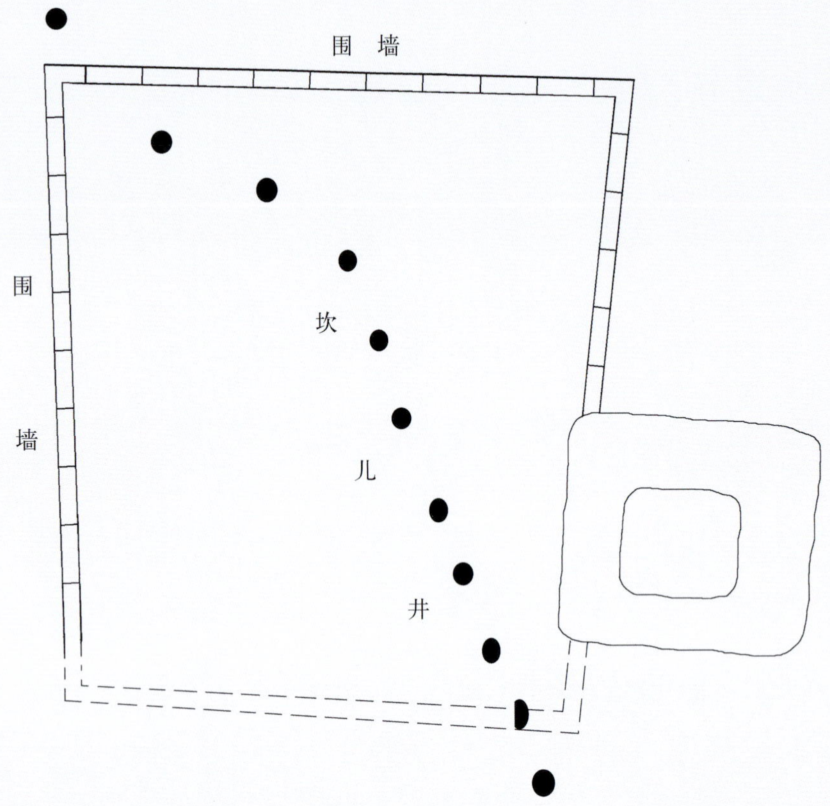

了墩烽火台位置图

烽火台及围墙

清军在平定准噶尔、大小和卓叛乱过程中，修建有大量的烽火台。经调查发现，在新疆有清代烽火台70余座，主要分布在北疆的哈密地区、乌鲁木齐市、昌吉回族自治州和南疆的喀什地区、和田地区、克孜勒苏柯尔克孜自治州等地，其中以哈密地区分布最为集中。

北面

东面

东南面

清军在平定准噶尔、大小和卓叛乱过程中，修建有大量的烽火台。经调查发现，在新疆有清代烽火台70余座，主要分布在北疆的哈密地区、乌鲁木齐市、昌吉回族自治州和南疆的喀什地区、和田地区、克孜勒苏柯尔克孜自治州等地，其中以哈密地区分布最为集中。

10 黄龙岗烽火台

黄龙岗烽火台位于新疆维吾尔自治区哈密地区哈密市大泉湾乡黄龙岗村三组东南约1千米的耕地中。地处东天山南麓平缓的冲积地带，四周地势平坦，为农田环绕。

烽火台因风雨侵蚀等自然因素和生产生活活动等人为因素破坏而损毁严重。烽火台平面呈不规则形，泥土夯筑而成。南北约3.7、东西约2.7、残高约2.3米，占地面积约20平方米，夯层厚约0.08米。根据建筑形制推测，该烽火台的年代为清代。

清军在平定准噶尔、大小和卓叛乱过程中，修建有大量的烽火台。经调查发现，在新疆有清代烽火台70余座，主要分布在北疆的哈密地区、乌鲁木齐市、昌吉回族自治州和南疆的喀什地区、和田地区、克孜勒苏柯尔克孜自治州等地，其中以哈密地区分布最为集中。

全景（北－南）

西面

南面

清军在平定准噶尔、大小和卓叛乱过程中，修建有大量的烽火台。经调查发现，在新疆有清代烽火台70余座，主要分布在北疆的哈密地区、乌鲁木齐市、昌吉回族自治州和南疆的喀什地区、和田地区、克孜勒苏柯尔克孜自治州等地，其中以哈密地区分布最为集中。

11 长流水烽火台

长流水烽火台位于新疆维吾尔自治区哈密地区哈密市大泉湾乡圪垯井村南约12千米。地处戈壁滩上地势较高的台地边缘，四周地势平坦，周围植被以芦苇、骆驼刺为主，零星生长有白杨。南50米原为长流水村，现已被撤销。

烽火台因长年的风雨侵蚀、年久失修以及人为攀爬等因素破坏而受损严重。台体有很大裂缝，仅存东、北壁部分。烽火台呈蘑菇形，平面不规整，黄土夯筑而成，底部长约2.9、宽约2.5米，残高约3.6米。根据建筑形制及与其他烽火台的关系判断，该烽火台年代为清代。

清军在平定准噶尔、大小和卓叛乱过程中，修建有大量的烽火台。经调查发现，在新疆有清代烽火台70余座，主要分布在北疆的哈密地区、乌鲁木齐市、昌吉回族自治州和南疆的喀什地区、和田地区、克孜勒苏柯尔克孜自治州等地，其中以哈密地区分布最为集中。

全景

清军在平定准噶尔、大小和卓叛乱过程中，修建有大量的烽火台。经调查发现，在新疆有清代烽火台70余座，主要分布在北疆的哈密地区、乌鲁木齐市、昌吉回族自治州和南疆的喀什地区、和田地区、克孜勒苏柯尔克孜自治州等地，其中以哈密地区分布最为集中。

12 碱泉子烽火台

碱泉子烽火台位于新疆维吾尔自治区哈密地区哈密市沁城乡牛毛泉村南8千米。地处东天山南麓的沁城盆地中，四周为一望无际的戈壁滩，基本无植被覆盖。西北约30米是沁城至骆驼圈子公路，周边无人居住。

烽火台因风蚀等自然因素破坏而损毁严重，仅残存北壁，其他台壁均已损毁。北壁长7.6、宽1.3、残高6.1米。土坯砌筑而成，土坯长30、宽16、厚7厘米。台体上发现一个射击孔，个别地方发现有台体开裂现象。根据建筑形制及与其他烽火台的关系确定，该烽火台年代为清代。

清军在平定准噶尔、大小和卓叛乱过程中，修建有大量的烽火台。经调查发现，在新疆有清代烽火台70余座，主要分布在北疆的哈密地区、乌鲁木齐市、昌吉回族自治州和南疆的喀什地区、和田地区、克孜勒苏柯尔克孜自治州等地，其中以哈密地区分布最为集中。

南面

北面

西面

东面

清军在平定准噶尔、大小和卓叛乱过程中，修建有大量的烽火台。经调查发现，在新疆有清代烽火台70余座，主要分布在北疆的哈密地区、乌鲁木齐市、昌吉回族自治州和南疆的喀什地区、和田地区、克孜勒苏柯尔克孜自治州等地，其中以哈密地区分布最为集中。

13 沁城青山子烽火台

沁城青山子烽火台位于新疆维吾尔自治区哈密地区哈密市沁城乡牛毛泉村东北约6千米的山丘顶部，山丘四周为戈壁滩。烽火台北0.2千米有一条东西向的公路，附近无村庄及居民点。

烽火台因风蚀等自然因素破坏而损毁严重。由围墙和台体组成。台体仅剩残迹，平面呈长方形，南北4.7、东西3.7、残高1.4米。台体基础用黑色砾石砌筑，上部用土坯砌筑，土坯间夹杂有大量碎石块。围墙东西19.5、南北5.3米，墙体厚0.6、残高1.8米。根据建筑形制以及与其他烽火台的关系确定，该烽火台年代为清代。

清军在平定准噶尔、大小和卓叛乱过程中，修建有大量的烽火台。经调查发现，在新疆有清代烽火台70余座，主要分布在北疆的哈密地区、乌鲁木齐市、昌吉回族自治州和南疆的喀什地区、和田地区、克孜勒苏柯尔克孜自治州等地，其中以哈密地区分布最为集中。

全景（北—南）

西面

14 阿克吐木休克烽火台

阿克吐木休克烽火台位于新疆维吾尔自治区哈密地区哈密市沁城乡小堡村南约7千米处山丘的顶部。地处东天山南麓沁城盆地中，东、西、北面均为地势低平的戈壁滩，南面为一组绵延起伏的小山脉，北约7千米为沁城乡小堡村。烽火台四周无村落，无公路。

烽火台由外侧围院和台体两部分构成。台体保存完好，仅个别地方坍塌。外侧围院呈长方形，因年久失修，部分损毁。围院东西11.2、南北8.3米，门开在北墙正中。台体位于西北角，平面呈正方形，边长5.6米。外侧围墙与台基均为石块垒砌而成，围墙及台体上部用土坯垒砌而成。围墙基高1.45、厚0.64米，台体残高5.3米，台壁厚0.4米，土坯长30、宽16、厚7厘米。烽火台四壁有15个射击孔，石台基上12个（东壁4个、南壁6个、北壁2个），土坯墙上3个（北墙1个、西墙2个）。烽火台周边分布有四座石围建筑遗迹，平面均呈正方形，由石块围成，保存较差，仅剩地面残迹。其中两座边长4米，其余两座边长3米，年代待定。根据建筑形制及与其他烽火台的关系确定，该烽火台的年代为清代。

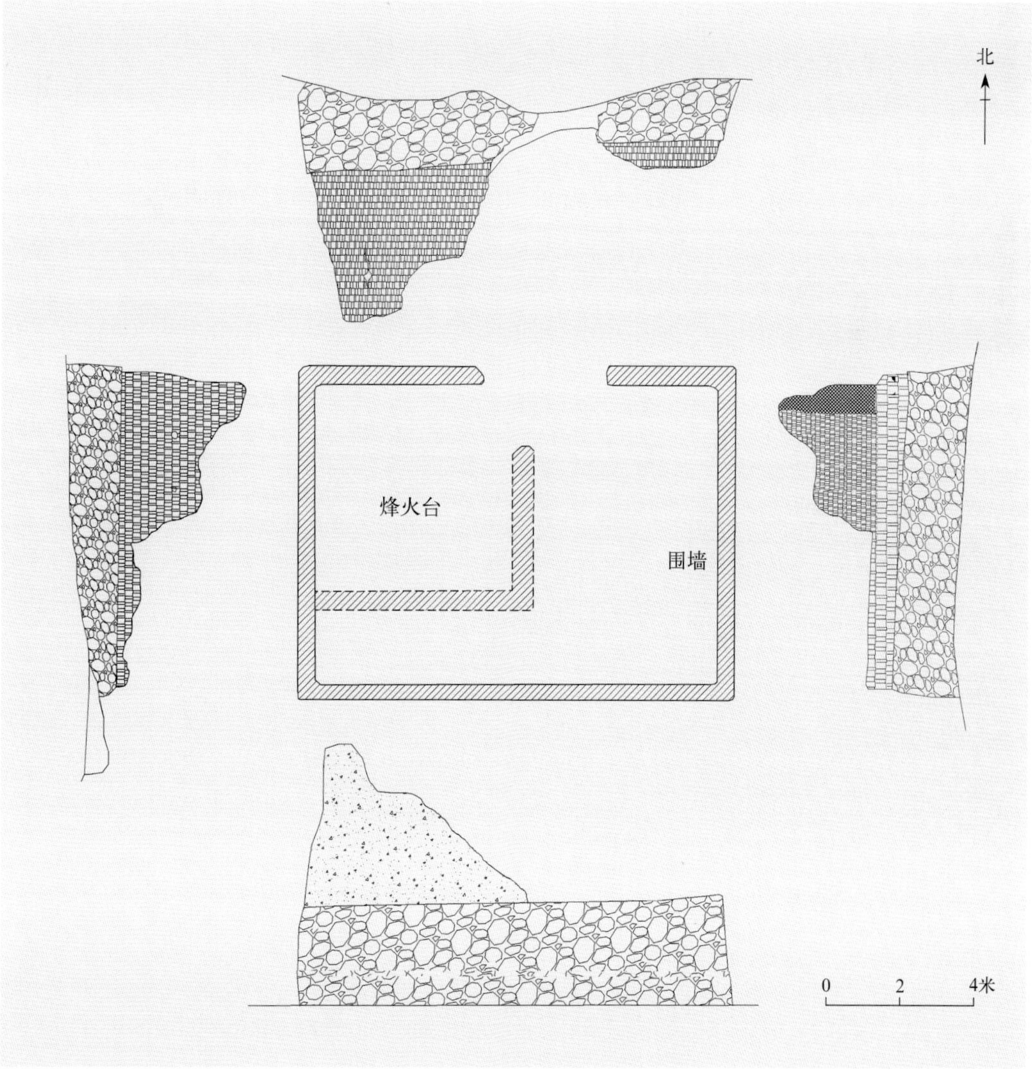

阿克吐木休克烽火台平、立面示意图（立面图参照摄影资料绘制）

清军在平定准噶尔、大小和卓叛乱过程中，修建有大量的烽火台。经调查发现，在新疆有清代烽火台70余座，主要分布在北疆的哈密地区、乌鲁木齐市、昌吉回族自治州和南疆的喀什地区、和田地区、克孜勒苏柯尔克孜自治州等地，其中以哈密地区分布最为集中。

全景（东南—西北）

北面

清军在平定准噶尔、大小和卓叛乱过程中，修建有大量的烽火台。经调查发现，在新疆有清代烽火台70余座，主要分布在北疆的哈密地区、乌鲁木齐市、昌吉回族自治州和南疆的喀什地区、和田地区、克孜勒苏柯尔克孜自治州等地，其中以哈密地区分布最为集中。

全景（东—西）

东北面

西南面

清军在平定准噶尔、大小和卓叛乱过程中，修建有大量的烽火台。经调查发现，在新疆有清代烽火台70余座，主要分布在北疆的哈密地区、乌鲁木齐市、昌吉回族自治州和南疆的喀什地区、和田地区、克孜勒苏柯尔克孜自治州等地，其中以哈密地区分布最为集中。

15 二墩烽火台

二墩烽火台位于新疆维吾尔自治区哈密地区哈密市沁城乡白山村东北2千米一座山丘的顶部。地处东天山南麓沁城盆地中，山丘周围地势平坦开阔，北眺东天山，南约1～2千米为一组较低的小山丘，西为相对平坦的开阔地，周边无其他建筑设施。东与三墩烽火台遥遥相望。

烽火台由外侧围院及台体两部分组成。围墙平面呈正方形。围院墙基部分为石块垒砌而成，其余为土坯砌筑，土坯长30、宽16、厚7厘米，土坯中夹杂有少量碎石块。围墙边长12.8米，墙厚0.7、残高1.85米，石筑墙基高1.05米。烽火台位于围院北侧，台体下部为石砌，上部为土坯垒筑，边长6米，台壁厚0.55、残高3.9米，其中石筑台基高2米。台体南6米处分布有两处遗迹，推测为烽火台的附属建筑。该遗迹破坏较重，仅剩残迹，平面呈正方形，系石块围成，边长4米。根据建筑形制及与其他烽火台的关系确定，该烽火台的年代为清代。

清军在平定准噶尔、大小和卓叛乱过程中，修建有大量的烽火台。经调查发现，在新疆有清代烽火台70余座，主要分布在北疆的哈密地区、乌鲁木齐市、昌吉回族自治州和南疆的喀什地区、和田地区、克孜勒苏柯尔克孜自治州等地，其中以哈密地区分布最为集中。

远景（南－北）

南面

北面

清军在平定准噶尔、大小和卓叛乱过程中，修建有大量的烽火台。经调查发现，在新疆有清代烽火台70余座，主要分布在北疆的哈密地区、乌鲁木齐市、昌吉回族自治州和南疆的喀什地区、和田地区、克孜勒苏柯尔克孜自治州等地，其中以哈密地区分布最为集中。

清军在平定准噶尔、大小和卓叛乱过程中，修建有大量的烽火台。经调查发现，在新疆有清代烽火台70余座，主要分布在北疆的哈密地区、乌鲁木齐市、昌吉回族自治州和南疆的喀什地区、和田地区、克孜勒苏柯尔克孜自治州等地，其中以哈密地区分布最为集中。

16 三墩烽火台

三墩烽火台位于新疆维吾尔自治区哈密地区哈密市沁城乡小堡村南1千米的山丘上。整座山表面为碎石片或碎石块，基本没有植被，山下有一条水流较大的小河，远处为一处较大的牧场。西侧有一座中国联通的信号塔。

烽火台由围院及台体组成。围院平面呈长方形，东西14.1、南北11.7米，墙体高1.1、厚0.3米。台体基础由片石垒砌，上半部由土坯垒砌，基本坍塌。台体边长5.7、残高约4米，台壁厚约0.5米，下部台基用砾石砌筑，上部用土坯砌筑，石砌墙基高约0.8米。烽火台周边分布4个片石垒砌的正方形石台遗迹，西侧3个，南侧1个，边长3～4、残高0.5～0.6米。该烽火台年代为清代。

南面

清军在平定准噶尔、大小和卓叛乱过程中，修建有大量的烽火台。经调查发现，在新疆有清代烽火台70余座，主要分布在北疆的哈密地区、乌鲁木齐市、昌吉回族自治州和南疆的喀什地区、和田地区、克孜勒苏柯尔克孜自治州等地，其中以哈密地区分布最为集中。

东面

西面

北面

清军在平定准噶尔、大小和卓叛乱过程中，修建有大量的烽火台。经调查发现，在新疆有清代烽火台70余座，主要分布在北疆的哈密地区、乌鲁木齐市、昌吉回族自治州和南疆的喀什地区、和田地区、克孜勒苏柯尔克孜自治州等地，其中以哈密地区分布最为集中。

17 下马崖烽火台

下马崖烽火台位于新疆维吾尔自治区哈密地区伊吾县下马崖乡尤库日买勒村西南1千米的山间谷地上。地势较为平坦，东部系戈壁荒漠，无植被；东北为天山余脉；西部与下马崖水库大坝相连，大坝边缘为简易公路；西南距下马崖古城约1.5千米。

烽火台因风雨侵蚀和人类生产生活活动破坏而损毁严重。烽火台呈覆斗形，平面呈长方形。台体用土坯错缝平砌而成，南北约8.3、东西约7、残高约2.7米。土坯长37、宽18、厚8厘米。顶部有一个人为挖掘的土坑，深约1米。烽火台西侧的水库堤坝将台体西、南壁覆盖。根据与下马崖古城的位置判断，下马崖烽火台可能为下马崖古城的附属军事设施，年代为清代。

远景（东北—西南）

北面

清军在平定准噶尔、大小和卓叛乱过程中，修建有大量的烽火台。经调查发现，在新疆有清代烽火台70余座，主要分布在北疆的哈密地区、乌鲁木齐市、昌吉回族自治州和南疆的喀什地区、和田地区、克孜勒苏柯尔克孜自治州等地，其中以哈密地区分布最为集中。

18 尤勒墩烽火台

尤勒墩烽火台位于新疆维吾尔自治区哈密地区伊吾县苇子峡乡乔尔村东部、尤勒敦农场西南约1.5千米的一座小山顶部。地处东天山支脉慕钦乌拉山东段南麓的山涧盆地边缘，周边地表遍布砾石，植被稀少。伊吾河从盆地北边流过，盆地内树木繁盛，风景优美。

该烽火台因常年风雨侵蚀等自然因素和盗掘等人为因素破坏而损毁严重。烽火台坍塌，残存基础呈圆形，直径约3、高约1米。从残留的草拌泥、土坯等遗物观察，烽火台系土坯垒砌，中间夹杂草泥等。烽火台西20米处发现一处盗挖坑穴，地表散布夹砂红陶片等遗物，陶片火候较高，质地坚硬。初步推测该烽火台年代为清代。

远景（南—北）

清军在平定准噶尔、大小和卓叛乱过程中，修建有大量的烽火台。经调查发现，在新疆有清代烽火台70余座，主要分布在北疆的哈密地区、乌鲁木齐市、昌吉回族自治州和南疆的喀什地区、和田地区、克孜勒苏柯尔克孜自治州等地，其中以哈密地区分布最为集中。

19 边关墩烽火台

边关墩烽火台位于新疆维吾尔自治区哈密地区哈密市天山乡二道沟村南20千米的山前冲积地带。四周地势平坦，地表植被稀疏。东0.1千米为哈（密）巴（里坤）公路，周边无人居住。

烽火台呈覆斗形，平面呈长方形，剖面呈梯形。东西11.6、南北9.4、残高12米。烽火台用土坯砌筑而成，中间夹有木棍作为筋骨，东壁下有房舍两间。四周均为土筑围墙，南北25、东西22米，墙体残高0.4～1.2、厚1米。门向东开，门宽3.8米。烽火台整体保存良好，经过修缮，已免费开放。根据建筑形制以及与其他烽火台的关系确定，该烽火台的年代为清代。

全景（东南—西北）

清军在平定准噶尔、大小和卓叛乱过程中，修建有大量的烽火台。经调查发现，在新疆有清代烽火台70余座，主要分布在北疆的哈密地区、乌鲁木齐市、昌吉回族自治州和南疆的喀什地区、和田地区、克孜勒苏柯尔克孜自治州等地，其中以哈密地区分布最为集中。

东面

南面

清军在平定准噶尔、大小和卓叛乱过程中，修建有大量的烽火台。经调查发现，在新疆有清代烽火台70余座，主要分布在北疆的哈密地区、乌鲁木齐市、昌吉回族自治州和南疆的喀什地区、和田地区、克孜勒苏柯尔克孜自治州等地，其中以哈密地区分布最为集中。

北面

西面

清军在平定准噶尔、大小和卓叛乱过程中，修建有大量的烽火台。经调查发现，在新疆有清代烽火台70余座，主要分布在北疆的哈密地区、乌鲁木齐市、昌吉回族自治州和南疆的喀什地区、和田地区、克孜勒苏柯尔克孜自治州等地，其中以哈密地区分布最为集中。

20 十五里墩烽火台

十五里墩烽火台位于新疆维吾尔自治区哈密地区哈密市西山乡乌兰布拉克村西4千米。地处东天山南麓地势较高的台地上，东、南、西面均为广阔的戈壁滩，地势平坦，地表植被稀少。南6.2千米为山口，西20米为老哈（密）巴（里坤）公路，北约4.5千米为南山口烽火台。周边无村落。

烽火台因风雨侵蚀而部分坍塌，台体保存尚好。台体呈覆斗形，平面呈正方形，剖面呈梯形，土坯垒砌和夯筑混合建造而成，其间夹筑木棍。烽火台底部边长约7、残高约5.45米，台壁上有小孔一个。台体外有围院，南北23.3、东西17.8米，墙体残高1米。烽火台南、北侧有四处片石垒砌的正方形石台，边长1～2米，保存较差，仅剩地表残迹，推测为烽火台附属建筑。根据建筑形制以及与其他烽火台的关系确定，该烽火台的年代为清代。

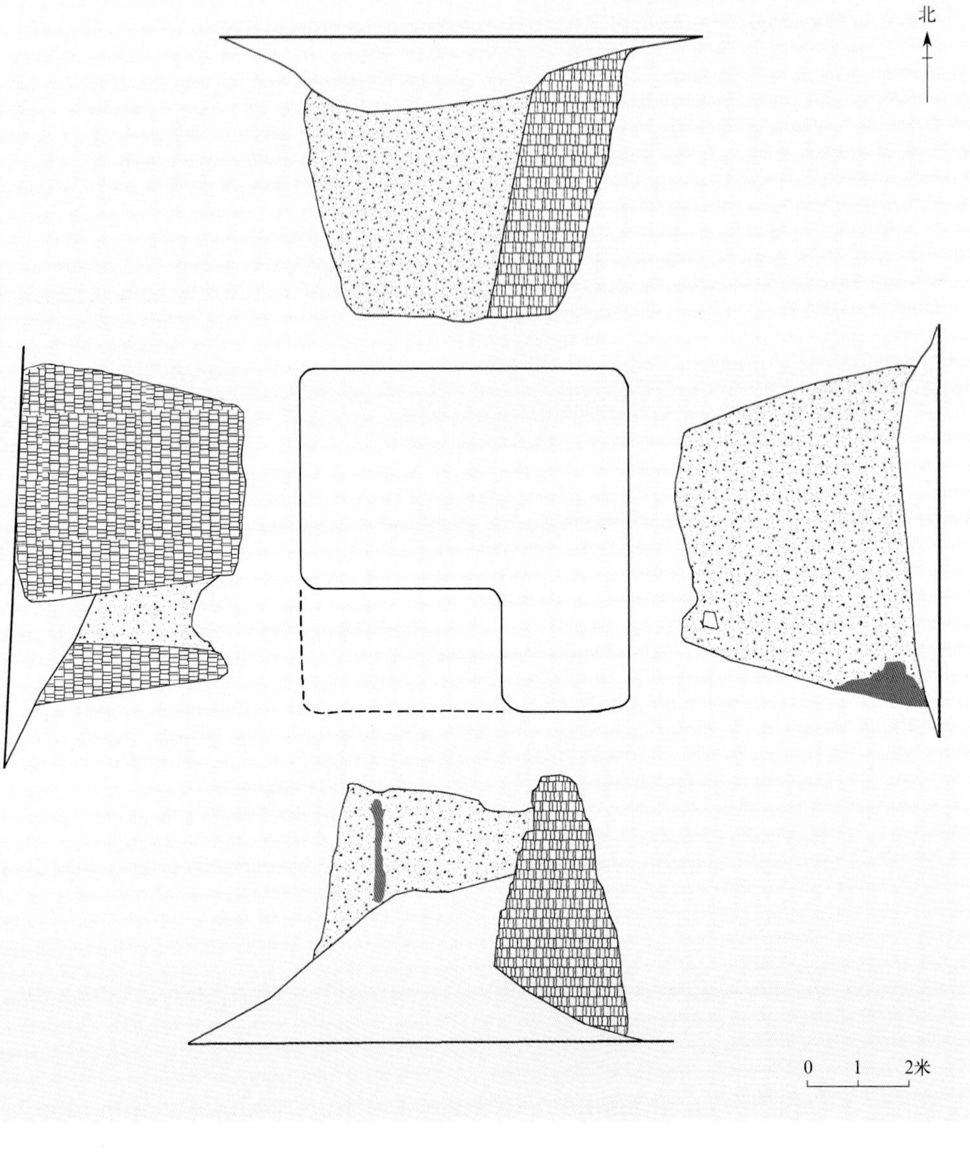

十五里墩烽火台平、立面示意图（立面图参照摄影资料绘制）

清军在平定准噶尔、大小和卓叛乱过程中，修建有大量的烽火台。经调查发现，在新疆有清代烽火台70余座，主要分布在北疆的哈密地区、乌鲁木齐市、昌吉回族自治州和南疆的喀什地区、和田地区、克孜勒苏柯尔克孜自治州等地，其中以哈密地区分布最为集中。

十五里墩烽火台及围院平面位置图

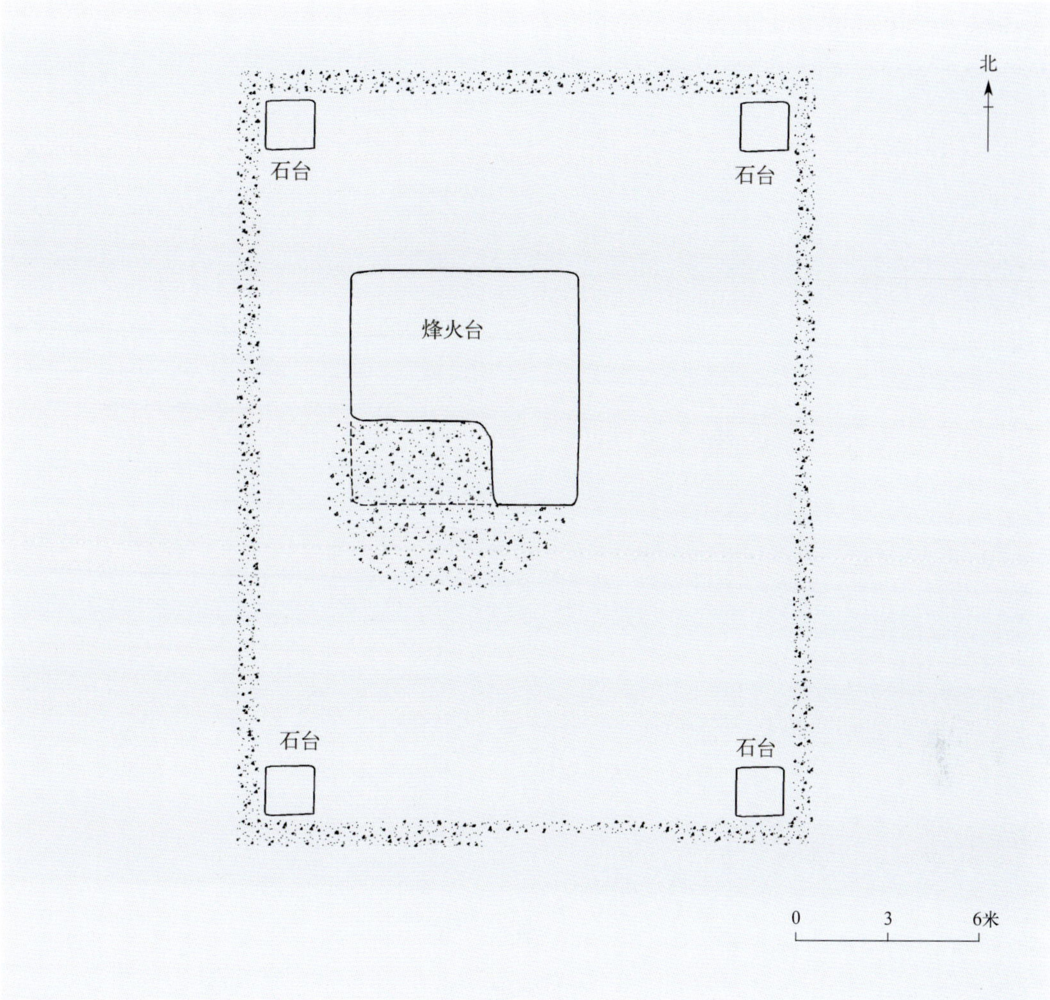

全景（北—南）

清军在平定准噶尔、大小和卓叛乱过程中，修建有大量的烽火台。经调查发现，在新疆有清代烽火台70余座，主要分布在北疆的哈密地区、乌鲁木齐市、昌吉回族自治州和南疆的喀什地区、和田地区、克孜勒苏柯尔克孜自治州等地，其中以哈密地区分布最为集中。

清军在平定准噶尔、大小和卓叛乱过程中，修建有大量的烽火台。经调查发现，在新疆有清代烽火台70余座，主要分布在北疆的哈密地区、乌鲁木齐市、昌吉回族自治州和南疆的喀什地区、和田地区、克孜勒苏柯尔克孜自治州等地，其中以哈密地区分布最为集中。

西面

北面

南面

东面

清军在平定准噶尔、大小和卓叛乱过程中，修建有大量的烽火台。经调查发现，在新疆有清代烽火台70余座，主要分布在北疆的哈密地区、乌鲁木齐市、昌吉回族自治州和南疆的喀什地区、和田地区、克孜勒苏柯尔克孜自治州等地，其中以哈密地区分布最为集中。

21 南山口烽火台

南山口烽火台位于新疆维吾尔自治区哈密地区哈密市西山乡乌兰布拉克村西北5千米。地处东天山南麓南山口的台地上，东、南、西三面均为广阔的戈壁滩，地势平坦，地表植被稀疏。东20米为老哈（密）巴（里坤）公路，南约4.5千米为十五里墩烽火台。

烽火台保存较好，呈覆斗形，平面呈长方形，黄土夯筑而成。夯层中夹杂大量戈壁砾石，南壁夯土中见有夹筑的木棍，夯层厚约0.1米。烽火台东西约5.15、南北约4.4、残高4.8米。烽火台南、北侧发现三个石堆遗迹，边长1～2米，推测为烽火台的附属建筑。根据建筑形制以及与其他烽火台的关系判断，该烽火台的年代为清代。

清军在平定准噶尔、大小和卓叛乱过程中，修建有大量的烽火台。经调查发现，在新疆有清代烽火台70余座，主要分布在北疆的哈密地区、乌鲁木齐市、昌吉回族自治州和南疆的喀什地区、和田地区、克孜勒苏柯尔克孜自治州等地，其中以哈密地区分布最为集中。

全景（南—北）

东面

北面

西面

清军在平定准噶尔、大小和卓叛乱过程中，修建有大量的烽火台。经调查发现，在新疆有清代烽火台70余座，主要分布在北疆的哈密地区、乌鲁木齐市、昌吉回族自治州和南疆的喀什地区、和田地区、克孜勒苏柯尔克孜自治州等地，其中以哈密地区分布最为集中。

22 奎苏台烽火台

奎苏台烽火台位于新疆维吾尔自治区哈密地区巴里坤哈萨克自治县奎苏镇奎苏台村西北约0.4千米。地处东天山和慕钦乌拉山之间的巴里坤盆地东部，地势较开阔平坦，周围有低矮的丘陵，四周均为农田。北约0.4千米为一座小山包，南距哈（密）巴（里坤）公路约0.4千米，西北约0.9千米为一座小型水库。

烽火台保存较完整，台体呈近覆斗形，平面呈长方形，剖面呈梯形，黄土夯筑而成。底部长约4.3、宽约2.5米，残高约5.5米，夯层厚约0.1米。东南角略有垮塌，四壁未发现脚窝痕迹。根据其建筑形制以及与其他烽火台的关系确定，该烽火台年代为清代。

清军在平定准噶尔、大小和卓叛乱过程中，修建有大量的烽火台。经调查发现，在新疆有清代烽火台70余座，主要分布在北疆的哈密地区、乌鲁木齐市、昌吉回族自治州和南疆的喀什地区、和田地区、克孜勒苏柯尔克孜自治州等地，其中以哈密地区分布最为集中。

北面

西面

东面

南面

清军在平定准噶尔、大小和卓叛乱过程中，修建有大量的烽火台。经调查发现，在新疆有清代烽火台70余座，主要分布在北疆的哈密地区、乌鲁木齐市、昌吉回族自治州和南疆的喀什地区、和田地区、克孜勒苏柯尔克孜自治州等地，其中以哈密地区分布最为集中。

23 旧户村草场南烽火台

旧户村草场南烽火台位于新疆维吾尔自治区哈密地区巴里坤哈萨克自治县大河镇旧户村草场南。地处莫钦乌拉山南麓缓坡上，地势北高南低，周围为空旷的草场，地表生长有芨芨草等植被。东约60米有一条近南北向从大河镇通往慕钦乌拉山南麓牧民点的沙石便道，南距大河镇通往三塘湖乡的公路约1.3千米，西南约4千米为大河镇，北约4千米为旧户村草场北烽火台。

烽火台因风雨侵蚀而损毁严重，保存较差，除东壁因背风可以看出烽火台纵剖面呈梯形外，其余台壁大部分坍塌。烽火台东西约6、南北2～3米。黄土分层夯筑而成，夯层内夹杂有石子和芨芨草，夯层厚约0.1米。烽火台北壁中部内凹，有脚窝，可供攀爬辅助之用。台体上有直径约0.1米的孔洞，个别孔洞较深，有的孔洞内残留有木棍。根据其建筑形制以及与其他烽火台的关系确定，该烽火台年代为清代。

清军在平定准噶尔、大小和卓叛乱过程中，修建有大量的烽火台。经调查发现，在新疆有清代烽火台70余座，主要分布在北疆的哈密地区、乌鲁木齐市、昌吉回族自治州和南疆的喀什地区、和田地区、克孜勒苏柯尔克孜自治州等地，其中以哈密地区分布最为集中。

东面

清军在平定准噶尔、大小和卓叛乱过程中，修建有大量的烽火台。经调查发现，在新疆有清代烽火台70余座，主要分布在北疆的哈密地区、乌鲁木齐市、昌吉回族自治州和南疆的喀什地区、和田地区、克孜勒苏柯尔克孜自治州等地。其中以哈密地区分布最为集中。

24 旧户村草场北烽火台

旧户村草场北烽火台位于新疆维吾尔自治区哈密地区巴里坤哈萨克自治县大河镇旧户村草场北，西南约8千米为大河镇。地处慕钦乌拉山南麓的缓坡地带，地势北高南低，四周为空旷的草场，地表生长有芨芨草等植被。东有一条南北向从大河镇通往慕钦乌拉山南麓牧民点的沙石便道，南约5.3千米为大河镇通往三塘湖乡的公路，西约2千米为牧民定居房屋，北约5千米为木城，南约4千米为旧户村草场南烽火台。

烽火台保存较差，南、北壁因风雨侵蚀坍塌较严重，烽火台被分成东西两块大的夯土台，基本形状不易辨识。烽火台平面呈不规则形，黄土夯筑而成，夯层中夹杂有碎石和芨芨草，夯层厚约0.1米。台体东西7、南北2～3米。台体内夹有起加固作用的木柱，因部分木柱被抽走，台体留下了众多直径约0.1米的孔洞，有的孔洞深入台体内1米余。根据其建筑形制以及与其他烽火台的关系确定，该烽火台年代为清代。

清军在平定准噶尔、大小和卓叛乱过程中，修建有大量的烽火台。经调查发现，在新疆有清代烽火台70余座，主要分布在北疆的哈密地区、乌鲁木齐市、昌吉回族自治州和南疆的喀什地区、和田地区、克孜勒苏柯尔克孜自治州等地，其中以哈密地区分布最为集中。

远景（北—南）

东面

北面

清军在平定准噶尔、大小和卓叛乱过程中，修建有大量的烽火台。经调查发现，在新疆有清代烽火台70余座，主要分布在北疆的哈密地区、乌鲁木齐市、昌吉回族自治州和南疆的喀什地区、和田地区、克孜勒苏柯尔克孜自治州等地，其中以哈密地区分布最为集中。

清军在平定准噶尔、大小和卓叛乱过程中，修建有大量的烽火台。经调查发现，在新疆有清代烽火台70余座，主要分布在北疆的哈密地区、乌鲁木齐市、昌吉回族自治州和南疆的喀什地区、和田地区、克孜勒苏柯尔克孜自治州等地，其中以哈密地区分布最为集中。

西面

南面

25 克孜勒江烽火台

克孜勒江烽火台位于新疆维吾尔自治区哈密地区巴里坤哈萨克自治县大河镇旧户村。地处慕钦乌拉山南麓山脚下，地势较高，西南可望巴里坤湖，水草丰富，植被覆盖较好，为旧户村牧民的冬季牧场。东北有一眼泉水可供日常生活之用，东约2千米为大河镇旧户村木城遗址。

烽火台因风雨侵蚀破坏而损毁严重，已坍塌，仅保留一个呈近圆形的土堆，土堆直径约4、残高约1.4米。根据其建筑形制以及与其他烽火台的关系确定，该烽火台年代为清代。

东北面

清军在平定准噶尔、大小和卓叛乱过程中，修建有大量的烽火台。经调查发现，在新疆有清代烽火台70余座，主要分布在北疆的哈密地区、乌鲁木齐市、昌吉回族自治州和南疆的喀什地区、和田地区、克孜勒苏柯尔克孜自治州等地，其中以哈密地区分布最为集中。

26 双墩子烽火台

双墩子烽火台位于新疆维吾尔自治区哈密地区巴里坤哈萨克自治县大河镇旧户村北、农十三师红山农场红星一牧场克孜勒库都克村东南。地处巴里坤县城北侧公路附近的山包上，山包下有一条简易土路和一列电线杆。东约50米为巴里坤县城至三塘湖公路31千米里程碑，东南约0.25千米有一座现代砖厂。

双墩子烽火台得名于东西相峙的两个山丘上各有一座烽火台。烽火台因长年风雨侵蚀和人为破坏而损毁严重，西边的烽火台基本坍塌，成为一座四周呈斜坡状的土台，土台边长约7、残高1米；坍塌范围东西19、南北12米。东边山丘上的烽火台在2004年修建巴里坤至三塘湖公路时已毁。根据建筑形制以及与其他烽火台的关系确定，该烽火台年代为清代。

清军在平定准噶尔、大小和卓叛乱过程中，修建有大量的烽火台。经调查发现，在新疆有清代烽火台70余座，主要分布在北疆的哈密地区、乌鲁木齐市、昌吉回族自治州和南疆的喀什地区、和田地区、克孜勒苏柯尔克孜自治州等地，其中以哈密地区分布最为集中。

西面

清军在平定准噶尔、大小和卓叛乱过程中，修建有大量的烽火台。经调查发现，在新疆有清代烽火台70余座，主要分布在北疆的哈密地区、乌鲁木齐市、昌吉回族自治州和南疆的喀什地区、和田地区、克孜勒苏柯尔克孜自治州等地，其中以哈密地区分布最为集中。

27 阿尕勒烽火台

阿尕勒烽火台位于新疆维吾尔自治区哈密地区巴里坤哈萨克自治县大河镇旧户村西北、博尔羌吉镇至大河镇公路北约0.4千米的山顶上。地处慕钦乌拉山西南部的小石山上，周边无植被覆盖。南约2千米为巴里坤湖北化工厂。

烽火台因风雨侵蚀和人为攀爬破坏而损坏，南、西壁垮塌。烽火台呈覆斗形，平面呈近正方形，基础外侧以片石垒筑包砌，台体用土坯错缝平砌至顶，土坯之间夹有芨芨草和碎石泥层。烽火台南北约8.8、东西约8.3、残高约4.8米。台体东、北壁可见木柱，北壁下部有一个拱形土洞，高约1.5米，宽仅容一人进入，进深0.7米，洞内顶部有烟熏痕迹。南壁凹陷坍塌，推测南壁的凹陷处原为守卫士兵上下使用的脚窝或台阶。烽火台附近约10米范围内环绕台体有宽3、深1米的壕沟，保存较好。烽火台东、西侧山上发现有若干直径约1.5米的圆形小坑，性质不明。根据其建筑形制以及与其他烽火台的关系推测，该烽火台年代为清代。

清军在平定准噶尔、大小和卓叛乱过程中，修建有大量的烽火台。经调查发现，在新疆有清代烽火台70余座，主要分布在北疆的哈密地区、乌鲁木齐市、昌吉回族自治州和南疆的喀什地区、和田地区、克孜勒苏柯尔克孜自治州等地，其中以哈密地区分布最为集中。

台体及周围的壕沟（北—南）

西面

北面

清军在平定准噶尔、大小和卓叛乱过程中，修建有大量的烽火台。经调查发现，在新疆有清代烽火台70余座，主要分布在北疆的哈密地区、乌鲁木齐市、昌吉回族自治州和南疆的喀什地区、和田地区、克孜勒苏柯尔克孜自治州等地，其中以哈密地区分布最为集中。

东北面

南面

清军在平定准噶尔、大小和卓叛乱过程中，修建有大量的烽火台。经调查发现，在新疆有清代烽火台70余座，主要分布在北疆的哈密地区、乌鲁木齐市、昌吉回族自治州和南疆的喀什地区、和田地区、克孜勒苏柯尔克孜自治州等地，其中以哈密地区分布最为集中。

28 东泉烽火台

东泉烽火台位于新疆维吾尔自治区哈密地区巴里坤哈萨克自治县大河镇旧户村西北、东泉检查站东北约0.7千米。地处慕钦乌拉山戈壁的小山丘上，周围为高低起伏的小石山，山上布满碎石块，植被稀少，南部有一眼名为东泉的泉水，其附近植被茂盛，有牧民在此放牧。南约0.7千米为巴里坤县城通往博尔羌吉镇的公路。

烽火台因长年受风雨侵蚀，东、南、西壁垮塌严重，仅北壁残存，台体保存较差。烽火台呈覆斗形，东西7、南北2～3、高约4米。土坯错缝平砌而成，土坯间用芨芨草和碎石子搅拌而成的草拌泥黏结。根据其建筑形制及与其他烽火台的位置关系确定，该烽火台年代为清代。

远景（西—东）

清军在平定准噶尔、大小和卓叛乱过程中，修建有大量的烽火台。经调查发现，在新疆有清代烽火台70余座，主要分布在北疆的哈密地区、乌鲁木齐市、昌吉回族自治州和南疆的喀什地区、和田地区、克孜勒苏柯尔克孜自治州等地，其中以哈密地区分布最为集中。

清军在平定准噶尔、大小和卓叛乱过程中，修建有大量的烽火台。经调查发现，在新疆有清代烽火台70余座，主要分布在北疆的哈密地区、乌鲁木齐市、昌吉回族自治州和南疆的喀什地区、和田地区、克孜勒苏柯尔克孜自治州等地，其中以哈密地区分布最为集中。

西面

北面

南面

东面

清军在平定准噶尔、大小和卓叛乱过程中，修建有大量的烽火台。经调查发现，在新疆有清代烽火台70余座，主要分布在北疆的哈密地区、乌鲁木齐市、昌吉回族自治州和南疆的喀什地区、和田地区、克孜勒苏柯尔克孜自治州等地，其中以哈密地区分布最为集中。

29 大墩村烽火台

大墩村烽火台位于新疆维吾尔自治区哈密地区巴里坤哈萨克自治县花园乡大墩村西南0.3千米。南可尽看东天山，北可远望巴里坤湖，西面和北面为农田，南侧紧邻303省道，在省道和烽火台之间有架空的电话线和地下光缆。烽火台西面有一条乡间小路，路东有水渠从烽火台西面绕过向东流去。东1.5千米为清代镇西汉城，西3.85千米为二墩村烽火台。

烽火台底部平面呈不规则形，南北14、东西13、残高8.7米。黄土夯筑，夯层厚约0.1米。经对附近村民询问得知，此烽火台是这一线最大的一座。原呈覆斗形，剖面呈梯形，后由于村民取土修房、积肥，烽火台遭到破坏，体积大为缩减；由于北侧紧临耕地，浇水的小沟从台体北侧流过，烽火台常遭受水的浸泡，较潮湿，局部泛碱开裂，局部垮塌。根据建筑形制及与其他烽火台的关系确定，该烽火台年代为清代。

清军在平定准噶尔、大小和卓叛乱过程中，修建有大量的烽火台。经调查发现，在新疆有清代烽火台70余座，主要分布在北疆的哈密地区、乌鲁木齐市、昌吉回族自治州和南疆的喀什地区、和田地区、克孜勒苏柯尔克孜自治州等地，其中以哈密地区分布最为集中。

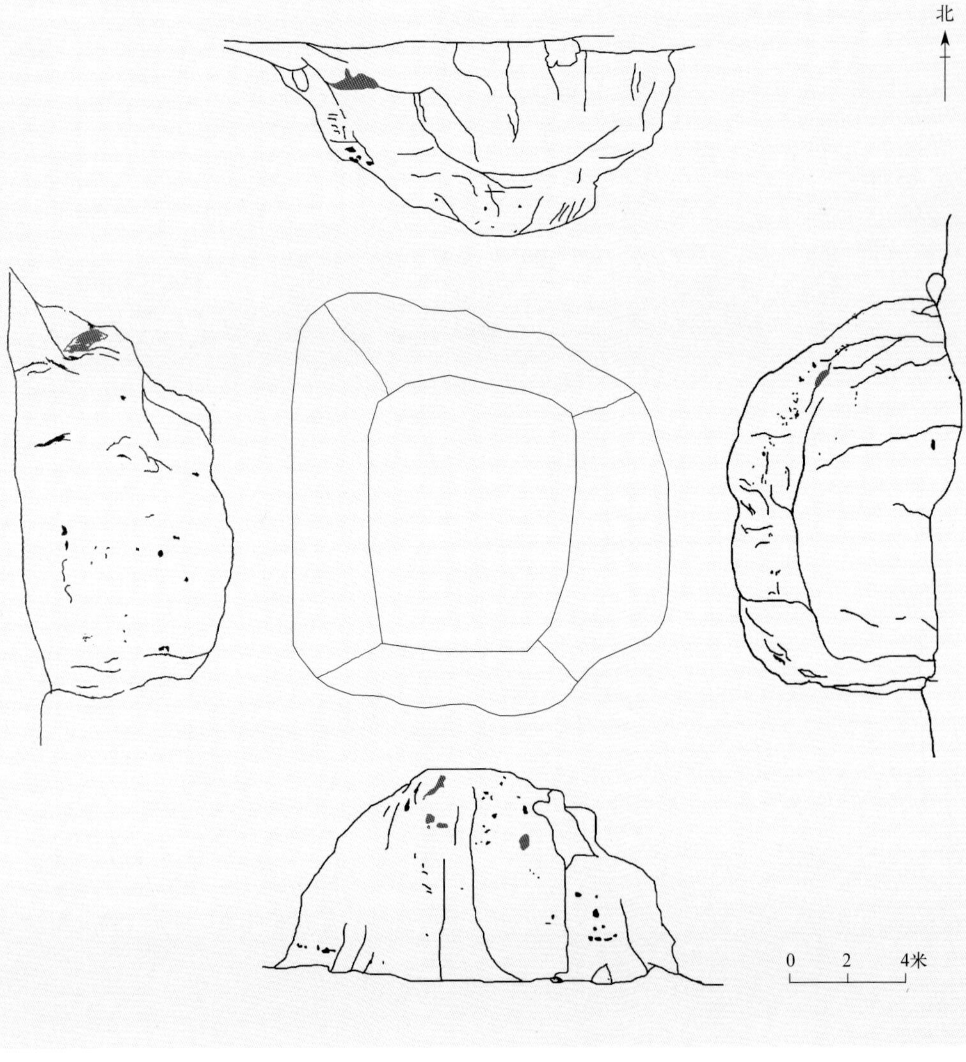

大墩村烽火台平、立面示意图（立面图参照摄影资料绘制）

全景（西南—东北）

南面

北面

清军在平定准噶尔、大小和卓叛乱过程中，修建有大量的烽火台。经调查发现，在新疆有清代烽火台70余座，主要分布在北疆的哈密地区、乌鲁木齐市、昌吉回族自治州和南疆的喀什地区、和田地区、克孜勒苏柯尔克孜自治州等地，其中以哈密地区分布最为集中。

30 二墩村烽火台

二墩村烽火台位于新疆维吾尔自治区哈密地区巴里坤哈萨克自治县花园乡二墩村东南1.5千米、303省道南侧。地势较高，南可尽看东天山，北可远望巴里坤湖。四周为草场，生长有茂密的野草。东约3.85千米为大墩烽火台，西3千米为花庄子东南烽火台，东北约2千米为西破城子。

烽火台呈覆斗形，整体保存较好，平面呈正方形，剖面呈梯形。烽火台底部边长8、顶部边长约5.5、残高7.8米。顶平，中部有凹坑。分层夯筑，夯层厚0.1米。南壁中间有脚窝，供上下之用，顶部南侧立有一根木桩，可能是登顶时用来拴绳或挂软梯。烽火台西侧有三个土墩，呈东西向链状排列，与烽火台最近的一个土墩距离为46米，土墩间隔7.5米，由近及远分别编号J1、J2、J3号。J1平面呈近正方形，长2.4、宽2.1、高1.25米；J2坍塌严重，形状不规则，长2.3、宽2、高0.9米；J3平面呈近正方形，长2.4、宽1.9、高0.9米，土墩性质不明。根据建筑特征及与其他烽火台的关系确定，该烽火台年代为清代。

清军在平定准噶尔、大小和卓叛乱过程中，修建有大量的烽火台。经调查发现，在新疆有清代烽火台70余座，主要分布在北疆的哈密地区、乌鲁木齐市、昌吉回族自治州和南疆的喀什地区、和田地区、克孜勒苏柯尔克孜自治州等地，其中以哈密地区分布最为集中。

全景（西—东）

清军在平定准噶尔、大小和卓叛乱过程中，修建有大量的烽火台。经调查发现，在新疆有清代烽火台70余座，主要分布在北疆的哈密地区、乌鲁木齐市、昌吉回族自治州和南疆的喀什地区、和田地区、克孜勒苏柯尔克孜自治州等地，其中以哈密地区分布最为集中。

清军在平定准噶尔、大小和卓叛乱过程中，修建有大量的烽火台。经调查发现，在新疆有清代烽火台70余座，主要分布在北疆的哈密地区、乌鲁木齐市、昌吉回族自治州和南疆的喀什地区、和田地区、克孜勒苏柯尔克孜自治州等地，其中以哈密地区分布最为集中。

31 花庄子东南烽火台

花庄子东南烽火台位于新疆维吾尔自治区哈密地区巴里坤哈萨克自治县花园乡花庄子村东南约1.5千米（巴里坤县中心苗圃后）。地处东天山北麓的山前缓坡上，地势较高，四周种有苗木，长有苜蓿等牧草。西面有一条流水冲沟。南可尽看东天山，北可远望巴里坤湖。北约0.5千米为303省道，东约3千米为二墩村烽火台，西约2.8千米为花庄子西南烽火台。

烽火台呈覆斗形，平面呈正方形，剖面呈梯形，黄土夯筑而成。烽火台底部边长9、顶部边长6.5、残高7.6米，夯层厚约0.1米。烽火台南壁下部偏西掏挖有一个窑龛，宽2.3、深2、高2米，窑龛四壁有烟炱痕迹；中部内凹，局部有凹坑，似为脚窝。北壁有流水冲刷的痕迹。根据建筑形制以及与其他烽火台的关系确定，该烽火台年代为清代。

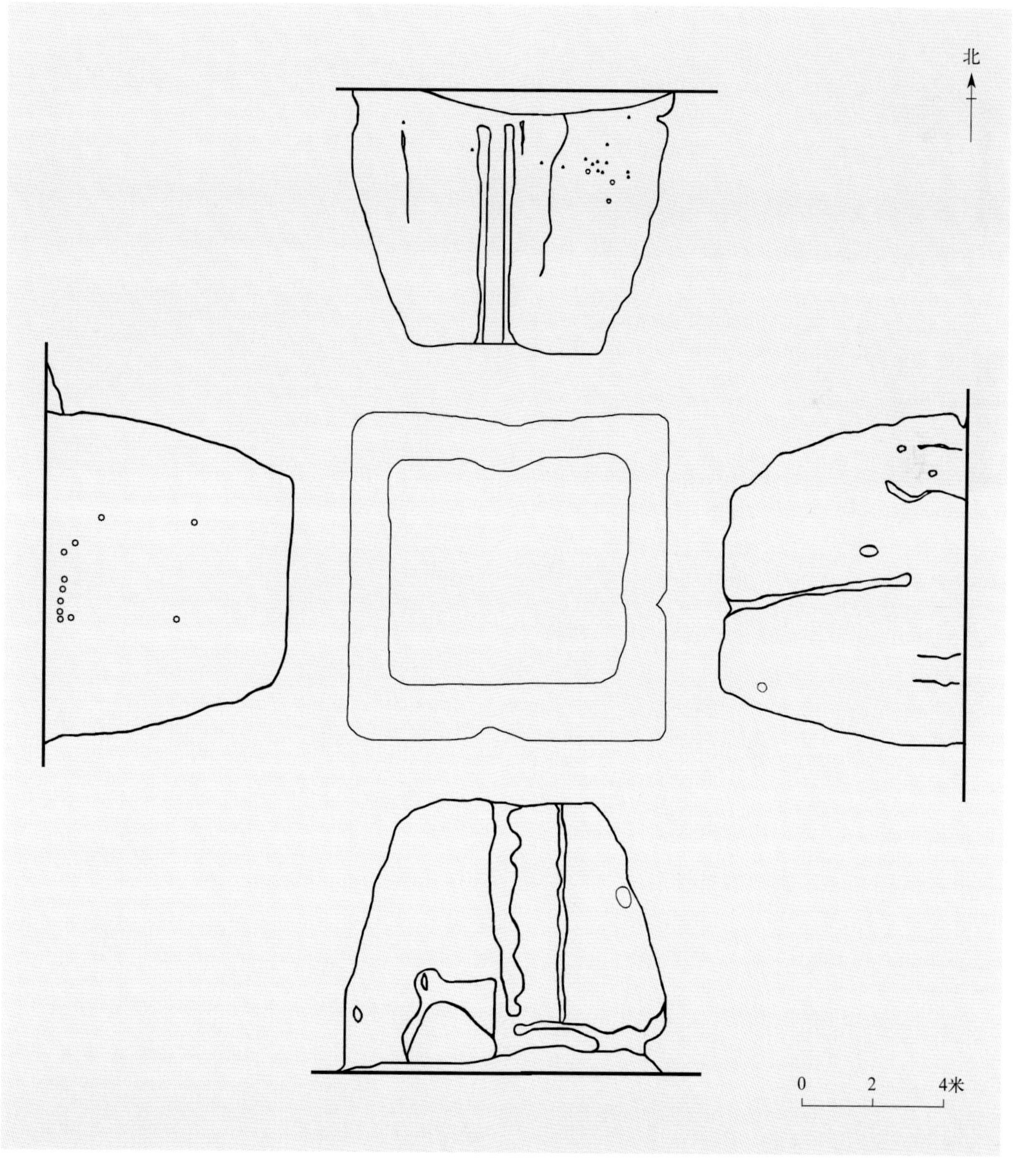

花庄子东南烽火台平、立面示意图（立面图参照摄影资料绘制）

清军在平定准噶尔、大小和卓叛乱过程中，修建有大量的烽火台。经调查发现，在新疆有清代烽火台70余座，主要分布在北疆的哈密地区、乌鲁木齐市、昌吉回族自治州和南疆的喀什地区、和田地区、克孜勒苏柯尔克孜自治州等地，其中以哈密地区分布最为集中。

清军在平定准噶尔、大小和卓叛乱过程中，修建有大量的烽火台。经调查发现，在新疆有清代烽火台70余座，主要分布在北疆的哈密地区、乌鲁木齐市、昌吉回族自治州和南疆的喀什地区、和田地区、克孜勒苏柯尔克孜自治州等地，其中以哈密地区分布最为集中。

北面

东面

清军在平定准噶尔、大小和卓叛乱过程中，修建有大量的烽火台。经调查发现，在新疆有清代烽火台70余座，主要分布在北疆的哈密地区、乌鲁木齐市、昌吉回族自治州和南疆的喀什地区、和田地区、克孜勒苏柯尔克孜自治州等地，其中以哈密地区分布最为集中。

花庄子西南烽火台

花庄子西南烽火台位于新疆维吾尔自治区哈密地区巴里坤哈萨克自治县花园乡花庄子村西南，303省道南侧，西北约3千米为巴里坤湖。烽火台东2.8千米为花庄子东南烽火台，西9千米为尖山子村烽火台。在花庄子西南烽火台与尖山子村烽火台之间原还有两座烽火台，现均已毁，其中一座烽火台西北距尖山子村烽火台2.8千米；另一座烽火台东北距花庄子西南烽火台5.7千米，西北距尖山子村烽火台3.6千米。

烽火台保存较差，东北角有脚窝，脚窝上部由于经常攀爬，被踩踏成南高北低的小道；北、西壁因风雨侵蚀已变得凹凸不平，烽火台东南角已开始垮塌。烽火台呈覆斗形，平面呈近正方形，剖面呈梯形。黄土夯筑而成。烽火台高约8米，东壁底部长7.3、顶部长5米；南壁底部长8.4、顶部长5.4米。夯层厚约0.1米。根据建筑形制及与其他烽火台的位置关系推测，该烽火台年代为清代。

清军在平定准噶尔、大小和卓叛乱过程中，修建有大量的烽火台。经调查发现，在新疆有清代烽火台70余座，主要分布在北疆的哈密地区、乌鲁木齐市、昌吉回族自治州和南疆的喀什地区、和田地区、克孜勒苏柯尔克孜自治州等地，其中以哈密地区分布最为集中。

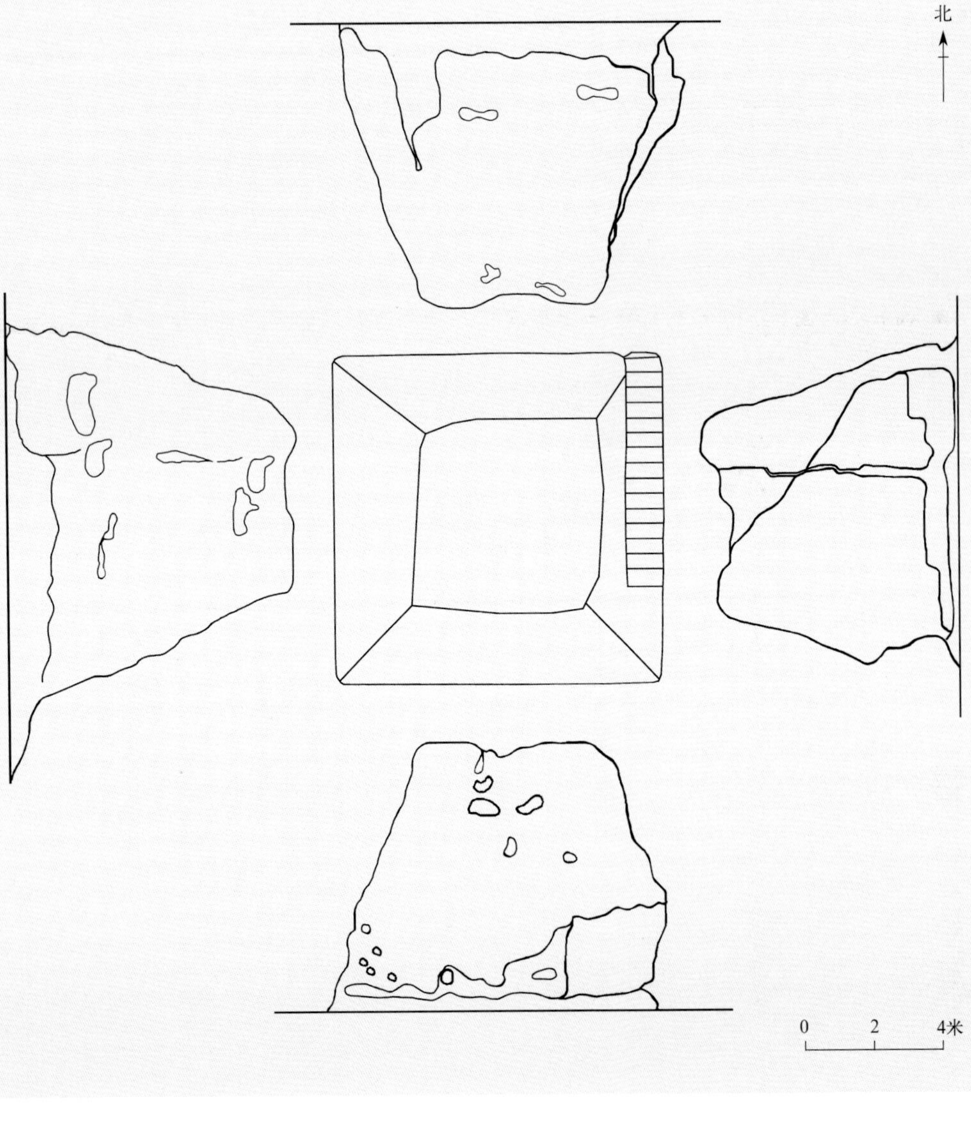

花庄子东南烽火台平、立面示意图（立面图参照摄影资料绘制）

清军在平定准噶尔、大小和卓叛乱过程中，修建有大量的烽火台。经调查发现，在新疆有清代烽火台70余座，主要分布在北疆的哈密地区、乌鲁木齐市、昌吉回族自治州和南疆的喀什地区、和田地区、克孜勒苏柯尔克孜自治州等地，其中以哈密地区分布最为集中。

清军在平定准噶尔、大小和卓叛乱过程中，修建有大量的烽火台。经调查发现，在新疆有清代烽火台70余座，主要分布在北疆的哈密地区、乌鲁木齐市、昌吉回族自治州和南疆的喀什地区、和田地区、克孜勒苏柯尔克孜自治州等地，其中以哈密地区分布最为集中。

北面

西面

33 尖山子村烽火台

尖山子村烽火台位于新疆维吾尔自治区哈密地区巴里坤哈萨克自治县海子沿乡尖山子村（六村）西北约2千米。地处巴里坤湖西南侧戈壁上，地势较高，南面不远处为尖山子，常有牧民在此放牧。南0.5千米为303省道。

烽火台因位于湖边，地面盐碱化严重，下部坍塌较重。烽火台呈覆斗形，平面呈近正方形，剖面呈梯形，黄土夯筑而成。烽火台高约9米，西壁底部长6.9、顶部长4.3米，北壁底部长7.6、顶部长4.8米。夯层厚约0.1米，夯层中夹杂黑色砾石子。从外壁看烽火台内仍然残留有木椽、草绳等遗物，推测在修筑时，用芨芨草绳固定夹板，夯土中间夹木椽，用以拉筋加固。烽火台南侧和东侧有土垄痕迹，东西14、南北16、高约0.6米。烽火台周围见有清代青花瓷碎片。根据其建筑形制以及与其他烽火台的关系确定，该烽火台年代为清代。

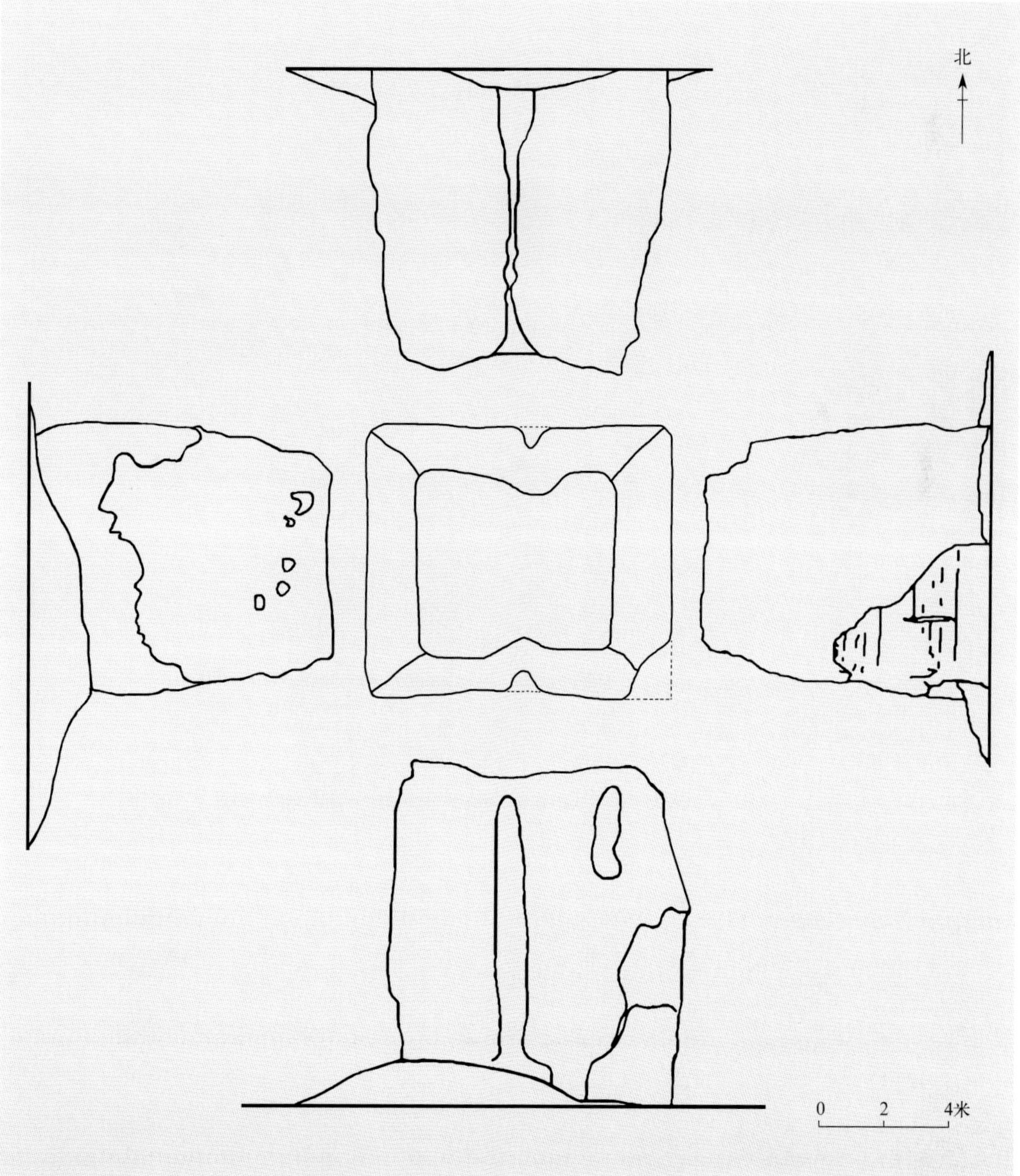

尖山子村烽火台平、立面示意图（立面图参照摄影资料绘制）

清军在平定准噶尔、大小和卓叛乱过程中，修建有大量的烽火台。经调查发现，在新疆有清代烽火台70余座，主要分布在北疆的哈密地区、乌鲁木齐市、昌吉回族自治州和南疆的喀什地区、和田地区、克孜勒苏柯尔克孜自治州等地，其中以哈密地区分布最为集中。

清军在平定准噶尔、大小和卓叛乱过程中，修建有大量的烽火台。经调查发现，在新疆有清代烽火台70余座，主要分布在北疆的哈密地区、乌鲁木齐市、昌吉回族自治州和南疆的喀什地区、和田地区、克孜勒苏柯尔克孜自治州等地，其中以哈密地区分布最为集中。

西面

东面

清军在平定准噶尔、大小和卓叛乱过程中，修建有大量的烽火台。经调查发现，在新疆有清代烽火台70余座，主要分布在北疆的哈密地区、乌鲁木齐市、昌吉回族自治州和南疆的喀什地区、和田地区、克孜勒苏柯尔克孜自治州等地，其中以哈密地区分布最为集中。

34 尖山子西北烽火台

尖山子西北烽火台位于新疆维吾尔自治区哈密地区巴里坤哈萨克自治县海子沿乡尖山子村（六村）西约5千米。地处巴里坤湖西南，地势较高，四周为戈壁，植被较稀少，只有少数牧民在此放牧。南面不远为尖山子，北可远望巴里坤湖，北30米为303省道。

烽火台呈覆斗形，平面呈近正方形，剖面呈梯形，泥土夯筑而成。四壁残留有直径约0.1米的小孔，部分小孔深达台体内部约1～2米，推测为加固烽火台时在夯土中夹筑木柱的孔。烽火台南北约9.3、东西约9.1、高约10米。夯层厚约0.1米，夯层内夹有芨芨草。烽火台四角垮塌而内收，东壁坍塌较甚，西、北壁因风雨侵蚀而中心内凹。根据建筑形制及与其他烽火台的关系确定，该烽火台年代为清代。

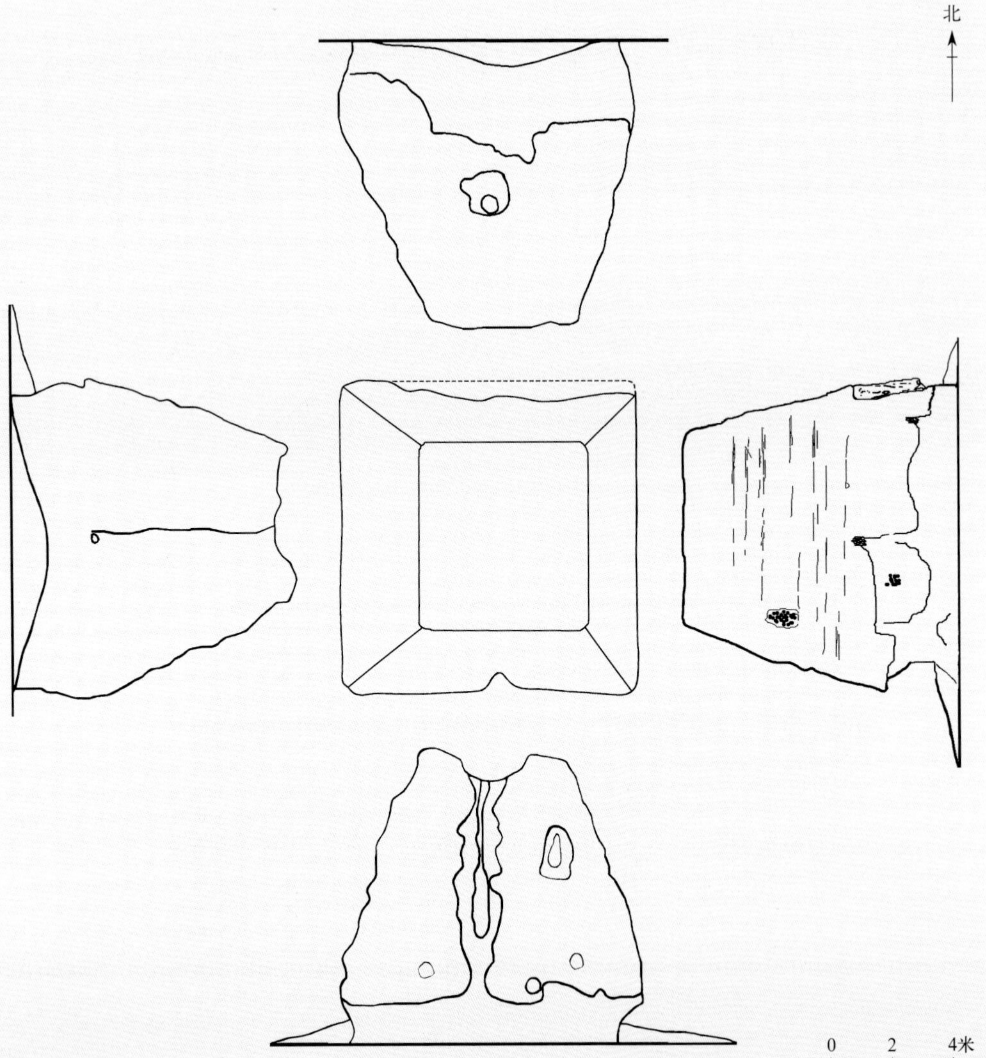

尖山子西北烽火台平、立面示意图（立面图参照摄影资料绘制）

清军在平定准噶尔、大小和卓叛乱过程中，修建有大量的烽火台。经调查发现，在新疆有清代烽火台70余座，主要分布在北疆的哈密地区、乌鲁木齐市、昌吉回族自治州和南疆的喀什地区、和田地区、克孜勒苏柯尔克孜自治州等地，其中以哈密地区分布最为集中。

清军在平定准噶尔、大小和卓叛乱过程中，修建有大量的烽火台。经调查发现，在新疆有清代烽火台70余座，主要分布在北疆的哈密地区、乌鲁木齐市、昌吉回族自治州和南疆的喀什地区、和田地区、克孜勒苏柯尔克孜自治州等地，其中以哈密地区分布最为集中。

清军在平定准噶尔、大小和卓叛乱过程中，修建有大量的烽火台。经调查发现，在新疆有清代烽火台70余座，主要分布在北疆的哈密地区、乌鲁木齐市、昌吉回族自治州和南疆的喀什地区、和田地区、克孜勒苏柯尔克孜自治州等地，其中以哈密地区分布最为集中。

西面

东北面

35 骨拐泉东烽火台

骨拐泉东烽火台位于新疆维吾尔自治区哈密地区巴里坤哈萨克自治县海子沿乡尖山子村（六村）西约8千米、骨拐泉东0.8千米。四周地势较高，周围为戈壁滩。南面不远处为尖山子，北可远望巴里坤湖，北30米为303省道。

烽火台因风雨侵蚀和人为攀爬等因素使台体开裂，坍塌严重，西北角有一大块夯土即将坍塌，坍塌的部分在烽火台下堆成土堆。烽火台呈覆斗形，平面呈近正方形，剖面呈梯形。烽火台残高8.6米，南壁底部长9.3、顶部长5米，东壁底部长9、顶部长5米。分层夯筑，夯层厚0.1米。烽火台西壁有人为掏成直径0.4、深1米的洞。烽火台东、南侧有土垄痕迹，呈长方形，推测原先此处应该有房址，由于坍塌严重，情况不明，东侧土垄长17.3米，南侧土垄长16米。烽火台南0.1千米处发现三个土堆，只剩底部。土堆大致呈圆形，直径3～4米，土堆间距约3米，土堆性质不明，可能为烽火台附属建筑。从建筑形制推测，该烽火台年代为清代。

北面

清军在平定准噶尔、大小和卓叛乱过程中，修建有大量的烽火台。经调查发现，在新疆有清代烽火台70余座，主要分布在北疆的哈密地区、乌鲁木齐市、昌吉回族自治州和南疆的喀什地区、和田地区、克孜勒苏柯尔克孜自治州等地，其中以哈密地区分布最为集中。

西面

南面

清军在平定准噶尔、大小和卓叛乱过程中，修建有大量的烽火台。经调查发现，在新疆有清代烽火台70余座，主要分布在北疆的哈密地区、乌鲁木齐市、昌吉回族自治州和南疆的喀什地区、和田地区、克孜勒苏柯尔克孜自治州等地，其中以哈密地区分布最为集中。

36 骨拐泉西烽火台

骨拐泉西烽火台位于新疆维吾尔自治区哈密地区巴里坤哈萨克自治县海子沿乡尖山子村（六村）西约11千米、骨拐泉西2千米。地处巴里坤湖西南、303省道南侧高地上，地势较高，南面不远为尖山子，北可远望巴里坤湖。

烽火台因风雨侵蚀而四角坍塌，呈近圆角正方形，西、北壁内凹。烽火台呈覆斗形，平面呈正方形，剖面呈梯形，泥土夯筑而成。底部东西7.8、南北7.3米，残高8.6米。夯层厚0.1米。烽火台四壁有加固用的木柱，部分被抽走后留下孔洞，部分木柱伸出烽火台0.3～0.4米，孔洞和木柱分布无规律。从建筑形制以及与其他烽火台的关系推测，该烽火台年代为清代。

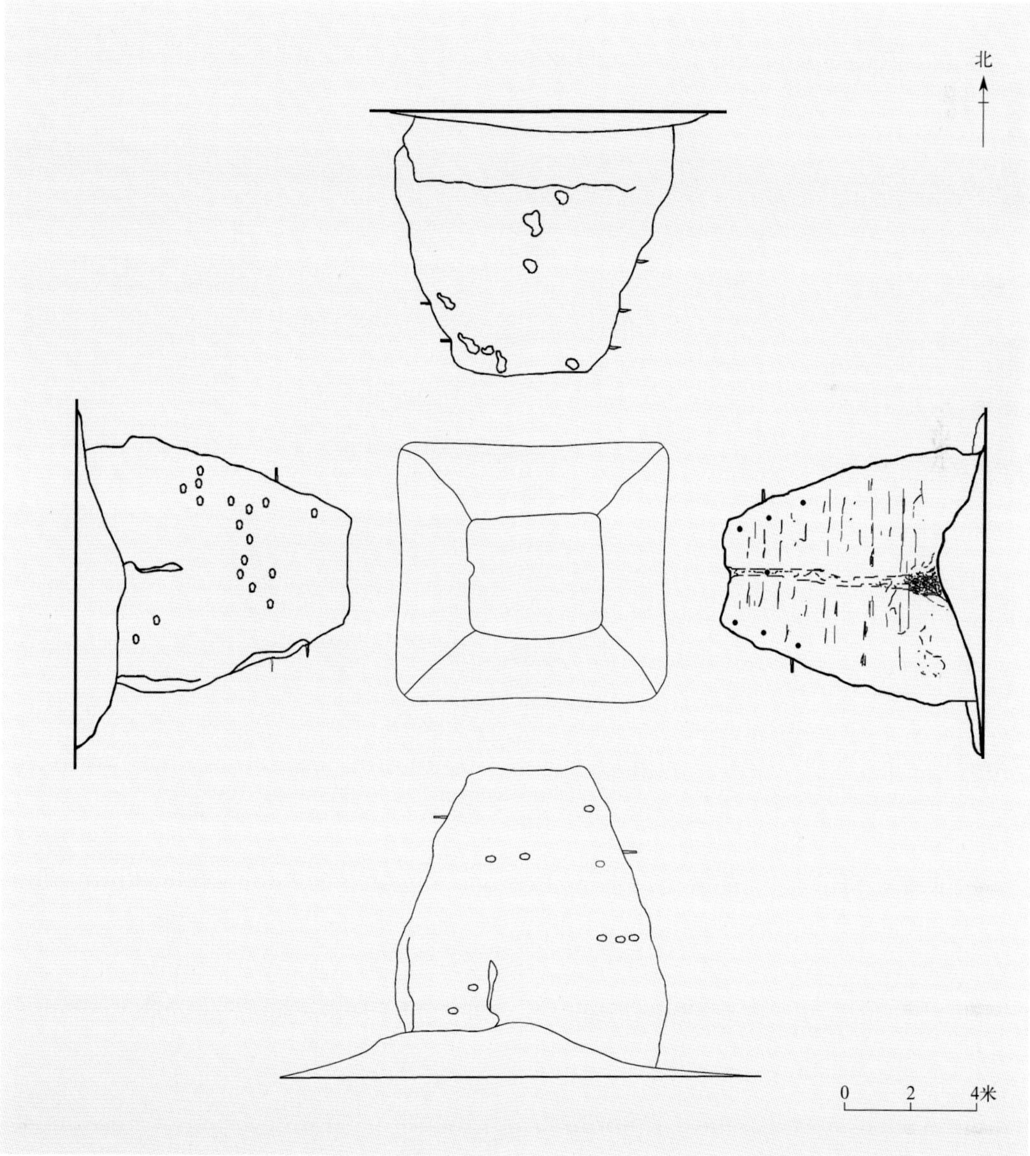

骨拐泉西烽火台平、立面示意图（立面图参照摄影资料绘制）

清军在平定准噶尔、大小和卓叛乱过程中，修建有大量的烽火台。经调查发现，在新疆有清代烽火台70余座，主要分布在北疆的哈密地区、乌鲁木齐市、昌吉回族自治州和南疆的喀什地区、和田地区、克孜勒苏柯尔克孜自治州等地，其中以哈密地区分布最为集中。

清军在平定准噶尔、大小和卓叛乱过程中，修建有大量的烽火台。经调查发现，在新疆有清代烽火台70余座，主要分布在北疆的哈密地区、乌鲁木齐市、昌吉回族自治州和南疆的喀什地区、和田地区、克孜勒苏柯尔克孜自治州等地，其中以哈密地区分布最为集中。

清军在平定准噶尔、大小和卓叛乱过程中，修建有大量的烽火台。经调查发现，在新疆有清代烽火台70余座，主要分布在北疆的哈密地区、乌鲁木齐市、昌吉回族自治州和南疆的喀什地区、和田地区、克孜勒苏柯尔克孜自治州等地，其中以哈密地区分布最为集中。

37 自流井村烽火台

自流井村烽火台位于新疆维吾尔自治区哈密地区巴里坤哈萨克自治县黄土场开发区（原萨尔乔克乡）阿衣那不拉克村一户村民院落的羊圈中。地处巴里坤湖西岸，地势平坦。东南3.5千米为骨拐泉东烽火台。

烽火台因长年风雨侵蚀、地处居民区中而坍塌严重，成为不规则的土包，土包直径约18、残高约2米。从断面看，烽火台为黄土夯筑而成，边长约7米。土包顶部埋有测绘基准点水泥柱。根据建筑形制及与其他烽火台的关系确定，该烽火台年代为清代。

清军在平定准噶尔、大小和卓叛乱过程中，修建有大量的烽火台。经调查发现，在新疆有清代烽火台70余座，主要分布在北疆的哈密地区、乌鲁木齐市、昌吉回族自治州和南疆的喀什地区、和田地区、克孜勒苏柯尔克孜自治州等地，其中以哈密地区分布最为集中。

北面

38 苏吉村烽火台

苏吉村烽火台位于新疆维吾尔自治区哈密地区巴里坤哈萨克自治县萨尔乔克乡（原苏吉乡）苏吉村东北约0.5千米的小山丘顶部。地处东天山北麓前山地带隆起的小山丘上，山顶上视野开阔，山顶东侧为陡峭的山体断崖，东、北为相对平坦的坡地。西约0.9千米为萨尔乔克乡政府。

烽火台因风雨侵蚀等自然因素而损毁，现四角已成圆形，东南角部分垮塌，垮塌高约2米，北、西壁保存相对完好，凹凸不平，可见一根伸出台体的木柱，残长0.4米。烽火台呈覆斗形，平面呈近正方形，剖面呈梯形。南北7.5、东西7.2、残高约5米。基部用自然形成的土块和人工打制的土坯垒砌而成，土坯层高约0.5米。上部用黄土分段夯筑而成，夯层中夹有碎石子，夯层厚约0.1米。烽火台南壁挖有两个土洞，高约1米。根据建筑形制以及与其他烽火台的关系确定，该烽火台年代为清代。

远景（西-东）

清军在平定准噶尔、大小和卓叛乱过程中，修建有大量的烽火台。经调查发现，在新疆有清代烽火台70余座，主要分布在北疆的哈密地区、乌鲁木齐市、昌吉回族自治州和南疆的喀什地区、和田地区、克孜勒苏柯尔克孜自治州等地，其中以哈密地区分布最为集中。

清军在平定准噶尔、大小和卓叛乱过程中，修建有大量的烽火台。经调查发现，在新疆有清代烽火台70余座，主要分布在北疆的哈密地区、乌鲁木齐市、昌吉回族自治州和南疆的喀什地区、和田地区、克孜勒苏柯尔克孜自治州等地，其中以哈密地区分布最为集中。

北面

西面

清军在平定准噶尔、大小和卓叛乱过程中，修建有大量的烽火台。经调查发现，在新疆有清代烽火台70余座，主要分布在北疆的哈密地区、乌鲁木齐市、昌吉回族自治州和南疆的喀什地区、和田地区、克孜勒苏柯尔克孜自治州等地，其中以哈密地区分布最为集中。

五校烽火台

五校烽火台位于新疆维吾尔自治区哈密地区巴里坤哈萨克自治县萨尔乔克乡苏吉村五校校园内。地处东天山北麓前山地带，东20米是一个篮球场，西侧是树林和围墙，北0.1千米有一栋教学楼。

烽火台因风雨侵蚀和攀爬等自然和人为的因素破坏而损毁严重，表面凹凸不平，顶部东高西低，北壁保存较好，其余保存较差，四角垮塌呈圆弧状，西南角垮塌近1.3米。烽火台呈覆斗形，平面呈正方形，剖面呈梯形。烽火台黄土夯筑而成，边长约5、残高约4米，夯层厚约0.1米，夯层中间夹杂有大量石子和木棍，当为夯筑时为加固烽火台而加入。根据其建筑形制及与其他烽火台的关系确定，该烽火台年代为清代。

清军在平定准噶尔、大小和卓叛乱过程中，修建有大量的烽火台。经调查发现，在新疆有清代烽火台70余座，主要分布在北疆的哈密地区、乌鲁木齐市、昌吉回族自治州和南疆的喀什地区、和田地区、克孜勒苏柯尔克孜自治州等地，其中以哈密地区分布最为集中。

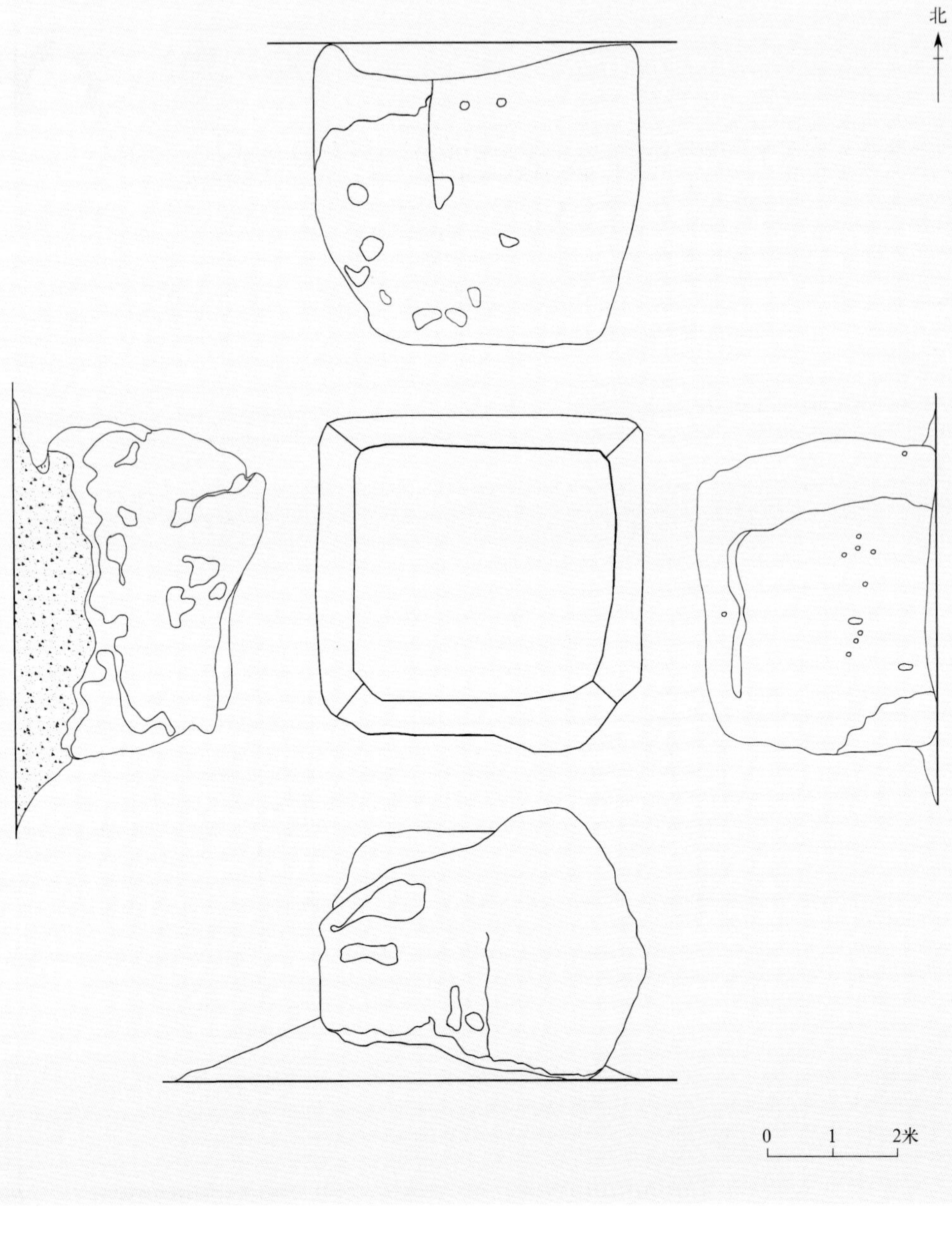

五校烽火台平、立面示意图（立面图参照摄影资料绘制）

北面

南面

清军在平定准噶尔、大小和卓叛乱过程中，修建有大量的烽火台。经调查发现，在新疆有清代烽火台70余座，主要分布在北疆的哈密地区、乌鲁木齐市、昌吉回族自治州和南疆的喀什地区、和田地区、克孜勒苏柯尔克孜自治州等地，其中以哈密地区分布最为集中。

东面（东—西）

西面（西—东）

清军在平定准噶尔、大小和卓叛乱过程中，修建有大量的烽火台。经调查发现，在新疆有清代烽火台70余座，主要分布在北疆的哈密地区、乌鲁木齐市、昌吉回族自治州和南疆的喀什地区、和田地区、克孜勒苏柯尔克孜自治州等地，其中以哈密地区分布最为集中。

40 卢方沟烽火台

卢方沟烽火台位于新疆维吾尔自治区哈密地区巴里坤哈萨克自治县萨尔乔克乡苏吉村西南约3千米的草场上。地处东天山北麓平缓的坡地上，周围为草场，视野开阔。东北3.5千米为萨尔乔克乡政府驻地，北侧约1千米处有一条从萨尔乔克乡政府驻地向西通往吴家庄子村的沙石路。

烽火台因风蚀等自然因素破坏而损毁严重，外表呈不规则形。烽火台为黄土夯筑而成，东西4.6、南北4.4、高约4.2米。夯层厚约0.1米。根据建筑形制及与其他烽火台的关系确定，该烽火台年代为清代。

远景（北—南）

清军在平定准噶尔、大小和卓叛乱过程中，修建有大量的烽火台。经调查发现，在新疆有清代烽火台70余座，主要分布在北疆的哈密地区、乌鲁木齐市、昌吉回族自治州和南疆的喀什地区、和田地区、克孜勒苏柯尔克孜自治州等地，其中以哈密地区分布最为集中。

清军在平定准噶尔、大小和卓叛乱过程中，修建有大量的烽火台。经调查发现，在新疆有清代烽火台70余座，主要分布在北疆的哈密地区、乌鲁木齐市、昌吉回族自治州和南疆的喀什地区、和田地区、克孜勒苏柯尔克孜自治州等地，其中以哈密地区分布最为集中。

北面

南面

东面

西面

清军在平定准噶尔、大小和卓叛乱过程中，修建有大量的烽火台。经调查发现，在新疆有清代烽火台70余座，主要分布在北疆的哈密地区、乌鲁木齐市、昌吉回族自治州和南疆的喀什地区、和田地区、克孜勒苏柯尔克孜自治州等地，其中以哈密地区分布最为集中。

41 吴家庄子烽火台

吴家庄子烽火台位于新疆维吾尔自治区哈密地区巴里坤哈萨克自治县萨尔乔克乡吴家庄子村东约1.5千米。地势较平坦，周围为草场，西北约1.5千米为吴家庄子村，附近不远处有牧民的毡房，北侧0.7千米有一条从萨尔乔克乡政府驻地向西通往吴家庄子村的沙石路。

烽火台保存较好，西壁有供人上下的脚窝，南壁中部凹陷呈槽状。烽火台呈覆斗形，平面呈近正方形，剖面呈梯形，由下向上逐渐收分。东西7.7、南北7.5、高5米。黄土夯筑而成，夯层厚约0.1米。烽火台北壁可见伸出墙体的木柱，当为起加固作用而设立的桩木。根据建筑形制以及与其他烽火台的关系确定，该烽火台年代为清代。

清军在平定准噶尔、大小和卓叛乱过程中，修建有大量的烽火台。经调查发现，在新疆有清代烽火台70余座，主要分布在北疆的哈密地区、乌鲁木齐市、昌吉回族自治州和南疆的喀什地区、和田地区、克孜勒苏柯尔克孜自治州等地，其中以哈密地区分布最为集中。

东面

西面

北面

南面

清军在平定准噶尔、大小和卓叛乱过程中，修建有大量的烽火台。经调查发现，在新疆有清代烽火台70余座，主要分布在北疆的哈密地区、乌鲁木齐市、昌吉回族自治州和南疆的喀什地区、和田地区、克孜勒苏柯尔克孜自治州等地，其中以哈密地区分布最为集中。

42 五场沟烽火台

五场沟烽火台位于新疆维吾尔自治区哈密地区巴里坤哈萨克自治县下涝坝乡（原萨尔乔克乡）五场沟村西北约2千米的草原上。地处东天山北麓，周围为空旷平坦的草原，人烟稀少。东约8.5千米为吴家庄子烽火台，西南约5千米为肋（洛）巴泉烽火台。

烽火台因风蚀等自然因素破坏而损毁严重。烽火台呈覆斗形，平面呈正方形，剖面呈梯形，黄土夯筑而成。边长约9、高约8米，夯层厚约0.1米。烽火台四壁各有一条裂缝，台壁底部四周因风蚀内凹，西北角倒塌，南壁中部有脚窝可供上下，西南角有小部分坍塌，台体上有直径约0.05米的若干孔洞，应为夯筑时桩木柱所留。根据其建筑形制及与其他烽火台的关系确定，该烽火台年代为清代。

清军在平定准噶尔、大小和卓叛乱过程中，修建有大量的烽火台。经调查发现，在新疆有清代烽火台70余座，主要分布在北疆的哈密地区、乌鲁木齐市、昌吉回族自治州和南疆的喀什地区、和田地区、克孜勒苏柯尔克孜自治州等地，其中以哈密地区分布最为集中。

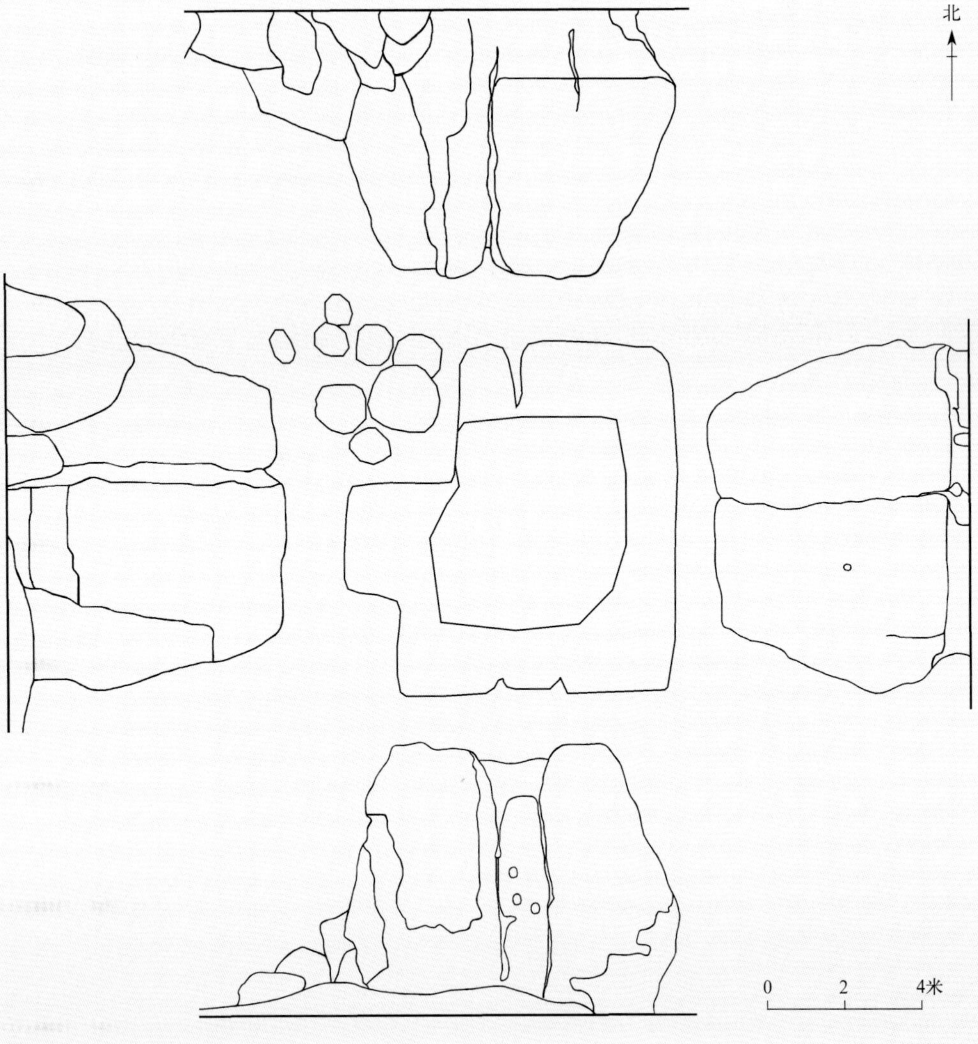

五场沟烽火台平、立面示意图（立面图参照摄影资料绘制）

远景（南—北）

西面

清军在平定准噶尔、大小和卓叛乱过程中，修建有大量的烽火台。经调查发现，在新疆有清代烽火台70余座，主要分布在北疆的哈密地区、乌鲁木齐市、昌吉回族自治州和南疆的喀什地区、和田地区、克孜勒苏柯尔克孜自治州等地，其中以哈密地区分布最为集中。

清军在平定准噶尔、大小和卓叛乱过程中，修建有大量的烽火台。经调查发现，在新疆有清代烽火台70余座，主要分布在北疆的哈密地区、乌鲁木齐市、昌吉回族自治州和南疆的喀什地区、和田地区、克孜勒苏柯尔克孜自治州等地，其中以哈密地区分布最为集中。

北面

南面

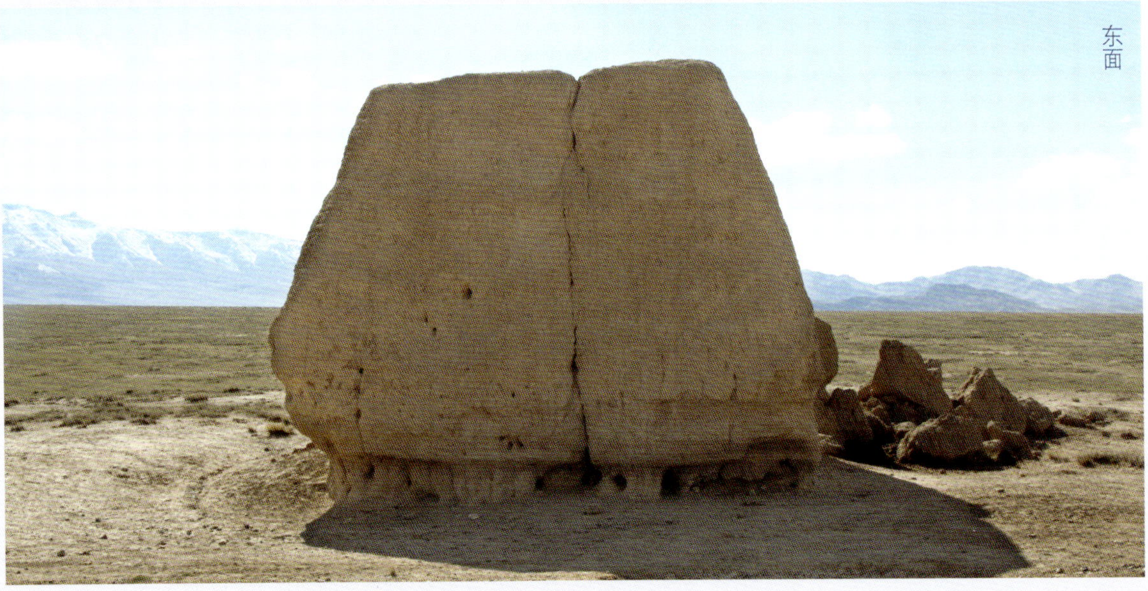
东面

43 肋（洛）巴泉烽火台

肋（洛）巴泉烽火台位于新疆维吾尔自治区哈密地区巴里坤哈萨克自治县下涝坝乡五场沟村西6.5千米。地处巴里坤山北麓余脉跑马山东北的草场上，地势平坦，水源丰富，植被茂盛。东约6.5千米为下涝坝乡五场沟村，南0.4千米为通往萨尔乔克乡政府驻地的沙石便道。肋（洛）巴泉烽火台东北约6千米为五场沟烽火台。

烽火台名称源自“白格托别”，为哈萨克语。因长期风雨侵蚀等自然因素破坏而损毁严重，东壁部分坍塌。烽火台呈覆斗形，平面呈长方形，剖面呈梯形，自底向上逐渐收分，黄土夯筑而成，夯层中夹杂大量戈壁砾石。南北约8、东西约7、残高7.8米。夯层厚约0.12米。从坍塌处可以看到烽火台内部夹筑的木棍，南壁从顶至底有一道裂隙。烽火台建于清代，为西出巴里坤县城至骨拐泉烽火台西南折向七角井途中最后一座，是当时苏吉通向陶赖泉的交通要道，曾设置军台驿站，并建有庙宇一座（现已无存）。

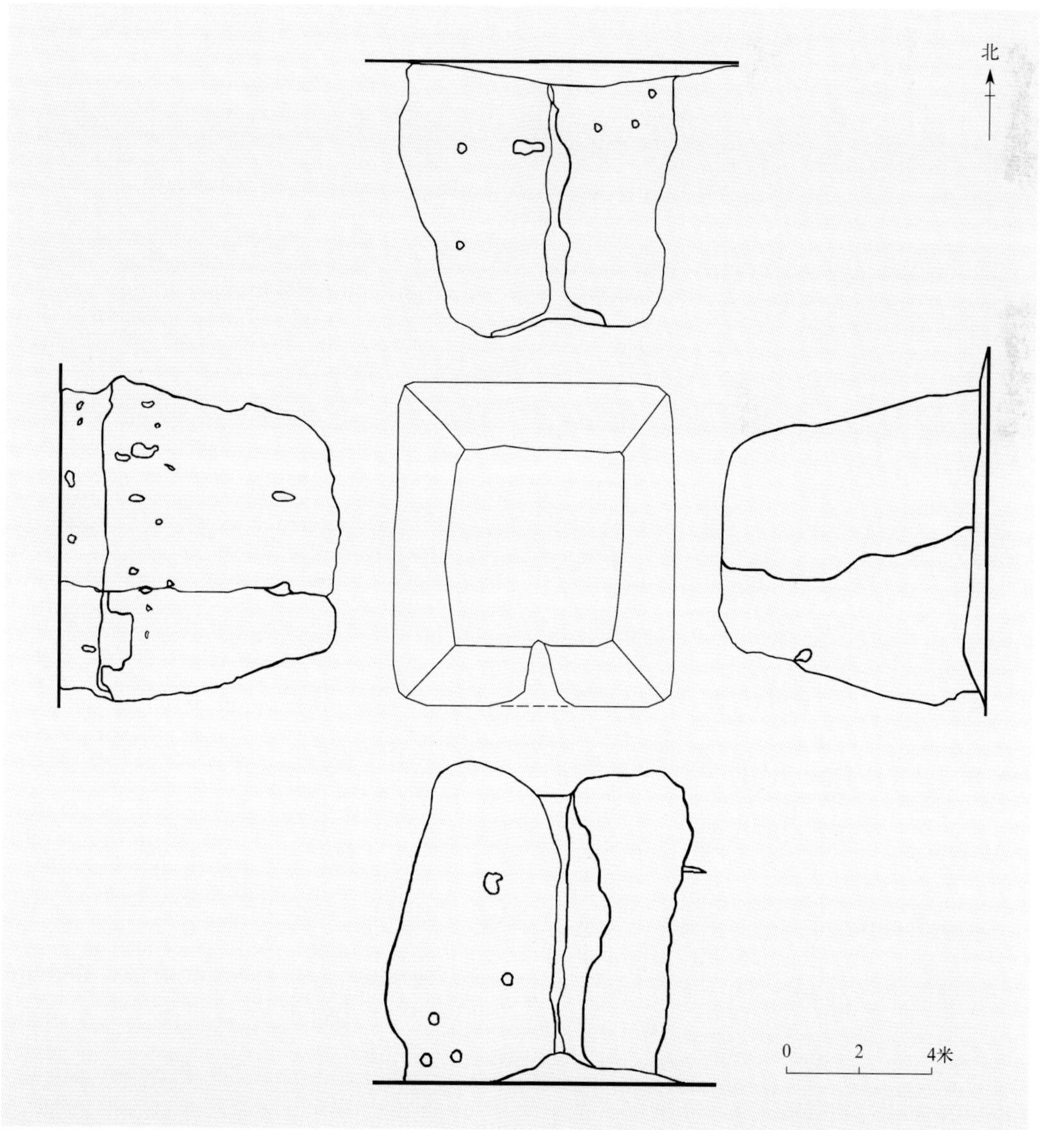

肋（洛）巴泉烽火台平、立面示意图（立面图参照摄影资料绘制）

清军在平定准噶尔、大小和卓叛乱过程中，修建有大量的烽火台。经调查发现，在新疆有清代烽火台70余座，主要分布在北疆的哈密地区、乌鲁木齐市、昌吉回族自治州和南疆的喀什地区、和田地区、克孜勒苏柯尔克孜自治州等地，其中以哈密地区分布最为集中。

远景（西南—东北）

南面

清军在平定准噶尔、大小和卓叛乱过程中，修建有大量的烽火台。经调查发现，在新疆有清代烽火台70余座，主要分布在北疆的哈密地区、乌鲁木齐市、昌吉回族自治州和南疆的喀什地区、和田地区、克孜勒苏柯尔克孜自治州等地，其中以哈密地区分布最为集中。

清军在平定准噶尔、大小和卓叛乱过程中，修建有大量的烽火台。经调查发现，在新疆有清代烽火台70余座，主要分布在北疆的哈密地区、乌鲁木齐市、昌吉回族自治州和南疆的喀什地区、和田地区、克孜勒苏柯尔克孜自治州等地，其中以哈密地区分布最为集中。

44 阿克沃尔腾烽火台

阿克沃尔腾烽火台位于新疆维吾尔自治区哈密地区巴里坤哈萨克自治县海子沿乡海子沿村（二大队）的冬牧场、猴儿山西南3千米。地处巴里坤山北麓山前地带，四周地势平坦，为广阔的牧场。北为303省道，东北约2千米有一座移动信号塔。

烽火台因长年风雨侵蚀而损坏，表面部分剥落，除西壁保存较为完整外，其余台壁有不同程度的坍塌，台体四角有裂隙。烽火台整体呈覆斗形，平面呈正方形，剖面呈梯形，底部边长4.7、残高6米。烽火台用夹杂有戈壁砾石的黄土夯筑而成，4米以上有木棍夹筑的痕迹。根据其建筑形制以及与其他烽火台的关系确定，该烽火台年代为清代。

清军在平定准噶尔、大小和卓叛乱过程中，修建有大量的烽火台。经调查发现，在新疆有清代烽火台70余座，主要分布在北疆的哈密地区、乌鲁木齐市、昌吉回族自治州和南疆的喀什地区、和田地区、克孜勒苏柯尔克孜自治州等地，其中以哈密地区分布最为集中。

北面

南面

西面

东面

清军在平定准噶尔、大小和卓叛乱过程中，修建有大量的烽火台。经调查发现，在新疆有清代烽火台70余座，主要分布在北疆的哈密地区、乌鲁木齐市、昌吉回族自治州和南疆的喀什地区、和田地区、克孜勒苏柯尔克孜自治州等地，其中以哈密地区分布最为集中。

45 乌图水烽火台

乌图水烽火台位于新疆维吾尔自治区哈密地区巴里坤哈萨克自治县海子沿乡海子沿村(二大队)的冬牧场。地处海子沿乡二村西约70千米草原上的一座小山包上，当地人称此地为乌图奇或者乌图苏，西约0.1千米为乌图泉水，南侧为巴里坤山，西北0.5千米有一户牧民的冬窝子。东10千米为阿克沃尔腾烽火台。

烽火台保存较好，因雨水冲刷南壁有两条冲沟。烽火台呈覆斗形，平面呈正方形，剖面呈梯形，底部边长4、残高约4米。黄土夯筑而成，从下向上收分，夯土中夹杂有小石块和木棍，夯层厚约0.15米。根据建筑形制以及与其他烽火台的关系确定，该烽火台年代为清代。

清军在平定准噶尔、大小和卓叛乱过程中，修建有大量的烽火台。经调查发现，在新疆有清代烽火台70余座，主要分布在北疆的哈密地区、乌鲁木齐市、昌吉回族自治州和南疆的喀什地区、和田地区、克孜勒苏柯尔克孜自治州等地，其中以哈密地区分布最为集中。

清军在平定准噶尔、大小和卓叛乱过程中，修建有大量的烽火台。经调查发现，在新疆有清代烽火台70余座，主要分布在北疆的哈密地区、乌鲁木齐市、昌吉回族自治州和南疆的喀什地区、和田地区、克孜勒苏柯尔克孜自治州等地，其中以哈密地区分布最为集中。

46 色皮口烽火台

色皮口烽火台位于新疆维吾尔自治区昌吉回族自治州木垒哈萨克自治县大石头乡大石头村东南约20千米。地处木垒与巴里坤交界的山间谷地，谷地西高东低，地势较为狭窄平缓，地表多黄色粗沙土，含碱量大，植被较为稀少，仅有少量沙漠碱生植物。西、北侧低矮的山体相连，地形复杂。南0.3千米为303省道，东50米有牧民住房。西侧为色皮口碉堡遗址，西距三十里墩烽火台及驿站遗址24.6千米。

烽火台全部坍塌，仅存1座大土堆，原来大小、形状、结构、建造方法无法观察。土堆直径约6、高约1米。该土墩处于清代交通线路附近，东南0.15千米为一处房屋建筑基址，根据结构和地表遗物推断为一座清代驿站。根据土墩形状、位置及其与驿站遗址的关系推测，可能是一处清代烽火台遗址，与驿站共同使用。

南面

北面

清军在平定准噶尔、大小和卓叛乱过程中，修建有大量的烽火台。经调查发现，在新疆有清代烽火台70余座，主要分布在北疆的哈密地区、乌鲁木齐市、昌吉回族自治州和南疆的喀什地区、和田地区、克孜勒苏柯尔克孜自治州等地，其中以哈密地区分布最为集中。

47 三十里墩烽火台

三十里墩烽火台位于新疆维吾尔自治区昌吉回族自治州木垒哈萨克自治县大石头乡克孜勒加尔塔斯村西8.3千米、303省道319千米里程碑处。地处戈壁地带，周边均属牧民草场，地表多沙石，生长有沙漠碱生植物，无树木，少水源。附近无居民点，南38米为光缆地埋线路。南侧公路对面为三十里墩驿站遗址，西距沙河子驿站遗址14千米，东距色皮口烽火台及驿站遗址24.6千米。

烽火台因风雨侵蚀，表面多有剥落、裂缝。自2002年从烽火台与驿站遗址之间穿过的303省道线修通后，大车穿行，对台体造成了极大的破坏。烽火台呈覆斗形，平面呈正方形，剖面呈梯形，底部边长4、残高6.4米，面积17平方米。黄土夯筑，夯层厚约0.1米。北壁顶部垒砌有土坯，可能为后来增补。根据地理位置和建筑形制推测，该烽火台年代为清代。

三十里墩烽火台平、立面示意图（立面图参照摄影资料绘制）

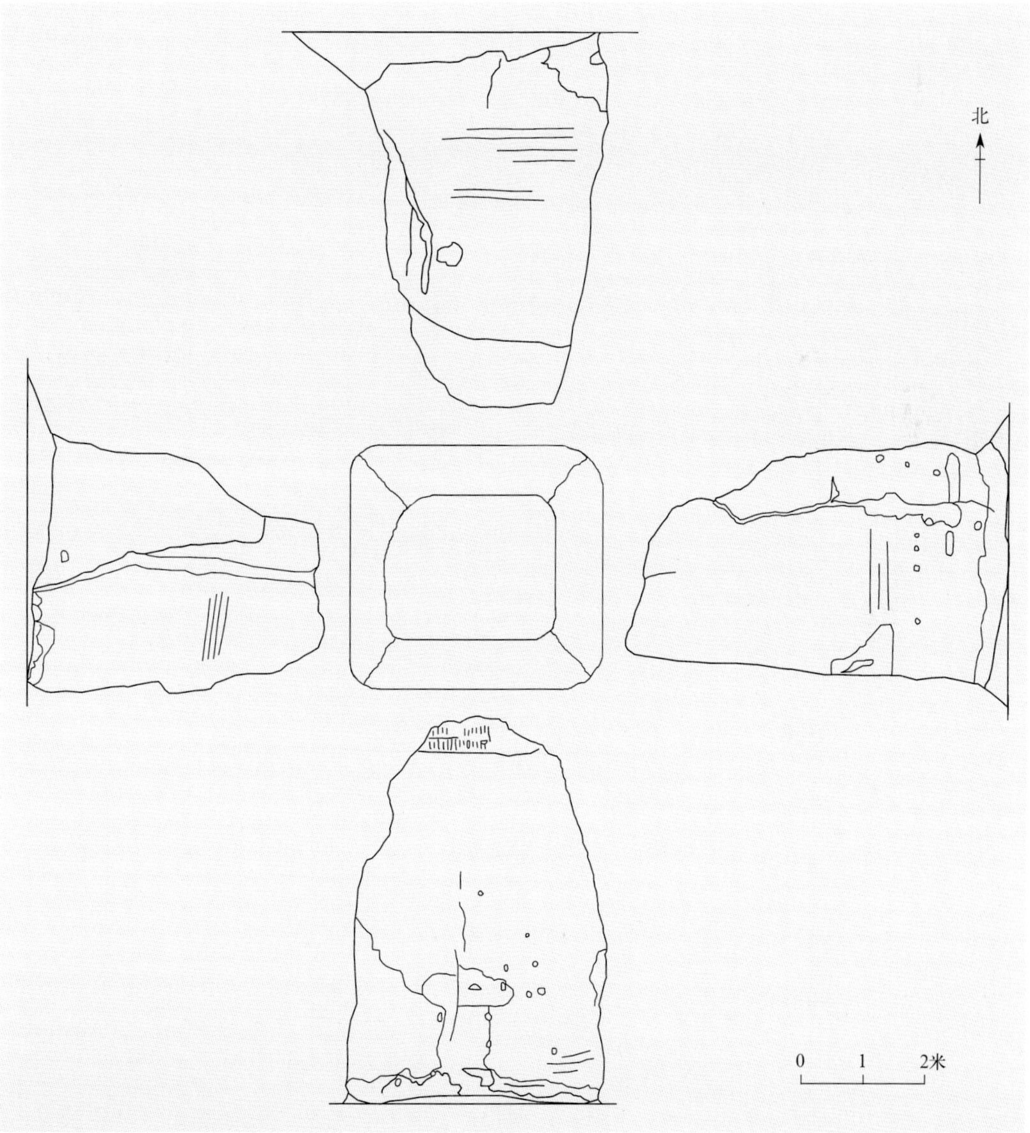

清军在平定准噶尔、大小和卓叛乱过程中，修建有大量的烽火台。经调查发现，在新疆有清代烽火台70余座，主要分布在北疆的哈密地区、乌鲁木齐市、昌吉回族自治州和南疆的喀什地区、和田地区、克孜勒苏柯尔克孜自治州等地，其中以哈密地区分布最为集中。

清军在平定准噶尔、大小和卓叛乱过程中，修建有大量的烽火台。经调查发现，在新疆有清代烽火台70余座，主要分布在北疆的哈密地区、乌鲁木齐市、昌吉回族自治州和南疆的喀什地区、和田地区、克孜勒苏柯尔克孜自治州等地，其中以哈密地区分布最为集中。

清军在平定准噶尔、大小和卓叛乱过程中，修建有大量的烽火台。经调查发现，在新疆有清代烽火台70余座，主要分布在北疆的哈密地区、乌鲁木齐市、昌吉回族自治州和南疆的喀什地区、和田地区、克孜勒苏柯尔克孜自治州等地，其中以哈密地区分布最为集中。

48 三个泉子烽火台

三个泉子烽火台位于新疆维吾尔自治区昌吉回族自治州木垒哈萨克自治县博斯坦乡三个泉子村西约0.25千米。地处天山北麓山前地带，北为戈壁。东面有一条南北走向宽约0.2千米的河床，东侧有十余家居民住房，南面台地上有一片耕地，西边是牧民的草场，北约0.1千米为303省道。三个泉子烽火台东距沙河子驿站遗址16千米，西距一碗泉烽火台19千米。

烽火台表面大部分泥皮剥落，顶部局部坍塌，西壁塌毁严重，产生大量坡积土。烽火台呈覆斗形，平面呈长方形，剖面呈梯形，黄土夯筑而成，外壁草泥抹面，夯层厚0.12米。烽火台底部南北4、东西约2.8米，向上收分，残高约4米，面积约13平方米。烽火台中部可见桯木穿孔。从建筑形制及与其他烽火台关系推测，该烽火台年代为清代。

清军在平定准噶尔、大小和卓叛乱过程中，修建有大量的烽火台。经调查发现，在新疆有清代烽火台70余座，主要分布在北疆的哈密地区、乌鲁木齐市、昌吉回族自治州和南疆的喀什地区、和田地区、克孜勒苏柯尔克孜自治州等地，其中以哈密地区分布最为集中。

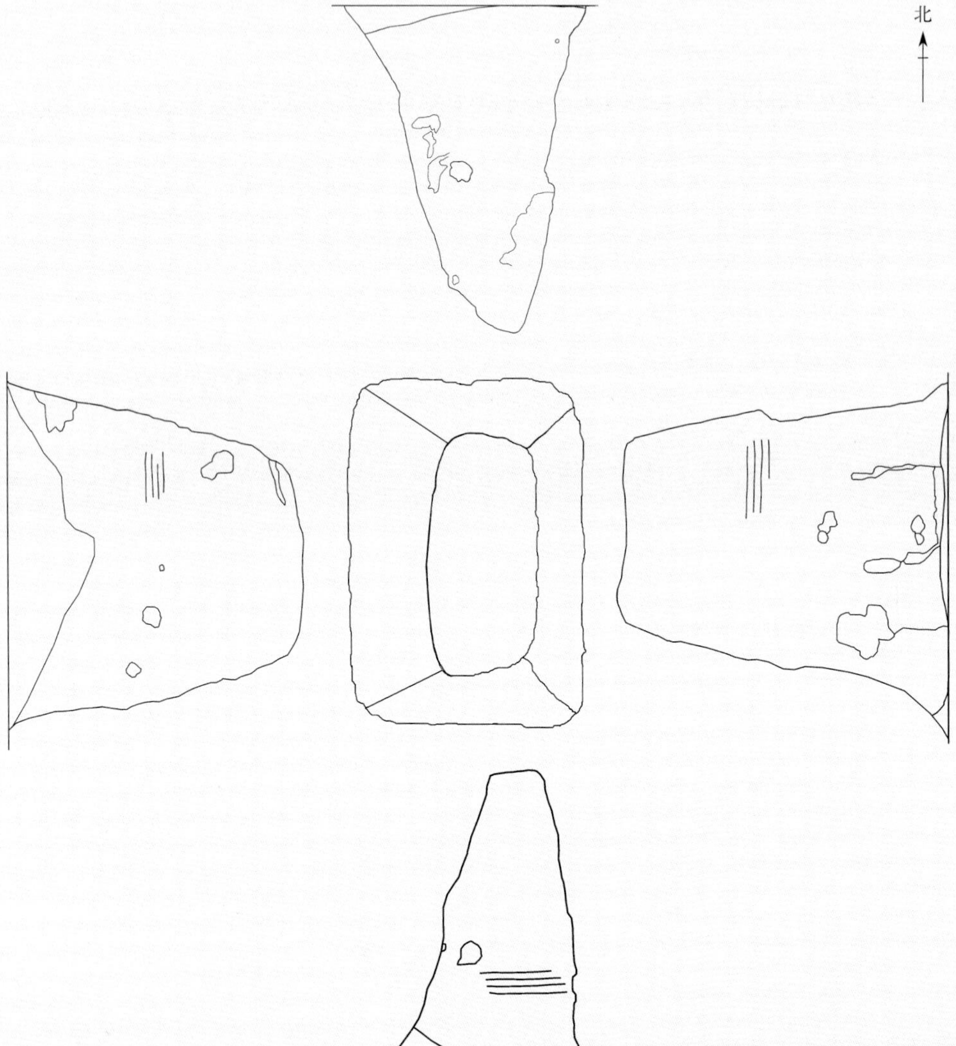

三个泉子烽火台平、立面示意图（立面图参照摄影资料绘制）

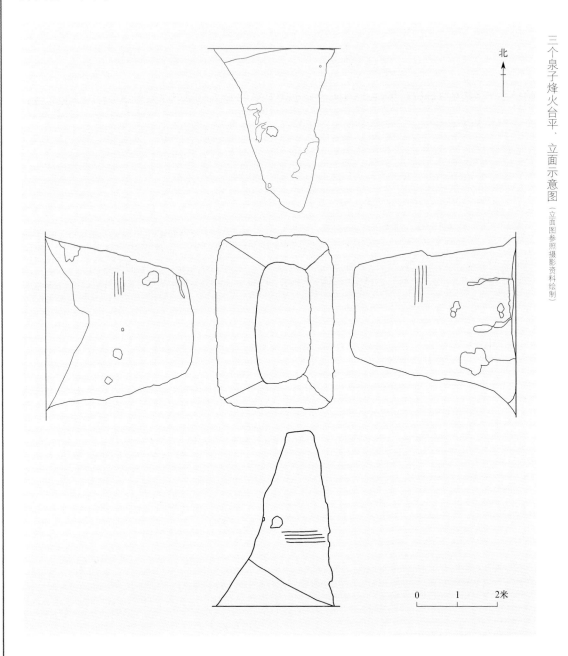

清军在平定准噶尔、大小和卓叛乱过程中，修建有大量的烽火台。经调查发现，在新疆有清代烽火台70余座，主要分布在北疆的哈密地区、乌鲁木齐市、昌吉回族自治州和南疆的喀什地区、和田地区、克孜勒苏柯尔克孜自治州等地，其中以哈密地区分布最为集中。

清军在平定准噶尔、大小和卓叛乱过程中，修建有大量的烽火台。经调查发现，在新疆有清代烽火台70余座，主要分布在北疆的哈密地区、乌鲁木齐市、昌吉回族自治州和南疆的喀什地区、和田地区、克孜勒苏柯尔克孜自治州等地，其中以哈密地区分布最为集中。

49 一碗泉烽火台

一碗泉烽火台位于新疆维吾尔自治区昌吉回族自治州木垒哈萨克自治县白杨河乡一碗泉村东0.5千米、303省道南侧。地处天山北麓山前丘陵地带，地势南高北低，较为开阔，地表均为黄土、沙砾，生长着低矮的蒿草等植被。西北面约20米有现代坟墓四座，南面约30米处有一条东西走向的地下电缆通过。烽火台南0.1千米为一碗泉驿站遗址，东19千米为三个泉子烽火台，西14千米为油库古城（独山守捉遗址）。

烽火台因长年风雨侵蚀等自然因素破坏而大部分坍塌，仅有东壁部分尚存。台体底部南北3、东西1米，残高1.2米，面积24平方米。黄土夯筑，夯层厚0.12米。台体附近不见任何遗物。根据建造特点和位置推测，该烽火台年代约为清代。

全景（东—西）

清军在平定准噶尔、大小和卓叛乱过程中，修建有大量的烽火台。经调查发现，在新疆有清代烽火台70余座，主要分布在北疆的哈密地区、乌鲁木齐市、昌吉回族自治州和南疆的喀什地区、和田地区、克孜勒苏柯尔克孜自治州等地，其中以哈密地区分布最为集中。

50 西坎尔孜青圪垯烽火台

西坎尔孜青圪垯烽火台位于新疆维吾尔自治区昌吉回族自治州奇台县坎尔孜乡西坎尔孜村内。烽火台地处准噶尔盆地腹地的平原地带，地势平坦开阔，周围水源丰沛，植被茂盛。烽火台被青草覆盖，北15米为柏油公路，北侧路边有成排树木，路对面为居民点；西侧10米为居民住宅，西、南面临耕地。

烽火台因取土和平整土地等人为因素破坏而损毁，只剩一座土台，看不出烽火台初始形状。烽火台呈覆斗形，平面近正方形。底部东西45、南北34米，顶部边长约20米，高约1.7米。土台顶部平坦，中部有一处边长4.8米的正方形夯土痕迹，略高出周围地表，较硬，应为初始烽火台残存痕迹。据传，原为清康熙雍正年间进行对准噶尔部战争时修建的烽火台，20世纪80年代，当地维吾尔族居民将其推平准备建清真寺，后被制止。

清军在平定准噶尔、大小和卓叛乱过程中，修建有大量的烽火台。经调查发现，在新疆有清代烽火台70余座，主要分布在北疆的哈密地区、乌鲁木齐市、昌吉回族自治州和南疆的喀什地区、和田地区、克孜勒苏柯尔克孜自治州等地，其中以哈密地区分布最为集中。

南面

东面

51 三十里大墩烽火台

三十里大墩烽火台位于新疆维吾尔自治区昌吉回族自治州奇台县古城乡果园村东6千米、农六师110团团部南0.15千米。地处天山北麓平原区。烽火台上有一座六角形钢架，东侧紧依街巷，南侧邻民房，西侧为鸡舍，北侧邻街巷，南距乌（鲁木齐）奇（台）公路60米。

烽火台倒塌成为低矮土丘，残存底部边长7、高0.8米，面积约49平方米。烽火台用黄土夯筑而成，夯层厚0.1～0.12米。烽火台周边零星散见黑釉陶片等遗物，是当地典型的清代遗物。根据清代道路及沿途所设烽火台常规里程、建筑形制、地面遗物以及俗称“三十里大墩”的名称等因素综合分析，推测该烽火台年代为清代。

清军在平定准噶尔、大小和卓叛乱过程中，修建有大量的烽火台。经调查发现，在新疆有清代烽火台70余座，主要分布在北疆的哈密地区、乌鲁木齐市、昌吉回族自治州和南疆的喀什地区、和田地区、克孜勒苏柯尔克孜自治州等地，其中以哈密地区分布最为集中。

全景（南-北）

城北烽火台

城北烽火台位于新疆维吾尔自治区昌吉回族自治州吉木萨尔县吉木萨尔镇沙河村西、北环路北侧冷库院内。烽火台西、北侧为耕地，东侧为苗圃，南侧为厂房。

烽火台因年久失修，长期受风雨侵蚀，表面出现裂缝，东壁有被流水冲出的较深凹槽，南壁有现代开挖的窑洞。烽火台呈覆斗形，底部南北约12.6、东西约10.3米，顶部南北约8、东西约7.4米，残高约8米。台体由黄土夯筑，夯层厚0.08～0.12米。台体外壁见有芨芨草和斜插木棍等，应为当时加固建筑所用。烽火台南壁加设东西向踏步马道，宽1.8米，呈斜坡状，可直接拾级而上直至烽火台顶部。根据建筑形制和地理位置推测，该烽火台年代为清代。

清军在平定准噶尔、大小和卓叛乱过程中，修建有大量的烽火台。经调查发现，在新疆有清代烽火台70余座，主要分布在北疆的哈密地区、乌鲁木齐市、昌吉回族自治州和南疆的喀什地区、和田地区、克孜勒苏柯尔克孜自治州等地，其中以哈密地区分布最为集中。

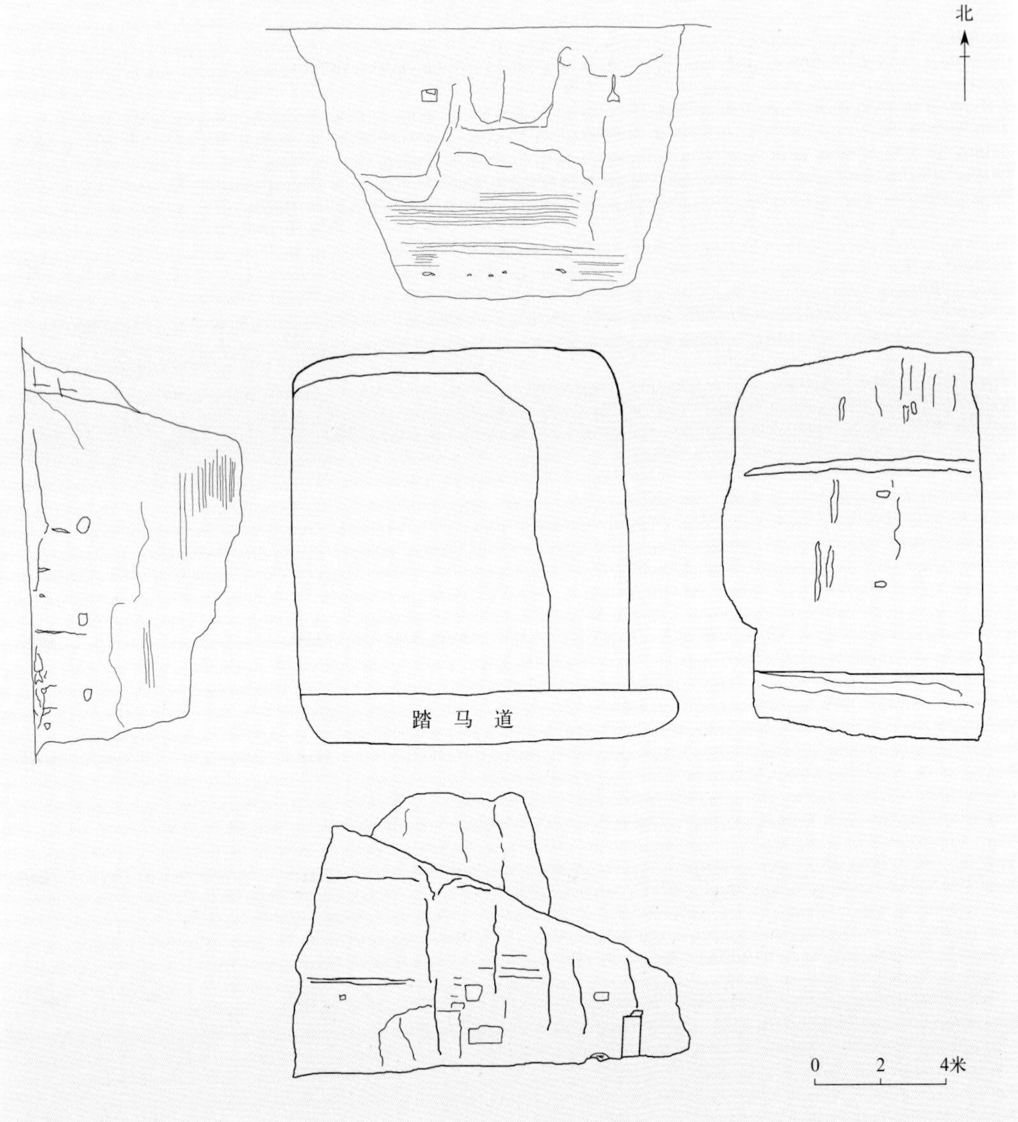

城北烽火台平、立面示意图（立面图参照摄影资料绘制）

清军在平定准噶尔、大小和卓叛乱过程中，修建有大量的烽火台。经调查发现，在新疆有清代烽火台70余座，主要分布在北疆的哈密地区、乌鲁木齐市、昌吉回族自治州和南疆的喀什地区、和田地区、克孜勒苏柯尔克孜自治州等地，其中以哈密地区分布最为集中。

清军在平定准噶尔、大小和卓叛乱过程中，修建有大量的烽火台。经调查发现，在新疆有清代烽火台70余座，主要分布在北疆的哈密地区、乌鲁木齐市、昌吉回族自治州和南疆的喀什地区、和田地区、克孜勒苏柯尔克孜自治州等地，其中以哈密地区分布最为集中。

北面

踏马道

南面夯层

53 老台烽火台

老台烽火台位于新疆维吾尔自治区昌吉回族自治州吉木萨尔县老台乡老湖村北的一处台地上。烽火台周围已经全部开垦为耕地，东南、南侧50米为住宅，东侧20米为村中便道。

烽火台因雨蚀严重，台体部分坍塌，北壁有3条被雨水冲刷的沟槽。烽火台平面呈近四边形，台体呈覆斗形，上小下大，黄土夯筑而成。烽火台底部边长约6.5、顶部边长约4、高约6.4米，夯层厚0.11～0.13米。烽火台西南壁接近顶部处可见零星斜插木桩，北壁可见脚窝。当地文物部门在20世纪80年代进行调查时曾采集到黑釉陶片等遗物。根据建筑形制和采集的遗物分析推测，该烽火台年代为清代。

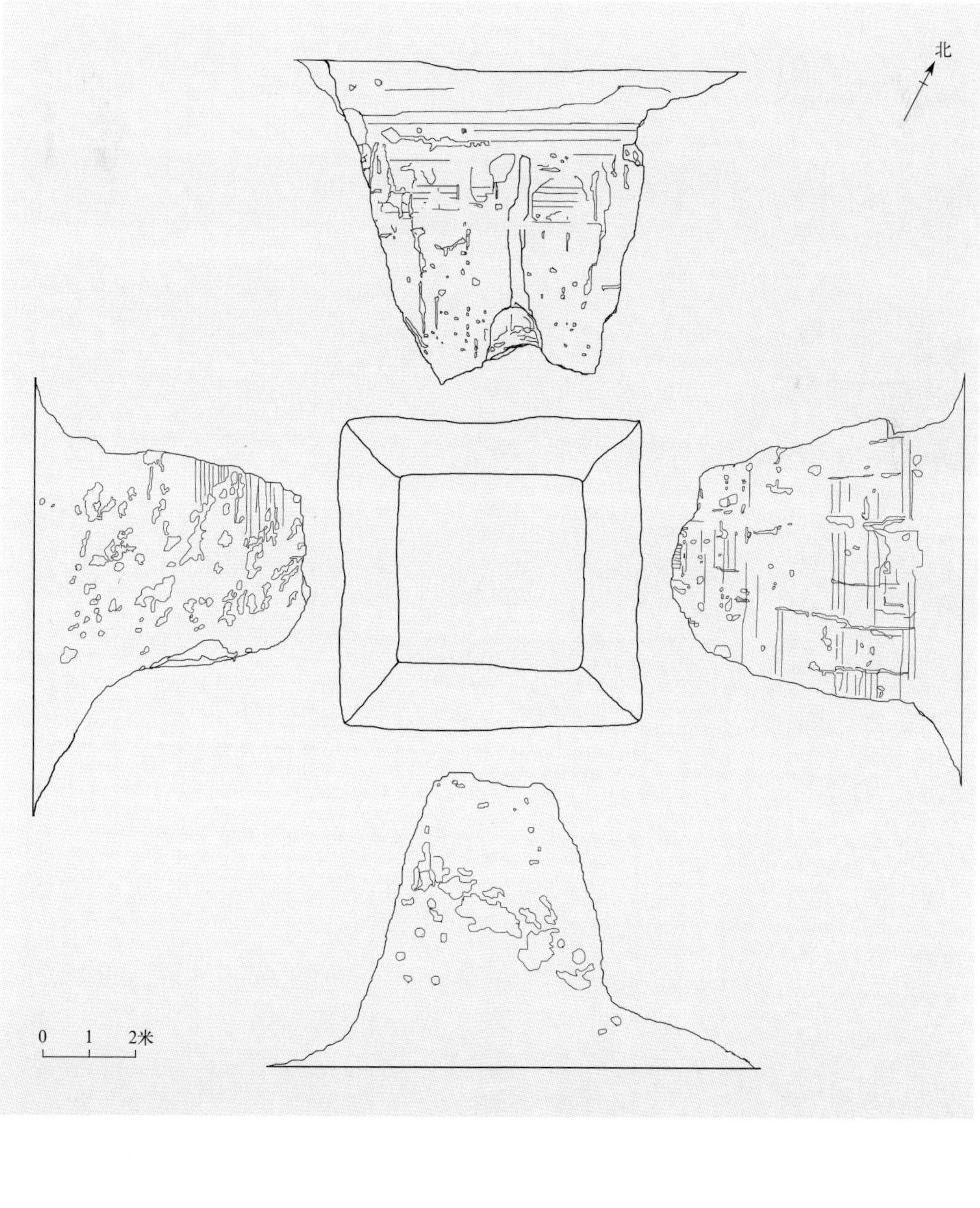

老台烽火台平、立面示意图（立面图参照摄影资料绘制）

清军在平定准噶尔、大小和卓叛乱过程中，修建有大量的烽火台。经调查发现，在新疆有清代烽火台70余座，主要分布在北疆的哈密地区、乌鲁木齐市、昌吉回族自治州和南疆的喀什地区、和田地区、克孜勒苏柯尔克孜自治州等地，其中以哈密地区分布最为集中。

清军在平定准噶尔、大小和卓叛乱过程中，修建有大量的烽火台。经调查发现，在新疆有清代烽火台70余座，主要分布在北疆的哈密地区、乌鲁木齐市、昌吉回族自治州和南疆的喀什地区、和田地区、克孜勒苏柯尔克孜自治州等地，其中以哈密地区分布最为集中。

北面

东面

西面

南面

清军在平定准噶尔、大小和卓叛乱过程中，修建有大量的烽火台。经调查发现，在新疆有清代烽火台70余座，主要分布在北疆的哈密地区、乌鲁木齐市、昌吉回族自治州和南疆的喀什地区、和田地区、克孜勒苏柯尔克孜自治州等地，其中以哈密地区分布最为集中。

54 三十里大墩烽火台

三十里大墩烽火台位于新疆维吾尔自治区昌吉回族自治州昌吉市榆树沟镇大三畦村东约2千米。地处平原区，地势平坦开阔，土壤偏碱性，周围生长杨树、榆树、柳树、松树及芦苇等植被。北90米为油库，东78米为芦草沟古城及居民房屋，南有机动车道。西北距三十里墩烽火台14千米。

烽火台因风雨侵蚀产生大量裂隙，在下部形成大量坡积土。烽火台大致保持原有形状和结构。昌吉市文物管理所用青砖砌成矮墙将烽火台围起作为保护设施。烽火台呈覆斗形，上小下大，平面呈正方形，剖面呈梯形，底部边长5.1、顶部边长约2、残高5米。台体用黄土夯筑而成，夯层厚0.1～0.12米。台体上斜插有木楔，夯层间残留有夯筑时固定夯板的芨芨草绳。烽火台南壁顶部边沿有青砖砌的方洞，性质不明。根据建筑形制推测其为清代烽火台，可能与西侧的芦草沟古城共同使用。

清军在平定准噶尔、大小和卓叛乱过程中，修建有大量的烽火台。经调查发现，在新疆有清代烽火台70余座，主要分布在北疆的哈密地区、乌鲁木齐市、昌吉回族自治州和南疆的喀什地区、和田地区、克孜勒苏柯尔克孜自治州等地，其中以哈密地区分布最为集中。

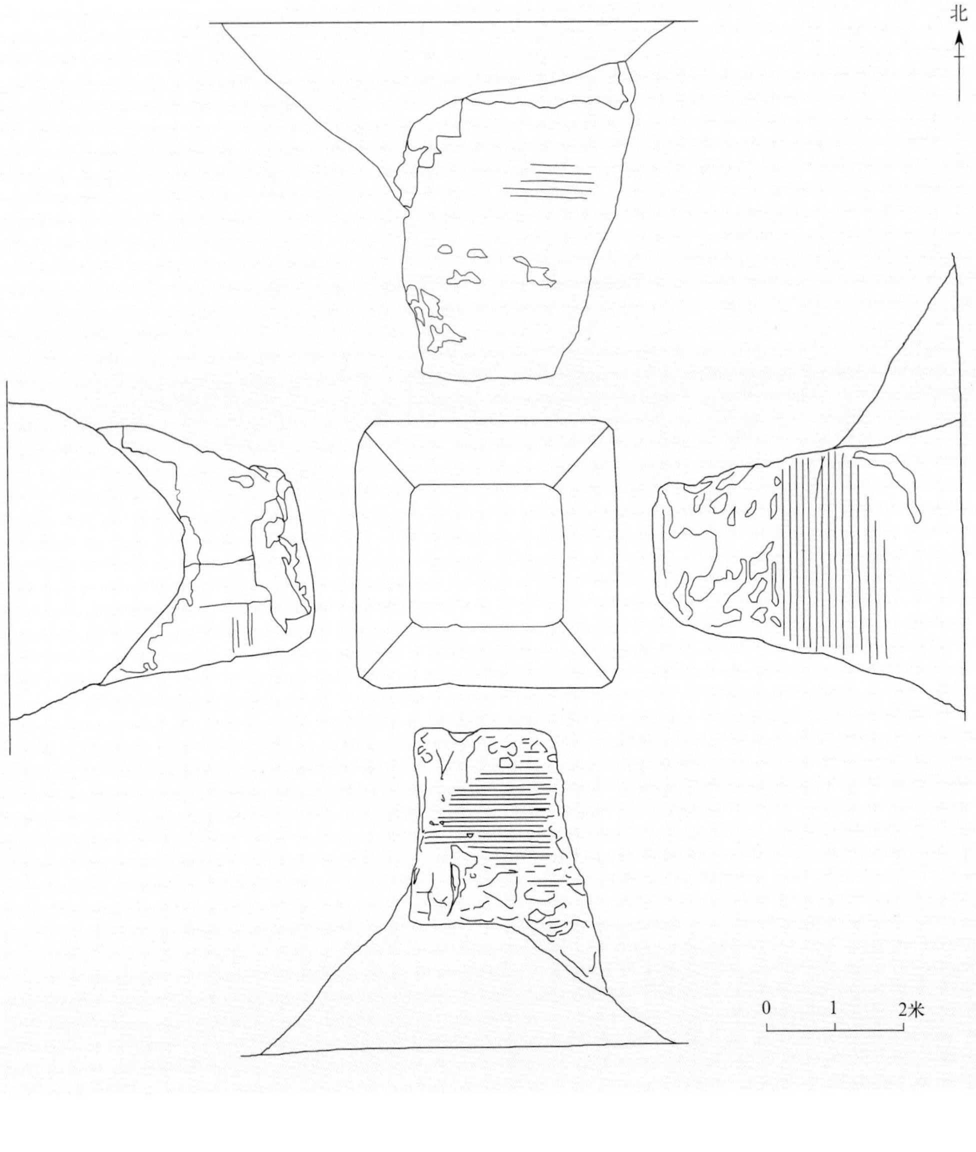

三十里大墩烽火台平、立面示意图（立面图参照摄影资料绘制）

南面

东面

西面

清军在平定准噶尔、大小和卓叛乱过程中，修建有大量的烽火台。经调查发现，在新疆有清代烽火台70余座，主要分布在北疆的哈密地区、乌鲁木齐市、昌吉回族自治州和南疆的喀什地区、和田地区、克孜勒苏柯尔克孜自治州等地，其中以哈密地区分布最为集中。

北面

新疆维吾尔自治区长城资源调查报告

清军在平定准噶尔、大小和卓叛乱过程中，修建有大量的烽火台，经调查发现，在新疆有清代烽火台多座，主要分布在北疆的哈密地区、乌鲁木齐市、昌吉回族自治州和南疆的喀什地区、和田地区、克孜勒苏柯尔克孜自治州等地，其中以哈密地区分布最为集中。

55 三十里墩烽火台

三十里墩烽火台又名“二十里店烽火台”，位于新疆维吾尔自治区昌吉回族自治州呼图壁县二十里店镇东滩村一队东南约30米。地处天山北麓平原区，地势开阔平坦，地下水资源丰富，植物茂盛，周边长满牧草，远处有高大树木，附近没有大的河流。西南侧立有县级重点文物保护标志，北侧约30米为一座维吾尔族民宅，东为农田和引水渠，南约50米为乌（鲁木齐）伊（犁）公路。

烽火台呈覆斗形，平面呈近正方形，剖面呈梯形，底部边长5.8、顶部边长为2.5、残高约6.6米。烽火台系黄沙土夯筑而成，夯层厚0.08～0.1米，夯筑细密，土质较为纯净。1988年，第二次全国文物普查时曾在顶部南侧发现木椽痕迹，此次调查中并未发现此类痕迹。各壁面上部有少量直径约0.1米的小孔，可能是夯筑时夹放的柾木痕迹。烽火台周围散布有黑釉、青花瓷片等，为典型清代遗物。根据建筑形制和地表遗物推断，该烽火台年代为清代。

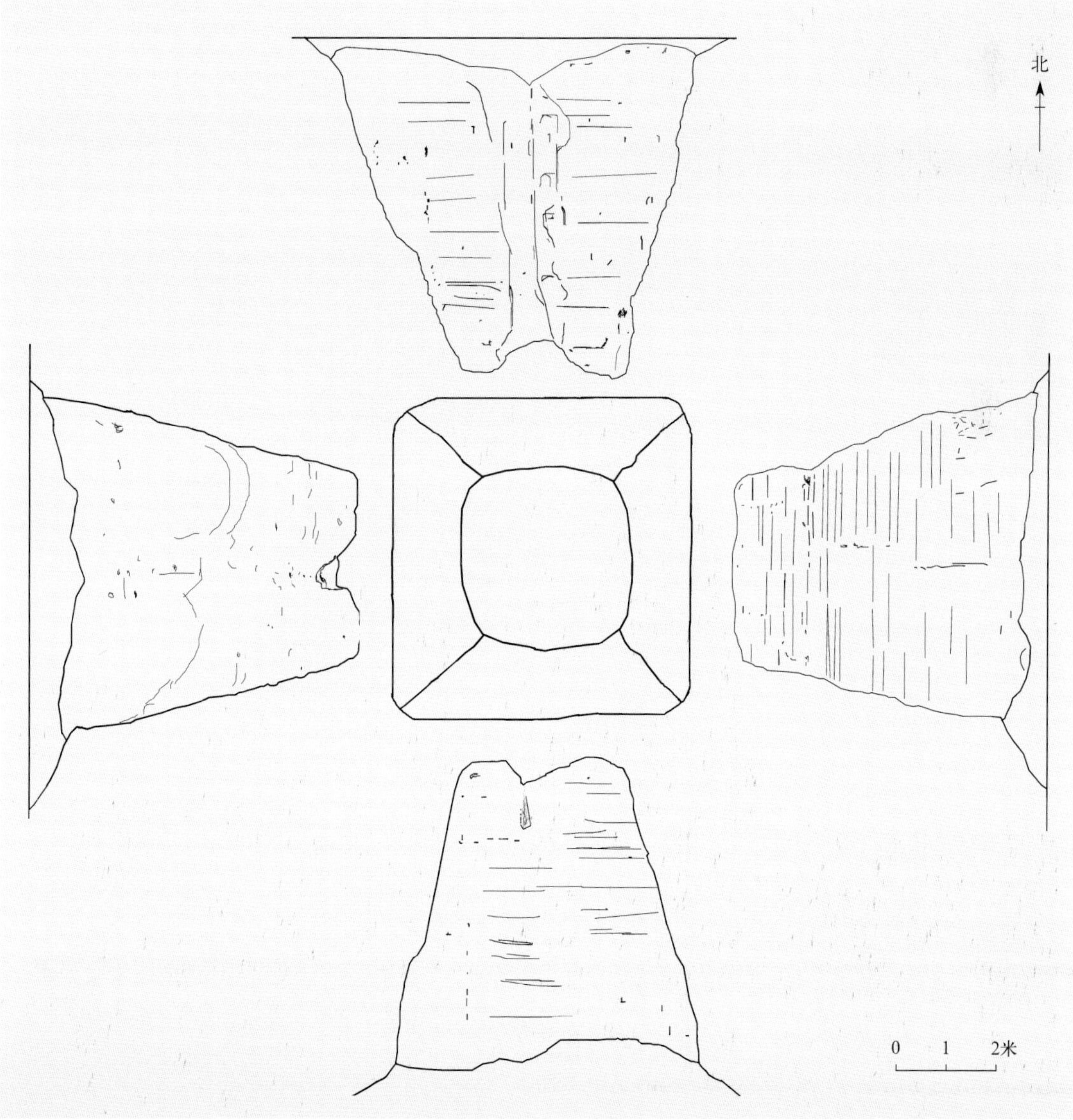

三十里墩烽火台平、立面示意图（立面图参照摄影资料绘制）

清军在平定准噶尔、大小和卓叛乱过程中，修建有大量的烽火台。经调查发现，在新疆有清代烽火台70余座，主要分布在北疆的哈密地区、乌鲁木齐市、昌吉回族自治州和南疆的喀什地区、和田地区、克孜勒苏柯尔克孜自治州等地，其中以哈密地区分布最为集中。

南面

东面

清军在平定准噶尔、大小和卓叛乱过程中，修建有大量的烽火台。经调查发现，在新疆有清代烽火台70余座，主要分布在北疆的哈密地区、乌鲁木齐市、昌吉回族自治州和南疆的喀什地区、和田地区、克孜勒苏柯尔克孜自治州等地，其中以哈密地区分布最为集中。

北面

西面

清军在平定准噶尔、大小和卓叛乱过程中，修建有大量的烽火台。经调查发现，在新疆有清代烽火台70余座，主要分布在北疆的哈密地区、乌鲁木齐市、昌吉回族自治州和南疆的喀什地区、和田地区、克孜勒苏柯尔克孜自治州等地，其中以哈密地区分布最为集中。

56 塔西河烽火台

塔西河烽火台位于新疆维吾尔自治区昌吉回族自治州玛纳斯县包家店镇塔西河村西、乌（鲁木齐）伊（犁）公路北侧。地处准噶尔盆地腹地的平原地带，东侧紧邻乌伊公路，距塔西河干渠约0.25千米；南面有一条石子路；往北直达塔西河管理处驻地和龙王庙度假村；西侧为耕地，约0.4千米为干涸的塔西河河床，距塔西河古城约50米。

烽火台因常年受风雨侵蚀和人为盗挖破坏而损毁严重。东、南、北壁有大量裂隙，北壁上有一条裂隙宽约0.1米，上下纵贯台体，对台体威胁较为严重；东、西壁底部中间有一个近代挖开的东西向的通道，宽0.8、高1.5米。烽火台呈覆斗形，平面呈正方形，剖面呈梯形，底部边长4.2、顶部边长3、残高7米。烽火台用黄土夯筑而成，夯层厚0.06～0.12米，顶部插有三根长短粗细不等的木桩，南壁挖有14个供攀登的脚窝，北壁中部可见上下两个桩木孔。烽火台四周地表分布有夹砂红、灰陶片和灰色筒瓦，为清代遗物。根据建筑形制和周围遗物，推测其为清代烽火台，可能和附近的塔西河古城共同使用。

清军在平定准噶尔、大小和卓叛乱过程中，修建有大量的烽火台。经调查发现，在新疆有清代烽火台70余座，主要分布在北疆的哈密地区、乌鲁木齐市、昌吉回族自治州和南疆的喀什地区、和田地区、克孜勒苏柯尔克孜自治州等地，其中以哈密地区分布最为集中。

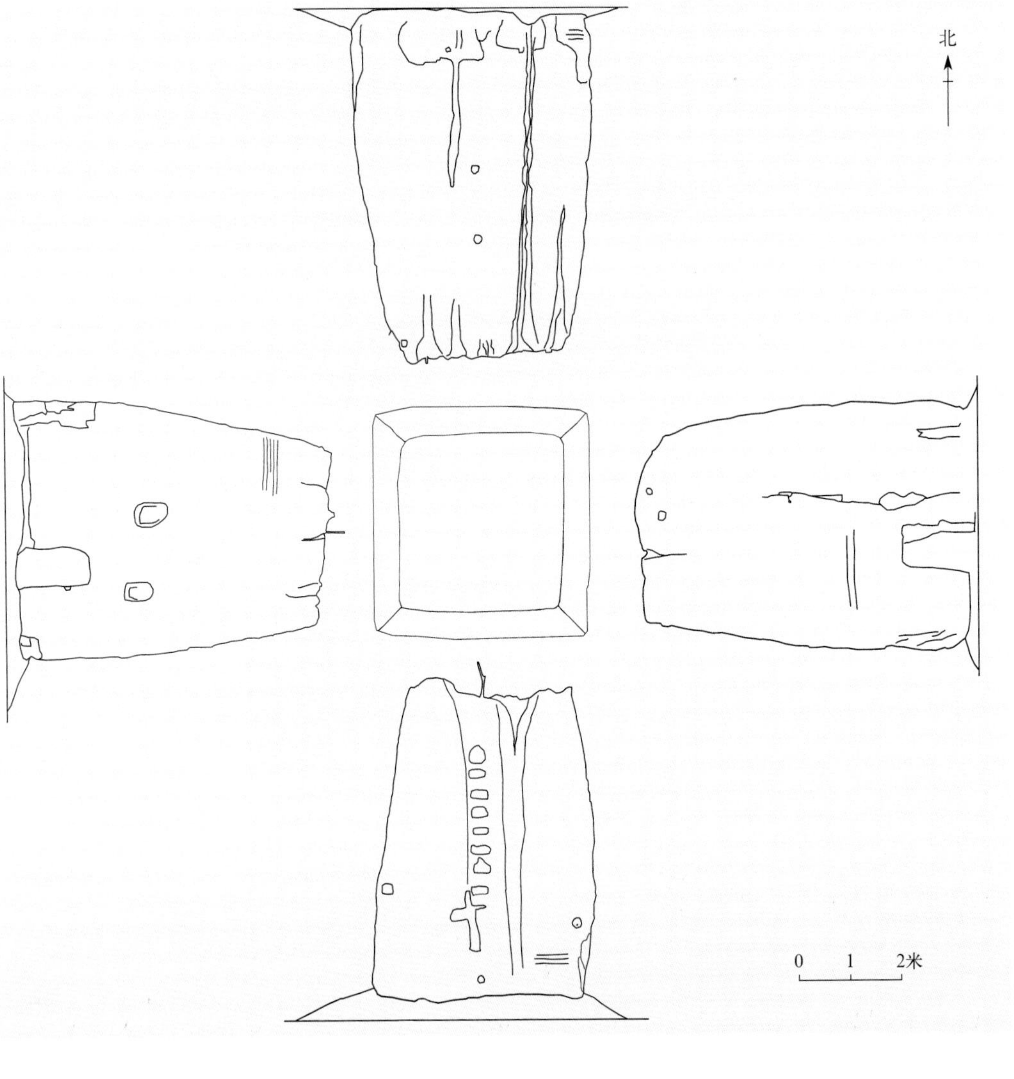

塔西河烽火台平、立面示意图（立面图参照摄影资料绘制）

北面

西面

东面

清军在平定准噶尔、大小和卓叛乱过程中，修建有大量的烽火台。经调查发现，在新疆有清代烽火台70余座，主要分布在北疆的哈密地区、乌鲁木齐市、昌吉回族自治州和南疆的喀什地区、和田地区、克孜勒苏柯尔克孜自治州等地，其中以哈密地区分布最为集中。

南面

清军在平定准噶尔、大小和卓叛乱过程中，修建有大量的烽火台。经调查发现，在新疆有清代烽火台70余座，主要分布在北疆的哈密地区、乌鲁木齐市、昌吉回族自治州和南疆的喀什地区、和田地区、克孜勒苏柯尔克孜自治州等地，其中以哈密地区分布最为集中。

57 十里墩烽火台

十里墩烽火台位于新疆维吾尔自治区昌吉回族自治州玛纳斯县兰州湾镇十里墩村南0.5千米的耕地中。地处玛纳斯河东岸，四周地势平坦开阔，土质偏碱，多生长耐碱灌木等植被。烽火台东侧有一排榆树，东0.2千米是南北走向的乡村公路，机动车可通行；南侧为现代墓葬，西北1千米是夹河子水库；北侧为农田。

烽火台因长年风雨侵蚀基本倒塌，且不断变得低矮，远看似土丘，表面长满荒草、灌木，台体上有鼠、蚁等动物挖洞筑穴。土丘南北22、东西10、高5米，占地面积约220平方米。烽火台由黄土夯筑而成，夯层厚约0.1～0.12米。根据其所处位置及建筑形制推测，该烽火台年代为清代。

西面

清军在平定准噶尔、大小和卓叛乱过程中，修建有大量的烽火台。经调查发现，在新疆有清代烽火台70余座，主要分布在北疆的哈密地区、乌鲁木齐市、昌吉回族自治州和南疆的喀什地区、和田地区、克孜勒苏柯尔克孜自治州等地，其中以哈密地区分布最为集中。

头墩台子烽火台

头墩台子烽火台位于新疆维吾尔自治区昌吉回族自治州玛纳斯县旱卡子滩乡头墩台子村西2千米玛纳斯河东岸台地上。北侧为开阔的平原，多耕地；东北为电站，有少量居民点；东侧为干渠，渠边有路，机动车可通行。西北离石河子市12千米，东北距玛纳斯镇12千米。北约20千米为十里墩烽火台，东约20千米为塔西河烽火台。

烽火台因长年风雨侵蚀导致顶部垮塌，基部向内掏蚀，尤以西北角最为严重，形成大量坡积土；东壁上部也有大面积垮塌，呈凹槽状，底部被人为掏挖一个宽约1.5、高约2米的壁龛；西壁有现代攀爬的脚窝印痕直至台顶；北壁从上至下有水冲痕迹，对基部破坏较甚，随时会有倒塌的危险。现台体立面近似桃形，底部南北5.7、东西5米，残高约6米。烽火台由黄土夯筑而成，夯层厚0.06～0.1米。根据位置和建筑形制推测，该烽火台年代为清代。

清军在平定准噶尔、大小和卓叛乱过程中，修建有大量的烽火台。经调查发现，在新疆有清代烽火台70余座，主要分布在北疆的哈密地区、乌鲁木齐市、昌吉回族自治州和南疆的喀什地区、和田地区、克孜勒苏柯尔克孜自治州等地，其中以哈密地区分布最为集中。

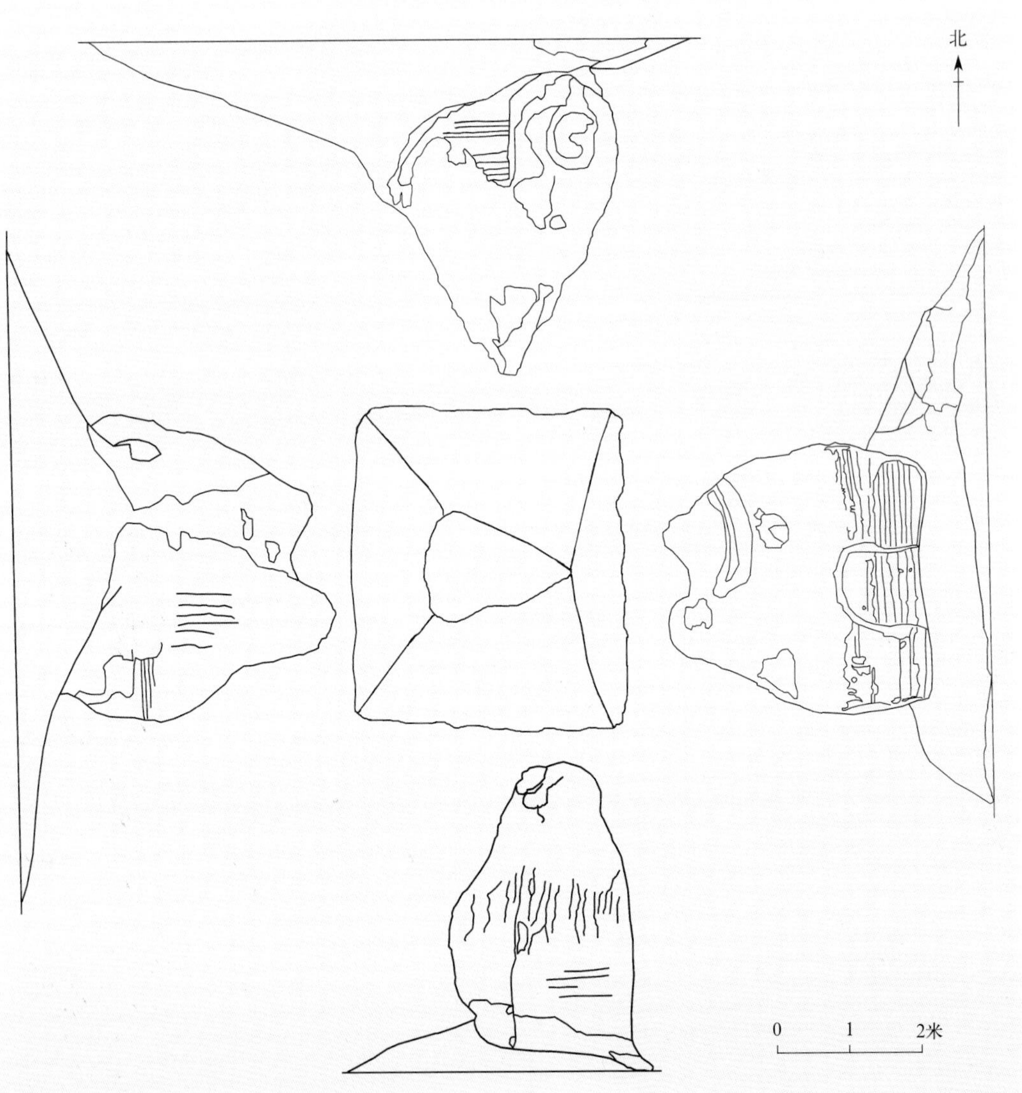

头墩台子烽火台平、立面示意图（立面图参照摄影资料绘制）

北面

南面

清军在平定准噶尔、大小和卓叛乱过程中，修建有大量的烽火台。经调查发现，在新疆有清代烽火台70余座，主要分布在北疆的哈密地区、乌鲁木齐市、昌吉回族自治州和南疆的喀什地区、和田地区、克孜勒苏柯尔克孜自治州等地，其中以哈密地区分布最为集中。

清军在平定准噶尔、大小和卓叛乱过程中，修建有大量的烽火台。经调查发现，在新疆有清代烽火台70余座，主要分布在北疆的哈密地区、乌鲁木齐市、昌吉回族自治州和南疆的喀什地区、和田地区、克孜勒苏柯尔克孜自治州等地，其中以哈密地区分布最为集中。

59 山丹湖烽火台

山丹湖烽火台位于新疆维吾尔自治区石河子市石河子乡山丹湖村北1千米的耕地中。南侧为水渠；西、北为耕地，种植棉花，田间地头种植有白杨树、榆树等；东侧10米处有一条南北向乡村公路，东距玛纳斯河西岸1.5千米。烽火台东距清代绥来县城约11千米，东北距十里墩烽火台8千米，西距乌兰乌苏军台约24千米。

烽火台因风雨侵蚀和开垦耕地等因素破坏而受损严重，上部呈不规则状，表面有多处孔洞，顶部有凹坑，东、南侧有开垦耕地时堆积的虚土。烽火台呈覆斗形，高3.5米，底部南北3.6、东西2.2米。烽火台用黄土夯筑而成，夯层厚0.1～0.12米。烽火台周围发现有陶片、人头骨、马羊骨骼等。

经附近村民介绍，以前烽火台周围地势比现在高出约1米，烽火台较现在高大，后由于取土逐渐变小。烽火台西南侧原有墓地，后开垦土地被夷为平地，耕地中曾发现黑釉陶罐、清代钱币等。根据建筑形制和遗物推测，该烽火台年代为清代。

北面

清军在平定准噶尔、大小和卓叛乱过程中，修建有大量的烽火台。经调查发现，在新疆有清代烽火台70余座，主要分布在北疆的哈密地区、乌鲁木齐市、昌吉回族自治州和南疆的喀什地区、和田地区、克孜勒苏柯尔克孜自治州等地，其中以哈密地区分布最为集中。

南面

西面

东面

清军在平定准噶尔、大小和卓叛乱过程中，修建有大量的烽火台。经调查发现，在新疆有清代烽火台70余座，主要分布在北疆的哈密地区、乌鲁木齐市、昌吉回族自治州和南疆的喀什地区、和田地区、克孜勒苏柯尔克孜自治州等地，其中以哈密地区分布最为集中。

60 苏贝希沟烽火台

苏贝希沟烽火台位于新疆维吾尔自治区吐番地区鄯善县吐峪沟乡苏贝希夏村西南沙石土山上。地处火焰山北麓的山崖上、吐峪沟西侧，周围地势险要，地表被植被所覆盖。东为庄稼地，东北为农田，南为沙石丘陵。

烽火台因地震、风蚀和修路等因素破坏，坍塌成土堆。烽火台基础为黄土夯筑而成，夯层厚约0.4米，几乎全部倒塌，中间残留高1米的土坯墙，四周为坍塌土所覆盖，形成直径约9米的堆积土。烽火台堆积土外圆内方，外圆直径9、内方边长4.5米，面积约78.91平方米。1988年第二次全国文物普查时，废墟中发现紫草、芦苇等，地表采集有石磨盘等。该烽火台年代为清代。

全景（北—南）

61 斯尔克甫沟戍堡

斯尔克甫沟戍堡位于新疆维吾尔自治区吐番地区鄯善县鲁克沁镇赛尔克甫村东。地处厄格孜沟内、连木沁至鲁克沁公路弯道的西侧台地上。背靠火焰山的支脉，西距鲁克沁镇约20千米。

戍堡因风蚀、风化等自然因素和攀爬等人为因素而破坏，仅存部分。戍堡仅存五间房址墙基，泥土夯筑而成，南北28、东西13米，占地面积364平方米。当为驻守在此的士兵住所。戍堡占据沟内最险峻位置，确有“一夫当关万夫莫开”之势。此地为历史上从柳中古城穿越火焰山斯尔克普山谷至连木沁的必经之地。该戍堡年代为清代。

东面

东北面

清军在平定准噶尔、大小和卓叛乱过程中，修建有大量的烽火台。经调查发现，在新疆有清代烽火台70余座，主要分布在北疆的哈密地区、乌鲁木齐市、昌吉回族自治州和南疆的喀什地区、和田地区、克孜勒苏柯尔克孜自治州等地，其中以哈密地区分布最为集中。

1 夏尼干烽火台

夏尼干烽火台位于新疆维吾尔自治区和田地区皮山县皮亚勒玛乡兰干库勒村西北。地处皮亚勒玛至藏桂旧时大道边的戈壁中，四周地势平坦，地表无植被。东距喀尔克烽火台4.4千米，东南距皮亚勒玛乡政府12千米。

烽火台现为一个土堆，坍塌的土堆中有1排竖立的木柱和红柳枝。烽火台平面呈正方形，土坯和土块相结合砌筑而成，基部边长5米。土堆东西约6.2、南北约4.4、高约2米。北壁西部有一个门。此烽火台与喀尔克、萨拉松等烽火台东西成一线，之间有石堆分布，民间称为“将军塔什”（将军石）。据第二次全国文物普查记载，该烽火台年代为清代。

东南面

清军在平定准噶尔、大小和卓叛乱过程中，修建有大量的烽火台。经调查发现，在新疆有清代烽火台70余座，主要分布在北疆的哈密地区、乌鲁木齐市、昌吉回族自治州和南疆的喀什地区、和田地区、克孜勒苏柯尔克孜自治州等地，其中以哈密地区分布最为集中。

顶部（南—北）

局部（西北—东南）

2 萨拉松烽火台

萨拉松烽火台位于新疆维吾尔自治区和田地区皮山县皮亚勒玛乡兰干库勒村西北。地处皮亚勒玛至藏桂旧时大道边的戈壁中，四周地势平坦，地表无植被。南为加依塔什村吐格曼博依绿洲，北为沙漠，东南距皮亚勒玛乡政府4千米，西北距喀尔克烽火台3千米。

烽火台四壁有不同程度的坍塌，西壁已完全坍塌，剩余台壁上下边长短不一。东壁中间上部坍塌，东北角下方坍塌，南壁有裂缝。门无法辨认。烽火台呈覆斗形，平面呈近正方形，中空。底部北壁长3.6、东壁长5.15、南壁长4.5米，顶部北壁长2.75、东壁长3.1、南壁长2.6米，通高2.64米。南壁分内外两层，内壁用切削的淤泥块垒砌而成，厚0.36米；外壁用土坯错缝平砌而成，外壁抹草拌泥，厚0.32米。土坯长36、宽16、厚6厘米。根据建筑形制判断，该烽火台年代为清代。

远景（东南—西北）

清军在平定准噶尔、大小和卓叛乱过程中，修建有大量的烽火台。经调查发现，在新疆有清代烽火台70余座，主要分布在北疆的哈密地区、乌鲁木齐市、昌吉回族自治州和南疆的喀什地区、和田地区、克孜勒苏柯尔克孜自治州等地，其中以哈密地区分布最为集中。

清军在平定准噶尔、大小和卓叛乱过程中，修建有大量的烽火台。经调查发现，在新疆有清代烽火台70余座，主要分布在北疆的哈密地区、乌鲁木齐市、昌吉回族自治州和南疆的喀什地区、和田地区、克孜勒苏柯尔克孜自治州等地，其中以哈密地区分布最为集中。

西面

南面

清军在平定准噶尔、大小和卓叛乱过程中，修建有大量的烽火台。经调查发现，在新疆有清代烽火台70余座，主要分布在北疆的哈密地区、乌鲁木齐市、昌吉回族自治州和南疆的喀什地区、和田地区、克孜勒苏柯尔克孜自治州等地，其中以哈密地区分布最为集中。

3 喀尔克烽火台

喀尔克烽火台位于新疆维吾尔自治区和田地区皮山县皮亚勒玛乡兰干库勒村。地处皮亚勒玛乡西北戈壁中、皮亚勒玛至藏桂旧时大道边。周围地势平坦，地表为戈壁滩所覆盖，无植被。东南距皮亚勒玛乡政府8千米、萨拉松烽火台4千米，西北距夏尼干烽火台4.4千米。

烽火台呈覆斗形，平面呈近正方形，中空，台壁上下边长短不一，底部东壁长4.5、南壁长4.7、西壁长4.6、北壁长4.3米，顶部边长1.9米，通高4米。台体基部高0.7、上高0.45米。西壁部分内凹，南壁东南角下方已坍塌。北壁偏右有一个门，门高2.4、宽0.8米。烽火台内靠北壁有台阶可上东壁。烽火台用土坯错缝平砌而成，外壁抹草拌泥，台壁原刷有白灰。土坯分人工模制和切削的淤泥块两种，长30～35、宽15～18、厚6厘米。烽火台周围有四处石堆。此烽火台与夏尼干等烽火台东西成一线，之间分布有指路的石堆，民间称为“将军塔什”（将军石）。根据建筑形制判断，该烽火台年代为清代。

内部

清军在平定准噶尔、大小和卓叛乱过程中，修建有大量的烽火台。经调查发现，在新疆有清代烽火台70余座，主要分布在北疆的哈密地区、乌鲁木齐市、昌吉回族自治州和南疆的喀什地区、和田地区、克孜勒苏柯尔克孜自治州等地，其中以哈密地区分布最为集中。

西面

南面

清军在平定准噶尔、大小和卓叛乱过程中，修建有大量的烽火台。经调查发现，在新疆有清代烽火台70余座，主要分布在北疆的哈密地区、乌鲁木齐市、昌吉回族自治州和南疆的喀什地区、和田地区、克孜勒苏柯尔克孜自治州等地，其中以哈密地区分布最为集中。

清军在平定准噶尔、大小和卓叛乱过程中，修建有大量的烽火台。经调查发现，在新疆有清代烽火台70余座，主要分布在北疆的哈密地区、乌鲁木齐市、昌吉回族自治州和南疆的喀什地区、和田地区、克孜勒苏柯尔克孜自治州等地，其中以哈密地区分布最为集中。

东面

北面

4 康艾肯烽火台

康艾肯烽火台位于新疆维吾尔自治区和田地区皮山县桑株乡阿亚格坡斯喀村东北10千米。地处坡斯喀村通往藏桂道路边的戈壁滩上，地表无植被。东为河床，北26米有一口废弃的水井，南2千米为恰坎得勒克绿洲，北距315国道17千米，东侧为康艾肯古遗址。

烽火台因自然因素和人为因素破坏而损毁严重，仅剩一个土堆，直径16、高1.7米。根据当地农民介绍，烽火台为土坯砌筑而成，呈覆斗形，高约8米。东壁南角处有一个门。土堆上立有“军用勿动”字样的水泥桩。根据走访调查初步推测，该烽火台年代为清代。

全景（北—南）

清军在平定准噶尔、大小和卓叛乱过程中，修建有大量的烽火台。经调查发现，在新疆有清代烽火台70余座，主要分布在北疆的哈密地区、乌鲁木齐市、昌吉回族自治州和南疆的喀什地区、和田地区、克孜勒苏柯尔克孜自治州等地，其中以哈密地区分布最为集中。

5 奥塘二号烽火台

奥塘二号烽火台位于新疆维吾尔自治区喀什地区叶城县洛克乡吾斯塘博依村东12千米。地处塔里木盆地西南缘，提孜那甫河、乌鲁克吾斯塘河及柯克亚吾斯塘河交汇处冲积扇上。四周均为戈壁，地势较为平坦，土壤所含碱性较大，地表生长有少量骆驼刺和红柳等耐干旱植物。南约0.5千米为正在修建中的喀什至和田的铁路。

烽火台因日晒、沙漠化和风雨侵蚀等自然因素和盗掘等人为因素破坏而受损严重。尽管经过多次修补，烽火台仍然保存较差，四壁残损严重。烽火台呈覆斗形，平面呈近正方形，剖面呈梯形。用多种方法修建而成，台体用较为规整的模制土坯错缝平砌而成，土坯长30、宽20、厚10厘米；西南壁用石块和泥土混筑而成；东北壁中横穿有直径约2～5厘米的木棍，起筋骨作用。其余台壁用黄泥筑成，略显粗糙。台壁原长约4.5米，西壁长约3.5米，南壁长约3米，北壁长约4.2米，东壁长约2.8米。东壁高约2.85米，南壁高约1.6米。根据地理位置和建筑形制推测，该烽火台年代为清代。

清军在平定准噶尔、大小和卓叛乱过程中，修建有大量的烽火台。经调查发现，在新疆有清代烽火台70余座，主要分布在北疆的哈密地区、乌鲁木齐市、昌吉回族自治州和南疆的喀什地区、和田地区、克孜勒苏柯尔克孜自治州等地，其中以哈密地区分布最为集中。

东面

清军在平定准噶尔、大小和卓叛乱过程中，修建有大量的烽火台。经调查发现，在新疆有清代烽火台70余座，主要分布在北疆的哈密地区、乌鲁木齐市、昌吉回族自治州和南疆的喀什地区、和田地区、克孜勒苏柯尔克孜自治州等地，其中以哈密地区分布最为集中。

6 奥塘一号烽火台

奥塘一号烽火台位于新疆维吾尔自治区喀什地区叶城县洛克乡吾斯塘博依村东8千米。地处塔里木盆地西南缘、昆仑山北麓，提孜那甫河、乌鲁克吾斯塘河及柯克亚吾斯塘河冲积扇上，四周地势较为平坦，地表为沙石所覆盖，植被稀少。西南距修建中的喀什至和田的铁路约0.3千米。

烽火台因长年日晒、风雨侵蚀和人为盗挖等因素破坏而损毁，东半部保存较差。烽火台呈覆斗形，平面呈近正方形，剖面呈梯形，黄土夯筑而成。夯层中夹杂有直径约10厘米的木棍作为筋骨。烽火台边长约3.2、高约3米，夯层厚约0.15米。烽火台附近采集到一件木质标本，呈近长方形，一端打有两个小孔，孔内插有木条。初步推测该烽火台年代为清代。

清军在平定准噶尔、大小和卓叛乱过程中，修建有大量的烽火台。经调查发现，在新疆有清代烽火台70余座，主要分布在北疆的哈密地区、乌鲁木齐市、昌吉回族自治州和南疆的喀什地区、和田地区、克孜勒苏柯尔克孜自治州等地，其中以哈密地区分布最为集中。

东南面

北面

顶部

清军在平定准噶尔、大小和卓叛乱过程中，修建有大量的烽火台。经调查发现，在新疆有清代烽火台70余座，主要分布在北疆的哈密地区、乌鲁木齐市、昌吉回族自治州和南疆的喀什地区、和田地区、克孜勒苏柯尔克孜自治州等地，其中以哈密地区分布最为集中。

7 奥塘烽火台

奥塘烽火台位于新疆维吾尔自治区喀什地区英吉沙县托普鲁克乡奥塘村一片农田之中。地处塔里木盆地西缘，库山河、依格孜亚河冲积平原上，周围地势平坦，四周生长有杨树、红柳等植物。

烽火台呈覆斗形，平面呈近正方形，剖面呈梯形，黄土夯筑而成，夯层内夹杂有用以加固台体的草秆和木条。烽火台底部边长约4.5、顶部边长约3、高约5米，夯层厚0.075～0.12米。台体东、南壁自上而下各有一条裂隙，宽3～10厘米。根据建筑形制初步判断，该烽火台年代为清代。

东南面

清军在平定准噶尔、大小和卓叛乱过程中，修建有大量的烽火台。经调查发现，在新疆有清代烽火台70余座，主要分布在北疆的哈密地区、乌鲁木齐市、昌吉回族自治州和南疆的喀什地区、和田地区、克孜勒苏柯尔克孜自治州等地，其中以哈密地区分布最为集中。

西南面

西面

清军在平定准噶尔、大小和卓叛乱过程中，修建有大量的烽火台。经调查发现，在新疆有清代烽火台70余座，主要分布在北疆的哈密地区、乌鲁木齐市、昌吉回族自治州和南疆的喀什地区、和田地区、克孜勒苏柯尔克孜自治州等地，其中以哈密地区分布最为集中。

8 凯勒敦烽火台

凯勒敦烽火台位于新疆维吾尔自治区克孜勒苏柯尔克孜自治州乌恰县波斯坦铁列克乡凯勒敦村中部。北靠大山，地表沙漠化比较严重，凹凸不平，周围长有杂草。烽火台东约0.3千米为314国道，南面是民房，北面和西面是农田。

烽火台因村民取土等人为因素破坏而损毁严重，西、南、北壁坍塌严重，仅存一个圆锥形土墩。烽火台用黄土夯筑而成，底部直径15、顶部最长5、高6.5米，夯层厚0.115～0.25米。附近农田中散落有夹砂红陶片。根据建筑形制及周围地表散落的陶片初步判断，该烽火台年代为清代。

清军在平定准噶尔、大小和卓叛乱过程中，修建有大量的烽火台。经调查发现，在新疆有清代烽火台70余座，主要分布在北疆的哈密地区、乌鲁木齐市、昌吉回族自治州和南疆的喀什地区、和田地区、克孜勒苏柯尔克孜自治州等地，其中以哈密地区分布最为集中。

全景（东—西）

9 巴西索赛烽火台

巴西索赛烽火台位于新疆维吾尔自治区喀什地区疏附县乌帕尔乡库木巴格村艾孜热提毛拉木塔格山西南7.5千米。地处乌帕尔冲积平原上的艾孜热提毛拉木塔格山脚下沙漠边缘地带，东、西为沙漠，南边有条河道，生长有骆驼刺等植物，北侧有条土路。

烽火台因风雨侵蚀等自然因素和盗掘等人为因素破坏使北壁破坏严重，因牧民修建房屋被改变原貌。烽火台底部呈近圆形，用两种方法建筑而成，底部采用黄土夯筑，顶部用土坯砌筑而成。东北侧有烽火台的附属建筑，从地表无法判断其类型。烽火台底部长约25、宽约22米，残高约7.5米。烽火台西北约0.2千米的沙漠中分布一些陶片，以夹砂红陶为主。据此推测，该烽火台年代约为清代。

远景（北—南）

近景（西北—东南）

清军在平定准噶尔、大小和卓叛乱过程中，修建有大量的烽火台。经调查发现，在新疆有清代烽火台70余座，主要分布在北疆的哈密地区、乌鲁木齐市、昌吉回族自治州和南疆的喀什地区、和田地区、克孜勒苏柯尔克孜自治州等地，其中以哈密地区分布最为集中。

10 喀普喀烽火台

喀普喀烽火台位于新疆维吾尔自治区喀什地区疏附县木什乡谢热克萨依村西北10千米。地处克孜勒河岸边断崖上，周围地势起伏不平，地表零星长有骆驼刺。

烽火台因人为盗掘等因素破坏四周遭到严重扰乱，仅存局部，南壁保存较为完整。烽火台平面呈不规则状，剖面略呈梯形，卵石夹杂泥土垒砌而成。烽火台东壁长10、西壁长9、高约12米。初步推测，该烽火台年代为清代。

全景（东—西）

局部（西南—东北）

清军在平定准噶尔、大小和卓叛乱过程中，修建有大量的烽火台。经调查发现，在新疆有清代烽火台70余座，主要分布在北疆的哈密地区、乌鲁木齐市、昌吉回族自治州和南疆的喀什地区、和田地区、克孜勒苏柯尔克孜自治州等地，其中以哈密地区分布最为集中。

11 波斯图木休克烽火台

波斯图木休克烽火台位于新疆维吾尔自治区克孜勒苏柯尔克孜自治州乌恰县黑孜苇乡康什维尔村南5千米。地处黑水河西岸台地上，气候干旱，春秋季多风沙。西南约2千米有一处牧民冬窝子，附近有一条乡间便道穿过。波斯图木休克戍堡与其隔河相望。

烽火台因风雨侵蚀和牧民活动等因素被破坏，西北角倒塌，西、北壁大半被倒塌土覆盖。烽火台为黄土夯筑而成，长3.5、宽3、高3.7米。烽火台西2米处有一排摆放整齐的石块，高0.7米，宽与烽火台相当，由于石块被烽火台上的坍塌土覆盖，原来形态无法辨识，从位置和形状来看可能为烽火台前的台阶。烽火台周围散布较大的卵石和夹砂红陶片，陶片残破，无法判断器形。根据建筑形制推测，该烽火台年代为清代。

远景（东—西）

清军在平定准噶尔、大小和卓叛乱过程中，修建有大量的烽火台。经调查发现，在新疆有清代烽火台70余座，主要分布在北疆的哈密地区、乌鲁木齐市、昌吉回族自治州和南疆的喀什地区、和田地区、克孜勒苏柯尔克孜自治州等地，其中以哈密地区分布最为集中。

清军在平定准噶尔、大小和卓叛乱过程中，修建有大量的烽火台。经调查发现，在新疆有清代烽火台70余座，主要分布在北疆的哈密地区、乌鲁木齐市、昌吉回族自治州和南疆的喀什地区、和田地区、克孜勒苏柯尔克孜自治州等地，其中以哈密地区分布最为集中。

西北面

南面

清军在平定准噶尔、大小和卓叛乱过程中，修建有大量的烽火台。经调查发现，在新疆有清代烽火台70余座，主要分布在北疆的哈密地区、乌鲁木齐市、昌吉回族自治州和南疆的喀什地区、和田地区、克孜勒苏柯尔克孜自治州等地，其中以哈密地区分布最为集中。

波斯图木休克戍堡

波斯图木休克戍堡位于新疆维吾尔自治区克孜勒苏柯尔克孜自治州乌恰县黑孜苇乡康什维尔村南5千米。地处其克勒塔格山和卡热巴勒塔格山之间的波斯图木休克山谷、喀浪勾律克河东岸的山前台地上，地表为砾石所覆盖，植被稀少，生长有稀疏的骆驼刺等植物。此地人烟稀少，偶有牧民在此放牧。

戍堡保存四方形的残墙，边长约70、厚约2、高约3米。墙体夯筑，夯层厚0.14～0.16米。墙体有不同程度的坍塌，戍堡内散布有砾石堆积，无法辨认房屋及其他建筑遗迹。四角有角楼，角楼处墙体厚约5米。西墙正中有门。地表散布有陶片，基本为夹砂红陶，未见其他遗物。波斯图木休克戍堡扼守喀什地区通往中亚的交通要道，是一处重要的军事设施。初步推测该戍堡年代为清代。

清军在平定准噶尔、大小和卓叛乱过程中，修建有大量的烽火台。经调查发现，在新疆有清代烽火台70余座，主要分布在北疆的哈密地区、乌鲁木齐市、昌吉回族自治州和南疆的喀什地区、和田地区、克孜勒苏柯尔克孜自治州等地，其中以哈密地区分布最为集中。

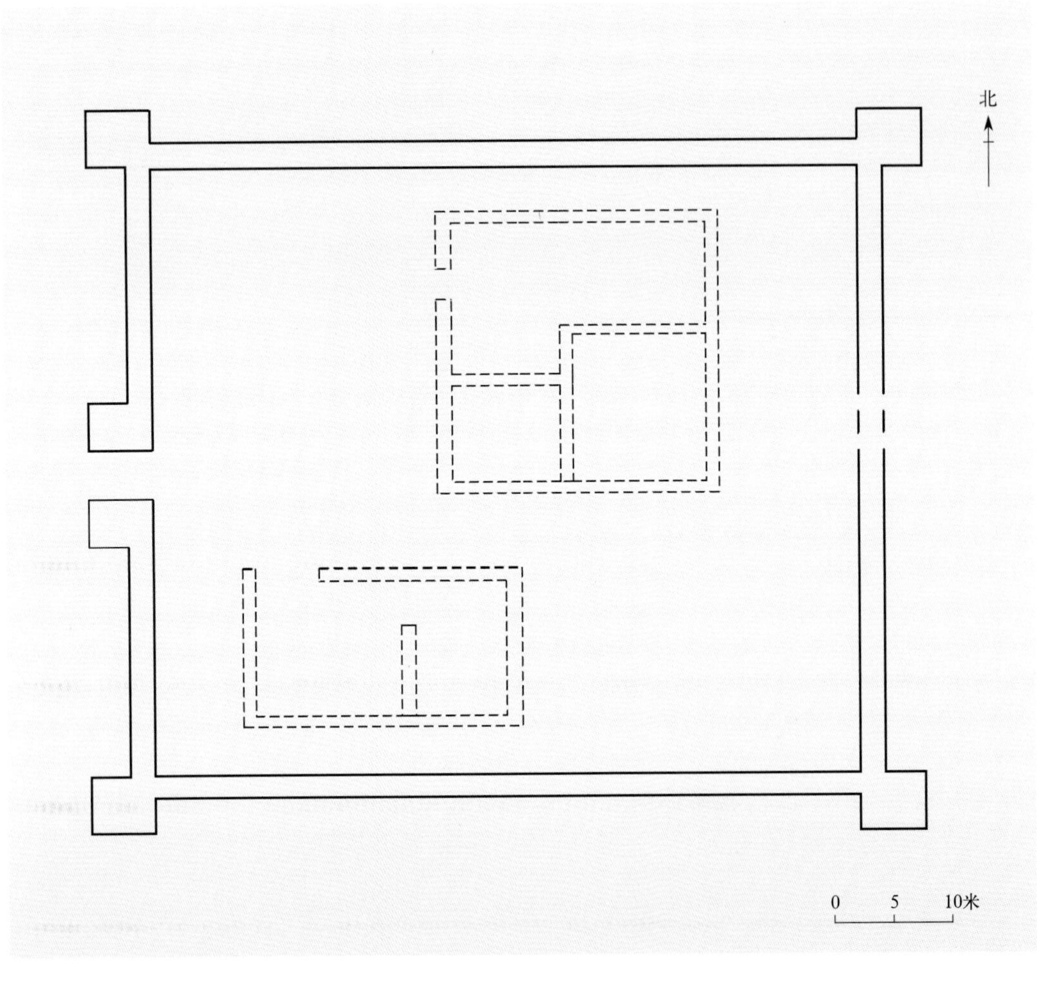

波斯图木休克戍堡平面图

全景（西—东）

远景（北—南）

清军在平定准噶尔、大小和卓叛乱过程中，修建有大量的烽火台。经调查发现，在新疆有清代烽火台70余座，主要分布在北疆的哈密地区、乌鲁木齐市、昌吉回族自治州和南疆的喀什地区、和田地区、克孜勒苏柯尔克孜自治州等地，其中以哈密地区分布最为集中。

清军在平定准噶尔、大小和卓叛乱过程中，修建有大量的烽火台。经调查发现，在新疆有清代烽火台70余座，主要分布在北疆的哈密地区、乌鲁木齐市、昌吉回族自治州和南疆的喀什地区、和田地区、克孜勒苏柯尔克孜自治州等地，其中以哈密地区分布最为集中。

远景（南—北）

西面（西—东）

正门内侧（东—西）

13 阿克塔木烽火台

阿克塔木烽火台位于新疆维吾尔自治区喀什地区疏附县兰干乡康迪尔村东北0.75千米。地处喀什通往兰干乡政府公路北侧的农田中，地表植被稀少，长有稀疏的骆驼刺。北10米为断崖，其他三面均为农田和防护林。

烽火台呈覆斗形，平面呈近正方形，剖面呈梯形，黄土夯筑而成，夯层厚约0.1米。烽火台南壁外修建有台阶直达顶部，外侧扶手倒塌，仅剩坡道。烽火台底部东西约17.5、南北约16.2米，顶部南北约9.5、东西约9.2米，通高约10米。坡道长15、宽1～1.5米，坡度60°。据第二次全国文物普查记载，该烽火台年代为清代。

西北面

东南面

清军在平定准噶尔、大小和卓叛乱过程中，修建有大量的烽火台。经调查发现，在新疆有清代烽火台70余座，主要分布在北疆的哈密地区、乌鲁木齐市、昌吉回族自治州和南疆的喀什地区、和田地区、克孜勒苏柯尔克孜自治州等地，其中以哈密地区分布最为集中。

14 江尕勒烽火台

江尕勒烽火台位于新疆维吾尔自治区喀什地区塔什库尔干塔吉克自治县塔什库尔干乡托格伦夏村。地处塔什库尔干河东岸、阿法斯亚夫山西侧的台地上，西南为阿拉尔草原，周围是砾石戈壁，生长有杂草。西侧台地下的阿拉尔草原上散布着塔吉克族牧民的毡房。其东南距江尕勒墓葬和江尕勒宗教建筑遗址约0.5千米，南距江尕勒唐代烽火台约0.1千米。

烽火台因日晒、冰雪融水冲刷和风雨侵蚀等自然因素破坏四壁损毁严重，东壁呈坡状，其余台壁勉强可以看出土坯结构。烽火台用土坯砌筑而成，中间夹杂细小的砾石。烽火台底部南北4.5、东西3.6米，顶部南北约3、东西约2.5米，高约2.2米。有10层土坯，土坯长40、宽20、厚10厘米。初步推测其年代为清代。

清军在平定准噶尔、大小和卓叛乱过程中，修建有大量的烽火台。经调查发现，在新疆有清代烽火台70余座，主要分布在北疆的哈密地区、乌鲁木齐市、昌吉回族自治州和南疆的喀什地区、和田地区、克孜勒苏柯尔克孜自治州等地，其中以哈密地区分布最为集中。

15 卡拉库勒城堡

卡拉库勒城堡位于新疆维吾尔自治区喀什地区塔什库尔干塔吉克自治县达布达尔乡托库孜布拉克自然村西1千米。地处托库孜布拉克山西侧、星夏力河（克勒青河）汇入叶尔羌河的河口处一座孤山西端顶部。周围山高谷深，地势险峻，地表被砾石所覆盖。此处为边境军事管理区（附近有塔吐鲁沟哨所），东南约0.5千米处星夏力河南岸有麻札至塔吐鲁沟的公路。

城堡依山势而建，西侧为险峻的悬崖，无城墙，其他墙垣高低起伏。平面不规则，由南北两部分组成，北部地势稍高，面积较大，南部地势稍低，面积较小，南北两部分连接处有东向的城门。城墙由较大的石片垒成，石片间用泥土黏合，部分夹杂灌木枝。残墙最高3、宽0.5米。城堡周长240米，面积2800平方米。据第二次全国文物普查记载，该城堡年代为清代。

卡拉库勒城堡平面图

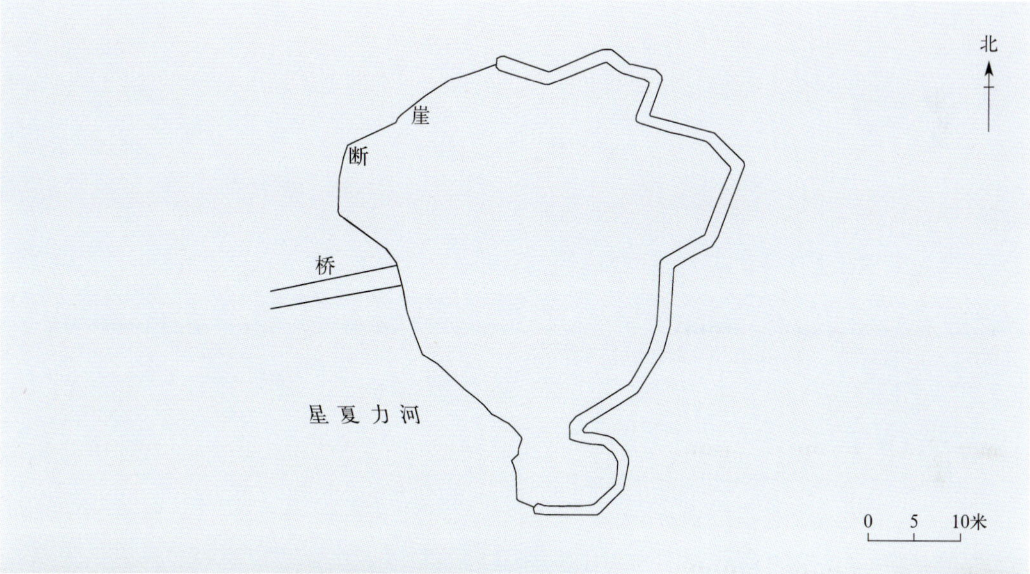

全景（南—北）

清军在平定准噶尔、大小和卓叛乱过程中，修建有大量的烽火台。经调查发现，在新疆有清代烽火台70余座，主要分布在北疆的哈密地区、乌鲁木齐市、昌吉回族自治州和南疆的喀什地区、和田地区、克孜勒苏柯尔克孜自治州等地，其中以哈密地区分布最为集中。

1 格子烟墩驿站遗址

格子烟墩驿站遗址位于新疆维吾尔自治区哈密地区哈密市大泉湾乡圪垯井村东南约45千米。地处312国道烟墩大坡西南约1千米的戈壁中，南与兰新铁路交接，北约20千米为红星二牧场。

驿站因风蚀、沙漠化等自然因素及盗掘、生产生活活动等人为因素破坏而损毁严重。现驿站保存较差，周围文化遗迹现象比较复杂。遗址平面呈长方形，东西约300、南北约200米。主要由中心处的大片主体房屋建筑、周围小型土坯建筑和烽火台组成。西南约40米处有四个并列的小型土坯建筑，东南约50米处为墓地。主体房屋建筑偏北部分建在较高的沙丘上，偏南部分处于沙丘旁的低地上，共有十余间房屋，大小不一，面积12～60平方米，有独立的单间，也有小套间。房屋均已坍塌，墙基清晰可见，用土坯竖向砌筑而成，土坯长40、宽18、厚8厘米。房屋建筑群内偏西处有一口枯井。烽火台建在一座顶部较平的山包上，构筑方式和房屋建筑相同，台体现已坍塌，仅残存南壁；基座呈正方形，边长2、残高3米。从南壁的坍塌处可以看到烽火台内部用土坯立砌垒筑。小型土坯建筑建在一座低缓的沙包上，共四座，间隔7米，均为立砌，现已坍塌成四个土墩，残高1.2米，周长5～6米。墓地位于一座沙丘之上，部分墓葬已遭破坏，墓葬形制为竖穴土坑，内置长方形木棺，这处墓地显然是驿站驻守士兵死后就近埋葬而形成的。一条古道从驿站建筑群中穿过。据出土的《建修龙神庙记》石碑记载，清乾隆二十二年（1757年），朝廷派兵平定阿睦尔撒纳叛乱时，路过格子烟墩并在此驻扎休整。

该驿站年代为清代。

清军在平定准噶尔、大小和卓叛乱过程中，修建有大量的烽火台。经调查发现，在新疆有清代烽火台70余座，主要分布在北疆的哈密地区、乌鲁木齐市、昌吉回族自治州和南疆的喀什地区、和田地区、克孜勒苏柯尔克孜自治州等地，其中以哈密地区分布最为集中。

西面

清军在平定准噶尔、大小和卓叛乱过程中，修建有大量的烽火台。经调查发现，在新疆有清代烽火台70余座，主要分布在北疆的哈密地区、乌鲁木齐市、昌吉回族自治州和南疆的喀什地区、和田地区、克孜勒苏柯尔克孜自治州等地，其中以哈密地区分布最为集中。

东面

局部（北—南）

局部（西南—东北）

清军在平定准噶尔、大小和卓叛乱过程中，修建有大量的烽火台。经调查发现，在新疆有清代烽火台70余座，主要分布在北疆的哈密地区、乌鲁木齐市、昌吉回族自治州和南疆的喀什地区、和田地区、克孜勒苏柯尔克孜自治州等地，其中以哈密地区分布最为集中。

2 一碗泉驿站遗址

一碗泉驿站遗址位于新疆维吾尔自治区哈密地区哈密市七角井镇七角井村东南41千米、一碗泉收费站西约1.5千米、312国道北侧的戈壁滩上。地处七角井盆地北侧，地势北高南低，周边为广阔的戈壁滩，碎石广布，植被稀少。附近无村落。

驿站平面呈长方形，南北约60、东西约20米，面积约1200平方米。驿站主要由8间房屋组成，房屋间以过道相连，因风雨侵蚀和人为盗挖致使部分房屋损毁。房屋均用土坯垒砌而成，最大一间长7.6、宽4.3米，墙体宽0.4、残高2.3米。土坯长40、宽19、厚8厘米。部分房屋的墙体上有瞭望孔，共计七个。驿站东、西、北面各有1条壕沟。北侧建有一座烽火台，台体平面呈正方形，剖面呈梯形，中空，地基由片石垒砌，从其建筑形制看似清晚期遗存。该驿站年代为清代。

远景（东—西）

清军在平定准噶尔、大小和卓叛乱过程中，修建有大量的烽火台。经调查发现，在新疆有清代烽火台70余座，主要分布在北疆的哈密地区、乌鲁木齐市、昌吉回族自治州和南疆的喀什地区、和田地区、克孜勒苏柯尔克孜自治州等地，其中以哈密地区分布最为集中。

南面

北面

清军在平定准噶尔、大小和卓叛乱过程中，修建有大量的烽火台。经调查发现，在新疆有清代烽火台70余座，主要分布在北疆的哈密地区、乌鲁木齐市、昌吉回族自治州和南疆的喀什地区、和田地区、克孜勒苏柯尔克孜自治州等地，其中以哈密地区分布最为集中。

内部

瞭望台（东—西）

清军在平定准噶尔、大小和卓叛乱过程中，修建有大量的烽火台。经调查发现，在新疆有清代烽火台70余座，主要分布在北疆的哈密地区、乌鲁木齐市、昌吉回族自治州和南疆的喀什地区、和田地区、克孜勒苏柯尔克孜自治州等地，其中以哈密地区分布最为集中。

3 色皮口驿站遗址

色皮口驿站遗址位于新疆维吾尔自治区昌吉回族自治州木垒哈萨克自治县大石头乡大石头村东南约20千米处。地处木垒与巴里坤交界处，西、北侧与低矮的山体相连，地形复杂，东部有一眼泉，泉水自东南向西北沿沟谷流入山涧。南0.3千米为303省道，西0.1千米有两座牧民房屋、0.5千米为色皮口碉堡遗址，西北0.15千米为色皮口烽火台和色皮口细石器遗址。

驿站面积为22024平方米，由三个大单元组成。第一单元位于最南侧，由院落、房屋、院墙、壕沟四部分组成。平面呈正方形，边长50米。院墙倒塌呈土垄状，底宽1.5、高0.6米，基部用石块垒砌，墙体用黄色粗沙土构筑。院墙内外有壕沟，宽约1、深约0.4米；院墙南、东、西墙内侧分布有16间房屋建筑基址，房屋均倒塌，形状和间隔可以辨认，东西墙各有五间，南墙六间，规格一致，进深均为5、面阔3米，门朝向院落；北墙中部有门道，宽3米；院落较为平整，没有发现遗迹。第二单元仅存院落墙基，底宽1、高0.5米，构筑方法与第一单元相同。平面呈长方形，南北42、东西38，面积约1596米。北墙中部为门道，宽2米；墙基外侧为壕沟，深1、宽3米；墙基内侧房屋建筑遗迹无法辨认。第三单元紧邻第二单元东北侧，墙基、壕沟分布状况和建造方式与第二单元相似，平面呈长方形，南北26.5、东西20米；东墙开门道，宽2米；西、北、南墙内侧分布有房屋建筑基址，进深5米，间隔无法辨认。遗址内外散布有青花瓷片和清代钱币数枚，由此可推测该遗址年代为清代。又因其地处清代交通线路附近，西侧有烽火台遗址，故可能是当时的一座驿站。

清军在平定准噶尔、大小和卓叛乱过程中，修建有大量的烽火台。经调查发现，在新疆有清代烽火台70余座，主要分布在北疆的哈密地区、乌鲁木齐市、昌吉回族自治州和南疆的喀什地区、和田地区、克孜勒苏柯尔克孜自治州等地，其中以哈密地区分布最为集中。

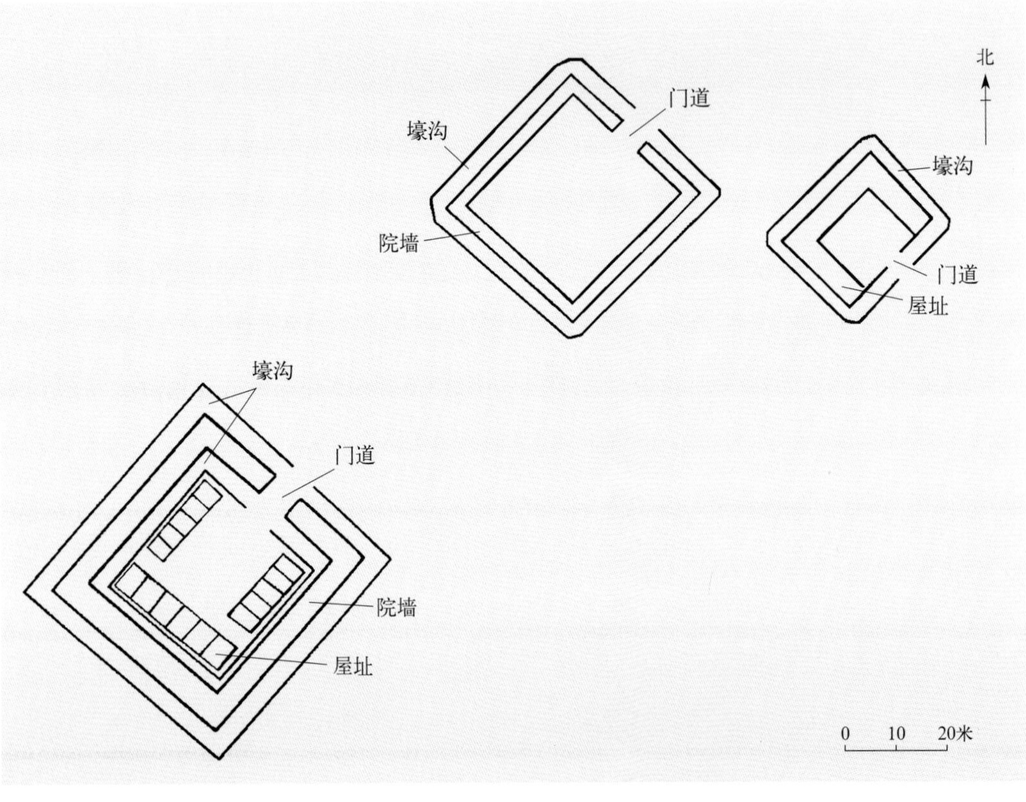

色皮口驿站遗址平面图

全景（北—南）

东北面

清军在平定准噶尔、大小和卓叛乱过程中，修建有大量的烽火台。经调查发现，在新疆有清代烽火台70余座，主要分布在北疆的哈密地区、乌鲁木齐市、昌吉回族自治州和南疆的喀什地区、和田地区、克孜勒苏柯尔克孜自治州等地，其中以哈密地区分布最为集中。

4 三十里墩驿站遗址

三十里墩驿站遗址位于新疆维吾尔自治区昌吉回族自治州木垒哈萨克自治县大石头乡克孜勒加尔塔斯村西8.3千米、303省道319千米里程碑南侧。地处戈壁地带，周边均属牧民草场，地势平坦开阔，地表多砂石，生长有沙漠碱性植物，无树木，少水源。驿站南22米为现代光缆地埋线路，附近无居民点。遗址北侧路对面为三十里墩烽火台，西距沙河子驿站遗址14千米，东距色皮口烽火台及驿站遗址24.6千米。

驿站地表倒塌房屋的墙基依稀可辨，遗址占地面积8602平方米。根据墙基结构，可大体分辨出房屋基址两处，一处位于西侧，坐西向东，南北77、东西45米，门道开在东墙中部；一处位于东侧，坐南向北，东西68、南北61米，门道开在北墙中部。墙基均倒塌呈土垄状，宽约1.5、高0.3～0.5米，黄色粗沙土构筑，构筑方式难以辨识。房址内部地表较平坦，无任何遗迹残留，地面多见青花瓷碗，黑釉碗、罐、钵、盆、缸等器物残片，均为典型清代器物。由此推断该遗址年代为清代。又因其地处交通线路上，附近又有烽火台，故有可能是一处驿站。

清军在平定准噶尔、大小和卓叛乱过程中，修建有大量的烽火台。经调查发现，在新疆有清代烽火台70余座，主要分布在北疆的哈密地区、乌鲁木齐市、昌吉回族自治州和南疆的喀什地区、和田地区、克孜勒苏柯尔克孜自治州等地，其中以哈密地区分布最为集中。

现状（南—北）

5 沙河子驿站遗址

沙河子驿站遗址位于新疆维吾尔自治区昌吉回族自治州木垒哈萨克自治县博斯坦乡阿克卓勒村东，大石头乡与博斯坦乡交界处。地处沙河子河岸台地上，沙河子河为季节性河流，夏季干涸，附近多为荒漠戈壁，地势平坦开阔，植被稀少，仅有少量沙漠碱性植物。303省道从遗址区内东西贯穿，北面约0.5千米有牧民修建的牧羊土房，附近无居民点。东距三十里墩烽火台及驿站遗址14千米，西距三个泉子烽火台及驿站16千米。

驿站遗址地表除地面仅有墙基依稀可辨外不存任何建筑痕迹。遗址近长方形，南北100、东西40米，面积4000平方米。墙基呈土垄状，宽约1、高约0.1米，无法分辨建造方式。依墙基形状可大致分四个并列的单元，无法辨识门道等遗迹。2002年修筑303省道时，新疆维吾尔自治区文物考古研究所曾对其进行了发掘，认定该遗址性质是清代所建的店舍或驿站，用来接待东西往来的车辆和客商。

清军在平定准噶尔、大小和卓叛乱过程中，修建有大量的烽火台。经调查发现，在新疆有清代烽火台70余座，主要分布在北疆的哈密地区、乌鲁木齐市、昌吉回族自治州和南疆的喀什地区、和田地区、克孜勒苏柯尔克孜自治州等地，其中以哈密地区分布最为集中。

现状（东—西）

三个泉子驿站遗址

三个泉子驿站遗址位于新疆维吾尔自治区昌吉回族自治州木垒哈萨克自治县博斯坦乡三个泉子村南0.8千米的公路两侧。地处三个泉子沟谷东岸，地势较为平坦，谷地内现有泉水汇集成的小溪自南向北流淌。南面为山前丘陵，北为戈壁，地表多黄土沙粒，有少量耐旱灌木。东南—西北向有木（垒）巴（里坤）公路从遗址内贯穿而过，南、北各有废弃的坎儿井贯通。东侧有十余家居民，南面台地上有一片耕地，西边是牧民的草场。东距沙河子驿站遗址16千米，西距一碗泉烽火台19千米。

驿站仅倒塌房屋的墙基依稀可辨，其余不存。驿站南北350、东西331米，面积116533平方米。墙基共分12个长方形单元，大小不等。大者长50、宽40米，小者长25、宽20米。第二次全国文物普查资料记载，房屋基址可清晰辨明房舍、棚圈、门道等遗迹。墙基现均为土垄状，黄色沙土构筑，宽1～2、残高0.5～1米，部分断面露出夯土墙或石砌墙壁。遗址内地表散布黑釉陶片、灰色兽头瓦当残片等遗物，均为典型清代常见的生活用具和建筑材料，由此推断该遗址年代为清代。又因其地处交通线路上，附近有烽火台，故可能是一处驿站，用以接待东西往来的车辆和客商。

清军在平定准噶尔、大小和卓叛乱过程中，修建有大量的烽火台。经调查发现，在新疆有清代烽火台70余座，主要分布在北疆的哈密地区、乌鲁木齐市、昌吉回族自治州和南疆的喀什地区、和田地区、克孜勒苏柯尔克孜自治州等地，其中以哈密地区分布最为集中。

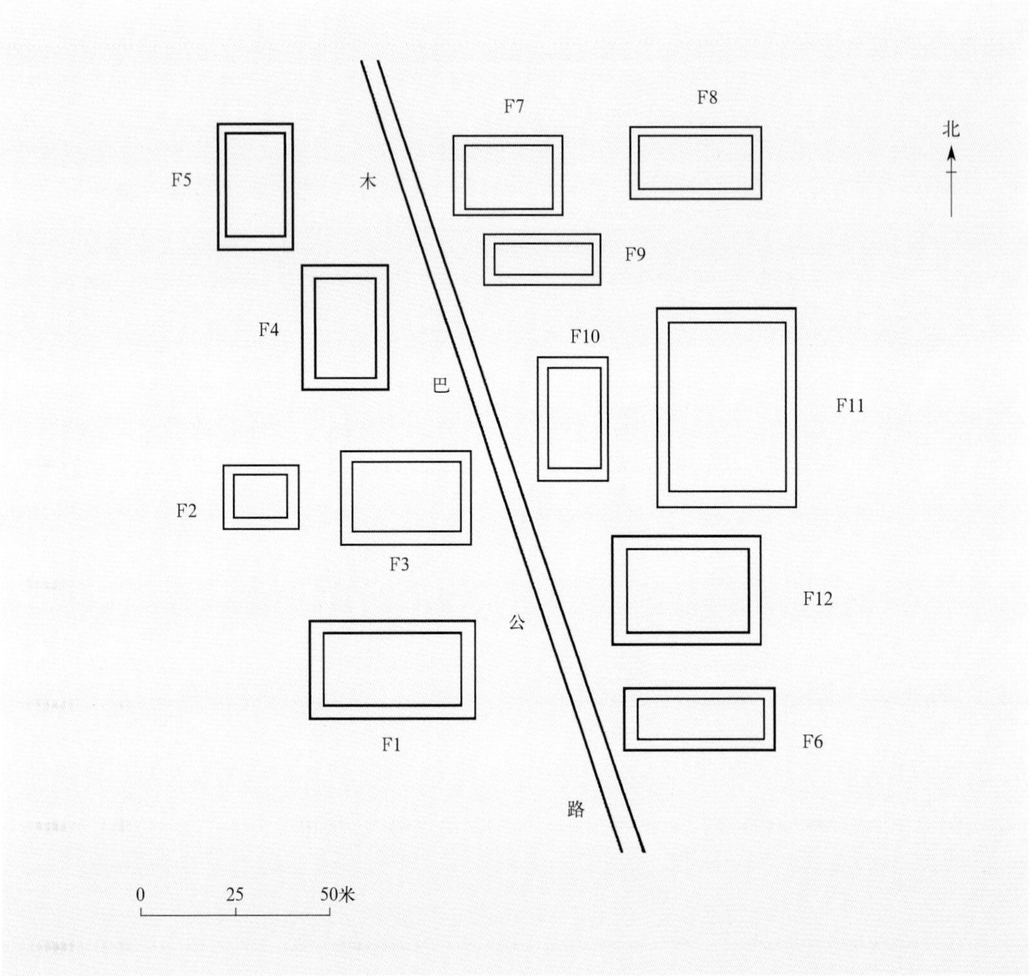

三个泉子驿站平面图

清军在平定准噶尔、大小和卓叛乱过程中，修建有大量的烽火台。经调查发现，在新疆有清代烽火台70余座，主要分布在北疆的哈密地区、乌鲁木齐市、昌吉回族自治州和南疆的喀什地区、和田地区、克孜勒苏柯尔克孜自治州等地，其中以哈密地区分布最为集中。

清军在平定准噶尔、大小和卓叛乱过程中，修建有大量的烽火台。经调查发现，在新疆有清代烽火台70余座，主要分布在北疆的哈密地区、乌鲁木齐市、昌吉回族自治州和南疆的喀什地区、和田地区、克孜勒苏柯尔克孜自治州等地，其中以哈密地区分布最为集中。

居址墙基（北—南）

标本（一）

标本（二）

7 一碗泉驿站遗址

一碗泉驿站遗址位于新疆维吾尔自治区昌吉回族自治州木垒哈萨克自治县白杨河乡一碗泉村东约0.5千米的小山梁上。地处天山北麓山前丘陵地带，北侧为平坦开阔的荒漠、戈壁，地表多沙石，少植被，仅有少量沙漠碱性植物。遗址北面0.15千米的坡下为303省道东西向通过，西面坡下为一碗泉泉眼，东1.2千米为干涸的河床，西约5千米为白杨河。北约0.1千米为一碗泉烽火台，东约19千米为三个泉子烽火台及驿站遗址。

驿站遗址上建筑不存，地表可见倒塌的墙基，分布在东、西两处自然台地上，西台地略高于东台地。从墙基结构观察，该遗址大体由主体房屋和院落两部分组成，面积1120平方米。主体房屋建造在西台地上，房基平面呈长方形，南北22、东西11.6米，墙基倒塌呈土垄状，底宽4、高0.4米，建造方法无法辨识。从保存状况推测其应坐西面东，面阔、进深无法辨认。院落位于东台地上，与主体房屋基址直接相连，四周墙基为土垄状，清晰可辨，西、北、南墙基较直，东墙基略呈弧形，东墙正中可能为大门进口。院落墙基南北32、东西29米，底宽1.5、高0.3米，建造方法不明，可能是夯筑。房屋、院落墙基内部地面较平坦，未经扰动，但观察不到任何遗迹。房屋内地表散布有夹砂红陶片、青花瓷片等遗物，均为典型的清代器物。由此推断该遗址年代为清代，又因其地处交通线路上，附近有烽火台，故可能是一处驿站，用以接待东西往来的车辆和客商。

清军在平定准噶尔、大小和卓叛乱过程中，修建有大量的烽火台。经调查发现，在新疆有清代烽火台70余座，主要分布在北疆的哈密地区、乌鲁木齐市、昌吉回族自治州和南疆的喀什地区、和田地区、克孜勒苏柯尔克孜自治州等地，其中以哈密地区分布最为集中。

现状（南—北）

8 黑沟驿站遗址

黑沟驿站遗址位于新疆维吾尔自治区乌鲁木齐市米东区古牧地镇下大草滩村西北2.8千米。地处山前地带，东临南北走向的黑沟，地表生长耐旱植被。东约30米为吐（鲁番）乌（鲁木齐）大（黄山）高等级公路。

驿站已不存。据清代文献记载：黑沟驿站建于清乾隆四十一年（1776年），有鞍马五匹，马夫二人。据当地老乡介绍，2007年前，地表可见房屋3间。

现状（南-北）

清军在平定准噶尔、大小和卓叛乱过程中，修建有大量的烽火台。经调查发现，在新疆有清代烽火台70余座，主要分布在北疆的哈密地区、乌鲁木齐市、昌吉回族自治州和南疆的喀什地区、和田地区、克孜勒苏柯尔克孜自治州等地，其中以哈密地区分布最为集中。

南面

地表陶片

清军在平定准噶尔、大小和卓叛乱过程中，修建有大量的烽火台。经调查发现，在新疆有清代烽火台70余座，主要分布在北疆的哈密地区、乌鲁木齐市、昌吉回族自治州和南疆的喀什地区、和田地区、克孜勒苏柯尔克孜自治州等地，其中以哈密地区分布最为集中。

9 托多克驿站遗址

托多克驿站遗址位于新疆维吾尔自治区博尔塔拉蒙古自治州精河县托托乡古尔图牧业村。地处大片胡杨林中，四周土壤盐碱性较大，常出现泛碱现象，植被以胡杨、红柳、梭梭、芦苇、甘草等为主。驿站南侧紧邻驿道遗址，无人在此居住。此地属于甘家湖国家自然保护区的保护范围。

托多克驿站遗址因年久失修，人为破坏及地下水位过高泛碱导致驿站墙体全部垮塌，只能看出平面呈长方形的轮廓。驿站南侧紧邻驿道遗址，驿站遗址南北13.6、东西10.2米。地表残存低矮的墙体，残高0.77、宽0.8米，夯层厚0.09米，墙体为夯筑。驿站地表采集到一些清代的钱币和瓷片。遗址有火烧过后的痕迹。初步推测该驿站年代为清代。

清军在平定准噶尔、大小和卓叛乱过程中，修建有大量的烽火台。经调查发现，在新疆有清代烽火台70余座，主要分布在北疆的哈密地区、乌鲁木齐市、昌吉回族自治州和南疆的喀什地区、和田地区、克孜勒苏柯尔克孜自治州等地，其中以哈密地区分布最为集中。

全景（一）

全景（二）

残墙

清军在平定准噶尔、大小和卓叛乱过程中，修建有大量的烽火台。经调查发现，在新疆有清代烽火台70余座，主要分布在北疆的哈密地区、乌鲁木齐市、昌吉回族自治州和南疆的喀什地区、和田地区、克孜勒苏柯尔克孜自治州等地，其中以哈密地区分布最为集中。

10 沙泉驿站遗址

沙泉驿站遗址位于新疆维吾尔自治区博尔塔拉蒙古自治州精河县茫丁乡北地村。地处天山山脉山前的洪积扇上，四周地势平坦，地下水位较高，地下水源丰沛，地表多生长芦苇、红柳、骆驼刺等耐旱耐碱植被。驿站北有一座高大的沙丘，沙丘西侧有一眼泉水，沙丘上长满红柳、芦苇等植被；南侧有一户人家；东有一条南北向的乡间土路直通奎（屯）赛（里木湖）高速公路。

驿站呈长方形，门向南开，墙基用花岗岩砾石和黑色砂岩石块砌成，部分附属建筑用芦苇筑成，地表遍布碎石块。墙宽0.7、高0.8米。《新疆图志》《辛卯待行纪》等清代文献都有关于沙泉子驿站的记载和描述，与此遗址相符，推测该遗址为清代沙泉子驿站。

清军在平定准噶尔、大小和卓叛乱过程中，修建有大量的烽火台。经调查发现，在新疆有清代烽火台70余座，主要分布在北疆的哈密地区、乌鲁木齐市、昌吉回族自治州和南疆的喀什地区、和田地区、克孜勒苏柯尔克孜自治州等地，其中以哈密地区分布最为集中。

现状（南－北）

11 四台驿站

四台驿站位于新疆维吾尔自治区博尔塔拉蒙古自治州博乐市达勒特镇和青得里乡的春夏牧场（当地人称此处为“四台”）。四周地势平坦，水草丰沛，附近为哈萨克、蒙古族牧民放牧之地。北距312国道约3千米。

驿站见有两处院落，东西向排列，面积25653.72平方米。两处院落东西相距7米，西院落前后院相接处，见用砾石铺就的台阶（踏步），台阶宽3、长5.6米。院墙及房舍墙基用砾石砌筑，比较低矮，轮廓可辨。东侧院落南北59、东西56.2米，居址东西47、南北42米；西侧院落东西89.4、南北50米，居址东西50.2、南北35米，墙基宽1～1.4米。地表采集有瓷器、釉陶碎片、釉器残片、残缺钱币一枚，还有方砖和青砖。根据地理位置和采集的标本特征分析，该遗址应属清代至民国时期乌木齐鲁至伊犁官道上一处重要驿站，用于传递公文、迎送往来公务人员，对于研究该地古代交通具有重要价值。

现状（一）（北—南）

现状（二）（南—北）

清军在平定准噶尔、大小和卓叛乱过程中，修建有大量的烽火台。经调查发现，在新疆有清代烽火台70余座，主要分布在北疆的哈密地区、乌鲁木齐市、昌吉回族自治州和南疆的喀什地区、和田地区、克孜勒苏柯尔克孜自治州等地，其中以哈密地区分布最为集中。

12 布干驿站

布干驿站位于新疆维吾尔自治区吐鲁番地区托克逊县郭勒布依乡喀拉布拉克村西北约2千米。地处戈壁荒漠，遗址周围沙包起伏，无植被生长，无人居住。

驿站因风蚀、沙埋等自然因素和架设高架线等人为因素而破坏严重，大部分已被沙土掩埋，保存较差。保存范围南北84、东西70米。内有多间房址，遭严重破坏，地表散见褐色陶片。依据第二次全国文物普查断代，该驿站年代为清代。

现状（一）（西—东）

现状（二）（东南—西北）

清军在平定准噶尔、大小和卓叛乱过程中，修建有大量的烽火台。经调查发现，在新疆有清代烽火台70余座，主要分布在北疆的哈密地区、乌鲁木齐市、昌吉回族自治州和南疆的喀什地区、和田地区、克孜勒苏柯尔克孜自治州等地，其中以哈密地区分布最为集中。

13 河东乡驿站

河东乡驿站位于新疆维吾尔自治区吐鲁番地区托克逊县郭勒布依乡切克曼坎儿孜村西北1千米。地处托克逊河冲积扇上，周边沙包连片，间有盐碱荒滩，现被耕作区和居住区所包围。

驿站因开垦农田被破坏。原址的房屋、墙基等被推为平地。根据第二次全国文物普查记录，驿站面积约900平方米。南墙塌毁，西、北墙倒塌，仅东墙基基本保存，土坯砌筑。地表散见夹砂灰陶片和绿釉、褐釉陶片。该驿站年代为清代。

清军在平定准噶尔、大小和卓叛乱过程中，修建有大量的烽火台。经调查发现，在新疆有清代烽火台70余座，主要分布在北疆的哈密地区、乌鲁木齐市、昌吉回族自治州和南疆的喀什地区、和田地区、克孜勒苏柯尔克孜自治州等地，其中以哈密地区分布最为集中。

全景（南—北）

14 阿克塔克驿站

阿克塔克驿站位于新疆维吾尔自治区吐鲁番地区托克逊县伊拉湖乡阿克塔格村、依拉湖乡七大队北约1千米沙漠与村庄交汇处。南面为村庄，东北面为沙漠戈壁，西面有一条连接依拉湖与布尔碱的土路。附近生长有少量骆驼刺、红柳及芦苇等植被。

驿站因风蚀、沙漠化等自然因素和人为因素破坏而受到极大损坏。南墙中部有一处盗掘形成的四方形小坑，边长约2米。据第二次全国文物普查记载，该驿站年代为清代。

南面

清军在平定准噶尔、大小和卓叛乱过程中，修建有大量的烽火台。经调查发现，在新疆有清代烽火台70余座，主要分布在北疆的哈密地区、乌鲁木齐市、昌吉回族自治州和南疆的喀什地区、和田地区、克孜勒苏柯尔克孜自治州等地，其中以哈密地区分布最为集中。

15 苏贝希一号驿站

苏贝希一号驿站位于新疆维吾尔自治区吐鲁番地区托克逊县博斯坦乡博斯坦村南、314国道托克逊至库米什路段间。地处山区沟谷地带，周围多冲沟，四面环山，植被生长稀少。

驿站早期因遭山洪而被破坏，地表遗迹在修建高速公路时被公路覆盖。现地表遗迹无存。原来是沟中六处驿站中面积最大的一处，在第二次全国文物普查时采集到“同治年制”铭文的白瓷碗底，有俄文铭文的瓷片和一颗保存完好的毛瑟枪子弹。最重要的发现是采集到写有“喀什葛尔，叶尔羌，番城，本城，□□大人”的清代汉文文书，在驿站旁断崖上发现一方清代乙丑年的石刻。年代为清代。这条沿山沟谷地穿越天山的古道，史称干沟，成为连接天山南北的交通要道。据第二次全国文物普查记载，该驿站年代为清代。

现状（西－东）

清军在平定准噶尔、大小和卓叛乱过程中，修建有大量的烽火台。经调查发现，在新疆有清代烽火台70余座，主要分布在北疆的哈密地区、乌鲁木齐市、昌吉回族自治州和南疆的喀什地区、和田地区、克孜勒苏柯尔克孜自治州等地，其中以哈密地区分布最为集中。

16 苏贝希二号驿站

苏贝希二号驿站位于新疆维吾尔自治区吐鲁番地区托克逊县博斯坦乡博斯坦村西10千米。地处苏贝希一号驿站南约0.3千米的土丘上，四周为砾石荒坡，沟中有多处泉水，无植被。

驿站已消失无存。据第二次全国文物普查记载，驿站平面呈长方形，东西11、南北约7、残高约1.6米，墙基保存基本完整。地表偶见酱釉色陶片。据第二次全国文物普查记载，该驿站年代为清代。

东面

东北面

清军在平定准噶尔、大小和卓叛乱过程中，修建有大量的烽火台。经调查发现，在新疆有清代烽火台70余座，主要分布在北疆的哈密地区、乌鲁木齐市、昌吉回族自治州和南疆的喀什地区、和田地区、克孜勒苏柯尔克孜自治州等地，其中以哈密地区分布最为集中。

17 苏贝希三号驿站

苏贝希三号驿站位于新疆维吾尔自治区吐鲁番地区托克逊县博斯坦乡博斯坦村西32千米、314国道托克逊至库米什路段182～183千米里程碑靠北一侧。地处道路的弯腰处，四面高山环绕，西临沟谷，地理位置十分险要。洪水冲击出多个深沟，形成砾石荒坡，沟中有多处泉水，偶见冲积扇台地，无植被。

驿站因遭山洪冲刷被毁，保存较差。驿站存两处遗迹，周边无遗物。驿站建于高约2米的台地上，一处为土坯垒砌的圆形土围，直径5米，现存最高处0.5米，最低处与地表平；一处仅存墙基，地表痕迹不明显，大致呈正方形。据第二次全国文物普查记载，该驿站年代为清代。

现状（南—北）

东北面

清军在平定准噶尔、大小和卓叛乱过程中，修建有大量的烽火台。经调查发现，在新疆有清代烽火台70余座，主要分布在北疆的哈密地区、乌鲁木齐市、昌吉回族自治州和南疆的喀什地区、和田地区、克孜勒苏柯尔克孜自治州等地，其中以哈密地区分布最为集中。

18 苏贝希四号驿站

苏贝希四号驿站位于新疆维吾尔自治区吐鲁番地区托克逊县博斯坦乡博斯坦村西24千米。地处苏贝希沟谷地带、314国道的“U”形拐弯处腹地的一处台地上，周围有高山环绕，台地附近生长有芦苇、骆驼刺等耐旱植物。东为314国道托克逊至库米什路段K183+937涵洞。

驿站用石块砌筑而成。墙基保存基本完好，保存最高1.6米，占地面积约50平方米。西北墙角有一处石砌槽状遗迹，石槽长2.6、宽0.95、高0.5米。西南墙角有一处石砌槽状遗迹，石槽长3.1、宽1、高0.3米。遗址西面有一处遗迹，推测为驿站大门。门外有一处正方形石围痕迹。据第二次全国文物普查记载记载，驿站年代为清代。

全景（西—东）

近景（西北—东南）

清军在平定准噶尔、大小和卓叛乱过程中，修建有大量的烽火台。经调查发现，在新疆有清代烽火台70余座，主要分布在北疆的哈密地区、乌鲁木齐市、昌吉回族自治州和南疆的喀什地区、和田地区、克孜勒苏柯尔克孜自治州等地，其中以哈密地区分布最为集中。

19 苏贝希五号驿站

苏贝希五号驿站位于新疆维吾尔自治区吐鲁番地区托克逊县博斯坦乡博斯坦村南314国道托克逊至库米什路段间。地处山区沟谷地带山脚下一处台地上，周边风力较大。附近生长有芦苇、骆驼刺等耐旱植物。此地无人居住。

驿站因山洪冲毁，地表建筑不存。在第二次全国文物普查时，该驿站还保存有两栋平行的长方形石砌房屋建筑，其中一栋为马厩。地表有青花瓷片和酱釉色陶片。据第二次全国文物普查记载，该驿站年代为清代。

现状（北—南）

清军在平定准噶尔、大小和卓叛乱过程中，修建有大量的烽火台。经调查发现，在新疆有清代烽火台70余座，主要分布在北疆的哈密地区、乌鲁木齐市、昌吉回族自治州和南疆的喀什地区、和田地区、克孜勒苏柯尔克孜自治州等地，其中以哈密地区分布最为集中。

20 苏贝希六号驿站

苏贝希六号驿站又名阿格布拉克驿站，位于新疆维吾尔自治区吐鲁番地区托克逊县博斯坦乡博斯坦村西43千米。地处一处醒目的黄土岗下，周边高山环绕，洪水冲击出多个深沟，形成砾石荒坡，沟中有多处泉水，偶见冲积扇台地，无植被。进入该驿站的道路边竖立有一个“卧虎布拉沟2号中桥”标志牌，从桥下涵洞穿过，可达驿站遗址。

驿站因山洪冲刷和修路损毁严重。驿站南依断壁，其余面为砌筑围墙，墙体夯土中夹碎石片，最高处2.5米，最低处与地表平，门开在北墙。驿站内原有十三间房屋，屋内有炉灶、烟道等痕迹；院落平坦，曾采集到青花瓷片和酱釉陶片。西15米处有一口水井，井口圆，直径1.5、深5米，无水。据第二次全国文物普查记载，该驿站年代为清代。

清军在平定准噶尔、大小和卓叛乱过程中，修建有大量的烽火台。经调查发现，在新疆有清代烽火台70余座，主要分布在北疆的哈密地区、乌鲁木齐市、昌吉回族自治州和南疆的喀什地区、和田地区、克孜勒苏柯尔克孜自治州等地，其中以哈密地区分布最为集中。

现状（北—南）

21 亚吾鲁克驿站

亚吾鲁克驿站位于新疆维吾尔自治区喀什地区喀什市乃则尔巴格乡尤喀克喀孜艾日克村西北6.9千米。地处古玛塔格山南侧的恰克马克河南岸黄土地上，西面为乌尊萨依戈壁，地势稍有起伏，地表长有零星红柳、骆驼刺。东侧为亚乌勒克村，南侧为国家粮食储备库，西南是废弃的砖厂，西侧为314国道。

驿站由土坯砌筑而成，分为上下两个部分，下部平面略呈近正方形，上部为穹顶，原顶部四壁均开有一个正方形天窗，现仅存东侧天窗。墙体外部抹有一层草拌泥。下部南北约6.8、东西约5米，通高约4.1米。下部墙体用土坯纵向立砌与横向平铺相间砌筑而成，顶部用土坯纵向错缝立砌而成。初步推测该驿站年代为清代。

全景（西—东）

清军在平定准噶尔、大小和卓叛乱过程中，修建有大量的烽火台。经调查发现，在新疆有清代烽火台70余座，主要分布在北疆的哈密地区、乌鲁木齐市、昌吉回族自治州和南疆的喀什地区、和田地区、克孜勒苏柯尔克孜自治州等地，其中以哈密地区分布最为集中。

清军在平定准噶尔、大小和卓叛乱过程中，修建有大量的烽火台。经调查发现，在新疆有清代烽火台70余座，主要分布在北疆的哈密地区、乌鲁木齐市、昌吉回族自治州和南疆的喀什地区、和田地区、克孜勒苏柯尔克孜自治州等地，其中以哈密地区分布最为集中。

北面

东面

22 安江开其克驿站

安江开其克驿站位于新疆维吾尔自治区喀什地区疏附县兰干乡苏鲁村境内阿克塔格山南5.3千米。地处塔里木盆地西缘的阿克塔格山南麓的戈壁滩上，地势起伏不平，植被稀少，地表长有零星骆驼刺。西北约10米为干涸的水渠，南侧为烧砖取土场。

驿站因洪水冲刷而受损严重，许多墙体已经倒塌，整体保存较差，仅存一些残墙。驿站平面呈长方形，长约37、宽约22米，墙厚约1米。从残墙断面分析，墙基为夯筑，夯层厚0.7米。驿站内东北墙基处有一个直径约2米的窑址，附近散布有窑渣。驿站东南约50米处有两口残窑，附近有一些残砖。驿站和窑之间有一些土坑，据向导介绍为大跃进时期的房屋遗址。初步推测该驿站年代为清代。

南面

北面

清军在平定准噶尔、大小和卓叛乱过程中，修建有大量的烽火台。经调查发现，在新疆有清代烽火台70余座，主要分布在北疆的哈密地区、乌鲁木齐市、昌吉回族自治州和南疆的喀什地区、和田地区、克孜勒苏柯尔克孜自治州等地，其中以哈密地区分布最为集中。

23 库木萨克驿站

库木萨克驿站位于新疆维吾尔自治区克孜勒苏柯尔克孜自治州阿图什市阿扎克乡库木萨克村东南部杏园南墙外。西北紧邻库木萨克村，地处古河道前的台地上。春秋多风沙，常年干旱，地表生长有耐旱植被，如麻黄草、白刺等。

驿站因风雨侵蚀和人为盗掘、取土等因素破坏而坍塌损毁，现仅剩围墙和房舍部分。围墙平面呈长方形，东西约29.8、南北约20.5米。墙体剖面呈梯形，黄土夯筑而成，上宽0.4、下宽1.2、高5米。西墙有三个壁龛，北墙有一段被用作杏园的围墙，南墙上高3米处有一排方形的壁龛，共23个。房舍在围墙内部靠近南墙处，共有五间。房舍平面近正方形，边长约7米，墙厚约0.5米。房舍墙壁和屋顶全部倒塌。依据夯筑方法和周围遗存，初步推测驿站年代为清代。库木萨克驿站处于丝路交通要道——喀什噶尔通往阿图什的道路上，20世纪50年代末期乌（鲁木齐）喀（什）公路修通之后，这条路逐渐废弃，驿站随之衰落。

清军在平定准噶尔、大小和卓叛乱过程中，修建有大量的烽火台。经调查发现，在新疆有清代烽火台70余座，主要分布在北疆的哈密地区、乌鲁木齐市、昌吉回族自治州和南疆的喀什地区、和田地区、克孜勒苏柯尔克孜自治州等地，其中以哈密地区分布最为集中。

全景（西北—东南）

全景（北—南）

残墙（北—南）

清军在平定准噶尔、大小和卓叛乱过程中，修建有大量的烽火台。经调查发现，在新疆有清代烽火台70余座，主要分布在北疆的哈密地区、乌鲁木齐市、昌吉回族自治州和南疆的喀什地区、和田地区、克孜勒苏柯尔克孜自治州等地，其中以哈密地区分布最为集中。

24 盖孜驿站

盖孜驿站位于新疆维吾尔自治区克孜勒苏柯尔克孜自治州阿克陶县布伦口乡盖孜村，与314国道隔河相望。地处玉其卡帕山间的盖孜河南岸，河水径流量较大，两侧为高山，周围地表生长有低矮植被。此处是新疆通往巴基斯坦的必经之地。

驿站共有房屋六间，编号F1～F6，大部分保存较好，已成为中外游客的游览地。F1保存完好，坐西朝东，高约3.8米；墙基用石片垒砌而成，高约1米，上部用土坯砌筑而成，墙体向上收分；顶部为穹隆顶，已坍塌；底部南北4.4、东西3.5米。F2～F5的屋顶塌陷，都依巨石而建。F6为马圈。据《中国名胜词典》（上海辞书出版社，2003年）“盖孜河畔古驿站”词条载：盖孜驿站“为一连三间的石头房子，已塌陷。从遗址看，当时可容纳数十人住宿，在古丝绸之路的葱岭古道上曾起过重要作用”。该驿站年代为清代。

清军在平定准噶尔、大小和卓叛乱过程中，修建有大量的烽火台。经调查发现，在新疆有清代烽火台70余座，主要分布在北疆的哈密地区、乌鲁木齐市、昌吉回族自治州和南疆的喀什地区、和田地区、克孜勒苏柯尔克孜自治州等地，其中以哈密地区分布最为集中。

北面

西北面

南面

内部

清军在平定准噶尔、大小和卓叛乱过程中，修建有大量的烽火台。经调查发现，在新疆有清代烽火台70余座，主要分布在北疆的哈密地区、乌鲁木齐市、昌吉回族自治州和南疆的喀什地区、和田地区、克孜勒苏柯尔克孜自治州等地，其中以哈密地区分布最为集中。

25 吉日尕勒驿站

吉日尕勒驿站位于新疆维吾尔自治区喀什地区塔什库尔干塔吉克自治县塔什库尔干乡托格伦夏村。地处吉日尕勒山西侧、塔什库尔干河东岸草原上，四周地势平坦，植被茂盛。东距314国道1788千米里程碑约0.15千米。

驿站为一座带尖顶的建筑，保存较好。外围有一圈方形木栅栏保护，边长24米。驿站坐西朝东，平面呈近正方形，剖面呈梯形，土坯错缝平砌而成。驿站通高5.6米，尖顶高4米，墙高1.8米，东墙长5.2米，南墙长5.3米，西墙长5.6米，北墙长6米，墙厚0.4米。门框高2.2、宽1.8米，门高1.6、宽1米。土坯大小不一，长有24、30、40厘米三种规格，宽25、厚10厘米。驿站面积约30平方米。依据其形制和建筑方法推测，该驿站年代为清代。

清军在平定准噶尔、大小和卓叛乱过程中，修建有大量的烽火台。经调查发现，在新疆有清代烽火台70余座，主要分布在北疆的哈密地区、乌鲁木齐市、昌吉回族自治州和南疆的喀什地区、和田地区、克孜勒苏柯尔克孜自治州等地，其中以哈密地区分布最为集中。

全景（东南—西北）

西北面

东南面

清军在平定准噶尔、大小和卓叛乱过程中，修建有大量的烽火台。经调查发现，在新疆有清代烽火台70余座，主要分布在北疆的哈密地区、乌鲁木齐市、昌吉回族自治州和南疆的喀什地区、和田地区、克孜勒苏柯尔克孜自治州等地，其中以哈密地区分布最为集中。

26 亏里玉孜江尕勒卡浪房屋遗址

亏里玉孜江尕勒卡浪房屋遗址位于新疆维吾尔自治区喀什地区塔什库尔干塔吉克自治县瓦恰乡昆于孜村。地处帕米尔高原东部、昆仑山西端的瓦恰河西岸台地上，东西两侧为昆于孜草场和砾石戈壁所包围，台地四周地势平坦，远处有山、农田及村民房屋。

遗址平面大致呈长方形，东西58、南北50米，面积约2900平方米。房间呈正方形，基本由石块垒砌而成，主要集中于东墙和北墙的内侧，西墙外侧有两个相连的长方形空间，遗址中部为一个面积较大的空地，作为公共活动场所。北墙外有四间石屋，内部有近十间房屋，大小不一，布局无规律。东墙外有房屋七间，内部有房屋十二间，布局无规律，大小不一。东墙东南角有一间房屋。西墙内部有两间大房屋，其中一处墙体上部为土坯砖垒砌而成。根据其地势、建筑形制及其规模推测，该房屋遗址可能为驿站，年代为清代。

清军在平定准噶尔、大小和卓叛乱过程中，修建有大量的烽火台。经调查发现，在新疆有清代烽火台70余座，主要分布在北疆的哈密地区、乌鲁木齐市、昌吉回族自治州和南疆的喀什地区、和田地区、克孜勒苏柯尔克孜自治州等地，其中以哈密地区分布最为集中。

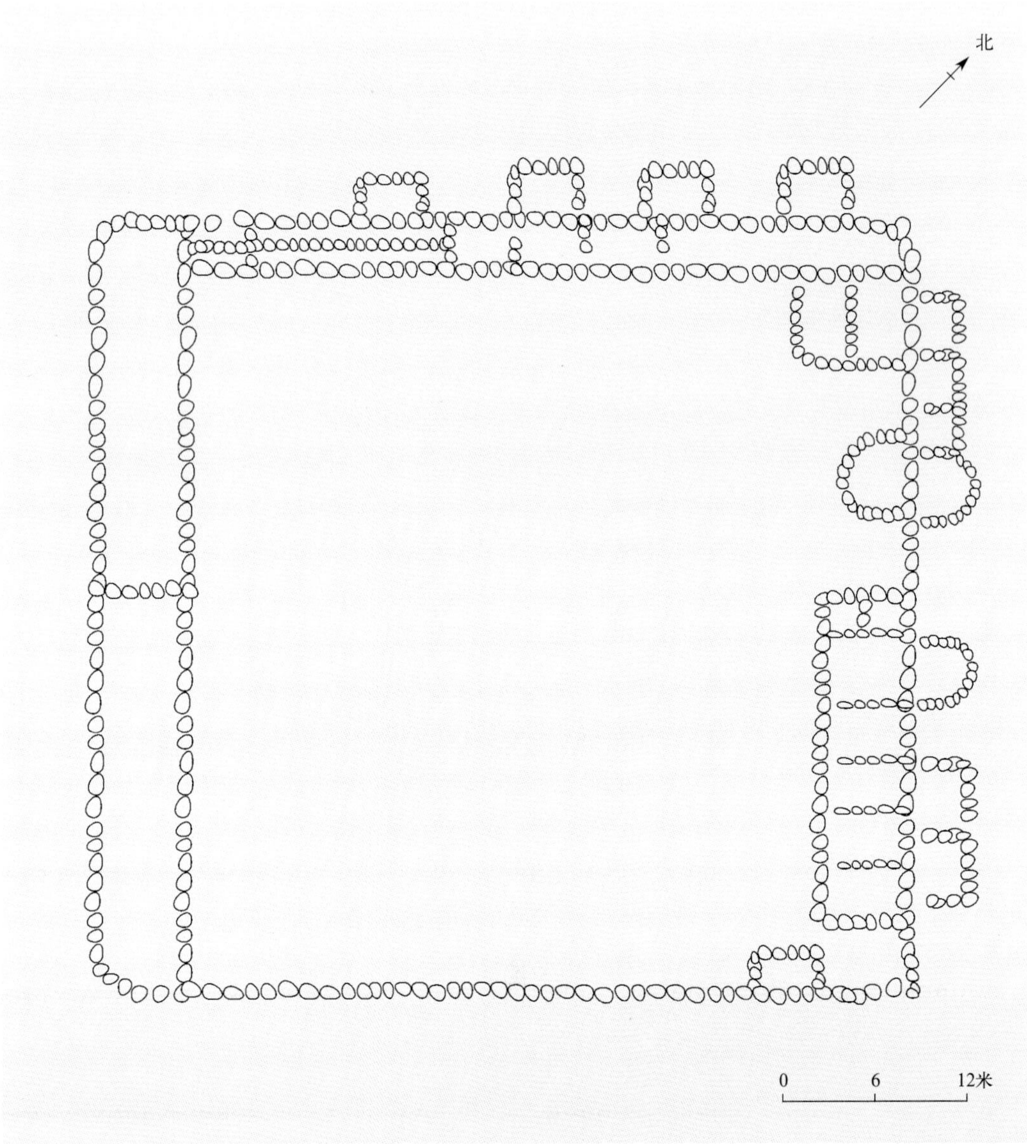

亏里玉孜江尕勒卡浪房屋遗址平面图

西南面

东面

东南角内部（北－南）

清军在平定准噶尔、大小和卓叛乱过程中，修建有大量的烽火台。经调查发现，在新疆有清代烽火台70余座，主要分布在北疆的哈密地区、乌鲁木齐市、昌吉回族自治州和南疆的喀什地区、和田地区、克孜勒苏柯尔克孜自治州等地，其中以哈密地区分布最为集中。

27 托克满素驿站

托克满素驿站位于新疆维吾尔自治区喀什地区塔什库尔干塔吉克自治县达布达尔乡阿特加依里村西43.6千米，地处喀拉其库尔河北岸台地上，南、北侧为高山，附近地势平坦，地表有稀疏的植被。西约1.2千米为托克满素。

驿站存东西两座建筑，西部建筑方座穹顶，边长2.5、高1.55、通高3.6米，门朝南（被封堵）。东部建筑方座平顶，边长3.7、底座高1.7、通高3.5米，门朝南。东部建筑穹顶东部破有一个洞，墙体有破损，用石块修补；西部建筑东部破损也用石块修补。据第二次全国文物普查记载，该驿站年代为清代。

清军在平定准噶尔、大小和卓叛乱过程中，修建有大量的烽火台。经调查发现，在新疆有清代烽火台70余座，主要分布在北疆的哈密地区、乌鲁木齐市、昌吉回族自治州和南疆的喀什地区、和田地区、克孜勒苏柯尔克孜自治州等地，其中以哈密地区分布最为集中。

远景（北—南）

西部建筑（东—西）

东部建筑

清军在平定准噶尔、大小和卓叛乱过程中，修建有大量的烽火台。经调查发现，在新疆有清代烽火台70余座，主要分布在北疆的哈密地区、乌鲁木齐市、昌吉回族自治州和南疆的喀什地区、和田地区、克孜勒苏柯尔克孜自治州等地，其中以哈密地区分布最为集中。

28 瓦哈吉瑞驿站

瓦哈吉瑞驿站位于新疆维吾尔自治区喀什地区塔什库尔干塔吉克自治县达布达尔乡阿特加依里村，明铁盖边防连西约40千米。地处瓦哈吉瑞山谷北面缓坡上，南北方向均为高山，南侧有简易公路向东通往314国道。此地为牧民的夏季牧场，附近有牧民的毡房。

驿站为圆形穹顶建筑，顶部残损严重。驿站底部直径4.3、通高3、周长18.2米，门朝北开，门底部宽0.6米。建筑下部墙体用石块垒成，高1.5、厚0.5米，穹顶用土坯建成。面积20平方米。该驿站年代为清代。

清军在平定准噶尔、大小和卓叛乱过程中，修建有大量的烽火台。经调查发现，在新疆有清代烽火台70余座，主要分布在北疆的哈密地区、乌鲁木齐市、昌吉回族自治州和南疆的喀什地区、和田地区、克孜勒苏柯尔克孜自治州等地，其中以哈密地区分布最为集中。

西面

南面

北面

清军在平定准噶尔、大小和卓叛乱过程中，修建有大量的烽火台。经调查发现，在新疆有清代烽火台70余座，主要分布在北疆的哈密地区、乌鲁木齐市、昌吉回族自治州和南疆的喀什地区、和田地区、克孜勒苏柯尔克孜自治州等地，其中以哈密地区分布最为集中。

29 库木巴斯兰干驿站

库木巴斯兰干驿站位于新疆维吾尔自治区喀什地区莎车县孜热甫夏提乡兰干村东北1千米。地处塔里木盆地西部，塔克拉玛干沙漠和布古里沙漠之间的叶尔羌河中上游冲积平原上。地势稍有起伏，地表为沙土，生长有骆驼刺等耐旱植物，南为沙丘和胡杨林，东侧有柏油马路，东、北为农田，西侧的胡杨林中有丝路古道遗迹。

驿站因风蚀、沙漠化和农耕等因素破坏而损毁严重，保存较差，仅存房屋基址和部分墙体。房屋外墙平面为长方形，厚0.9米。东墙残长12米，西墙长12.5米，南墙长10.5米，北墙长15米，占地面积约120平方米。东墙北部有门的痕迹，内墙呈十字形分布，将房屋分为四间，墙厚约0.5、高0.3～0.5米。初步推测该驿站年代为清代。

清军在平定准噶尔、大小和卓叛乱过程中，修建有大量的烽火台。经调查发现，在新疆有清代烽火台70余座，主要分布在北疆的哈密地区、乌鲁木齐市、昌吉回族自治州和南疆的喀什地区、和田地区、克孜勒苏柯尔克孜自治州等地，其中以哈密地区分布最为集中。

现状（南—北）

30 亚克日克阔如勒驿站

亚克日克阔如勒驿站位于新疆维吾尔自治区喀什地区莎车县亚喀艾日克乡阔若勒村西约0.5千米。地处塔克拉玛干沙漠和布古里沙漠之间、叶尔羌河中上游冲积平原上的库如瓦特吾斯塘河西一个台地上，台地高出阔如勒村地面20～30米，地势平坦，台地下有田地、小路、人工渠，有小路可通塔什库尔干塔吉克自治县和阿克陶县。

该驿站由两座大致呈南北分布的烽火台组成，烽火台相距约0.26千米，两座烽火台的形制、尺寸和高度基本相同。烽火台呈覆斗形，平面呈近正方形，剖面呈梯形，中空，台体东壁有一排土坯楼梯直达顶部。烽火台用土坯错缝平砌和立砌相结合修筑而成，其间夹筑树枝、木棍，外敷草拌泥。烽火台的楼梯外侧扶手已不同程度的倒塌，阶梯保存较好。南烽火台保存相对较好，南北17.8、东西16.1、高约9.6米。北烽火台南北17.8、东西16.9、高约10米，东侧20米处有一个灶。土坯长46、宽23、厚7厘米，2007年，该驿站被公布为新疆维吾尔自治区第六批重点文物保护单位。驿站内外没有发现任何遗物。依据其形制和建筑方法，初步推测驿站年代为清代。

全景（西南—东北）

清军在平定准噶尔、大小和卓叛乱过程中，修建有大量的烽火台。经调查发现，在新疆有清代烽火台70余座，主要分布在北疆的哈密地区、乌鲁木齐市、昌吉回族自治州和南疆的喀什地区、和田地区、克孜勒苏柯尔克孜自治州等地，其中以哈密地区分布最为集中。

清军在平定准噶尔、大小和卓叛乱过程中，修建有大量的烽火台。经调查发现，在新疆有清代烽火台70余座，主要分布在北疆的哈密地区、乌鲁木齐市、昌吉回族自治州和南疆的喀什地区、和田地区、克孜勒苏柯尔克孜自治州等地，其中以哈密地区分布最为集中。

北侧烽火台（东南—西北）

南侧烽火台（东南—西北）

31 欧吐拉克尔驿站

欧吐拉克尔驿站位于新疆维吾尔自治区和田地区洛浦县阿其克管理区东。地处欧吐拉克尔河谷东岸、策勒县和洛浦县交界处的戈壁滩上。周围无植被，仅在欧吐拉克尔河谷内长有红柳、胡杨等植被。西北距洛浦县城39千米，北距315国道6千米。

驿站整体为一组建筑，由一座25平方米的清真寺、十二间房屋及院落、马厩、马棚和一座蓄水池组成，保存较好，面积约768.96平方米。东、西、北墙用石头砌筑而成，原有的木质水槽已换为水泥质地。驿站建于清同治年间（1851～1874年），坐落在洛浦县至策勒县恰哈山区的古道边，主要是为山区和平原之间来往的牧民提供补给和休整之所，直到现在还发挥作用。它的发现为研究清代该地区的交通状况、历史地理等提供了重要资料。该驿站年代为清代。

清军在平定准噶尔、大小和卓叛乱过程中，修建有大量的烽火台。经调查发现，在新疆有清代烽火台70余座，主要分布在北疆的哈密地区、乌鲁木齐市、昌吉回族自治州和南疆的喀什地区、和田地区、克孜勒苏柯尔克孜自治州等地，其中以哈密地区分布最为集中。

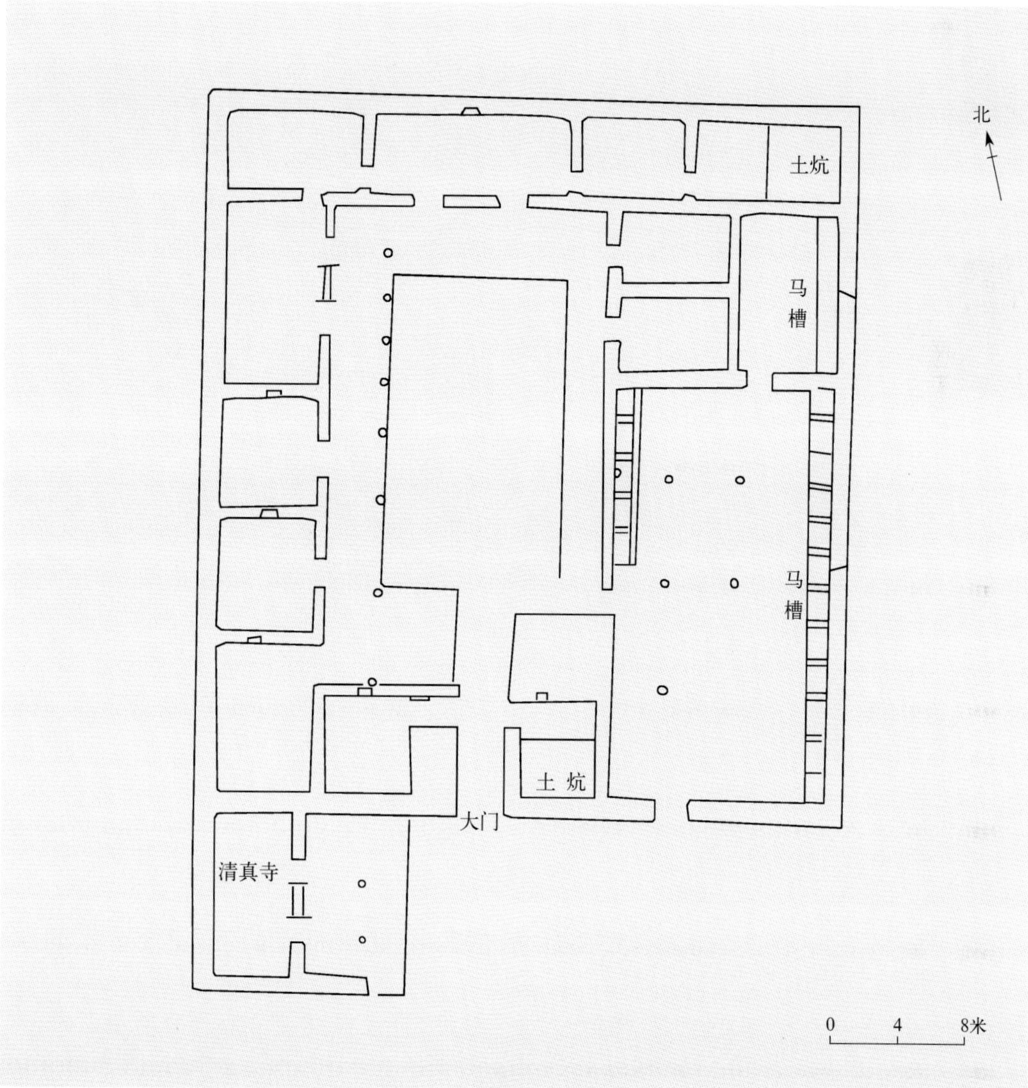

欧吐拉克尔驿站平面图

全景（东南—西北）

清真寺（东—西）

清军在平定准噶尔、大小和卓叛乱过程中，修建有大量的烽火台。经调查发现，在新疆有清代烽火台70余座，主要分布在北疆的哈密地区、乌鲁木齐市、昌吉回族自治州和南疆的喀什地区、和田地区、克孜勒苏柯尔克孜自治州等地，其中以哈密地区分布最为集中。

蓄水池

院内（南－北）

清军在平定准噶尔、大小和卓叛乱过程中，修建有大量的烽火台。经调查发现，在新疆有清代烽火台70余座，主要分布在北疆的哈密地区、乌鲁木齐市、昌吉回族自治州和南疆的喀什地区、和田地区、克孜勒苏柯尔克孜自治州等地，其中以哈密地区分布最为集中。

1 洪纳海卡伦

洪纳海卡伦位于新疆维吾尔自治区伊犁哈萨克自治州察布查尔锡伯自治县斐新哈莎镇多兰图村、农四师67团1连南约8.8千米。地处乌孙山北麓洪纳海（雷诺海）沟内西岸台地上，洪纳海水和别德图水交汇的三角地带。该地水源充足，林木、牧草茂盛，沟内有公路南可通昭苏县。东紧靠多兰图边防站，西距中哈边境约1千米。

因长年风雨侵蚀和生产生活活动等因素破坏卡伦损毁严重，仅存西南角楼。

卡伦为西北–东南向。平面呈近正方形，南北约35、东西约30.4米。墙体用黄土夯筑而成，夯层厚0.2米，各层之间夹碎草，顶部有女墙。北墙保存低矮，东、西、南墙有不同程度坍塌。墙体保存最高3.6、厚1.2米。南墙设门，门道宽4.2米。该卡伦年代为清代。

清军在平定准噶尔、大小和卓叛乱过程中，修建有大量的烽火台。经调查发现，在新疆有清代烽火台70余座，主要分布在北疆的哈密地区、乌鲁木齐市、昌吉回族自治州和南疆的喀什地区、和田地区、克孜勒苏柯尔克孜自治州等地，其中以哈密地区分布最为集中。

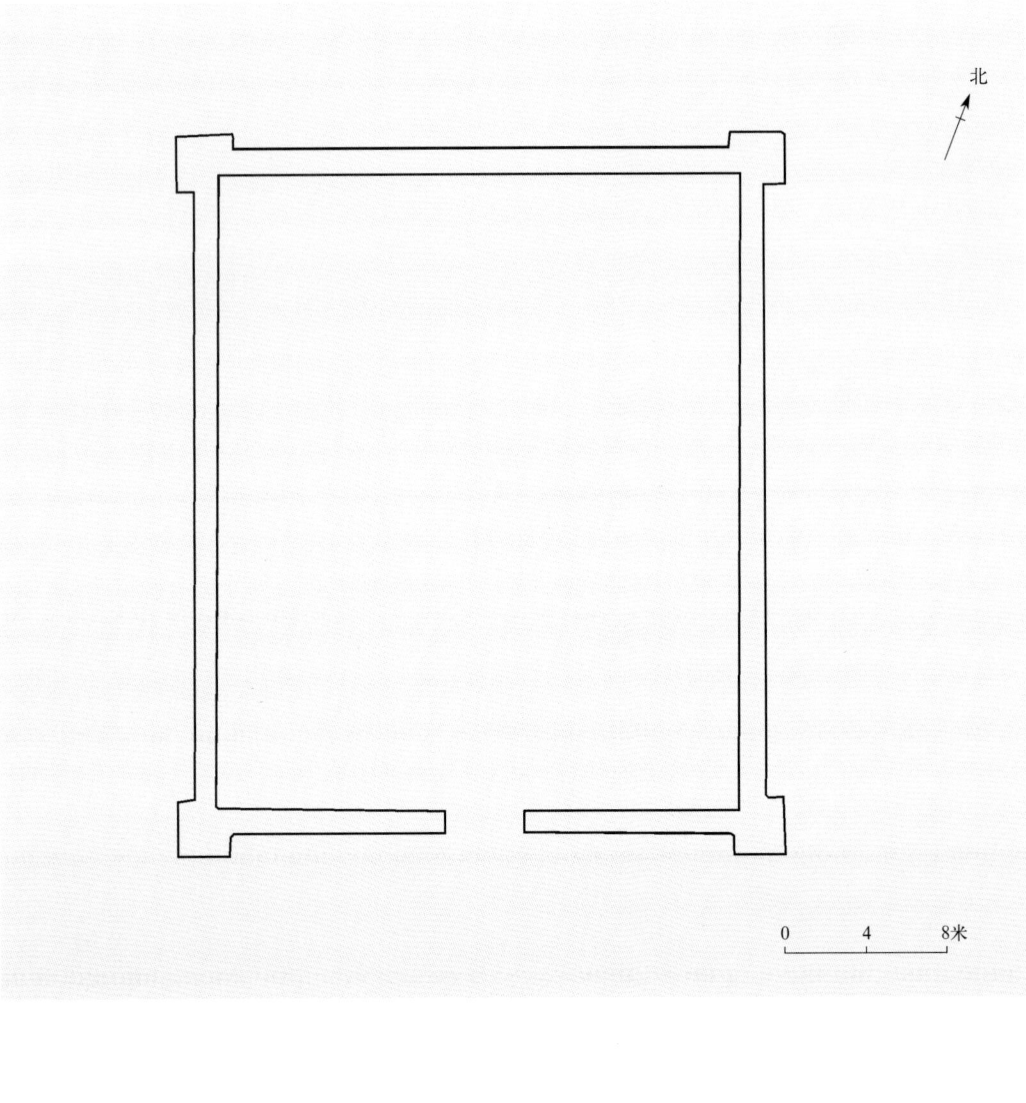

洪纳海卡伦平面图

全景（西北—东南）

西墙（西—东）

清军在平定准噶尔、大小和卓叛乱过程中，修建有大量的烽火台。经调查发现，在新疆有清代烽火台70余座，主要分布在北疆的哈密地区、乌鲁木齐市、昌吉回族自治州和南疆的喀什地区、和田地区、克孜勒苏柯尔克孜自治州等地，其中以哈密地区分布最为集中。

北墙（北—南）

夯筑土墙

清军在平定准噶尔、大小和卓叛乱过程中，修建有大量的烽火台。经调查发现，在新疆有清代烽火台70余座，主要分布在北疆的哈密地区、乌鲁木齐市、昌吉回族自治州和南疆的喀什地区、和田地区、克孜勒苏柯尔克孜自治州等地，其中以哈密地区分布最为集中。

2 吐库尔浑卡伦

吐库尔浑卡伦位于新疆维吾尔自治区伊犁哈萨克自治州察布查尔锡伯自治县斐新哈莎镇多兰图村、农四师67团1连南约7千米。地处洪纳海（雷诺海）沟西侧山区，多兰图边防站北山坡上。洪纳海河（沟）水终年流淌，沟上段两岸水草丰美，冬暖夏凉。卡伦西邻中哈边界，现为边防禁区。

卡伦因风雨侵蚀和人类生产生活活动等因素破坏而损毁严重，墙体残损严重，最高1米多，底部最宽1.5米。卡伦大致坐北朝南，存有围墙，围墙内西侧和东南侧有小开间的房屋残墙，较低矮。南北约36.4、东西约33.8米。南墙设门，门宽3米。该卡伦年代为清代。

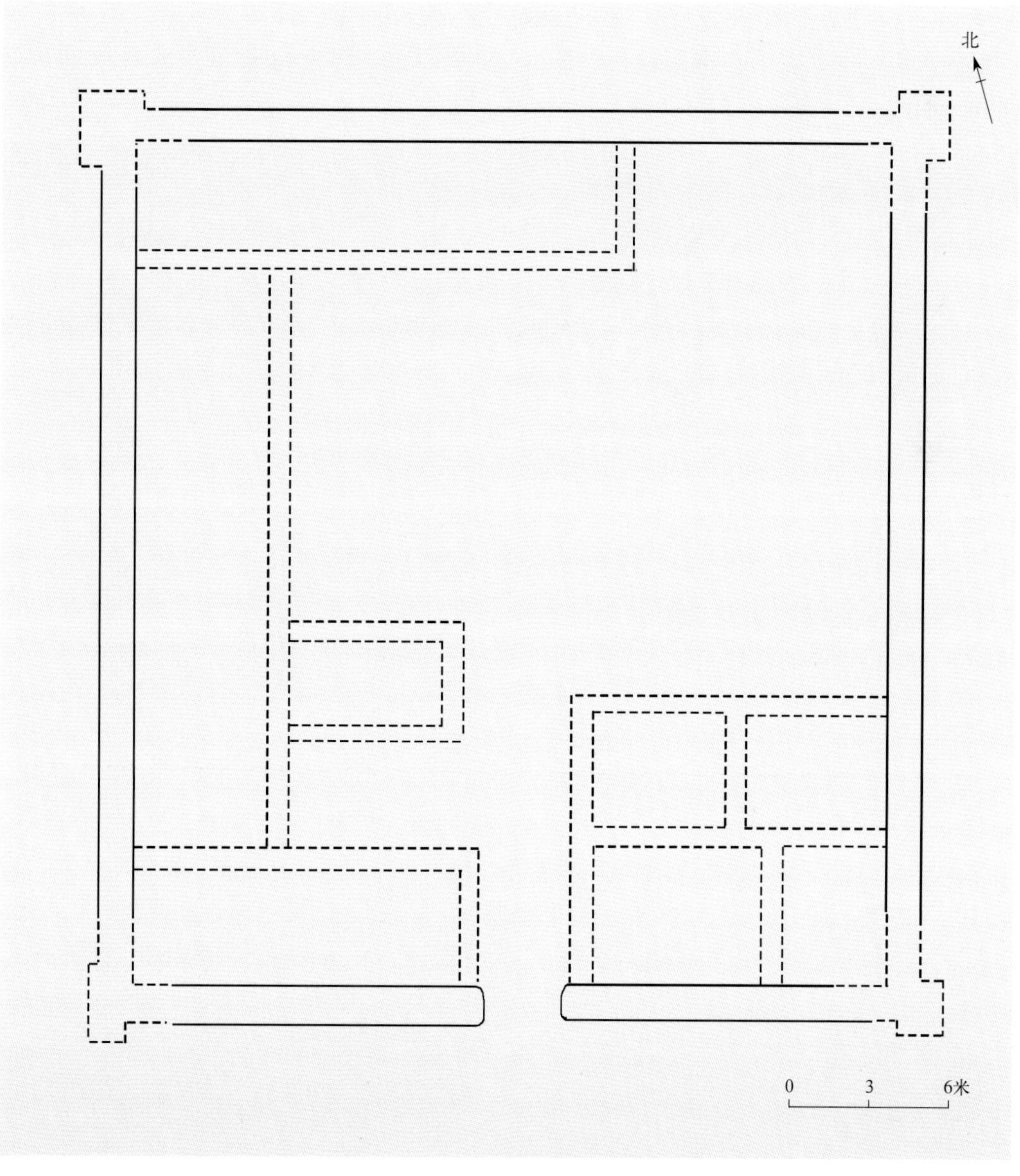

吐库尔浑卡伦平面图

清军在平定准噶尔、大小和卓叛乱过程中，修建有大量的烽火台。经调查发现，在新疆有清代烽火台70余座，主要分布在北疆的哈密地区、乌鲁木齐市、昌吉回族自治州和南疆的喀什地区、和田地区、克孜勒苏柯尔克孜自治州等地，其中以哈密地区分布最为集中。

西墙（东南—西北）

北墙（北—南）

清军在平定准噶尔、大小和卓叛乱过程中，修建有大量的烽火台。经调查发现，在新疆有清代烽火台70余座，主要分布在北疆的哈密地区、乌鲁木齐市、昌吉回族自治州和南疆的喀什地区、和田地区、克孜勒苏柯尔克孜自治州等地，其中以哈密地区分布最为集中。

3 多兰图卡伦

多兰图卡伦位于新疆维吾尔自治区伊犁哈萨克自治州察布查尔锡伯自治县毕新哈莎镇多兰图村、农四师67团1连西侧。地处察布查尔锡伯自治县县城西南、洪纳海（雷诺海）沟西侧倾斜平原上。南为洪纳海山口。东侧紧靠一条乡间土路，南为农四师67团1连粮仓，西为榆树林带，北为耕地，种植小麦。

卡伦保存基本完整。西墙内侧有数十个龛形大凹槽，据介绍为“文革”时所挖。卡伦坐北朝南，平面呈近正方形，南北31.5、东西27米。南墙设门，门宽3.5米。四角设角楼，角楼边长2.2～2.8米。墙体为黄土夯筑，高约2.7、厚约1.3米，门宽3.5米。据记载,乾隆四十二年（1777年），设“托赖图卡伦”，该卡伦为移设卡伦，秋季设置，冬季撤回，由锡伯领队大臣分管，同治八年（1869年）废弃。现存多兰图卡伦应和察布查尔锡伯自治县境内的梧桐孜等卡伦一样，为清光绪八年（1882年）新设，只是沿用了旧有名称。多兰图卡伦，史称“托赖图”、“都拉图”等，新中国成立后又有“多浪头”等不同称谓，皆为蒙古语“多兰图”的音译。该卡伦年代为清代。

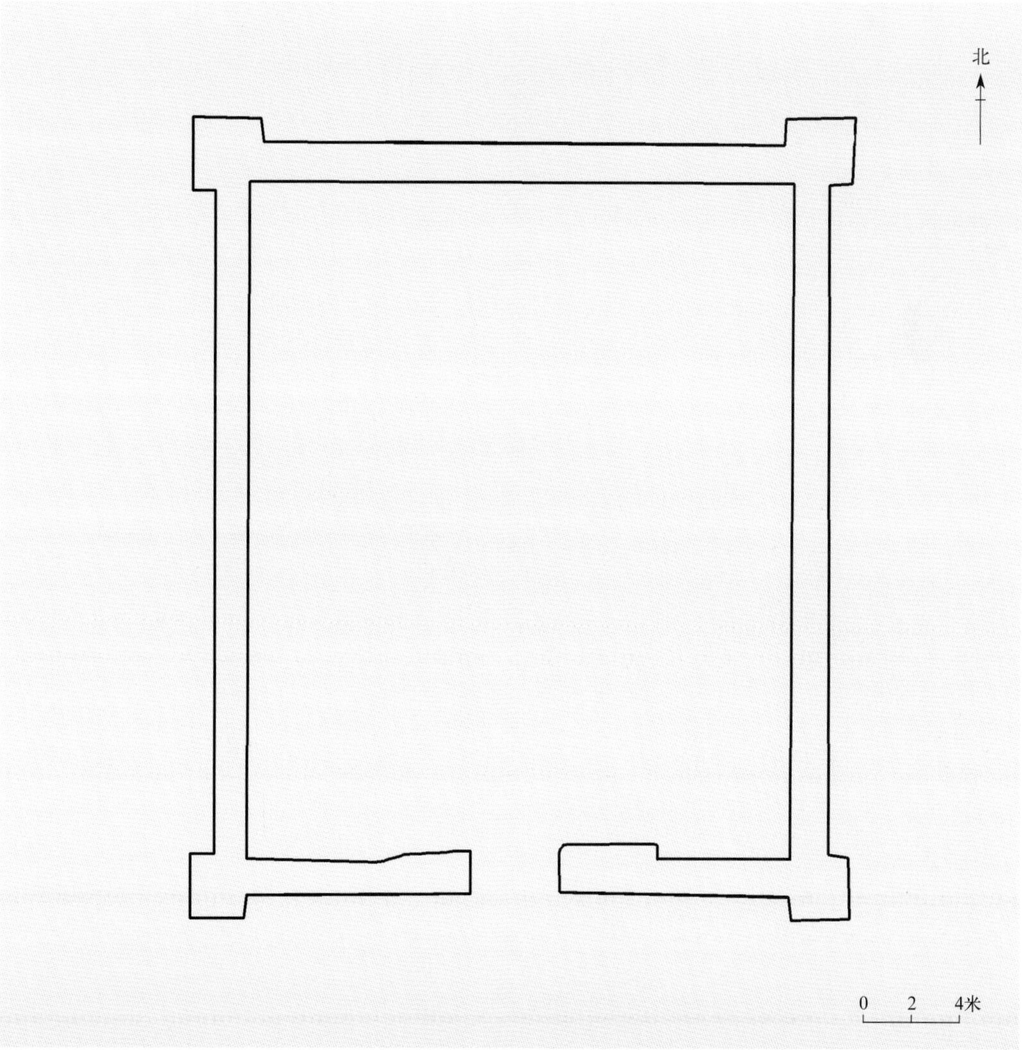

多兰图卡伦平面图

清军在平定准噶尔、大小和卓叛乱过程中，修建有大量的烽火台。经调查发现，在新疆有清代烽火台70余座，主要分布在北疆的哈密地区、乌鲁木齐市、昌吉回族自治州和南疆的喀什地区、和田地区、克孜勒苏柯尔克孜自治州等地，其中以哈密地区分布最为集中。

清军在平定准噶尔、大小和卓叛乱过程中，修建有大量的烽火台。经调查发现，在新疆有清代烽火台70余座，主要分布在北疆的哈密地区、乌鲁木齐市、昌吉回族自治州和南疆的喀什地区、和田地区、克孜勒苏柯尔克孜自治州等地，其中以哈密地区分布最为集中。

南墙、东墙（东南－西北）

西墙、南墙（西南－东北）

内墙（西南向东北）

4 阿布散特尔卡伦

阿布散特尔卡伦位于新疆维吾尔自治区伊犁哈萨克自治州察布查尔锡伯自治县𢈪新哈莎镇多兰图村农四师67团1连西北约6千米。地处洪纳海（雷诺海）沟西侧约5千米的平原上，西侧有一条自然冲沟，附近有一条南北向的农用水渠，西距中哈边界约4千米。

卡伦保存相对完整，部分墙体因自然风蚀和人为破坏而损毁。卡伦坐北朝南，平面呈近正方形，四角有角楼，尚存门廊和围墙，黄土夯筑而成。南北34.4、东西31.6米，角楼边长2～3米，门廊长4.3、宽2.9米。残存墙体上窄下宽，厚0.6～1.3米，最高约4米。卡伦由锡伯营驻守。该卡伦年代为清代。

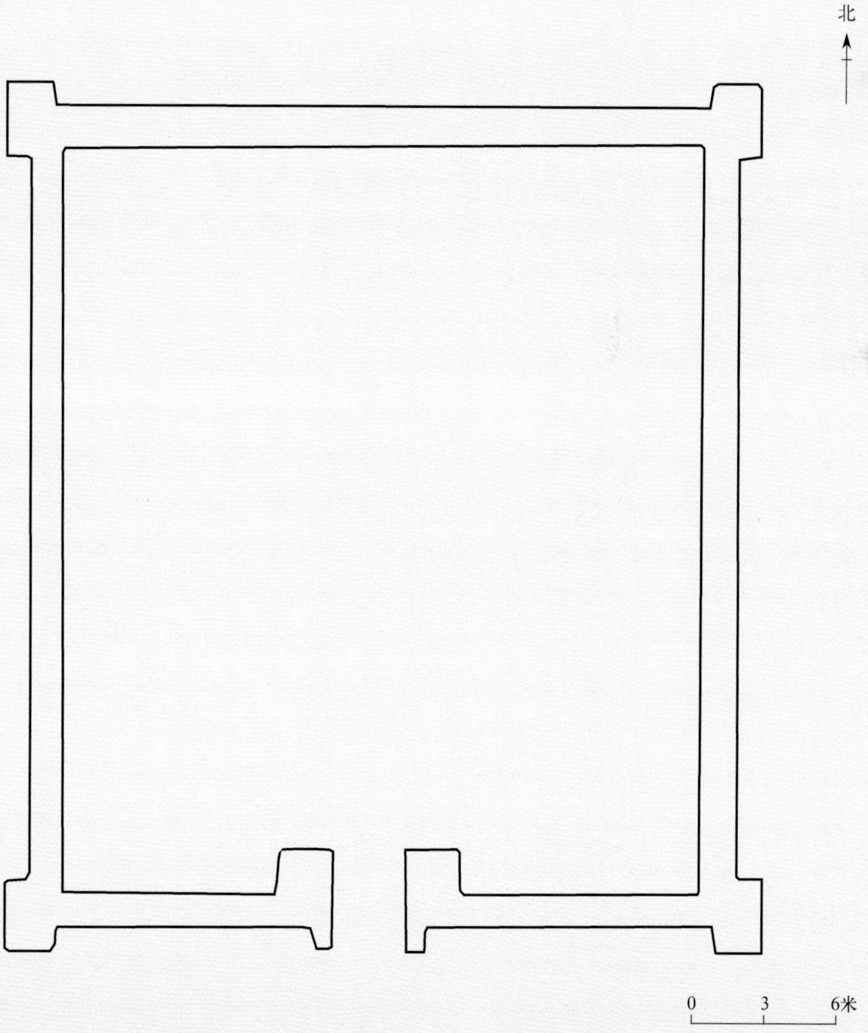

阿布散特尔卡伦平面图

全景（东南—西北）

南门（南—北）

清军在平定准噶尔、大小和卓叛乱过程中，修建有大量的烽火台。经调查发现，在新疆有清代烽火台70余座，主要分布在北疆的哈密地区、乌鲁木齐市、昌吉回族自治州和南疆的喀什地区、和田地区、克孜勒苏柯尔克孜自治州等地，其中以哈密地区分布最为集中。

西墙（西—东）

北墙、西墙（西北—东南）

内部（西北—东南）

清军在平定准噶尔、大小和卓叛乱过程中，修建有大量的烽火台。经调查发现，在新疆有清代烽火台70余座，主要分布在北疆的哈密地区、乌鲁木齐市、昌吉回族自治州和南疆的喀什地区、和田地区、克孜勒苏柯尔克孜自治州等地，其中以哈密地区分布最为集中。

5 纳旦木卡伦

纳旦木卡伦位于新疆维吾尔自治区伊犁哈萨克自治州察布查尔锡伯自治县斐新哈莎镇霍东孜村、农四师67团7连南约5千米。地处伊犁河谷南岸宽阔的阶地平原上，地势平坦开阔，植被丰富。东约0.5千米有废弃的羊圈，西约4千米为中哈边界都拉塔口岸，北有一条西南—东北向的乡村土路。

卡伦坐北朝南，平面基本呈长方形，四角有角楼。南北45.3、东西34.4米。因风雨侵蚀和放牧等因素破坏而受损严重。墙体用黄土夯筑而成，上窄下宽，最高2.5、厚约2米。南墙设门，已坍塌，残宽约5米。该卡伦年代为清代。

清军在平定准噶尔、大小和卓叛乱过程中，修建有大量的烽火台。经调查发现，在新疆有清代烽火台70余座，主要分布在北疆的哈密地区、乌鲁木齐市、昌吉回族自治州和南疆的喀什地区、和田地区、克孜勒苏柯尔克孜自治州等地，其中以哈密地区分布最为集中。

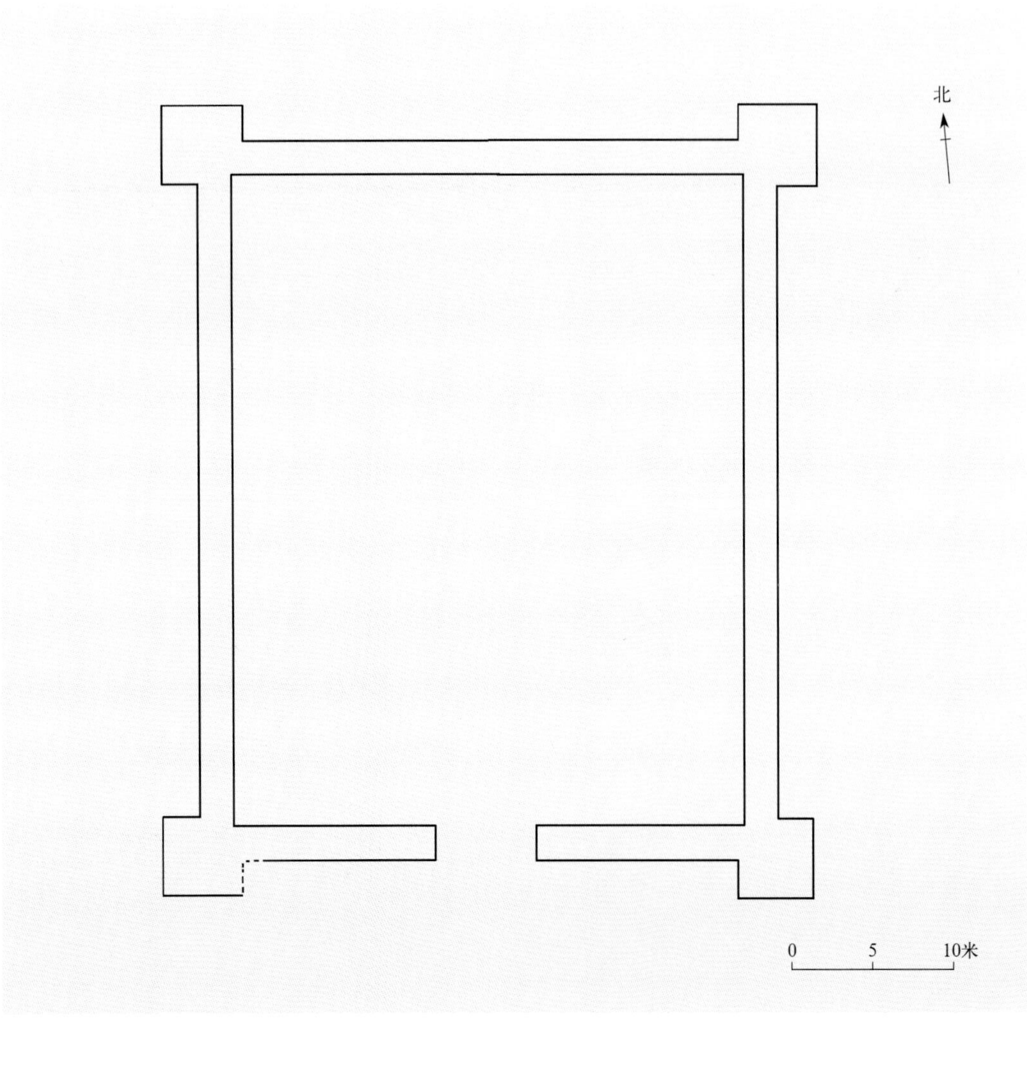

纳旦木卡伦平面图

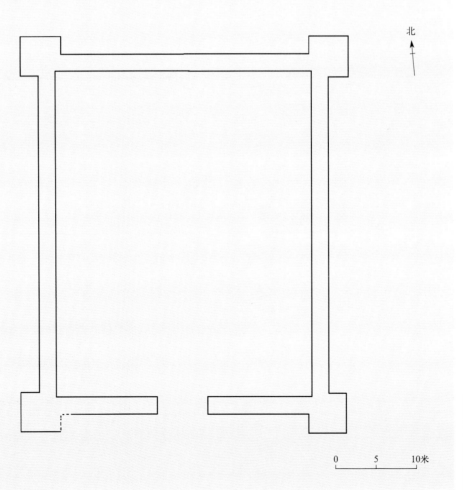

全景（西北—东南）

内部（西南—东北）

清军在平定准噶尔、大小和卓叛乱过程中，修建有大量的烽火台。经调查发现，在新疆有清代烽火台70余座，主要分布在北疆的哈密地区、乌鲁木齐市、昌吉回族自治州和南疆的喀什地区、和田地区、克孜勒苏柯尔克孜自治州等地，其中以哈密地区分布最为集中。

清军在平定准噶尔、大小和卓叛乱过程中，修建有大量的烽火台。经调查发现，在新疆有清代烽火台70余座，主要分布在北疆的哈密地区、乌鲁木齐市、昌吉回族自治州和南疆的喀什地区、和田地区、克孜勒苏柯尔克孜自治州等地，其中以哈密地区分布最为集中。

南面

西南角楼（东南—西北）

6 梧桐孜卡伦

梧桐孜卡伦位于新疆维吾尔自治区伊犁哈萨克自治州察布查尔锡伯自治县斐新哈莎镇霍东孜村、农四师67团7连西约1千米。地处伊犁河谷南岸开阔的阶地平原上，地势平坦，植被茂盛。四周为棉花地，东北为农四师67团7连连部。

卡伦因风雨侵蚀、农田灌溉水浸泡等因素破坏而损毁严重。西墙基本坍塌，偏北段坍塌最为严重，其余墙体保存相对较好。卡伦平面呈近正方形，坐北朝南，四角设角楼，西北角楼保存最好，角楼边长约2米。北墙有瞭望孔。门位于南墙上，已坍塌，残宽约3.8米。墙体用黄土夯筑而成，东西28.5、南北28米，墙厚1.5米，上窄下宽，上有女墙，女墙厚0.5米，墙体最高处通高3.6米。卡伦内长满杂草。该卡伦原由锡伯营驻守，年代为清代。

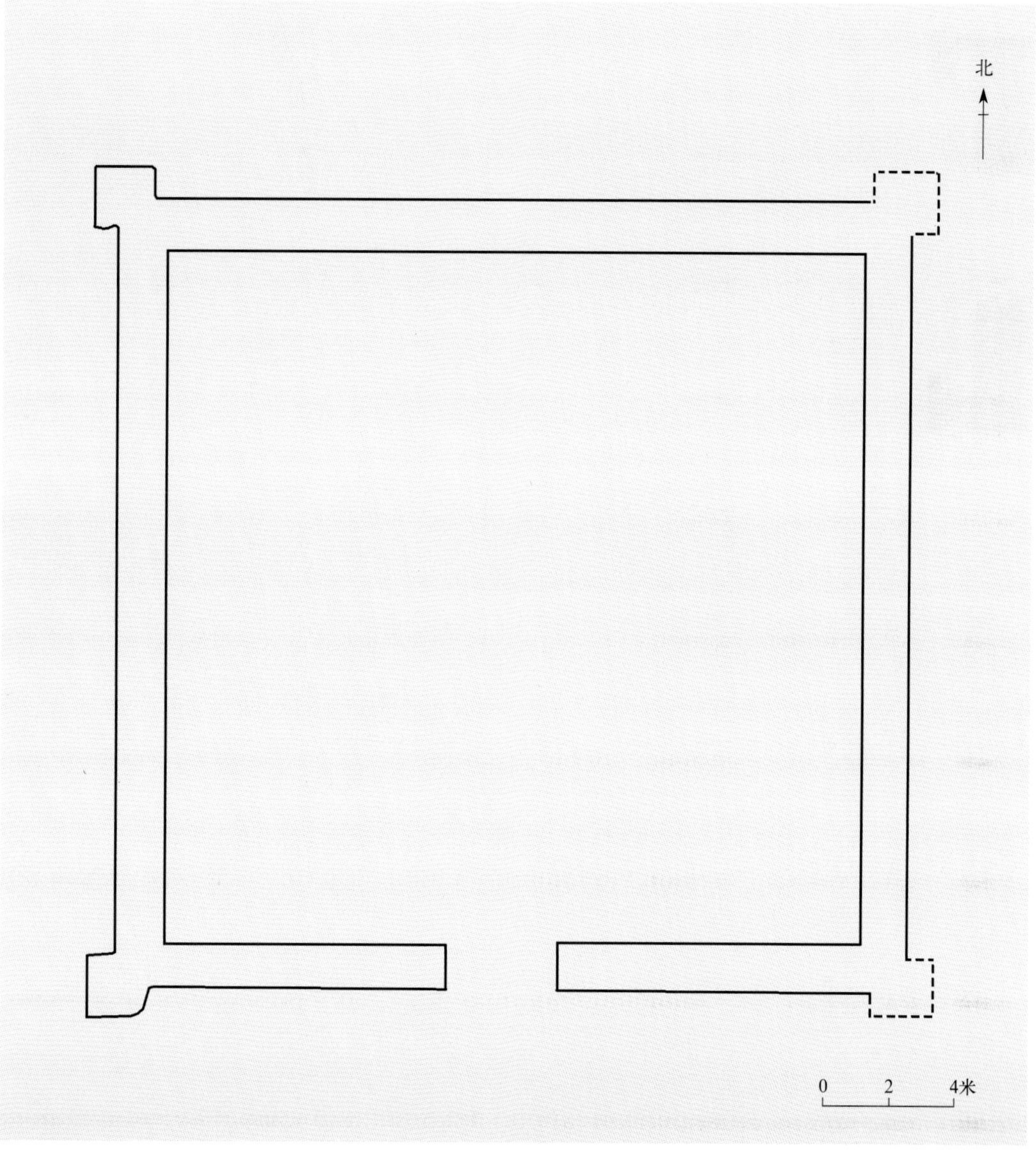

梧桐孜卡伦平面图

清军在平定准噶尔、大小和卓叛乱过程中，修建有大量的烽火台。经调查发现，在新疆有清代烽火台70余座，主要分布在北疆的哈密地区、乌鲁木齐市、昌吉回族自治州和南疆的喀什地区、和田地区、克孜勒苏柯尔克孜自治州等地，其中以哈密地区分布最为集中。

清军在平定准噶尔、大小和卓叛乱过程中，修建有大量的烽火台。经调查发现，在新疆有清代烽火台70余座，主要分布在北疆的哈密地区、乌鲁木齐市、昌吉回族自治州和南疆的喀什地区、和田地区、克孜勒苏柯尔克孜自治州等地，其中以哈密地区分布最为集中。

南门（东南—西北）

北墙及西北角楼（西北—东南）

南墙

北墙

东墙

清军在平定准噶尔、大小和卓叛乱过程中，修建有大量的烽火台。经调查发现，在新疆有清代烽火台70余座，主要分布在北疆的哈密地区、乌鲁木齐市、昌吉回族自治州和南疆的喀什地区、和田地区、克孜勒苏柯尔克孜自治州等地，其中以哈密地区分布最为集中。

7 头湖卡伦

头湖卡伦位于新疆维吾尔自治区伊犁哈萨克自治州察布查尔锡伯自治县斐新哈莎镇梧桐毛村、农四师67团8连西约17千米、头湖边防哨所旁。地处伊犁河谷宽阔的河谷阶地平原上，北距伊犁河约2千米，其周围地势平坦，常年降雨较少，植被稀少，西距中哈边界线约1千米，卡伦南约1千米有几户哈萨克牧民的院落。

卡伦因风雨侵蚀和牧民放牧等因素破坏而损毁严重，曾作为牧民羊圈使用。东墙保存相对较好，其余墙体保存低矮。卡伦平面呈近正方形，门朝南开，四角有角楼残迹。卡伦为黄土夯筑而成，南北约26.2、东西约25米；残墙最高约2.6米，墙厚约1.7米，门道残宽4.5米。该卡伦原由锡伯营驻守。卡伦为满语“瞭望”、“哨所”之意，为官兵巡守之地。据记载，清乾隆年间，伊犁将军“于其岩疆要隘，毗接外藩处所，酌设卡伦以资捍卫”。当时新疆南北各城皆设卡伦，以伊犁为最多，大部分卡伦已于清光绪八年（1882年），通过不平等的《中俄伊犁界约》划入沙俄境内。为巩固国防、防止沙俄侵略，清政府在内移的中俄边境线新设卡伦。这些卡伦遗址目前仅在察布查尔县、霍城县有部分保存，头湖卡伦即为其一。

清军在平定准噶尔、大小和卓叛乱过程中，修建有大量的烽火台。经调查发现，在新疆有清代烽火台70余座，主要分布在北疆的哈密地区、乌鲁木齐市、昌吉回族自治州和南疆的喀什地区、和田地区、克孜勒苏柯尔克孜自治州等地，其中以哈密地区分布最为集中。

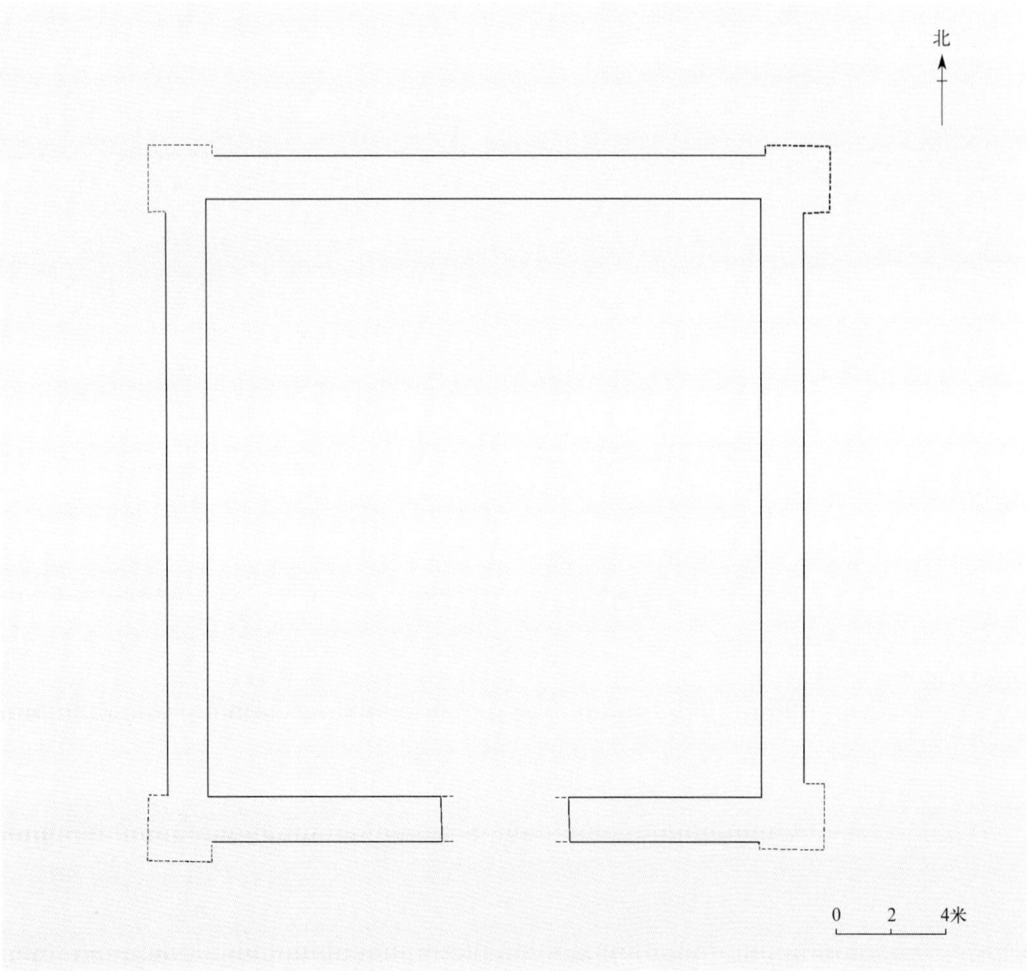

头湖卡伦平面图

全景（南－北）

东南角楼（东南－西北）

清军在平定准噶尔、大小和卓叛乱过程中，修建有大量的烽火台。经调查发现，在新疆有清代烽火台70余座，主要分布在北疆的哈密地区、乌鲁木齐市、昌吉回族自治州和南疆的喀什地区、和田地区、克孜勒苏柯尔克孜自治州等地，其中以哈密地区分布最为集中。

西墙

东墙

北墙

清军在平定准噶尔、大小和卓叛乱过程中，修建有大量的烽火台。经调查发现，在新疆有清代烽火台70余座，主要分布在北疆的哈密地区、乌鲁木齐市、昌吉回族自治州和南疆的喀什地区、和田地区、克孜勒苏柯尔克孜自治州等地，其中以哈密地区分布最为集中。

8 河源（三道河子）卡伦

河源（三道河子）卡伦位于新疆维吾尔自治区伊犁哈萨克自治州霍城县三道河乡沙门子村西南、农四师63团8连西、三道河子边防站西北约0.6千米的平滩上。地处塔克尔穆库尔沙漠南缘、伊犁河北岸2千米，四周地势开阔，附近分布着林带、农田。西临中国与哈萨克斯坦界河——霍尔果斯河。

卡伦坐北朝南，平面呈近正方形，黄土夯筑而成。南北28、东西25米，墙体最高约3.2、厚约1.5米。因自然风雨侵蚀和人为破坏而损毁严重，果园灌溉和农耕取土对卡伦墙体构成严重威胁。墙体保存差， 难辨角楼遗迹,仅东北角保存相对较好，其他部分仅见低缓的墙体。伊犁地区现存卡伦四角多有角楼，但该卡伦保存较好的东北角未见角楼迹象。此卡伦是清代在新疆地区设置的更番候望之所。清光绪七年（1881年），《中俄伊犁条约》签订后，割霍尔果斯河以西领土给俄国，重新勘界后，清政府在边界设立卡伦，河源（三道河子）卡伦为其中之一，河源卡伦南隔伊犁河与察布查尔县境内的头湖卡伦呼应。

清军在平定准噶尔、大小和卓叛乱过程中，修建有大量的烽火台。经调查发现，在新疆有清代烽火台70余座，主要分布在北疆的哈密地区、乌鲁木齐市、昌吉回族自治州和南疆的喀什地区、和田地区、克孜勒苏柯尔克孜自治州等地，其中以哈密地区分布最为集中。

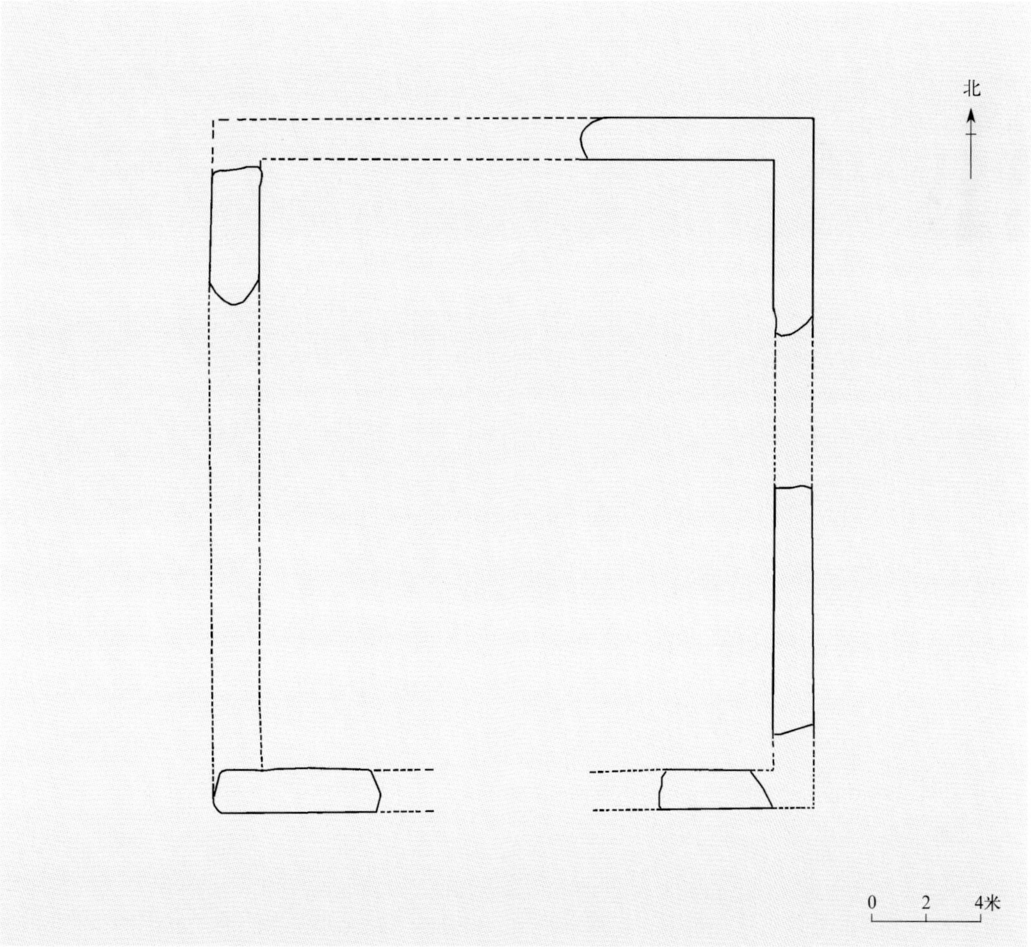

河源（三道河子）卡伦平面图

清军在平定准噶尔、大小和卓叛乱过程中，修建有大量的烽火台。经调查发现，在新疆有清代烽火台70余座，主要分布在北疆的哈密地区、乌鲁木齐市、昌吉回族自治州和南疆的喀什地区、和田地区、克孜勒苏柯尔克孜自治州等地，其中以哈密地区分布最为集中。

全景（东北—西南）

内部（西南—东北）

9 乔老克炮台

乔老克炮台位于新疆维吾尔自治区伊犁哈萨克自治州霍城县三道河乡沙门子村西南约22千米、农四师63团9连南约3千米。地处县城西南的霍尔果斯河东岸二级阶地、塔克尔穆库尔沙漠西北缘。四周地势平坦，地表盐碱化严重，植被稀疏。南距三道河边防站约7千米，西南临中国与哈萨克斯坦界河——霍尔果斯河，东北7千米为农四师63团团部。北为国防公路，路北为棉花田，周边没有住户，人烟稀少。西北距登元卡伦约5千米。

此炮台哈萨克语意思为“短缺的炮台”，因长年风雨侵蚀而局部损毁严重，保存一般。炮台平面呈近正方形，黄土夯筑而成。南北4.8、东西3.8、残高3.4米。年代为清代。

清军在平定准噶尔、大小和卓叛乱过程中，修建有大量的烽火台。经调查发现，在新疆有清代烽火台70余座，主要分布在北疆的哈密地区、乌鲁木齐市、昌吉回族自治州和南疆的喀什地区、和田地区、克孜勒苏柯尔克孜自治州等地，其中以哈密地区分布最为集中。

北面

清军在平定准噶尔、大小和卓叛乱过程中，修建有大量的烽火台。经调查发现，在新疆有清代烽火台70余座，主要分布在北疆的哈密地区、乌鲁木齐市、昌吉回族自治州和南疆的喀什地区、和田地区、克孜勒苏柯尔克孜自治州等地，其中以哈密地区分布最为集中。

10 登元卡伦

登元卡伦位于新疆维吾尔自治区伊犁哈萨克自治州霍城县莫乎尔乡莫乎牧业村西南约12.5千米、农四师63团4连南约4千米。地处霍城县城西南霍尔果斯河东岸二级阶地上，干旱贫瘠，大部分是沙土地，植被稀疏。南为沙地，北、东为农田，周边没有住户，人烟稀少。该地与哈萨克斯坦交界，西靠国防公路。西约50米是国家重点公益林保护区，北约11千米为察罕额博卡伦，南约5千米是乔老克烽火台　。

此卡伦因雨水冲刷而损毁严重。平面呈近正方形，门朝南开，黄土夯筑而成。东西37、南北35米，墙宽约3.5、高2～3米。院墙夯土坍塌流失较多，仅存墙垣和四个角楼。清光绪七年（1881年），《中俄伊犁条约》签订后，割霍尔果斯河以西领土给俄国，重新勘界后，清政府在边界设立卡伦，登元卡伦为其中之一。

清军在平定准噶尔、大小和卓叛乱过程中，修建有大量的烽火台。经调查发现，在新疆有清代烽火台70余座，主要分布在北疆的哈密地区、乌鲁木齐市、昌吉回族自治州和南疆的喀什地区、和田地区、克孜勒苏柯尔克孜自治州等地，其中以哈密地区分布最为集中。

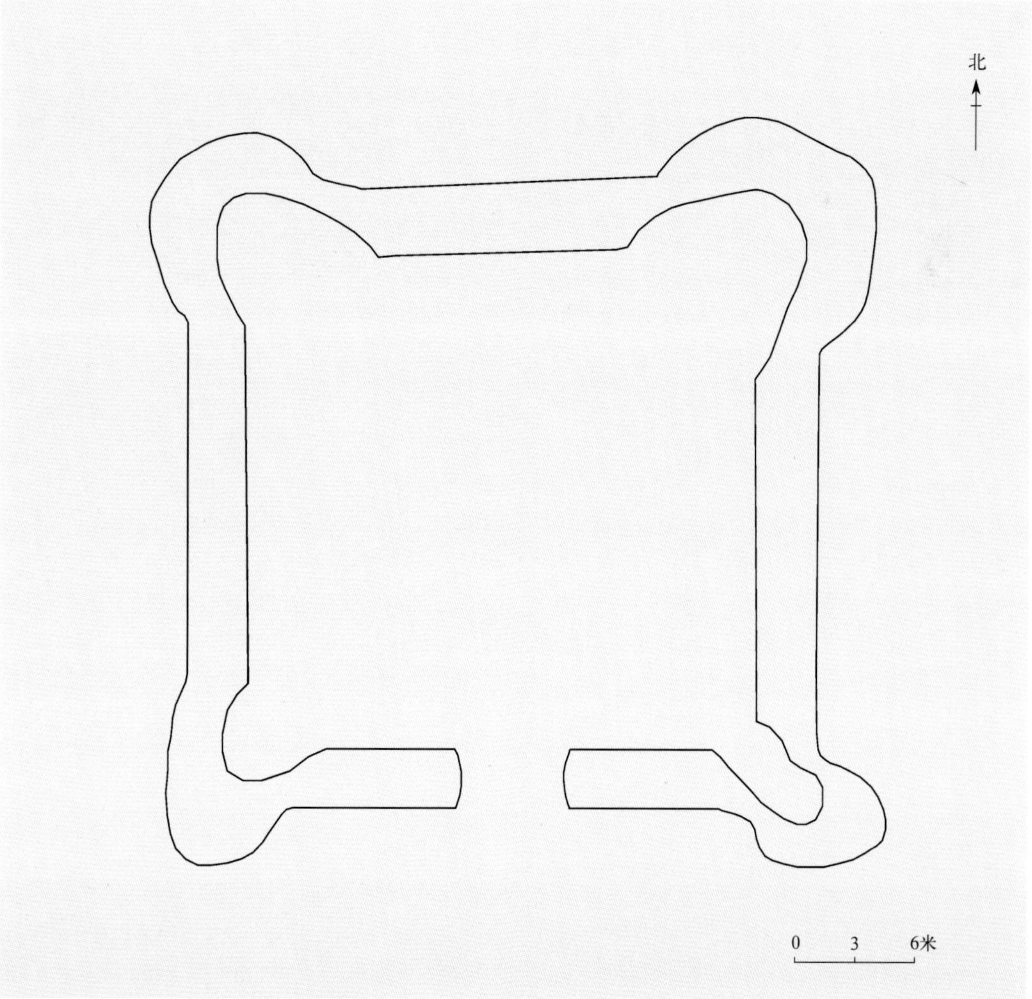

登元卡伦平面图

全景（东北—西南）

南墙（西南—东北）

南墙及西南角楼（东南—西）

清军在平定准噶尔、大小和卓叛乱过程中，修建有大量的烽火台。经调查发现，在新疆有清代烽火台70余座，主要分布在北疆的哈密地区、乌鲁木齐市、昌吉回族自治州和南疆的喀什地区、和田地区、克孜勒苏柯尔克孜自治州等地，其中以哈密地区分布最为集中。

11 察罕额博卡伦

察罕额博卡伦位于新疆维吾尔自治区伊犁哈萨克自治州霍城县莫乎尔乡莫乎牧业村西约7千米、农四师63团西北黄旗马队边防连内。地处县城西南霍尔果斯河东岸的二级阶地上、霍尔果斯沙漠西缘，大部分是沙土地，干旱贫瘠，植被稀疏。

此卡伦因自然因素破坏而受损严重，仅存残墙垣。卡伦坐北朝南，门向南开，平面呈近正方形，四角有角楼台基。卡伦南北60、东西52米，墙高2.4、厚3米。卡伦东侧0.5千米处的高地上有清代瞭望台一座（位于黄旗马队边防连营区内），应为卡伦附属建筑，分为土台和台上土屋，黄土夯筑而成，土屋保存无几。土台长约5、宽约4.2、高约3.2米，台上房屋残墙高约1.1米，总高4.3米。该卡伦年代为清代。

俯视

清军在平定准噶尔、大小和卓叛乱过程中，修建有大量的烽火台。经调查发现，在新疆有清代烽火台70余座，主要分布在北疆的哈密地区、乌鲁木齐市、昌吉回族自治州和南疆的喀什地区、和田地区、克孜勒苏柯尔克孜自治州等地，其中以哈密地区分布最为集中。

东面

东南面

西南面

清军在平定准噶尔、大小和卓叛乱过程中，修建有大量的烽火台。经调查发现，在新疆有清代烽火台70余座，主要分布在北疆的哈密地区、乌鲁木齐市、昌吉回族自治州和南疆的喀什地区、和田地区、克孜勒苏柯尔克孜自治州等地，其中以哈密地区分布最为集中。

12 沙彦卡伦

沙彦卡伦位于新疆维吾尔自治区伊犁哈萨克自治州霍城县莫乎尔乡开干村西南约9千米、农四师61团林管站南侧、霍尔果斯口岸以北5千米。地处霍尔果斯河东岸，北距红卡子边防站约4.5千米，西与哈萨克斯坦交界。

此卡伦因长期风雨侵蚀和人为破坏而受损严重。卡伦坐北朝南，平面呈近正方形，由院墙和角楼组成，泥土夯筑，围墙东、西、北墙保存较好，南墙仅存6～7米。尚存西北和西南两座角楼，东北和东南角楼坍塌。北墙内侧存五个拱形顶洞，东墙内侧有一个拱形顶洞。这些洞均为后人所挖。卡伦南北35.3、东西32.8米，墙体高3～3.5、宽3米。洞顶宽0.8米。该卡伦年代为清代。

清军在平定准噶尔、大小和卓叛乱过程中，修建有大量的烽火台。经调查发现，在新疆有清代烽火台70余座，主要分布在北疆的哈密地区、乌鲁木齐市、昌吉回族自治州和南疆的喀什地区、和田地区、克孜勒苏柯尔克孜自治州等地，其中以哈密地区分布最为集中。

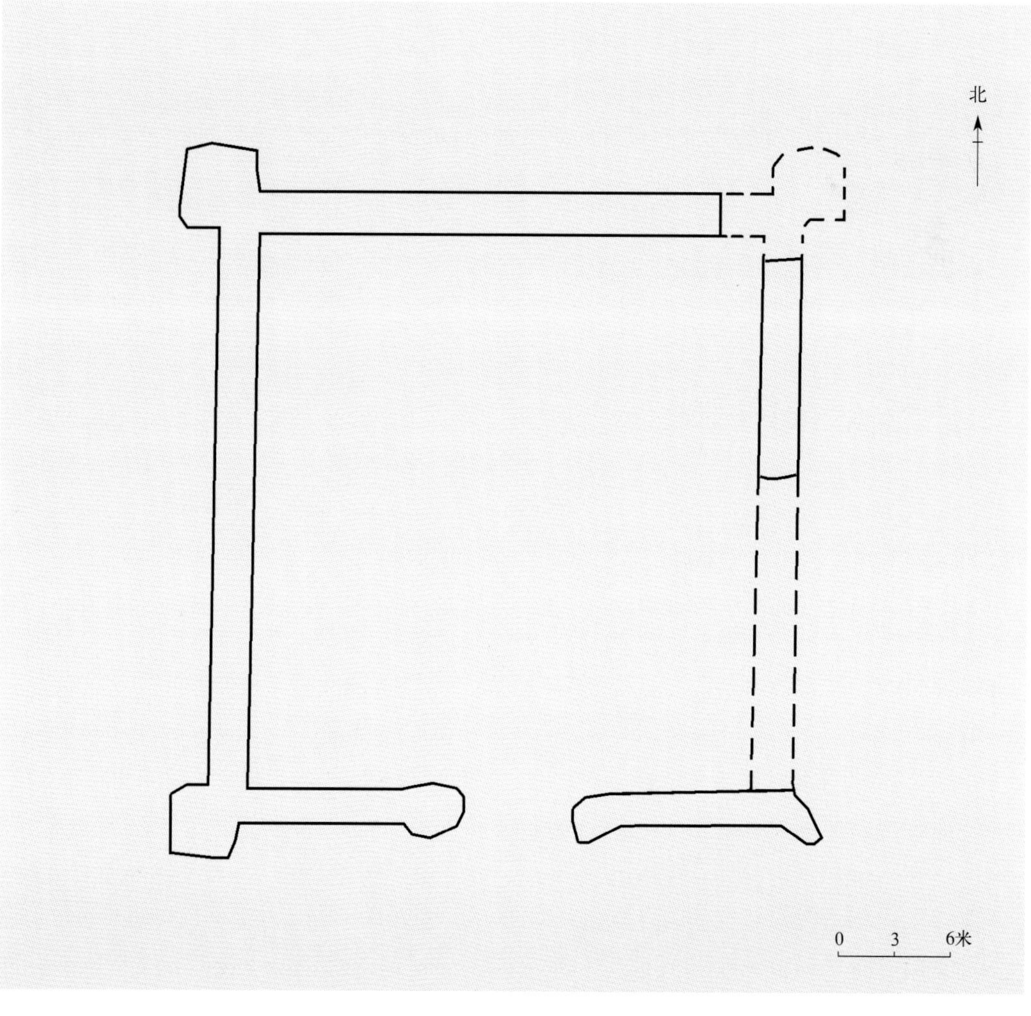

沙彦卡伦平面图

清军在平定准噶尔、大小和卓叛乱过程中，修建有大量的烽火台。经调查发现，在新疆有清代烽火台70余座，主要分布在北疆的哈密地区、乌鲁木齐市、昌吉回族自治州和南疆的喀什地区、和田地区、克孜勒苏柯尔克孜自治州等地，其中以哈密地区分布最为集中。

东南面

西墙及西南角楼（西－东）

内部（西北—东南）

西北角楼（西北—东南）

清军在平定准噶尔、大小和卓叛乱过程中，修建有大量的烽火台。经调查发现，在新疆有清代烽火台70余座，主要分布在北疆的哈密地区、乌鲁木齐市、昌吉回族自治州和南疆的喀什地区、和田地区、克孜勒苏柯尔克孜自治州等地，其中以哈密地区分布最为集中。

13 富尔干（红山嘴）卡伦

富尔干（红山嘴）卡伦位于新疆维吾尔自治区伊犁哈萨克自治州霍城县莫乎尔乡开干村西南。地处霍尔果斯河东岸、红卡子边防站西南平台上、农四师霍尔果斯河管理处北。四周群山环抱，山上植被茂盛，附近河流径流量较大，附近矿产资源丰富。

此卡伦因受风雨侵蚀和人为破坏而损毁严重。坐北朝南，门开于南墙中部，平面呈近正方形，由院墙和角楼组成，用泥土夯筑而成。东西35、南北33米，墙厚约1.2～1.5、最高处2.2米。北墙和西墙保存相对较好，东、南墙残损严重，东墙仅存15米，南墙仅存断续墙垣。四角的角楼多残损。清光绪七年（1881年），《中俄伊犁条约》签订后，割霍尔果斯河以西领土给俄国，重新勘界后，清政府在边界设立卡伦，富尔干（红山嘴）卡伦为其中之一，其北有契格尔干卡伦、哈尔索胡尔卡伦，彼此呼应。此卡伦时代为清代。

清军在平定准噶尔、大小和卓叛乱过程中，修建有大量的烽火台。经调查发现，在新疆有清代烽火台70余座，主要分布在北疆的哈密地区、乌鲁木齐市、昌吉回族自治州和南疆的喀什地区、和田地区、克孜勒苏柯尔克孜自治州等地，其中以哈密地区分布最为集中。

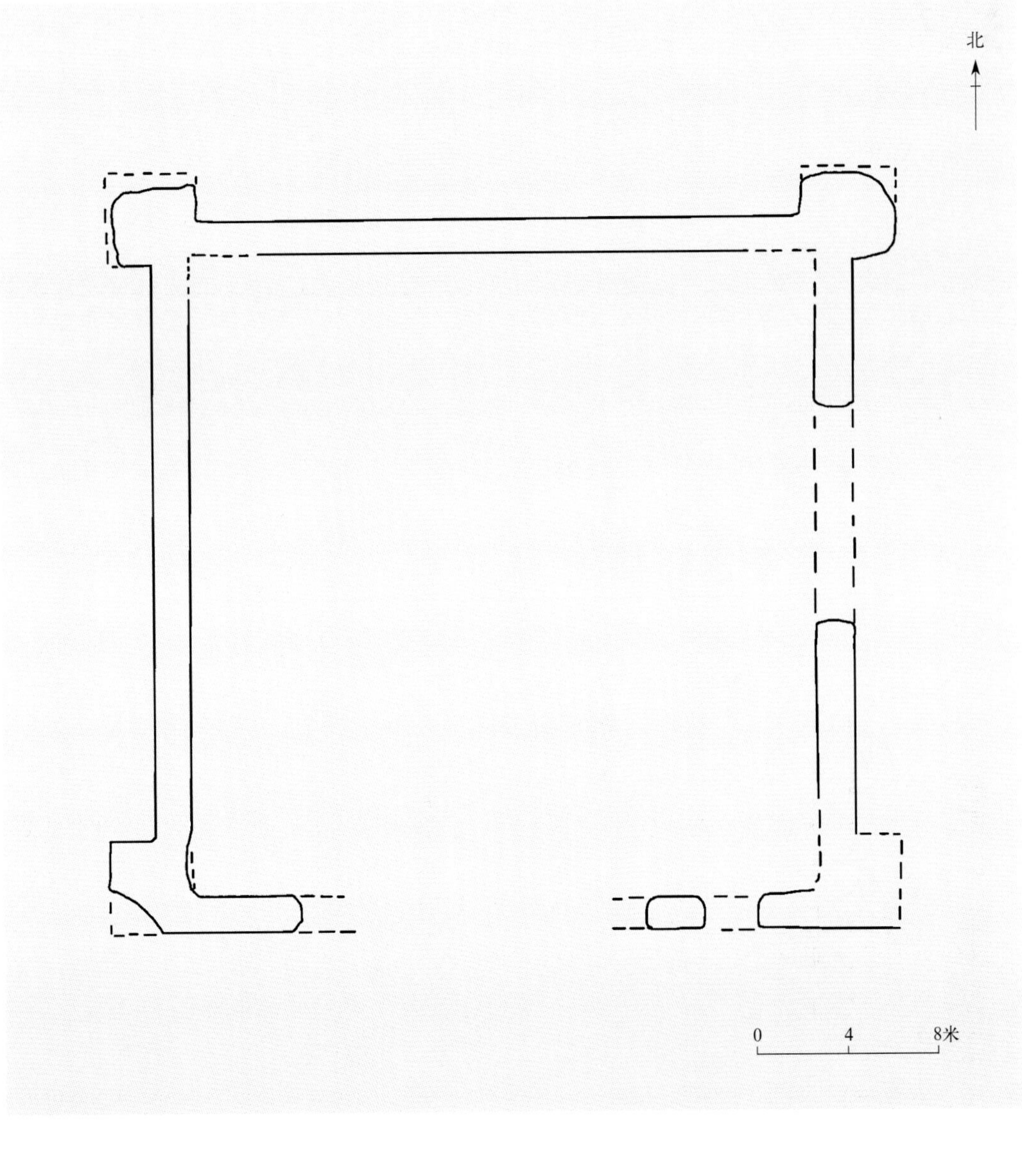

富尔干（红山嘴）卡伦平面图

远景（东-西）

现状

清军在平定准噶尔、大小和卓叛乱过程中，修建有大量的烽火台。经调查发现，在新疆有清代烽火台70余座，主要分布在北疆的哈密地区、乌鲁木齐市、昌吉回族自治州和南疆的喀什地区、和田地区、克孜勒苏柯尔克孜自治州等地，其中以哈密地区分布最为集中。

14 契格尔干卡伦

契格尔干卡伦位于新疆维吾尔自治区伊犁哈萨克自治州霍城县莫乎尔乡格干牧业村北约9千米的山前坡地上、农四师61团林管站东北约6千米。此处西临中哈边界，西北约12千米有阿力麻里边防站，西约4.3千米为霍尔果斯河。地势相对平坦，地表长有牧草。西北约12千米为哈尔索胡尔卡伦，南约5千米可至富尔干（红山嘴）卡伦。

卡伦现已不存。20世纪80年代，第二次全国文物普查期间，该卡伦尚存墙体，为近正方形夯土建筑，南北25、东西宽23米，墙高3、宽1.5米。门朝南开，宽3米。北墙下存两段墙体，呈南北向，用途不明。四角有角楼，尺寸不一。清光绪七年（1881年），《中俄伊犁条约》签订，割霍尔果斯河以西领土归俄国，重新勘界后，清政府在边界设立卡伦，契格尔干卡伦为其中之一。该卡伦年代为清代。

清军在平定准噶尔、大小和卓叛乱过程中，修建有大量的烽火台。经调查发现，在新疆有清代烽火台70余座，主要分布在北疆的哈密地区、乌鲁木齐市、昌吉回族自治州和南疆的喀什地区、和田地区、克孜勒苏柯尔克孜自治州等地，其中以哈密地区分布最为集中。

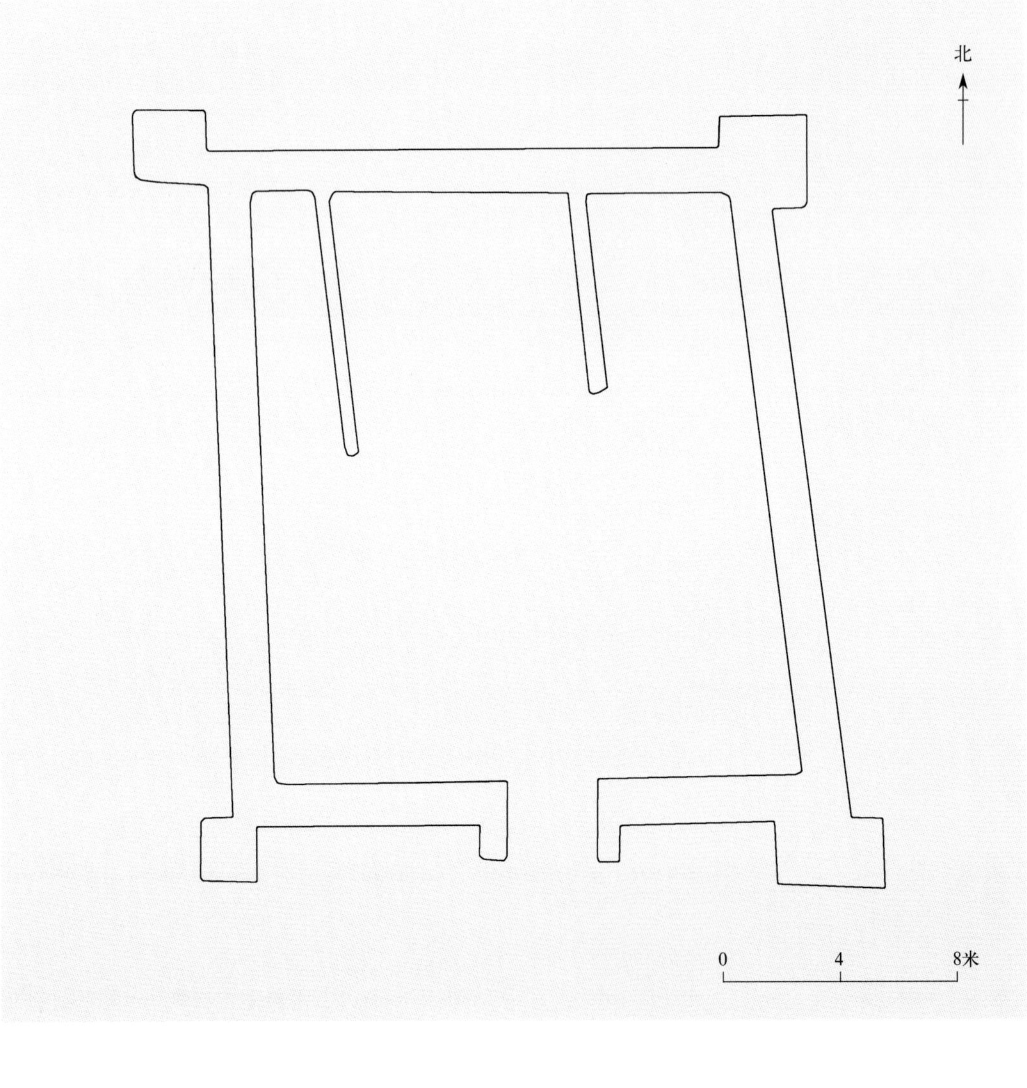

契格尔干卡伦平面图

全景

局部

清军在平定准噶尔、大小和卓叛乱过程中，修建有大量的烽火台。经调查发现，在新疆有清代烽火台70余座，主要分布在北疆的哈密地区、乌鲁木齐市、昌吉回族自治州和南疆的喀什地区、和田地区、克孜勒苏柯尔克孜自治州等地，其中以哈密地区分布最为集中。

15 哈尔索胡尔卡伦

哈尔索胡尔卡伦位于新疆维吾尔自治区伊犁哈萨克自治州霍城县莫乎尔乡格干牧业村西北约18千米、阿力麻里边防站内新营房西南侧。地处霍城县城西北别珍套山南麓、中哈国界河——霍尔果斯河东岸约0.5千米的山间坡地上。南、北侧分别与大、小塔尔沟相邻，四周高山环抱，水资源丰富，气候湿润，生长着天然云杉及多种牧草。

卡伦因建边防站马厩和果园围墙而被全部推平，地表建筑无存，地表下是否有相关遗存不明。20世纪80年代，第二次全国文物普查资料记载，该卡伦尚存墙垣，为近正方形夯土建筑，东西约28、南北约27.4米，墙体高约2.7、宽约0.8～1.5米。卡伦四角设角楼，角楼长约3、宽约2.8米。该卡伦时代为清代。

清军在平定准噶尔、大小和卓叛乱过程中，修建有大量的烽火台。经调查发现，在新疆有清代烽火台70余座，主要分布在北疆的哈密地区、乌鲁木齐市、昌吉回族自治州和南疆的喀什地区、和田地区、克孜勒苏柯尔克孜自治州等地，其中以哈密地区分布最为集中。

东面

16 沙喇布鲁克卡伦遗址

沙喇布鲁克卡伦遗址位于新疆维吾尔自治区博尔塔拉蒙古自治州温泉县扎勒木特乡浩图尔哈村。地处博尔塔拉河上游卡昝河北畔约5米处的卡昝河河谷的第一台地上，南岸为连绵的群山，此地冬季漫长，夏季短暂，不生长任何经济作物。此处为边境军事管理区，交通不便，人烟稀少。

卡伦遗址因自然风雨侵蚀而遭受严重破坏，地表建筑全部坍塌，仅能看出遗址轮廓大小。这里被当作垃圾场，堆放了大量的垃圾，对遗址造成了一定的威胁。卡伦遗址南北31.7、东西15.3米。地表残存有一段墙体痕迹，残长6.4、厚0.5、残高0.6米。墙基为卵石垒筑，地表发现用来拴马的木桩。20世纪70年代，此地牧民还在遗址中捡到长矛等兵器。根据地理位置和遗物分析，该卡伦遗址的年代为清代。

北面

东面

清军在平定准噶尔、大小和卓叛乱过程中，修建有大量的烽火台。经调查发现，在新疆有清代烽火台70余座，主要分布在北疆的哈密地区、乌鲁木齐市、昌吉回族自治州和南疆的喀什地区、和田地区、克孜勒苏柯尔克孜自治州等地，其中以哈密地区分布最为集中。

17 加尔加普汗遗址

加尔加普汗遗址位于新疆维吾尔自治区塔城地区裕民县察汗托海牧场（乡）英姿村西14千米的中哈边境东侧。地处阿拉湖东岸，地势开阔平坦，雨雪丰沛，牧草茂盛，地表生长茂盛的蒿草、野郁金香、阿巍、野胡萝卜等植物。东南约8千米为塔斯特（204）边防站，西侧为南北向的边境公路和边境铁丝网，周围有近现代伊斯兰墓地。

遗址因风雨侵蚀而损毁，仅存1座土坯建筑，呈覆斗形，土坯垒砌而成，土坯间用草拌泥作为黏结物，墙体外部用草拌泥涂抹，墙体内夹填芨芨草起拉筋作用。建筑东西2.8、南北1.7、高约2.5米，下部有塌陷痕迹，周长8.1米。坍塌层厚约0.7米。根据建筑形制推测其为烽火台、瞭望台、哨卡类军事设施。根据文献记载，在塔斯提附近有清代的卡伦遗址，可能与此有关。该遗址年代为清代。

东面

清军在平定准噶尔、大小和卓叛乱过程中，修建有大量的烽火台。经调查发现，在新疆有清代烽火台70余座，主要分布在北疆的哈密地区、乌鲁木齐市、昌吉回族自治州和南疆的喀什地区、和田地区、克孜勒苏柯尔克孜自治州等地，其中以哈密地区分布最为集中。

北面

西面

南面

清军在平定准噶尔、大小和卓叛乱过程中，修建有大量的烽火台。经调查发现，在新疆有清代烽火台70余座，主要分布在北疆的哈密地区、乌鲁木齐市、昌吉回族自治州和南疆的喀什地区、和田地区、克孜勒苏柯尔克孜自治州等地，其中以哈密地区分布最为集中。

八户地卡伦遗址

八户地卡伦遗址位于新疆维吾尔自治区昌吉回族自治州奇台县西北湾乡牧业村、八户地七分场北1.5千米。地处平原农耕区，地势平坦，土壤肥沃，地表以黄沙土为主，自然植被较少。北临防沙林，向北0.6千米为沙漠边缘。西、北两侧各有沟渠1条，周围紧邻农田，西南侧为田间道路，机动车可直达遗址区。

八户地卡伦遗址仅存长方形土台状基址一座，南北12、东西约8.5，高约0.7米，具体建筑方式不可考。遗址附近地面散见黑釉陶片，器形有罐、瓮、缸，为清代晚期器物，由遗物及所处位置推断，该遗址应为一座清代卡伦。

清军在平定准噶尔、大小和卓叛乱过程中，修建有大量的烽火台。经调查发现，在新疆有清代烽火台70余座，主要分布在北疆的哈密地区、乌鲁木齐市、昌吉回族自治州和南疆的喀什地区、和田地区、克孜勒苏柯尔克孜自治州等地，其中以哈密地区分布最为集中。

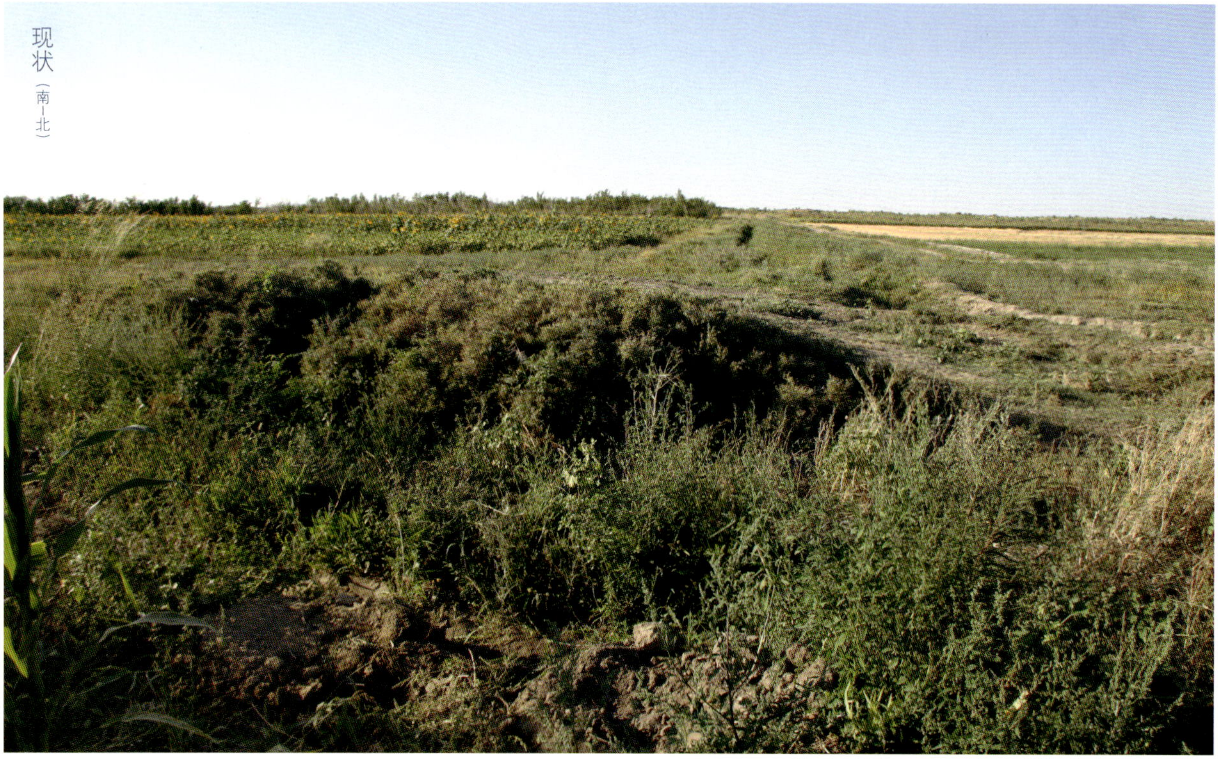

现状（南—北）

19 纸房卡伦遗址

纸房卡伦遗址位于新疆维吾尔自治区哈密地区巴里坤哈萨克自治县大红柳峡乡阔克赛尔克村。周围地势开阔平坦，北侧数个泉眼汇流成一个小湖泊，并在附近形成一片芦苇草地；南有牧民房屋，周围为草场。

纸房卡伦遗址所在地原为阔克赛尔克村委会驻地。居住人口约30人，设有商店和哈语流动小学等，因村委会搬迁，已废弃。遗址附近有道路，机动车可通行。遗址地表仅见长方形房屋墙体痕迹，东西8、南北5米，残高不足1米。形制布局无法辨识，遗址内看到大量的现代杂物堆积，破坏严重。根据《三州纪略》等文献记载以及以往遗址内采集到的标本来判断，该遗址为清代卡伦一类的军事设施。

全景（南—北）

20 巴勒根地卡伦

巴勒根地卡伦位于新疆维吾尔自治区克孜勒苏柯尔克孜自治州阿合奇县哈拉布拉克乡马那尔村西约5千米处。地处托什干河北岸二级台地东侧边缘，台地地势平坦，四周植被生长较好，水土保持良好，是一处理想的天然牧场。北距边防公路约0.1千米。

卡伦由两部分组成，分布在台地上和台地下。台地上的遗迹东面临崖无墙，西、南、北面砌墙，墙体大部分已坍塌，北墙长约9.3米，西墙长约28.2米，南墙长约8.9米。墙基为砾石砌筑，宽1.5、高2米；墙基的堆垒方法为两侧各垒砌一列外缘较齐、大小相似的砾石，中间填石块，然后在墙基上垒砌含有草皮的土块，最上部砌土坯，土坯长34、宽24、厚10厘米。墙壁外抹两层草拌泥，厚约0.1米。台地上南、北端均有一座高台，高台内侧各有一个房屋基址。北端高台保存较完整，为草

清军在平定准噶尔、大小和卓叛乱过程中，修建有大量的烽火台。经调查发现，在新疆有清代烽火台70余座，主要分布在北疆的哈密地区、乌鲁木齐市、昌吉回族自治州和南疆的喀什地区、和田地区、克孜勒苏柯尔克孜自治州等地，其中以哈密地区分布最为集中。

皮土块和砂砾土交替堆垒而成，层间距0.15～0.3米；自最底部向上第四、五层间夹铺一层红柳。此房屋底部东西约5.8、南北约5米，高约4.2米。南端台基保存较差，多坍塌，底部为砾石土层与红柳层交错堆筑，东西约7.2、南北约6米，残高约4米。红柳层共11层，层间距0.13～0.25米，上部为土坯砌筑。台地下部为一道墙体，西面倚靠台地，北、东、南面筑墙，东墙长约31米，南墙长约49米、北墙长约37米。墙基宽约3.1、残高约0.5米。表面覆盖一层厚0.5米的黄土。该卡伦遗址为清代修筑。

现状（东南—西北）

墙体局部（东北—西南）

清军在平定准噶尔、大小和卓叛乱过程中，修建有大量的烽火台。经调查发现，在新疆有清代烽火台70余座，主要分布在北疆的哈密地区、乌鲁木齐市、昌吉回族自治州和南疆的喀什地区、和田地区、克孜勒苏柯尔克孜自治州等地，其中以哈密地区分布最为集中。

21 铁列克卡伦

铁列克卡伦位于新疆维吾尔自治区克孜勒苏柯尔克孜自治州乌恰县铁列克乡克特喀拉村西南1.5千米。地处克特喀拉能乌尔多薛山和克其克乌帕勒山两山之间的低地上，东临铁列克河，地表生长着稀疏的芨芨草和骆驼刺。

卡伦依山而建，房屋大多数呈长方形， 除一座房屋坐东向西外，其余房屋方向不正。房屋由砾石块砌成，之间缝隙以黄泥黏合。房屋顶部均坍塌，仅存残墙，高约1～1.6、宽约0.5米。地表散落从房屋上坍塌下的石块，未见其他遗物。铁列克卡伦地处古代通往铁列克乡的必经之路，地理位置险要，初步推测其年代为清代。

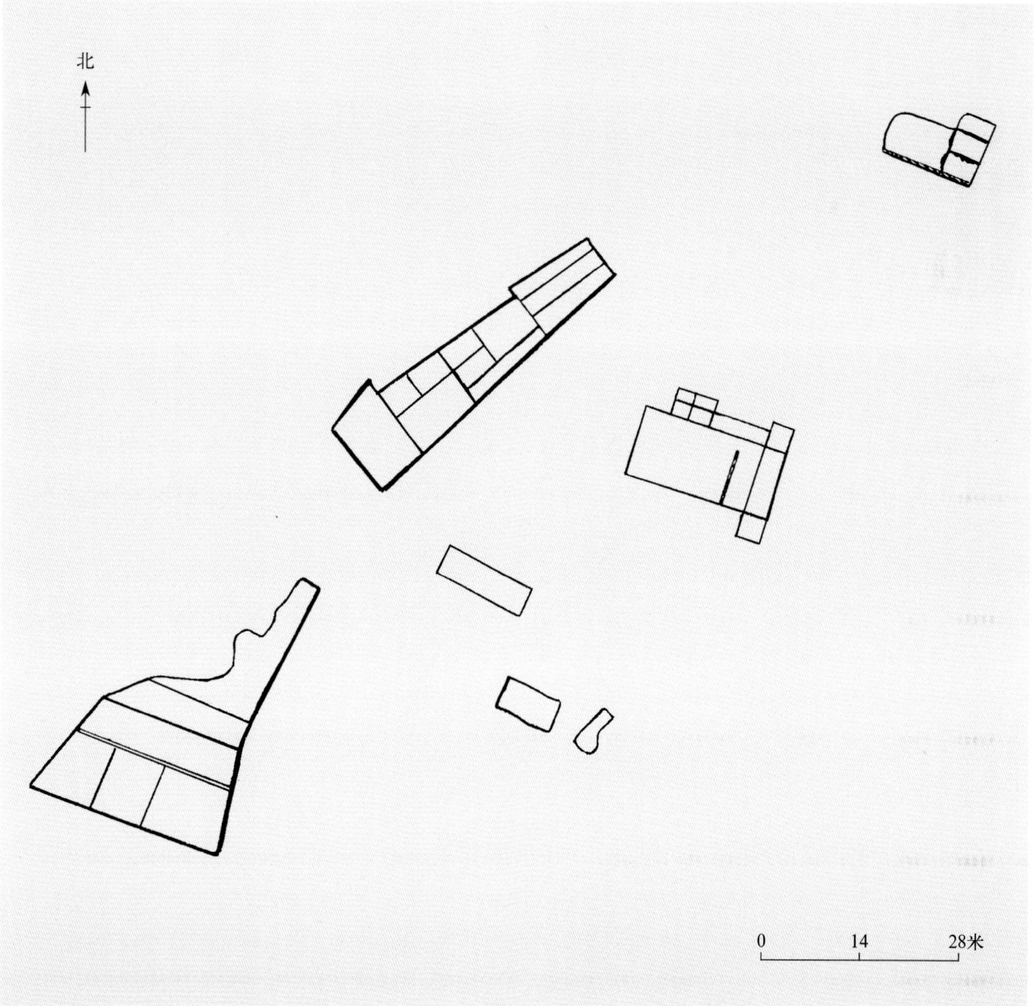

铁列克卡伦平面图

清军在平定准噶尔、大小和卓叛乱过程中，修建有大量的烽火台。经调查发现，在新疆有清代烽火台70余座，主要分布在北疆的哈密地区、乌鲁木齐市、昌吉回族自治州和南疆的喀什地区、和田地区、克孜勒苏柯尔克孜自治州等地，其中以哈密地区分布最为集中。

全景（一）（南-北）

全景（二）（南-北）

清军在平定准噶尔、大小和卓叛乱过程中，修建有大量的烽火台。经调查发现，在新疆有清代烽火台70余座，主要分布在北疆的哈密地区、乌鲁木齐市、昌吉回族自治州和南疆的喀什地区、和田地区、克孜勒苏柯尔克孜自治州等地，其中以哈密地区分布最为集中。

22 马什热普达坂卡伦

马什热普达坂卡伦位于新疆维吾尔自治区克孜勒苏柯尔克孜自治州乌恰县吾合沙鲁乡恰提村西北9.5千米。地处克孜勒套山上，海拔较高，气候干旱，常年有大风，地面凹凸不平，植被较差。北侧0.5千米有一条公路，交通便利。

卡伦保存较好，大致呈南北向沿山排列，主要由哨台、城堡和围墙组成。最北边的两座山头上各有一座哨台，相距18米，东南部的哨台位置最高，可以俯瞰全局。哨台面积约13.3平方米，墙基宽0.4～0.6、残高1.2～1.7米。城堡内房屋基址保存完整，布局清晰可辨。城堡门位于北墙中部，宽2米，门外有斜坡门道。城堡东墙长23米，南墙长27米，西墙长23.5米，北墙长25米。西北部哨台与南面山头上的城堡由围墙连接，四周墙体保存较好。卡伦大门位于城堡南20米处，门宽3.8米，东、西侧有房屋建筑，西面有马面。城堡与卡伦大门之间有矮墙连接，卡伦大门北侧墙体延伸至崖边。墙面有射击孔若干。地面散布少量的夹砂釉陶。据俄国人罗帕特金《喀什噶利亚》一书介绍，卡伦建于1873年。当时卡伦有哨兵20～30人，炮兵30～50人，大炮15～20门。马什热普达坂卡伦对研究该地清晚期的政治、军事、交通状况等有重要意义。

清军在平定准噶尔、大小和卓叛乱过程中，修建有大量的烽火台。经调查发现，在新疆有清代烽火台70余座，主要分布在北疆的哈密地区、乌鲁木齐市、昌吉回族自治州和南疆的喀什地区、和田地区、克孜勒苏柯尔克孜自治州等地，其中以哈密地区分布最为集中。

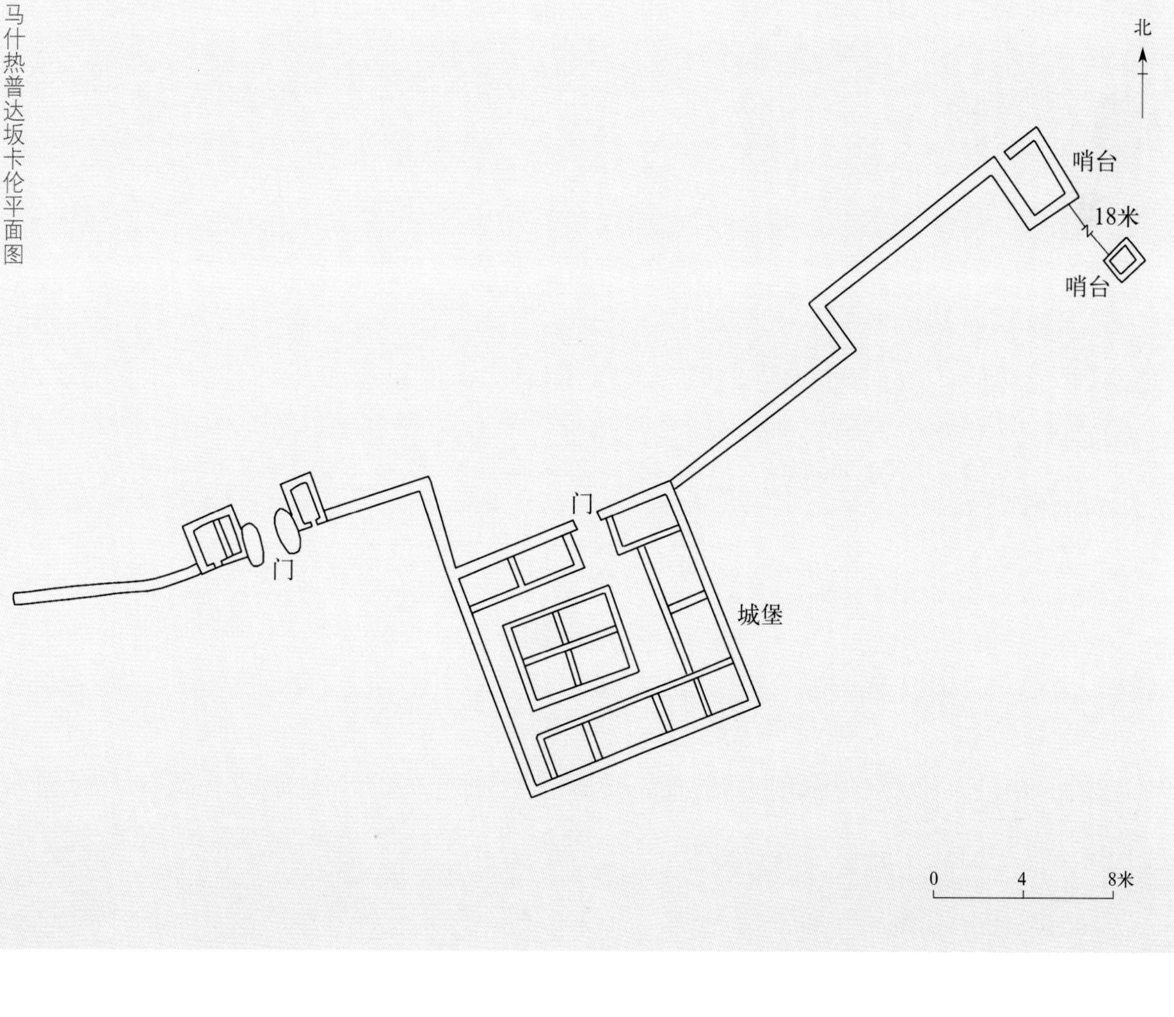

马什热普达坂卡伦平面图

东面

哨所与城堡间墙体（西—东）

清军在平定准噶尔、大小和卓叛乱过程中，修建有大量的烽火台。经调查发现，在新疆有清代烽火台70余座，主要分布在北疆的哈密地区、乌鲁木齐市、昌吉回族自治州和南疆的喀什地区、和田地区、克孜勒苏柯尔克孜自治州等地，其中以哈密地区分布最为集中。

23 库尔干恰斯卡伦遗址

库尔干恰斯卡伦位于新疆维吾尔自治区喀什地区英吉沙县克孜勒乡库勒艾日可村库尔干塔格村北约1.7千米一座孤立的山丘上。地处库山河和依格孜亚河河之间的冲积平原上，东隔图格曼贝希河道与库尔干塔格山相望，周围地势平坦，地表为砾石戈壁，外围为库尔干村的农田、村庄。北约13千米为克孜勒乡政府。

卡伦因风蚀等自然因素破坏而损毁严重，仅剩围墙残垣和两处土坯房屋建筑遗址，形成一个土包。围墙沿山脊而建，保存较好的一段围墙长40、高0.4～1米。房屋用土坯垒砌而成，残墙最高约2.5米。两处房屋面积均约5平方米。卡伦面积约10000平方米。此卡伦修建于1860年，左宗棠率领讨伐阿古柏叛军的部队在此驻扎过。

现状（西—东）

清军在平定准噶尔、大小和卓叛乱过程中，修建有大量的烽火台。经调查发现，在新疆有清代烽火台70余座，主要分布在北疆的哈密地区、乌鲁木齐市、昌吉回族自治州和南疆的喀什地区、和田地区、克孜勒苏柯尔克孜自治州等地，其中以哈密地区分布最为集中。

24 康达拉克其卡伦

康达拉克其卡伦位于新疆维吾尔自治区喀什地区塔什库尔干塔吉克自治县大同乡政府东0.5千米。地处叶尔羌河上游支流大同河北岸的山坡上，此处河谷两岸多为悬崖峭壁，山高谷深，十分险峻。沟中小溪水清流急，岸边台地地势平坦，草木较为茂盛，目前多已开垦为农田或修建房屋。南山坡下为康达拉克其村居民的农田与房屋。

卡伦因日晒、风雨侵蚀和山体滑坡等自然因素破坏而损毁，部分墙体被掩埋。保存一段弧形墙体，用石块垒成，长约30、高2米，石墙西部有一个缺口，可能为卡伦入口处。此建筑当地人认为是一处清代卡伦，但由于其所处滑坡体正下方有居民房屋，从所处位置看，也可能为一处用以阻拦山体滑石的挡石墙。

清军在平定准噶尔、大小和卓叛乱过程中，修建有大量的烽火台。经调查发现，在新疆有清代烽火台70余座，主要分布在北疆的哈密地区、乌鲁木齐市、昌吉回族自治州和南疆的喀什地区、和田地区、克孜勒苏柯尔克孜自治州等地，其中以哈密地区分布最为集中。

全景（南-北）

25 高唐江尕勒卡伦

高唐江尕勒卡伦位于新疆维吾尔自治区喀什地区塔什库尔干塔吉克自治县瓦恰乡夏布孜喀拉村。地处萨热吉勒尕山东侧、瓦恰河西岸台地上，四周地势较为平坦，台地下为草场。台地东侧为几户塔吉克族牧民的房屋，北约0.3千米为塔什库尔干县城至瓦恰乡的砂石路。

卡伦因日晒和风雨侵蚀等自然因素而破坏严重，大部分倒塌，仅剩下半部。卡伦由护墙、房屋和瞭望台三部分组成。护墙位于南部，长76米，高4～5，顶部宽1.5米，面积约600平方米，自东向西共有六座马面。房屋位于护墙北约30米处，南北16.8、东西15米，共有10间房屋，大小不一。房屋均用石块垒砌，石块大的50厘米，小的10余厘米。房屋墙体有不同程度的坍塌，高约1.5米，最高1.9米。瞭望台位于房屋的东南部，现只存局部。依据其地理位置和建筑形制推测，该卡伦年代为清代。

全景（西—东）

房址（北—南）

清军在平定准噶尔、大小和卓叛乱过程中，修建有大量的烽火台。经调查发现，在新疆有清代烽火台70余座，主要分布在北疆的哈密地区、乌鲁木齐市、昌吉回族自治州和南疆的喀什地区、和田地区、克孜勒苏柯尔克孜自治州等地，其中以哈密地区分布最为集中。

26 道扎克达西提卡伦

道扎克达西提卡伦位于新疆维吾尔自治区喀什地区塔什库尔干塔吉克自治县塔什库尔干乡萨热吉勒尕村。地处萨热吉勒尕山东侧、塔河西岸的一座高台地上，台地周围为皮思林草场。东北为几座牧民房屋，房屋往东为314国道，南为农田，西为通向山谷的路，北侧台地下是几座牧民房屋。

卡伦因风雨侵蚀等自然因素破坏损毁较严重，除西南墙保存稍好外，其余墙体仅剩四角。卡伦依地势而建，平面呈近正方形，墙体用土坯砌筑而成，墙基中混杂有石块和细木棒。东墙长18米，南墙长16米，西墙长15米，北墙长16米，残高1.5～2.5米，面积约300平方米。土坯长40、宽20、厚10厘米。依据其形制和建筑方法推测，该卡伦年代为清代。

清军在平定准噶尔、大小和卓叛乱过程中，修建有大量的烽火台。经调查发现，在新疆有清代烽火台70余座，主要分布在北疆的哈密地区、乌鲁木齐市、昌吉回族自治州和南疆的喀什地区、和田地区、克孜勒苏柯尔克孜自治州等地，其中以哈密地区分布最为集中。

西南面

北面

清军在平定准噶尔、大小和卓叛乱过程中，修建有大量的烽火台。经调查发现，在新疆有清代烽火台70余座，主要分布在北疆的哈密地区、乌鲁木齐市、昌吉回族自治州和南疆的喀什地区、和田地区、克孜勒苏柯尔克孜自治州等地，其中以哈密地区分布最为集中。

27 派依克卡伦

派依克卡伦位于新疆维吾尔自治区喀什地区塔什库尔干塔吉克自治县达布达尔乡阿特加依里村西南9.6千米的卡克公路东南侧。地处阿提亚依勒山北麓、卡拉其库河南岸的山前地带。西为克其克色拉吉勒尕沟，北为卡吐公路及卡拉其库河，东约2千米为排依克卡伦瞭望塔。

卡伦因风雨侵蚀等自然侵蚀造成破坏，部分墙体倒塌。卡伦东西30、南北27米，面积约1000平方米，主要由房屋和围墙组成。房屋有五六间，平顶。底部用石块垒砌而成，1.2米以上用土坯砌筑而成。围墙高约4、厚0.6米，由土坯砌筑，土坯长30、宽12、厚8厘米。1938年盛世才统治时扩建，新中国成立后一直沿用，曾为派出所驻地。据史书记载，此卡伦年代为清代。

清军在平定准噶尔、大小和卓叛乱过程中，修建有大量的烽火台。经调查发现，在新疆有清代烽火台70余座，主要分布在北疆的哈密地区、乌鲁木齐市、昌吉回族自治州和南疆的喀什地区、和田地区、克孜勒苏柯尔克孜自治州等地，其中以哈密地区分布最为集中。

全景（一）（东北—西南）

全景（二）（南—北）

清代军事设施遗址·卡伦

全景（三）

东北面

东南面

清军在平定准噶尔、大小和卓叛乱过程中，修建有大量的烽火台。经调查发现，在新疆有清代烽火台70余座，主要分布在北疆的哈密地区、乌鲁木齐市、昌吉回族自治州和南疆的喀什地区、和田地区、克孜勒苏柯尔克孜自治州等地，其中以哈密地区分布最为集中。

结语、附表、主要参考文献

新疆长城资源调查共登记长城资源遗存212处。其中属于汉代的25处、唐代的187处，单体建筑有186处、关堡类26处（长城资源名录刊印数据）。通过这次调查，基本掌握了新疆境内长城资源的类型、时代、数量、分布、结构特征、保存现状等情况，达到了国家文物局长城资源调查工作的各项要求，为中国长城文化的全面研究提供了新疆地区的翔实资料。此外，从不可移动文物的类型和功能看，新疆清代的烽火台、驿站等军事设施遗址与汉唐时期的长城资源遗存有共性；从分布地域上看，其中有相当一部分遗址散布在汉唐丝绸之路的故道上。因此，从资料的系统性、完整性角度考虑，我们对新疆134处清代军事防御设施遗址也依照国家长城资源的调查规范进行了调查登记，资料一并收录在本报告中。

一、新疆长城资源的类型与时代

由于独特的自然环境，新疆的长城资源遗存没有连续性的墙体。其突出特征是依线设点，即在新疆境内的丝绸之路沿线及军事要地附近修建众多的防御设施，构筑不同级别、不同类型和规模的防御建筑，总体形成了以城镇为重心，以烽火台、驿站、戍堡等为基点连接的中西交通护卫防线。

新疆的长城资源遗存类型有烽火台、戍堡、驿站等，其中以烽火台最为普遍。从时代上看，新疆的长城资源建筑主要修筑于汉代和唐代，这与汉、唐时期国力强盛、国土辽阔、中央政府高度重视对西域的经营和管理这一历史史实相符。

新疆境内的烽火台多数年代跨度较大，烽火台在使用过程中不断经过修筑加固，有的历经数个世纪、跨越不同朝代。在这次长城资源调查中，烽火台的修建和使用年代是调查分析的重要方面。调查中，根据烽火台修筑的历史背景、相关历史文献，并结合其建筑方法、考古地层学、类型学以及碳十四测定等对烽火台的年代进行了综合分析。对那些已经坍塌或保存较差的烽火台，则通过与年代明确、建筑结构清楚的典型烽火台进行对比，同时参考相关历史背景，按照交通线路对其年代进行推定。汉代，新疆北部草原、吐鲁番盆地、哈密绿洲长期被匈奴势力干扰，塔里木盆地两侧的南、北两道是汉代比较畅通的交通线路，当时，烽火台主要集中修筑在这两条通道上,这个时期的烽火台主要用芦苇、红柳、胡杨、沙土、土坯等层层垒筑而成，与敦煌一带汉代边塞建筑的构筑方法基本一致。例如：乌鲁木齐市的盐湖烽火台沿用汉晋时期修筑烽火台方法，用土坯砌筑，每隔数层土坯夹铺一层芦苇、红柳枝。根据对夹层中芦苇、红柳枝的碳十四测定，确定其修建时间在唐代。昌吉回族自治州的五工台烽火台黄土夯筑而成，形体巨大，保存完好，无修补痕迹，在隔数层夯土间夹铺有一层密集的原木，这是唐代烽火台的典型建筑样式。

除了汉、唐时期的烽火台外，新疆还保存有大量清代的烽火台及其他相关军事设施遗址。清朝是北方游牧民族建立的王朝，清军入关统一中国后，东北满洲和内蒙古与中原连成一片。此时，在西北边陲，厄鲁特封建贵族内部出现一股分裂割据势力，特别是准噶尔上层贵族取得了厄鲁特蒙古各部之首的地位，在西北地区大肆扩张地盘，占据天山南北，并不断向内地侵扰。噶尔丹掌权时，更是发动武装叛乱，对抗中央政权。康熙亲政后集中兵力反击准噶尔叛乱。雍正九年（1731年），定远大将军岳钟琪平定准噶尔叛乱时修筑了巴尔库尔绿营兵城，在其东、西两侧各修筑了一座卫星城，并在该城周围修建烽火台。乾隆二十七年（1762年）清政府继承了汉唐以军府治理边疆的历史传统，设立了伊犁将军作为主管西北边陲的最高军政建置。伊犁河畔的惠远城系将军府治所所在，乾隆年间，以惠远古城为中心，在伊犁河两岸修建有8座城池，合称伊犁九城。正是在这一历史背景下，清政府修筑了自敦煌至哈密，经天山北麓穿越巴里坤、木垒、吉木萨尔、阜康、乌鲁木齐、昌吉、呼图壁、玛纳斯的烽火台、军台、驿站等。另一方面，针对沙俄对我国边疆地区的觊觎，清政府又修建了众多的卡伦，共同构成了相对完善的军事防御体系。新疆清代的这些军事防御设施，对于巩固国家的统一、促进边疆社会的安定和经济发展，具有十分积极的意义。

二、新疆长城资源的分布特点

新疆地域辽阔，有广袤的沙漠戈壁、连绵不断的崇山峻岭、靠近河流的成片绿洲，历代中央王朝经营西域都采取了因地制宜的方针构筑军事防御设施。通过此次调查可以看出，新疆长城资源的分布，一方面受着联系东西方的交通线路以及绿洲城镇分布的制约，另一方面也与中央王朝统辖西域当地军政形势的变化有关。这些军事设施重点修筑在交通线上或军事要地附近。主要类型有烽火台、关隘、戍堡、驿站等。

烽火台是新疆长城资源中发现数量最多的类型。据《史记 · 匈奴传》载，秦始皇筑万里长城“因地形，用险制塞，起临洮，至辽东，延袤万余里。”以后历朝基本上都沿袭这一原则选择修筑长城要塞的地点。汉唐时期新疆的烽火台基本在丝路沿线修筑，其周围常有“布拉克”（泉）、“库都克”（井）等水源存在。《西州图经残卷》载：“银山道，右道出天山县界……唯近烽是水草，通车马行。”一般情况下，烽火台之间的距离多根据地形地势或水源位置灵活设定，如《武经总要》前集卷五《唐兵部烽式》(下称《烽式》)记，“唐法：凡边城堠望，每三十里置一烽，须在山岭高峻处，若有山冈隔绝，地形不便，则不限里数，要在烽烽相望；若临边界，则烽火外周筑城障。”

新疆长城资源中，关隘遗址发现不多。关必据险路，居于“一夫当关万夫莫开”的险要地理位置。历代的战争，也多发生在险关要塞之处，守住了险关，就意味着守住整个防线。以新疆盐水沟关垒为例，此关垒扼守在库车绿洲穿越盐水沟西到拜城、阿克苏绿洲，北越天山达伊犁地区的交通咽喉之处。1907年法国人伯希和曾在盐水沟峡谷口古堡中掘得一批唐代龟兹文木简，简文中多次提到盐关这一名称。其中一完整的简文称“……在盐关。汝自适用此符，现自……来，偕行者共十人，马共五匹，牛一头，放行勿诘，汝亦不得有所留存。”可以看出盐水沟是唐代军事与商旅要道上的一个重要的关口，戍守警卫制度非常严密，过往商旅行人都需经严格审查才能放行通过。

戍堡也是新疆长城资源的重要组成部分，有的和烽火台连用，有的独立设置。与关一样，戍堡多位于要道沿途，有时为了维护政治中心的安全，修筑在较大城镇周边，用于统兵戍守。

驿站是用于传递官府文书和军事情报的机构，也是来往官员途中食宿、换马的场所。驿站设置地点的选择和其作用有关，主要分布在交通干线上。

除上述长城资源遗址外，清代，清政府在蒙古、东北和西北广大地区边境线上还修筑有卡伦，其作用类似于现代的边防哨所。每一卡伦都驻一定数量的官兵，进行侦察瞭望、管理游牧、监督贸易，还兼负着稽查逃人、防止入侵等任务。北疆的伊犁地区、塔城地区和南疆的喀什地区、克孜勒苏柯尔克孜自治州等边境线上，卡伦至今保存相对较好，这些卡伦的修建，与当时防卫沙皇俄国侵犯有关。

三、新疆长城资源及清代军事设施的分布区域和线路

根据本次调查，以烽火台为主的新疆长城资源主要分布区域有二，一是以丝绸之路交通线为干道，因地制宜，沿途分布；二是以政治中心或重要城镇为中心，向外延伸，修筑在险要的山口和沙漠边缘。总的看来，汉代新疆的烽火台主要分布在当时丝绸之路南道和北道。唐代烽火台在南、北、中三道均有分布。清代军事设施主要修筑在当时平叛的南、北两个中心——哈密地区和喀什地区。清代从乾隆年间开始在边境地区又修筑有大量的卡伦设施。

（一）汉代长城资源分布区域和线路

新疆境内汉代长城资源有25处，主要为烽火台，另有1处戍堡和1通石刻。它们基本沿着当时丝绸之路的干线分布。《汉书·西域传》称，自玉门、阳关出西域有两道：“从鄯善傍南山北，波河西行至莎车，为南道。南道西逾葱岭则出大月氏、安息；自车师前王庭随北山，波河西行至疏勒，为北道。北道西逾葱岭则出大宛、康居、奄蔡。”

南道因沿阿尔金山、昆仑山北麓和塔克拉玛干沙漠南缘西行，全线在新疆南部，故称南道。《魏略·西戎传》有详细路线记载：“从玉门关西出，经若羌转西，越葱岭度月氏，为南道，南道西行，且末国、小宛国、精绝国、楼兰国皆并属鄯善也；戎卢国、渠勒国、皮山国并属于阗。”此道沿途经今巴音郭楞蒙古自治州、和田地区、喀什地区、克孜勒苏柯尔克孜自治州等地。这些区域由于远离海洋并被高山环抱，属温带极端大陆性气候，冬季漫长严寒，夏季炎热干燥，春秋两季短促而变化剧烈，全年降水稀少，日照充足。由天山、昆仑山冰雪融化而形成若干河流，如米兰河、车尔臣河、塔里木河、孔雀河、尼雅河、克里雅河等，在河流形成的绿洲冲积平原上建立有若干城邦小国。在南道上遗留有一些烽火台，如墩里克、米兰、下塔提让烽火台等。它们主要集中分布在巴音郭楞蒙古自治州的若羌县和且末县境内。

北道从敦煌出发，前段有较多支线。或经罗布荒漠到楼兰，或经伊吾（今哈密）到高昌，或经库姆塔格沙漠入高昌，后经焉耆、轮台、龟兹（今库车县）、疏勒（今喀什市），西逾葱岭，则出大宛、康居、奄蔡。由于此道靠近匈奴领地，常受到匈奴南下骚扰，所以汉王朝始终未能有效控制天山以北地区。实际调查中，在丝绸之路北道通过的哈密、吐鲁番等地区也没有发现汉代烽火台的遗存。当时起重要作用的是经罗布荒漠，过土垠，沿孔雀河西行的交通线，在该道沿线分布着众多的烽火台，其中孔雀河烽燧群就位于这条线路上。沿线的渠犁地区是汉朝在西域设立的重要屯田据点，可以看出，孔雀河烽燧群既担负着保护屯田设施的作用，同时

又是迎送、补给来往于此道使者、客商的中转站。在北道后段，今阿克苏地区境内发现有汉龟兹左将军刘平国作亭诵石刻，这里是古代龟兹地区穿越天山到达乌孙国的捷径，地理位置险要，东汉政府在此治关城、作列亭，表明了汉朝军政势力在这里有效地进行统辖。

沿孔雀河西行的交通道路在两汉到魏晋时期，受到了汉晋中央王朝的高度重视，投入了相当的人力和物力，成为一条连接东西方的主要通道。约自汉平帝元始年间开始，又被称为“中道”。据《魏略·西戎传》载：“前往西域有二道，自元始以后有三道……从玉门关西出，发都护井，回三陇沙北头，经居卢仓，从沙西井转西北，过龙堆，沿孔雀河西行到古楼兰，转西诣龟兹，至葱岭，为中道。”汉晋时期南、北、中三道是丝绸之路的主要干道，在三道之间还有众多联系主干道的支线，向西连接中、西亚诸国，构成了横跨欧亚的丝绸之路。

（二）唐代长城资源分布区域和线路

唐朝统一西域后，作为中西交通干线的丝绸之路，以及天山南北的各条支线，纵横交错，形成网络，畅通无阻，呈现出前所未有的繁盛景象。“是时中国盛强，自安远门西尽唐境万二千里，闾阎相望，桑麻翳野。”唐朝在继承汉代烽火台制度的基础上，在西域交通沿线修建有大量的军镇、守捉、烽火台、馆驿等军事交通设施。

根据《隋书·裴矩传》对当时交通路线的记载：“发自敦煌，至于西海，凡为三道，各有襟带。北道从伊吾，经蒲类海铁勒部，突厥可汗庭，度北流河水，至拂林国，达于西海。其中道从高昌、焉耆、龟兹、疏勒，度葱岭，又经钹汗、苏对沙那国、康国、曹国、何国、大小安国、穆国，至波斯，达于西海。其南道从鄯善、于阗、朱俱波、喝盘陀，度葱岭，又经护密、吐火罗、挹怛、帆延、漕国，至北婆罗门，达于西海。其三道诸国，亦各自有路，南北交通。其东女国、南婆罗门国等，并随其所往，诸处得达。故知伊吾、高昌、鄯善，并西域之门户也。总凑敦煌，是其咽喉之地。”从记载中可以看出，唐代南道与汉代南道基本吻合，唐中道为汉代北道（元始年前），唐代北道为汉以后开通的一条新道。汉晋时期兴盛一时的中道，由于环境变迁而逐渐废弃。东晋隆安三年（399年），年近古稀的法显决定西赴天竺，途经罗布泊，在其著作《佛国记》中描述该地“上无飞鸟，下无走兽，遍望极目，欲求度处，则莫知所拟，唯以死人枯骨为标识耳”。而到唐代后，进入西域的“官道”已不再走罗布泊、楼兰一线，而是经过有人烟水草的伊吾、吐鲁番盆地西去龟兹、疏勒。

唐代南道在汉代南道的基础上继续通行，根据《新唐书·志第三十三下·地理七下》记载：“又一路自沙州寿昌县西十里至阳关故城，又西至蒲昌海南岸千里。自蒲昌海南岸，西经七屯城，汉伊修城也。又西八十里至石城镇，汉楼兰国也，亦名鄯善，在蒲昌海南三百里，康艳典为镇使以通西域者。又西二百里至新城，亦谓之弩支城，艳典所筑。又西经特勒井，渡且末河，五百里至播仙镇，故且末城也，高宗上元中更名。又西经悉利支井、祆井、勿遮水，五百里至于阗东兰城守捉。又西经移杜堡、彭怀堡、坎城守捉，三百里至于阗。”可见唐朝在南道沿途设立有镇、城、堡、守捉等军事机构来管辖其辖境事宜。在唐代中后期，西藏高原的吐蕃势力开始强盛，不断与唐在西域地区发生冲突，争夺对西域的控制权。在此背景下，靠近吐蕃的丝绸之路南道各地首当其冲被吐蕃占领，唐朝在这里的军政势力逐渐削弱以至最后消失。现在南道遗留下的米兰戍堡、麻札塔格戍堡、麻札塔格烽火台等唐朝军事设施，都曾被吐蕃占领使用过，在遗址内还发现有大量的吐蕃文书。

中道是唐代丝绸之路的主要干道，通过对东、西突厥和麴氏高昌的军事打击，唐朝基本控制了南北疆地区，开通了经过伊州（哈密）、西州（吐鲁番），而前往南北疆各地的交通路线。

在伊州境内有敦煌、安西连接伊州的交通路线，从伊州通往西州、庭州及伊州通往下辖的柔远县、纳职县，伊吾军驻地也有交通路线，沿途均修筑有烽火台。据成书于885年的《沙州·伊州地志》残卷载，伊吾县有“烽七：水源、毛瓦、狼泉、香枣、磐兰泉、速度谷、伊地具”，纳职县有“烽八：百尺、不到泉、永安、车拓厥、花泉、延末、□□、□□”，柔远县有“烽四：白望、白杨山、伊地具、独堆”。墩墩山烽火台即为柔远县下辖的烽火台之一。

伊州通往西州和庭州（吉木萨尔）的交通道路，据《大慈恩寺三藏法师传》载，玄奘到达伊吾后，“法师意欲取可汗浮图过。既为高昌所请辞不获免。于是遂行涉南碛，经六日至高昌界白力城……即以其夜鸡鸣时到王城”。可见从伊州西行，向西南行可至吐鲁番，向北行可至可汗浮图城（庭州）。沿途现存拉克苏木烽火台、尤库日巴格烽火台、大泉子烽火台、下焉布拉克烽火台等遗迹。

吐鲁番盆地在唐代西域具有重要的战略地位，在这里分布有通往伊州（哈密）、庭州（吉木萨尔）、轮台（乌鲁木齐）和南疆焉耆等地的交通路线。根据出土文书《西州图经》记载，在吐鲁番境内有赤亭道、新开道、花谷道、移摩道、萨捍道、突波道、大海道、乌骨道、他地道、白水涧道、银山道等路线，沿途设有密集的馆驿、烽铺。从吐鲁番出土文书中已发现的唐代烽堠名称有赤亭烽、罗护烽、达匪烽、突播烽、小岭烽、挎谷烽、维磨戍烽、柳中上烽、狼泉烽、塞亭烽、胡麻泉烽、上萨捍烽、悬泉烽、神山烽、赤山烽、河头上烽、武城上烽、交河上烽等。根据对吐鲁番地区烽火台的调查可以看出，烽火台的分布线路基本与这些交通路线重合。

赤亭道、新开道为西州通伊州的道路。由伊州纳职（今哈密市四堡村）穿越沙碛，直西向赤亭，再西抵蒲昌城的交通线，即唐之赤亭道，也就是唐伊西路南道。此道沿途为沙漠戈壁，无水草，多热风，故行人商旅多不走此道。新开道为唐伊西路北道，大致与今312国道路线相重合。色克三墩烽火台、三十里大墩烽火台都位于该道上。

大海道为东南连接沙州的一条捷径，《西州图经》载：“右道出柳中县界东南向沙州一千三百六十里，常流沙，人行迷误，有井泉，咸苦，无草，行旅负水担粮履践沙石，往来困弊。”由于此道沿途均为沙漠，容易迷失方向，又无水草补给，所以在唐代不可能是一条主要通道。迪坎烽火台位于此道上。

花谷道、移摩道、萨捍道、突波道、乌骨道、他地道都是西州连接北庭都护府的路线，大部分为穿越天山的小道，有的可通人马车牛。赛克散烽火台、二塘沟烽火台、煤窑沟戍堡、吐尔退维烽火台、潘家地烽火台等基本扼守在这几条通道沟口的要隘处。

白水涧道是西州（吐鲁番）连接轮台（乌鲁木齐）的主要通道，其名称来源可能与沿途穿越的白杨河有关。路线基本同今吐鲁番市至乌鲁木齐市的公路线。其中盐湖烽火台、柴窝堡烽火台、乌拉泊烽火台、新疆化肥厂烽火台就分布在这条道路的沿线。

银山道是唐代连接南北疆的一条主要交通路线，《新唐书·地理志》“西州交河郡”条记载：“自州西南有南平、安昌两城，百二十里至天山西南入谷，经礌石碛，二百二十里至银山碛，又四十里至焉耆界吕光馆。又经盘石百里，有张三城守捉，又西南百四十五里经新城馆，渡淡河，至焉耆镇城。”贞观十八年（646年），安西都护郭孝恪“帅步骑三千出银山道”，大败西突厥。天宝十三年（754年）伊西节度使封常清与时任安西、北庭节度判官的诗人岑参从西州取银山道往焉耆、龟兹。岑参写到“银山碛口风似箭，铁门关西月如练”。唐玄奘从高昌至阿耆尼国（焉耆）时或许就走此道，他路过阿父师泉即今天的阿格布拉克泉水。清代在此处还设有驿站。由于此道石壁陡峭，路径险恶，每当盛夏时常有山洪暴发，故在沿途并未发现有唐代文化遗存。

据调查，今南疆铁路穿过的阿拉沟、鱼儿沟一线，在唐代也是连接南北疆的一条重要的交通线。吐鲁番地区境内今存的阿拉沟戍堡、吾斯提沟烽火台，和静县境内的查汗通古东、西烽火台都位于此道上。据了解，从阿拉沟戍堡向西进阿拉沟内13千米和31千米处还各有1座烽火台（现已不存）。继续沿南疆铁路前行至巴仑台镇境内的和静钢铁厂附近也有1座由土坯垒砌的烽火台，但在20世纪70年代末期已毁。南行可接查汗通古东、西烽火台，达焉耆盆地。

在乌鲁木齐县永丰乡也遗留有1座烽火台，位于省道216线翻越一号冰川达坂进入南疆焉耆盆地沿途，据其结构形制，应为唐代烽火台（并不排除清代继续使用的可能性）。或许它扼守的通道是唐代轮台城通往焉耆的一条捷径。

沿丝绸之路中道分两路进入南疆后，在焉耆、博湖县境内有众多唐代古城遗址，如四十里古城、七个星古城、唐王城、博格达沁古城等，在其周围遗留有七个星千佛洞烽火台、千间房南烽火台、阿克墩烽火台、哈曼沟路烽火台等。它们或处于交通线路上，或在城堡附近担任警烽。为防止来自西部大小裕勒都斯河谷（鹰娑）游牧部落的侵扰，在霍拉山口附近也修筑有2座烽火台。

从库尔勒西行至库车县，沿途有上恰其烽火台、库尔楚烽火台、廷木墩烽火台、拉依苏东烽火台、喀拉亚烽火台、却勒阿瓦提烽火台等。由于龟兹为唐安西四镇之一，并在龟兹境内设立有安西都护府，所以在以今库车县、新和县为中心的阿克苏地区，遗留有众多的古城、戍堡、烽火台遗迹。安西都护府于唐显庆三年（685年）五月，从西州迁龟兹伊逻卢城。安西都护府以治所为中心，以丝绸之路为主线，在周围设置镇、戍、烽堠等各级军事机构，护卫伊逻卢城。同时唐朝改革北朝以来重装骑兵为轻骑兵，灵活快捷。因此，无论西突厥或吐蕃从哪个方向侵扰龟兹，安西都护都可依托镇、戍、烽堠进行防御。正如岑参所述：“昨者新破胡，安西兵马回；铁关控天涯，万里何辽哉!”

《新唐书·地理志》载：“安西西出柘厥关，渡白马河，百八十里西入俱毗罗碛。经苦井，百二十里至俱毗罗城。又六十里至阿悉言城。又六十里至拨换城，一曰威戎城，曰姑墨州，南临思浑河。乃西北渡拨换河、中河，距思浑河百二十里，至小石城。又二十里至于阗境之胡芦河。又六十里至大石城，一曰于祝，曰温肃州。又西北三十里至粟楼烽。又四十里度拔达岭。又五十里至顿多城，乌孙所治赤山城也。又三十里渡真珠河，又西北渡乏驿岭，五十里渡雪海，又三十里至碎卜戍，傍碎卜水五十里至热海。又四十里至冻城，又百一十里至贺猎城，又三十里至叶支城，出谷至碎叶川口，八十里至裴罗将军城。又西二十里至碎叶城，城北有碎叶水，水北四十里有羯丹山，十姓可汗每立君长于此。自碎叶西十里至米国城，又三十里至新城，又六十里至顿建城，又五十里至阿史不来城，又七十里至俱兰城，又十里至税建城，又五十里至怛罗斯城。自拨换、碎叶西南渡浑河，百八十里有济浊馆，故和平铺也。又经故达干城，百二十里至谒者馆。又六十里至据史德城，龟兹境也，一曰郁头州，在赤河北岸孤石山。渡赤河，经岐山，三百四十里至葭芦馆。又经达漫城，百四十里至疏勒镇，南北西三面皆有山，城在水中。城东又有汉城，亦在滩上。赤河来自疏勒西葛罗岭，至城西分流，合于城东北，入据史德界。自拨换南而东，经昆岗，渡赤河，又西南经神山、睢阳、咸泊，又南经疏树，九百三十里至于阗镇城。于阗西五十里有苇关，又西经勃野，西北渡系馆河，六百二十里至郅支满城，一曰碛南州。又西北经苦井、黄渠，三百二十里至双渠，故羯饭馆也。又西北经半城，百六十里至演渡州，又北八十里至疏勒镇。自疏勒西南入剑末谷、青山岭、青岭、不忍岭，六百里至葱岭守捉，故羯盘陀国，开元中置守捉，安西极边之戍。有宁弥故城，一曰达德力城，曰汗弥国，曰拘弥城……”

根据本次调查的烽火台情况，结合以往考古调查、历史文献等，大致推测在唐安西都护府周边或其向西延伸的丝路上有以下几条烽火台线路。

1．沿今314国道，从库尔勒市经轮台县、库车县、新和县、阿克苏市、图木舒克市、巴楚县、阿图什市至喀什市一线，这是唐代丝绸之路中道的主要干线。沿途分布有大量古城、戍堡、烽火台。从安西都护府出，烽火台线路向东经克日希戍堡、吾孜塔木戍堡、却勒阿瓦提烽火台等可接焉耆镇。向西南经科什吐尔塔烽火台、吐孜吐尔烽火台、羊达克库都克烽火台等至阿克苏，然后向西南行过齐兰烽火台、亚依德梯木烽火台、穷吞木烽火台、泽吞木烽火台、阿太西烽火台等到达托库孜萨来古城（唐据史德城），然后西行经库木萨克烽火台、摩尔提木烽火台等，可到达疏勒镇（喀什）。

2．库车县通往尤勒都斯草原的天山支脉科克铁克山顶险要处修筑有大龙池戍堡、库尔干戍堡。北侧尤勒都斯草原水草丰美，是西突厥重要的游牧地，这两座戍堡即扼守在要道沿途，以防止游牧民族的侵扰。

3．库车县通往伊犁地区，该道从库车县过盐水沟关垒，西北至拜城县黑英山乡，沿博者克拉格沟北行，翻越天山上众多达坂，而到伊犁地区特克斯县境内。唐代在天山南麓山口处修筑有色拉依塔木烽火台、塔什吐尔烽火台2座烽火台。这条道路在汉代已经开通，在山口附近石壁上还存留有汉代龟兹左将军刘平国治关城诵石刻。

4．在安西都护府和碎叶镇之间有一条被称为“热海道”的交通路线连接，热海即伊塞克湖，今沿别迭里河谷入山，翻越别迭里山口，过伊塞克湖，可至碎叶。这条道路在汉代可能就已经开通，在《大唐西域记》中也有记载：“跋禄迦国西北行三百余里，度石碛，至凌山，此则葱岭北原。水多东流矣。山谷积雪春夏合冻。虽时消泮寻复结冰……山行四百余里，至大清池……清池西北行五百余里，至素叶水城。”在该道沿途设立有一线烽火台，残存有英买里、八卦墩、别迭里三座烽火台，呈东西向一线分布，它们连接着安西都护府与碎叶镇交通和军事信息传达，也是中原与西亚、欧洲各国沟通的重要途径之一。

5．在龟兹古国境内，安西都护府和龟兹镇治所和下辖机构之间也修建有烽火台线路，由于龟兹地处丝绸之路十字路口，拥有得天独厚无可取代的地位，汉代开通丝绸之路后，为解决汉军西征中军事给养供给的困难，汉朝决定屯垦戍边。《汉书·西域传》载：“轮台、尉犁皆有田卒数百人，置使者校尉领护，以给使外国者。”汉武帝征和四年（前89年），搜粟都尉桑弘羊还曾建议在轮台以东发展屯垦并修筑烽火台等护卫设施：“臣愚以为可遣屯田卒诣故轮台以东，置校尉三人分护，各举图地形，通利沟渠，务使以时益种五谷。……田一岁，有积谷，募民壮健有累敢徙者诣田所，就畜积为本业，益垦溉田，稍筑列亭，连城而西，以威西国，辅乌孙，为便。臣谨遣征事臣昌分部行边，严敕太守都尉明烽火，选士马，谨斥候，蓄茭草。愿陛下遣使使西国，以安其意。”唐代安西都护府在这里设立，除设有都督府、州、城等地方行政建制外，安西府本身还设有各类管理机构。据《大唐六典》记载，唐王朝为解决军粮问题，在安西设有二十屯，这些屯田区域主要集中在库车南部至塔里木河以北区域。为联系各行政机构，保卫屯田垦殖，在这里修建有克孜尔协戍堡、托秀克塔木戍堡、塔什吐尔烽火台、阿热勒烽火台等众多的戍堡、烽火台。

6．库车至于阗东境（今策勒、于田一带），大致路线由库车过塔里木河后沿克里雅河而至于阗。根据近年的考古调查和发掘，在克里雅河流域遗留有大量史前至历史时期的遗迹。从考古材料来看，早期遗存主要分布在克里雅河流域南北两端，然后由北向南逐渐迁移。在汉晋时期人们主要生活在克里雅河流域中部，现遗留有以圆沙古城、喀拉墩古城为代表的大批文化遗存。在唐宋时期人类活动区域逐渐南移。慧超《往天竺五国传》中有“安西南去于阗国二千里”，就是对此道简略记载。由于此道多处在沙漠，今已淹没难寻。

7．阿克苏至于阗（今和田），道路基本同现在和田至阿拉尔的沙漠公路。主要是沿和田河行进，《汉书·西域传》载：“姑墨国……南至于阗马行十五日”，《新唐书·地理志》：“自拨换南而东，经昆岗，渡赤水，又西南经神山……九百三十里至于阗城。”今麻札塔格即为“神山”，山上遗留有唐代戍堡和烽火台，出土有唐代吐蕃文书。可见在汉唐时期，这是连接塔里木盆地南北交通的一条主线。库车至于阗、阿克苏至于阗的两条南北线路，沟通了塔里木盆地南北交通，其作用和意义不容忽视。

北道因地处天山北麓山前地带而得名。为开辟这条自然条件优越的交通道路，汉王朝就曾进行过持续不懈的努力，与匈奴进行过长期的斗争。在今巴里坤县境内发现有永和二年（137年）敦煌太守裴岑记功碑、永和五年（140年）汉碑（焕彩沟碑）、永元五年（93年）任尚记功碑，这些都是汉王朝开通这条道路的佐证。但北道作为一条官道出现在历史舞台，则是在隋唐时期。根据《隋书·裴矩传》记曰：“北道从伊吾，经蒲类海铁勒部，突厥可汗庭，渡北流河水，至拂林国，达于西海。”《新唐书·地理志》：“自庭州西延城西六十里有沙钵城守捉，又有冯洛守捉，又八十里有耶勒城守捉，又八十里有俱六城守捉，又百里至轮台县，又百五十里有张堡城守捉，又渡里移得建河，七十里有乌宰守捉，又渡白杨河，七十里有清镇军城，又渡叶叶河，七十里有叶河守捉，又渡黑水，七十里有黑水守捉，又七十里有东林守捉，又七十里有西林守捉；又经黄草泊、大漠、小碛，渡石漆河，逾车岭，至弓月城。”从文献记载来看，该线在新疆境内要经过哈密市和巴里坤、木垒、奇台、吉木萨尔、阜康、呼图壁、玛纳斯等县而至伊犁河流域。

唐景龙四年(710年)，在伊州西北三百里的甘露川设置伊吾军，驻地为今巴里坤县的大河古城。根据《旧唐书》记载：“伊吾军，在伊州西北三百里甘露川，管兵三千人，马三百匹……在北庭府东南七百里。”伊州和伊吾军都为北庭都护府管辖范围，各自之间有互通道路连接。

伊州治所至伊吾军的交通线路，与现哈密至巴里坤的公路基本吻合。在沿途曾发现有任尚碑、姜行本记功碑等遗物。尤勒滚鲁克烽火台就位于伊州连接伊吾军驻地的交通线上。在伊吾军驻地，今大河古城北，沿莫钦乌拉山东南西北向而后又折向南密布一线烽火台。如阔吐尔、四塘泉、三塘泉、中湖村、岔哈泉、马王庙东山顶等烽火台等，它们对伊吾军驻地起到了警戒护卫作用。

从伊吾军至北庭都护府，在巴里坤县境内现有两道可西行。一条位于巴里坤湖南侧，与省道303重合。清代时，此道沿途修建有众多的烽火台，但目前并未发现唐代遗迹存在。另一条是位于巴里坤湖北侧，从今巴里坤县大河乡西行经博尔羌吉镇、大红柳峡乡，可至木垒县。在该道沿途发现有白墩烽火台、石板墩烽火台等唐代遗迹。

伊吾军连接北庭都护府和伊州连接北庭都护府的线路，在木垒县交汇，至北庭都护府（今吉木萨尔县）。然后经沙钵守捉、冯洛守捉，过土墩子烽火台，向南行可至乌鲁木齐市境内的乌拉泊古城（轮台），向西可至昌吉古城，经五工台烽火台、塔西河古堡至清海军驻地，北道上从伊州开始至北庭都护府的烽火台，到此即止。在北庭都护府北，今准噶尔盆地古尔班通古特沙漠南缘，为警戒北方游牧民族穿越沙漠，南下骚扰，东西向也修建有一线警戒烽火台，有阿克木那拉烽火台、西泉七队烽火台、西泉烽火台、烽火台村烽火台等。

（三）清代军事设施分布区域和线路

清政府在平定准噶尔部叛乱过程中，修筑了众多的台站和烽火台。新疆台站以军台为主，初仅设于哈密、巴里坤以东，后渐向西延伸。在统一南北疆之后，为了发展新疆经济和加强边防，大力开辟交通线路，对原有军台进行增置调整，又添设营塘、驿站，形成东起星星峡，西至伊犁、喀什噶尔，南达和田，北抵塔尔巴哈台，贯通天山南北，连接新疆与内地的交通网络。台站的主要任务是递送文报、运送官物、转解人犯及为过往官员、商旅提供食宿之便，并有一套完整的管理制度，各台站还负责定期维修道路。

哈密作为清政府平叛基地，烽火台遍布于哈密市、巴里坤县、伊吾县各地。这些烽火台多呈线路排列。从星星峡至哈密，沿途发现除修建有10余座军台和驿站外，还发现有烽火台遗迹存在。在这条路上分布着格子烟墩驿站、长流水烽火台、黄芦岗烽火台等。另在本次调查中发现从格子烟墩驿站沿南湖戈壁西行，有另外一条烽火台线路，即格子烟墩驿站—东池西烽火台—土孜墩烽火台—小南湖烽火台，然后到哈密。该道唐代已经开通，在东池西烽火台附近还发现有唐代烽火台存在。

从哈密市至沁城乡（唐柔远县）也修建有一线烽火台，它的前段可能与格子烟墩驿站至哈密的路线一致，约从今红星四场向东北行沿途遗留有碱泉子烽火台、沁城青山子烽火台、二墩烽火台、三墩烽火台等。

从哈密市向西行，清代在唐伊西路沿途，修补沿用或新建了一些烽火台或驿站。现遗留有小泉子烽火台、勃霍孜烽火台、砂墩子烽火台、了墩烽火台、一碗泉驿站等。从一碗泉驿站向西南行，可至吐鲁番；向西行与巴里坤西出烽火台线路相交，可至木垒。

从哈密市北行，沿边关墩烽火台、十五里墩烽火台、南山口烽火台、奎苏台烽火台，可至巴尔库尔绿营兵城（巴里坤汉城）。该城由岳钟琪于清雍正九年统兵修筑。清政府原准备将巴尔库尔绿营兵城修筑为周长十四五里、容兵丁三万人的大城，但因时间紧迫，最后兵城周长仅有八里二分。为弥补不足，后又在主城东西各五里处修筑小兵城两座，并在巴尔库尔绿营兵城周围修建多条烽火台线路。

从巴尔库尔绿营兵城北出，修筑有旧户村草场南烽火台、旧户村草场北烽火台、克孜勒江烽火台、阿尕勒烽火台等一线烽火台，它们可能主要为巴尔库尔绿营兵城的警烽。

从巴尔库尔绿营兵城西出密集修筑有大墩村烽火台、二墩村烽火台、花庄子东南烽火台、骨拐泉西烽火台等一线烽火台。从五场沟烽火台、肋（洛）巴泉烽火台南行接一碗泉驿站，可至鄯善，从阿克沃尔腾烽火台、乌图水烽火台西行至木垒，接色皮口烽火台、三个泉子烽火台、一碗泉烽火台、三十里大墩烽火台、老台烽火台而到玛纳斯河，该线烽火台过玛纳斯河到石河子市境内的山丹湖烽火台而止。尽管这条烽火台线路在走向上与古丝绸之路的北道基本吻合，但从现有的资料来看，清代烽火台线路只通到玛纳斯河西岸，在乌苏市、精河县、伊犁地区均未发现有烽火台遗迹。

在南疆的喀什地区、克孜勒苏柯尔克孜自治州、和田地区先后为平定大小和卓叛乱和阿古柏入侵，也修建有大量烽火台，但现存烽火台数量较少，不成系统。

除烽火台和台站外，在南北疆交通沿线还修筑有驿站。新疆由于水道不利于航行，行旅的往返和货物运转基本上靠牛马驮运，故道路的修筑显得十分重要。乾隆平定新疆之后，军台和营塘全部改为驿站。新疆建省后，驿站隶属于省府州县而不再专为军府所管。它的主要任务是传递军政文书，同时亦有一部分为民用。此时驿站的主要线路较前大大增加，多达50余处。修筑道路，增开驿站，既使新疆交通事业有所发展，又为商业的兴旺繁荣提供了必要的条件。清光绪十八年（1892年），拨款架设肃州（今酒泉市）至迪化（今乌鲁木齐市）的电报线路，次年即开通。光绪二十年（1894年），筹建天山南北两条电报线路，北路由迪化经乌苏通达伊犁、塔城，南路由吐鲁番经库车、阿克苏通达喀什，次年即开通。传统邮驿事业没落，驿站逐渐废弃不用。

清军在新疆天山南北两路经过几年的征战，平息分裂势力之后，清政府为了加强对边疆地区行政管理和军事防守，于乾隆二十七年（1762年），在伊犁惠远城设置将军衙门，称“伊犁将军”，统辖新疆南北两路，下设四个领队大臣分管，并调整了新疆的军事部署：一方面对于参加靖边之索伦、达斡尔、蒙古、满洲兵丁换班、换防，重点设防；另一方面调兵在新疆伊犁屯田戍边，守卫边疆，调兵2万人进驻新疆伊犁地区。伊犁作为此时的军政中心，在其周围的边境地区修筑了众多的卡伦，以霍城和察布查尔两县边境地区保留最多，以伊犁地区为中心，向北的博尔塔拉蒙古自治州、塔城地区、阿勒泰地区一线，向南的阿克苏地区、克孜勒苏柯尔克孜自治州、喀什地区一线的边境地区也遗留有众多卡伦遗址。卡伦，满语意为“更番堠望之所”。清嘉庆《大清会典》称：“于要隘处设官兵瞭望曰卡伦。”卡伦分为三类：历年不移而设有定地者谓常设卡伦，按季递移者谓移设卡伦，时安时撤者谓添撤卡伦。分别由各城参赞、办事、领队大臣管辖。各地卡伦“内稽逃人，外控荒服，沿边定界，几察森严。”结合卡伦的设置，清政府要求各地参赞、领队大臣定期巡查所属卡伦及卡伦外的边境地区，并实行会哨制度。进一步加强了对边界的守卫，巩固了边疆安宁。

四、新疆长城资源及清代军事设施的构筑方法

新疆长城资源的构筑方法，一方面与地域有关，讲究因地制宜、就地取材；另一方面也表现出一定的时代特征。以烽火台为例，新疆汉代的烽火台主要集中在当时的丝路南、北两道，以古代楼兰地区也就是今天巴音郭楞蒙古自治州若羌县、尉犁县境内最为集中。这里发现的烽火台大部分由黄土夹芦苇、红柳、胡杨等层层垒筑而成，部分由土坯砌筑，土坯一般较大，部分台体中夹有木椽，有的烽火台带有障城建筑。烽火台所在之处为荒漠地带，干旱缺水；有的地方为盐碱滩地，人烟稀少，且土壤含沙量大黏性差，无法夯筑。人们根据这里的地形、环境和材料，用垛泥黄土夹芦苇、红柳、胡杨等层层垒筑而成。经过2000年的风沙剥蚀和盐碱侵蚀，部分已经坍塌，部分仍然屹立不倒。另在部分靠近水源的地方，打制土坯修建台体。还有的靠近雅丹风蚀地貌的地区，直接从雅丹高台上削取沉积形成的坚硬的淤泥块制成胶泥土块垒砌建造烽火台。为增加烽火台的坚固度，无论是土坯建筑还是夯土建筑的台体内都夹有芦苇、红柳枝。

唐代烽火台分布地域广泛，南北疆都有，主要为土坯砌筑和黄土夯筑两种类型，有的可能是在汉代烽火台的基础上补修加固后又重新使用。黄土夯筑的烽火台一般夯土层密集，体型较大，很有气势。在台体中还夹筑有原木，原木横向排列密集，纵向间隔距离较大。有的原木孔用土坯专门砌成方形。土坯砌筑的烽火台，有的在内部修筑有通道或房屋建筑，可以直达烽火台顶部；有的和戍堡连为一体，外侧有围墙，烽火台位于围墙一角。

清代军事设施中的烽火台一般形体都较小，在顶部一般栽立有木柱，挂接软梯，在一侧（通常在南侧）台体上有脚窝，便于上下。黄土夯筑的烽火台内也夹筑有原木，但数量不多，从外侧观察，可以发现残存的个别原木孔洞。有的烽火台在外壁还残存有夯筑时用于固定夹板的木桩和草绳，有的烽火台附近有房屋建筑和附属设施，有的和驿站修筑在一起，也有的周围筑有围墙。

五、新疆长城资源设施制度

汉朝在西北边地或险要之地设“塞”，在要塞上筑“障”，并在驿道置亭，“亭”在秦代时意为停留宿食之所。

十里一亭，亭长者，立亭之吏也。后将亭逐渐演变为烽火台之意，如《汉书·西域传》记：“武帝征四夷、通西域，自敦煌西至盐泽，往往起亭”；“武帝通大宛诸国，使者相望于道，于是汉列亭障至玉门”。此处亭即为烽火台。烽燧报警，起源于西周，按其功能，主要分为两类：一类是边塞一线烽燧，主要作用在于保卫边境；另一类是瞭望报警烽燧，主要作用在于候望并及时向郡府传递情报。前一类边塞烽燧也兼有瞭望报警的作用，但它的布列是沿长城东西一线，任务主要是警备与巩固边塞，所以，可称为塞烽；后一类四处延伸的烽燧，其布列以郡府为中心，向郡府四周边作辐射状展开，主要任务是瞭望报警，基本上不承担抗敌保境的战斗任务，所以，可叫作警烽。

烽火台制度是军事机密。“放烽多少，具有式文，其事隐蔽，不可具引。”古代有相应的保密制度，所以历史文献记载甚少。根据居延汉简《塞上烽火品约释文》，汉代边塞将敌情分为五品：第一品，敌十人以下在塞外者；第二品，敌十人以上在塞外，或一人以上，五百人以下入塞者；第三品，敌千人以上入塞，或五百人以上，千人以下攻亭障者；第四品，敌千人以上攻亭障者；第五品，敌已据守亭下障城者。与敌情相应的蓬火信号，也分为五级：第一级，昼举一蓬，夜举一苣火，毋燔薪；第二级，昼举二蓬，夜举二苣火，燔一积薪；第三级，昼举三蓬，夜举三苣火，燔二积薪；第四级，昼举三蓬，夜举三苣火，燔三积薪；第五级：昼举亭上蓬，夜举离合火。《品约》还规定，如果发现所报的信号有误，则应立即“下蓬灭火”，取消所发的信号，并写成书面报告，报告都尉府，说明真情。若天气恶劣，或亭燧相隔辽远，在“昼不见烟，夜不见火”的情况下，都应立即将军情写成书面报告，用加急的传递方式报送上级。在新疆地区未发现有关烽燧放烽制度的文献材料，但新疆汉代烽火台作为汉代西北边郡军事建置的重要组成部分，其使用制度应与河西地区实行的《塞上烽火品约》记载放烽制度一致。

汉代在险关要塞的通行处还设置有天田、虎落等设施。天田是通过观察要塞处的地表，通过前一天入侵者踩踏的足迹判断敌情。关于虎落的含义，学术界还有争议。《墨子·备蛾傅篇》云：“置薄城外，去城十尺，薄厚十尺，伐操之法，大小尽木断之，以十尺为断，离而深貍坚筑之，毋使可拔。”颜师古曰：“虎落者，以竹篾相连，遮落之也。”我们在克亚克库都克烽火台南侧发现类似的遗迹，由直径约10厘米的尖木柱竖插在土中，南北向排为一列，旁边还散落有大量被破坏的尖木桩，这可能与文献记载中的虎落设施相一致。

为了有效地保障边兵的军粮供给和节省转输之费，汉朝积极地在西部边疆地区发展屯田事业。元狩初年，汉统一河套、河西地区，便开始在这里屯田。新疆屯田，是中原王朝维护东西交通、维护对西域的统辖所采取的重要方略。文献记，太初四年（前101年）汉军伐大宛后，“于是自敦煌西至盐泽，往往起亭，而轮台、渠犁皆有田卒数百人，置使者校尉领护，以给使外国者”，此后，汉朝的屯垦，逐渐发展至天山南北各地。新疆发现的烽火台遗址，一部分也在汉唐屯田的区域内。

唐朝在加强对天山南北地区管辖的过程中，为对付吐蕃、突厥多次进攻西域的严峻形势，不仅强化了军政设置，采取了因地制宜、灵活多样的军政体制，在边防体系中，陆续设立并扩大军、镇、戍、守捉、堡、烽堠等军事编制。《新唐书·兵志》称："唐初，兵之戍边者，大曰军，小曰守捉、曰城、曰镇，而总之者曰道……其军、城、镇、守捉皆有使，而道有大将一人，曰大总管，已而更曰大都督。至太宗时，行军征讨曰大总管，在其本道曰大都督。自高宗永徽以后，都督带使持节者，始谓之节度使，然犹未以为官。"在安西、北庭两大都护府下，设置有若干军镇，并屯驻大量的兵马。《旧唐书·地理志》明确指出在北庭都护府的管辖下有：伊吾军，唐景龙四年(710年)设置，驻伊州西北三百里的甘露川（今巴里坤县大河古城），兵员三千人，马三百匹；天山军，唐开元二年(714年)设置，驻西州（今吐鲁番地区境内），兵员五千人，马五百匹；瀚海军，唐长安三年(703年)置，驻今吉木萨尔县境内，开元中兵员一万二千人，马四千二百匹；清海军，唐天宝七年(748年)设置，驻地为庭州西七百里的清海镇；静塞军，唐大历六年(771年)设置，驻轮台县（今乌鲁木齐市一带）。《旧唐书》载："大军万人，小军千人，烽戍逻卒，万里相继。"各地驻军烽燧相望，构成一道严密的军事防御体系，捍卫着天山南北和中西大道的安全。

唐在天山以南的塔里木盆地设置安西四镇。安西四镇最初只是为了置兵自卫，每镇兵员不过三五百人，防御能力极弱，在突厥和吐蕃联合攻势下，屡屡失陷。长寿元年(692年)王孝杰率武威道行军击败吐蕃，收复四镇，鉴于以往教训，唐朝采取一项重要措施，初发汉兵三万人镇守安西四镇，兵力乃大为加强。据《旧唐书·地理志》载，开元天宝时期，安西节度使抚宁西域，统龟兹、焉耆、于阗、疏勒四镇，安西都护府治所在龟兹城内，管戍兵二万四千人，马二千七百匹。这是长期保持的一支强大的防卫力量。四镇改为军镇编制，长官为镇守使或称镇使、军镇大使，职位较高，与都护属下之镇迥然不同。这种镇防体制中军镇、守捉、镇、堡以及烽铺、馆、驿、关津等的建置，大大加强了安西四镇的防御能力，保证了西北边防的巩固。

唐朝的烽燧制度在继承前代制度的基础上更趋完善。在西域逐渐建立起自己的统辖秩序后，将建国之初的烽堠制度在西域实施推广。"武德七年（624年）六月，遣边州修堡城、警烽堠，以备胡……武德九年正月辛亥，突厥声言入寇，敕州县修城堡，谨烽堠。"《武经总要》载："唐法，凡边城候望三十里置一烽，须在山岭高峻处，若有山岗隔绝，地形不便，则不限里数，要在烽烽相望；若临边界，则烽火外周筑城障。在烽火台上安置有火筒、旗、鼓、弩、炮石、垒木、停水瓮、干粮、生粮、麻蕴、火钻、火箭等。每烽置帅一人，副一人，还有烽子若干人。烽燧的主要作用是"烽燧军中的耳目，豫备之道不可阙也"。唐代《烽式》规定："凡烽火，一昼夜需行二千里。"烽燧官吏主要掌管烽燧的保护、修缮和报警。总之，唐朝建立了一套严密而又完备的烽燧制度，对边防安全和国内稳定起到了重要作用。

除军镇、守捉、烽燧军政设施外，唐朝还极力维护商道的安全，在沿途设置大量馆驿等设施以方便的保护交通要道的通行。《通典》卷三十三"职官"十五乡官条称："三十里置一驿。"杜佑注："其非通途大路则曰馆。"可知馆驿的区别是设在通途大路上的称为驿，不在通途大路上的称为馆。"三十里置一驿"，不过是指一般情况而言，在西域多为戈壁沙漠，常是百里不见人烟，因而西域地区的驿站一般都超过三十里，又因为在戈壁荒漠中设驿站，必须择有水草及险要处，所以实际上并不见得以三十里为准。馆驿的设置既便利了军政官员和军队的往来交通，也给过往商旅和物资流通带来极大方便。唐代诗人张籍“无数铃声遥过碛，应驮白练到安西”的诗句，即反应了唐代利用丝绢充当税收物资供给军队的历史事实，也生动地再现了当时内地同西域各地频繁密切的贸易交往。又岑参诗云：“驿马从西来，双节夹路驰”；“一驿过一驿，驿马如星流”；“寒驿远如点，边烽互相望”。这是岑参亲眼所见西域丝路上馆驿与烽堠相连的真实写照。

六、新疆长城资源的现状和损毁原因

新疆长城资源主要利用黄土、卵石、树枝、柴草等修筑而成，属于土建筑遗址，均保存在露天中，其保存现状令人担忧。从调查的情况看，新疆长城资源主要遭到来自自然和人为两个方面的破坏。

自然方面，新疆长城资源大多地处沙漠戈壁之中，风蚀、雨蚀和盐碱腐蚀是最主要的破坏因素。由于新疆干旱少雨，植被稀少，春季多风沙，风蚀毁坏的速度十分惊人。同时因其多为含沙性大的土坯垒砌和黄土夯筑而成，沙土遇水极易崩解。千百年来偶尔的暴雨也会对土遗址造成极大的破坏。有的烽火台所处位置地下水位较高，基部受潮泛碱，可溶盐聚集在烽火台基部，使得台体结构松散，强度降低，易导致整体坍塌。另外新疆地处地震活跃地带，较剧烈的地震也易造成台体开裂和坍塌。

长城资源的人为破坏正在加剧。根据调查，通常靠近居民区的长城资源遗迹因开垦农田，或被夷为平地，或成为田埂土垄，或被取土用于积肥成为改造土壤的原料；地处野外荒漠戈壁的长城资源遗迹长期无人看护，少有保护标志和看护设施，寻宝人的盗掘盗挖致使遗迹本体千疮百孔；在各种工程建设中，有些建设单位文物保护意识淡薄，没有意识到保护长城资源的重要性，随意将其破坏。另外，由于千百年的风雨侵蚀，建筑多已酥松，人为随意踩踏攀爬也是造成长城资源建筑损毁的一个原因。

新疆的长城资源见证了自汉代以来我国历代中央政府统辖管理西域、维护祖国统一的历史进程。新疆长城资源分布地域广阔，建筑形式多样，为研究新疆古代军事、政治、经济、文化、科技等提供了宝贵的实物资料。新疆的长城资源是中国长城资源的重要组成部分，随着历史的发展，其军事防御作用已经消失，但它凝聚着中华民族自强不息的精神和坚强不屈的品格，寄托着中华民族团结奋进的意志，是中华民族巍然屹立于世界东方的象征，将长存于世。

汉代长城资源一览表

序号	名称	位　　置	年代	数量	备注	级别
1	墩里克烽火台	巴音郭楞蒙古自治州若羌县铁干里克乡果勒吾斯塘村米兰镇（农二师36团）安乐村东约37千米	汉至晋	1	新发现	未定级
2	米兰东北烽火台	巴音郭楞蒙古自治州若羌县铁干里克乡果勒吾斯塘村米兰镇（农二师36团）安乐村东北4.1千米	汉至晋	1	复查	国家级
3	米兰西南烽火台	巴音郭楞蒙古自治州若羌县铁干里克乡果勒吾斯塘村米兰镇（农二师36团）安乐村东南1.8千米	汉至晋	1	复查	国家级
4	吾塔木烽火台	巴音郭楞蒙古自治州若羌县吾塔木乡果勒艾日克村委会东北1.3千米、若羌县城西北1.5千米	汉至唐	1	复查	县级
5	卡拉乌里干烽火台	巴音郭楞蒙古自治州若羌县瓦石峡乡乌都勒吾斯塘村东北	汉至晋	1	新发现	未定级
6	库如克托海烽火台	巴音郭楞蒙古自治州若羌县瓦石峡乡亚喀托格拉克牧业村西北	汉至晋	1	新发现	未定级
7	苏伯斯坎烽火台	巴音郭楞蒙古自治州且末县塔提让乡托格拉克江尕勒村西北12千米	汉至晋	1	复查	县级
8	下塔提让烽火台	巴音郭楞蒙古自治州且末县塔提让乡阿亚克塔提让村西北1.6千米	汉至晋	1	复查	县级
9	坚达铁日木烽火台	巴音郭楞蒙古自治州且末县巴格艾日克乡江达铁日木村南约0.9千米	汉至晋	1	复查	县级
10	布滚鲁克烽火台	巴音郭楞蒙古自治州且末县奥依亚依拉克乡苏塘村东北约58.7千米	汉至晋	1	新发现	未定级
11	脱西克烽火台	巴音郭楞蒙古自治州尉犁县古勒巴格乡兴地村西南40千米、农二师34团甘草厂西北27.5千米	汉至晋	1	复查	国家级
12	脱西克西烽火台	巴音郭楞蒙古自治州尉犁县古勒巴格乡兴地村西南53千米、农二师32团东北34千米	汉至晋	1	复查	国家级
13	克亚克库都克烽火台	巴音郭楞蒙古自治州尉犁县古勒巴克乡兴地村西南57千米	汉至晋	1	复查	国家级
14	卡勒塔烽火台	巴音郭楞蒙古自治州尉犁县古勒巴格乡兴地村奥尔塘西南28千米、农二师32团东北33千米	汉至晋	1	复查	国家级
15	库木什烽火台	巴音郭楞蒙古自治州尉犁县阿克苏甫乡吉格得巴格村东南42千米	汉至晋	1	新发现	未定级
16	沙鲁瓦克烽火台	巴音郭楞蒙古自治州尉犁县阿克苏甫乡吉格得巴格村东南34千米、农二师32团东北35千米	汉至晋	1	复查	国家级
17	阿克吾尔地克烽火台	巴音郭楞蒙古自治州尉犁县阿克苏甫乡吉格得巴格村东南30千米	汉至晋	1	新发现	未定级

续表

序号	名称	位　　置	年代	数量	备注	级别
18	萨其该烽火台	巴音郭楞蒙古自治州尉犁县阿克苏甫乡喀尔尕提村东北约7千米	汉至晋	1	复查	国家级
19	孙基烽火台	巴音郭楞蒙古自治州尉犁县兴平乡喀拉洪村东21.5千米	汉至晋	1	复查	国家级
20	亚克仑烽火台	巴音郭楞蒙古自治州尉犁县兴平乡喀拉洪村东北14千米	汉至晋	1	复查	国家级
21	苏盖提烽火台	巴音郭楞蒙古自治州尉犁县兴平乡喀拉洪村东北21千米西尼尔水库南	汉至晋	1	新发现	未定级
22	拉依苏西烽火台	巴音郭楞蒙古自治州轮台县群巴克镇群巴克牧业村西约2.3千米	汉至晋	1	复查	省级
23	张郭庄戍堡遗址*	巴音郭楞蒙古自治州和硕县乌什塔拉乡南山地区，西距乌什塔拉约130千米	汉至唐	1	复查	未定级
24	四十里大墩烽火台	巴音郭楞蒙古自治州和硕县乌什塔拉乡硝井子村西南约10千米	汉至晋	1	复查	省级
25	马兰烽火台*	巴音郭楞蒙古自治州和硕县乌什塔拉乡马兰村内	汉至唐	1	复查	未定级
26	塔哈其烽火台	巴音郭楞蒙古自治州和硕县塔哈其乡查汗布呼行政村赛尔恩布呼自然村中	汉至唐	1	复查	县级
27	克孜尔尕哈烽火台	阿克苏地区库车县伊西哈拉镇道来提巴格村西北3千米盐水沟台地上	汉至唐	1	复查	国家级
28	刘平国治关城诵石刻*	阿克苏地区拜城县黑英山乡玉开都维村北约1.5千米、博孜克日克沟口西侧山体	汉	1	复查	省级

（注：带*的遗址未列入长城资源名录）

唐代长城资源一览表

序号	名称	位　　置	年代	数量	备注	级别
1	米兰戍堡*	巴音郭楞蒙古自治州若羌县铁干里克乡果勒吾斯塘村、米兰镇（农二师36团）安乐村东南3.2千米	唐	1	复查	国家级
2	麻札塔格烽火台	和田地区墨玉县喀瓦克乡吐孜鲁克奥塔克村	唐	1	复查	国家级
3	麻札塔格戍堡	和田地区墨玉县喀瓦克乡吐孜鲁克奥塔克村	唐	1	复查	国家级
4	阿其克城堡	和田地区和田县朗如乡亚甫恰力克村东北	唐	1	复查	县级
5	普基城堡	和田地区和田县朗如乡奥塔克萨依村南侧的台地上	唐	1	复查	县级
6	扎瓦烽火台	和田地区墨玉县扎瓦乡阔坎村西约6千米	唐	1	复查	县级
7	喀尔克廷姆遗址	和田地区皮山县皮亚勒玛乡兰干库勒村西北	唐	1	复查	县级
8	杜瓦东烽火台	和田地区皮山县杜瓦镇硝尔鲁克村东北1.7千米	唐	1	新发现	未定级
9	杜瓦西烽火台	和田地区皮山县杜瓦镇硝尔鲁克村西北2千米	唐	1	新发现	未定级
10	康克尔烽火台	和田地区皮山县康克尔柯尔克孜民族乡康克尔村南	唐	2	新发现	未定级
11	苏勒尕孜牙廷姆烽火台	和田地区皮山县木奎拉乡达里格村	唐	1	复查	县级
12	阿克吞木烽火台	喀什地区叶城县洛克乡博尔村阿克塔什博依自然村东南约2千米	唐	1	复查	县级
13	布依鲁克烽火台*	喀什地区泽普县布依鲁克塔吉克民族乡布依鲁克村西南约1.9千米	清	1	新发现	未定级
14	拉革勒墩烽火台	喀什地区莎车县喀群乡尤库日恰木萨勒村西北0.4千米的台地上	唐	1	复查	县级
15	公主堡	喀什地区塔什库尔干塔吉克自治县塔什库尔干乡萨热吉勒尕村	唐	1	复查	省级
16	托普鲁克加依烽火台	喀什地区英吉沙县托普鲁克乡加依村西北7.7千米一座高约4米的土丘顶部	唐	1	新发现	未定级
17	江尕勒烽火台（唐代）	喀什地区塔什库尔干塔吉克自治县塔什库尔干乡托格伦夏村	唐	1	复查	县级
18	乌布拉特烽火台	喀什地区疏附县乌帕尔乡乌普拉特农场村西北5千米	唐	1	复查	县级
19	墩墩山烽火台	哈密地区哈密市沁城乡头宫村南约0.5千米墩墩山顶	唐	1	复查	县级
20	吉格代布拉克烽火台*	哈密地区哈密市南湖乡红旗村东南约20千米戈壁中的一处地势较高的台地上	唐	1	新发现	未定级

续表

序号	名称	位　　置	年代	数量	备注	级别
21	墩墩湾烽火台	哈密地区哈密市陶家宫乡新建村墩墩湾东北约50米的台地上	唐	1	复查	未定级
22	拉克苏木烽火台	哈密地区哈密市二堡镇拱拜尔湾村西南约4千米	唐	1	复查	县级
23	尤库日巴格烽火台	哈密地区哈密市五堡乡高得格村西北约1千米的新建居民区内	唐	1	新发现	未定级
24	大泉子烽火台	哈密地区哈密市五堡乡小泉子村大泉子东约1千米处的戈壁滩上	唐	1	复查	未定级
25	色克三墩烽火台	吐鲁番地区鄯善县七克台镇黄家坎村东北9千米处戈壁滩上	唐	1	复查	县级
26	赛克散烽火台	吐鲁番地区鄯善县七克台镇赛克散自然村东南约0.35千米处的山岗上	唐	1	复查	省级
27	三十里大墩烽火台	吐鲁番地区鄯善县辟展乡卡格托尔村	唐	1	复查	省级
28	东湖烽火台	吐鲁番地区鄯善县东巴扎回族乡前街村洪屯尔色孜耶沙山脚下	唐	1	复查	县级
29	安全墩烽火台	吐鲁番地区鄯善县辟展乡克其克村西南约1千米	唐	1	复查	省级
30	汉墩阿克墩烽火台	吐鲁番地区鄯善县连木沁镇阿克墩村东、西距镇政府驻地14千米	唐	1	复查	省级
31	汉墩夏大墩烽火台	吐鲁番地区鄯善县连木沁镇汗都夏村东南1.3千米	唐	1	复查	省级
32	霍加木阿勒迪烽火台	吐鲁番地区鄯善县连木沁镇霍加木阿勒迪村中	唐	1	新发现	未定级
33	二塘沟烽火台	吐鲁番地区鄯善县连木沁镇连木沁巴扎村西北约5.5千米	唐	1	复查	省级
34	连木沁大墩烽火台	吐鲁番地区鄯善县连木沁镇连木沁巴扎村东1千米	唐	1	复查	省级
35	七康湖烽火台	吐鲁番地区吐鲁番市胜金乡开斯突尔村	唐	1	复查	县级
36	色格孜库勒烽火台	吐鲁番地区吐鲁番市胜金乡色格孜库勒村西北5千米	唐	1	复查	县级
37	艾西夏东烽火台	吐鲁番地区吐鲁番市胜金乡艾西夏村东0.5千米、木尔吐克村东	唐	1	复查	省级
38	艾西夏烽火台	吐鲁番地区吐鲁番市胜金乡艾西夏村	唐	1	复查	县级
39	木尔吐克萨依戍堡	吐鲁番地区吐鲁番市七泉湖镇七泉湖村南	唐	1	复查	省级

续表

序号	名称	位　　置	年代	数量	备注	级别
40	七泉湖萨依烽火台	吐鲁番地区吐鲁番市七泉湖镇车站社区、七泉湖火车站西南	唐	1	复查	县级
41	煤窑沟戍堡	吐鲁番地区吐鲁番市七泉湖镇煤窑沟村	唐	1	复查	县级
42	干沟烽火台	吐鲁番地区吐鲁番市七泉湖镇煤窑沟村	唐	1	复查	县级
43	木头沟西岸烽火台	吐鲁番地区吐鲁番市胜金乡木日吐克村	唐	1	复查	县级
44	胜金口烽火台	吐鲁番地区吐鲁番市胜金乡排孜阿瓦提村南10千米、胜金口石窟西山头上	唐	1	复查	县级
45	阿瓦提烽火台	吐鲁番地区吐鲁番市三堡乡阿瓦提村西南2.5千米的棉花地中	唐	1	新发现	未定级
46	恰特喀勒烽火台	吐鲁番地区吐鲁番市葡萄乡贝勒克其坎儿孜村、火焰山干沟南9千米	唐至清	1	复查	县级
47	盐山烽火台	吐鲁番地区吐鲁番市艾丁湖乡也木什村一队东2千米	唐	1	复查	县级
48	雅尔湖烽火台	吐鲁番地区吐鲁番市亚尔乡亚尔果勒村九小队	唐	1	复查	县级
49	二二一团烽火台	吐鲁番地区吐鲁番市亚尔乡亚尔果勒村西侧台地上	唐	1	复查	县级
50	土孜塔格烽火台	吐鲁番地区托克逊县郭勒布依乡喀拉布拉克村、农十二师221团农场南山岗上	唐	1	复查	县级
51	吐尔退维烽火台	吐鲁番地区吐鲁番市大河沿镇复兴社区红柳河村西北约6千米	唐至清	1	复查	县级
52	潘家地烽火台	乌鲁木齐市达坂城区阿克苏乡大河沿村西南0.7千米的山头上	唐	1	新发现	未定级
53	盐湖烽火台	乌鲁木齐市达坂城区乌拉泊街道盐湖社区盐湖车站西北约1千米	唐	1	复查	未定级
54	柴窝堡湖烽火台	乌鲁木齐市达坂城区柴窝堡管理委员会柴窝堡林场农业大队、312国道西0.45千米	唐至清	1	复查	未定级
55	乌拉泊村烽火台	乌鲁木齐市乌鲁木齐县托里乡乌拉泊村东0.12千米	唐至清	1	复查	未定级
56	新疆化肥厂烽火台	乌鲁木齐市达坂城区柴窝堡管理委员会白杨沟村新疆化肥厂北约3千米	唐至清	1	复查	未定级
57	永丰乡烽火台	乌鲁木齐市乌鲁木齐县永丰乡永丰村一队北1.6千米	唐至清	1	复查	县级

续表

序号	名称	位置	年代	数量	备注	级别
58	大墩烽火台	吐鲁番地区托克逊县郭勒布依乡喀拉布拉克村西7.5千米	唐	1	复查	县级
59	布干烽火台	吐鲁番地区托克逊县郭勒布依乡喀拉布拉克村东北约0.5千米	唐	1	复查	县级
60	萨依坎尔烽火台	吐鲁番地区托克逊县郭勒布依乡萨依坎尔村西南约2千米	唐至清	1	复查	县级
61	吾斯提沟烽火台	吐鲁番地区托克逊县博斯坦乡博斯坦村西南35千米、吾斯提沟口的小山岗上	唐	1	复查	县级
62	阿拉沟戍堡	吐鲁番地区托克逊县伊拉湖乡布尔加依村西南29千米、南疆铁路鱼儿沟车站西0.5千米	唐	1	复查	省级
63	厄格勒塔木戍堡	吐鲁番地区鄯善县吐峪沟乡洋海村东	唐	1	复查	县级
64	吐尔买来烽火台	吐鲁番地区鄯善县鲁克沁镇吐尔买里自然村	唐	1	复查	省级
65	迪坎烽火台	吐鲁番地区鄯善县迪坎乡迪坎尔村三小队东北0.2千米	唐	1	复查	县级
66	阿其克墩烽火台	吐鲁番地区鄯善县达朗坎乡阿其克坎尔自然村村西南约13千米	唐	1	复查	县级
67	艾丁湖塔什烽火台	吐鲁番地区吐鲁番市艾丁湖乡西热木村、艾丁湖南岸	唐	1	复查	县级
68	庄子坎烽火台	吐鲁番地区吐鲁番市恰特喀勒乡其盖布拉克村	唐	1	复查	县级
69	毕占土拉烽火台*	吐鲁番地区吐鲁番市恰特喀勒乡其盖布拉克村西南16千米	唐	1	复查	县级
70	乌盘土拉烽火台	吐鲁番地区吐鲁番市恰特喀勒乡其盖布拉克村西南8千米	唐	1	复查	县级
71	考克烽火台	吐鲁番地区托克逊县夏乡喀格恰克村西约20千米	唐	1	复查	省级
72	阿萨墩戍堡	吐鲁番地区托克逊县夏乡南湖村东约5千米	唐	1	复查	省级
73	乔拉克烽火台	吐鲁番地区托克逊县夏乡安西村东南约3千米	唐	1	复查	县级
74	柏来克烽火台	吐鲁番地区托克逊县夏乡喀格恰克村西南约4.5千米	唐	1	复查	县级
75	查汗通古东烽火台	巴音郭楞蒙古自治州和静县和静镇查汗通古村北约0.6千米	唐	1	复查	县级
76	查汗通古西烽火台	巴音郭楞蒙古自治州和静县和静镇查汗通古村西北约0.6千米	唐	1	复查	县级
77	霍拉山村北烽火台	巴音郭楞蒙古自治州焉耆回族自治县七个星镇霍拉山村北1.1千米	唐	1	新发现	未定级

序号	名称	位置	年代	数量	备注	级别
78	霍拉山沟口烽火台	巴音郭楞蒙古自治州焉耆回族自治县七个星镇霍拉山村西北约3千米	唐	1	复查	未定级
79	七个星千佛洞烽火台	巴音郭楞蒙古自治州焉耆回族自治县七个星镇七个星村东南7.3千米	唐	1	新发现	未定级
80	千间房南烽火台	巴音郭楞蒙古自治州焉耆回族自治县七个星镇夏热采开村东南8.8千米	唐	1	复查	未定级
81	阿克墩烽火台	巴音郭楞蒙古自治州焉耆回族自治县四十里城子镇阿克墩村南约3.4千米	唐	1	复查	省级
82	哈曼沟路烽火台	巴音郭楞蒙古自治州焉耆回族自治县七个星镇夏热采开村南9千米	唐	1	复查	县级
83	上恰其烽火台	巴音郭楞蒙古自治州库尔勒市铁克其乡上恰其村东	唐	1	复查	未定级
84	库尔楚烽火台*	巴音郭楞蒙古自治州库尔勒市库尔楚园艺场西南0.3千米	唐	1	复查	未定级
85	廷木墩烽火台	巴音郭楞蒙古自治州轮台县轮台镇拉帕村、轮台镇东南约11.3千米的荒漠中	唐	1	复查	县级
86	拉依苏东烽火台	巴音郭楞蒙古自治州轮台县群巴克镇群巴克牧业村西约2.2千米	唐	1	复查	省级
87	喀拉亚烽火台	巴音郭楞蒙古自治州轮台县群巴克镇克什勒克阿热勒村、群巴克镇西北约10千米的戈壁滩中	唐	1	复查	县级
88	却勒阿瓦提烽火台	阿克苏地区库车县牙哈镇却勒阿瓦提村东约7千米的荒漠中	唐	1	复查	省级
89	吾孜塔木戍堡	阿克苏地区库车县牙哈镇却勒阿瓦提村西约8千米314国道以北、南疆铁路以南的戈壁滩上	唐	1	新发现	未定级
90	脱盖塔木戍堡	阿克苏地区库车县牙哈镇牙哈一村东约15千米、314国道南约50米	唐	1	复查	省级
91	脱盖塔木烽火台	阿克苏地区库车县牙哈镇牙哈一村东约15千米、314国道南约50米	唐	1	复查	县级
92	丘甫吐尔烽火台	阿克苏地区库车县牙哈镇牙哈村东约15千米、314国道北2千米	唐	1	复查	省级
93	墩买力吐尔烽火台	阿克苏地区库车县牙哈镇塔罕西二村南约1千米的农田中	唐	1	复查	省级
94	克日希戍堡	阿克苏地区库车县牙哈镇克日希村南、库车河东枝水—牙哈河南岸台地上	唐	1	复查	县级
95	麻札巴格烽火台	阿克苏地区库车县牙哈镇麻札巴格村麻札巴格一组西	唐	1	新发现	未定级

续表

序号	名称	位置	年代	数量	备注	级别
96	沙卡乌烽火台	阿克苏地区库车县乌恰镇萨哈古村北	唐	1	复查	县级
97	克黑墩烽火台	阿克苏地区库车县热斯坦街道办事处古力巴克社区艾比布拉家中	唐	1	复查	县级
98	阔空巴孜烽火台	阿克苏地区库车县伊西哈拉镇科克拱拜孜社区北部	唐	1	复查	省级
99	伊西哈拉吐尔烽火台	阿克苏地区库车县伊西哈拉镇第二社区北部	唐	1	复查	省级
100	科实吐尔塔烽火台	阿克苏地区库车县玉奇吾斯塘乡阔什吐尔村西	唐	1	复查	省级
101	乔拉克吐尔烽火台*	阿克苏地区新和县尤鲁都斯巴克镇乔拉克吐尔村西南约0.5千米的农田中	唐	1	复查	未定级
102	硝尤鲁克戍堡	阿克苏地区新和县尤鲁都斯巴克镇硝尤鲁克村东北2千米	唐	1	复查	县级
103	夏合吐尔烽火台	阿克苏地区新和县尤鲁都斯巴格镇硝尤鲁克村北约8千米的荒漠中	唐	1	复查	省级
104	洪达木烽火台	阿克苏地区新和县尤鲁都斯巴格镇硝尤鲁克村西南约6千米的荒漠中	唐	1	复查	县级
105	吐孜吐尔烽火台	阿克苏地区新和县玉其卡特乡玉尔滚协海尔村四组西北3千米的荒漠中	唐	1	复查	省级
106	达西卡尔烽火台	阿克苏地区新和县尤鲁都斯巴格镇尤鲁都斯巴格村西南20千米的荒漠中	唐	1	复查	县级
107	特尔希克都鲁烽火台	阿克苏地区新和县尤鲁都斯巴格镇尤鲁都斯巴格村西	唐	1	复查	县级
108	羊达克库都克烽火台	阿克苏地区新和县尤鲁都斯巴格镇央达库都克道班西南约2千米的荒漠中	唐	1	复查	省级
109	齐兰烽火台	阿克苏地区柯坪县阿恰勒乡齐兰村南约1.7千米的荒漠中	唐	1	复查	省级
110	都埃梯木烽火台	阿克苏地区柯坪县阿恰勒乡吐尔村东南约11千米的喀拉库勒荒漠中	唐	1	复查	省级
111	亚依德梯木烽火台	阿克苏地区柯坪县阿恰勒乡吐尔村南约8.7千米的喀拉库勒荒漠中	唐	1	复查	省级
112	依斯塔那烽火台	阿克苏地区库车县牙哈镇依斯塔那村东北约2千米、却勒塔格山南麓山前荒漠中	唐	1	复查	省级
113	博斯坦托格拉克烽火台	阿克苏地区库车县牙哈镇博斯坦托格拉克村南约9千米、博斯坦托格拉克沟口西岸台地上	唐	1	复查	未定级

续表

序号	名称	位　　置	年代	数量	备注	级别
114	大龙池戍堡	阿克苏地区库车县阿格乡库尔干村北大龙池西畔	唐	2	复查	县级
115	库尔干戍堡	阿克苏地区库车县阿格乡库尔干村217国道东西两侧	唐	2	复查	县级
116	盐水沟关垒遗址	阿克苏地区库车县伊西哈拉镇道拉提巴格村西北、盐水沟内217国道南侧	唐	4	复查	县级
117	沙拉依塔木烽火台	阿克苏地区拜城县黑英山乡玉开都维村西约0.1千米的山梁上	唐	1	复查	县级
118	塔什吐尔烽火台	阿克苏地区拜城县黑英山乡米斯布拉克村一组西北约8千米、塔什吐尔艾肯沟山梁上	唐	1	复查	省级
119	英买里烽火台	阿克苏地区乌什县英阿瓦提乡英买里村西北约1千米的山丘上	唐	1	新发现	未定级
120	八卦墩烽火台	阿克苏地区乌什县乌什镇阿合塔玛扎村三组的都鲁乌呼尔山顶	唐	1	复查	省级
121	别迭里烽火台	阿克苏地区乌什县亚曼苏柯尔克孜族乡窝依塔勒村西约20千米的戈壁滩上	唐	1	复查	省级
122	阿克吐尔烽火台	阿克苏地区库车县齐满镇阿克吐尔村西1.5千米	唐	1	新发现	未定级
123	塔孜墩烽火台	阿克苏地区库车县比西巴格乡博斯坦二村西2千米	唐	1	新发现	未定级
124	阿热勒烽火台	阿克苏地区沙雅县努尔巴格乡阿热勒村二组东约0.2千米的沙丘东侧	唐	1	新发现	未定级
125	都鲁都力欧库尔烽火台	阿克苏地区沙雅县红旗乡萨依库都克村东南约10千米的农田中	唐	1	新发现	未定级
126	克孜尔协戍堡	阿克苏地区库车县哈尼喀塔木乡琼协海尔村	唐	1	新发现	未定级
127	吐尔拉戍堡	阿克苏地区新和县玉奇喀特乡先锋农场(村)南约2千米的盐碱滩上	唐	2	复查	省级
128	托秀克塔木烽火台	阿克苏地区新和县桑塔木农场七队、桑塔木农场南约8千米的盐碱滩上	唐	1	新发现	未定级
129	托秀克塔木戍堡	阿克苏地区新和县桑塔木农场七队、桑塔木农场南约8千米的荒漠中	唐	1	新发现	未定级
130	桑塔木烽火台	阿克苏地区新和县桑塔木农场场部西南约15千米的荒漠中	唐	1	新发现	未定级
131	吾热库台克烽火台	阿克苏地区新和县玉奇喀特乡吾热库台克农场的南约5千米的农田中	唐	1	新发现	未定级
132	塔什吐尔烽火台	阿克苏地区新和县渭干乡渭干农场南约51千米的荒漠中	唐	1	复查	省级

续表

序号	名称	位置	年代	数量	备注	级别
133	恰萨吐尔烽火台	阿克苏地区新和县渭干乡哈拉库木村南约45千米的荒漠中	唐	1	新发现	未定级
134	卡库克烽火台	阿克苏地区沙雅县英买力镇破托格拉克村铁热克协海尔组西北约9千米的荒漠中	唐	1	新发现	未定级
135	铁热克协尔烽火台	阿克苏地区沙雅县英买力镇破托格拉克村铁热克协海尔组西南约7千米的戈壁滩中	唐	1	新发现	铁热克协尔烽火台
136	玉瑞克协海尔烽火台*	阿克苏地区沙雅县英买力镇玉瑞克协海尔村西南2千米	唐	1	复查	玉瑞克协海尔烽火台
137	青铁木尔烽火台	阿克苏地区温宿县古勒阿瓦提乡青铁木尔村南约6千米的荒漠中	唐	1	新发现	青铁木尔烽火台
138	博斯坦烽火台	阿克苏地区阿瓦提县拜什艾日克镇博斯坦村东南约2千米的农田中	唐	1	新发现	未定级
139	克孜勒墩烽火台	阿克苏地区阿瓦提县拜什艾日克镇托万依麻木帕夏村西南约3千米	唐	1	新发现	未定级
140	喀拉墩烽火台	阿克苏地区阿瓦提县拜什艾日克镇托万墩依麻木帕夏村南约2千米的农田中	唐	1	新发现	未定级
141	库依巴格戍堡	阿克苏地区拜城县康其乡库依巴格村一组南约0.5千米的农田中	唐	1	新发现	库依巴格戍堡
142	亚布依烽火台	阿克苏地区拜城县老虎台乡开普台尔哈纳村三组东南约0.5千米、木扎提河东岸二级台地上	唐	1	复查	县级
143	丘达依塔格戍堡	阿克苏地区柯坪县玉尔其乡尤库鲁斯村北约4千米、苏巴什沟东岸、丘达依塔格山西端山脚处	唐	1	复查	省级
144	卡勒玛克塔木戍堡	阿克苏地区柯坪县农三师盖孜力克乡库木也尔村西约57千米	唐	1	新发现	未定级
145	穷吞木烽火台	喀什地区巴楚县农三师51团（乡）15连（村）西北约21.5千米的沙漠中	唐	1	复查	省级
146	尤木拉克烽火台	喀什地区巴楚县农三师51团（乡）15连（村）北约18千米的沙漠中	唐	1	复查	县级
147	阔西吞木烽火台	喀什地区巴楚县农三师51团（乡）15连（村）东北15.3千米处的荒漠中	唐	1	复查	县级
148	泽吞木烽火台	喀什地区巴楚51团（乡）15连（村）东西北14千米的荒漠中	唐	1	复查	县级
149	阿勒吞木南烽火台	图木舒克市图木休克镇拜什阿恰尔自然村东北约3.4千米	唐	1	新发现	未定级

续表

序号	名称	位置	年代	数量	备注	级别
150	阿勒吞木西南烽火台	图木舒克市图木休克镇拜什阿恰尔自然村北约东北4.8千米	唐	1	新发现	未定级
151	脱库吞木烽火台	图木舒克市图木休克镇英艾包孜村、农三师51团15连北约5.7千米的沙漠边缘	唐	1	复查	县级
152	阿太西烽火台	喀什地区巴楚县恰尔巴格乡七里达克村东北8.5千米	唐	1	复查	县级
153	塔哈塔合山一号烽火台	喀什地区巴楚县恰尔巴格乡七里达克村东北8千米	唐	1	复查	县级
154	塔哈塔合山二号烽火台	喀什地区巴楚县恰尔巴格乡七里达克村东北8千米	唐	1	复查	县级
155	塔哈塔合山三号烽火台	喀什地区巴楚县恰尔巴格乡七里达克村东北8千米	唐	1	复查	县级
156	塔哈塔合山四号烽火台	喀什地区巴楚县恰尔巴格乡七里达克村东北8千米	唐	1	复查	县级
157	塔哈塔合山五号烽火台	喀什地区巴楚县恰尔巴格乡七里达克村东北8千米的坦尼哈塔格山上	唐	1	复查	县级
158	塔哈塔合山六号烽火台	喀什地区巴楚县恰尔巴格乡七里达克村东北8千米的坦尼哈塔格山上	唐	1	复查	县级
159	马蹄山烽火台	喀什地区巴楚县恰尔巴格乡奥依阔塘村东8.8千米的乌库麻札塔格山东南端的山上	唐	1	新发现	未定级
160	喀勒乎其农场烽火台	喀什地区伽师县英买里乡英阿瓦提村喀拉墩自然村西南3.6千米	唐	1	复查	县级
161	墩肖一号烽火台	克孜勒苏柯尔克孜自治州阿图什市阿扎克乡库木萨克村东约19千米的盐碱滩上	唐	1	复查	未定级
162	墩肖二号烽火台	克孜勒苏柯尔克孜自治州阿图什市阿扎克乡库木萨克村东南约18千米的盐碱滩上	唐	1	复查	未定级
163	赛格孜烽火台	喀什地区伽师县克孜勒苏乡巴什兰干村西南约11千米	唐	1	新发现	未定级
164	库木萨克一号烽火台	克孜勒苏柯尔克孜自治州阿图什市阿扎克乡库木萨克村东南21千米的戈壁滩上	唐	1	新发现	未定级
165	摩克提木烽火台	克孜勒苏柯尔克孜自治州阿图什市阿扎克乡库木萨克村东南20千米的戈壁滩中	唐	1	复查	县级
166	摩尔提木烽火台	克孜勒苏柯尔克孜自治州阿图什市阿扎克乡库木萨克村东南18千米	唐	1	复查	县级
167	库木萨克二号烽火台	克孜勒苏柯尔克孜自治州阿图什市阿扎克乡库木萨克村东南21千米的戈壁滩上	唐	1	新发现	未定级

续表

序号	名称	位　　置	年代	数量	备注	级别
168	库木萨克三号烽火台	克孜勒苏柯尔克孜自治州阿图什市阿扎克乡库木萨克村东南22千米的戈壁滩上	唐	1	新发现	未定级
169	卡格提木烽火台	克孜勒苏柯尔克孜自治州阿图什市阿扎克乡库木萨克村东18千米的盐碱滩上	唐	1	新发现	未定级
170	提坚烽火台	克孜勒苏柯尔克孜自治州阿图什市格达良乡提坚村北约1千米的盐碱滩上	唐	1	新发现	未定级
171	七盘磨戍堡	克孜勒苏柯尔克孜自治州阿图什市松他克乡肖鲁克村东18千米七盘磨大桥北约0.3千米	唐	1	复查	未定级
172	塔克塔克提木烽火台*	喀什地区疏附县阿克喀什乡乌拉依木阿吉木能买里斯村委会西2千米	唐	1	复查	县级
173	提坚比西拱拜孜驿站*	克孜勒苏柯尔克孜自治州阿图什市格达良乡曲尔盖村西12千米的盐碱滩上、南距阿图什到格达良的公路0.1千米	唐	1	新发现	未定级
174	尤勒滚鲁克烽火台	哈密地区哈密市天山乡头道沟村新哈巴公路33千米里程碑西约2千米的黑色山丘上	唐至清			
175	阔吐尔烽火台	哈密地区伊吾县前山乡喀拉乌勒村北41千米阔吐尔肖纳一处小山顶上	唐至清	1	复查	县级
176	东庄子烽火台	哈密地区巴里坤哈萨克自治县三塘湖乡东庄子村东南约6千米的山包上	唐至清	1	复查	县级
177	石板墩烽火台	哈密地区巴里坤哈萨克自治县三塘湖乡岔哈泉村西北18千米的山丘上	唐至清	1	复查	县级
178	四塘泉烽火台	哈密地区巴里坤哈萨克自治县三塘湖乡中湖村东南约20千米的山包上	唐至清	1	复查	县级
179	三塘泉烽火台	哈密地区巴里坤哈萨克自治县三塘湖乡中湖村东南约12千米的山包上	唐至清	1	复查	县级
180	中湖村烽火台	哈密地区巴里坤哈萨克自治县三塘湖乡中湖村东北约0.6千米的山包上	唐至清	1	复查	县级
181	岔哈泉烽火台	哈密地区巴里坤哈萨克自治县三塘湖乡岔哈泉村东约1.5千米的山包上	唐至清	1	复查	县级
182	大红山北烽火台	哈密地区巴里坤哈萨克自治县八墙子乡大红山村大红山顶上	唐至清	1	复查	县级
183	马王庙东山顶烽火台	哈密地区巴里坤哈萨克自治县八墙子乡八墙子村西东山顶上	唐至清	1	复查	县级
184	白墩烽火台	哈密地区巴里坤哈萨克自治县大红柳峡乡霍斯库仍村东南、农十三师红星一牧场克孜勒库都克村西北约14千米	唐至清	1	复查	县级

续表

序号	名称	位　　置	年代	数量	备注	级别
185	石板墩烽火台	哈密地区巴里坤哈萨克自治县大红柳峡乡霍斯库仍村南、农十三师红星牧场二连	唐至清	1	复查	县级
186	东地唐圪瘩	昌吉回族自治州奇台县西地镇东地村七队居民区内、东地河东岸	唐	1	复查	县级
187	叶家湖青圪垯遗址*	昌吉回族自治州吉木萨尔县二工乡大泉湖西村东北3千米	唐	1	复查	县级
188	下叶家湖遗址*	昌吉回族自治州吉木萨尔县二工乡大泉湖西村西北4.5千米	唐	1	复查	县级
189	沙钵守捉遗址	昌吉回族自治州吉木萨尔县庆阳湖乡双河村村委会东北约2.5千米	唐	1	复查	县级
190	八家地烽火台遗址	昌吉回族自治州吉木萨尔县三台镇八家地村八家地水库西北0.25千米	唐	1	复查	未定级
191	冯洛守捉遗址	昌吉回族自治州吉木萨尔县三台镇冯洛村村委会北80米	唐	1	复查	省级
192	营盘梁遗址*	昌吉回族自治州吉木萨尔县北庭镇东二畦村委会西北、农六师红旗农场一分场十六队居民点西南0.3千米	唐	1	复查	县级
193	土墩子烽火台	昌吉回族自治州阜康市上户沟哈萨克族乡东湾村村委会东北、农六师土墩子农场北1.5千米	唐	1	复查	省级
194	阿克木那拉烽火台	昌吉回族自治州阜康市滋泥泉子镇九分地村西南20千米	唐	1	复查	省级
195	西泉七队烽火台	昌吉回族自治州阜康市滋泥泉子镇苇湖村西北、农六师土墩子农场西泉分场东2千米	唐	1	复查	未定级
196	西泉烽火台*	昌吉回族自治州阜康市滋泥泉子镇东湖村西北、农六师土墩子农场西泉分场内、通往采南油田的公路366千米里程碑南0.5千米	唐	1	复查	省级
197	五工台烽火台	昌吉回族自治州呼图壁县五工台镇五工台村南2.5千米，北约0.4千米为201省道	唐	1	复查	县级
198	塔西河古堡	昌吉回族自治州玛纳斯县包家店镇塔西河村西、乌（鲁木齐）伊（犁）公路北侧0.2千米	唐	1	复查	省级
199	楼南古城烽火台	昌吉回族自治州玛纳斯县头工乡楼南村东北1千米的耕地内	唐	1	复查	省级
200	烽火台村烽火台	昌吉回族自治州玛纳斯县六户地镇杨家道村北约30千米、农八师149团12连（烽火台村）西南1千米的沙漠边缘	唐	1	复查	省级

（注：带*的遗址未列入长城资源名录）

清代烽火台、城堡一览表

序号	名称	位　　置	年代	数量	备注	级别
1	东池西烽火台	哈密地区哈密市南湖乡红旗村东南约20千米的戈壁中	清	1	新发现	未定级
2	土孜墩烽火台	哈密地区哈密市南湖乡南湖村东约15千米（南湖乡与花园乡界碑处）的戈壁滩中	清	1	新发现	未定级
3	小南湖烽火台	哈密地区哈密市花园乡喀拉塔勒村西约0.5千米的戈壁绿洲中	清	1	复查	未定级
4	诺尕依布拉克烽火台	哈密地区哈密市五堡乡博斯坦村东6千米台地的边缘	清	1	新发现	未定级
5	支边农场烽火台	哈密地区哈密市五堡乡塔勒吐尔农场村支边农场西南约3千米的台地边缘	清	1	复查	县级
6	小泉子烽火台	哈密地区哈密市五堡乡小泉子村南约2.5千米处的一座山岗上	清	1	复查	未定级
7	勃霍孜烽火台	哈密地区哈密市五堡乡小泉子村大泉子北约1千米的戈壁滩上	清	1	新发现	未定级
8	砂墩子烽火台	哈密地区哈密市柳树沟乡一棵树村西南约15千米的山梁上	清	1	新发现	未定级
9	了墩烽火台	哈密地区哈密市柳树沟乡牧业村西南约25千米、农十三师柳树泉农场梯子泉五队北的戈壁滩上	清	1	复查	未定级
10	黄龙岗烽火台	哈密地区哈密市大泉湾乡黄龙岗村三组东南约1千米处的耕地中	清	1	复查	未定级
11	长流水烽火台	哈密地区哈密市大泉湾乡圪垯井村南约12千米、原长流水村北约50米处的台地边缘	清	1	新发现	未定级
12	碱泉子烽火台	哈密地区哈密市沁城乡牛毛泉村南8千米	清	1	复查	未定级
13	沁城青山子烽火台	哈密地区哈密市沁城乡牛毛泉村东北约6千米的山丘顶部	清	1	复查	未定级
14	阿克吐木休克烽火台	哈密地区哈密市沁城乡小堡村南约7千米山丘的顶部	清	1	新发现	未定级
15	二墩烽火台	哈密地区哈密市沁城乡白山村东北约2千米一座山丘的顶部	清	1	复查	未定级
16	三墩烽火台	哈密地区哈密市沁城乡小堡村南1千米的山丘上	清	1	复查	未定级
17	下马崖烽火台	哈密地区伊吾县下马崖乡尤库日买勒村西南1千米的山间谷地上	清	1	复查	县级
18	尤勒墩烽火台	哈密地区伊吾县苇子峡乡乔尔村东部尤勒敦农点西南约1.5千米一处小山顶部	清	1	复查	县级
19	边关墩烽火台	哈密地区哈密市天山乡二道沟村南20千米、哈巴公路西侧0.1千米的山前冲积地带	清	1	复查	省级

序号	名称	位　　置	年代	数量	备注	级别
20	十五里墩烽火台	哈密地区哈密市西山乡乌兰布拉克村西4千米、哈巴公路东20米的台地上	清	1	复查	未定级
21	南山口烽火台	哈密地区哈密市西山乡乌兰布拉克村西北5千米、哈巴公路西侧20米的台地上	清	1	复查	未定级
22	奎苏台烽火台	哈密地区巴里坤哈萨克自治县奎苏镇奎苏台村西北约0.4千米	清	1	复查	县级
23	旧户村草场南烽火台	哈密地区巴里坤哈萨克自治县大河镇旧户村草场南、西南约4千米为大河镇	清	1	复查	县级
24	旧户村草场北烽火台	哈密地区巴里坤哈萨克自治县大河镇旧户村草场北、西南约8千米为大河镇	清	1	复查	县级
25	克孜勒江烽火台	哈密地区巴里坤哈萨克自治县大河镇旧户村木城遗址西2千米的山坡上	清	1	复查	县级
26	双墩子烽火台	哈密地区巴里坤哈萨克自治县大河镇旧户村北、农十三师红山农场红星一牧场克孜勒库都克村东南	清	1	复查	县级
27	阿尕勒烽火台	哈密地区巴里坤哈萨克自治县大河镇旧户村西北、博尔羌吉镇至大河镇公路北约0.4千米的山顶上	清	1	复查	县级
28	东泉烽火台	哈密地区巴里坤哈萨克自治县大河镇旧户村西北东泉检查站东北约0.7千米的山包上	清	1	复查	县级
29	大墩村烽火台	哈密地区巴里坤哈萨克自治县花园乡大墩村西南0.3千米、303省道北侧	清	1	复查	县级
30	二墩村烽火台	哈密地区巴里坤哈萨克自治县花园乡二墩村东南约1.5千米、303省道南侧	清	1	复查	县级
31	花庄子东南烽火台	哈密地区巴里坤哈萨克自治县花园乡花庄子村东南约1.5千米、巴里坤县中心苗圃后、303省道南0.5千米	清	1	复查	县级
32	花庄子西南烽火台	哈密地区巴里坤哈萨克自治县花园乡花庄子村西南、303省道南侧	清	1	复查	县级
33	尖山子村烽火台	哈密地区巴里坤哈萨克自治县海子沿乡尖山子村（六村）西北约2千米	清	1	复查	县级
34	尖山子西北烽火台	哈密地区巴里坤哈萨克自治县海子沿乡尖山子村（六村）西约5千米	清	1	复查	县级
35	骨拐泉东烽火台	哈密地区巴里坤哈萨克自治县海子沿乡尖山子村（六村）西约8千米、骨拐泉东0.8千米	清	1	复查	县级
36	骨拐泉西烽火台	哈密地区巴里坤哈萨克自治县海子沿乡尖山子村（六村）西约11千米、骨拐泉西2千米	清	1	复查	县级

序号	名称	位　　置	年代	数量	备注	级别
37	自流井村烽火台	哈密地区巴里坤哈萨克自治县黄土场开发区（原萨尔乔克乡）阿衣那不拉克村一户村民院落的羊圈中	清	1	复查	县级
38	苏吉村烽火台	哈密地区巴里坤哈萨克自治县萨尔乔克乡（原苏吉乡）苏吉村东北约0.5千米的小山丘顶部	清	1	复查	县级
39	五校烽火台	哈密地区巴里坤哈萨克自治县萨尔乔克乡苏吉村五校校园内	清	1	复查	县级
40	卢方沟烽火台	哈密地区巴里坤哈萨克自治县萨尔乔克乡苏吉村西南约3千米的草场上	清	1	复查	县级
41	吴家庄子烽火台	哈密地区巴里坤哈萨克自治县萨尔乔克乡吴家庄子村东约1.5千米较平坦的坡地上	清	1	复查	县级
42	五场沟烽火台	哈密地区巴里坤哈萨克自治县下涝坝乡（原萨尔乔克乡）五场沟村西北约2千米的草原上	清	1	复查	县级
43	肋（洛）巴泉烽火台	哈密地区巴里坤哈萨克自治县下涝坝乡五场沟村西6.5千米	清	1	复查	县级
44	阿克沃尔腾烽火台	哈密地区巴里坤哈萨克自治县海子沿乡海子沿村（二大队）的冬牧场、猴儿山西南3千米	清	1	复查	县级
45	乌图水烽火台	哈密地区巴里坤哈萨克自治县海子沿乡海子沿村(二大队)的冬牧场、海子沿乡二村西约70千米	清	1	复查	县级
46	色皮口烽火台	昌吉回族自治州木垒哈萨克自治县大石头乡大石头村东南约20千米、303省道291千米里程碑北约0.3千米	清	1	新发现	未定级
47	三十里墩烽火台	昌吉回族自治州木垒哈萨克自治县大石头乡克孜勒加尔塔斯村西8.3千米、303省道319千米里程碑	清	1	复查	省级
48	三个泉子烽火台	昌吉回族自治州木垒哈萨克自治县博斯坦乡三个泉子村西约0.25千米	清	1	复查	省级
49	一碗泉烽火台	昌吉回族自治州木垒哈萨克自治县白杨河乡一碗泉村东0.5千米、303省道南侧	清	1	复查	省级
50	西坎尔孜青圪垯烽火台	昌吉回族自治州奇台县坎尔孜乡西坎尔孜二村内	清	1	复查	未定级
51	三十里大墩烽火台	昌吉回族自治州奇台县古城乡果园村东6千米、农六师110团团部南0.15千米	清	1	复查	未定级
52	城北烽火台	昌吉回族自治州吉木萨尔县吉木萨尔镇沙河村西、北环路北侧冷库院内	清	1	复查	未定级
53	老台烽火台	昌吉回族自治州吉木萨尔县老台乡老湖村北的一处台地上	清	1	复查	省级

续表

序号	名称	位　　置	年代	数量	备注	级别
54	三十里大墩烽火台	昌吉回族自治州昌吉市榆树沟镇大三畦村东约2千米	清	1	复查	省级
55	三十里墩烽火台	昌吉回族自治州呼图壁县二十里店镇东滩村一队东南约30米	清	1	复查	县级
56	塔西河烽火台	昌吉回族自治州玛纳斯县包家店镇塔西河村西、乌（鲁木齐）伊（犁）公路北侧	清	1	复查	省级
57	十里墩烽火台	昌吉回族自治州玛纳斯县兰州湾镇十里墩村南0.5千米的耕地中、玛纳斯河东岸	清	1	复查	省级
58	头墩台子烽火台	昌吉回族自治州玛纳斯县旱卡子滩乡头墩台子村西2千米玛纳斯河东岸台地上	清	1	复查	省级
59	山丹湖烽火台	石河子市石河子乡山丹湖村北1千米的耕地中	清	1	新发现	未定级
60	苏贝希沟烽火台	吐鲁番地区鄯善县吐峪沟乡苏贝希夏村西南	清	1	复查	县级
61	斯尔克甫沟戍堡	吐鲁番地区鄯善县鲁克沁镇赛尔克甫村东	清	5间	新发现	未定级
62	夏尼干烽火台	和田地区皮山县皮亚勒玛乡兰干库勒村西北的戈壁中	清	1	复查	县级
63	萨拉松烽火台	和田地区皮山县皮亚勒玛乡兰干库勒村西北的戈壁中	清	1	复查	县级
64	喀尔克烽火台	和田地区皮山县皮亚勒玛乡兰干库勒村	清	1	复查	省级
65	康艾肯烽火台	和田地区皮山县桑株乡阿亚格坡斯喀村东北10千米的戈壁滩中	清	1	新发现	未定级
66	奥塘二号烽火台	喀什地区叶城县洛克乡吾斯塘博依村东12千米	清	1	新发现	未定级
67	奥塘一号烽火台	喀什地区叶城县洛克乡吾斯塘博依村东8千米的石子戈壁上	清	1	新发现	未定级
68	奥塘烽火台	喀什地区英吉沙县托普鲁克乡奥塘村一片农田之中	清	1	新发现	未定级
69	凯勒敦烽火台	克孜勒苏柯尔克孜自治州乌恰县波斯坦铁列克乡凯勒敦村中部	清	1	复查	未定级
70	巴西索赛烽火台	喀什地区疏附县乌帕尔乡库木巴格村委会艾孜热提毛拉木塔格山西南7.5千米	清	1	新发现	未定级
71	喀普喀烽火台	喀什地区疏附县木什乡谢热克萨依村西北10千米	清	1	新发现	未定级
72	波斯图木休克烽火台	克孜勒苏柯尔克孜自治州乌恰县黑孜苇乡康什维尔村南5千米的黑水河西岸台地上	清	1	新发现	未定级

续表

序号	名称	位　　置	年代	数量	备注	级别
73	波斯图木休克戍堡	克孜勒苏柯尔克孜自治州乌恰县黑孜苇乡康什维尔村南5千米的黑水河西岸台地上	清	1	新发现	未定级
74	阿克塔木烽火台	喀什地区疏附县兰干乡康迪尔村东北0.75千米	清	1	复查	县级
75	江尕勒烽火台	喀什地区塔什库尔干塔吉克自治县塔什库尔干乡托格伦夏村	清	1	复查	县级
76	卡拉库勒城堡	喀什地区塔什库尔干塔吉克自治县达布达尔乡托库孜布拉克自然村西1千米	清	1	复查	县级

清代驿站一览表

序号	名　称	位　　置	年代	数量	备注	级别
1	格子烟墩驿站遗址	哈密地区哈密市大泉湾乡圪塔井村东南约45千米的戈壁滩上	清	1	复查	省级
2	一碗泉驿站遗址	哈密地区哈密市七角井镇七角井村东南41千米处的戈壁滩上、一碗泉收费站西约1.5千米、312国道北侧的戈壁滩上	清	1	复查	县级
3	色皮口驿站遗址	昌吉回族自治州木垒哈萨克自治县大石头乡大石头村东南约20千米、303省道291千米里程碑北侧约0.3千米	清	1	新发现	未定级
4	三十里墩驿站遗址	昌吉回族自治州木垒哈萨克自治县大石头乡克孜勒加尔塔斯村西8.3千米、303省道319千米里程碑南侧	清	1	复查	省级
5	沙河子驿站遗址	昌吉回族自治州木垒哈萨克自治县博斯坦乡阿克卓勒村东、大石头乡与博斯坦乡交界处、303省道333千米里程碑处的大桥下	清	1	复查	省级
6	三个泉子驿站遗址	昌吉回族自治州木垒哈萨克自治县博斯坦乡三个泉子村南0.8千米的公路两侧	清	1	复查	县级
7	一碗泉驿站遗址	昌吉回族自治州木垒哈萨克自治县白杨河乡一碗泉村东约0.5千米的小山梁上	清	1	复查	省级
8	黑沟驿站遗址	乌鲁木齐市米泉东区古牧地镇下大草滩村西北2.8千米	清	1	复查	县级
9	托多克驿站遗址	博尔塔拉蒙古自治州精河县托托乡古尔图牧业村	清	1	新发现	未定级
10	沙泉驿站遗址	博尔塔拉蒙古自治州精河县茫丁乡北地村	清	1	新发现	未定级
11	四台驿站	博尔塔拉蒙古自治州博乐市达勒特镇和青得里乡的春夏牧场	清	1	复查	未定级
12	布干驿站	吐鲁番地区托克逊县郭勒布依乡喀拉布拉克村西北约2千米	清	1	复查	县级
13	河东乡驿站	吐鲁番地区托克逊县郭勒布依乡切克曼坎儿孜村西北1千米	清	1	复查	县级
14	阿克塔克驿站	吐鲁番地区托克逊县伊拉湖乡阿克塔格村	清	1	复查	县级
15	苏贝希一号驿站	吐鲁番地区托克逊县博斯坦乡博斯坦村南、314国道托克逊至库米什路段间	清	1	复查	县级
16	苏贝希二号驿站	吐鲁番地区托克逊县博斯坦乡博斯坦村西10千米处苏贝希一号驿站南约0.3千米的土丘上	清	1	复查	县级
17	苏贝希三号驿站	吐鲁番地区托克逊县博斯坦乡博斯坦村西32千米、314国道托克逊至库米什路段182～183千米里程碑靠北一侧	清	1	复查	县级

续表

序号	名称	位置	年代	数量	备注	级别
18	苏贝希四号驿站	吐鲁番地区托克逊县博斯坦乡博斯坦村西24千米	清	1	复查	县级
19	苏贝希五号驿站	吐鲁番地区托克逊县博斯坦乡博斯坦村南314国道托克逊至库米什路段间	清	1	复查	县级
20	苏贝希六号驿站	吐鲁番地区托克逊县博斯坦乡博斯坦村西43千米	清	1	复查	县级
21	亚吾鲁克驿站	喀什地区喀什市乃则尔巴格乡尤喀克喀孜艾日克村西北6.9千米	清	1	复查	县级
22	安江开其克驿站	喀什地区疏附县兰干乡苏鲁村境内阿克塔格山南5.3千米	清	1	新发现	未定级
23	库木萨克驿站	克孜勒苏柯尔克孜自治州阿图什市阿扎克乡库木萨克村东南部杏园南墙外、西北紧邻库木萨克村	清	1	新发现	未定级
24	盖孜驿站	克孜勒苏柯尔克孜自治州阿克陶县布伦口乡盖孜村、盖孜河南侧	清	1	复查	未定级
25	吉日尕勒驿站	喀什地区塔什库尔干塔吉克自治县塔什库尔干乡托格伦夏村	清	1	复查	县级
26	亏里玉孜江尕勒卡浪房屋遗址	喀什地区塔什库尔干塔吉克自治县瓦恰乡昆于孜村	清	7(间)	复查	县级
27	托克满素驿站	喀什地区塔什库尔干塔吉克自治县达布达尔乡阿特加依里村以西43.6千米	清	1	复查	县级
28	瓦哈吉瑞驿站	喀什地区塔什库尔干塔吉克自治县达布达尔乡阿特加依里村、明铁盖边防连西约40千米、达布达尔乡西南76千米	清	1	复查	县级
29	库木巴斯兰干驿站	喀什地区莎车县孜热甫夏提乡兰干村东北1千米的一片沙地中	清	1	复查	县级
30	亚克日克阔如勒驿站	喀什地区莎车县亚喀艾日克乡阔若勒村西约0.5千米	清	2	复查	省级
31	欧吐拉克尔驿站	和田地区洛浦县阿其克管理区东	清	1	新发现	未定级

清代卡伦一览表

序号	名称	位　　置	年代	数量	备注	级别
1	洪纳海卡伦	伊犁哈萨克自治州察布查尔锡伯自治县斐新哈莎镇多兰图村、农四师67团1连南约8.8千米、多兰图边防站旁	清	1	新发现	未定级
2	吐库尔浑卡伦	伊犁哈萨克自治州察布查尔锡伯自治县斐新哈莎镇多兰图村、农四师67团1连南约7千米	清	1	复查	县级
3	多兰图卡伦	伊犁哈萨克自治州察布查尔锡伯自治县斐新哈莎镇多兰图村、农四师67团1连西侧	清	1	复查	省级
4	阿布散特尔卡伦	伊犁哈萨克自治州察布查尔锡伯自治县斐新哈莎镇多兰图村、农四师67团1连西北约6千米	清	1	复查	县级
5	纳旦木卡伦	伊犁哈萨克自治州察布查尔锡伯自治县斐新哈莎镇霍东孜村、农四师67团7连南约5千米	清	1	复查	县级
6	梧桐孜卡伦	伊犁哈萨克自治州察布查尔锡伯自治县斐新哈莎镇霍东孜村、农四师67团7连西约1千米	清	1	复查	省级
7	头湖卡伦	伊犁哈萨克自治州察布查尔锡伯自治县斐新哈莎镇梧桐毛村、农四师67团8连西约17千米、头湖边防哨所旁	清	1	复查	县级
8	河源（三道河子）卡伦	伊犁哈萨克自治州霍城县三道河乡沙门子村西南、农四师63团8连以西三道河子边防站西北约0.6千米的平滩上	清	1	复查	未定级
9	乔老克炮台	伊犁哈萨克自治州霍城县三道河乡沙门子村西南约22千米、农四师63团9连南约3千米	清	1	复查	县级
10	登元卡伦	伊犁哈萨克自治州霍城县莫乎尔乡莫乎牧业村西南约12.5千米、农四师63团4连南约4千米	清	1	复查	县级
11	察罕额博卡伦	伊犁哈萨克自治州霍城县莫乎尔乡莫乎牧业村西约7千米、农四师63团西北黄旗马队边防连内	清	1	复查	县级
12	沙彦卡伦	伊犁哈萨克自治州霍城县莫乎尔乡开干村西南约9千米、农四师61团林管站南侧霍尔果斯口岸以北5千米	清	1	复查	省级
13	富尔干（红山嘴）卡伦	伊犁哈萨克自治州霍城县莫乎尔乡开干村西南，霍尔果斯河东岸、红卡子边防站西南平台上、农四师霍尔果斯河管理处北	清	1	复查	未定级
14	契格尔干卡伦	伊犁哈萨克自治州霍城县莫乎尔乡格干牧业村北约9千米、霍尔果斯河东约4.3千米的山前坡地上、农四师61团林管站东北约6千米	清	1	复查	未定级
15	哈尔索胡尔卡伦	伊犁哈萨克自治州霍城县莫乎尔乡格干牧业村西北约18千米、阿力麻里边防站内新营房西南侧	清	1	复查	未定级

续表

序号	名称	位　　置	年代	数量	备注	级别
16	沙喇布鲁克卡伦遗址	博尔塔拉蒙古自治州温泉县扎勒木特乡浩图尔哈村	清	1	新发现	未定级
17	加尔加普汗遗址	塔城地区裕民县察汗托海牧场（乡）英姿村西14千米、中哈边境线东侧	清	1	新发现	未定级
18	八户地卡伦遗址	昌吉回族自治州奇台县西北湾乡牧业村、八户地七分场北1.5千米	清	1	新发现	未定级
19	纸房卡伦遗址	哈密地区巴里坤哈萨克自治县大红柳峡乡阔克赛尔克村、边防派出所第一警务区警务室西北约1.6千米小湖北	清	1	复查	未定级
20	巴勒根地卡伦	克孜勒苏柯尔克孜自治州阿合奇县哈拉布拉克乡马那尔村西约5千米、托什干河北岸二级台地边缘	清	1	复查	县级
21	铁列克卡伦	克孜勒苏柯尔克孜自治州乌恰县铁列克乡克特喀拉村西南1.5千米	清	1	复查	县级
22	马什热普达坂卡伦	克孜勒苏柯尔克孜自治州乌恰县吾合沙鲁乡恰提村西北9.5千米克孜勒套山上	清	1	复查	县级
23	库尔干恰斯卡伦	喀什地区英吉沙县克孜勒乡库勒艾日可村库尔干塔格村北约1.7千米一个孤立的山丘上	清	1	复查	县级
24	康达拉克其卡伦	喀什地区塔什库尔干塔吉克自治县大同乡政府东0.5千米	清	1	新发现	未定级
25	高唐江尕勒卡伦遗址	喀什地区塔什库尔干塔吉克自治县瓦恰乡夏布孜喀拉村	清	1	复查	县级
26	道扎克达西提卡伦	喀什地区塔什库尔干塔吉克自治县塔什库尔干乡萨热吉勒尕村	清	1	复查	县级
27	派依克卡伦	喀什地区塔什库尔干塔吉克自治县达布达尔乡阿特加依里村西南约9.6千米	清	1	复查	县级

新疆维吾尔自治区汉代、唐代长城资源及清代军事设施遗址统计表

	烽火台	堡	驿站	卡伦	其他遗址	总计
巴音郭楞蒙古自治州	36（汉24+唐12）					36（汉24+唐12）
阿克苏地区	43（汉1+唐42）	12（唐）			1（唐）	56（汉1+唐55）
喀什地区	26（唐19+清7）	2（唐1+清1）	8（清）	5（清）		41（唐20+清21）
哈密地区	62（唐17+清45）		2（清）	1（清）		65（唐17+清48）
吐鲁番地区	39（唐38+清1）	6（唐5+清1）	9（清）			54（唐43+清11）
克孜勒苏柯尔克孜自治州	11（唐9+清2）	2（唐1+清1）	2（清）	3（清）		18（唐10+清8）
博尔塔拉蒙古自治州			3（清）	1（清）		4（清）
昌吉回族自治州	21（唐8+清13）	3（唐）	5（清）	1（清）		30（唐11+清19）
和田地区	11（唐7+清4）	3（唐）	1（清）			15（唐10+清5）
乌鲁木齐市	6（唐）		1（清）			7（唐6+清1）
石河子市	1（清）					1（清）
图木舒克市	3（唐）					3（唐）
塔城地区				1（清）		1（清）
伊犁哈萨克自治州				15（清）		15（清）
合计	272（汉25+唐161+清73）	28（唐25+清3）	31（清）	27（清）	1（唐）	346（汉25+唐187+清134）

（注：表中统计数据不包含未列入长城资源名录的遗址。下同）

巴音郭楞蒙古自治州长城资源统计表

	若羌县	且末县	尉犁县	轮台县	和硕县	和静县	焉耆回族自治县	库尔勒市	合计
烽火台	6（汉）	4（汉）	11（汉）	4（汉1+唐3）	2（汉）	2（唐）	6（唐）	1（唐）	36（汉24+唐12）
合计	6（汉）	4（汉）	11（汉）	4（汉1+唐3）	2（汉）	2（唐）	6（唐）	1（唐）	36（汉24+唐12）

阿克苏地区长城资源统计表

	库车县	拜城县	新和县	柯坪县	乌什县	沙雅县	温宿县	阿瓦提县	合计
烽火台	15（汉1+唐14）	3（唐）	11（唐）	3（唐）	3（唐）	4（唐）	1（唐）	3（唐）	43（汉1+唐42）
堡	6（唐）	1（唐）	3（唐）	2（唐）					12（唐）
遗址	1（唐）								1（唐）
合计	22（汉1+唐21）	4（唐）	14（唐）	5（唐）	3（唐）	4（唐）	1（唐）	3（唐）	56（汉1+唐55）

喀什地区长城资源及清代军事设施遗址统计表

	叶城县	英吉沙县	巴楚县	伽师县	莎车县	塔什库尔干塔吉克自治县	疏附县	喀什市	合计
烽火台	3（唐1+清2）	2（唐1+清1）	12（唐）	2（唐）	1（唐）	2（唐1+清1）	4（唐1+清3）		26（唐19+清7）
卡伦		1（清）				4（清）			5（清）
驿站					2（清）	4（清）	1（清）	1（清）	8（清）
堡						2（唐1+清1）			2（唐1+清1）
合计	3（唐1+清2）	3（唐1+清2）	12（唐）	2（唐）	3（唐1+清2）	12（唐2+清10）	5（唐1+清4）	1（清）	41（唐20+清21）

哈密地区、吐鲁番地区长城资源及清代军事设施遗址统计表

	哈密地区				吐鲁番地区			
	哈密市	伊吾县	巴里坤哈萨克自治县	合计	鄯善县	吐鲁番市	托克逊县	合计
烽火台	25（唐6+19清）	3（唐1+清2）	34（唐10+清24）	62（唐17+清45）	14（唐13+清1）	17（唐）	8（唐）	39（唐38+清1）
卡伦			1（清）	1（清）				
驿站	2（清）			2（清）			9（清）	9（清）
堡					2（唐1+清1）	2（唐）	2（唐）	6（唐5+清1）
合计	27（唐6+清21）	3（唐1+清2）	35（唐10+清25）	65（唐17+清48）	16（唐14+清2）	19（唐）	19（唐10+清9）	54（唐43+清11）

克孜勒苏柯尔克孜古自治州、博尔塔拉蒙古自治州长城资源及清代军事设施遗址统计表

	克孜勒苏柯尔克孜自治州					博尔塔拉蒙古自治州			
	阿图什市	乌恰县	阿合奇县	裕民县	合计	精河县	博乐市	温泉县	合计
烽火台	9（唐）	2（清）			11（唐9+清2）				
卡伦		2（清）	1（清）		3（清）			1（清）	1（清）
驿站	2(清)				2（清）	2（清）	1（清）		3（清）
堡	1（唐）	1（清）			2（唐1+清1）				
其他遗址				1（清）					
合计	12（唐10+清2）	5（清）		1（清）	18（唐10+清8）	2（清）	1（清）	1（清）	4（清）

昌吉回族自治州长城资源及清代军事设施遗址统计表

	奇台县	吉木萨尔县	阜康市	呼图壁县	玛纳斯县	木垒哈萨克自治县	昌吉市	合计
烽火台	3（唐1+清2）	3（唐1+清2）	3（唐）	2（唐1+清1）	5（唐2+清3）	4（清）	1（清）	21（唐8+清13）
驿站						5（清）		5（清）
卡伦	1（清）							1（清）
堡		3（唐）			1（唐）			4（唐）
合计	4（唐1+清3）	6（唐4+清2）	3（唐）	2（唐1+清1）	6（唐3+清3）	9（清）	1（清）	31（唐12+清19）

和田地区长城资源及清代军事设施遗址统计表

	墨玉县	和田县	皮山县	洛浦县	合计
烽火台	2（唐）		9（唐5+清4）		11（唐7+清4）
堡	1（唐）	2（唐）			3（唐）
驿站				1（清）	1（清）
合计	3（唐）	2（唐）	9（唐5+清4）	1（清）	15（唐10+清5）

乌鲁木齐市、石河子市、图木舒克市、塔城地区、伊犁哈萨克自治州长城资源及清代军事设施遗址统计表

	乌鲁木齐市	石河子市	图木舒克市	塔城地区	伊犁哈萨克自治州	
					察布查尔锡伯自治县	霍城县
烽火台	6（唐）	1（清）	3（唐）			
驿站	1（清）					
卡伦				1（清）	7（清）	8（清）
合计	7（唐6+清1）	1（清）	3（唐）	1（清）	15（清）	

主要参考书目

1.（汉）司马迁撰、（宋）裴骃集解、（唐）司马贞索隐、（唐）张守节集注：《史记》，中华书局，1954年。

2.（汉）班固撰、（唐）颜师古注：《汉书》，中华书局，1962年。

3.（南朝宋）范晔撰、（唐）李贤等注：《后汉书》，中华书局，1965年。

4.（东晋）法显：《佛国记》，重庆出版社，2008年。

5.（后晋）刘昫等撰：《旧唐书》，中华书局，1975年。

6.（唐）魏徵等撰：《隋书》，中华书局，1982年。

7.（唐）玄奘撰、章巽校点：《大唐西域记》，上海人民出版社，1977年。

8.（宋）欧阳修、宋祁撰：《新唐书》，中华书局，1975年。

9.（唐）玄奘撰：《大唐西域记》，上海社会科学院出版社，2009年。

10.（宋）曾公亮、丁度编纂：《武经总要》，解放军出版社，1987年。

11.（唐）慧立、彦悰撰：《大慈恩寺三藏法师传》，中华书局，1983年。

12.（清）托津等奉敕纂：《钦定大清会典》（嘉庆朝），文海出版社，1991年。

13. 赵尔巽等撰：《清史稿》，中华书局，1977年。

14. 甘肃省居延考古队简册整理小组：《“塞上烽火品约”释文》，载《考古》1979年第4期。

15. 甘肃省文物工作队、甘肃省博物馆：《汉简研究文集》，甘肃人民出版社，1984年。

16. 岳邦湖、钟圣祖著：《疏勒河流域汉代长城考察报告》，文物出版社，2001年。

17. 吴礽骧：《河西汉塞调查与研究》，文物出版社，2005年。

18. 甘肃省文物局、甘肃省文物考古研究所：《临洮战国秦长城山丹汉、明长城调查报告》，甘肃人民出版社，2007年。

19. 陈梦家著：《汉简缀述》，中华书局，1980年。

20. 殷晴著：《丝绸之路与西域经济》，中华书局，2007年。

21.（日）松田寿南著、陈俊谋译：《古代天山历史地理学研究》，中央民族学院出版社，1987年。

22. 严耕望著：《唐代交通图考》，上海古籍出版社，2010年。

23. 程喜霖著：《汉唐烽堠制度研究》，三秦出版社，1996年。

24. 王炳华著：《丝绸之路考古研究》，新疆人民出版社，2009年。

25. 巫新华著：《吐鲁番地区唐代交通路线的考察与研究》，青岛出版社，1999年。

26.《哈密文物志》编纂组：《哈密文物志》，新疆人民出版社，1993年。

后 记

新疆维吾尔自治区长城资源调查是全国长城资源调查的一部分。这项工作在国家文物局、长城资源调查项目组、新疆维吾尔自治区文物局的直接领导下得以圆满完成。2009年底，新疆维吾尔自治区长城资源调查与第三次全国文物普查田野调查工作同时结束，随后，自治区文物局在成立新疆第三次全国文物普查资料整理小组的同时，将自治区长城资源调查资料的全面整理工作一并落实。经过两年多的时间，参与长城资源资料整理的队员们完成了大量长城资源文物数据的整理，同时积极展开《新疆维吾尔自治区长城资源调查报告》的编写工作。

本报告是全疆长城资源调查队员们集体劳动的成果。在这里我们要向全疆参加长城资源田野实地调查的队员以及向导们致以深深的谢忱！是新疆长城资源保护的群体共同成就了这部报告。参加新疆长城资源田野调查的主要人员有新疆维吾尔自治区文物考古研究所邱陵、胡兴军、闫雪梅、伊力、张铁男、艾涛、刘维玉、张玉忠、李文瑛、巴娜娜；西北大学任萌、张坤；中央民族大学黄益飞、李榆；中国社会科学院考古研究所新疆调查队巫新华、郑国刚；哈密地区文物局周小明、玉素甫；吐鲁番地区文物管理局张永兵、徐佑成、李辉朝；乌鲁木齐市文物局梁勇、吐尔逊；昌吉回族自治州文物局杜淑琴、徐桦林、张锋；石河子市文物保护管理所吴俊、王亮；博尔塔拉蒙古自治州文物管理所李留仙、道尔基；伊犁哈萨克自治州文物局郭林平、孟红梅；塔城地区文物局哈米提；巴音郭楞蒙古自治州文物局覃大海、玉素甫；阿克苏地区文物保护管理局艾斯卡尔、陈伟；和田地区文物局卡斯木、艾力；喀什地区文物局亚力昆；图木舒克市文物管理局杨志杰；克孜勒苏柯尔克孜自治州文物保护管理所单本忠等。特别需要指出的是，在长城资源田野调查中，相关县、市的工作人员也都参加了调查工作，由于篇幅所限，未能一一列出他们的名字，在此表示诚挚的谢意！

在资料整理过程中，各地、州、市长城资源调查工作队给予了大力的支持和积极的配合，提供了各自辖区内长城资源的基础调查资料。自治区文物考古研究所胡兴军、吐鲁番地区文物局李春长承担了文字资料的整理，吐鲁番地区文物局徐佑成、赵静绘制线图，胡兴军、赵静整理照片，中国科学院遥感应用研究所朱建峰制作了长城资源分布图。基础资料整理完成后，进入报告编纂阶段，胡兴军承担了整个报告的文字整理，并撰写了前言、各章简述及报告结语；自治区第三次全国文物普查资料整理小组组长、自治区文物考古研究所研究员李文瑛自始至终对报告的编写进行了指导；自治区文物考古研究所研究员于志勇、新疆社会科学院研究员殷晴、新疆师范大学教授刘学堂对报告初稿提出了许多宝贵的修改意见；中国社会科学院学部委员刘庆柱先生对本书的线图编辑工作进行了悉心指导。在此，向他们的辛勤付出表示深深的感谢！

本报告编写期间，国家文物局、长城资源调查工作项目组、新疆维吾尔自治区文物局、新疆维吾尔自治区文物考古研究所、文物出版社等单位的领导多次关心工作进展情况，为报告的整理出版排忧解难；自治区文物局文物行政执法总队队长刘国瑞、文保处副处长郭建国为新疆长城资源的调查、资料的整理、报告的编写付出了大量心血；文物出版社也为报告的编辑出版尽心竭力。在报告即将出版之际，谨向所有关心、支持新疆维吾尔自治区长城资源调查和报告编写出版工作的领导、专家表示衷心的感谢！

由于我们的能力有限，本报告的编写一定存在不少疏漏与不足。尽管如此，作为第一部全面介绍新疆长城资源的报告，我们期望通过全面、系统地刊布此次新疆长城资源的调查成果，能为今后新疆长城资源相关研究的深入奠定扎实的基础。

编　者

2012年8月